金融建模

以Excel为工具

[美] 弗兰克·休·科格三世 ◎ 著
Frank Hugh Koger III
张诗琪　孔宸　戴雯 ◎ 译

图书在版编目(CIP)数据

金融建模：以 Excel 为工具/(美)弗兰克·休·科格三世 (Frank Hugh Koger III) 著；张诗琪，孔宸，戴雯译. —北京：北京大学出版社，2019.10
ISBN 978-7-301-30687-1

Ⅰ.①金… Ⅱ.①弗… ②张… ③孔… ④戴… Ⅲ.①表处理软件–应用–金融–经济模型 Ⅳ.①F830.49-39

中国版本图书馆 CIP 数据核字（2019）第 186103 号

书　　　名：	金融建模：以 Excel 为工具 JINRONG JIAN MO: YI EXCEL WEI GONGJU
著作责任者：	〔美〕弗兰克·休·科格三世 (Frank Hugh Koger III) 著 张诗琪　孔　宸　戴　雯译
责任编辑：	裴　蕾
标准书号：	ISBN 978-7-301-30687-1
出版发行：	北京大学出版社
地　　　址：	北京市海淀区成府路 205 号　100871
网　　　址：	http://www.pup.cn　　新浪官方微博：@北京大学出版社
电子信箱：	zpup@pup.cn
电　　　话：	邮购部 010-62752015　发行部 010-62750672　编辑部 010-62752021
印　刷　者：	北京虎彩文化传播有限公司
经　销　者：	新华书店 787 毫米×960 毫米　16 开本　23.5 印张　572 千字 2019 年 10 月第 1 版　2024 年 12 月第 2 次印刷
定　　　价：	59.00 元

未经许可，不得以任何方式复制或抄袭本书之部分或全部内容。
版权所有，侵权必究
举报电话：010-62752024　电子信箱：fd@pup.pku.edu.cn
图书如有印装质量问题，请与出版部联系，电话：010-62756370

前　言

非常高兴能够为金融界人士和希望进入金融圈工作的读者，就其普遍感兴趣的领域提供本书。我撰写本书的目的不仅在于为读者传授相关的金融知识和 Excel 使用技巧，也希望借此提高他们解决金融相关问题的能力。由于本书涉及多个知识细分领域，读者需要有很大的耐心与恒心来学习本书。

本书的目的之一是提供应用导向的金融方法。与同类书籍相比，本书内容更简明扼要，强调解决问题，注重对金融概念的解释，以便读者可以根据需要将给定模型扩展到其他应用中。本书前几章将介绍 Excel 的基本知识，是 Excel 参考指南的理想选择。本书内容并不过于技术化，不会为了数学本身而提供数学方法。尽管如此，本书将使用严谨的分析方法，帮助读者学习如何编写本书内容以外的金融应用程序。本书旨在帮助读者用 Excel 解决金融问题，很少会涉及当下的讨论和议题。因此，我希望本书能够不受时间的影响，保持长时间的有效性。

为最大化读者的学习效率，本书对于数值例子的使用将比较审慎。所有章节中会穿插 Excel 工作表的屏幕截图，用于展示金融建模的操作过程。为方便读者阅读，屏幕截图中将展示所有相关工作表公式。除了这些已完成的模型，书中某些章节还将专门向读者介绍使用相关 Excel 功能所需的步骤。通过从头开始再现工作表，读者不仅可以快速地学习本书中包含的金融模型，还可以掌握 Excel 的功能。经调查我们发现，学生在看到完整的 Excel 文件并点击单元格直接观察其中包含的公式后，可以更迅速地学会自己构建模型并获得信心。

比较静态分析和特定应用中将用到多变量微积分，因此了解相关知识将对学生大有裨益。同时，对于概率和统计知识的掌握也能够增强学生对于本书的理解。虽然本书涉及简单的随机过程，但所需的背景材料均已给出，读者无须提前掌握相关知识。我们希望读者熟悉 Excel 的使用，但我们仍将在第一部分介绍包括金融专用函数在内的所有函数。另外，我们也将介绍运行模型所需的所有 Excel 高级功能，例如单变量求解和规划求解。

本书来自于我所讲授的同名课程"Financial Modeling in Excel"。因为我校金融硕士和数量金融硕士具备较好的学术素养，这使我能够在这门课程中使用比当下大部分教材更高阶的数学处理方法。在这门 36 学时的课程中，我讲授了本书中的大部分内容，但实际上，本书内容或许应该划分为两门甚至三门课程。"Financial Modeling in Excel"这门课程受到学生的广泛好评，很多学生都认为本课程对他们获得 CFA(特许金融分析师) 证书、参加面试或从事实际工作很有帮助。[1]这门课程在学生中广受好评，获北京大学 2017 年度优秀课程奖，这是当年唯一一门同时得到北京大学汇丰商学院、北京大学深圳研究生院，以及北京大学本部三方认可的课程。

---

[1]除了具备较强的专业素养，我们的硕士生此前还曾学习过如金融经济学、计量经济学、公司金融和资产估值理论等先修课程。这使我能轻松并快速地推进本课程的讲授。

面向的读者

本书适合金融学专业的本科生和研究生使用，也能够帮助从业者掌握工具和技能，以增强其应对新挑战的能力。如前所述，相较于许多其他金融书，本书会使用更加严谨的数学方法。具备微积分、概率和统计知识的学生将会更加容易理解书中结论的推导过程，从而在更深层次上受益。然而，即使对于那些缺乏这些数学能力的读者，本书对于金融模型细致的讲解仍然可以对他们有所帮助。本书也是理想的 Excel 参考指南，第一部分涵盖了本书用到的 95% 的 Excel 知识。

本书特色

金融建模知识与金融领域的工作和个人财富管理联系紧密。本书不仅在金融建模方面提供了翔实的介绍，还提供了如何解决更多应用问题的基础知识。

在教授"Financial Modeling in Excel"这门课的过程中，我通过策略性地删除含有 Excel 新功能和/或新的金融模型的单元格内容来创建课程模板。在每次课程前，我会将新模板发送给学生。因此，学生也会在课堂中积极参与，同我一起构建模型。

同时，本书是一本聚焦于 Excel 的金融建模指南。同类书籍通常还覆盖了 VBA[①]指令及编程的内容。因此，与同类书籍相比，本书更加深入地研究了应用 Excel 进行金融建模。

本书每章开头首先介绍相关金融概念。在本书的前几章中间的专题部分介绍了相关的 Excel 新函数和功能，其标题以"Excel 函数：……"开头。每章都有几个小节通过屏幕截图和相关解释来详细介绍新的金融模型，这些小节标题为"例：……"。

本书内容非常广泛，涉及公司金融、个人理财、投资组合管理、风险管理、期权和债券等诸多不同主题。本书第一部分将探讨金融建模所需的 Excel 关键知识，以简单模型的介绍为载体展示 Excel 的功能。该部分涵盖数组函数、单变量求解、规划求解、模拟运算表、布尔函数、众多矩阵函数、Excel 线性估计函数 LINEST、随机变量及简单 Excel 函数等相关内容。

第二部分聚焦于绝对估值法和投资组合管理。现金流折现法被用于企业估值和权益估值。本部分将介绍强大的二维模拟运算，它被用于场景分析以研究折现率和现金流增长率对内在价值的影响。此外，本部分还将介绍事件研究和重要的风险管理概念：在险价值。最后，我们将在风险管理中使用市场模型生成方差-协方差矩阵。

第三部分聚焦于期权。本部分将定义期权和到期日回报，之后将探讨含期权的投资组合的回报。随后转向期权估值的讨论，我们将介绍布莱克-斯科尔斯-默顿模型及其多种应用。我们将使用单变量求解计算隐含波动率，并将学习如何用一篮子期权、股票及债权为结构性产品定价。我们将再次运用强大的单变量求解，计算"退款保证"价格和设计保证组合价值最小收益率的看跌期权。第三部分也展示了当期望期权不存在时，复制期权组合现金流的两种有效方法。两种方法得到的复制组合都仅包含债券和标的资产。此外，我们将运用二叉树

[①] VBA 是一种强大的编程语言，可以与 Excel 一起使用来扩展金融应用程序，尤其是那些需要蒙特卡罗分析和/或为他人编写的金融应用程序。科格教授还教授另一门学习 VBA 的课程——"在 VBA 中的金融建模"。

模型为美式期权定价。与蒙特卡罗分析相结合，二叉树模型还可用于路径依赖期权的估值。第三部分的最后将探索实物期权重要的资本预算技巧。

第四部分涵盖了债券的应用，尤其是与固定利率债券相关的应用。除了实际价格–收益率曲线外，我们还将介绍一阶近似、二阶近似和经验近似。通过 Excel 模拟运算表和特定函数的运用，我们将更深入地理解债券价值的驱动因素。债券价格敏感性的知识可用于确定债券的免疫组合。①

致　　谢

很多人为这本书的出版做出了贡献。特别是这些年来我的学生以及很多优秀的助教为这门课程提供了许多反馈，这些反馈对本书意义重大。在这里，我要特别感谢 Echo Luo，他完整地阅读了本书的原稿，并提出了很多宝贵的意见；感谢我的学生 Mona Zhou, Cathy Liu, Ginger Huang, Joyce Cai, May Luo 和 Eve Li 对本书的贡献。

我要感谢北京大学汇丰商学院院长海闻教授为本书的编写提供的鼓励和支持。此外，我还要感谢汇丰商学院的 Annie Jin 和曹明明老师帮助协调本书的出版，感谢北京大学出版社工作人员的热情帮助和建议。

---

① 在附录 D 中，我们将介绍利率和收益率的其他指标。

关 于 作 者

弗兰克·休·科格三世（Frank Hugh Koger III）是北京大学深圳研究生院的助理教授。他在美国路易斯安那州立大学获得化学工程的学士学位，在校期间他是 Phi Beta Kappa 和 Phi Kappa Phi 荣誉协会的成员。他获得了美国南卡罗来纳大学达拉摩尔商学院的国际 MBA 学位，以 92 名学生中第一名的成绩毕业，是唯一一个平均绩点为 4.0/4.0 的学生。科格教授还享有杜兰大学金融学博士学位，同时还是 CFA 持证人。

科格教授拥有丰富的教学经验。他在杜兰大学攻读博士期间，教授了财务管理、高级财务管理和管理会计等本科课程以及公司财务政策和固定收益分析等硕士课程。

科格教授目前在北京大学开设的课程包括资产估值原理、金融建模：以 Excel 为工具和高级金融建模等。这些课程都是他来到北京大学之后开展起来的。他还曾在北京大学教授公司金融课程。科格教授在北京大学享有很高的教学评价，曾获多项教学奖励。其课程"金融建模：以 Excel 为工具"获北京大学 2017 年优秀课程奖。

在北大任职期间，科格教授也曾受邀前往多个学校教授课程。他曾应邀在南方科技大学讲授"固定收益：模型和应用"；多次应邀在德国波鸿鲁尔大学的国际暑期学校中教授"金融建模"，该课程在 2015 年该校暑期学校开设的 16 门课程中荣获最高评价。

科格教授一直积极服务北京大学汇丰商学院。他在学院全权负责与 CFA 协会和 GARP[①] 保持学术合作关系，并志愿开设 CFA 考试复习课程，同时任职于学院的课程委员会和教学质量委员会。科格教授还与杜兰大学合作，创建了汇丰商学院的第一个交流项目，并随后帮助开展了其他交流活动。此外，他还在深圳中学志愿教授金融学的介绍性课程。

在进入学术界工作之前，科格是 Filtration 集团技术材料部的总经理，该部门生产空气过滤器材料。在此之前，他在 Hoechst A.G. 工作了 15 年，职位不断升迁，在美国（得克萨斯州、肯塔基州、新泽西州、密歇根州和南卡罗来纳州）以及德国（巴伐利亚州）等多个地区都工作过。

---

① GARP (Global Association of Risk Professionals)，全球金融风险专业人士协会。

目 录

第一部分 Excel 基础函数

第 1 章 数组函数、单变量求解和模拟分析 3
- 1.1 净现值、内部收益率 3
- 1.2 NPV 函数和 IRR 函数 4
- 1.3 例：NPV 和 IRR 函数 6
- 1.4 随机变量、平均数、方差和相关系数 17
- 1.5 未来条件均值 18
- 1.6 均匀分布随机变量 19
- 1.7 历史绩效度量 20
- 1.8 Excel 函数：随机变量函数 21
- 1.9 例：均匀分布随机变量 22

第 2 章 布尔函数、Excel 现值函数 24
- 2.1 债券现金流、时间轴、价格和收益率 24
- 2.2 Excel 函数：收益率曲线 26
- 2.3 例：债券现金流与估值 27
- 2.4 正态分布随机变量 28
- 2.5 标准正态分布随机变量 29
- 2.6 Excel 正态随机变量函数 29
- 2.7 例：标准正态随机变量 29

第 3 章 Excel 回归分析、矩阵函数 32
- 3.1 股价的对数正态分布 32
- 3.2 平均数、方差和相关系数 32
- 3.3 对数正态分布股价的 Excel 函数 33
- 3.4 例：对数正态股价模型 34
- 3.5 普通最小二乘线性回归 37
- 3.6 Excel 函数：线性回归 39
- 3.7 例：线性回归 40
- 3.8 三元线性回归 42
- 3.9 Excel 函数：扩张回归 43
- 3.10 例：多元线性回归 43

第 4 章 Excel 摊销函数、VLOOKUP 45
- 4.1 贷款摊销表 45

4.2	Excel 函数：贷款摊销表	46
4.3	例：贷款摊销表	47
4.4	期权到期日的回报	48
4.5	Excel 函数：期权到期日的回报	50
4.6	例：期权的支付，VLOOKUP，嵌套条件语句	50
4.7	矩阵	52
4.8	Excel 函数：矩阵	53
4.9	例：矩阵函数	53

第 5 章 散点图、多项式回归 … 55

5.1	参数增长率	55
5.2	Excel 函数：参数增长率	58
5.3	例：参数增长	58
5.4	有效年利率	60
5.5	时间轴	62
5.6	Excel 函数：有效年利率	63
5.7	多项式回归	63
5.8	Excel 函数：多项式回归	64
5.9	例：多项式回归	65

第 6 章 Excel 中的规划求解和 IRR 函数 … 67

6.1	资本预算回顾	67
6.2	Excel 中的规划求解	67
6.3	例：资本预算和规划求解	68
6.4	单位矩阵	70
6.5	Excel 函数：单位矩阵	71
6.6	例：单位矩阵	71
6.7	规划求解的应用：套利定价理论	72

第二部分 绝对估值和资产组合

第 7 章 会计财务报表和公司价值 … 85

7.1	计算增长率	85
7.2	过往报表中的关系：利润表	86
7.3	过往报表中的关系：资产负债表	89
7.4	用于现金流折现分析的预测财务报表	94
7.5	资本成本：加权平均资本成本及其他	97
7.6	理论要求收益率：无债务的情况	100
7.7	现金流折现法	100
7.8	情景分析：加权平均资本成本和自由现金流的增长	106
7.9	例：预测财务报表、现金流、公司价值和股票价值	106

第8章　风险价值、两资产投资组合 ·············· 114
- 8.1　股利现金流的再投资 ·············· 114
- 8.2　例：中期现金流的再投资 ·············· 115
- 8.3　超额收益、历史方差–协方差矩阵 ·············· 117
- 8.4　例：历史方差–协方差矩阵 ·············· 118
- 8.5　风险价值 ·············· 118
- 8.6　Excel 函数：风险价值 ·············· 120
- 8.7　例：风险价值 ·············· 121
- 8.8　两资产投资组合的均值和方差 ·············· 121
- 8.9　例：两资产投资组合的均值、方差 ·············· 122

第9章　投资组合理论；市场模型；事件 ·············· 124
- 9.1　多资产投资组合的均值和方差 ·············· 124
- 9.2　全局最小方差投资组合 ·············· 125
- 9.3　风险资产投资组合的组合 ·············· 126
- 9.4　例：多资产投资组合：全局最小方差 ·············· 126
- 9.5　有效投资组合：允许卖空 ·············· 128
- 9.6　有效投资组合前沿 ·············· 129
- 9.7　例：允许卖空时的有效投资组合 ·············· 130
- 9.8　有效投资组合：限制卖空 ·············· 131
- 9.9　Excel 函数：投资组合理论 ·············· 132
- 9.10　多资产投资组合的风险价值 ·············· 133
- 9.11　例：限制卖空时的有效投资组合 ·············· 133
- 9.12　系统风险、非系统风险：市场模型 ·············· 135
- 9.13　通过市场模型的 beta 值计算协方差 ·············· 136
- 9.14　例：方差–协方差矩阵（市场模型） ·············· 137
- 9.15　事件研究 ·············· 139
- 9.16　Excel 函数：事件研究 ·············· 141
- 9.17　例：业绩公告（事件研究） ·············· 141

第三部分　期　权

第10章　期权回报与收益 ·············· 147
- 10.1　期权基础 ·············· 147
- 10.2　单个期权在到期日的回报和收益 ·············· 148
- 10.3　包含期权的资产组合在到期日的回报和收益 ·············· 154
- 10.4　买权卖权等价关系 ·············· 159
- 10.5　总结：内在价值和债券 ·············· 160
- 10.6　BSM 模型 ·············· 162
- 10.7　例：BSM 模型 ·············· 168

| 10.8 | 美式看涨和看跌期权的内在价值 | 170 |

附录：期权价格的上下边界 170

第 11 章 BSM 模型的应用 180
- 11.1 领子期权 180
- 11.2 隐含波动率 182
- 11.3 例：领子期权价值、隐含波动率 182
- 11.4 结构性产品 184
- 11.5 资金回报率 187
- 11.6 例：结构性产品和价格弹性 188
- 11.7 保护性卖权 189
- 11.8 退款保证 190
- 11.9 保证最低收益率 190
- 11.10 例：退款保证和保证最小收益率 191

第 12 章 复制期权的投资组合 194
- 12.1 复制投资组合的计算 194
- 12.2 复制欧式看涨期权 201
- 12.3 复制领子期权 203
- 12.4 复制保护性卖权 206
- 12.5 例：看跌期权、多头跨式期权、持保看涨期权 208

第 13 章 复制期权投资组合的再回顾 217
- 13.1 另一种复制投资组合的方法 217
- 13.2 复制投资组合的标度 218
- 13.3 复制领子期权的再回顾 218
- 13.4 欧式领子期权的标度 219
- 13.5 复制保护性卖权的再回顾 219
- 13.6 保护性卖权的标度 220
- 13.7 例：持保看涨期权和领子期权 220

第 14 章 二叉树定价模型、蒙特卡罗分析 226
- 14.1 二叉树股票定价模型 226
- 14.2 风险中性二叉树模型参数 227
- 14.3 多期二叉树期权定价模型 229
- 14.4 欧式期权二叉树模型：无树 231
- 14.5 美式期权价值 232
- 14.6 美式看跌期权定价：一个例子 232
- 14.7 可以提前行权的影响 236
- 14.8 Excel 函数：二叉树模型 242
- 14.9 例：二叉树模型——股票、期权 242
- 14.10 蒙特卡罗分析 247

14.11　例：蒙特卡罗分析 ······ 248
　　附录：二叉树模型基础知识 ······ 249
第 15 章　路径依赖期权和实物期权 ······ 258
　　15.1　退休计划 ······ 258
　　15.2　例：退休计划 ······ 259
　　15.3　路径依赖期权和蒙特卡罗分析 ······ 261
　　15.4　例：路径依赖期权 ······ 263
　　15.5　实物期权 ······ 264
　　15.6　通用数值参考 ······ 265
　　15.7　扩张期权：看涨期权 ······ 265
　　15.8　放弃期权：看跌期权 ······ 268
　　15.9　例：资本预算，实物期权 ······ 271

第四部分　债　　券

第 16 章　价格–收益率曲线及其近似计算；即期利率、息票日间债券定价 ······ 277
　　16.1　时间轴及基础知识 ······ 277
　　16.2　债券收益来源 ······ 278
　　16.3　承诺现金流与期望现金流 ······ 279
　　16.4　到期收益率、名义收益率、当期收益率 ······ 280
　　16.5　固定利率债券 ······ 281
　　16.6　价格–收益率关系的近似计算 ······ 285
　　16.7　例：价格–收益率曲线及其近似计算 ······ 293
　　16.8　即期利率 ······ 297
　　16.9　零波动利差 ······ 299
　　16.10　付息日之间的债券定价 ······ 300
第 17 章　债券免疫组合 ······ 308
　　17.1　一阶免疫 ······ 310
　　17.2　二阶免疫 ······ 311
　　17.3　现金流的影响 ······ 312
　　17.4　应用：简化假设 ······ 313
　　17.5　负债是一项预计固定金额情况 ······ 314
　　17.6　应用：更强的简化假设 ······ 314
　　17.7　免疫组合权重 ······ 315
　　17.8　一阶免疫小结 ······ 316
　　17.9　二阶免疫小结 ······ 316
　　17.10　例：构建一免疫项负债 ······ 317
附录 A　金融学基础回顾 ······ 322
　　A.1　时间轴、存量和流量 ······ 322

	A.2 现金流在不同时点的转换	323
	A.3 以速度 g 增长的等间隔的现金流	325
附录 B	**财务报表回顾**	**327**
	B.1 利润表	327
	B.2 资产负债表	328
	B.3 现金流量表	330
	B.4 自由现金流与自由股权现金流	332
附录 C	**盈利乘数模型**	**336**
	C.1 建立模型	336
	C.2 比较静态分析	338
附录 D	**利率与收益率指标**	**342**
	D.1 远期利率	342
	D.2 已实现持有期收益率	346
	D.3 最差收益率	349
	D.4 其他收益率指标	350
术语表		**351**
参考文献		**357**

第一部分

Excel 基础函数

第一部分主要研究了金融建模应用所必须掌握的 Excel 函数，介绍了整本书需要用到的大部分 Excel 函数。本部分旨在让读者初步了解金融模型，并以此为载体向读者展示 Excel 函数。

在第 1 章中，我们首先将学习 Excel 中的复制/粘贴技巧，并将展示 Excel 函数与用户自定义数组函数的计算效率。接下来我们将介绍单变量求解（Goal Seek），它是求解隐函数的有力工具。另外，我们将探讨数值调节钮（Spin Control）的使用，它有助于在图形中展示敏感性分析并能显著提升演示效果。我们还将研究单维和二维模拟运算表（Data Table），它们可分别用于敏感性分析和场景分析。此外，我们还将介绍 Excel 中的 IF 函数，它是条件编程的一种方法。本章最后将探讨随机变量、它们的常用操作以及在 Excel 中如何生成。另外，该章中也将介绍一些简单的 Excel 函数。

在第 2 章中，我们将通过生成支付给债券持有者的现金流，展示布尔（Boolean function）函数的使用。我们还将展示如何生成正态分布的变量，我们随后将用这些变量来模拟未来的风险资产回报。另外，本章涵盖了均匀分布随机变量的内容，在 Excel 中生成正态分布的变量需要用到它们。最后，我们将介绍 Excel 的 PV 函数，该函数主要用于固定息票债券和年金的估值。

在第 3 章中，我们将介绍 Excel 线性回归函数，它可用于单个自变量或多个自变量的回归。虽然该函数的输出值已经包含多个参数值，但其输出的某些单个参数值可以通过更加简单的函数直接计算。另外，我们将介绍描述一组数据特征和描述两组数据特征的 Excel 函数。本章还将介绍一些其他的 Excel 函数，包括执行矩阵运算的函数。

在第 4 章中，我们将展示更多 Excel 矩阵函数以及有条件地从表格中选择元素的函数。我们将通过三个专用 Excel 函数生成贷款摊销表。最后，我们将再次探讨强大的 IF 函数，并将介绍更多简单的 Excel 函数。

在第 5 章中，我们将扩展 Excel 线性回归函数并引入多项式模型。本章将学习更多有关 Excel 作图的知识，包括如何在图中插入最佳拟合函数和/或拟合优度指标 R^2。最佳拟合函数的选项包括线性函数、对数函数、多项式函数、幂函数、指数函数和移动平均。我们也将探讨如何生成 Euler 常数。本章最后将研究条件格式的编程建模效率。

在第 6 章中，我们将展示 Excel 强大的规划求解功能，它可用于有约束的最优化问题的编程。此外，通过介绍生成单位矩阵的方法，我们将再次体验到用户自定义数组函数的效率。最后，本章还将介绍更多简单的 Excel 函数。[1]

---

[1] 在附录 A 中，我们将介绍现金流价值如何随时间变化，设定书中使用的时间轴并定义不同类型的变量。此外，该附录还将展示如何使用价值可加性原则来估计一揽子现金流的价值，并额外考虑如年金和永续年金的特殊情况。

第1章 数组函数、单变量求解和模拟分析

在第 1 章中,我们将以资本预算模型为载体来介绍 Excel 的功能,包括:Excel 运算及复制技巧、内置数组函数、自定义数组函数、单变量求解、模拟运算表、绘图和表单控件的运用。本章还将介绍 Excel 中的简单函数,涵盖求和函数 SUM、条件函数 IF、内部收益率函数 IRR、净现值函数 NPV,也将介绍随机变量和常用的概要度量(如平均数、方差和条件均值)。最后,我们将讨论绩效度量以及相关的函数,如随机数函数 RAND、计数函数 COUNT、平均值函数 AVERAGE、方差函数 VARIANCE、标准差函数 STDEV、频次函数 FREQUENCY、条件求和函数 SUMIF、条件计数函数 COUNTIF。

1.1 净现值、内部收益率

在资本预算中,一个项目的**净现值**(NPV)是接受项目后公司价值的变化量。因此,一个希望创造价值(而非减少价值)的公司经理人会接受正(负)NPV 的项目,即[1]

$$NPV \equiv \sum_{t=0}^{\infty} \frac{E[CF_t]}{(1+r)^t} = E[CF_0] + \sum_{t=1}^{\infty} \frac{E[CF_t]}{(1+r)^t}, \tag{1-1}$$

$$NPV \equiv \frac{E[CF_0]}{(1+r)^0} + \frac{E[CF_1]}{(1+r)^1} + \frac{E[CF_2]}{(1+r)^2} + \cdots, \tag{1-2}$$

式 (1-1)、式 (1-2) 中 $E[CF_t]$ 是第 t 年的期望现金流,r 是基于现金流风险的合适的年折现率。除非另作说明,本书假设今天的时间节点为 $t=0$。项目通常会有初始成本,即 $E[CF_0] < 0$。

显而易见,式 (1-2) 第一项的分母 $(1+r)^0$ 等于 1,但我们还是将其计算过程明确展示出来以便建模。在 Excel 中,减少需要编辑的单元格数量将使整个操作过程更有效率。本书所提供的策略,都将尽可能运用复制粘贴功能,以减少编辑的单元格数量。故在此情形下,时点 t 给定现金流的现值 $PV(CF_t)$ 如式 (1-3) 所示:

$$PV(CF_t) = \frac{E[CF_t]}{(1+r)^t}, \forall t \in \{0, 1, 2, \ldots\} \tag{1-3}$$

与之相关,一个公司(firm)可以被视为企业整体(enterprise)进行估值。**企业价值**(EV),被定义为未来期望**自由现金流**(FCF)的现值和,如式 (1-4)、式 (1-5) 所示。自由现金流是

---

[1] 尽管时点 $t=0$ 在本书大多指"今天",但初始总成本 CF_0 在计算项目 NPV 时通常是不确定的。也就是说,在式 (1-1) 中的时点 $t=0$ 一般代表未来的时点。故实际上式 (1-1) 计算得到的 NPV 应当以折现因子 $(1+r)^{-x}$ 折算到"今天"(其中,x 是从当前时点 $t=0$ 到计算 NPV 时点的时间长度)。因此,式中使用 $E[CF_0]$ 而非 CF_0。

可用于支付所有证券持有者的现金流①。为了计算企业价值,需要使用公司的**加权平均资本成本**(WACC),如式 (1-6) 所示,将各期自由现金流折现到当期,有

$$EV \equiv \sum_{t=1}^{\infty} \frac{E[FCF_t]}{(1+WACC)^t} \qquad (1\text{-}4)$$

$$= \frac{E[FCF_1]}{(1+WACC)^1} + \frac{E[FCF_2]}{(1+WACC)^2} + \frac{E[FCF_3]}{(1+WACC)^3} + \cdots, \qquad (1\text{-}5)$$

其中,

$$\boxed{WACC = \frac{Eq}{D+Eq}r^E + \frac{D}{D+Eq}r^D(1-T^c),} \qquad (1\text{-}6)$$

式 (1-6) 中 Eq (D) 是公司权益(债务)的市场价值,r^E (r^D) 是权益(债务)持有人要求的回报率,T^c 是税率。

另一相关概念是**内部收益率**,也被称为**内含回报率**(IRR),如式 (1-7) 所示。它是在期望现金流量已实现假设下的项目收益率,也被定义为使项目净现值 NPV 为 0 的复合收益率。令等式 (1-1) 等于 0,故有

$$\boxed{0 \equiv \sum_{t=0}^{\infty} \frac{E[CF_t]}{(1+IRR)^t} = E[CF_0] + \sum_{t=1}^{\infty} \frac{E[CF_t]}{(1+IRR)^t},} \qquad (1\text{-}7)$$

对 $\forall t \in \{1,2,3,\ldots\}$,若 $E[CF_0] < 0$ 且 $E[CF_t] > 0$,那么满足式 (1-7) 的内部收益率将有唯一的内部收益率,此时只有一次"符号转变",即初始现金流为负,随后的现金流均为正。然而,如果有多于一次的符号转变,即在正现金流后又出现了一次或多次的负现金流,那么内部收益率就可能存在多个解。该情形下,建模者应当找出式 (1-7) 的所有解,随后找出期望现金流实现情况下投资者从项目中所得的实际收益率。

1.2 NPV 函数和 IRR 函数

● 首先,我们将介绍 Excel 相对复制和绝对复制的使用。后者往往要用到"F4"键的"$"符号(苹果电脑则通过"command+T"键,当然"$"符号也可以直接使用"shift+4"键输入)。"冻结"单元格的行或列(即绝对复制单元格)可以通过在单元格的行或列前加"$"实现。**相对复制**(Excel 默认设置)是指,当复制原单元格公式粘贴到新的单元格时,公式中引

---

①通常,

$$FCF_t = OCF_t + ICF_t + IE_t, \quad \text{同时} \quad OCF_t = NI_t + \Gamma_t, \quad \text{其中}$$

$$\Gamma_t = Dep_t + Am_t + [DFIT_t + (\text{非债务}CL_t) - (\text{非现金及有价证券}CA_t)]$$

$$-[DFIT_{t-1} + (\text{非债务}CL_{t-1}) - (\text{非现金及有价证券}CA_{t-1})],$$

上述公式中的 $OCF(ICF)$ 是经营性(投资性)现金流量,IE 是支付给债务持有者的利息费用,NI 是对应期间的净利润。Γ 是对利润表中的非现金费用支出的调整(折旧、摊销),以及资产负债表中某些营运科目变化量的调整(不包括现金及有价证券,也剔除了流动负债中的债务科目,即应付票据和长期债务一年内到期的部分)。$DFIT$ 是递延所得税负债,用于调整由于折旧政策不同导致的税收差异。ICF 反映了与固定资产(厂房、房产、设备和其他长期资产)相关的投资性现金流量,即某一时间区间内处置上述资产收到的现金与购置上述资产支付的现金的差额,一般为负值。

用单元格的行列数量变化恰好等于被复制原单元格与粘贴到的新单元格的行列位置差,即公式中引用单元格与从属单元格的相对行(列)位置保持不变。而**绝对复制**是指,在复制原单元格公式中引用单元格的行(列)前加"$"符号,粘贴到新单元格的公式中引用单元格的行(列)前也有"$"符号,引用单元格的行(列)位置不变。

一种便捷复制单个或多个单元格并将其粘贴到相邻单元格的方法是,将光标放在当前选定的单元格的句柄上,然后拖动直至要粘贴的单元格位置。**句柄**是选定单元格边框右下角的小正方形。对于复制粘贴单个单元格、单行单元格或者多行单元格到相邻行的特殊情况,只需双击句柄即可将选定单元格向下粘贴多行,直至选定单元格左列向下的第一个空单元格所在行数。这种复制粘贴方式有时非常实用。

- **用户定义的数组函数**可以减少数组作为输入项的计算量。与所有的数组函数相同,用户定义的数组函数需使用"shift+control+enter"键进行计算。

按下"shift+control+enter"后,公式外会出现大括号,这是由 Excel 自动添加的括号,而不是用户手动输入的。注意,Excel 不允许改动少于数组单元格数量的单元格,也就是说,数组只能作为整体改动,不能仅改变数组中的某个部分。

- =SUM(*range*) 用于 *range* 区域内所有数值的求和,这一函数自动忽略空格和文本单元格。"Σ"符号是求和函数的缩略形式。

- =IF(*logicalTest*,[*trueResult*],[*falseResult*]) 使用户能够根据给定条件 *logicalTest* 的结果,判断单元格的输出结果。如果 *logicalTest* 正确(错误),Excel 将在单元格输出 *trueResult* (*falseResult*)。

Excel 函数中的参数项外若带有方括号 [ ],则表明这一参数是可选的。可选参数总是出现在必需参数之后。虽然 *trueResult* 和 *falseResult* 在条件函数 IF 中是可选的,但好的模型一般都需要明确这两个参数。

- =NPV(*rate*,*range*) 函数有些许定义的谬误,实际上净现值函数计算的并非净现值,因为它忽略了期初的现金流量 $E[CF_0]$。NPV 函数实际计算的是所有期望现金流量的现值之和。输入项 *rate* 是折现率,而从第一年起的所有未来现金流量则通过 *range* 输入。代表项目开启前期成本的初始负现金流量 $E[CF_0]$($E[CF_0] < 0$),必须再另外加回到 Excel 的 NPV 函数计算值。也就是说,等式 (1-1) 中 NPV 计算如下:

$$=E[CF_0]+\text{NPV}(rate,range)$$

- =IRR(*range*) 用于计算项目的内部收益率。*range* 为包括 $E[CF_0]$ 在内的所有现金流。

- **单变量求解**用于计算给定目标输出值情况下的输入值大小,即计算产生 $f(x)$ 值的 x 值大小。值得注意的是,当 $f(x)$ 非单调时,可能存在多个解。"单变量求解"在数据菜单栏模拟分析选项下。除了使用 Excel 的 IRR 函数,项目内部收益率也可以通过单变量求解计算得到。

- **模拟运算表**用于敏感性分析和场景分析。通过"单维模拟运算表"进行**敏感性分析**,可以考察单一输入变量 x 对单个或多个函数输出值的影响。通过二维模拟运算表进行**场景分析**,可以同时考察两个输入变量 x 和 y 对单个函数 $f(x,y)$ 输出值的影响。"模拟运算表"在数据菜单栏模拟分析选项下,在"单变量求解"的下方。

- 我们将运用多种表格形式作图。**折线图**、**直方图**、**散点图**是二维作图的例子。Excel 也可以通过**曲面图**实现三维作图。
- **数值调节钮**（**窗体控件**）为用户进行敏感性分析的动态分析提供了便利。点击数值调节钮，光标将变成"+"，进而在 Excel 表单的特定位置添加特定大小、形状的数值调节钮的按键。添加按钮后，右击按钮选择"设置控件格式"，随后链接某一单元格，并为单元格指定某一数值。窗体控件在"开发工具下插入"菜单栏中（开发工具栏要在"选项"—"自定义功能区"中设置添加，勾选开发工具，点击确定即可）。

链接单元格的最小步长值是 1 个单位。然而在接下来的计算中，我们想通过数值调节钮来控制调节以 $\frac{1}{100}$ 为变化单位的自由现金流的增长率（变化范围从 0 到 25%，变化单位为 1%）。为了实现这一目的，我们将用数值调节钮控制 Excel 工作表中特定单元格的数值变化，变化范围为 0—25，单位增量为 1。公式中代表自由现金流增长率的单元格的值将等于这一控制单元格除以 100。

- 使用 "shift+6" 键以进行指数运算。这一数学运算在 Excel 中优先于乘、除法的计算。注意乘法符号 * 不能省略，例如 "$=CF*(1+g)$" 不能写成 "$=CF(1+g)$"。

1.3 例：NPV 和 IRR 函数

图 1.1 展现了一个持续 10 年（$T=10$）的项目案例。

所有货币价值均以 100 万美元为单位。关键输入项在单元格 B1:B5 中。折现率（即加权平均资本成本）等于 8%，项目初始成本 $C_0=150$，1 年后首个自由现金流 $FCF_1=15$。自由现金流预期以 $FCFg=10\%$ 的年增长率在第 2 年（$t=2$）到第 10 年（$t=10$）期间增长。单元格 E2:E12 展示了假设的自由现金流，单元格 F2:F12 计算了它们的现值。净现值为 1.05，如单元格 F14 所示，由现金流现值加总得到。单元格 G2:G12 同样展示了自由现金流的现值，但是它们是通过用户自定义的数组方程计算得到的。选定初始空单元格 G2:G12 后，输入①

$$=E2:E12/(1+B2)\textasciicircum D2:D12,$$

接着，在按下"enter"键前，同时按住"control"和"shift"键。如前所述，同时按"control+shift+enter"不仅可在输入的整个式子外加上大括号，也可将同样的式子运用于所有的选定单元格（此例中，即单元格 G2:G12）。

单元格 F16 也可用于计算净现值，其计算颇有意思，是一个用户自定义的数组方程。单元格 F16 中输入的式子是

$$=SUM(E2:E12/(1+B2)\textasciicircum D2:D12),$$

接着按"control+shift+enter"即可。注意这里的净现值直接由现金流计算得到，不需要明确计算出现值。

---

① 符号"^"和数字 6 共用一个键，按"shift+6"即可。

	A	B	C	D	E	F	G	H	I	J	K	L
1	T	10			t	FCF	PV(FCF)	PV(FCF)		1.05		
2	WACC	8.00%		0		-150	-150.00	-150.00	0%	89		
3	FCF g	10%	10	1		15	13.89	13.89	2%	61	I3 =2%+I2	
4	C₀	150		2		16.5	14.15	14.15	4%	38		
5	FCF₁	15		3		18.2	14.41	14.41	WACC	6%	18	
6	B3 =C3/100			4		20.0	14.67	14.67		8%	1	
7	D3 =1+D2			5		22.0	14.95	14.95		10%	-14	
8	D12 =1+D11			6		24.2	15.22	15.22		12%	-26	
9	E2 =B4			7		26.6	15.51	15.51		14%	-37	
10	E3 =B5			8		29.2	15.79	15.79		16%	-47	
11	E4 =E3*(1+$B$3)			9		32.2	16.08	16.08		18%	-55	I11 =2%+I10
12	E12 =E11*(1+$B$3)			10		35.4	16.38	16.38				
13	F2 =E2/(1+$B$2)^D2											
14	F12 =E12/(1+$B$2)^D12					1.05	F14 =SUM(F2:F13)					
15	G2:G12 {=E2:E12/(1+B2)^D2:D12}					accept	F15 =IF(F14>=0,"accept","reject")					
16	J1 =E2+NPV(B2,E3:E12)					1.05	F16 {=SUM(E2:E12/(1+B2)^D2:D12)}					
17	J2:J11 {=TABLE(,B2)}											
18					FCF g				B19 =F16			
19		1.05	5%	8%	11%	14%	17%		B21 =2%+B20			
20		4%	0.63	21.93	46.76	75.67	109.31		D19 =3%+C19			
21	WACC	6%	-14.35	4.15	25.66	50.64	79.65		C20:G26 {=TABLE(B3,B2)}			
22		8%	-27.25	-11.11	7.60	29.29	54.42					
23		10%	-38.40	-24.27	-7.92	10.99	32.84					
24		12%	-48.10	-35.67	-21.33	-4.78	14.30					
25		14%	-56.56	-45.59	-32.96	-18.42	-1.69					
26		16%	-63.99	-54.26	-43.10	-30.27	-15.56					
40	8.13%	IRR		A40 =IRR(E2:E12)								
41				FCF g	10%	D41 =B3						

图 1.1 净现值；模拟运算表；用户自定义数组函数

关键公式的计算过程"文本"展示在单元格 A6:A17, G14:G16, H18:H21, K3, K11, C40 和 E41 中。[①]

单元格 I1:J11 包含了单维模拟分析表。单元格 I2:I11 展示了 WACC 值的考虑变化范

---

① 这些是将相关公式粘贴到目标单元格生成的，通过在公式前加撇号"'"从而将公式转变成文本。我们将在本书沿用此法。

围。单元格 J1 包含 NPV 计算的链接，NPV 计算是单元格 B2（WACC）的函数。单元格 J1 也包含了另一种通过 Excel 函数 NPV 计算项目净现值的方法，即

$$=E2+NPV(B2,E3:E12)$$

如前文所讨论的，NPV 函数的定义有些许谬误，因为它没有包括初始成本 $-C_0$（本例在单元格 E2 中）。因此在这一方法中，初始成本必须单独计算。模拟运算表计算完成后，单元格 J2:J11 展示了对应于所选 WACC 值的 NPV 值。

单元格 A40 展示了由 IRR 函数计算得到的内部收益率（内含回报率），其中 IRR 函数的参数为由 $CF_0 = -C_0$ 开始的均匀分布的项目现金流。为插入单维的模拟运算表，首先要选定两列以及所有对应行（包括带有函数的单元格所在的顶行），本例中即为单元格 I1:J11。[①] 如图 1.1 所示，单元格 I1:J11 中已经生成了完整的模拟运算表，我们使用图 1.2 展示如何在单元格 O1:P11 中运行模拟运算表。

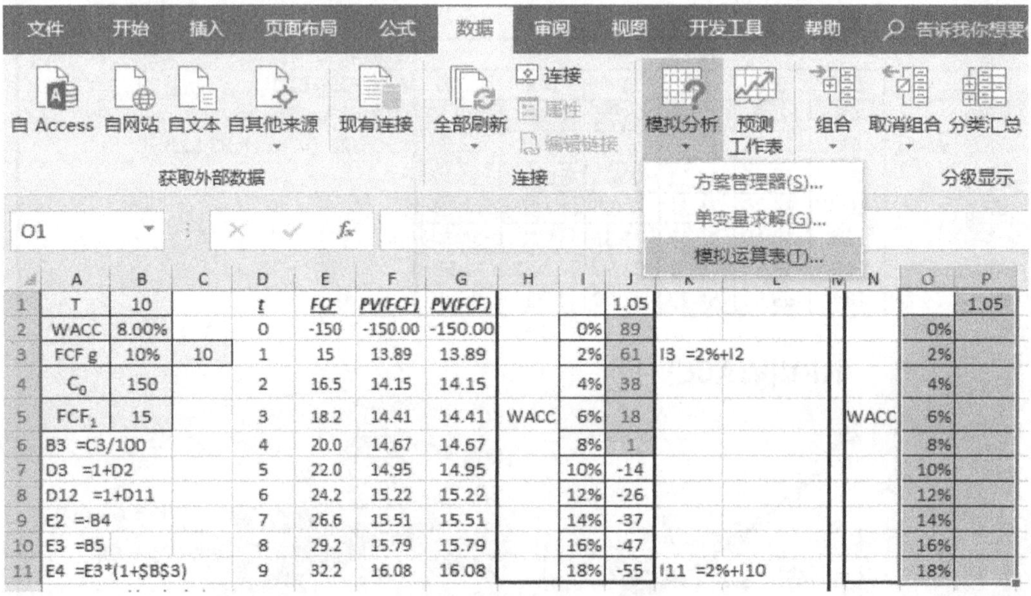

图 1.2　插入单维模拟运算表（1）

在图 1.2 中，我们可以看到，首先单元格 O1:P11 被选定，其中 WACC 值输入在单元格 O2:O11 中，单元格 P1 链接到了 NPV 的计算。接着，在"数据"栏中单击"模拟分析"，打开如图 1.2 所示的菜单栏。接着，单击"模拟运算表"，对应的对话框如图 1.3 所示。我们可运用这一功能构建单维或者二维模拟运算表，单维或二维模拟运算表分别使用了图 1.3 所示的第一个或第二个输入框。构建单维模拟运算表时只需使用一个输入框。此例使用的是第二个输入框"输入引用列的单元格:"，单元格 O2:O11 中 WACC $\in \{0\%, 2\%, 4\%, 6\%, 8\%, 10\%, 12\%, 14\%, 16\%, 18\%\}$ 作为列向量输入。

如图 1.3 所示，鼠标单击第二个输入框，然后单击单元格 B2，即 WACC 的初始值，然

[①] 两行多列的单维模拟运算表可在此基础上转置得到，即运算表有两行多列。

后点击"确定"。①注意,当点击单元格 B2 时,Excel 添加了 2 个 "$" 符号(即 $B$2),因为模拟运算表要求绝对复制。此时,用户不需要键入 "$" 符号,因为 Excel 会自动添加。选择"确定"后(或者敲击 "enter" 键),将计算生成模拟运算表,与图 1.2 中单元格 J2:J11 类似。

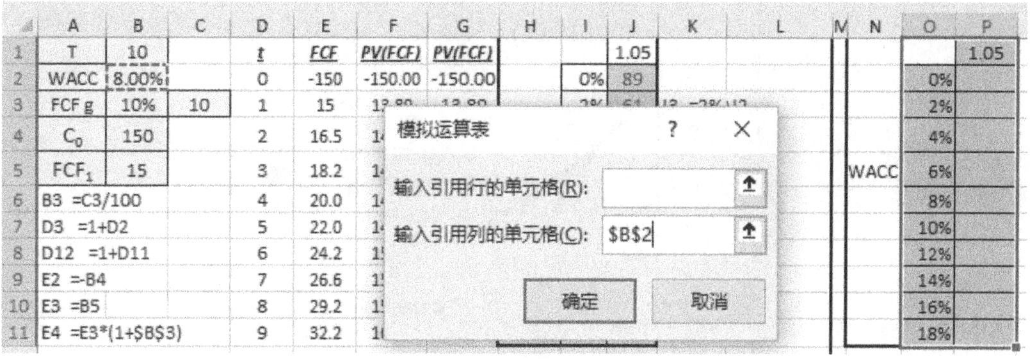

图 1.3 插入单维模拟运算表(2)

图 1.1 的左下角是单维模拟运算表的二维图。在这一图中,每个方块对应模拟运算表中的一个数对,此例中即 (WACC,NPV)。

为了插入这一张图,首先我们要打开"图表"列表,然后点击"折线图"下拉菜单。接着在下拉菜单中点击"折线图"以打开下级下拉菜单,如图 1.4 所示。

图 1.4 插入折线图

之后,填写相关输入框即可。单元格 I2:I11 所给出的 WACC 值是 X 值,单元格 J2:J11 给出的 NPV 值是对应的 Y 值。注意顶部的函数单元格(即单元格 J1)并没有包括在图中。

---

① 同样地,因为 "OK" 是默认选项,由选项按钮周围的粗边框表示,所以人们可以简单地按 "enter" 键来选择它。在 Excel 中,若所需选项是突出显示的按钮,无须点击这一按钮,只需按 "enter" 键即可。

在关闭对话框后,我们可以继续调整图表。例如,我们之后可能想添加函数或者移除函数,这时我们只需将光标放置在图中任何位置然后单击鼠标右键。打开图 1.5 所示的下拉菜单后,点击"选择数据",即可添加、移除或调整数据系列。

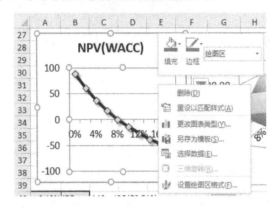

图 1.5 调整折线图(1)

图 1.6 展示了点击"选择数据"后所打开的对话框。

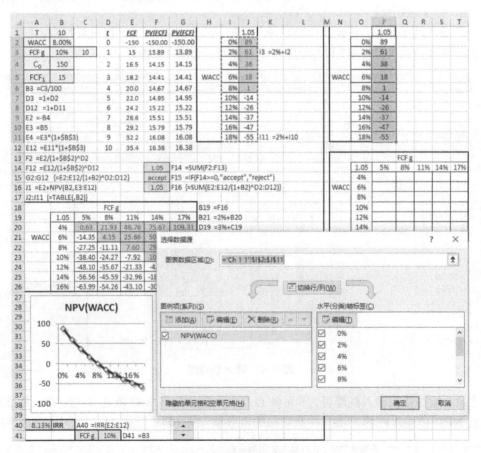

图 1.6 调整折线图(2)

对于左半边输入框选定的系列,"添加"和"删除"按钮将数据系列作为整体处理。

对于任何给定方程,两个输入变量可以在 Excel 中同时变动,因此 Excel 也可用于进行场景分析。再次注意图 1.1 中的单元格 B19:G26,单元格 B19 链接到了 NPV 值,其正下方单元格 B20:B26 中是向量 WACC $\in$ {4%,6%,8%,10%,12%,14%,16%}。有顶端函数的单元格的右方(C19:G19)是自由现金流增长率的行向量 FCF g $\in$ {5%,8%,11%,14%,17%}。顶端函数和边界向量就绪后,就可以插入模拟运算表了。

如图 1.7 所示,因为单元格 B19:G26 已经生成了完整的模拟运算表,我们将在单元格 O14:T21 中展示模拟运算表的生成过程。插入二维模拟运算表的第一步是选定由顶端函数定义的单元格矩阵。如图 1.7 所示,即单元格 O14:T21 所代表的两个输入向量。接下来的步骤与单维模拟运算表相同,选择"数据"表单下的"模型分析",点击"模拟运算表"。回顾图 1.3,出现的对话框有两个输入框。鼠标单击"输入引用行的单元格:"后,点击基本情况下自由现金流增长率的单元格 B3。随后点击"输入引用列的单元格:",点击基本情况下 WACC 的单元格 B2。点击确认后,NPV 的模拟运算表就插入成功了,同单元格 C20:G26 中所示的数值相同。

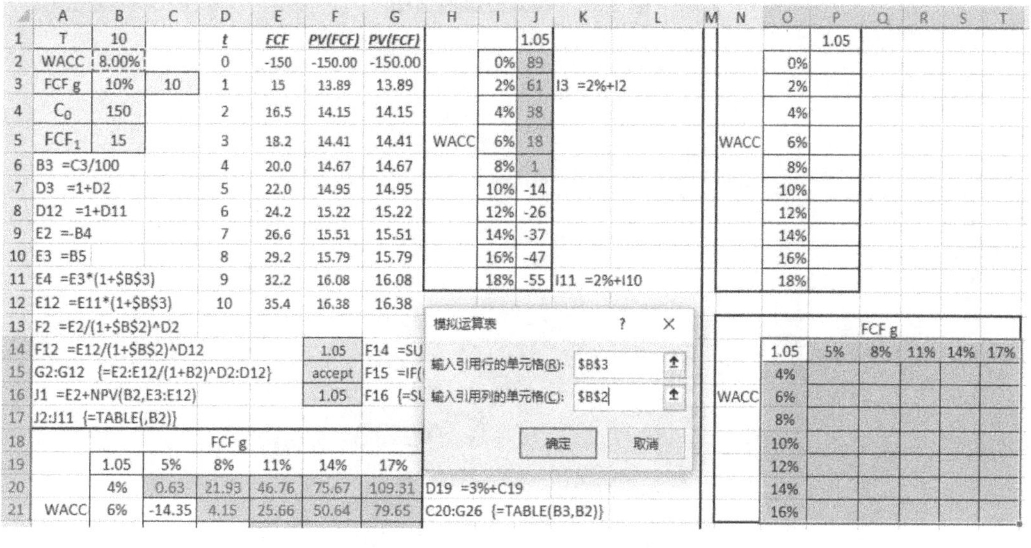

图 1.7 插入二维模拟运算表

图 1.1 的右下角是二维模拟运算表的三维曲面图。如图所示,这一 NPV 函数随 WACC 递减(图中 NPV 曲面从左到右逐渐下降)、随自由现金流增长率递增(图中 NPV 曲面从前到后逐渐上升)。

我们一般使用曲面图来展示二维模拟运算表的结果。在"图表"栏中点击"其他",然后选择三维曲面选项,如图 1.8 所示。

注意,与制作单维模拟运算表时的情况一样,绘制三维曲面也无须选定顶端函数的单元格,我们仅仅选择了数据表的"内部"值。此例中,即选定单元格 C20:G26 绘制。

作图完毕后,我们可能需要修改或调整曲面图。这时我们只需将光标放置在图中任何位置,然后单击鼠标右键。打开图 1.9 所示的下拉菜单后,点击"选择数据",即可修改、调整、增强曲面图。

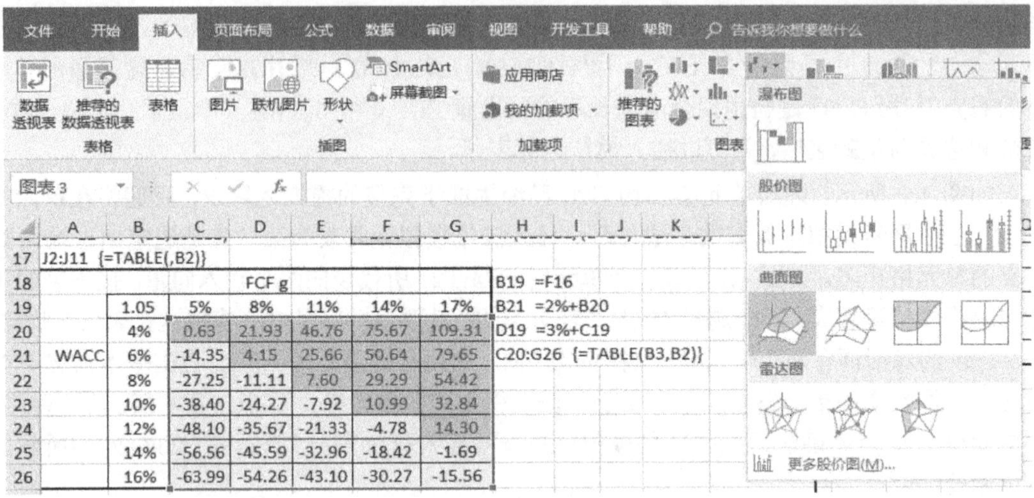

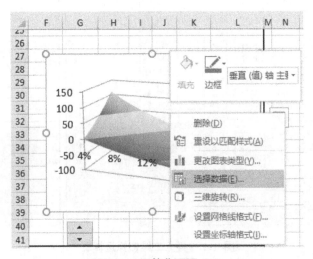

图1.8 插入三维曲面图

图1.9 调整曲面图(1)

一旦选择了"模拟运算表",随之出现的对话框如图1.10所示。这和我们之前对折线图的处理方式基本一致。

使用"条件格式",我们可以突出具有某些特性的结果,从而有效地吸引注意力。要运用这一依赖于单元格内容的格式,首先要选定一个或多个单元格(此例中即为J2:J11)。选定后点击"开始",选择"条件格式",随后会出现图1.11中显示的菜单。将光标放在"突出显示单元格规则"上将打开另一个菜单,同样如图1.11所示。

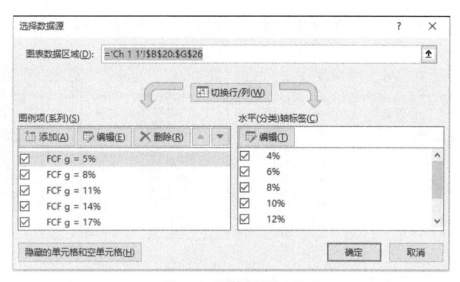

图 1.10　调整曲面图（2）

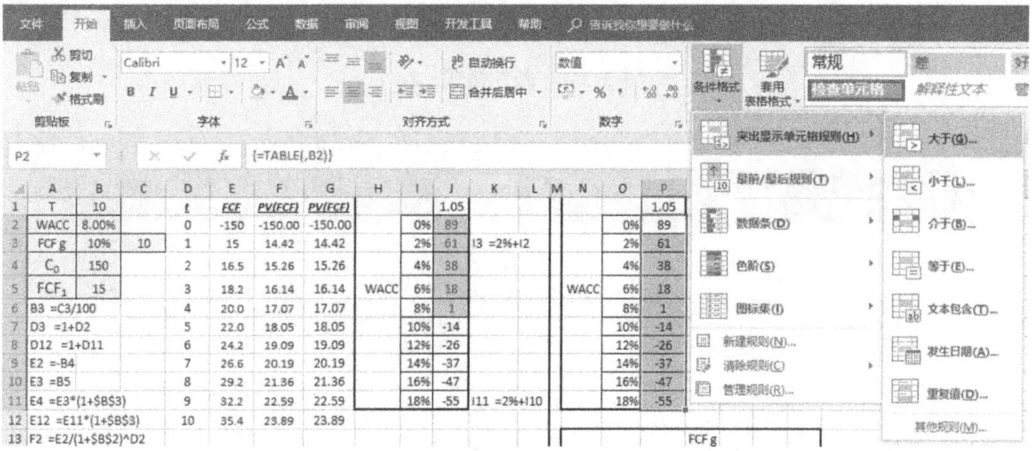

图 1.11　条件格式（1）

条件格式中有选项可供选择①，其中"清除规则"选项可以用来清除选定单元格乃至整个工作表的所有条件格式规则。在我们的当前应用中，我们想要突出显示模拟数据运算表中正的 NPV 值，因此在条件格式的下拉菜单中，我们选择"突出显示单元格规则"中的"大于"。

通过条件格式来新建格式规则的对话框一般如图 1.12 所示。

另一个在 Excel 中颇为有用的功能是"单变量求解"。它根据所提供的输入函数的指定值，计算得到某一输入值的大小。② 图 1.13 中的输入值与之前相同，使得项目 NPV 为 1.05。现在我们的目标是计算内部收益率 IRR，即使得 NPV 等于 0 的 WACC。点击"数据"菜单

---

①注意底部的选项，可用于管理或者移除现有的条件格式。
②换言之，这是 Excel 不断试错以寻找所需函数值的对应输入值的过程。

中的"模拟分析"选项,选择"单变量求解",如图1.13所示的部分菜单。

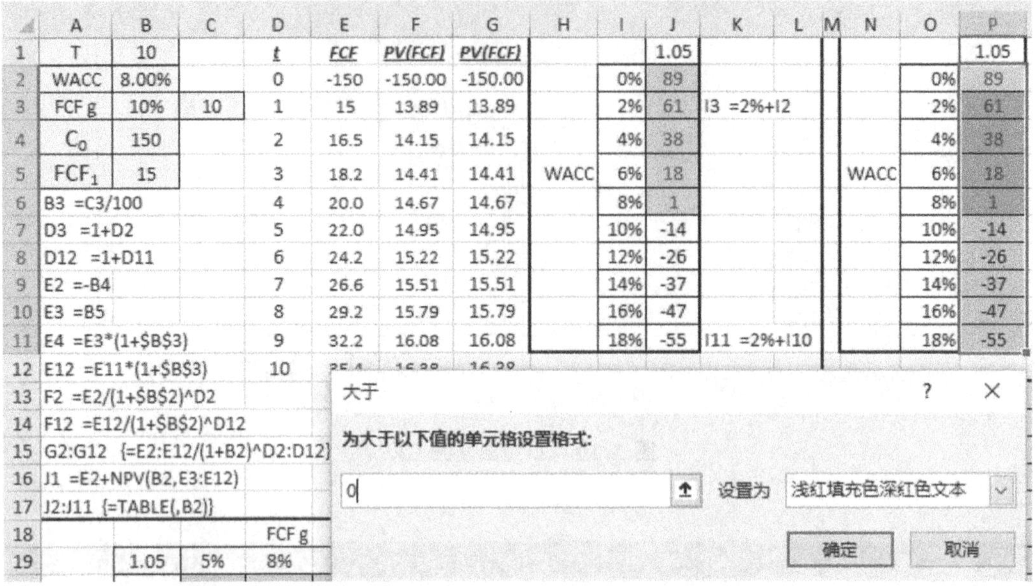

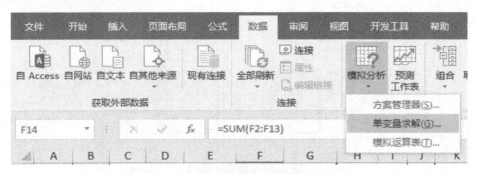

图1.12　条件格式(2)

图1.13　通过单变量求解计算 IRR

选择"单变量求解"后,图1.14所示的对话框将被打开。注意对话框中的三个输入项目:

● 在"目标单元格:"输入框中点击包含想产生特定数值的公式的目标单元格;
● 在"目标值:"输入框中输入目标单元格所希望达到的值;
● 在"可变单元格:"输入框中点击包含基础情形下输入值大小的、值设定可变的单元格,本例中即 WACC。

点击"确定"后,将出现以下两个对话框的其中一个:

● 如果 Excel 未能求出解,会出现一个相应的消息指令。
● 否则,如图1.15所示的对话框将会打开,表明找到了一个解。

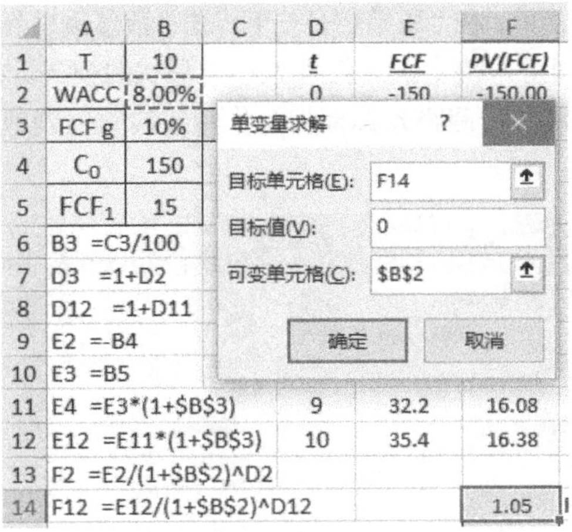

图 1.14　单变量求解；IRR 函数

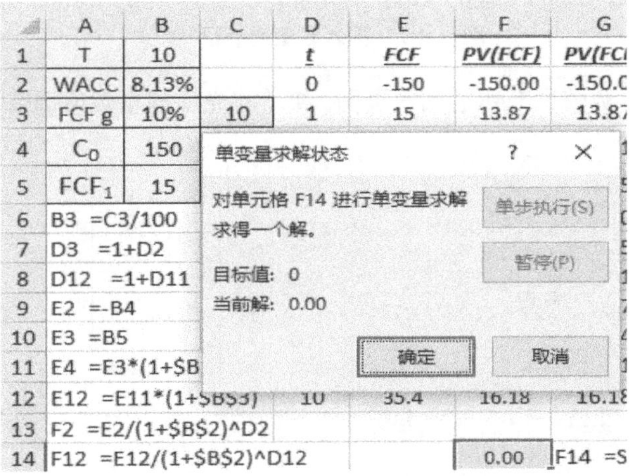

图 1.15　单变量求解

此时，表单中的数值大小已经被改变，因此你可以决定是否保留这些数值。注意，现在 B2 单元格中的 WACC 已经由 8.00% 变成了 8.13%。正如我们所期望的，这使得 F14 单元格中的 NPV 从 1.05 变成了 0.00。点击"确定"将关闭对话框，求得的解将保留在工作表中。点击"取消"也将关闭对话框，但是所有单元格都将回到运用单变量求解前的初始值。此例中，B2 单元格中的 WACC 将变回 8.00%，F14 单元格中的 NPV 将回到 1.05。

除了单维模拟运算表，也可以通过数值调节钮进行敏感性分析。数值调节钮的优点在于它是动态的，且当它与图表相联系时，它是一个非常强有力的展现工具。例如，我们在一系列值的范围内，改变 B3 单元格中基础情形下自由现金流的增长率。之后，随着 B3 单元格值的变化，NPV（WACC）的图也将动态改变。

为了使用数值调节钮，我们必须首先调整 Excel 顶部的快速访问工具栏。打开"文件"—"选项"，然后点击"快速访问工具栏"，点击"开发工具"，随后关闭"选项"对话框。我们注意到"开发工具"这一新标签被添加到了工具栏，如图 1.16 所示。如图所示，从"开发工具"这一选项中打开插入菜单,在"表单控件"下点击"数值调节钮"。当鼠标放置在表单上时,光标将变为十字,进而进入决定插入控件大小与形状的模式。左键单击你希望的数值调节钮左上角的位置,一直按住左键将光标拖拽至你希望的数值调节钮右下角的位置,然后松开左键。

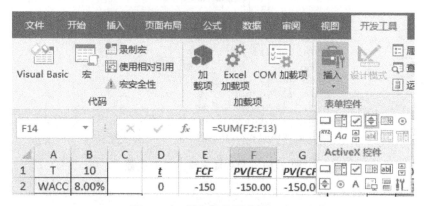

图 1.16　插入数值调节钮(1)

如图 1.17 所示,数值调节钮被加入页面。接着将光标挪至数值调节钮并单击右键,开启

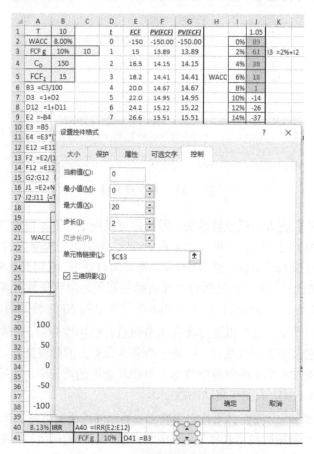

图 1.17　插入数值调节钮(2)

菜单后点击"设置控件格式",将打开如图 1.17 所示的对话框。考虑到直接运用数值调节钮能改变单元格的最小值为 1,我们需要对其进行变形,才能将其用于 FCF 增长率的调节,因为 FCF 增长率通常小于 100%。因此,我们运用数值调节钮调节单元格 C3 的值(在"单元格链接:"输入框中点击单元格 C3),同时将单元格 B3 的输入值改成"=C3/100"。输入"设置控件格式"中的选项框后,点击"确定"。此时,你将看到数值调节钮仍然是选定的状态,但只需要点击按钮外的任何一个单元格,就能够取消选定。现在数值调节钮已经可供使用了。

数值调节钮设置完成后,重复点击"上"箭头可以根据需要增加链接单元格值的大小,直至所能达到的最大值。"下"箭头的效果恰恰相反。注意 NPV(WACC)图向上(下)的移动源自于通过数值调节钮调节的自由现金流增长率的增加(减少)。

1.4 随机变量、平均数、方差和相关系数

随机变量 (RV) 是对随机过程建模时需要使用的变量。本书主要关注**连续随机变量**,即**支撑集**(该随机变量所能实现的所有可能值)是连续区间的变量。①

考虑支撑集为 (a,b) 的连续随机变量 X,记为 $X \sim (a,b)$。假设其概率**密度函数**为 $f(x)$,连续随机变量概率密度函数的积分为(**累积**)**分布函数**,其定义如下:

$$F(x) \equiv Pr(X \leqslant x) = \int_{y=a}^{y=x} f(y)\mathrm{d}y = F(x) - F(a) = F(x), \tag{1-8}$$

对连续随机变量,$F(a) = 0$。② 同样,我们假设函数都是良态函数,因此,

$$f(x) = \frac{\mathrm{d}F(x)}{\mathrm{d}x} \tag{1-9}$$

连续随机变量 X 的**期望值**是其集中趋势的度量,定义为

$$E[X] \equiv \int_{x=a}^{x=b} xf(x)\mathrm{d}x, \tag{1-10}$$

显而易见,$E[X]$ 与 X 维数相同。

方差是变量离散度或波动程度的度量,定义为

$$\sigma^2(X) \equiv \int_{x=a}^{x=b} (x - E[X])^2 f(x)\mathrm{d}x, \tag{1-11}$$

其维数是 X 的维数的平方。此维数难以解释方差的实际意义,因此常用**标准差** $\sigma(X)$ 作为变量波动性的度量,标准差与变量 X 自身的维度相同,方差与标准差的关系为

$$\sigma(X) = \sqrt{\sigma^2(X)} \tag{1-12}$$

---

①**离散随机变量**的支撑集是离散值,而不是一个连续区间。**混合随机变量**的支撑集中既有离散值也有连续区间。
②假设是无原子 (no atoms) 分布,包括在点 a 周围。

相关系数是协方差的标准化形式，定义为

$$\boxed{\rho(X,Y) \equiv \frac{\sigma^2(X,Y)}{\sigma(X)\sigma(Y)} \in [-1,1],} \tag{1-13}$$

$\rho(X,Y)$ 没有维度，因此相关系数间通常是可比的。直觉上，$\rho(X,Y) > 0$ ($\rho(X,Y) < 0$) 表示 X 和 Y 将同向（反向）变动。

1.5 未来条件均值

条件均值是满足给定的一个或者多个条件的变量均值。假设一个连续随机变量 $X \in (a,b)$，我们将使用 X 的密度函数计算其条件均值。例如，**给定变量值小于** $c \in (a,b)$ **的条件密度函数**为

$$f(x|x \leqslant c) \equiv \frac{f(x)}{\int_{x=a}^{x=c} f(x)\mathrm{d}x} = \frac{f(x)}{Pr(X \leqslant c)} = \frac{f(x)}{F(c)}. \tag{1-14}$$

接下来，**给定变量值小于等于** $c \in (a,b)$ **的（未来）条件均值**等于

$$E[X|X \leqslant c] \equiv \int_{x=a}^{x=c} xf(x|x \leqslant c)\mathrm{d}x = \frac{1}{F(c)}\left[\int_{x=a}^{x=c} xf(x)\mathrm{d}x\right]$$

$$= \frac{\int_{x=a}^{x=c} xf(x)\mathrm{d}x}{\int_{x=a}^{x=c} f(x)\mathrm{d}x} = \frac{1}{F(c)}\{E[X|X \leqslant c]Pr(X \leqslant c)\},$$

其中，$F(c) = Pr(X \leqslant c)$，且 $\int_{x=a}^{x=c} xf(x)\mathrm{d}x = E[X|X \leqslant c]Pr(X \leqslant c)$。

类似地，给定变量值大于 $c \in (a,b)$ **的条件密度函数**为[1]

$$f(x|x > c) \equiv \frac{f(x)}{\int_{x=c}^{x=b} f(x)\mathrm{d}x} = \frac{f(x)}{Pr(X > c)} = \frac{f(x)}{1-F(c)} \tag{1-15}$$

给定变量值大于 $c \in (a,b)$ **的（未来）条件均值**为

$$E[X|X > c] \equiv \int_{x=c}^{x=b} xf(x|x > c)\mathrm{d}x = \frac{1}{1-F(c)}\left[\int_{x=c}^{x=b} xf(x)\mathrm{d}x\right]$$

$$= \frac{\int_{x=c}^{x=b} xf(x)\mathrm{d}x}{\int_{x=c}^{x=b} f(x)\mathrm{d}x} = \frac{1}{1-F(c)}\{E[X|X > c]Pr(X > c)\},$$

其中，$1-F(c) = Pr(X > c)$ 且 $\int_{x=c}^{x=b} xf(x)\mathrm{d}x = E[X|X > c]Pr(X > c)$。

---

[1] 这与危险率函数（Hazard function）相关（$h(x) = \frac{f(x)}{1-F(x)}$），危险率函数常用于幸存分析。给定目前幸存率的条件下，危险率函数与未来时间区间内的死亡可能性成正比，分母与生存函数 $S(x) = 1 - F(x)$ 相关。

1.6 均匀分布随机变量

随机变量 X,如果在支撑集 $[a,b]$ 上连续,并且其支持集内任意一点的概率都为 0,则称其**均匀地**分布在支撑集 $[a,b]$ 上,记作 $X \sim U[a,b]$。因此,满足该条件的随机变量的密度函数与分布函数分别为

$$f(x) = \frac{1}{b-a}, \quad \text{且} \quad F(x) = \int_{y=a}^{y=x} \frac{1}{b-a} dy = \frac{x-a}{b-a}, \quad \forall x \in [a,b] \tag{1-16}$$

由式 (1-10) 可得均匀分布随机变量的均值为

$$\begin{aligned} E[X] &\equiv \int_{x=a}^{x=b} x f(x) dx = \int_{x=a}^{x=b} x \frac{1}{b-a} dx \\ &= \frac{1}{b-a} \left(b^2 - a^2 \right) = \frac{a+b}{2} \end{aligned} \tag{1-17}$$

其方差为

$$\begin{aligned} \sigma^2(X) &\equiv \int_{x=a}^{x=b} (x - E[X])^2 f(x) dx = \int_{x=a}^{x=b} \left(x - \frac{a+b}{2} \right)^2 \frac{1}{b-a} dx \\ &= \frac{1}{b-a} \frac{1}{3} \left[\frac{2x - (a+b)}{2} \right]^3 \bigg|_a^b = \frac{2}{3(8)} \frac{(b-a)^3 - (a-b)^3}{b-a} \\ &= \frac{(b-a)^2}{12} \end{aligned} \tag{1-18}$$

1.6.1 均匀分布随机变量的条件均值

举例来说,考虑一个均匀分布随机变量 $X \sim U[a,b]$。给定变量值小于或等于 $c \in (a,b)$ 的条件时,根据式 (1-14),其条件密度函数为

$$f(x|x \leqslant c) = \frac{f(x)}{\int_{x=a}^{x=c} f(x) dx} = \frac{f(x)}{F(c)} = \frac{\dfrac{1}{b-a}}{\dfrac{c-a}{b-a}} = \frac{1}{c-a} \tag{1-19}$$

于是,给定变量值小于或等于 $c \in (a,b)$ 的条件时,其条件均值为

$$\begin{aligned} E[X|X \leqslant c] &\equiv \int_{x=a}^{x=c} x f(x|x \leqslant c) dx = \int_{x=a}^{x=c} x \frac{1}{c-a} dx \\ &= \frac{1}{c-a} \left(\frac{c^2}{2} - \frac{a^2}{2} \right) = \frac{1}{c-a} \frac{(c-a)(c+a)}{2} = \frac{a+c}{2} \end{aligned}$$

继续 $X \sim U[a,b]$ 的假设,给定变量值大于 $c \in (a,b)$ 的条件时,根据式 (1-15),其条件密度函数为

$$f(x|x > c) = \frac{f(x)}{1 - F(c)} = \frac{\dfrac{1}{b-a}}{1 - \dfrac{c-a}{b-a}} = \frac{1}{b-c} \tag{1-20}$$

于是，给定变量值大于 $c \in (a,b)$ 的条件时，其条件均值为

$$E[X|X>c] \equiv \int_{x=c}^{x=b} xf(x|x>c)\mathrm{d}x = \int_{x=c}^{x=b} x\frac{1}{b-c}\mathrm{d}x$$

$$= \frac{1}{b-c}\left(\frac{b^2}{2}-\frac{c^2}{2}\right) = \frac{1}{b-c}\frac{(b-c)(b+c)}{2} = \frac{c+b}{2}$$

1.6.2 U[0,1] 均匀分布随机变量

考虑均匀分布随机变量的特殊情形 $X \sim U[0,1]$，该随机变量以相同的可能性实现 $[0,1]$ 区间中的任何值。在 $a=0$ 且 $b=1$ 的特殊情形中，式 (1-16) 变为①

$$f(x)=1, \quad F(x)=x, \quad \forall x \in [0,1]$$

通过式 (1-17) 和式 (1-18)，随机变量 $X \sim U[0,1]$ 的期望值为 $E[X]=\frac{0+1}{2}=\frac{1}{2}$，方差为 $\sigma^2 = \frac{(1-0)^2}{12} = \frac{1}{12}$，故其标准差为 $\sigma = \frac{1}{2\sqrt{3}}$。

1.7 历史绩效度量

之前的讨论都是面向未来建模（例如我们之前计算期望价值），现在我们回过头来用历史数据值衡量过去的绩效表现。② 我们将从 N 年的数据中计算得到历史均值、历史方差和历史标准差。**算数平均值**是对变量集中性的度量，计算公式如下：

$$\boxed{\overline{x} = \frac{1}{N}\sum_{n=1}^{N} x_n} \tag{1-21}$$

其次，**历史方差** $s^2(X)$ 及**历史标准差** $s(X)$ 的计算公式分别为

$$\boxed{s^2(X) = \frac{1}{N-1}\sum_{n=1}^{N}(x_n-\overline{x})^2, \quad s(X) = \sqrt{s^2(X)}} \tag{1-22}$$

同样，标准差的优点在于它和数据维数相同。

历史条件均值

使用历史数据，通过将满足给定条件的所有数据的总和除以满足给定条件的数据的计数（即数目），可以得到**条件均值**。例如，给定 N 个数据点 $x_1, x_2, ..., x_N$，变量值小于或等于 c 的条件均值为

$$\boxed{\overline{x}|x \leqslant c \equiv \frac{\sum_{x_n \leqslant c} x_n}{y}} \tag{1-23}$$

---

① 服从这样的分布的 RV 可在 Excel 中通过 "=RAND()" 产生。
② 本节的公式与面向未来建模的离散随机变量的公式类似，即假定所有可能结果发生的概率相同。

其中，$y \in \{1, 2, ..., N\}$ 是满足 $x_n \leqslant c$ 的数据数目。① 同样，因为有 $N-y$ 个数据满足 $x_n > c$，因此给定变量值大于 c 的条件均值为：

$$\boxed{\overline{x}|x > c \equiv \frac{\sum\limits_{x_n > c} x_n}{N - y}} \tag{1-24}$$

1.8 Excel 函数：随机变量函数

- =RAND() 返回在支撑集 [0,1] 上均匀分布的随机变量的一个随机数，即 $X \sim U[0,1]$。若要将其转变成 $Y \sim U[a,b]$，在 Excel 中输入

$$= a + (b - a) * \text{RAND}() \tag{1-25}$$

按"F9"键（Mac 上为"function+F9"）将更新 Excel 工作表中所有的随机变量以及所有的随机变量函数。

- =COUNT(*range*) 计算"*range*"区域中所有包含数值的单元格数目，忽略空白单元格与文本单元格（即非数值单元格）。
- =AVERAGE(*range*) 返回"*range*"区域内所有数值的平均值（算术平均值），忽略空白单元格与文本单元格。
- =FREQUENCY(*dataArray*,*binsArray*) 计算"*dataArray*"数组出现在某个"*binsArray*"数组区间内的频率。这是 Excel 中的数组方程，因此必须使用"shift+control+enter"键（而不是简单的"enter"键）来执行数组函数的计算。
- =PI() 返回 pi 的值，数值上等于 3.14159...
- =TEXT(*numericalValue*,"0.00") 将"numerical Valure"数值转换成携带与引号中数字小数位数相同的文本，本例中为两位小数。
- =SUMIF(*range*,"*logicalTest*",[*sumRange*]) 对"*range*"区域内满足条件"*logicalTest*"（条件必须是文本形式）的数值求和。第三个输入项作为备选，如果选择输入"*sumRange*"实际求和区域，那么求和的数据可以不同于"*range*"区域中的数值。这种情况下，仍然使用"*range*"区域来判断条件"*logicalTest*"是否满足。
- =COUNTIF(*range*,"*logicalTest*") 对"*range*"区域中符合指定条件"*logicalTest*"的单元格计数（条件必须是文本形式）。
- =SQRT(*number*) 计算"*number*"的算数平方根。
- 为了隐藏行（列），首先将光标放在要隐藏的第一行（列）的数字（字母）上。左键单击鼠标，然后将光标拖到所有要隐藏的行（列）上。一旦选定了所有要隐藏的行（列），右键单击鼠标并选择"隐藏"。值得注意的是，即使这些单元格是隐藏的，它们仍然是工作表的一部分，并像任何其他单元格一样包含内容。例如，如果将一个公式复制并粘贴在隐藏的行或列上，隐藏的单元格中仍然包含这一公式。

---

①显然，至少要有一个数据满足条件才能进行条件均值的计算。

如果插入包含隐藏单元格中数据的图表，请确保调整选项设置以将隐藏单元格中的数据包括进来，因为 Excel 默认在插入图表时忽略隐藏单元格。

若要取消隐藏，选定隐藏行（列）的上方及下方（左方及右方）未隐藏的行（列）。选定后右击鼠标并选择"取消隐藏"。

- =VARIANCE(*range*) 计算"*range*"区域内输入值的方差。
- =STDEV(*range*) 计算"*range*"区域内输入值的标准差。

1.9 例：均匀分布随机变量

图 1.18 中单元格 A1:A1287 展示了 1 287 个服从在单位区间 [0,1] 内均匀分布的随机

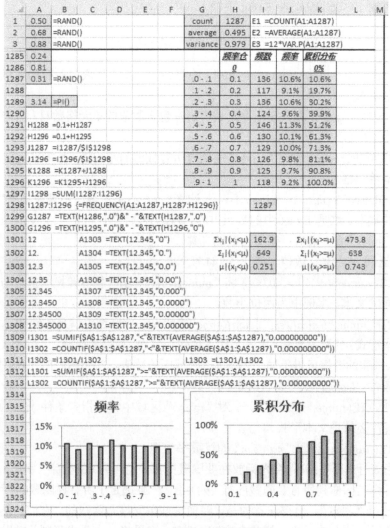

图 1.18　均匀分布随机变量

数。注意第 4 行至第 1 284 行被隐藏了。H1 单元格显示了这些随机数的个数,H2 单元格显示了其平均值,H3 计算了 12 乘以其方差的值。我们预期随机数组的均值为 0.5,方差为 $\frac{1}{12}$。因此,12 乘以方差应当等于 1。另外,单元格 H1287:H1296 显示了长度为 10 的区间划分,我们希望分别计算落在这些区间里的随机数的数量。单元格 I1287:I1296 显示了 Excel 定义的数组方程 "FREQUENCY"。单元格 J1287:J1296 是它们的相对百分比,单元格 K1287:K1296 是相对百分比的累加。单元格 I1298 用于确认所有区间的计数总和等于总的计数 1287。通过对单元格 A1301:C1308 的学习我们可以进一步熟悉 TEXT 函数的使用。最后,单元格 I1301:I1303 和单元格 L1301:L1303 显示了两种不同条件均值的算法。[1]

图 1.18 的左(右)下端显示了频率计数的百分数(累计百分数)柱状图。图 1.19 展示了插入柱状图的步骤。在选定希望绘制柱状图的数据后(单元格 J1287:J1296 用于画百分比图,单元格 K1287:K1296 用于画累计百分比图),点击 "图表" 栏,选择 "柱状图"。通过选定单元格 H1287:H1296 插入 X 轴标签。

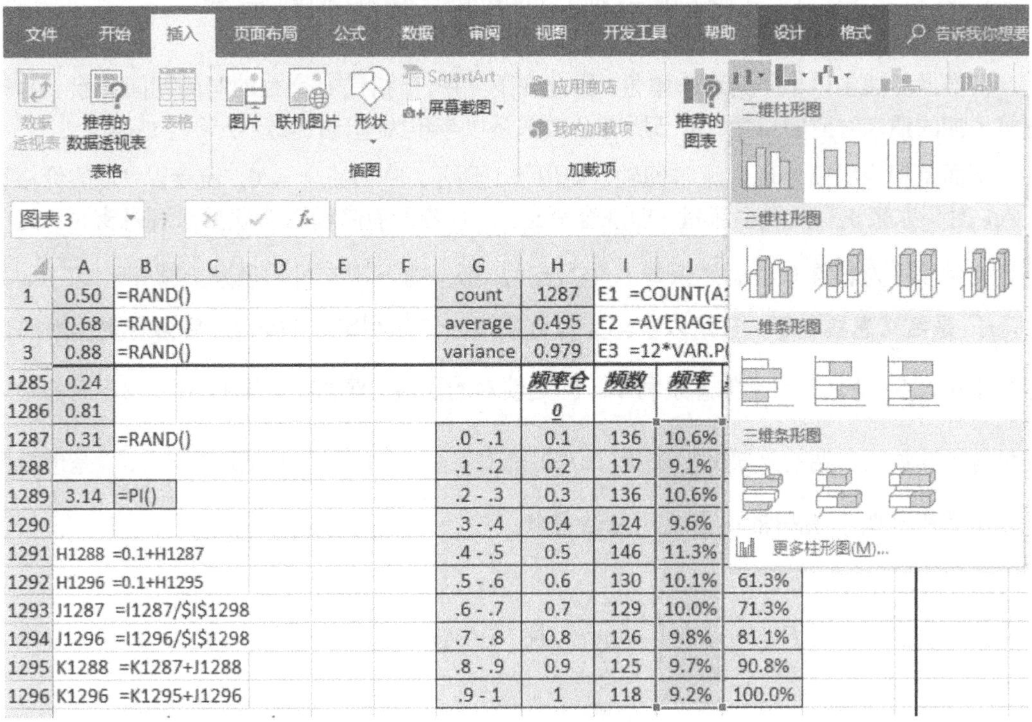

图 1.19 插入柱状图

---

[1]注意:在单元格 A1289 中显示了通过 Excel 函数 PI 生成的 $\pi = 3.14159....$

第 2 章 布尔函数、Excel 现值函数

在第 2 章中，我们将以基础债券相关概念为工具，介绍更多新的 Excel 函数，包括布尔函数和现值函数。本章将回顾债券时间轴、现金流计算、到期收益率、价格–收益率曲线、年利率（Annual Percentage Rate, APR）和年有效利率（Annual Effective Rate），探索随机变量的常见分布（如标准正态分布和均匀分布）。我们将展示如何应用这些分布对风险资产未来收益建模，与之相关的函数包括 NORMSDIST 和 NORMSINV。

2.1 债券现金流、时间轴、价格和收益率

债券世界通常以半年为运作单位。因此在下文中，t 指代 6 个月的时间期间，而 $\frac{t}{2}$ 指的是第 t 期的期末对应的日期。本节所有公式都是以半年为基础，假定今天是 $t=0$。

下面是相应的债券现金流时间轴。如图 2.1 所示，在时点 $t=0$，债券以 P_0 的价格被买入，对买家来说有负现金流量（即现金流出）。债券所有者随后有权要求利息支付，这一利息支付被称为**息票**（C_t）。息票每 6 个月支付一次，每一次支付的息票金额等于 $F\frac{r_t^C}{2}$。其中，r_t^C 是**名义息票利率**，它是以半年为复合期限的年化利率（APr，之后会有更详细的讨论），因此 $\frac{r_t^C}{2}$ 是有效的半年息票利率。F 是债券的**面值**。债券在**到期日**（$t=T$）时的最后支付等于其最后一期的息票 C_T 加上 F，即 $PCF_T = F\left(1+\frac{r_T^C}{2}\right)$。通常，$PCF_{\frac{t}{2}}$ 是债券发行人承诺在日期 $\frac{t}{2}$ 兑付的现金流。总结看来，

$$PCF_{\frac{t}{2}} = F\left(\frac{r_{\frac{t}{2}}^C}{2}\right), \quad 且 \quad PCF_T = F\left(1+\frac{r_T^C}{2}\right), \tag{2-1}$$

$\forall t \in \{0, 1, 2, ..., T-1\}$。类似地，

$$PCF_{\frac{1}{2}} = F\left(\frac{r_{\frac{1}{2}}^C}{2}\right), \quad PCF_1 = F\left(\frac{r_1^C}{2}\right), \quad PCF_{\frac{3}{2}} = F\left(\frac{r_{\frac{3}{2}}^C}{2}\right),$$

$$PCF_2 = F\left(\frac{r_2^C}{2}\right), \quad PCF_{\frac{5}{2}} = F\left(\frac{r_{\frac{5}{2}}^C}{2}\right), ..., \quad 且$$

$$PCF_T = F\left(1+\frac{r_T^C}{2}\right) \tag{2-2}$$

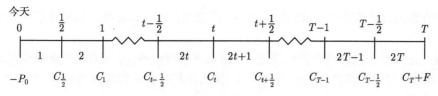

图 2.1 债券现金流

债券的**到期收益率** (y) 定义为使得债券价格等于未来承诺的现金流的现值总和的折现率。给定债券到期日是从现在开始的 T 年后,那么到期收益率则被隐性定义为[①]

$$P_0 \equiv \sum_{t=1}^{2T} \frac{PCF_{\frac{t}{2}}}{\left(1 + \frac{y\left(P_0, PCF_{\frac{t}{2}}\right)}{2}\right)^t} \tag{2-3}$$

承诺现金流是**债券合约** (indenture) 中约定的现金流。

本书假设采取**固定息票利率**,这意味着所有的息票支付相等而且独立于变化的市场利率。给定固定的息票利率 r^C,那么定期的(即半年的)息票支付也固定为 $C = F\frac{r^C}{2}$。因此对于固定息票债券,承诺现金流为:

$$PCF_{\frac{t}{2}} = C = F\left(\frac{r^C}{2}\right), \quad \forall t \in \{1, 2, ..., 2T-1\}, \quad 且 \tag{2-4}$$

$$PCF_T = F + C = F\left(1 + \frac{r^C}{2}\right) \tag{2-5}$$

接下来,给定到期收益率 y,其 6 个月有效贴现率为 $\frac{y}{2}$。y 为名义值,是半年复合的**名义年化利率**,它对应的**有效年化利率**为 $\left(1 + \frac{y}{2}\right)^2 - 1 = y + \frac{y^2}{4} > y, \forall y > 0$。简单来说,由于一年复合两次,有效年化利率将大于名义年化利率。

关于到期收益率,通常还有另一种观点。我们重新定义其定义式 (2-3),即

$$0 \equiv -P_0 + \sum_{t=1}^{2T} \frac{PCF_{\frac{t}{2}}}{\left(1 + \frac{y}{2}\right)^t} \tag{2-6}$$

将此式与等式 (1-7) 比较,我们会发现到期收益率实际上是一种特殊的内部收益率。[②] 然而,两者间仍有重要的不同之处:定义内部收益率的式 (1-7) 使用的是期望现金流,而定义到期收益率的式 (2-6) 使用的是承诺现金流。如果投资者满足以下三个条件,那么他(她)持有债券所获回报率将恰好等于到期的收益率:

- 购买一只债券;
- 收到所有承诺现金流;

[①] 本书将到期收益率记为 $y(P_0, PCF_{\frac{t}{2}})$ 是为了强调到期收益率是价格和承诺现金流的函数。
[②] 注意相等价的式 (2-3) 和式 (2-6) 与 "债券世界" 的 "公约" 是一致的,即以半年为运作单位。

● 将债券生命期内所有息票进行再投资，再投资回报率恰好等于期初计算得到的到期收益率。

假设上述条件中的前两个仍然满足，放松第三个假设条件。如果投资者投资息票的回报率大于（小于）初始计算得到的到期收益率，那么在其他条件相同的情况下，他（她）所赚的收益率将大于（小于）y。

2.2 Excel 函数：收益率曲线

● =PV(*rate,periods,payment,[fv]*) 通过下式计算年金现值：

$$PV = \frac{CF}{r}\left[1-(1+r)^{-T}\right], \tag{2-7}$$

其中 CF 是现金流，r 是折现率，T 是支付的期数。计算固定息票债券的价格需使用第一个可选参数 [*fv*]（债券面值）。（注意：fv 在到期日 T 收到。）若计算转换成以半年为基础，那么 =PV($y/2, 2T, Fr^c/2, F$) 就通过以下公式计算债券价值：

$$\boxed{\begin{aligned}P_0 &= \frac{Fr^c/2}{y/2}\left[1-\left(1+\frac{y}{2}\right)^{-2T}\right] + F\left(1+\frac{y}{2}\right)^{-2T} \\ &= F\left\{\frac{r^c}{y}\left[1-\left(1+\frac{y}{2}\right)^{-2T}\right]+\left(1+\frac{y}{2}\right)^{-2T}\right\}\end{aligned}} \tag{2-8}$$

● 布尔函数：(*logicalTest*)

如果判断条件"*logicalTest*"为对，则 Excel 的单元格中会出现"TRUE"。

如果判断条件"*logicalTest*"为错，则 Excel 的单元格中会出现"FALSE"。

将布尔函数的正确（错误）结果用于数学表达式中，那么函数的 TRUE (FALSE) 值将被替代为数值 1 (0)。

我们可以使用以下两个布尔函数来构建债券的现金流：

$$= (t<=T)*F*[(t=T)+r^C/2], \tag{2-9}$$

其中，第一个布尔判断条件 $(t<=T)$ 用于确认债券是否到期，即现在是否仍然在支付现金流。

如果 $t>T$，那么布尔函数 $(t<=T)$ 为错误（"FALSE"），这意味着债券已经到期了，现在不再支付现金流。

如果 $t<=T$，那么布尔函数 $(t<=T)$ 为正确（"TRUE"），这意味着债券仍然在支付现金流。

式 (2-9) 中的第二个布尔函数 $(t=T)$ 用于确认债券是否在当期到期，这决定着除了息票外是否需要支付债券面值 F。

如果 $t \neq T$，那么布尔函数 $(t=T)$ 为错误（"FALSE"），这意味着债券当期没有到期，因此面值无须在当期支付。

如果 $t=T$，那么布尔函数 $(t=T)$ 正确（"TRUE"），这意味着债券当期到期，因此面值需要在当期支付。

2.3 例：债券现金流与估值

图 2.2 显示了 5 只不同债券的输入参数。这 5 只债券除了到期期限不同，其余都相同。

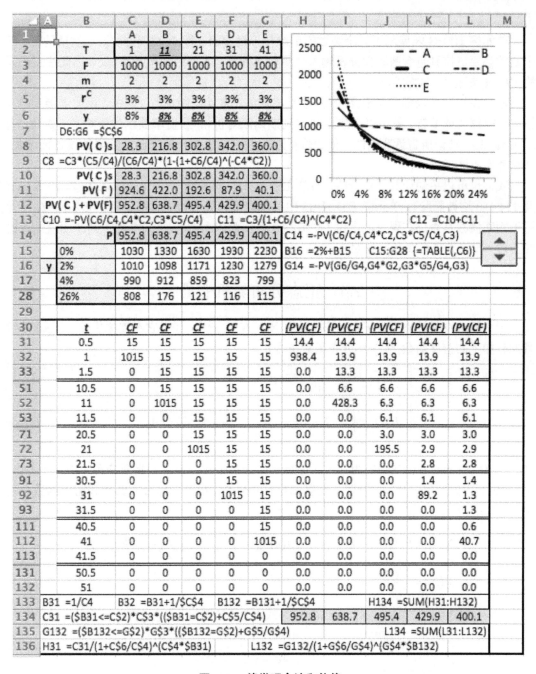

图 2.2 债券现金流和估值

由年金现值公式，第 8 行单元格计算了息票支付的现值：[①]

$$PV(C) = \frac{Fr^C/m}{y/m}\left[1 - \left(1+\frac{y}{m}\right)^{-Tm}\right]$$

第 10 行通过 Excel 的现值 (PV) 函数计算得到了相同的数值。第 11 行计算了面值的现值，即 $\frac{F}{(1+y/m)^{Tm}}$。Excel 的 PV 函数也可直接用于计算固定利率债券的价格，如第 14 行所示。

单元格 B14:G28 展示了五个函数的单维模拟运算表（行 18:27 被隐藏）。重要的是，五个函数都要链接到包含敏感性分析输入变量的单元格，本例中即单元格 C6。因此注意单元格 D6:G6 都有 "=$C$6"。

这一模拟运算表提供了五条价格-收益率曲线，将其绘制在图 2.2 中。添加链接到单元格 D2 的数值调节钮，就可以动态地观察到期期限对价格-收益率曲线的影响。正如马尔基尔 (Malkiel) 结论所告诉我们的，债券价格对收益率的敏感性随着到期期限的增加而增加，增加速率不断递减。

我们也可以手动计算债券价格，如单元格 B31:L134 所示（行 34:50, 54:70, 74:90, 94:110 及 114:130 均被隐藏）。单元格 C31:G132 中的现金流计算巧妙地运用了两个布尔函数：一个用于判断债券是否仍在现金流支付（即债券在之前尚未到期），另一个用于判断面值是否已经支付（即债券是否在当期到期）。

2.4 正态分布随机变量

一个随机变量被称为有**正态分布**（记为 $X \sim N(\mu, \sigma^2)$），如果它在支撑集 $(-\infty, \infty)$ 连续且拥有如下的密度函数 $f(x)$ 和分布函数 $F(x)$：

$$f(x) = \frac{1}{\sqrt{2\pi\sigma^2}}\mathrm{e}^{-\left(\frac{x-\mu}{\sqrt{2}\sigma}\right)^2}, \tag{2-10}$$

$$F(x) = \int_{-\infty}^{x} f(y)\mathrm{d}y = \int_{-\infty}^{x} \frac{1}{\sqrt{2\pi\sigma^2}}\mathrm{e}^{-\left(\frac{y-\mu}{\sqrt{2}\sigma}\right)^2}\mathrm{d}y, \tag{2-11}$$

其中，随机变量的期望或均值为 μ，方差为 σ^2。正态分布也被称为**高斯分布**（Gaussian distribution），即所谓的"钟形曲线"。这些函数使用频繁，故我们将分布函数和密度函数分别记为 $N(x)$ 和 $n(x)$，有

$$N(x) = Pr(X \leqslant x) = \int_{y=-\infty}^{y=x} n(y)\mathrm{d}y = \int_{y=-\infty}^{y=x} \frac{1}{\sqrt{2\pi\sigma^2}}\mathrm{e}^{-\left(\frac{y-\mu}{\sqrt{2}\sigma}\right)^2}\mathrm{d}y,$$

$$n(x) = \frac{\mathrm{d}N(x)}{\mathrm{d}y} = \frac{1}{\sqrt{2\pi\sigma^2}}\mathrm{e}^{-\left(\frac{x-\mu}{\sqrt{2}\sigma}\right)^2} \tag{2-12}$$

与式 (1-8) 和式 (1-9) 类似，我们给出下列等式（不再证明）：

$$E[X] = \int_{y=-\infty}^{y=\infty} yn(y)\mathrm{d}y = \int_{y=-\infty}^{y=\infty} y\frac{1}{\sqrt{2\pi\sigma^2}}\mathrm{e}^{-\left(\frac{y-\mu}{\sqrt{2}\sigma}\right)^2}\mathrm{d}y = \mu, \tag{2-13}$$

[①] 我们再次将价格视为收益率的函数，尽管到期收益率的定义与之相反。

且

$$E\left[(X-E[X])^2\right] = \int_{y=-\infty}^{y=\infty} (y-\mu)^2 n(y) \mathrm{d}y$$
$$= \int_{y=-\infty}^{y=\infty} (y-\mu)^2 \frac{1}{\sqrt{2\pi\sigma^2}} \mathrm{e}^{-\left(\frac{y-\mu}{\sqrt{2}\sigma}\right)^2} \mathrm{d}y = \sigma^2 \tag{2-14}$$

2.5 标准正态分布随机变量

标准正态分布，记为 $SN(x)$，其密度函数记为 $Sn(x)$。它是正态分布在 $\mu=0$ 且 $\sigma^2=1$ 时的特殊情况。

$$SN(x) = Prob(X \leqslant x) = \int_{y=-\infty}^{y=x} \frac{1}{\sqrt{2\pi}} \mathrm{e}^{-\frac{y^2}{2}} \mathrm{d}y, \tag{2-15}$$

$$Sn(x) = \frac{1}{\sqrt{2\pi}} \mathrm{e}^{-\frac{x^2}{2}} \tag{2-16}$$

2.6 Excel 正态随机变量函数

• =NORM.S.INV(RAND()) 返回服从标准正态分布 $SN(x)$ 的一个随机数。其中，RAND() 可理解成概率。正态分布存在唯一逆函数，因为 $SN(x)$ 在支撑集严格递增，即 $n(x) = \dfrac{\mathrm{d}N(x)}{\mathrm{d}y} > 0, \forall x \in (-\infty, \infty)$。

• =NORM.S.DIST(x,1) 返回变量 x 对应的标准正态分布值 $SN(x)$，其中 $x \in (-\infty, \infty)$。

• =NORM.S.DIST(x,0) 返回变量 x 对应的标准正态概率密度值 $Sn(x)$，其中 $x \in (-\infty, \infty)$。

2.7 例：标准正态随机变量

图 2.3 显示了标准正态随机变量的计算，基本上与图 1.18 所示的 [0,1] 均匀分布随机变量的计算相同。（注意，4:3000 行、3010:3068 行是隐藏的。）图 2.3 中单元格 A1:A3003 生成了 3 003 个随机变量。注意它们的平均值（单元格 D1）和方差（单元格 D3）分别与其期望值 0 和 1 相等。由频率以及相关比率计算得到的百分比显示在第 3008 至第 3070 行。区间选择大致设定在 -3.1 到 3.1，这一范围包含了超过 99% 的分布为 $N(0,1)$ 的随机数。

由数值分析，单元格 C3008:C3070 显示了"数据密度"，这是通过落在区间内的随机数计数除以区间长度得到的（此例中"数据密度"为 0.1）。运用数值积分，通过当前区间长度 0.1 乘以落在当前区间的频率，再加上之前区间的累积概率，可以计算当前区间的累积概率，如单元格 E3008:E3070 所示。最后，NORM.S.DIST 函数被用于计算标准正态密度函数 (D3008:D3070) 和分布函数 (F3008:F3070) 的实际值。

	A	B	C	D	E	F	G	H	I	J	K
1	-0.371		μ	-0.015	-0.015		D1 =AVERAGE(A1:A3003)			E1 =D3002/D3001	
2	-0.670		σ	1.016			D2 =STDEV.S(A1:A3003)				
3	1.686		σ²	1.033	1.033		D3 =VAR.S(A1:A3003)				
3001	0.469		count	3003			D3001 =COUNT(A1:A3003)				
3002	0.699		sum	-45.6			D3002 =SUM(A1:A3003)				
3003	-0.209	A1:A3003 =NORM.S.INV(RAND())									
3004	E3 {=SUM((A1:A3003-AVERAGE(A1:A3003))^2)/(COUNT(A1:A3003)-1)}										
3005							A3009 =0.1+A3008				
3006			数据	实际	数据	实际	A3070 =0.1+A3069				
3007	频率仓	频率	f(x)	f(x)	F(x)	F(x)	B3072 =SUM(B3008:B3070)				
3008	-3.1	2	0.0067	0.0033	0.0007	0.0010	C3008 =B3008/$B$3072/0.1				
3009	-3	0	0.0000	0.0044	0.0007	0.0013	C3070 =B3070/$B$3072/0.1				
3069	3	2	0.0067	0.0044	0.9993	0.9987	D3008 =NORM.S.DIST(A3008,0)				
3070	3.1	2	0.0067	0.0033	1.0000	0.9990	D3070 =NORM.S.DIST(A3070,0)				
3071							E3009 =C3009*0.1+E3008				
3072		2999					E3070 =C3070*0.1+E3069				
3073	B3008:B3070 {=FREQUENCY(A1:A3003,A3008:A3070)}						F3008 =NORM.S.DIST(A3008,1)				
							F3070 =NORM.S.DIST(A3070,1)				

图 2.3 标准正态分布随机变量

图 2.3 底部的两张图显示了标准正态随机变量的频数百分比（累计百分比）图。我们也画出了由 NORM.S.DIST 函数得到的标准正态随机变量的确切的分布，因为我们只生成了 3 003 个随机变量，由生成的样本数据得到的图和实际的分布图有明显的偏差。读者如果生成更多的随机数，就能看到偏差会逐渐减小，即当生成的样本随机数达到 1 000 000 时，偏差将变得不再可见。[①]

[①] 我们从上限为 −3.0 的倒数第二低的区间开始作图，因为最低的区间与其他区间不同。考虑到正态随机变量的支撑集为整个实数线，上限为 −3.1 的区间长度无穷，即 $(-\infty, -3.1]$。因此，在图中，我们将这一区间忽略。请注意，对于均匀分布随机变量不存在这一问题，因为其支撑集是有限长度的区间。

第 3 章　Excel 回归分析、矩阵函数

在第 3 章中，我们将学习如何计算资产历史回报率以及它们的平均数、方差、标准差和相关系数，并探索常用于风险资产未来价格建模的对数正态分布。此外，本章还将回顾一元和多元普通最小二乘线性回归。本章最后将介绍更多新的 Excel 函数，包括 AVERAGE, VARIANCE, STDEV, SUMPRODUCT, PRODUCT, MMULT, TRANSPOSE, COVAR, CORREL, LN, LINEST, STEYX, SLOPE, INTERCEPT, RSQ, OFFSET, ROW, ROWS, COLUMN 和 COLUMNS 等函数。

3.1　股价的对数正态分布

在模型建立中，股票和其他风险资产的未来价格通常服从**对数正态分布**，这与假设**连续复合净回报率**服从正态分布相一致，即

$$r^{cc}_{t+\Delta t} = \ln\left(\frac{P_{t+\Delta t}}{P_t}\Big| P_t\right), \quad 且 \quad P_{t+\Delta t}|P_t = (P_t)\,\mathrm{e}^{r^{cc}_{t+\Delta t}}, \tag{3-1}$$

$\forall t \in \{0, 1\Delta t, 2\Delta t, ..., T - 2\Delta t, T - \Delta t\}$。未来不确定（风险）回报服从正态分布，即

$$r^{cc}_{t+\Delta t} = \Delta t\left(\mu - \frac{\sigma^2}{2}\right) + \sigma\sqrt{\Delta t}\,(Z_{t+\Delta t}), \tag{3-2}$$

其中，μ 是以瞬时为基础的连续复合年化回报率期望，σ 是标准差（即连续复合年化回报率的**波动率**），$Z_{t+\Delta t}$ 是一个标准正态分布随机变量。联合等式 (3-1) 和等式 (3-2)，有

$$P_{t+\Delta t}|P_t = (P_t)\,\mathrm{e}^{\Delta t\left(\mu - \frac{\sigma^2}{2}\right) + \sigma\sqrt{\Delta t}(Z_{t+\Delta t})}, \tag{3-3}$$

$\forall t \in \{0, 1\Delta t, 2\Delta t, ..., T - 2\Delta t, T - \Delta t\}$。

一旦建模者选定了其模型的期限（以年计的 T）和期数 N，他（她）就能计算以年计的周期长度 Δt，即

$$\Delta t = \frac{T}{N} \tag{3-4}$$

重新整理式 (3-4)，得

$$N = \frac{T}{\Delta t} \tag{3-5}$$

换而言之，建模者也可以独立地选择 T 和 Δt 后通过 $N = \dfrac{T}{\Delta t}$ 计算期数。但给定 T 时，建模者不能独立于 N 之外选择 Δt。

3.2 平均数、方差和相关系数

考虑两组历史回报数列，r_t^x 和 r_t^y，$t \in \{-T+1, -T+2, ..., -1, 0\}$。它们的**算数平均值**分别为

$$\overline{r^x} = \frac{1}{T} \sum_{t=-T+1}^{0} r_t^x, \quad \overline{r^y} = \frac{1}{T} \sum_{t=-T+1}^{0} r_t^y \qquad (3\text{-}6)$$

数列 r_t^x 和 r_t^y 的**历史方差**度量了各自的离散度，历史方差通过下式计算得到：

$$s^2(r^x) = \frac{1}{T-1} \sum_{t=-T+1}^{0} (r_t^x - \overline{r^x})^2, \qquad (3\text{-}7)$$

$$s^2(r^y) = \frac{1}{T-1} \sum_{t=-T+1}^{0} (r_t^y - \overline{r^y})^2 \qquad (3\text{-}8)$$

数列 r_t^x 和 r_t^y 的**历史协方差**则通过下式计算得到：

$$s^2(r^x, r^y) = \frac{1}{T-1} \sum_{t=-T+1}^{0} (r_t^y - \overline{r^y})(r_t^x - \overline{r^x}) \qquad (3\text{-}9)$$

历史协方差衡量了两个数组的总体离散度，以及它们同向变化或反向变化的程度。绝对值大的正（负）协方差表示两个数组离散度都较大且有明显的同向（反向）变动趋势。绝对值小（接近于 0）的协方差表示其中一个或两个数组的离散度较小，且（或）两个数组同向变动或反向变动趋势不明显。

对方差取平方根以进行标准化，就可以得到**标准差**。标准差的优点在于它具有与数据相同的维度。历史标准差为

$$s(r^x) = \sqrt{s^2(r^x)}, \qquad s(r^y) = \sqrt{s^2(r^y)} \qquad (3\text{-}10)$$

类似地，我们也可以将协方差除以两个数列各自的历史标准差以标准化得到**相关系数**，即

$$r(r^x, r^y) \equiv \frac{s^2(r^x, r^y)}{s(r^x) s(r^y)} \in [-1, +1] \qquad (3\text{-}11)$$

相关系数具有以下特征：
- 取值在 -1 到 $+1$ 之间；
- 指标无量纲，因此与其他相关系数可比。

相关系数取值接近于 $+1$（-1）意味着两个数列趋于同向（反向）变化。相关系数取值接近于 0 意味着两组数据相对线性不相关。[1]

---

[1] 相关系数为 0 的两组数列仍可能以非线性形式相关。

3.3 对数正态分布股价的 Excel 函数

• =NORM.S.INV(RAND()) 生成符合标准正态分布的一个随机数 Z。Excel 函数 RAND 生成符合 $[0, 1]$ 均匀分布的随机变量，我们将其视作随机概率。Excel 函数 NORM.S.INV 返回标准正态累积分布函数的反函数值。因此，将 RAND 函数值作为函数 NORM.S.INV 的参数，可以得到某随机概率的标准正态分布函数的反函数值。这一服从标准正态分布的变量值，恰好是我们期望得到的结果。

• =SUMPRODUCT($range1, range2$) 将 "$range1$" 和 "$range2$" 中的项目对应相乘，再对乘积求和。矩阵 $range1$ 和 $range2$ 必须拥有相同维数。特别地，给定 $range1$ 和 $range2$（简记为 $r1$ 和 $r2$）是 $I \times J$ 维矩阵，有

$$=\text{SUMPRODUCT}(r1, r2) \Leftrightarrow \sum_{i=1}^{I} \sum_{j=1}^{J} (r1_{i,j})(r2_{i,j}), \tag{3-12}$$

其中，两个求和式是对 $r1$ 和 $r2$ 对应位置因子的乘积进行求和。这一 Excel 函数也可输入三个及以上参数。当输入三个参数时，=SUMPRODUCT($r1, r2, r3$) 计算了

$$\sum_{i=1}^{I} \sum_{j=1}^{J} (r1_{i,j})(r2_{i,j})(r3_{i,j}), \tag{3-13}$$

其中，两个求和式是对得到的 $I \times J$ 维三因子乘积求和。输入四个参数的情形如下：=SUMPRODUCT($r1, r2, r3, r4$)，其计算了

$$\sum_{i=1}^{I} \sum_{j=1}^{J} (r1_{i,j})(r2_{i,j})(r3_{i,j})(r4_{i,j}), \tag{3-14}$$

其中，两个求和式是对得到的 $I \times J$ 维四因子乘积求和。多于四个参数的情况与之类似。

• =TRANSPOSE($matrix$) 用于转置矩阵 "$matrix$"。转置 "$matrix$" 即矩阵 "$matrix$" 的第一（二、三……）行变为转置矩阵的第一（二、三……）列，转置矩阵记为 "$matrix^{\text{T}}$"。同样地，矩阵 "$matrix$" 的第一（二、三……）列变为转置矩阵的第一（二、三……）行。所以 $m \times n$ 维矩阵 "$matrix$" 的转置为 $n \times m$ 维矩阵。

实际使用这一函数时，首先要在 Excel 中选定与转置矩阵"$matrix^{\text{T}}$"的大小相对应的 $n \times m$ 维可用单元格矩阵。之后输入 "=TRANSPOSE("，选定 $m \times n$ 维矩阵 "$matrix$" 后输入 ")" 以结束函数输入。TRANSPOSE 是一个数组函数，因此最后要按下 "control+shift+enter"。

• =MMULT($arrayX, arrayY$) 用于矩阵相乘，输出矩阵行数等于 "$arrayX$" 的行数，列数等于 "$arrayY$" 的列数。（使用这一函数需确保 "$arrayX$" 的列数等于 "$arrayY$" 的行数。否则，两个矩阵的乘法无法被定义。）如果 "$arrayX$" 和 "$arrayY$" 的维度分别为 $m \times n$ 和 $n \times o$，相乘得到的矩阵维数将为 $m \times o$。

实际使用这一函数时，首先要在 Excel 中选定 $m \times o$ 维的可用单元格矩阵。接着输入 "=MMULT("，选定 $m \times n$ 矩阵 "$arrayX$" 后输入 "，"，然后选定 $n \times o$ 矩阵 "$arrayY$"，输入 ")" 后按 "control+shift+enter"，因为 "TRANSPOSE" 是数组函数。

- =VARIANCE(*range*) 计算"*range*"区域内的输入值的期间方差。"期间"意味着，若"VARIANCE"函数使用日度（月度、年度……）的输入值，则计算得到的方差在时间上与之相匹配。

为将方差转换到另一时间基准，只需将该函数的结果乘以所需时间长度与输入时间长度的比率即可。简言之，为将对应期间长度为 $t1$ 年的方差 $s_{t1}^2(r^x)$ 转化为对应期间长度为 $t2$ 年的方差 $s_{t2}^2(r^x)$，只需令 $s_{t2}^2(r^x) = \frac{t2}{t1}s_{t1}^2(r^x)$ 即可。

- =STDEV(*range*) 计算"*range*"区域内输入值的期间标准差。

为将标准差转换为另一时间基准，只需将该函数的结果乘以所需时间长度与输入时间长度比率的平方根即可。简言之，为将对应期间长度为 $t1$ 年的标准差 $s_{t1}(r^x)$ 转化为对应期间长度为 $t2$ 年的标准差 $s_{t2}(r^x)$，只需令 $s_{t2}(r^x) = \sqrt{\frac{t2}{t1}}s_{t1}(r^x)$ 即可。

- =COVAR(*r1,r2*) 计算两组数列"*r1*"和"*r2*"的期间协方差。

为将协方差转换为另一时间基准，只需将该函数的结果乘以所需时间长度与输入时间长度的比率即可。简言之，为将对应期间长度为 $t1$ 年的协方差 $s_{t1}^2(r1,r2)$ 转化为对应期间长度为 $t2$ 年的协方差 $s_{t2}^2(r1,r2)$，只需令 $s_{t2}^2(r1,r2) = \frac{t2}{t1}s_{t1}^2(r1,r2)$ 即可。

- =CORREL(*rangeY,rangeX*) 计算两组数列"*rangeY*"和"*rangeX*"的相关系数。

总结看来，上述从期间结果到年度结果（或任何其他时间范围）的转换中，方差和协方差的转换在时间上是线性的（例如，日度结果通过乘以年交易日数量转换为年化结果）。标准差与期间长度的平方根成正比（例如，计算得到的日度标准差通过乘以年交易日数的平方根转换为年化结果）。最后，在其他条件相同的情况下，由于相关系数无量纲，故与期间长度无关。

- =LN(*number*) 计算"*number*"的自然对数（以 e 为底数）。当然，若"=LN(*number*)"输出结果等于 y，则有 $e^y = number$。

- 折线图用于绘制差值恒定的连续独立变量数据点的图形，例如时间序列图。随后我们将介绍如何绘制 XY 数对的散点图，它适用于连续独立变量的数据点的差值不恒定的情形。

- 按"F9"键（Mac 上按"function+F9"）将更新 Excel 工作表中的所有随机变量以及内嵌随机变量的函数。

3.4 例：对数正态股价模型

图 3.1 展示了如何为符合对数正态分布的未来股价路径建模。由于连续复合的回报率是正态分布的，故未来股价路径服从对数正态分布。对于三个资产 (A、B 和 C)，其分布的系数 μ 和 σ 分别展示在第 2 行和第 3 行。假设每年的交易日为 252 天，第 4 行展示了一天的长度。注意资产 C 无风险，因为 $\sigma = 0$。单元格 B6:D299 的三条路径包含 294 个日度价格，其中当前 ($t = 0$) 价格标准化为 $P_0^A = P_0^B = P_0^C = 1$。单元格 E7:G299 计算了基于这些价格路径的连续复合日度回报率。单元格 B301:D304 展示了基于这些价格路径的日度回报率的方差的多种计算方法，年化方差展示在单元格 E301:G304 中。第 306 行和第 307 行计算了

回报率的标准差。接着，单元格 B309:D312 (E309:G312) 计算了时间序列回报率的日度（年化）协方差。最后，第 314 行和第 315 行计算了时间序列回报率的相关系数。

	A	B	C	D	E	F	G
1		A	B	C	B309 =COVARIANCE.S(E7:E299,F7:F299)		
2	μ	40%	20%	3%	B314 =CORREL(E7:E299,F7:F299)		
3	σ	100%	35%	0%	B315 =E309/E306/F306		
4	Δt	0.00397	0.00397	0.00397	D4 =1/252		
5	t	P^A	P^B	P^C	r^A	r^B	r^C
6	0	1	1	1			
7	1	1.0942	1.0231	1.0001	9.006%	2.284%	0.012%
8	2	1.0708	1.0286	1.0002	-2.163%	0.539%	0.012%
298	292	0.0958	1.2764	1.0354	6.598%	-0.473%	0.012%
299	293	0.0961	1.2613	1.0355	0.264%	-1.190%	0.012%
300		daily	daily	daily	annual	annual	annual
301	$\sigma^2(r^i)$	0.003739	0.000461	1.66E-37	0.9423	0.1162	4.18E-35
302	$\sigma^2(r^i)$	0.003739	0.000461	1.66E-37	0.9423	0.1162	4.18E-35
303	$\sigma^2(r^i)$	0.003739	0.000461	1.66E-37	0.9423	0.1162	4.18E-35
304	$\sigma^2(r^i)$	0.003739	0.000461		0.9423	0.1162	
305		daily	daily	daily	annual	annual	annual
306	$\sigma(r^i)$	0.06115	0.02148	0.00000	97.1%	34.1%	0.0%
307	$\sigma(r^i)$	0.06115	0.02148		97.1%	34.1%	0.0%
308		$\sigma^2(r^A,r^B)$	$\sigma^2(r^A,r^C)$	$\sigma^2(r^B,r^C)$	$\sigma^2(r^A,r^B)$	$\sigma^2(r^A,r^C)$	$\sigma^2(r^B,r^C)$
309		0.000144			0.0363		
310		0.000144	-1.19E-21	3.232E-22	0.0363	-3E-19	8.14E-20
311		0.000144	-1.19E-21	3.232E-22	0.0363	-3E-19	8.14E-20
312		0.000144	-1.19E-21	3.232E-22	0.0363	-3E-19	8.14E-20
313					$\rho(r^A,r^B)$	$\rho(r^A,r^C)$	$\rho(r^B,r^C)$
314					0.109625	-1.5E-16	-2.3E-17
315					0.109625		
316	B7 =B6*EXP(B$4*(B$2-B$3^2/2)+NORM.S.INV(RAND())*B$3*SQRT(B$4))						
317	B299 =B298*EXP(B$4*(B$2-B$3^2/2)+NORM.S.INV(RAND())*B$3*SQRT(B$4))						
318	D7 =D6*EXP(D$4*(D$2-D$3^2/2)+NORM.S.INV(RAND())*D$3*SQRT(D$4))						
319	D299 =D298*EXP(D$4*(D$2-D$3^2/2)+NORM.S.INV(RAND())*D$3*SQRT(D$4))						
320	E7 =LN(B7/B6)		F7 =LN(C7/C6)		G7 =LN(D7/D6)		
321	E299 =LN(B299/B298)		F299 =LN(C299/C298)		G299 =LN(D299/D298)		
322	B301 =VAR.S(E7:E299)				E301 =252*B301		
323	B302 {=SUM((E7:E299-AVERAGE(E7:E299))^2)/(COUNT(E7:E299)-1)}						
324	B303 {=SUMPRODUCT(E7:E299-AVERAGE(E7:E299),E7:E299-AVERAGE(E7:E299))/(COUNT(E7:E299)-1)}						
325	B304 {=MMULT(TRANSPOSE(E7:E299-AVERAGE(E7:E299)),E7:E299)/(COUNT(E7:E299)-1)}						
326	B306 =STDEV.S(E7:E299)		E306 =SQRT(252)*B306			B307 =SQRT(B301)	
327	B310 {=SUM((E7:E299-AVERAGE(E7:E299))*(F7:F299))/(COUNT(E7:E299)-1)}						
328	B311 {=SUMPRODUCT(E7:E299-AVERAGE(E7:E299),F7:F299)/(COUNT(E7:E299)-1)}						
329	B312 {=MMULT(TRANSPOSE(E7:E299-AVERAGE(E7:E299)),F7:F299)/(COUNT(E7:E299)-1)}						

图 3.1 对数正态股价模型（1）

图 3.2 绘制了图 3.1 中单元格 B6:D299 的三条股价路径。注意，因为 C 为无风险资产，其价格路径平滑。按 F9 键（或 Mac 上按 function+F9）更新所有随机变量，从而刷新价格路

径。图 3.2 中单元格 A348:C358 展示了资产 A 和 B 293 个日度回报率的频率情况。显而易见，资产 A 回报率对应的频率图比资产 B 回报率对应的频率图更加分散，因此 $\sigma^A > \sigma^B$。

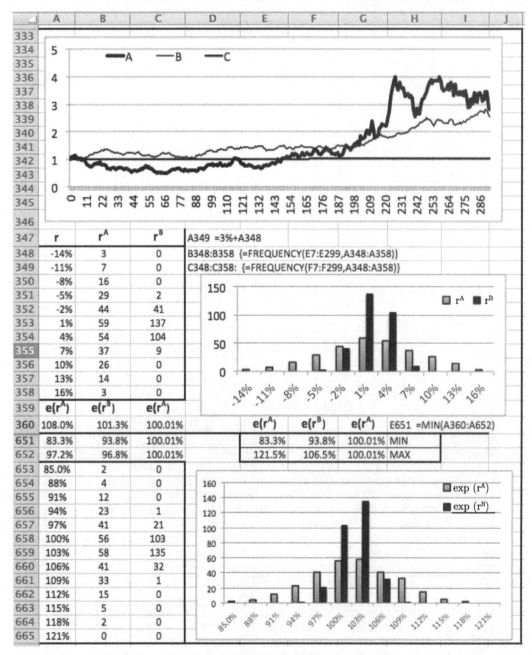

图 3.2 对数正态股价模型（2）

对于每一资产的日度回报率，$r_t^i, i \in \{A, B, C\}, t \in \{1, 2, 3, ..., 293\}$，单元格 A360:C652 计算了各资产的日度总回报率，$e^{r_t^i}$。$e^{r_t^A}$ 和 $e^{r_t^B}$ 的频率情况展示在单元格 A653:C665 中。虽然从图 3.2 右下角的柱状图难以直接辨认，但两个柱状图展示了与对数正态分布密度函数相一致的图形。

3.5 普通最小二乘线性回归

普通最小二乘线性回归（简称回归）中假定**自变量**（又称回归元）x_t 以线性方式驱动或影响**因变量**（又称回归子）y_t，即

$$y_t = \alpha + \beta x_t + \epsilon_t, \quad t \in \{-T+1, -T+2, ..., -1, 0\}, \tag{3-15}$$

其中 ϵ_t 是在日期 t 的**创新**，它捕获了控制自变量 x_t 后 y_t 的变异性。α 和 β 由数据点 (x_t, y_t)，$t \in \{-T+1, -T+2, ..., -1, 0\}$ 计算得到。**斜率** β 解释为 x 每增加（或减少）1 单位，则给定 x 的 y 的条件期望均值（即 $E[y|x]$）增加（或减少）β 单位。**截距** α，为给定 $x = 0$ 时 y 的条件期望均值，即 $E[y|x=0] = \alpha$。这些系数的解释都建立在 ϵ 的期望值为零且假定 ϵ 独立于 x 的基础上。总结看来，

$$\beta = \frac{\partial E[y|x]}{\partial x}, \quad \alpha = E[y|x=0]. \tag{3-16}$$

模型参数的估计值 $\hat{\beta}$ 和 $\hat{\alpha}$ 可通过式 (3-17) 计算得到：

$$\hat{\beta} = \frac{\frac{1}{T-1} \sum_{t=-T+1}^{0} (r_t^y - \overline{r^y})(r_t^x - \overline{r^x})}{\frac{1}{T-1} \sum_{t=-T+1}^{0} (r_t^x - \overline{r^x})^2} = \frac{s^2(r^x, r^y)}{s^2(r^x)},$$

$$\hat{\alpha} = \overline{r^y} - \beta \overline{r^x} \tag{3-17}$$

与之前相同，$s^2(r^x, r^y)$ 是数列 r^x 和 r^y 的协方差，$s^2(r^x)$ 是数列 x_t 的方差，$\overline{r^y} = \frac{1}{T} \sum_{t=-T+1}^{0} r_t^y$ 且 $\overline{r^x} = \frac{1}{T} \sum_{t=-T+1}^{0} r_t^x$。计算得到回归系数 $\hat{\alpha}$ 和 $\hat{\beta}$ 后，给定 x 值，模型中 y 的条件期望值由**最佳拟合线**给出，考虑 $E[\epsilon] = 0$，即

$$E[r^y|r^x] = \hat{r^y} = \hat{\alpha} + \hat{\beta} r^x \tag{3-18}$$

$\hat{\alpha}$ 和 $\hat{\beta}$ 的 t **统计量**由估计值除以估计值标准误得到，即

$$\hat{\alpha} \text{ 的} t \text{ 统计量} = t_\alpha = \frac{\hat{\alpha}}{\sigma_\alpha}, \quad \hat{\beta} \text{ 的} t \text{ 统计量} = t_\beta = \frac{\hat{\beta}}{\sigma_\beta}, \tag{3-19}$$

其中 σ_α (σ_β) 是 $\hat{\alpha}(\hat{\beta})$ **估计值的标准误**。拟合优度的度量 R^2 是回归模型中自变量 r^x 所能解释的因变量 r^y 变异性的百分比。与之相关的概念包括回归差异平方和（SSR），**总差异平方和**（SST）和**残差平方和**（SSE），即

$$SSR = \sum_{t=-T+1}^{0} \left(\hat{r_t^y} - \overline{r^y}\right)^2, \quad SST = \sum_{t=-T+1}^{0} (r_t^y - \overline{r^y})^2, \quad \text{和} \tag{3-20}$$

$$SSE = \sum_{t=-T+1}^{0} \left(\hat{r}_t^y - r_t^y\right)^2, \quad \text{且} \quad SSR + SSE = SST \tag{3-21}$$

故有，

$$R^2 = \frac{SSR}{SST} = \frac{SST - SSE}{SST} = 1 - \frac{SSE}{SST} \in [0, 1], \tag{3-22}$$

$R^2 = 0$ ($R^2 = 1$) 意味着模型拟合度为 0（拟合完美）。R^2 值越高（低），数据点 (r_t^x, r_t^y) 离最佳拟合线 $\hat{\alpha} + \hat{\beta} r_t^x = E[r_t^y | r_t^x]$ 越近（越远）。**总自由度**（DFT）为 $T-1$，其中 T 是数据点的总个数。**回归自由度**（DFR）为 $\pi - 1$，其中 π 是回归系数的数量（本例中为 2 个：α 和 β）。**误差自由度**（DFE）为 $T - \pi$。因此，

$$DFT = DFR + DFE, \quad \text{因} \quad T - 1 = (\pi - 1) + (T - \pi) \tag{3-23}$$

将各个平方和除以相应的自由度将得到**均方总差**（MST）、**均方回归差**（MSR）和**均方误差**（MSE），即

$$MST = \frac{SST}{DFT}, \quad MSR = \frac{SSR}{DFR} \quad \text{且} \quad MSE = \frac{SSE}{DFE} \tag{3-24}$$

F **统计量**是另一衡量拟合优度的指标，计算公式如下，

$$F = \frac{MSR}{MSE} \tag{3-25}$$

在其他条件相同情况下，F 统计量越大说明回归模型的整体解释力越强。假设只有一个解释变量的特殊情形（如等式 (3-15) 所示），有

$$R^2 = r^2(r^x, r^y), \tag{3-26}$$

$r(r^x, r^y)$ 是数列 r_t^x 和 r_t^y 的相关系数，即 $r(r^x, r^y) = \frac{s^2(r^x, r^y)}{s(r^x)s(r^y)} \in [-1, +1]$，其中 $s(r^x) = \sqrt{s^2(r^x)}$ 和 $s(r^y) = \sqrt{s^2(r^y)}$ 分别是数列 r_t^x 和 r_t^y 的标准差。相关系数为 +1（-1）意味着 r_t^x 和 r_t^y 完全正（负）相关，即所有的数对散点 (r_t^x, r_t^y) 将完美落在一条斜率为正（负）的直线上。尽管 $r(r^x, r^y)$ 表明了斜率的正负性，但其没有给出任何关于斜率大小的信息。相关系数表明了数据点落在最佳拟合直线的周围的紧凑程度。此外，相关系数为 0 表明 x 和 y 没有任何相关性。[1]

我们将 $\hat{\beta}$ 与 $r(r^x, r^y)$ 对比。前者更准确地描述了最佳回归线的斜率，而后者只能说明其正负性（负即 $r(r^x, r^y) \in [-1, 0)$，正即 $r(r^x, r^y) \in (0, +1]$，或为 0）。斜率系数 $\hat{\beta}$ 没有给出模型拟合优度的信息，即它不反映数据点与最佳拟合线 $\hat{r}_t^y = \hat{\alpha} + \hat{\beta} r_t^x$ 的紧密程度。但相关系数 $r(r^x, r^y)$ 表明了拟合优度。

---

[1] 通常，对于两个数列 x 和 y，$r(x, y) = 0$ 不能表明数列 x 和 y 没有相关性。例如，在 Excel 中生成数对 (x, x^2)，尽管事实上两者完全相互决定，即 $y = x^2$，但计算得到这些数对的相关性为 0。理解的关键在于，相关系数仅仅抓取到了数列 x 和 y 间的线性关系。如果两个数列相独立生成，其相关系数等于 0。然而 $r(x, y) = 0$ 并不意味着 x 和 y 相互独立，而仅仅意味着它们没有线性关系。

y 对 x 的标准误（$STEYX$）是给定 x 值时 y 的条件值的标准误，也称作**均方根误差**（后文将详细介绍）。这意味着对于给定的 x 值，可以创建一个在 y 期望值附近的**置信区间**。例如，

$$y|x \in (E[y|x] - 1.96 \times STEYX, E[y|x] + 1.96 \times STEYX), \text{ 或} \tag{3-27}$$

$$y|x \in \left(\hat{\alpha} + \hat{\beta}x - 1.96 \times STEYX, \hat{\alpha} + \hat{\beta}x + 1.96 \times STEYX\right) \tag{3-28}$$

以上是 $y|x$ 的 95% 置信区间。$STEYX$ 这一检验统计量在事件分析中大有用处。

3.6 Excel 函数：线性回归

• =LINEST($arrayY, arrayX, 1, 1$) 使用普通最小二乘法令 y_t 对 x_t（即数组 Y 对数组 X）回归。LINEST 函数的后两个参数 "1, 1"，其中第一个 "1" 指定 $\hat{\alpha} \ne 0$ 是可能的，第二个 "1" 表明建模者希望得到所有 LINEST 函数返回的统计值。① 图 3.3 即为 LINEST 函数对下列回归式的输出结果：

$$y_t = \alpha + \beta x_t + \epsilon_t$$

注意函数输出结果是 5×2 矩阵，在使用 LINEST 函数前必须要提前选定。LINEST 是数组函数，使用时必须要按 "shift+control+enter"。

表 3.1 给定自变量值时 LINEST 输出单元格结果

$\hat{\beta}$: 斜率	$\hat{\alpha}$: 截距
σ_β: $\hat{\beta}$ 的标准误	σ_α: $\hat{\alpha}$ 的标准误
R^2: 拟合优度	$STEYX$
F 统计量 $= \dfrac{MSR}{MSE}$	$DFE = T - \pi$，其中 $\pi = 2$
$SSR = \sum_{t=-T+1}^{0}(\hat{y}_t - \overline{y})^2$	$SSE = \sum_{t=-T+1}^{0}(\hat{y}_t - y_t)^2$

• =SLOPE($arrayY, arrayX$) 计算斜率的估计值 $\hat{\beta}$。
• =INTERCEPT($arrayY, arrayX$) 计算截距的估计值 $\hat{\alpha}$。
• =RSQ($arrayY, arrayX$) 计算拟合优度的度量 R^2。
• =STEYX($arrayY, arrayX$) 计算给定特定 x 值时 $\hat{y}$ 的标准误。
• =OFFSET($range, b, c, d, e$) 选定 d 行 $\times$ e 列的矩阵，其第一行相对于参照单元格（"$range$" 区域内的左上角单元格）向下偏移 b 行，第一列相对于参照单元格向右偏移 c 列。参数 b 和 c 可等于 0 或负值。如果 $b < 0$ ($c < 0$)，那么选定单元格相对于参照单元格向上偏移 b 行（向左偏移 c 列）。
• =ROW($array$) 返回 "$array$" 区域的顶行的行数。
• =COLUMN($array$) 返回 "$array$" 区域最左列的列数。（Excel 将列 A 转换为数值 "1"，列 B 转换为数值 "2"……）
• =ROWS($array$) 返回 "$array$" 区域的行数。

---

① 关于第一个 "1"，除非有经济上的理由去相信当 $x = 0$ 时 $y = 0$（即 $y|(x=0) = 0$），这一值才等于 0；关于后一个 "1"，本书作者认为没有理由阻止 LINEST 函数返回其生成的统计值。

- =COLUMNS(*array*) 返回"*array*"区域的列数。

上述后四个函数可以没有参数,"*array*"将默认为当前单元格。例如,假设单元格 G2 当前被选定,那么"=ROW()","=COLUMN()","=ROWS()"和"=COLUMNS()"将相应返回值"2","7","1"和"1"。

3.7 例:线性回归

图 3.3 使用 Excel 函数 LINEST 展示了普通最小二乘线性回归。我们不是简单地回归数据,而是从参数中生成"数据",进而确认最佳拟合线的事后理论正确值。此外,我们将三个输入参数动态链接到数值调节钮,以在图形上单独观测三个输入参数所产生的影响。

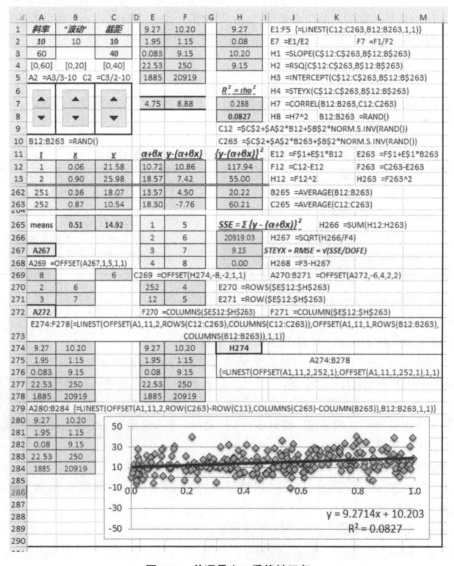

图 3.3 普通最小二乘线性回归

单元格 C12:C263 中的因变量"数据"由 $y_n = \alpha + \beta x_n + \epsilon_n$ 生成,其中 $\epsilon_n \sim N(0, \sigma^2)$,参数 α, β 和 σ 相应地在单元格 C2, A2 和 B2 中。单元格 B12:B263 中的随机变量 x_n 及 ϵ_n 由下式生成:

$$=\text{RAND}() \quad \text{及} \quad =\sigma*\text{NORM.S.INV(RAND())}$$

于是,执行的回归为

$$y_n = \hat{\alpha} + \hat{\beta} x_n + e_n,$$

其中,假设 $e_n \sim N(0, \sigma^2)$。

函数 LINEST 的回归结果展示在单元格 E1:F5 中。成分函数 SLOPE、RSQ、INTERCEPT 和 STEYX 相应展示在单元格 H1:H4 中。请注意计算值与输入参数的预期值的接近程度。对于其中三个函数,回归值(期望值)分别为 $\hat{\beta} = 9.27(10)$, $\hat{\alpha} = 10.2(10)$ 和 $RMSE = STEYX = 9.15(10)$。请注意,你的数字会有所不同,因为它们是随机变量的函数。尽管如此,在刷新随机变量时,计算出的变量值将接近参数值。读者可以通过数值调节钮调整这些输入参数,并观察计算估计值的变化。

由于 t 统计量不是函数 LINEST 的输出结果的一部分,我们在单元格 E7 和 F7 中分别单独计算 $\hat{\beta}$ 和 $\hat{\alpha}$ 的 t 统计量。在单元格 H8 中,我们确认只有一个独立变量的回归有 $\rho^2 = R^2$。单元格 B265 和 C265 确认 x_n 和 y_n 的均值与其期望值相匹配。单元格 E12:E263 中的计算颇为重要,因为它们通过模型识别了 y_n 的期望值,其中 $E[y_n] = \hat{\alpha} + \hat{\beta} x_n$。①最后,图 3.3 中余下的计算主要展示了 Excel 中 OFFSET 函数的运用。

图 3.3 的底部是单元格 B12:C263 中数对 (x_n, y_n) 的散点图。图中添加了最佳拟合线性趋势线、其数学表达式及拟合优度 R^2。如何添加这一趋势线呢?首先,建模者单击任一数据点(本例中即为方形点),接着右击鼠标,打开如图 3.4 中所示菜单。②通过选择"添加趋势线"选项,图 3.5 中的对话框将被打开。

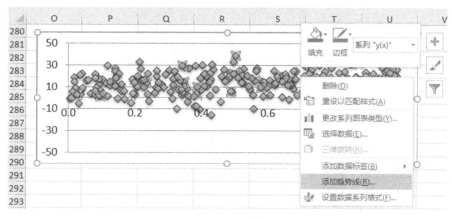

图 3.4 添加趋势线

图 3.5 展示了用户可选择的趋势线形式的对话框。因为当前回归为 y_n 对 x_n 的线性回归,我们选择"线性"选项。单击"确认"即在图中插入选定类型的趋势线。在同一对话框

---

① 单元格 H12:H268 确认了普通最小二乘回归的成分计算。
② 我们在没有趋势线的图中进行这一步骤以便展示如何从散点图中添加趋势线。

中，我们可以选择"选项"栏，打开如图 3.6 所示的对话框。我们选择"显示公式"和"显示 R 平方值"。聪明的读者将注意到，在图 3.3 中，线性回归 R^2 和参数 α 及 β 的值 (见单元格 E1, F1 和 E3) 与 LINEST 的输出结果及图中的值相同。

图 3.5　趋势线类型对话框

图 3.6　插入趋势线公式和 R^2

3.8　三元线性回归

大多数回归涉及多个独立变量。例如，

$$y_t = \alpha + \beta^1 x_t^1 + \beta^2 x_t^2 + \epsilon_t, \quad \forall t \in \{-T+1, -T+2, ..., -1, 0\}, \tag{3-29}$$

α, β^1 和 β^2 由 T 个数据点 (x_t^1, x_t^2, y_t) 计算得到。**斜率** β^1 的解释是在 x^2 恒定时，一个单位的 x^1 的增加（减少）可以引起 y 值 β^1 个单位的增加（减少）。类似地，在 x^1 恒定时，一个单位的 x^2 的增加（减少）可以引起 y 值 β^2 个单位的增加（减少）。即

$$\beta^1 = \frac{\partial E\left[y|x^2\right]}{\partial x^1}, \beta^2 = \frac{\partial E\left[y|x^1\right]}{\partial x^2}, \text{且 } \alpha = E[y|x^1=0, x^2=0] \tag{3-30}$$

如上所述，α 是给定 $x^1 = x^2 = 0$ 情况下 y 的期望值。这些结论遵循 ϵ 的期望值为 0，且 ϵ, x^2 和 x^1 相独立的假设。一旦计算得到回归系数 $\hat\alpha$, $\hat\beta^1$ 和 $\hat\beta^2$，给定数对 (x^1, x^2)，在 $E[\epsilon] = 0$ 的假设下，通过模型计算的 y 的条件期望值为

$$E\left[y|x^1, x^2\right] = \hat y = \hat\alpha + \hat\beta^1 x^1 + \hat\beta^2 x^2 \tag{3-31}$$

t 统计量为

$$\boxed{t_\alpha = \frac{\hat\alpha}{\sigma_\alpha}, \quad t_{\beta^1} = \frac{\hat\beta^1}{\sigma_{\beta^1}}, \quad \text{且} \quad t_{\beta^2} = \frac{\hat\beta^2}{\sigma_{\beta^2}}} \tag{3-32}$$

回归参数数目 $\pi = 3$ 时（即 α, β^1, β^2），以下统计量的表达式与之前讨论过的一元线性回归情况相同：R^2, SSR, SST, SSE, DFR, DFT, DFE, MSR, MST, MSE 和 F 统计量。最后，STEYX 在用于构建置信区间时（特别是对于事件研究），与一元线性回归情况相同。

3.9 Excel 函数：扩张回归

- =LINEST($arrayY, arrayX1:arrayX2, 1, 1$)

给定如下回归方程，LINEST 的输出结果如表 3.2 所示，其公式为

$$y_t = \alpha + \beta^1 x_t^1 + \beta^2 x_t^2 + \epsilon_t$$

表 3.2 给定两个自变量时 LINEST 输出结果

$\hat\beta^2$: x^2 的斜率	$\hat\beta^1$: x^1 的斜率	$\hat\alpha$: 截距
σ_{β^2}: $\hat\beta^2$ 的标准误	σ_{β^1}: $\hat\beta^1$ 的标准误	σ_α: $\hat\alpha$ 的标准误
R^2: 拟合优度	$STEYX$	#N/A
F 统计量 $= \dfrac{MSR}{MSE}$	$DFE = T - \pi^*$	#N/A
SSR^{**}	SSE^{**}	#N/A

*当有两个自变量时，$\pi = 3$：α, β^1 和 β^2 三个参数。

**$SSR = \sum_{t=-T+1}^{0}(\hat y_t - \bar y)^2$，且 $SSE = \sum_{t=-T+1}^{0}(\hat y_t - y_t)^2$

注意输出结果是 5×3 矩阵，必须在使用 LINEST 前选定相同大小的可用矩阵单元格。因为这是一个数组方程，必须使用"shift+control+enter"键。在 LINEST 函数中输入数据时，注意数据 x^1 在左列，而输入数据 x^2 在数据 x^1 的右侧一列。与之相反，输出结果中 β^1 在 β^2 的右侧。如果加入第三个自变量 x^3，输入数据 x^3 在 x^2 的右列（即从左到右列，分别为 x^1, x^2 和 x^3）。LINEST 的输出结果中，x^3 对应的系数在最左列。因此，LINEST 输出结果第一行中从左到右的项目分别为 $\beta^3, \beta^2, \beta^1$ 和 α。无论自变量的数目为多少，α 总是在 LINEST 输出矩阵的最右列。

3.10 例：多元线性回归

图 3.7 给出了两个自变量 x^1 和 x^2 的回归情形。

	A	B	C	D	E	F
1	波动	斜率 x1	斜率 x2	截距		
2	10	-10	7	20		
3						
4	t	x1	x2	y		
5	1	0.73	1.59	25.62	B5:C259	=2*RAND()
6	2	1.26	1.04	22.50		
258	254	0.32	0.00	34.62	B260	=AVERAGE(B5:B259)
259	255	0.13	0.10	5.50	C260	=AVERAGE(C5:C259)
260		0.97	0.99	17.56	D260	=AVERAGE(D5:D259)
261	D5	=$D$2+$B$2*B5+$C$2*C5+$A$2*NORM.S.INV(RAND())				
262	D259	=$D$2+$B$2*B259+$C$2*C259+$A$2*NORM.S.INV(RAND())				
263						
264	B265:D269	{=LINEST(D5:D259,B5:C259,1,1)}				
265		6.78	-9.98	20.56		
266		1.03	1.03	1.46		
267		0.33	9.48	#N/A		
268		62.16	252	#N/A		
269		11172	22645	#N/A	B271	=B265/B266
270					C271	=C265/C266
271		6.57	-9.74	14.04	D271	=D265/D266

图 3.7 多元线性回归

与图 3.4 中的案例相同,在图 3.7 中我们选择生成"数据"而非简单回归数据,这再次允许我们确认最佳拟合线的事后理论正确值。

单元格 D5:D259 中的因变量"数据"由 $y_n = \alpha + \beta^1 x_n^1 + \beta_n^2 x_n^2 + \epsilon_n$ 生成,其中 $\epsilon_n \sim N(0, \sigma^2)$,且参数 α, β^1, β^2 和 σ 相应显示在单元格 D2, B2, C2 和 A2 中。于是,执行的回归为:

$$y_n = \hat{\alpha} + \hat{\beta}^1 x_n^1 + \hat{\beta}^2 x_n^2 + e_n,$$

其中假设 $e_n \sim N(0, \sigma^2)$。

Excel 函数 LINEST 的回归结果展示在单元格 B265:D269 中。

请注意计算值与输入参数的预期值的接近程度,其回归值(期望值)分别为 $\hat{\alpha} = 20.56(20)$,$\hat{\beta}^1 = -9.98(-10)$,$\hat{\beta}^2 = 6.78(7)$ 及 $RMSE = STEYX = 9.48(10)$。请注意,你的数字会有所不同,因为它们是随机变量的函数。尽管如此,在刷新随机变量时,计算出的变量值将接近参数值。

由于 t 统计量不是函数 LINEST 的输出结果的一部分,我们在单元格 B271:D271 中分别单独计算 $\hat{\beta}^2, \hat{\beta}^1$ 和 $\hat{\alpha}$ 的 t 统计量。

第 4 章 Excel 摊销函数、VLOOKUP

在第 4 章中，我们将使用贷款摊销表学习 Excel 中的相关函数 PMT、IPMT 和 PPMT。之后，我们将使用期权到期日的回报进一步探索条件语句，比如 IF 函数、布尔函数、MAX 函数和 MIN 函数。我们也会学习 VLOOKUP 和 HLOOKUP 函数，用以在表格中选择指定的项目。接着，我们利用求解联立方程组的方法，使用 MMULTI 和 MINVERSE 函数进行矩阵运算。我们还会学习 PRODUCT 函数和数组函数 TRANSPOSE。

4.1 贷款摊销表

贷款摊销表以时间为序列，显示了每期贷款偿付后的定期贷款余额。每期所需偿还的贷款包括两个部分：利息和本金。首先，我们需要计算每期需要偿还的贷款额。上述支付皆满足**年金**的定义，也就是说，现金流等额、有限期、间隔均匀，因此，我们可以使用**年金的现值**公式计算：

$$PV = \frac{CF}{r}\left[1-\left(\frac{1}{1+r}\right)^T\right] = \frac{CF}{r}\left[1-(1+r)^{-T}\right], \tag{4-1}$$

其中 CF 表示每一期的贷款偿付额，r 是恰当的贴现率，T 表示贷款支付的次数。

抵押贷款通常按月支付。因此，假设 PV 为贷款总额，将式（4-1）由年度转换为月度，再计算每月需要偿还的贷款额：

$$\boxed{CF = PV\left(\frac{r}{12}\right)\frac{1}{\left[1-\left(1+\frac{r}{12}\right)^{-12T}\right]},} \tag{4-2}$$

其中 r 为按月复利的年利率。[①] 另外，每月（即第 t 期）需支付的**利息**为

$$\boxed{I_t = \frac{r}{12}(BP_t), \quad t \in \{1,2,3,...,12T\},} \tag{4-3}$$

其中 BP_t 为第 t 月月初的**本金余额**，等于上月月末的金额（EP_{t-1}），即

$$\boxed{BP_t = EP_{t-1}, \quad t \in \{1,2,3,...,12T\}} \tag{4-4}$$

首先，我们需要注意：

$$BP_1 = EP_0 = 贷款总额 \tag{4-5}$$

[①] 因此，$\frac{r}{12}$ 是月度有效利率，等价于年化有效利率 $\left(1+\frac{r}{12}\right)^{12}-1 > r$。

除了支付利息，每月需偿还的贷款还包括本金的偿付。**本金偿付**(PR_t) 可以减少账面贷款余额，等于

$$\boxed{PR_t = CF - I_t} \tag{4-6}$$

所以，

$$\boxed{EP_t = BP_t - PR_t} \tag{4-7}$$

显然，

$$EP_{12T} = 0, \tag{4-8}$$

因为贷款在第 $12T$ 个月，即最后一个月时被还清。

综上所述，通过式 (4-2) 计算月度 CF 后，我们可以得到每月需支付的利息和本金：

$$I_t = \left(\frac{r}{12}\right) BP_t，以及 \quad PR_t = CF - I_t。 \tag{4-9}$$

最后，摊销表上每月剩余需偿付的贷款可以通过下式计算：

$$EP_t = BP_t - PR_t，其中 \quad EP_0 = BP_1 = 贷款金额。 \tag{4-10}$$

4.2 Excel 函数：贷款摊销表

- =PMT (*rate, totalPeriods, loanAmount*)，即 =PMT(贷款利率, 总期数, 贷款总额)，计算贷款的等额分期偿还额，参考式 (4-2)。值得注意的是，输入值需要被转换为月度数据，即
$$=PMT(r/12, 12*T, 贷款总额)。$$
我们需要注意，由于每月偿还的贷款额相等，所以不需要将月份 t 作为变量输入。

- =IPMT (*rate, period, totalPeriods, loanAmount*)，即 =IPMT(贷款利率, 第几期, 总期数, 贷款总额)，计算每月贷款偿还的利息部分，参考式 (4-3)。同样，输入值需要被转换为月度数据，即
$$=IPMT(r/12, t, 12*T, 贷款总额),$$
其中，$t \in \{1, 2, ..., 12T\}$，Excel 函数将会计算此月份的利息。

- =PPMT (*rate, period, totalPeriods, loanAmount*)，即 =PPMT(贷款利率, 第几期, 总期数, 贷款总额)，计算每月贷款偿还的本金部分，参考式 (4-6)。输入值需要被转换为月度数据，即
$$=PPMT(r/12, t, 12*T, 贷款总额),$$
其中，$t \in \{1, 2, ..., 12T\}$，PPMT 函数将会计算此月份需要偿还的本金。

- 模型建立者可以插入两张折线图，一张反映贷款摊销表中所需支付的本金余额，另一张反映每月支付的贷款额，包括利息支付和本金偿还两部分。

折线图和散点图的主要区别在于，对于数组 (x_t, y_t)，折线图中各 x_t 间的距离相等。因此，只有 y_t 保持原始输入值的间距。相反，散点图更具灵活性，允许输入值 x_t 不等距分布。然而，某些版本的 Excel 有一个缺点，每次在图中加入新的数据系列时，必须重新输入 x 轴的数据。

4.3 例：贷款摊销表

在图 4.1 中，我们以 5 年为期、10% 为利率对一笔 10 000 美元的贷款进行摊销。假设每月分期还款，通过重新排列计算年金现值的公式，单元格 D1 得到固定每期还款的金额。单元格 D2 借助 Excel 中的 PMT 函数得到同样的结果。单元格 A7:F66 通过手动计算得到贷款摊销情况。单元格 G7:H66 运用了 Excel 函数 IPMT 和 PPMT。

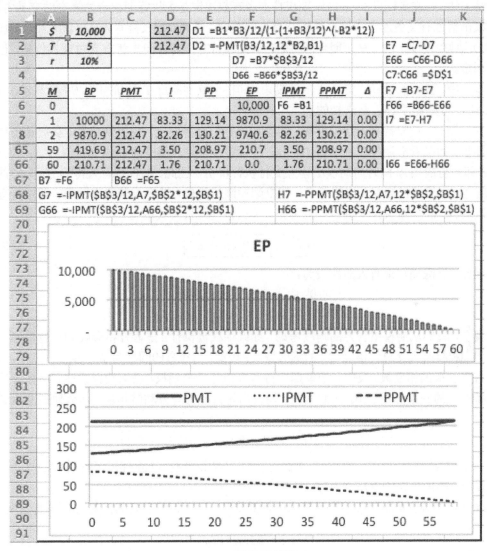

图 4.1 贷款摊销情况

图 4.1 中的柱状图显示了月末的本金余额。图 4.1 中最下方的图形不仅显示了每月的还款额，还包括还款额中的两个部分：利息和本金。由于每月还款的总额是固定的，随着利息支付逐月递减，本金偿还额逐月递增。

4.4 期权到期日的回报

在本书之后章节中，我们会详细讨论期权，此处只作简短介绍。我们只想用基础的期权回报方程来练习 Excel 中的函数，比如 MAX、MIN、IF（包括嵌套 IF 函数）和布尔函数。

看涨（看跌）期权是一种证券衍生品，它允许期权持有者在**期权到期日** $t = T > 0$ 以 K 美元的**执行价买进（卖出）标的资产**。如果合同在 $t = 0$ 期签署，标的资产在期权到期日的价值是未知的。在到期日 ($t = T$)，期权持有者有权决定是否执行期权合同规定的交易内容。而期权出售方有义务遵守并执行期权持有人的决定。显然，期权持有人（出售方）处于优势（劣势）地位。因此，在 $t = 0$ 期合同签署时，期权持有人需要向出售方支付期权价格，也就是**权利金**。

本书中，我们假设标的资产是一份股票，其在期权到期日 T 的价格为 S_T。[①]显然，当在 $t = 0$ 期合同签署时，S_T 是未知的。

在到期日，期权持有人行使期权，即允许规定的交易发生，或拒绝交易。我们首先考虑**看涨期权**。如果看涨期权在到期日（即 $t = T$）被执行，期权持有者会收到价值为 S_T 的标的资产（即一份股票），同时向期权出售方支付执行价 K；因此，期权持有人得到 $S_T - K$ 的回报。反之，如果期权持有人拒绝交易，期权则**期满无价值**，持有人获得零回报。期权持有人拥有决策权，希望最大化交割日期的回报，那么他的回报公式则为

$$c_T = \max(0, S_T - K) \tag{4-11}$$

因此，看涨期权持有人的决策为：

如果 $S_T \geqslant K$，则执行期权；

如果 $S_T < K$，则不执行期权。

现在，我们从期权出售方的角度考虑，如果期权被执行，出售方将会收到执行价 K，但必须向期权持有人交付价值为 S_T 的标的资产；因此，出售方的回报为 $K - S_T = -(S_T - K)$，即持有方回报的相反数。反之，如果期权持有人拒绝行使期权，没有交易发生，出售方的回报和持有人的回报都等于 0。简而言之，期权出售方与持有方利益相反，那么他的回报必定为

$$-c_T = -\max(0, S_T - K) = \min(0, K - S_T) \tag{4-12}$$

无论最终股票价值 S_T 为几何，期权出售方与期权持有人的回报之和总为 0。这是一个**零和游戏**，在期权定价中反复出现。

表 4.1 总结了看涨期权在执行与未执行的情况下，期权持有者与出售方各自的回报。

表 4.1 看涨期权的回报

	执行	未执行
期权持有人	$S_T - K$	0
期权出售方	$-(S_T - K)$	0
合计	0	0

[①] 事实上，如果我们假设标的资产为股票，一份为 100 股，而不是 1 股。因此，实际行权价格为 $100K$，期初支付的权利金总额为 100 乘以上述权利金。另外，除股票外的其他资产也可以作为标的资产。

而对于看跌期权来说，如果执行期权，期权持有者交付价值为 S_T 的资产，同时收到执行价 K。因此，他的回报为 $K - S_T$。反之，如果期权持有人拒绝执行交易，则回报为 0。期权持有人希望最大化期权到期日的回报：

$$\boxed{p_T = \max(0, K - S_T)} \tag{4-13}$$

同样，期权出售方持有空头头寸，与持有多头头寸的期权持有者相反，回报为

$$\boxed{-p_T = -\max(0, K - S_T) = \min(0, S_T - K)} \tag{4-14}$$

所以，看跌期权的决策为

如果 $S_T \leqslant K$，则执行期权；
如果 $S_T > K$，则不执行期权。

表 4.2 总结了看跌期权在执行与未被执行的情况下，期权持有者与出售方各自的回报。

表 4.2 看跌期权的回报

	执行	未执行
期权持有人	$K - S_T$	0
期权出售方	$-(K - S_T)$	0
合计	0	0

总的来说，在期权到期日，看涨期权和看跌期权的持有者分别能获得如下回报：

$$c_T = \max(0, S_T - K^c) \geqslant 0; \qquad p_T = \max(0, K^p - S_T) \geqslant 0 。 \tag{4-15}$$

而对应的期权出售方分别能获得如下回报：

$$-c_T = \min(0, K^c - S_T) \leqslant 0; \qquad -p_T = \min(0, S_T - K^p) \leqslant 0 。 \tag{4-16}$$

前文已经提及，期权持有者（出售方）处于优势（劣势）地位。确实，通过式 (4-15) 和 (4-16)，我们可以发现期权持有者（出售方）的回报非负（非正）。

在 Excel 中，我们可以运用至少三种方式编写期权支付方程，以看涨期权为例：

（1）$c_T = \max(0, S_T - K)$；
（2）如果 $S_T \geqslant K$，则 $c_T = S_T - K$；如果 $S_T < K$，则 $c_T = 0$；
（3）$c_T = (S_T - K)I_{S_T \geqslant K}$。

其中 $I_{S_T \geqslant K}$ 是一个指标函数，也就是说，

$$I_{S_T \geqslant K} = 1, \quad 如果 \quad S_T \geqslant K \quad 为真；$$
$$I_{S_T \geqslant K} = 0, \quad 如果 \quad S_T \geqslant K \quad 为假。$$

分别对应以上三种表述方式，我们将使用下列 Excel 表达式：

（1）= MAX$(0, S_T - K)$；
（2）=IF$(S_T >= K, S_T - K, 0)$；
（3）= $(S_T - K)^*(S_T >= K)$。

关于上述表达式（2），我们需要注意 Excel 中 IF 函数的格式。在第一个参数，也就是条件或逻辑测试值之后，第二（三）个参数为如果条件是真（假）时的输出。上述表达式（3）中的 $(S_T \geqslant K)$ 是一个布尔函数，输出值为 "TRUE" 或 "FALSE"。当这一函数被运用于数学表达式中，它的输出值为 1（如果条件为真）或 0（如果条件为假）。

嵌套 IF 函数是指 IF 语句的其中一个或两个结果（即条件为真或/和条件为假时的结果）是另一个 IF 语句。我们称外部 IF 语句为主 IF 语句（primary IF），内部 IF 语句为嵌套 IF 语句（nested IF）。

4.5 Excel 函数：期权到期日的回报

- =VLOOKUP(*LookupValue*, *TableArray*, *ColumnNumber*) 将表中某个值映射至另一个值，例如，将应纳税收入映射至边际税率。"*TableArray*" 为所要查找的单元格范围，"*LookupValue*" 为所要查找的值。只有当 "*TableArray*" 的第一列，也就是 "*LookupValue*" 所对应的列中数值单调递增或文本按字母排序时，VLOOKUP 函数才有效。将 "*LookupValue*" 对应的列视作第一列，则 "*ColumnNumber*" 对应的是输出值所在的列。

- =HLOOKUP(*LookupValue*, *TableArray*, *RowNumber*) 同样将表中的某个值映射至另一个值，例如将应纳税收入映射至边际税率。只有当 "*TableArray*" 的第一行，也就是 "*LookupValue*" 所对应的行中数值单调递增或文本按字母排序时，HLOOKUP 函数才有效。将 "*LookupValue*" 对应的行视作第一行，则输出值所在的行对应 "*RowNumber*"。

显然，VLOOKUP 和 HLOOKUP 只是彼此的"转置"。

- =MIN(*range*) 输出选定范围内的最小值，忽略空白单元格和文本单元格。
- =MAX(*range*) 输出选定范围内的最大值，忽略空白单元格和文本单元格。
- **嵌套 IF 函数**的例子如下：

=IF(*testCdn1*, *trueResult1*, IF(*testCdn2*, *trueResult2*, *falseResult2*))，

其中，只有当主 IF 语句（即外部 IF 语句）的 "*testCdn1*" 为假时，我们才会考察嵌套 IF 语句（即内部 IF 语句）。总之，如果 "*testCdn1*" 为真，则输出 "*trueResult1*"；如果 "*testCdn1*" 为假，同时 "*testCdn2*" 为真，则输出 "*trueResult2*"；如果 "*testCdn1*" 和 "*testCdn2*" 都为假，则输出 "*falseResult2*"。

4.6 例：期权的支付，VLOOKUP，嵌套条件语句

图 4.2 中展示了一些新的 Excel 函数，包括 MAX、TRANSPOSE、VLOOKUP 和 HLOOKUP。数组函数 VLOOKUP（单元格 B35）和 HLOOKUP（单元格 J22）分别得到了给定收入 I 时的边际税率 MTR。这两个函数的参数分别为表格 A26:B32 和 E18:K19。

图 4.2 中还包含嵌套 IF 函数的例子。单元格 A4 计算了看涨期权或看跌期权的支付。首先，它需要检验被选中的期权是否为看跌期权；如果为看跌期权，则支付公式为 $\mathrm{MAX}(0, K - S_T)$；如果不是，则继续检验被选中的期权是否为看涨期权；如果为看涨期权，则支付公式为 $\mathrm{MAX}(0, S_T - K)$；如果仍不是看涨期权，则单元格 A1 中未输入有效值（*call* 或 *put*），该嵌套 IF 函数会提示用户 "checktype"（检查期权形式）。

	A	B	C	D	E	F	G	H	I	J	K	L M N
1	call	put; call				C_T	C_T	C_T	P_T	P_T	P_T	F2 =MAX(0,A2-A3)
2	35	S_T				5	5	5	0	0	0	G2 =(A2>A3)*(A2-A3)
3	30	K			0	0	0	0	30	30	30	H2 =IF(A2>A3,A2-A3,0)
4	5	O_T		S_T	5	0	0	0	25	25	25	I2 =MAX(0,A3-A2)
5					10	0	0	0	20	20	20	J2 =(A3>A2)*(A3-A2)
6	BW	18%			15	0	0	0	15	15	15	K2 =IF(A3>A2,A3-A2,0)
7	IV	40			20	0	0	0	10	10	10	
8	P	50			25	0	0	0	5	5	5	F3:K15 {=TABLE(,A2)}
9	s	O			30	0	0	0	0	0	0	
10					35	5	5	5	0	0	0	
11			O		40	10	10	10	0	0	0	
12		20	U		45	15	15	15	0	0	0	
13	P	24	U		50	20	20	20	0	0	0	
14		28	U		55	25	25	25	0	0	0	
15		32	U		60	30	30	30	0	0	0	
16		36	F									
17		40	F									E18:K19 {=TRANSPOSE(A26:B32)}
18		44	F		0	10000	20000	30000	50000	75000	90000	
19		48	O		0%	10%	20%	28%	35%	39%	42%	
20		52	O									
21		56	O						I	MTR		
22		60	O						53000	35%		
23		64	O			20%	F23 =B35		J22 =HLOOKUP(I22,E18:K19,2)			
24						0	0%					
25		I	MTR			5000	0%					
26		0	0%			10000	10%					
27		10000	10%			15000	10%					
28		20000	20%			20000	20%					
29		30000	28%			25000	20%					
30		50000	35%			30000	28%					
31		75000	39%			40000	28%					
32		90000	42%			50000	35%					
33						65000	35%					
34		I	MTR			75000	39%					
35		22000	20%			85000	39%					
36						90000	42%		B35 =VLOOKUP(A35,A26:B32,2)			
37						110000	42%		F24:F37 {=TABLE(,A35)}			
38	A4 =IF(A1="put",MAX(0,A3-A2),IF(A1="call",MAX(0,A2-A3),"check type"))											
39	B9 =IF(B8<B7*(1-B6),"U",IF(B8>B7*(1+B6),"O","F"))											
40	C11 =B9			C12:C23 {=TABLE(,B8)}								

图 4.2 期权的支付、VLOOKUP、嵌套条件语句

第二个嵌套 IF 函数的例子在单元格 B9 中，它用来检验资产价值是被高估、低估或正确定价。它使用预先设定的带宽（单元格 B6 中的 BW）来确定内在价值（IV）左右的价格区间，以此确定资产的公允价值。因此，如果 $P \in ((1-BW)IV, (1+BW)IV)$，则资产的价格是公允的；当 $P < (1-BW)IV$，资产价值被低估；当 $P > (1+BW)IV$，资产价值被高估。

单元格 B11:C23 展示了以文本为输出值的模拟运算表。

给定 $S_T = 35$，$K^C = 30$ 的看涨期权的支付（如单元格 F2:H2 所示）和 $K^P = 30$ 的看跌期权的支付（如单元格 I2:K2 所示）可以通过三种不同方式计算，分别使用 MAX 函数、布尔函数和 IF 语句。图 4.2 中所绘制的图形显示了看涨期权和看跌期权的支付，两者皆为期权到期日股价 S_T 的函数。

4.7 矩 阵

矩阵的加法：两个矩阵必须维度相同，才能相加。I 行、J 列的两个矩阵相加后得到的新矩阵仍然具有 $I \times J$ 的维度，其中的各个元素为其相对应元素相加后的值。简而言之，$A_{I \times J}$ 与 $B_{I \times J}$ 相加得到 $C_{I \times J}$，其中各个元素满足：

$$C_{i,j} = A_{i,j} + B_{i,j}, \quad \forall i \in \{1,2,...,I\}, \quad \forall j \in \{1,2,...,J\} \tag{4-17}$$

矩阵 C 与标量 α 相乘得到相同维度的新矩阵，其中，矩阵 C 中的每个元素都乘以标量 α，即

$$A_{i,j} = \alpha C_{i,j}, \quad \forall i \in \{1,2,...,I\}, \quad \forall j \in \{1,2,...,J\} \tag{4-18}$$

矩阵的乘法：维度为 $m \times n$ 的矩阵 M 与维度为 $n \times o$ 的矩阵 P 相乘得到维度为 $m \times o$ 的新矩阵 MP。矩阵相乘必须满足第一个矩阵的列数（此处指 n 列）等于第二个矩阵的行数（此处指 n 行）。矩阵 MP 中的每个元素都可以通过下式计算：

$$MP_{i,j} = \sum_{c=1}^{n} M_{i,c} P_{c,j}, \quad \forall i \in \{1,2,...,m\}, \quad \forall j \in \{1,2,...,o\} \tag{4-19}$$

总之，元素 $MP_{i,j}$ 为 M 的第 i 行元素与 P 的第 j 列元素对应相乘，再求和。

矩阵的转置：$m \times n$ 维的矩阵 M 转置后得到矩阵 M^T，维度为 $n \times m$，其中，矩阵 M 的第一行变为 M^T 的第一列，M 的第二行变为 M^T 的第二列，以此类推。同样地，矩阵 M 的第一列变为 M^T 的第一行，M 的第二列变为 M^T 的第二行，以此类推。

逆矩阵：如果 $m \times m$ 维的方块矩阵 M 可逆，那么它的逆矩阵 M^{-1} 也是 $m \times m$ 维的方块矩阵。① 矩阵 M^{-1} 满足：

$$MM^{-1} = M^{-1}M = I_{m \times m} \tag{4-20}$$

其中**单位矩阵** $I_{m \times m}$ 的维度为 $m \times m$，对角线上值为 1，其他元素皆为 0。顾名思义，任一 $n \times 1$ 维的矩阵 $\tilde{x}$ 右乘 $n \times n$ 维的单位矩阵，或任一 $1 \times n$ 维的矩阵 $\tilde{y}$ 左乘 $n \times n$ 维的单位矩阵，都会得到原矩阵 $\tilde{x}$ 或 $\tilde{y}$。简言之，

$$I_{n \times n} \tilde{x}_{n \times 1} = \tilde{x}_{n \times 1}, \quad \tilde{y}_{1 \times n} I_{n \times n} = \tilde{y}_{1 \times n} \tag{4-21}$$

考虑 n 个**联立线性方程**，有 n 个未知数，记作 $\tilde{x}^T = [x_1, x_2, ..., x_n]$，将方程系数记作 $n \times n$ 维的方块矩阵 $\tilde{A}$，将方程中的常数项记作 $\tilde{b}$，那么：

$$\tilde{A}\tilde{x} = \tilde{b} \tag{4-22}$$

假设 $\tilde{A}$ 可逆，也就是说存在 $\tilde{A}^{-1}$，那么我们可以在方程 (4-22) 两边各左乘 $\tilde{A}^{-1}$，得到 $\tilde{A}^{-1}\tilde{A}\tilde{x} = \tilde{A}^{-1}\tilde{b}$，这意味着 $I_{n \times n}\tilde{x} = \tilde{A}^{-1}\tilde{b}$。因此，从 $\tilde{A}\tilde{x} = \tilde{b}$ 中，我们可以推出：②

$$\tilde{x} = \tilde{A}^{-1}\tilde{b} \tag{4-23}$$

---

① 矩阵 M 可逆的条件超出了本书的范围。
② 同样，这基于 $\tilde{A}$ 可逆的假设；同时，$I_{n \times n}\tilde{x} = \tilde{x}$。

4.8 Excel 函数：矩阵

• =MMULT(*matrix1,matrix2*) 对两矩阵进行乘法运算。在输入 MMULT 函数之前，必须在 Excel 工作表中选定一块区域，其行数等于矩阵"*matrix1*"的行数，列数等于矩阵"*matrix2*"的列数。为了进行矩阵的乘法运算，也就是说，要使 MMULT 函数能正确运行，矩阵"*matrix1*"的列数必须等于矩阵"*matrix2*"的行数。由于这是数组运算，我们必须按下"shift+control+enter"来执行它。

我们也可以做 $X_{a\times b}Y_{b\times c}Z_{c\times d}$ 的乘法运算，此时，矩阵 X（Y）的列数必须等于矩阵 Y（Z）的行数。乘积 XYZ 维度为 $a\times d$。在 Excel 中，这样的运算可以通过如下方式实现：

$$=\text{MMULT}(\text{MMULT}(Xcells, Ycells), Zcells)，或 \qquad (4\text{-}24)$$

$$=\text{MMULT}(Xcells, \text{MMULT}(Ycells, Zcells)) \qquad (4\text{-}25)$$

其中，式 (4-24) 对应 $(XY)Z$ 的运算，而式 (4-25) 对应 $X(YZ)$ 的运算。两者相等，且都要通过按下"shift+control+enter"执行命令。值得注意的是，尽管 $(XY)Z = X(YZ)$，通常 $XY \neq YX$。[1]

• =TRANSPOSE(*matrix*) 对矩阵 *matrix* 进行转置，得到 $matrix^T$。在输入 TRANSPOSE 函数前，必须在工作表中选中一块区域，行数等于矩阵 *matrix* 的列数，列数等于矩阵 *matrix* 的行数。该函数是数组运算，因此必须按下"shift+control+enter"以执行它。

• =MINVERSE(*matrix*) 可以用来求 $n\times n$ 维的方块矩阵的逆矩阵。在输入 MINVERSE 函数前，必须在 Excel 工作表中选中一块区域以输出结果 $matrix^{-1}$，其行数与列数皆为 n，与 *matrix* 维度相同。MINVERSE 是数组运算，因此必须按下"shift+control+enter"来执行它。

正如前面提到的，执行数组命令必须使用"shift+control+enter"键。之后，Excel 会在公式栏自动添加大括号，这是由于使用了"shift+control+enter"，而无须操作者自己添加。另外，我们无法修改部分数组，只能整体改动。

• =PRODUCT(*range*) 计算选定范围内所有数字的乘积，忽略空白单元格和文本单元格。简而言之，

$$\text{PRODUCT}(range) \Leftrightarrow \prod_{i=1}^{I}\prod_{j=1}^{J} range_{i,j} \qquad (4\text{-}26)$$

range 表示的范围不需要是连续单元格。

4.9 例：矩阵函数

图 4.3 中突出了数组函数 MMULT 和 MINVERSE 的使用，也包含了一些用户定义的数组函数。前 5 行为 5 个不同的非标量输入值。在单元格 A8:C11 中，我们使用用户

---

[1] 为了定义矩阵 XY 和 YX，X 和 Y 必须都为 $n\times n$ 的方块矩阵。同时，通常来说 $XY \neq YX$，尽管两者都是有意义的。

定义的数组函数计算得到矩阵 $4A$，在选中这些空白单元格后，输入"=4*A2:C5"，后通过"control+shift+enter"得到结果。为生成单元格 A15:C18 中的输出值，我们可以在单元格 A15 中输入"=4*A2"，后按下"enter"；然后，复制单元格 A15，粘贴到 A15:C18 区域剩余的 11 个单元格中。通过自定义的数组函数，我们同样可以计算矩阵之和 $A+B$。首先，选中空白单元格 E8:G11，输入"=A2:C5+E2:G5"，再按下"control+shift+enter"。矩阵之和 $A+B$ 也可以通过单元格 E15:G18 中所示的方法计算。首先，选中 E15，输入"=A2+E2"，接着按下"enter"执行运算。最后，复制单元格 E15，粘贴到 E15:G18 区域剩余 11 个单元格中。

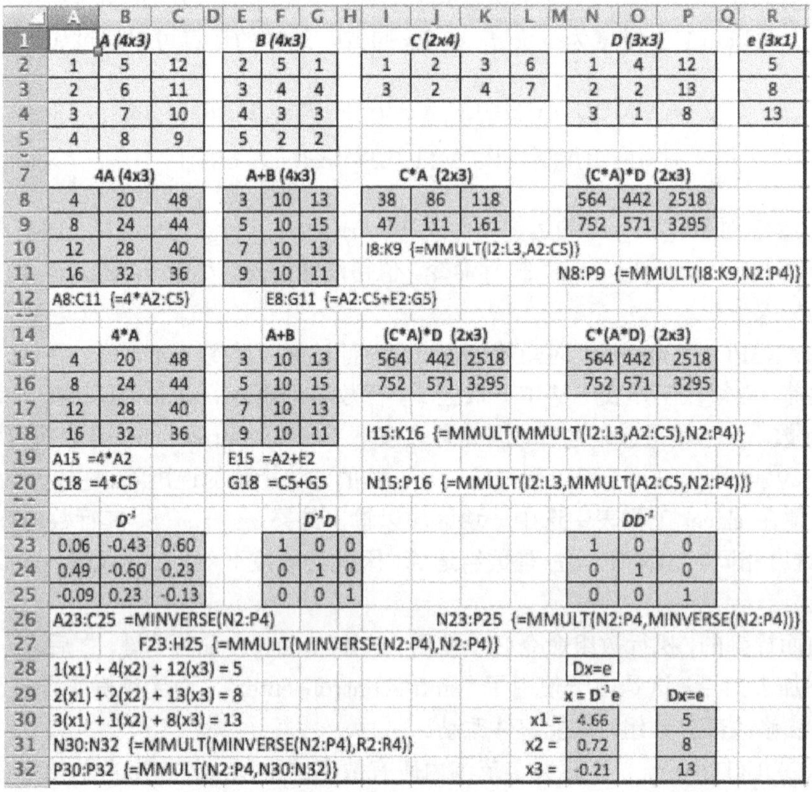

图 4.3　例：矩阵函数

　　矩阵的乘积 CA 如单元格 I8:K9 所示。在选中这六个单元格后，输入"=MMULT(I2:L3, A2:C5)"，再按下"control+shift+enter"以执行运算。多个矩阵的乘法可在同一单元格区域中实现，如乘积 CAD 所示。它有两种计算方式，如单元格 I15:K16 中所示的 $(CA)D$，和单元格 N15:P16 中所示的 $C(AD)$。

　　矩阵 D 的逆矩阵 D^{-1} 如单元格 A23:C25 中所示。首先，我们需要选中 3×3 的区域，输入"=MIN VERSE(N2:P4)"，后通过"control+shift+enter"执行运算。通过单元格 F23:H25 和 N23:P25 中得到的 3×3 维的单位矩阵，我们验证了 $D^{-1}D=DD^{-1}=I_{3\times 3}$。

　　在单元格 N30:N32 中，我们通过 $x=D^{-1}e$，解三个式子的联立线性方程组 $Dx=e$。最后，通过矩阵的乘积 Dx 得到 e，我们验证了单元格 P30:P32 中向量 x 的计算。

第 5 章 散点图、多项式回归

在第 5 章中,我们将学习参数增长率,关于增长率的估计在很多模型中都相当重要。我们重新学习散点图,插入最佳拟合线和拟合优度 R^2,两者都与 LINEST 函数得到的结果相符。在学习多项式回归前,我们还会介绍有效年利率和周期率。我们将会展示条件格式如何提高建模效率。同时,这一章还包括欧拉常数的幂函数。

5.1 参数增长率

首先,我们考察恒定的相对**增长率**(g^{GM})。通过计算净销售额 (NS_t) 的**几何平均增长率**,我们假设净销售额以恒定的相对增长率保持增长,即

$$NS_t = NS_0 \left(1 + g^{GM}\right)^t \tag{5-1}$$

同样,NS_t 随时间 t 增长,且曲线为凸,即

$$\frac{\mathrm{d}NS_t}{\mathrm{d}t} = NS_t \ln\left[1 + g^{GM}\right] > 0, \tag{5-2}$$

$$\frac{\mathrm{d}^2 NS_t}{\mathrm{d}t^2} = NS_t \left[\ln\left(1 + g^{GM}\right)\right]^2 > 0。 \tag{5-3}$$

所以,重新整理 $NS_t = NS_0(1+g^{GM})^t$,并假设初始(最终)数据点对应 $-T+1$ 期(0 期),那么:①

$$g^{GM} = \left(\frac{NS_0}{NS_{-T+1}}\right)^{\frac{1}{T-1}} - 1 \tag{5-4}$$

因此,利用式 (5-4) 给出的 g^{GM} 的估计量,模型可以通过下式计算未来 NS_t 的估计量:

$$E[NS_t | NS_0] = NS_0 \left(1 + g^{GM}\right)^t, \quad t \in \{1, 2, 3, ...\}, \tag{5-5}$$

其中,t 代表 0 期之后的期数。我们继续假设相对增长率保持恒定,则可以使用两个以上的数据点进行**时间序列回归**。恰当的方法是用 $\ln(NS_t)$ 对 t 回归,即

$$\ln(NS_t) = \alpha + \beta(t) + \epsilon_t, \quad t \in \{-T+1, -T+2, ..., -1, 0\} \tag{5-6}$$

β 的含义为

$$\beta = \frac{\mathrm{d} \ln NS_t}{\mathrm{d}t} = \frac{1}{NS_t} \frac{\mathrm{d}NS_t}{\mathrm{d}t}, \tag{5-7}$$

---

① 由于此处使用历史数据,T 个时期是指 $t \in \{-T+1, -T+2, ..., -1, 0\}$。

β 符合 NS_t 的相对增长率的定义。因此,利用回归得到 β 的估计量 $\hat{\beta}$ 后,模型可以通过下式对未来的 NS_t 进行估计:

$$E[NS_t|NS_0] = NS_0(e^{\hat{\beta}t}) = NS_0(e^{\hat{\beta}})^t, \quad t \in \{1,2,3,...\}, \tag{5-8}$$

其中,t 代表 0 期之后的期数。

上述两种相对增长率的估计方法联系紧密。将 $NS_t|NS_0 = NS_0(1+g^{GM})^t$ 和 $NS_t|NS_0 = NS_0(e^{\hat{\beta}})^t$ 作对比,我们可以得到 $(1+g^{GM})^t \approx (e^{\hat{\beta}t})^t$,即:①

$$g^{GM} \approx e^{\hat{\beta}t} - 1 \tag{5-9}$$

现在,我们考察恒定的绝对**增长率**。这种情况下,NS_t 与 t 的关系几乎是线性的,意味着销售额以每年不变的绝对数量保持增长。因此,正确的方法是用 NS_t 对 t 回归,即:

$$NS_t = \alpha + \beta^a(t) + \epsilon_t, \quad t \in \{-T+1, -T+2, ..., -1, 0\} \tag{5-10}$$

此时,给定 β^a 的估计量 $\hat{\beta}^a$,我们可以通过下式得到对未来的 NS_t 的估计:

$$E[NS_t|NS_0] = NS_0 + \hat{\beta}^a t, \quad t \in \{1,2,3,...\} \tag{5-11}$$

在图 5.1 中,我们描绘了恒定的绝对增长 (也就是,恒定的线性增长) 和恒定的相对增长间的异同。对于参数值 π_t 的时间序列图,恒定的线性增长在图中对应一条直线,而恒定的相对增长是一条凸曲线。

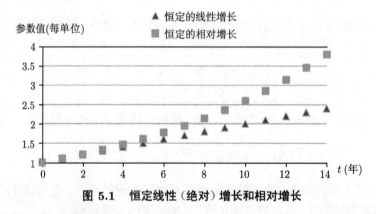

图 5.1 恒定线性(绝对)增长和相对增长

在图 5.1 中,两个参数在第 0 年的值都为 1。另外,两个参数每年都以 g 为增长率不断增长,但是恒定的绝对(线性)增长意味着:

$$\pi_{t+1} = \pi_t + g, \tag{5-12}$$

---

① 两者只是"约等于"的原因在于只有两个数据点被运用于几何平均增长率的计算,即 NS_{-T+1} 和 NS_0,几乎可以肯定这两个点不会都精确落在由回归产生的模型之上。少数情形中,两个点会精确落在回归模型上,或与回归模型上下距离相等,此时,$g^{GM} = e^{\hat{\beta}t} - 1$。否则,$g^{GM} \approx e^{\hat{\beta}t} - 1$。

而恒定的相对增长意味着①：

$$\pi_{t+1} = \pi_t(1+g) = \pi_t + \pi_t g \tag{5-13}$$

如果 π_t 对 t 作图，得到凸曲线，则换用 $\ln(\pi_t)$ 对 t 作图；如果得到的新曲线近似为直线，则假设参数以恒定的相对增长率增长，即

$$g^{GM} = \left(\frac{\pi_0}{\pi_{-T}}\right)^{1/T}, \text{ 或} \tag{5-14}$$

$$g = \beta, \tag{5-15}$$

其中 β 为 $\ln(\pi_t)$ 对 t 求导得到的参数。②

对比相对增长率和绝对增长率，恒定的相对增长率意味着绝对增长率保持增长。考虑恒定的相对增长率为 k^r，满足 $\dfrac{\mathrm{d}\ln(\pi_t)}{\mathrm{d}t} = \dfrac{1}{\pi_t}\dfrac{\mathrm{d}\pi_t}{\mathrm{d}t} = k^r$。所以，绝对增长逐年递增，即 $\dfrac{\mathrm{d}\pi_t}{\mathrm{d}t} = k^r \pi_t$ 递增。相应地，恒定的绝对增长率意味着相对增长率逐年递减。③

增长率还可以通过其他方式计算，例如**代数平均增长率**：

$$\boxed{g^{AM} = \frac{1}{T}\sum_{t=-T+1}^{0}\frac{\pi_t}{\pi_{t-1}} - 1 = \frac{1}{T}\sum_{t=-T+1}^{0} g_t^d} \tag{5-16}$$

其中 $g_t^d = \dfrac{\pi_t}{\pi_{t-1}} - 1$ 为**离散周期增长率**。对未来期 π_1 的估计量为④

$$\pi_1|\pi_0 = \pi_0\left(1+g^{AM}\right) \tag{5-17}$$

值得注意的是，由于周期增长率的变化⑤，通常有

$$g^{GM} < g^{AM} \tag{5-18}$$

另一种增长率考虑了连续复利周期增长率的代数平均值，即

$$g^{cc} = \frac{1}{T}\sum_{t=-T+1}^{0}\ln\left(\frac{\pi_t}{\pi_{t-1}}\right) = \frac{1}{T}\sum_{t=-T+1}^{0} g_t^{cc}$$

$$= \frac{1}{T}\ln\left(\prod_{t=-T+1}^{0}\left(\frac{\pi_t}{\pi_{t-1}}\right)\right), \text{ 或} \tag{5-19}$$

---

① $\ln(\pi_t)$ 对时间 t 作图，如果参数有恒定的相对增长率，则会得到线性关系，而如果参数以恒定的绝对增长率增长，将会得到凹曲线。一般来说，我们需要首先用 π_t 对 t 作图，如果是线性的，我们将使用式 (5-10) 得到的 β^a。或者，我们可以仅仅使用两个数据点，与几何平均值相比较，$g^a = \dfrac{\pi_0 - \pi_{-T}}{0-(-T)} = \dfrac{\pi_0 - \pi_{-T}}{T}$。所以，$\beta^a \approx g^a$，而两者间的差别取决于 π_{-T} 与 π_0 和回归模型间的相对距离。

② 在式 (5-14) 中，下标为日期。因此，$t=-T$ 和 $t=0$ 之间共有 T 期。

③ 给定绝对增长率 k^a 保持不变，$\dfrac{\mathrm{d}\pi_t}{\mathrm{d}t} = k^a$。因此，相对增长率逐年递减，即当 π_t 递增时，$\dfrac{\mathrm{d}ln(\pi_t)}{\mathrm{d}t} = \dfrac{1}{\pi_t}\dfrac{\mathrm{d}\pi_t}{\mathrm{d}t} = \dfrac{k^a}{\pi_t}$ 递减。

④ 对于未来第二期或第二期之后的估计量，使用几何平均增长率更为准确。

⑤ 在假设的情形下，所有离散的周期增长率相等，也就是说 $g_t^d = g^d, \forall t$，那么 $g^{GM} = g^{AM}$。

$$g^{cc} = \frac{1}{T}\ln\left(\frac{\pi_0}{\pi_{-T+1}}\right) = \frac{\ln(\pi_0) - \ln(\pi_{-T+1})}{T} \tag{5-20}$$

其中 $g_t^{cc} = \ln\left(\frac{\pi_t}{\pi_{t-1}}\right)$ 为**连续复利的周期增长率**。关于对未来期 $\pi_t|\pi_0$ 的估计，连续复利的周期增长率与通过 $\ln(\pi_t)$ 对 t 回归得到的相对增长率应用方法相似，即

$$E[\pi_t|\pi_0] = \pi_0(e^{g^{cc}t}) = \pi_0(e^{g^{cc}})^t \tag{5-21}$$

5.2 Excel 函数：参数增长率

- 散点图可以描绘 (x,y) 数对，在此处，我们用它描绘 (t, NS_t) 数对。

为了在图中插入**指数型**回归曲线和 R^2，单击鼠标，选中数据点。在任一被选中的数据点上直接右击鼠标，选择拟合度最好的图表类型，包括线性、对数、多项式、幂、指数和移动平均等类型。下一步，单击"添加趋势线"，并选择"显示公式"和"显示 R 平方值"。

请注意，最佳拟合线的参数与 LINEST 数组函数得到的结果一致。例如，NS_t 对 t 作图得到的指数型最佳拟合曲线与通过 LINEST 函数将 $\ln(NS_t)$ 对 t 回归得到的参数是一致的。

5.3 例：参数增长

对未来增长率的估计通常是金融建模中的关键假设，因此，计算经验数据的增长率非常重要。举一个具体的例子，一些增长率的估计值被用于生成预计财务报表，并用于测算企业价值或股权价值。

如图 5.2 所示，有若干种方法可用于计算相对参数增长率。与之前参数回归工作表中的例子相似，我们通过参数输入值（单元格 C2、D2 和 G2）生成"数据"，以此检验回归得到的估计值是否接近相应的理论值。单元格 C6:D25 中生成任意两个参数 π^A 和 π^B 20 年来的路径。离散（连续复利）年回报率如单元格 E6:F25（G6:H25）中所示。由于 π^A 和 π^B 的年相对增长率为常数，我们可以计算参数的自然对数，如单元格 I5:J25 中所示。不同形式参数增长率的计算如第 27 至第 33 行所示。单元格 C29:D29 证实了其算数平均值大于几何平均值。

参数 $\pi^A(t)$ 和 $\pi^B(t)$ 的时间序列柱状图被大致插入到区域 A37:F47 内。两者皆为凸，且满足恒定相对增长率。请注意，我们在图中添加了参数 $\pi^B(t)$ 的指数型趋势线，这一点我们将会在后文中讨论。

单元格 A49:B53 展示了函数 LINEST 的输出值，t 值位于单元格 B5:B25 中，对 $\ln(\pi^B)$ 进行时间序列回归。图 5.2 中右下角的图显示了 $\ln(\pi^A(t))$ 和 $\ln(\pi^B(t))$ 的趋势。请注意，两组树状图均近似为线性，图中添加了线性趋势线。

回归得到的参数与两条趋势线中得到的参数一致，也就是说，三种情形下，均有 $R^2 = 0.9436$。另外，关于 α 和 β，有

$$\pi_t^B = 0.6176 e^{0.1638(t)}, \ \ln\left(\pi_t^B\right) = 0.1638(t) - 0.4814,$$

其中 $\ln(0.6176) = -0.482$。[①]

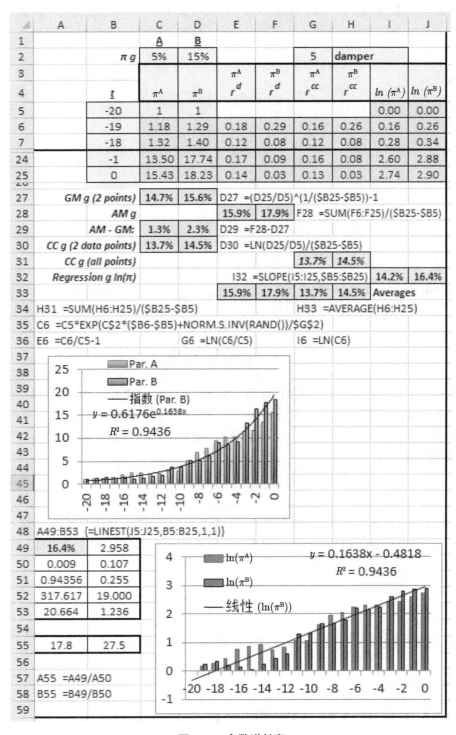

图 5.2　参数增长率

[①] -0.482 和 -0.481 之间存在区别是由 0.6176 的四舍五入误差导致的。

当你选中图中的任何数据点,并右击鼠标时,便可得到如图 5.3 中所示的对话框。请注意,当参数以指数形式增长,即有恒定的周期相对增长率时,那么理应选择"指数"形式的趋势线。

图 5.3 插入指数趋势线

5.4 有效年利率

我们在 2.1 节中已经提及,债券市场通常按半年复利一次进行交易。我们称"实际"的**年利率**为**有效年收益率**(effective annual rate),记作 EAr;与之相对,为了方便报价而定义的名义利率称为**年利率**(annual percentage rate),记作 APr。一般来说,两者不相等,[①] 两者之间的关系是:

$$\boxed{1 + EAr = \left(1 + \frac{APr}{m}\right)^m} \tag{5-22}$$

其中 m 是每年的复利期数。在债券市场中,$m = 2$。

使用名义利率 APr 的好处在于报价方便。为了将有效周期率转化为年利率,我们只要在周期率的基础上乘以每年的复利期数,即

$$\boxed{APr = m \times \text{有效周期率}} \tag{5-23}$$

不管经历了多长时间,一个复利周期结束时,100 美元就增长到 $100\left(1 + \frac{APr}{m}\right)$ 美元。两个复利周期结束后,100 美元增长到 $100\left(1 + \frac{APr}{m}\right)^2$ 美元;三个复利周期之后,100 美元增长到 $100\left(1 + \frac{APr}{m}\right)^3$ 美元,以此类推。

在进行计算时,我们必须使用有效周期率,而不是 APr。例如,当给定的 APr 是以半

[①] 如果每年只有一个复利周期,即式 (5-22) 中的 $m = 1$,则两者相等。

年（一个季度）为复利周期的，那么在这个半年（季度）复利的条件下，有效周期率为 $\frac{APr}{2}$ $\left(\frac{APr}{4}\right)$，其中周期数等于 $\frac{2}{年}$ $\left(\frac{4}{年}\right)$。APr 是用于报价而定义的名义利率，所以我们不能在计算中直接使用它。APr 和有效周期率之间的关系非常直接，即 $APr = \frac{APr}{m}m$。

下面，我们用一个简单的例子来说明表达式 (5-22) 所描述的 EAr 和 APr 之间的关系。假设三家银行向其存户提供的 APr 均为 10%。其中，银行 A 提供的是年复利（即每年一次，$m=1$），银行 B 提供的是半年复利（即每年两次，$m=2$），银行 C 提供的是季度复利（即每年四次，$m=4$）。实际上，这对应于以下周期利率：

- 银行 A 每年付息一次，在每年年底按 $\frac{10\%}{1}=10\%$ 的利率付息；
- 银行 B 每年付息两次，在每半年结束时按 $\frac{10\%}{2}=5\%$ 的利率付息；
- 银行 C 每年付息四次，在每季度结束时按 $\frac{10\%}{4}=2.5\%$ 的利率付息。

那么一年结束时，存户在年初存入银行 A 的 100 美元将增值到 $100\left(1+\frac{10\%}{1}\right)^1 = 110$ 美元，同样一笔钱在银行 B 则会增值到 $100\left(1+\frac{10\%}{2}\right)^2 = 110.25$ 美元 $>$ 100 美元，而存入银行 C 则会增值到 $100\left(1+\frac{10\%}{4}\right)^4 = 110.38$ 美元。可见，即使三家银行都提供同为 10% 的 APr，由于三者的复利周期不同，投资者赚取的金额也不同。每年的复利期数越多（即 $4>2>1$），则存款价值的增加越大（110.38 美元 $>$ 110.25 美元 $>$ 110 美元）。同样地，我们将数值代入式 (5-22) 中计算可以得到，复利周期数越多，EAr 也越大：$10.38\% > 10.25\% > 10\%$。

从这个例子可以看出，使用 APr 时必须给出相应的复利周期，否则我们无法知道对应的 EAr 是多少。相反，EAr 或有效周期利率本身是可以单独给出的明确的利率。

上述例子最后的结论 $\frac{\mathrm{d}EAr}{\mathrm{d}m} > 0$ 是可以从数学上严格证明的。[①] 我们用一张图来更好地说明这点。图 5.4 展示了给定 APr 为 15% 的条件下，EAr 和复利周期数（m）之间的关系。正如前面所说，对于 $\forall m \in \{1,2,3,...\}$，$EAr$ 作为 m 的函数是递增的。此外，当 $m \to \infty$ 时，根据式 (5-22) 有 $1+EAr(m) \to \mathrm{e}^{APr}$。因此在图中也可以看到，当 $m \to \infty$ 时，

$$EAr(\infty|APr) = \mathrm{e}^{APr} - 1 \tag{5-24}$$

---

① 首先在式 (5-22) 两边同时取对数，随后对 m 求导，移项后得到：

$$\frac{\mathrm{d}EAr}{\mathrm{d}m} = (1+EAr)\left[\ln\left(1+\frac{APr}{m}\right) - \frac{APr}{APr+m}\right]$$

由于 $EAr > 0$，我们只需要证明 $f(APr,m) \equiv \ln\left(1+\frac{APr}{m}\right) - \frac{APr}{APr+m} > 0$。显然，当 $m \to \infty$ 时，有 $f(APr,m) \to 0$。又因为 $\frac{\mathrm{d}f(APr,m)}{\mathrm{d}m} = -\frac{1}{m}\left(\frac{APr}{APr+m}\right)^2 < 0$，所以当 $m \to \infty$ 时，$f(APr,m)$ 递减且趋于 0，因此对所有的正整数 m，$f(APr,m)$ 必为正数。

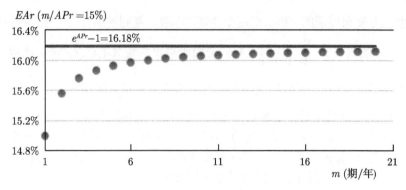

图 5.4 有效年利率与复利周期的函数关系

我们已经了解了债券市场 $m=2$ 的特殊例子。在债券市场中,当 $\frac{APr}{2}$ 为有效的半年期利率时,$EAr = \left(1+\frac{APr}{2}\right)^2 - 1$。债券市场总是采用 APr 报价,半年复利一次,或 $m=2$。除非另有说明,本书中的所有利率和收益率均为 APr,且每半年复利一次,因此所有计算都以半年为一个计算周期。对于报价的每一个利率(APr),例如息票率,在计算时必须首先除以 2,得到有效的半年期利率 $\frac{APr}{2}$。同理,如果定义 T 为到期年限,由于周期是以半年为单位的,则周期的数量为 $2T$。在确定有效的半年期利率或收益率之后,就可以报出 APr,其中 $APr = \left(\frac{APr}{2}\right)2$。(再次说明,$\frac{APr}{2}$ 是有效的半年期利率,而 $EAr = \left(1+\frac{APr}{2}\right)^2 - 1$ 是相应的有效年利率。)

虽然这一切看起来有点混乱,但背后的原理是很简单的:所有的计算都以半年为基准。这意味着,对于任何报价的回报率(或收益率),在计算中都将其除以 2,并使用以 6 个月为基准的周期数(即年数的 2 倍)及相应的现金流。在完成所有计算之后,只需简单地把有效的半年期利率乘以 2,就可以再次得到报价的利率,即半年复利的 APr。

5.5 时 间 轴

在建立起了债券市场总以半年为时间基点的逻辑之后,我们回顾一下前面章节中提过的基本概念。如图 5.5 所示,在 $t=0$ 时刻,一个债券以 P_0^B 的价格被购买,对购买者而言产生了负的现金流。①② 购买者作为债券的所有人有权利获得该债券后续支付的利息,该利息每 6 个月支付一次,称为**息票**,记作 C_t。息票的金额等于 $F\frac{r_t^C}{2}$,其中 r_t^C 是 t 期的**票面利率**,也就是半年复利的 APr,因此 $\frac{r_t^C}{2}$ 即为有效半年期票面利率。F 是债券的**票面价值**。当债券到期时(即到达了**到期日**,$t=T$),最后一笔支付等于最后一期的息票 C_T 加上 F,即

---

① 图 5.5 与图 2.1 区别不大,在这里重复出现只是为了方便读者查阅。
② 从发行者的角度来看,现金流与图 5.5 中显示的恰恰相反,也就是说,发行者的初始现金流为正,随后的现金流为负。

$$PCF_T = F\left(1 + \frac{r_T^C}{2}\right)\text{。}$$

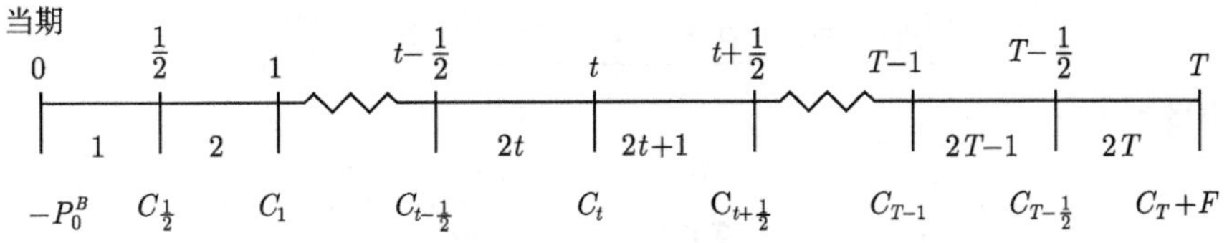

图 5.5 债券现金流

参数 t 通常指的是某个时期，它的持续时间为 6 个月。(在图 5.5 中，时期显示在时间轴下，各个时点之间。) 现金流对应时间轴的垂直标记，下标是指时点（而非时期）。所以，现金流 $CF_{\frac{t}{2}}$ 在 $\frac{t}{2}$ 时点流入，即从现在算起的第 $\frac{t}{2}$ 年或第 t 个时期。例如，$CF_{\frac{1}{2}}$ 在 $\frac{1}{2}$ 年，即 6 个月后流入；CF_1 在 1 年后流入，以此类推。

5.6 Excel 函数：有效年利率

- =EXP($number$) 计算 e^{number}，其中 e 为欧拉常数，通过 $\lim_{x\to\infty}\left(1+\frac{1}{x}\right)^x = e$ 计算得到，近似于常数 2.718281828...

5.7 多项式回归

现在我们来回顾一下 2.1 节。这一节提到了到期收益率 y，我们希望建立一个到期收益率模型。影响债券到期收益率的两个关键因素分别是：与发行人信用评级有一定关系的现金流风险；债券到期时间 T。下文，我们将会考察这两个因素。首先，我们研究债券到期时间 T 对收益率的影响，为了控制变量，我们使用相同信用评级的债券发行人所发行的债券作为样本，求 y 对 T 的高阶多项式回归。[①]

通常来说，如果 z 对 x 作图得到的图形不是线性的，那么对这两个参数线性回归并不合适。例如，如果作图得到凸曲线，那么你可以画出 $\ln(z)$ 与 x 的关系；如果引入对数作图后得到的曲线近似为线性，则以 $\ln(z)$ 对 x 回归是恰当的方式。相应地，对 N 只不同债券，画出到期收益率与到期时间的关系 $y_n(T_n)$，$n \in \{1,2,3,...,N\}$，我们会发现两者之间并非线性关系，而是满足高阶多项式。因此，在对到期收益率建模时，我们会使用三阶多项式回归模型，即

$$y_n = \alpha + \beta^1 T_n + \beta^2 (T_n)^2 + \beta^3 (T_n)^3 + \epsilon_n \tag{5-25}$$

其中，第 n 只债券的到期收益率为 y_n，到期时间为 T_n，ϵ_n 为误差项。再次强调，为了控制现金流风险这一变量，所有 N 只债券的信用评级必须相同。

[①] 在实际操作中，我们对各个信用评级的债券做类似的回归。

得到回归参数的估计量 $\hat{\alpha}$, $\hat{\beta}^1$, $\hat{\beta}^2$ 后，已知 $E[\epsilon] = 0$，我们可以计算给定 T 值时 y 的条件期望：

$$E[y|T] = \hat{y} = \hat{\alpha} + \hat{\beta}^1 T + \hat{\beta}^2 (T)^2 + \hat{\beta}^3 (T)^3 \qquad (5\text{-}26)$$

t 统计量为

$$t_\alpha = \frac{\hat{\alpha}}{\sigma_\alpha}, \quad t_{\beta^1} = \frac{\hat{\beta}^1}{\sigma_{\beta^1}}, \quad t_{\beta^2} = \frac{\hat{\beta}^2}{\sigma_{\beta^2}}, \quad t_{\beta^3} = \frac{\hat{\beta}^3}{\sigma_{\beta^3}}. \qquad (5\text{-}27)$$

对于 N 只债券中的任意一只，我们可以通过模型计算**异常收益率**（abnormal yield），即

$$Ay_n = y_n - E[y_n|T_n] = y_n - \hat{y}_n, \quad n \in \{1, 2, ..., N\} \qquad (5\text{-}28)$$

为什么异常收益率会引起人们的兴趣？

• 首先，如果异常收益率为正（负），债券的收益率比我们预期得更高（更低）。也就是说，根据我们的模型，这样的债券似乎被低估（高估）了，因为它的价格低于（高于）我们通过模型得到的价格。因此，识别具有较大的正（负）异常收益率的债券，能帮助我们构建投资组合，我们将持有（卖空）这样的债券。

• 其次，对于信用评级相对较高的债券，到期收益率可以被视作债券持有人所要求的回报率。① 在计算债券发行方的加权平均资本成本时，我们要用后者，即债券持有人所要求的回报率，参考式 (1-6)。

5.8 Excel 函数：多项式回归

• =MIN(*range*) 得到单元格范围"*range*"内的最小值，忽略空白单元格和文本单元格。
• =MAX(*range*) 得到单元格范围"*range*"内的最大值，忽略空白单元格和文本单元格。
• 开始选项卡下的"条件格式"能够根据其内容对一个或多个单元格的格式进行调整。该功能对数值或文本单元格皆适用。
• =LINEST(*arrayY*,*rangeTT²T³*,1,1) 对上一节中提到的回归进行处理，其中"*range TT²T³*"是三列数据，从左至右依次是 T, T^2 和 T^3。

表 5.1 是使用 LINEST 函数进行如下回归得到的结果：

$$y_n = \alpha + \beta^1 T_n + \beta^2 (T_n)^2 + \beta^3 (T_n)^3 + \epsilon_n, \quad n \in \{1, 2, ..., N\}$$

表 5.1 给定回归因子 T, T^2 和 T^3，LINEST 函数的输出值

$\hat{\beta}^3$: T^3 斜率	$\hat{\beta}^2$: T^2 斜率	$\hat{\beta}^1$: T 斜率	$\hat{\alpha}$: 截距
σ_{β^3}	σ_{β^2}	σ_{β^1}	σ_α
R^2	$STEYX$	#N/A	#N/A
F 统计量	$DFE = T - \pi$, 其中 $\pi = 4$	#N/A	#N/A
SSR	SSE	#N/A	#N/A

---

① 对于有风险的债券来说，承诺的现金流通常大于预期现金流，因此，到期收益率要高于债券持有人所要求的回报率。而对于无风险债券，承诺的现金流等于预期现金流，所以 $y = r^D$。对于高评级债券，r^D 仅略小于 y，所以近似处理是有效的。

注意，尽管输入数据从左至右依次为 T，T^2 和 T^3，但是 LINEST 函数的对应输出参数却按相反顺序排列，也就是说，从左至右依次为 $\hat{\beta}^3$，$\hat{\beta}^2$，$\hat{\beta}^1$（和 $\hat{\alpha}$），如表 5.1 所示。其次，不管有多少个回归因子，$\hat{\alpha}$ 总是在输出表的最右一列。

我们之前提到过，当自变量数据点不是均匀分布的时候，就会使用散点图。这里的情况正是这样的，自变量 T 并非均匀分布。其次，散点图可以绘制 (x,y) 数对，在这个例子中，是 (T_n,y_n) 数对。在绘制散点图前，首先要选中 x 和 y 对应的两列（在这个例子中是 T_n 和 y_n 所对应的两列）；然后，单击"插入"选项卡下的"散点图"。

我们可以在图中插入**多项式**回归曲线和拟合优度 R^2，步骤如下：鼠标点击图中数据点，点被选中后，在任一数据点上右击鼠标，选择最适合的曲线类型，包括线性、对数、多项式、幂、指数和移动平均。接下来，单击"添加趋势线"，选中"显示公式"和"显示 R 平方值"。切记，在该表中选择三阶多项式。我们可以发现，散点图中插入的回归方程和 R^2 与"LINEST"函数得到的结果是一致的。

5.9 例：多项式回归

图 5.6 中展示了多项式回归，此处是三阶多项式回归。单元格 A4:C3222 中显示了 3219 个评级为 BBB 的债券数据。尽管没有必要，我们仍然首先将单元格 C4:C3222 中"日期"格式的到期时间转化为单元格 D4:D3222 中的"数字"。我们将 B 列的到期收益率复制到 E 列，使因变量在自变量右边一列，方便插入散点图。在图 5.6 中可以看到，图表中添加了三阶多项式趋势线。右击选中数据点，并选择"添加趋势线"后，选中"多项式"，并在相邻下拉菜单中选择"3"阶。

为了使用 LINEST 函数进行三阶多项式回归，G 列与 H 列中计算了 T^2 和 T^3 的值。相应地，E4:E3167 中到期收益率对 F4:H3167 中 T 的多项式回归得到的结果显示在单元格 A3223:D3227 中。[①] 请注意，$R^2 = 57.087\%$，而回归得到的四个参数 α、β^1、β^2 和 β^3 与通过趋势线得到的值非常匹配。最后，我们在工作表第 3229 行计算相应的 t 值。

一旦得到模型中的四个参数，我们便可以计算 T 的函数——到期收益率的期望值，如单元格 I4:I3222 中所示。[②] 在单元格 F3224:I3224 中，我们将 LINEST 函数输出值的第一行（单元格 A3223:D3223）翻转，以便于通过 SUMPRODUCT 函数轻松计算模型的期望到期收益率。例如：

=$F$3224+SUMPRODUCT(F4:H4,$G$3224:$I$3224)，

如单元格 I4 所示。这一公式被复制粘贴进单元格 I5:I3222 中。

计算得到模型的估计值后，我们可以将其与真实值作比较，两者之差如单元格 J4:J3222 中所示。读者可以看到，我们对最大和最小的异常收益率设置了条件格式，分别对应"Rohm and Hass"和"DP World"。前者（后者）可作为买进（卖空）的潜在候选债券进一步研究。

---

① 由于 $T > 30$ 后数据点非常稀疏，因此在 $T = 30$ 处，我们停止回归。
② 单元格 I3 168:I3 222 中也做了同样的计算。但是，实际上，模型不适用于到期时间 $T > 30$ 的 BBB 级债券，因为回归模型是根据 $T \leqslant 30$ 的 BBB 级债券构建的。

	A	B	C	D	E	F	G	H	I	J
2	ALL active BBB bonds data(Currency: USD)						Min Ay	-3.417		
3	Issuer	ytm (%)	T	T	ytm (%)	T	T^2	T^3	E[y]	Ay = y-E[y]
4	Ford Motor Credit Co LLC	3.284	6/15/18	0.01	3.284	0.01	0.00	0.00	3.02	0.27
5	Ford Motor Credit Co LLC	2.108	6/15/18	0.01	2.108	0.01	0.00	0.00	3.02	-0.91
482	Continental Airlines 2012-1 Class	4.533	4/11/20	1.84	4.533	1.84	3.37	6.20	3.49	1.05
483	Avery Dennison Corp	3.431	4/15/20	1.85	3.431	1.85	3.42	6.31	3.49	-0.06
484	Rohm and Haas Holdings Ltd	8.001	4/15/20	1.85	8.001	1.85	3.42	6.31	3.49	4.51
485	Molex Electronic Technologies Ll	3.467	4/15/20	1.85	3.467	1.85	3.42	6.31	3.49	-0.02
486	Natwest Markets PLC	4.144	4/15/20	1.85	4.144	1.85	3.42	6.31	3.49	0.66
1655	Eastman Chemical Co	4.141	6/15/24	6.02	4.141	6.02	36.2	217.63	4.29	-0.15
1656	Deutsche Bank AG/London	5.345	6/15/24	6.02	5.345	6.02	36.2	217.63	4.29	1.05
1657	DP World Ltd	0.875	6/19/24	6.03	0.875	6.03	36.3	218.82	4.29	-3.42
1658	Ford Motor Credit Co LLC	4.458	6/20/24	6.03	4.458	6.03	36.3	219.1	4.29	0.17
1659	Ford Motor Credit Co LLC	4.254	6/20/24	6.03	4.254	6.03	36.3	219.1	4.29	-0.04
3165	Perusahaan Listrik Negara PT	5.964	5/21/48	29.95	5.964	29.95	896.8	26856.1	5.21	0.76
3166	Maple Escrow Subsidiary Inc	5.050	5/25/48	29.96	5.050	29.96	897.5	26885.6	5.21	-0.16
3167	Maple Escrow Subsidiary Inc	5.040	5/25/48	29.96	5.040	29.96	897.5	26885.6	5.21	-0.17
3168	Farmers Exchange Capital	5.782	7/15/48	30.10	5.782	30.10	905.8	27263.3	5.21	0.57
3169	International Paper Co	4.875	8/15/48	30.18	4.875	30.18	911.0	27494.6	5.21	-0.34
3221	Liberty Mutual Insurance Co	5.627	10/15/97	79.35	5.627	79.35	6296.2	499590.7	36.47	-30.85
3222	Canadian Pacific Railway Co	5.048	9/15/15	97.26	5.048	97.26	9459.9	920092.7	76.89	-71.84
3223	0.0002	-0.0121	0.2786	3.0142		α	$β_1$	$β_2$	$β_3$	
3224	2.15794E-05	0.001	0.0098	0.0277		3.0142	0.2786	-0.0121	0.0002	
3225	57.087%	0.550	#N/A	#N/A		F3224 =D3223		I3224 =A3223		
3226	1401	3160	#N/A	#N/A						
3227	1270	955	#N/A	#N/A	A3223:D3227 {=LINEST(E4:E3167,F4:H3167,1,1)}					
3229	8.1	-13.7	28.4	108.9	D3229 =D3223/D3224					
3230	A3229 =A3223/A3224	B3229 =B3223/B3224								

图 5.6 多项式回归

第 6 章 Excel 中的规划求解和 IRR 函数

在第 6 章中,我们将学习资本预算指标内部收益率。内部收益率的计算属于隐函数计算,隐函数是指当函数 $f(x)$ 的值已知时,对应输入值 x 是不可解的。Excel 中的规划求解功能可以帮助我们简化计算。事实上,单变量求解功能也能进行上述运算,且更为简便。但是,相对于单变量求解,规划求解的功能更全面,它不仅允许设置多个可变单元格,而且能设置多个约束条件。另外,规划求解能最优化函数,寻找约束条件下的最大或最小值。在本章中,我们还将通过生成单位矩阵处理用户定义的数组函数。另外,本章将会介绍 IRR、COUNT、COUNTA 和 COUNTBLANK 函数。最后,通过套利定价理论,我们将探索规划求解的广泛应用。

6.1 资本预算回顾

回想第 1 章的式 (1-1) 和式 (1-2) 如下:

$$NPV \equiv \sum_{t=0}^{\infty} \frac{E[CF_t]}{(1+r)^t} = E[CF_0] + \sum_{t=1}^{\infty} \frac{E[CF_t]}{(1+r)^t} \tag{6-1}$$

$$NPV \equiv \frac{E[CF_0]}{(1+r)^0} + \frac{E[CF_1]}{(1+r)^1} + \frac{E[CF_2]}{(1+r)^2} + \cdots \tag{6-2}$$

显然,如果 $E[CF_t] > 0, \forall t \in \{1,2,3,\ldots\}$,那么 $\frac{\mathrm{d}NPV}{\mathrm{d}r} < 0$,即 NPV 在 r 上单调递减。但是,如果 $\exists t > 0$,使得 $E[CF_t] < 0$,那么在区间 $r \in (a,b)$ 上 $\frac{\mathrm{d}NPV}{\mathrm{d}r} > 0$ 有可能实现。相应地,IRR 可能拥有多个值,也就是说,存在多个 r 使得 $0 = NPV(r)$。此时,NPV 不一定单调递减,同时可能存在内部最大值。[1]

6.2 Excel 中的规划求解

● Excel 中的**规划求解**功能十分强大,可以用来求解存在约束条件的最优化问题。与之前学过的单变量求解相似,规划求解也可以用来确定输入值,从而产生特定的输出值,也就是求解 x 使得 $f(x)$ 等于目标值。但是,相比于单变量求解,规划求解更具灵活性,可以求使得 $f(x)$ 最大化或最小化的 x 值。另外,规划求解可以对输入值设置约束条件,即 Excel 工作表中包含输入值的单元格受到条件约束。经济学课程中通过拉格朗日(Lagrangean)或

---

[1] 在工作表中,给定未来负的期望现金流,我们可以使用规划求解找到 NPV 最大化时的 r 值。举这个例子仅仅是为了展示规划求解功能的使用。事实上,公司计算 NPV 时使用的折现率并非一个变量,而是基于现金流的风险。也就是说,给定多个内部收益率,我们能得到 $NPV(r)$ 变化的斜率,这有助于我们猜测 IRR 函数的形式。IRR 函数和单变量求解功能都能帮助我们求解某一项目的多个内部收益率。

库恩–塔克（Kuhn-Tucker）条件求解的约束最优化问题在 Excel 中可以通过规划求解轻松解决。

- =IRR(*range*,[*guess*]) 计算一系列现金流的内部收益率，其中"*range*"包含所有现金流单元格，包括当期现金流，$E[CF_0] < 0$。我们之前已经使用过 IRR 函数，此处我们要引入可选输入参数"*guess*"的使用。如果初始现金流为负，且之后的现金流也存在负值，那么将会存在多个 IRR。[1]"*guess*"的值为 Excel 迭代过程的起点，规划求解通过迭代寻找目标解。通常，"*guess*"的值小于（大于）使 *NPV* 最大化的折现率时，Excel 会得到小于（大于）上述折现率的 *IRR*。

6.3 例：资本预算和规划求解

图 6.1 回顾了资本预算的相关知识，包括净现值和内部（隐含）收益率。图 6.1 的目的是展示 Excel 规划求解的强大功能。

	A	B	C	D	E	F	G	H	I	J	K
1	WACC	8%	B1	wacc		4.80		*Date, t*	*CFt*	*PV(CFt)*	
2	WACC	8.0000%			WACC	0%	-30	0	-100	-100.00	
3	t	CF_t	$PV(CF_t)$			3%	-10.82	1	40	37.04	
4	0	-100	-100.00			6%	0.42	2	40	34.29	
5	1	40	37.04			9%	6.29	3	40	31.75	
6	2	40	34.29			12%	8.55	4	40	29.40	
7	3	40	31.75			15%	8.43	5	40	27.22	
8	4	40	29.40			18%	6.74	6	40	25.21	
9	5	40	27.22			21%	4.06	7	40	23.34	
10	6	40	25.21			24%	0.78	8	40	21.61	
11	7	40	23.34			27%	-2.83	9	-250	-125.06	
12	8	40	21.61			30%	-6.59			4.80	
13	9	-250	-125.06			33%	-10.37	5.85%	H13	=IRR(I2:I11)	
14		NPV =	4.80			36%	-14.09	5.85%	H14	=IRR(I2:I11,B2-0.5%)	
15						39%	-17.70	5.85%	H15	=IRR(I2:I11,B2+0.5%)	

C4 =B4/(1+wacc)^A4
C13 =B13/(1+wacc)^A13
C14 =SUM(C4:C13)
F1 =C14
F2:F15 {=TABLE(,B1)}
J2 =I2/(1+$B$2)^H2
J11 =I11/(1+$B$2)^H11
J12 =SUM(J2:J11)

图 6.1 规划求解和 IRR 函数

图 6.1 中有两种独立的 *NPV* 计算方式。在单元格 C14 中，*NPV* 是单元格 B1 中 *WACC* 的函数。我们将单元格 B1 的名称设置为"WACC"。使用名称的好处在于公式中可直接使用

---

[1] 回想一下，当你在输入某个 Excel 函数时，可选输入参数显示在方括号中且出现在所有必须的参数之后。对于 IRR 函数，[*guess*] 是可选参数。

"WACC"，而不需输入 B1。①关于 NPV 的第二种计算方式，单元格 J12 是 B2 值的函数。

一家公司的 $WACC$ 并非完全是变量，它是公司经营风险与财务风险的函数，而公司几乎无法控制经营风险。尽管如此，为了学习规划求解，我们将 $WACC$ 视作变量。规划求解可以用来寻找有约束的极值（最大值或最小值），也能寻找特定输出值下受条件约束的输入值。首先，我们尝试用规划求解寻找能最大化 NPV 的 $WACC$。之后，我们用规划求解寻找内部收益率，也就是函数 $NPV(WACC)$ 的根。

为了打开规划求解，我们选择"数据"标签，在"分析"下找到"规划求解"。规划求解的对话框如图 6.2 中所示。选择"设置目标"窗格，单击单元格 J12；选中"最大值"，并将"通过更改可变单元格"设置为 B2。②单击"求解"可执行规划求解的运算。

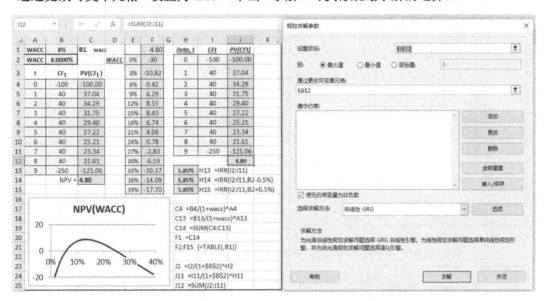

图 6.2　规划求解对话框

之后，Excel 会输出结果：显示无法找到解，或找到解后更新对应单元格。后者如图 6.3 所示。注意，单元格 B2 中 $WACC$ 的值为 13.25%，该值使单元格 J12 中的 NPV 最大化，上升至 8.74。如果用户选择接受该解，则选中"保留规划求解的解"。否则，用户选择"还原初值"，拒绝接受 Excel 给出的解。此时，工作表中的值将会还原至规划求解之前的值。

在选择 Excel 的解时，单元格 H14 和 H15 中的内部收益率都是通过 IRR 函数得到的。注意，IRR 函数的推测值分别为 B2−0.5% 和 B2+0.5%，也就意味着推测值分别为 13.25%−0.5% = 12.75% 和 13.25%+0.5% = 13.75%。推测值若小于（大于）使净现值最大化的 $WACC$，则能确定较小（较大）的内部收益率。③

---

①为单元格设置标签：首先，我们在主菜单选择"公式"，然后选择"定义名称"，打开对话框。在给定的文本框中输入所需单元格名称，然后在恰当的文本框将名称链接到所需单元格。

②可同时选中多个可变单元格，亦可添加约束条件，后文将会提及。

③一般来说，要寻找的根在局部最优的同一侧，同时也最接近最初的猜测值。也就是说，靠近根的非常弯曲的函数可能给规划求解带来问题。

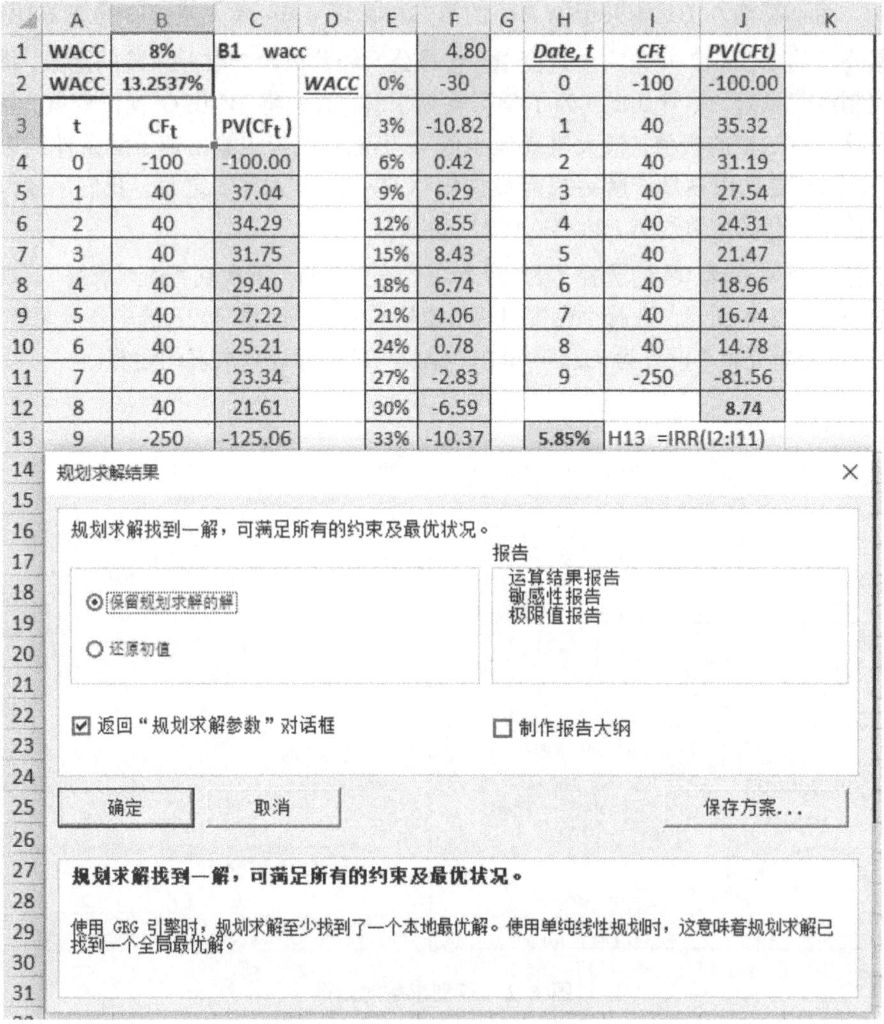

	A	B	C	D	E	F	G	H	I	J	K
1	WACC	8%	B1	wacc		4.80		Date, t		CFt	PV(CFt)
2	WACC	13.2537%			WACC	0%	-30	0		-100	-100.00
3	t	CF_t	$PV(CF_t)$			3%	-10.82	1		40	35.32
4	0	-100	-100.00			6%	0.42	2		40	31.19
5	1	40	37.04			9%	6.29	3		40	27.54
6	2	40	34.29			12%	8.55	4		40	24.31
7	3	40	31.75			15%	8.43	5		40	21.47
8	4	40	29.40			18%	6.74	6		40	18.96
9	5	40	27.22			21%	4.06	7		40	16.74
10	6	40	25.21			24%	0.78	8		40	14.78
11	7	40	23.34			27%	-2.83	9		-250	-81.56
12	8	40	21.61			30%	-6.59				8.74
13	9	-250	-125.06			33%	-10.37	5.85%	H13	=IRR(I2:I11)	

图 6.3 规划求解结果对话框

我们也可以通过规划求解寻找两个内部收益率。再次打开规划求解,选择"目标值",并在恰当的单元格内输入 0。在"遵守约束:"框内添加约束,规定单元格 B2 内的 $WACC$ 小于 10%。单击"求解",规划求解将会找到较小的内部收益率: 5.85%。重复上述步骤,添加约束条件使 $WACC$ 大于 20%,此时,规划求解功能将会找到较大的内部收益率: 24.66%。

6.4 单位矩阵

本书第 4.7 节已经提到过**单位矩阵**,为了方便读者理解,我们在这里重复介绍一下。矩阵 $I_{m\times m}$ 是 $m\times m$ 的方块矩阵,对角线上的元素为 1,其余元素均为 0。顾名思义,单位矩阵自左乘(自右乘)任意 $m\times 1$($1\times m$)维的向量 $\tilde{x}(\tilde{y})$ 都将得到原向量 $\tilde{x}(\tilde{y})$。简而言之,

$$I_{m\times m}\tilde{x}_{m\times 1} = \tilde{x}_{m\times 1}, \text{同时}, \quad \tilde{y}_{1\times m}I_{m\times m} = \tilde{y}_{1\times m} \tag{6-3}$$

6.5 Excel 函数：单位矩阵

我们可以使用许多不同的函数生成单位矩阵，从而提升 Excel 的操作能力。我们将会创造性地应用之前介绍过的 Excel 函数，包括布尔函数、条件语句、混合引用（即绝对引用和相对引用）和 ROW、ROWS、COLUMN、COLUMNS 函数。

单位矩阵的生成也为我们提供了执行用户定义的数组函数的途径。这些功能强大的函数由用户定义，省去了编程的复杂步骤，提高了建模效率。与 Excel 内置的数组函数一样，用户定义的数组函数也要通过按下 "control+shift+enter" 来执行。同样，Excel 会在公式外自动生成花括号 {}。提醒大家注意，数组函数的某个部分无法被单独修改。

- =COUNT(*range*) 计算 "*range*" 区域中包含数字的单元格个数，忽略空白单元格和文本单元格。
- =COUNTA(*range*) 计算 "*range*" 区域中非空单元格个数，包括数字单元格和文本单元格。
- =COUNTBLANK(*range*) 计算 "*range*" 区域中空白单元格的个数。

以上函数中的参数 "*range*" 不需要是连续单元格。

请注意，"*range*" 区域中的单元格总数可以通过下式计算：
=COUNTA(*range*)+COUNTBLANK(*range*)

6.6 例：单位矩阵

图 6.4 中包含了若干个单位矩阵，借此，我们学习功能强大的 Excel 函数，尤其是用户定义的数组函数。单元格 A2 中包含公式 =IF(A$1=$E2,1,0)。这里使用了混合引用的两种方法，锁定行或列其中一个。在复制此单元格后，将其粘贴进另外 15 个单元格中，在 A2:D5 区域中生成完整的单位矩阵 $I_{4\times 4}$。

单元格 G2:J5 使用了布尔函数。图中的公式将 TRUE 转化为 1，将 FALSE 转化为 0，也就是说，TRUE+0 = 1，FALSE+0 = 0。同样地，我们也可以对布尔函数求平方或乘以 1，将 TRUE/FALSE 转化为 1/0，也就是说，$TRUE^2 = 1$，$FALSE^2 = 0$，TRUE×1 = 1，FALSE×1 = 0。单元格 G2:J5 使用了 ROWS 函数和 COLUMNS 函数，同时将参数锚定在单元格 $G$2。单元格 G2 的公式输入完后，复制粘贴入另外 15 个单元格中，最终在 G2:J5 区域得到单位矩阵 $I_{4\times 4}$。

单元格 G7:J10 中均包含相同的公式，使用了 ROW 函数和 COLUMN 函数。注意，ROW() 标记当前单元格的行号，而 COLUMN() 标记当前单元格的列号。我们再次看到了绝对引用单元格的用法，此处为单元格 $G$7。在单元格 G7 中输入公式后，将其复制粘贴进剩余 15 个单元格中，完成单元格 G7:J10 中的单位矩阵 $I_{4\times 4}$。

G7:J10 区域中的 16 个单元格只用了一个公式，这提示我们可以参考 F22:I25 中使用的公式，使用用户定义的数组函数。我们先选中 F22:I25 区域内的 16 个单元格，输入公式，最后通过按下 "control+shift+enter" 键来执行运算。

	A	B	C	D	E	F	G	H	I	J	K	L	M	N	O	P	Q	R
1	a	b	c	d								*a*	*b*		315	O1	=PRODUCT(L3:L9)	
2	1	0	0	0	a		1	0	0	0					80	O2	=PRODUCT(M3:M9)	
3	0	1	0	0	b		0	1	0	0		3	x		25200	O3	=PRODUCT(L1:M9)	
4	0	0	1	0	c		0	0	1	0		r	5		25200	O4	=PRODUCT(L1:L9,M1:M9)	
5	0	0	0	1	d		0	0	0	1		5	e		26	O5	=SUMPRODUCT(L3:L9,M3:M9)	
6												7	2					
7	1	0	0	0	a		1	0	0	0		1			9	O7	=COUNT(L3:M9)	
8	0	1	0	0	b		0	1	0	0			2		12	O8	=COUNTA(L3:M9)	
9	0	0	1	0	c		0	0	1	0		3	4		2	O9	=COUNTBLANK(L3:M9)	
10	0	0	0	1	d		0	0	0	1								
11																		
12	A2	=IF(A$1=$E2,1,0)					G2	=(ROWS($G$2:G2)=COLUMNS($G$2:G2))+0										
13	A5	=IF(A$1=$E5,1,0)					G5	=(ROWS($G$2:G5)=COLUMNS($G$2:G5))+0										
14	D2	=IF(D$1=$E2,1,0)					J2	=(ROWS($G$2:J2)=COLUMNS($G$2:J2))+0										
15	D5	=IF(D$1=$E5,1,0)					J5	=(ROWS($G$2:J5)=COLUMNS($G$2:J5))+0										
16																		
17	A7	=(A$1=$E7)+0					G7:J10	=0+(ROW()-ROW($G$7)=COLUMN()-COLUMN($G$7))										
18	A10	=(A$1=$E10)+0																
19	D7	=(D$1=$E7)+0																
20	D10	=(D$1=$E10)+0																
21																		
22	1	0	0	0		1	0	0	0		1	0	0	0				
23	0	1	0	0		0	1	0	0		0	1	0	0				
24	0	0	1	0		0	0	1	0		0	0	1	0				
25	0	0	0	1		0	0	0	1		0	0	0	1				
26	A22:D25	{=IF(A1:D1=E2:E5,1,0)}									K22:N25	{=0+(A1:D1=E2:E5)}						
27	F22:I25	{=(ROW()-ROW($F$22)=COLUMN()-COLUMN($F$22))+0}																

图 6.4 Excel 函数中的单位矩阵

单元格 A22:D25 内使用的公式比较了 A1:D1 和 E2:E5 两个向量内的条目与 4×4 维的矩阵内单元格各自的位置。单元格 K22:N25 内所示 4×4 维的矩阵使用了相同的逻辑。

Excel 中 PRODUCT、SUMPRODUCT、COUNT、COUNTA 和 COUNTBLANK 等函数的运用如单元格 O1:O9 内所示。

6.7 规划求解的应用：套利定价理论

在金融领域，一个十分重要的问题便是投资者要求的回报率。金融理论的一个基本原则是，投资者的回报率与给定证券现金流的感知风险（系统风险）成正比。

资本资产定价模型 (CAPM) 说明了投资者投资风险资产时要求的回报率与该资产的系统风险敞口有关。**系统风险影响所有风险资产**。[1]例如，使用资本资产定阶模型计算风险资产 x 的期望收益率，使用的是**市场组合**的期望收益率 $E[r^m]$，理论上，市场组合包含世界上

---

[1]一些风险资产可能没有某些系统风险，但根据定义，风险资产至少有一种系统风险。

的所有风险资产。在数学语言中，资本资产定价模型将风险资产 x 的期望收益率表达为

$$E[r^x] = r^f + \beta^x \left(E[r^m] - r^f\right) \quad (6\text{-}4)$$

其中，

$$\beta^x = \frac{\sigma^2(r^x, r^m)}{\sigma^2(r^m)} = \frac{\mathrm{d}E[r^x]}{\mathrm{d}E[r^m]} \quad (6\text{-}5)$$

β^x 是资产 x 的**系统风险敞口**（**exposure to systematic risk**），$\sigma^2(r^x, r^m)$ 是资产 x 的回报与市场组合回报的协方差，$\sigma^2(r^m)$ 是市场组合回报的方差。

Rose（1976，1977）提出的套利定价理论 (APT) 是另一个能够用于确定投资者持有风险资产时所要求的回报率的模型。套利定价理论假设投资者：(1) 处于完全竞争市场中；(2) 是理性的（即认为在其他条件一定的情况下，财富越多越好）；(3) 厌恶风险。套利定价理论的假设条件远远少于资本资产定价模型，后者还需要假设：(4) 存在均值–方差有效市场组合；(5) 投资者效用函数为二次函数；(6) 股票收益率服从正态分布。[①]

资本资产定价模型专门指出了市场组合的收益率就是**系统风险因子**（SRF），而套利定价模型假设资产收益率由一组（未知的）系统风险因子所驱动且为线性关系。实际操作中，研究人员常常依靠经济直觉和实证结果来寻找这些系统风险因子，包括宏观经济因子（如 GDP、意外的通货膨胀率变动、意外的信用利差变动等）和基于公司特征的微观经济因子等。

套利定价模型的一种实际应用，是著名的**多因子模型**，包括 1993 年提出的 **Fama-French 三因子模型**（FF3）：

$$r_t^i - r_t^f = \alpha^i + \beta_m^i \left(r_t^m - r_t^f\right) + \beta_{cap}^i SMB_t + \beta_{bm}^i HML_t + \epsilon_t^i \quad (6\text{-}6)$$

其中 ϵ^i 代表着股票 i 的非系统风险（idiosyncratic risk），SMB 是小市值股票组合和大市值股票组合收益率之差（即"小减大"），而 HML 是高账面市值比股票组合和低账面市值比股票组合收益率之差（即"高减低"）。根据定义，非系统风险又称**资产特有风险**（**asset-specific risk**）或**可分散风险**（**diversifiable risk**），投资者可以通过持有多样化的投资组合规避非系统风险，即在投资组合中加入许多有不同系统风险敞口的资产。[②] SMB 和 HML 这两种溢价在实际市场中都是正的，即在其他条件相同的情况下，市值小的股票收益率比市值大的股票收益率更高，而高账面市值比股票的收益率会比低账面市值比股票的收益率高。

Fama-French 三因子模型比市场模型的解释力更强，因为市场模型是一种**单因子模型**，它与资本资产定价模型等价。对于市场模型而言，它代表了市场的整体收益率；而Fama-French 三因子模型在市场模型基础上额外加入了两种因子：SMB 和 HML。Fama 和 French 将股票根据它们的市盈率（P/E）分成几组，证明了 SMB 和 HML 这两种新的因子能更好地解释股票收益率。相比于单因子模型，Fama-French 三因子模型不仅缩小了高 P/E 股票和低 P/E

[①] 总体而言，经济理论的前提假设应当尽可能少，才能让理论适用范围更广。然而假设数量较少同时意味着结论较弱。因此，套利定价理论无法确定系统风险因子。

[②] 由于非系统风险是给定资产特有的风险，因此多个资产的非系统风险是不相关的。在任意给定的未来时期，公司的回报可能低于预期或超过预期。因此，运用大数定理，所有非系统风险皆可相互抵消，因为正负偏差相加近似为 0。

股票的因子系数估计值之差，还提高了 R^2 所代表的模型解释力度。此外，Carhardt（1997）证明了加入第四种因子——价格动量——能够进一步提高模型解释力。①

总体而言，套利定价模型中因子的线性组合可以记作 $r^i = E[r^i|\delta_k = 0, \forall k] + \sum_{k=1}^{K} \beta_k^i \delta_k + \epsilon^i$，其中 δ_k 是 SRF_k，其均值为 0。此外，β_k^i，即资产 i 对 SRF_k 的响应程度或敏感度，称为 SRF_k **beta** 或 SRF_k **载荷**。ϵ^i 仍表示股票 i 的特有风险。其次，$E[r^i|\delta_k = 0, \forall k]$ 是资产 i 在没有特有风险（$\epsilon^i = 0$）且没有 SRF 风险（$\delta_k = 0, \forall k \in \{1, 2, ..., K\}$）情况下的收益率。由于在一定时间区间内没有风险，可知 $r^i = E[r^i|\delta_k = 0, \forall k]$。最后，基于以上假设和一些数学变换，资产 i 的期望收益率为：

$$E[r^i] = \lambda_0 + \sum_{k=1}^{K} \beta_k^i \lambda_k, \quad k \in \{1, 2, ..., K\} \tag{6-7}$$

其中，λ_k 为 SRF_k 对应的**风险溢价**，$k \in \{1, 2, ..., K\}$。因此，λ_0 是没有系统风险敞口时的资产收益率，即对于该资产有 $\beta_k^i = 0, \forall k \in \{1, 2, ..., K\}$。②

假设投资者是理性且风险厌恶的，根据套利定价模型的表达式 (6-7)，套利者将资产价格维持在合适的水平。这类投资者寻找**套利机会**，这些机会具有以下特征：

（1）无需成本；
（2）没有非系统风险；
（3）没有系统风险；
（4）有盈利空间。

套利者偶尔会扰乱市场。然而，尽管他们并非总是将资产价格向内在价值所代表的理论价格推动，但他们确实帮助确保资产定价是一致的。③确实，运转良好的资本市场中不会长期存在套利机会。套利定价模型假设套利者不仅仅保证价格一致，他们还将资产价格推向表达式 (6-7) 揭示的正常水平。

如果存在套利机会，套利者要如何识别并执行相关投资操作呢？对于条件（1），应当有 $\sum_{i=1}^{I} w^i = 0$，同时，$w^i = \frac{V_0^i}{V_0^P}$。然而，对于无成本组合 ($V_0^P = 0$)，我们需要通过不同的方式定义 w^i。我们定义：

$$S \equiv \sum_{\text{多头}\,i} V_0^i = -\sum_{\text{多头}\,i} CF_0^i = -\sum_{\text{空头}\,i} V_0^i = \sum_{\text{空头}\,i} CF_0^i > 0 \tag{6-8}$$

其中，$V_0^i = -CF_0^i, \forall i \in \{1, 2, ..., I\}$。因此，$S$ 是套利组合多头头寸部分的总规模（即总值）。由于这是一个无成本组合，S 一定也是空头头寸部分的总规模。由此，我们可以定义"无需成本"如下：

$$(1) \quad \sum_{i=1}^{I} w^i = 0, \text{ 其中 } w^i = \frac{V_0^i}{S} = -\frac{CF_0^i}{S} \tag{6-9}$$

---

① 多因子模型中还曾经使用过包括收益率波动性、交易活动特征、盈利增长、资本结构等其他因子。
② 市场模型假设存在单一的系统风险因子，它是套利定价模型的一个特例，有 $K = 1$ 且 $\lambda_1 = r^m - r^f$。因此，套利定价模型中的 β_1^i 与资本定价模型中的 β 相对应。
③ 此处的"一致"有多重含义。例如，"单个"资产（即在特定市场的特定时间节点具有给定特征的资产）只能有一种价格。此外，在后续对期权的讨论中，我们还会学到买卖权平价关系，将四种不同资产的价格联系起来。

注意

$$\sum_{\text{多头}\,i} w^i = -\sum_{\text{空头}\,i} w^i = 1 \tag{6-10}$$

在本章对套利定价模型的讨论中，$w^i = \dfrac{V_0^i}{S}$，其中套利组合中，做多的资产比重为正、资产规模为正、初始投资现金流为负，做空的资产比重为负、资产规模为负、初始投资现金流为正。在根据套利定价模型操作的过程中，我们先通过最优化过程计算出资产的比重，我们稍后会具体说明。随后，我们通过上述对 w^i 的定义和组合总规模 S 计算出每种资产的仓位，即 $V_0^i = w^i S, \forall i \in \{1, 2, ..., I\}$。

对于条件（2），投资大量资产，使每个资产的仓位相对组合总规模 S 都较小，因此非系统风险可忽略不计。简单来说，

$$(2) \quad w^i = \frac{V_0^i}{S} \approx 0, \quad \forall i \in \{1, 2, ..., I\} \tag{6-11}$$

而对于每种资产 i，$w^i = \dfrac{V_0^i}{S}$ 应该"非常接近于 0"。请注意，投资大量的资产以提高资产数目 I 并不能保证满足条件（2）。根据大数定律，在一个资产数量非常大的投资组合里，公司特性导致的期望收益率的正负向偏移应当能相互抵消，从而消去资产的特有风险，即有 $\epsilon^P = \sum_{i=1}^{\text{某个较大的数}\,I} w^i \epsilon_t^i \approx 0$。

对于条件（3），套利组合 P 的收益率是

$$\begin{aligned} E[r^P] &= \sum_{i=1}^{I} w^i E[r^i] = \sum_{i=1}^{I} w^i \left(\lambda_0 + \sum_{k=1}^{K} \beta_k^i \lambda_k \right) \\ &= \sum_{i=1}^{I} w^i \lambda_0 + \sum_{i=1}^{I} w^i \sum_{k=1}^{K} \beta_k^i \lambda_k = \lambda_0 \sum_{i=1}^{I} w^i + \sum_{i=1}^{I} \sum_{k=1}^{K} w^i \beta_k^i \lambda_k \\ &= \sum_{k=1}^{K} \sum_{i=1}^{I} w^i \beta_k^i \lambda_k = \sum_{k=1}^{K} \lambda_k \left(\sum_{i=1}^{I} w^i \beta_k^i \right) \end{aligned} \tag{6-12}$$

其中，$k \in \{1, 2, ..., K\}$，$i \in \{1, 2, ..., I\}$。[①]我们的套利组合只要不受 K 个 SRF 的影响就没有系统风险。因此，根据表达式 (6-12) 的最后一个等式，我们选择资产权重使

$$(3) \quad \sum_{i=1}^{I} w^i \beta_k^i = 0, \ \forall k \in \{1, 2, ..., K\} \tag{6-13}$$

注意，当我们选择 $w^1, w^2, ..., w^I$，使之满足式 (6-13) 中的 K 个等式时，这个无成本的套利组合不仅没有系统风险，而且根据表达式 (6-12)，它的期望收益率为 0，即 $E[r^P] = 0$。那么套利者如何盈利呢？投资者必须认定资产价格与表达式 (6-7) 所推出的价格不一致。在我们讨论关于盈利的条件（4）前，我们必须先讨论套利者对预期资产收益率的看法。这个问题

[①] 由于 λ_0 是常数，它在等式第 2 行可以提到求和符号外。由于 $\sum_{i=1}^{I} w^i = 0$，第 2 行的第一个求和符号可简化为 0，并在第 3 行处略去。在第 2 行，由于 w^i 不是 k 的函数，它可以移到求和号内。在第 3 行，我们变换求和顺序，即 $x + y = y + x$。对于第三行的最后一个等号，由于 λ_k 不是参数 i 的函数，它也可以提到等号外。

尤其重要，但它也常常给学生带来困惑，因此我们将用一整节的篇幅来讨论它。现在，我们回到以下问题："投资者如何通过套利定价模型实现盈利呢？"

6.7.1 要求收益率、期望收益率与隐含收益率

在前文，我们定义**隐含收益率**（implied rate of return），记作 IRR^x，为能使资产当前价格等于预期未来现金流的现值总和的折现率：

$$P_0^x = \sum_{t=1}^{T} \frac{E[CF_t^x]}{(1+IRR^x)^t} \tag{6-14}$$

如前所述，IRR^x 是投资者买入资产时预期可以获得的收益率。此外，当 $IRR^x > E[r^x]$ 时，投资者会认为资产价值被低估；当 $IRR^x < E[r^x]$ 时，则认为资产价值被高估。因此 IRR^x 并不基于任何系统风险指标。它完全取决于资产当前价格和期望现金流在表达式 (6-14) 中的关系。

我们已经证明 $E[r^x]$ 可以通过资本资产定价模型定义。然而在本章中，我们用套利定价模型来定义它。①由于 $E[r^x]$ 是投资者要求的收益率，我们可以定义资产 x 的**内在价值**为：

$$IV^x = \sum_{t=1}^{T} \frac{E[CF_t^x]}{(1+E[r^x])^t} \tag{6-15}$$

此时根据定价模型（如资本资产定价模型或套利定价模型），$E[r^x]$ 为**要求收益率**（demanded rate of return）。

总体而言，任意定价模型中得到的期望收益率都不是投资者期望得到的收益率。资本资产定价模型和套利定价模型等模型中"期望"收益率的名称会带来一些困惑。两个模型都使用"期望"收益率的名称是因为它们都指代未来，即代表着期望。两个模型都可以基于模型各自的系统风险指标推导出给定资产的要求收益率。

通过资本资产定价模型计算出的"期望"收益率是投资者根据资产的系统风险所要求的理论回报，而根据资产价格及未来现金流计算出的 IRR^x，是投资者预期得到的收益率。IRR^x 和 IV^x 都是 $E[CF_t^x]$ 的函数，$t \in \{1, 2, ..., T\}$。不同之处在于，IRR^x 是 P_0^x 的函数，IV^x 是 $E[r^x]$ 的函数。简而言之，在讨论资产持仓时，这些互相关联的概念都是同一个硬币的两面。我们可以对比 P_0^x 和 IV^x，或 $E[r^x]$ 和 IRR^x，这是因为函数 $IRR^x(P_0^x)$ 对 P_0^x 严格单调递增，而 $IV^x(E[r^x])$ 对 $E[r^x]$ 严格单调递减。②这种二元对立可以从表 6.1 的前两行得到，这很好地总结了本节的讨论。③

6.7.2 套利定价模型：如何盈利

我们现在来回答之前提出的问题："套利交易者如何盈利？"总体而言，套利者希望组合

---

①在不同的理论框架下，价格被高估或低估的定义是相同的。
②两者都基于**有限责任**的假设，即投资者永远不会在自愿的范围外被迫增加投资。因此，持有长头寸的投资者收到的投资现金流一定是非负的。
③有些投资组合可能不满足表 6.1 中第 4 行、5 行、6 行总结的规律，但这些关系总体来说是成立的。在第 1 行、2 行成立的情况下，第 3 行自然成立。

得到的收益率为：

$$IRR^P = \sum_{i=1}^{I} w^i \left(IRR^i\right) \tag{6-16}$$

表 6.1　总结：内在价值与价格的关系

P_0^x vs. IV^x	$P_0^x > IV^x$	$P_0^x < IV^x$	$P_0^x = IV^x$
IRR^x vs. $E[r^x]$	$IRR^x < E[r^x]$	$IRR^x > E[r^x]$	$IRR^x = E[r^x]$
观点	价格高估	价格低估	正确定价
交易	卖空	买入	无
仓位	债务	资产	无
如果资产价格 $P_t^x \uparrow$	资本 ↓	资本 ↑	资本无变化

假设交易者制定了一个套利组合使其符合以下条件：(1) 无成本，使表达式 (6-9) 成立；(2) 无非系统风险，使表达式 (6-11) 对 I 的定性约束成立；(3) 无系统风险，使表达式 (6-13) 的 K 个约束条件成立。那么正如前述表达式 (6-12)，有 $E[r^P] = 0$，所以有

$$\begin{aligned} IRR^P &= IRR^P - E[r^P] = \sum_{i=1}^{I} w^i \left(IRR^i - E[r^i]\right) \\ &= \sum_{\text{多头头寸 } w^i} w^i \left(IRR^i - E[r^i]\right) + \sum_{\text{空头头寸 } w^i} w^i \left(IRR^i - E[r^i]\right) \end{aligned} \tag{6-17}$$

如果所有资产定价都正确，即 $E[r^i] = IRR^i$，$\forall i \in \{1, 2, ..., I\}$，那么根据表达式 (6-17)，有 $IRR^P = 0$。这是符合逻辑的：如果不存在错误定价，那么一个无需成本的无风险投资组合理应无法盈利。简而言之，如果所有资产都正确定价，就不存在套利机会。①

我们假设市场中存在一些被错误定价的资产，则对于被高估的资产有 $E[r^i] > IRR^i$，对于被低估的资产有 $E[r^i] < IRR^i$。在这样的市场中，假设存在一个无风险且无需成本的投资组合，我们可以将表达式 (6-17) 重写为

$$IRR^P = \sum_{\text{多头头寸 } w^i} w^i \underbrace{\left(IRR^i - E[r^i]\right)}_{\text{通常} > 0} + \sum_{\text{空头头寸 } w^i} w^i \underbrace{\left(IRR^i - E[r^i]\right)}_{\text{通常} < 0} \tag{6-18}$$

注意，对于多头头寸而言，$w^i > 0$；对于空头头寸则有 $w^i < 0$。如式 (6-18) 所示，投资者对满足 $IRR^i > E[r^i]$ 的资产 i 建立多头头寸，对 $IRR^i < E[r^i]$ 的资产建立空头头寸，因此组合有 $IRR^P > 0$。②这样就可以实现套利：实现无成本、无风险的盈利。最后，我们将 $w^i = \dfrac{V_0^i}{S}$

---

①估值错误是套利的必要不充分条件。

②在实际操作中，投资组合也可能对被高估的资产建立多头头寸、对被低估的资产建立空头头寸，通过资产的线性组合降低投资组合的系统风险。一个简单的例子是，假设存在两个价值被高估、完全分散化、系统风险相同的投资组合。两者价格不同，则隐含的收益率不同，即存在一个组合的价格高于另外一个。因此可以通过持有低价组合的多头头寸和高价组合的空头头寸来构造一个套利组合。低价组合的价值仍然被高估，只是高估程度低于高价组合，而高价组合则同理。类似地，如果存在两个价值低估程度不同的投资组合，投资者应当卖空低估程度较低的组合。

变换为 $V_0^i = w^i S$，那么组合盈利 π^P 为：①

$$\pi^P = \sum_{i=1}^{I} V_0^i \left(IRR^i - E[r^i]\right) = S \sum_{i=1}^{I} w^i \left(IRR^i - E[r^i]\right) = S \left(IRR^P\right) \qquad (6\text{-}19)$$

综上所述，套利投资者希望借助 I 个资产构建无风险、无成本的投资组合，并实现盈利。因此，投资者必须满足 $K+1$ 个等式的约束：其中 K 个等式保证投资组合没有系统风险，参考表达式 (6-13)；1 个等式保证组合无风险，参考表达式 (6-9)。投资者还必须满足表达式 (6-11) 所示的 I 个无特有风险条件，以保证每个具有特有风险的资产仓位都很小。在这些条件的基础上，投资者寻找市场中被错误定价的资产，并对价值被低估的资产建立多头头寸、对价值被高估的资产建立空头头寸。

6.7.3 构建套利组合

在本章的最后，我们用几个简单的例子来阐述构建套利组合的过程。投资者能够决定的变量包括套利组合中 I 个资产的比重，$w^A, w^B, ..., w^I$。对于 $K+1$ 个系统风险因子，投资者在套利定价模型组合中至少应加入 $I = K+1$ 个资产。②当 $I = K+1$ 时，我们只要解 $K+1$ 个线性约束，得到 I 个权重（$w^A, w^B, ..., w^I$）。然而，实际中 I 常常远大于 $K+1$。③在这种情况下，一个有限制条件的最大化过程就可以达到目的，如根据式 (6-17) 在相关的限制条件下使 IRR^P 最大化。④

由于全部 $K+1$ 个线性约束条件都等于 0，它们求解得出的资产权重都是相对值而不是绝对值。请注意，我们在本章中曾重新定义过 w^i，即多头头寸部分的市值 S 等于空头头寸部分的市值。套利交易者不会投资较"小"的 S，而是希望 S 越大越好，即不断地增大 S 直到套利机会消失。当投资者买入一个价值被低估的资产或卖空一个价值被高估的资产时，就会对资产的价格施加向上或向下的压力，这会使 IRR^i 不断向下或向上靠近 $E[r^i]$。套利组合的交易会推动资产价格的变化，直到扩大投资规模不再带来利润。⑤然而，为了便于叙述，我们在计算中假设资产价格为外生的常量。⑥因此，我们将 S 的取值限制为外生量，并在最大化过程中加入这一约束条件。

在本节中，我们假设 $K=2$，系统风险溢价分别为 λ_1 和 λ_2。我们将会展示两个例子：其中一个资产数为 $I = K+1 = 3$，另一个资产数为 $4 = I > K+1 = 3$。在这两个例子中，至少各有一种资产被错误定价，这也是套利定价模型的必要条件。换句话说，存在 $i \in \{A, B, ..., I\}$ 使 $IRR^i \neq E[r^i]$。对于给定的资产而言，根据表达式 (6-11)，$I \leqslant 4$ 并不足以消去特有风险。

---

① S 不是 i 的函数，因此可以被提到求和符号外。
② 为了更清晰地说明，我们用字母来标记资产，而用数字来标记系统风险因子。
③ 通常情况下，$K < 10$。如果单个资产包含特有风险，为了消去特有风险，I 必须远大于 10。然而，如果构成这个套利定价模型组合的资产本身是没有特有风险的，如每个资产都是已完全分散风险的投资组合，I 也可能很小。
④ 当 S 默认为外生参数时，最大化 IRR^P 等价于最大化 π^P。实际上，S 是由资产定价弹性决定的内生变量，套利交易者可以增加 S 直到资本市场中的套利机会消失。
⑤ 由 $\pi^P = IRR^P S$，可得 $d\pi^P = IRR^P dS + S dIRR^P$。在忽略交易成本的情况下，投资者会增加 S 直到 $d\pi^P = 0$，或直到 $d\ln(S) = -d\ln(IRR^P)$。一般而言，如果我们忽略投资者是市场价格接受者的假设，当套利机会消失时，有 $d\ln(S) = -d\ln(IRR^P) > 0$。
⑥ 如果该假设成立，套利机会永远不会消失。

因此，我们假设所有资产都是完全分散化的资产组合，而不是某几种特定的资产，这样每种资产都不再具有非系统风险。

6.7.4 例：三种资产，两种系统风险因子

在我们的第一个例子中，$I = K + 1 = 3$，此时投资者并不对套利组合进行最优化[①]，而仅仅求解下列三个等式：两个等式意在消除两种系统风险，一个等式则保证组合是无成本的。[②]

$$z^A\beta_1^A + z^B\beta_1^B + z^C\beta_1^C = 0 \quad \text{(消除对 } SRF_1 \text{ 的敞口)},$$
$$z^A\beta_2^A + z^B\beta_2^B + z^C\beta_2^C = 0 \quad \text{(消除对 } SRF_2 \text{ 的敞口)},$$
$$z^A + z^B + z^C = 0 \quad \text{(无成本)} \tag{6-20}$$

此处 z^A，z^B 和 z^C 都是相对的资产权重。我们定义 $Z \equiv \sum_{\text{多头头寸} i} z^i = -\sum_{\text{空头头寸} i} z^i > 0$，表示无需成本这一约束条件，于是有 $w^i = \dfrac{z^i}{Z}$，$i \in \{A, B, C\}$。最后，对每一个资产 i，有 $V_0^i = w^i S$。为什么我们不能直接在表达式 (6-20) 中使用 w^i？记方程的解为 (z^A, z^B, z^C)，那么对任意常数 k，(kz^A, kz^B, kz^C) 也是方程的一个解，因为线性方程组 (6-20) 的右边是一个零向量。在之前的讨论中，我们提到过，我们假设投资者被动地接受市场中的资产价格，S 一定是一个外生参数。因此，我们计算资产的相对权重，然后再还原回实际资产的投资权重。因此我们先计算相对权重 z^i，有 $Z = \sum_{\text{多头头寸} i} z^i$；然后 $w^i = \dfrac{z^i}{Z}$，$i \in \{A, B, C\}$；最后，$V_0^i = w^i S, i \in \{A, B, C\}$。

当 $I = K + 1$ 时，一种解决上述问题的简单办法是假设 $z^A = 1$，这可以满足约束 S。然后，我们再解 z^B 和 z^C。根据无成本条件，投资者要么卖空一种资产、买入两种资产，要么卖空两种资产、买入一种资产。并且，买入资产的权重之和一定等于卖空资产权重之和，且等于 Z。由于三种资产的权重为 $w^i = \dfrac{z^i}{Z}$，根据表达式 (6-17) 得出 $IRR^P = \sum_{i=1}^{I} w^i(IRR^i - E[r^i])$ 一定为正，继而可以求出各个权重。如果求出的 IRR^P 为负，则应当将求得的权重正负号反转。这可以保证在满足三个方程的前提下，将 IRR^P 的符号由负变为正。

在我们的第一个例子中，假设 $\lambda_0 = 5\%$，$\lambda_1 = 2\%$，以及 $\lambda_2 = 4\%$。其他参数如表 6.2 所示。[③] 我们直接设定 $z^A = 1$，因此由方程组 (6-20) 中的三个等式可解得 $z^B|(z^A = 1) = -0.5$，$z^C|(z^A = 1) = -0.5$。然后，$z^A = -(z^B + z^C) = Z = 1$，因此 $w^A = 1, w^B = -0.5, w^C = -0.5$。于是，$IRR^P = w^A(IRR^A - E[r^A]) + w^B(IRR^B - E[r^B]) + w^C(IRR^C - E[r^C]) = 1(5\% - 5.25\%) - 0.5(9\% - 8.5\%) - 0.5(3\% - 2\%) = -1.00\% < 0$。由于这些权重计算得到的 IRR^P 为负，我们反转它们的符号使 $w^A = -1, w^B = +0.5, w^C = +0.5$，

[①] 更确切地说，应当存在两组满足最优化约束的权重，(w^A, w^B, w^C) 和 $(-w^A, -w^B, -w^C)$，使
$$IRR^P(w^A, w^B, w^C) > 0 > IRR^P(-w^A, -w^B, -w^C)$$

[②] 在这个特例中，我们只需要解 $I = K + 1$ 个同时成立的线性等式，我们通过限定 $z^A = 1$ 来使求解得到的权重是相对值（而不是绝对的资产价值），这样的解更有通用性。

[③] 请注意：$E[r^A] = \lambda_0 + \lambda_1\beta_1^A + \lambda_2\beta_2^A = 5\% + 2\%(0.625) + 4\%(-0.25) = 5.25\%$。同理可以计算其他资产收益率。

得到 $IRR^P = +1\% > 0$。我们假设套利组合的多头头寸和空头头寸价值分别为外生参数 $S = 10\,000$ 美元。也就是说，投资者卖空了价值 10 000 美元的资产 A，并用卖空所得的资金分别买入了价值 5 000 美元的资产 B 和资产 C。因此 $V_0^A = -CF_0^A = -10\,000$ 美元，$V_0^B = V_0^C = -CF_0^B = -CF_0^C = +5\,000$ 美元。请注意，正如我们之前提到的那样，套利组合买入了两种资产（B和C），它们的 $IRR^i > E[r^i]$；卖空了资产A，它的 $IRR^A < E[r^A]$。最后，根据表达式 (6-19)，有 $\pi^P = IRR^P S = 1\%(10\,000\text{美元}) = 1\,000$ 美元。

表 6.2 资产定价模型例 1：三种资产，两种系统风险因子

	资产A	资产B	资产C
假设			
	$\beta_1^A = 0.625$	$\beta_1^B = 0.75$	$\beta_1^C = 0.50$
	$\beta_2^A = -0.25$	$\beta_2^B = 0.50$	$\beta_2^C = -1.00$
	$IRR^A = 5.00\%$	$IRR^B = 9.00\%$	$IRR^C = 3.00\%$
得到			
	$E[r^A] = 5.25\%$	$E[r^B] = 8.50\%$	$E[r^C] = 2.00\%$
	$w^A = -100\%$	$w^B = +50\%$	$w^C = +50\%$

6.7.5 例：四种资产，两种系统风险因子

假设存在一个组合有 $4 = I > K + 1 = 3$，即资产数超过系统风险因子数。在上一个例子中（$I = K + 1 = 3$），我们联立了三个线性约束，得到了两个可能的解，使 $\sum_{\text{多头头寸}i}w^i = -\sum_{\text{空头头寸}i}w^i = 1$。我们在两个解中选择了能够使 $IRR^P > 0$ 的一个。然而，现在有 $I > K+1$，我们的最优化过程将更为复杂，因为在 $K+1 = 3$ 的约束下，$\sum_{\text{多头头寸}i}w^i = -\sum_{\text{空头头寸}i}w^i = 1$ 有无穷多个解。我们假设有相对权重 z^A、z^B、z^C 和 z^D，对应外生参数 S。①我们直接设定相对权重在 $[-5, +5]$ 区间内。②最大化过程为

$$\max_{z^A, z^B, z^C, z^D} IRR^P = \sum_{i=A,B,C,D} z^i(IRR^i - E[r^i]), \text{使得}$$

$$z^A\beta_1^A + z^B\beta_1^B + z^C\beta_1^C + z^D\beta_1^D = 0, (\text{无 } SRF_1)$$

$$z^A\beta_2^A + z^B\beta_2^B + z^C\beta_2^C + z^D\beta_2^D = 0, (\text{无 } SRF_2)$$

$$\text{以及} \quad z^A + z^B + z^C + z^D = 0, (\text{无成本})$$

$$\text{其中} z^i \in [-5, +5], \ i \in \{A, B, C, D\} \tag{6-21}$$

这种带限制条件的最优化过程可以通过拉格朗日算法计算。③

假设 $\lambda_0 = 5\%$，$\lambda_1 = 2\%$，$\lambda_2 = 4\%$。其他参数如表 6.3 所示。方程的解为 $z^A = +2$，$z^B = -5$，$z^C = +4$ 和 $z^D = -1$。对此进行归一化，$Z = 2 + 4 = -(-5 - 1) = 6$，因此

---

①之前，我们直接令 $z^A = 1$ 再根据三个限制条件解得 z^B 和 z^C。我们选择 $z^A = 1$ 或 $z^A = -1$ 中可以令 $IRR^P > 0$ 的一组解。这次，我们直接求解各个权重。当然，也可以直接令 $z^A = 1$ 再根据 $K+1$ 个限制条件解出最大化 IRR^P 的 z^B，z^C 和 z^D。这样需要再做一次最优化计算使 $(IRR^P|z^A = -1)$ 最大，再选择 IRR^P 最高时对应的解。
②对于任意区间 $[-\alpha, +\alpha]$，$\alpha > 0$ 都同样有效。
③在 Excel 软件中，可以使用 Solver 插件直接求解。

归一化后的权重为 $w^A = \dfrac{+2}{2+4} = +33.3\%$，$w^B = \dfrac{-5}{-(-5-1)} = -83.3\%$，$w^C = \dfrac{+4}{2+4} = +66.7\%$，$w^D = \dfrac{-1}{-(-5-1)} = -16.7\%$。①然后，$IRR^P = w^A(IRR^A - E[r^A]) + w^B(IRR^B - E[r^B]) + w^C(IRR^C - E[r^C]) + w^D(IRR^D - E[r^D]) = 0.333(12\% - 11\%) - 0.833(12\% - 12.5\%) + 0.667(13\% - 12\%) - 0.167(7\% - 7.5\%) = +1.5\% > 0$。我们进一步假设组合的多头头寸和空头头寸部分仓位为外生的 $S = 10\,000$ 美元。因此，投资者分别卖空 8 333 美元的资产 B 和 1 667 美元的资产 D，然后用卖空得到的资金买入资产 A（3 333 美元）和资产 C（6 667 美元）。因此 $V_0^A = -CF_0^A = +3\,333$ 美元，$V_0^B = -CF_0^B = -8\,333$ 美元，$V_0^C = -CF_0^C = +6\,667$ 美元，$V_0^D = -CF_0^D = -1\,667$ 美元。注意，这与我们之前的讨论一致，套利组合由买入两个 $IRR^i > E[r^i]$ 的资产（A和C）和卖空两个 $IRR^i < E[r^i]$ 的资产（B和D）组成。最后，根据表达式 (6-19)，有 $\pi^P = IRR^P S = 1.5\% \times 10\,000$ 美元 $= 1\,500$ 美元。

表 6.3 套利定价模型例 2：四种资产，两种系统风险因子

	资产A	资产B	资产C	资产D
假设				
	$\beta_1^A = 1.00$	$\beta_1^B = 0.75$	$\beta_1^C = 0.50$	$\beta_1^D = 0.25$
	$\beta_2^A = 1.00$	$\beta_2^B = 1.50$	$\beta_2^C = 1.50$	$\beta_2^D = 0.50$
	$IRR^A = 12\%$	$IRR^B = 12\%$	$IRR^C = 13\%$	$IRR^D = 7\%$
得到				
	$E[r^A] = 11\%$	$E[r^B] = 12.5\%$	$E[r^C] = 12\%$	$E[r^D] = 7.5\%$
	$w^A = +33.3\%$	$w^B = -83.3\%$	$w^C = +66.7\%$	$w^D = -16.7\%$

---

① 正如之前所讨论的那样，套利者会不断按照这些比例增加投资直到投资（买入资产 A 和 C，卖出资产 B 和 D）带来的价格变动使套利机会消失。投资者的行为导致资产 B 和 D 的价格下降，IRR^B 和 IRR^D 上升，资产 A 和 C 价格上升，IRR^A 和 IRR^C 下降，直到 $IRR^P = 0$。但是，我们假设投资者被动地接受市场价格。

第二部分
绝对估值和资产组合

在第一部分中，我们介绍了大概 95% 的本书所需的 Excel 功能。与此同时，我们也学习了一些简单的金融模型。在接下来的部分中，我们将对更多有趣的、有意义的金融问题进行建模。在第二部分，我们首先通过现金流折现法得到公司的估值。接着，我们利用二维数据表进行操作。同时，我们研究了资产组合理论，并且展示了如何利用市场模型来建立方差–协方差矩阵。

在第 7 章中，我们先回顾了历史财务报表的勾稽关系，以便预测出未来的财务报表。通过预测的财务报表，我们计算了现金流，这些现金流将在绝对估值法，例如现金流折现法中用到。

在第 8 章中，我们对资产组合进行分析。我们首先展示了股利的再投资如何影响回报率。接着，我们回顾了衡量资产表现的方法。最后，在假设风险资产价格符合对数正态分布的前提下，我们介绍了一种重要的风险管理方法——风险价值法。

在第 9 章中，我们对资产组合理论进行了更深层次的研究。在限制卖空和不限制卖空的情况下，我们分别给出了如何找到全局最小方差组合和整个风险资产有效组合边界的方法。我们同时研究了当在资产池中加入一个无风险资产时，有效边界将发生怎样的变化。接下来，在假设市场模型是合适的前提下，我们给出了利用市场 beta 计算协方差的方法。最后，通过对市场模型的进一步分析，我们将一个风险资产的总风险分解成系统风险和非系统风险。[1]

---

[1] 对于希望深入研究这些主题的读者，我们在附录中提供如下背景材料。附录 C 简单地回顾了财务会计报表和各种现金流的定义，包括自由现金流、股权持有人的自由现金流等。这些计算不会超出我们已经学习过的 Excel 功能的泛围。因此，我们把它们放在附录中。在附录 D 中，我们回顾了盈余乘数模型，这是一个结合了现金流折现方法、股利贴现模型和相对估值指标 P/E 比率（即市盈率）的混合模型。

第7章 会计财务报表和公司价值

金融分析师需要预测未来的财务报表,包括利润表、资产负债表和现金流量表。预测完财务报表后,就可以计算未来的现金流,例如自由现金流、经营现金流、股权现金流等。这些计算对于金融分析师们估计公司和股票价值是至关重要的。

在这一章中,我们对现金流用合适的要求回报率进行折现,并以此来估算一个公司和股票的内在价值。我们先来分析企业的历史利润表和资产负债表,进而理解企业财务报表的勾稽关系。[①]对历史利润表和历史资产负债表,我们的目标是计算能够帮助我们理解企业业绩表现的财务指标。由此,我们建立模型并编制未来 5 年的预测利润表、预测资产负债表和预测现金流量表。我们还可以计算能够用于各种现金流折现方法的预测现金流。然后我们会计算一些辅助性指标,如各种要求收益率,包括加权资本成本。最后,我们会使用五种现金流折现模型,来直接计算公司价值或股权价值。

在计算中需要我们的专业判断,对于那些没有反映在历史报表中但十分相关的新信息,在编制预测财务报表时必须充分考虑它们的影响。比如,如果企业刚刚发布了会显著影响未来销售额的好消息,那么你就至少需要在历史利润表的水平上,相应调高企业短期内的增长率;如果是坏消息,则调低增长率。来看更多例子:企业最近生产技术的一项重大突破能够在同等条件下显著降低未来的生产成本($COGS$);企业最近发表声明称其会大幅削减非生产成本,说明销售、一般和管理费用(SGA)未来会减少;企业最近宣布长期会采取更激进的广告营销策略,意味着在同等条件下未来的广告费用会高于历史水平。显然,这些新信息会影响企业未来财务报表中的勾稽关系。总的来说,这些没有反映在历史财务报表中的新信息都应该在编制预测财务报表时予以充分考虑。

7.1 计算增长率

在开始探究绝对估值法之前,我们先离题一会儿来讨论各种增长率。我们探究这些计算式是为了讨论以后编制预测财务报表时需要用的一些勾稽关系。读者可以先回顾一下第 5.1 节,在这一节中,我们将用一个略微不同的角度来讨论这一问题。

我们先来讨论相对增长率。通过计算销售额的几何平均增长率,我们已经隐含假设了销售额是按恒定的相对增长率增长,即 $NS_t = NS_0(1+g^{GM})^t$。因此,NS_t 对时间 t 的图像是增长的 ($\frac{dNS_t}{dt} = NS_t \ln(1+g^{GM}) > 0$),而且是凸的 ($\frac{d^2 NS_t}{dt^2} = NS_t[\ln(1+g^{GM})]^2 > 0$)。这样,在给定 g^{GM} 下,模型预测未来的销售额 NS_t 为 $NS_t|NS_{t-1} = NS_{t-1}(1+g^{GM})$。继续假设恒定相对增长率的前提下,我们可以通过时间序列回归产生更多数据点。将 $\ln(NS_t)$ 对 t 回归,有 $\ln(NS_t) = \alpha + \beta(t) + \epsilon_t$。因此,给定 β 的估计值,模型可以推出 NS_t 的预测值为 $NS_t|NS_{t-1} = NS_{t-1}(e^\beta)$。

---
① 为了简化讨论,我们只使用过去 3 年的财务报表。实际操作中,通常会使用过去 5 年或 10 年的财务报表。

上述两种相对增长率指标紧密相关。对比 $NS_t|NS_{t-1} = NS_{t-1}(1+g^{GM})$ 和 $NS_t|NS_{t-1} = NS_{t-1}(e^\beta)$，可知 g^{GM} 和 $e^\beta - 1$ 是两种相对增长率指标。①

现在，我们来讨论绝对增长率。销售额 NS_t 对 t 的图像几乎是线性的，而不是凸的，意味着销售额是每年以恒定的绝对金额增长。因此，将 NS_t 对 t 回归，即 $NS_t = \alpha + \beta^a(t) + \epsilon_t$。那么，给定 β^a 估计值，这个模型可以推出 NS_t 的预测值，即 $NS_t|NS_{t-1} = NS_{t-1} + \beta^a$。

回顾图 5.1，我们用图像描述了恒定绝对增长率（即恒定线性增长率）和恒定相对增长率之间的区别。将指标值对时间作图，恒定线性增长模型呈直线，而恒定相对增长率则是凸曲线。在图 5.1 中，两种指标第 1 年的起始值为 1。两种增长率数值都是每年 10%，但恒定绝对（线性）增长率是 $\pi_{t+1} = \pi_t + g$，而恒定相对增长率则是 $\pi_{t+1} = \pi_t(1+g) = \pi_t + \pi_t g$。② 如果 π_t 对时间 t 的图像是凸的，那么用 $\ln(\pi_t)$ 对时间 t 作图；如果是线性的，则采用恒定相对增长率模型，使 $g = \left(\dfrac{\pi_0}{\pi_{-T}}\right)^{1/T}$ 或 $\ln(\pi_t)$ 对 t 回归得到的 $g = \beta$。

与绝对增长率相比，恒定相对增长率意味着绝对增长率增大。因此每年的绝对增长幅度都在增长，即 $\dfrac{d\pi_t}{dt} = k^r \pi_t$ 随着 π_t 增长。等价地，恒定绝对增长率意味着相对增长率下降。③请注意，还有其他的计算方法，如几何平均增长率。

7.2 过往报表中的关系：利润表

表 7.1 是用于现金流折现分析的利润表。已支付的现金股利、发行股票募集现金和用于购买库存股的现金也在表中。如表 7.1 所示，企业 2013 年发行了股票（2 224 000 美元），2015 年进行了股票回购（979 000 美元）。

表 7.2 则展示了现金流折现分析所用的利润表的相关指标。

大多数预测利润表都是**销售驱动**的。假设销售收入按给定的增长率随时间增长，利润表的其他项目则随每年的销售收入变化。因此，销售增长率是一个尤其重要的假设指标。在我们的例子中，我们简单假设增长在未来 5 年内会以与最近 3 年相同的增长率持续增长。④我们计算得到销售收入的平均增长率为 5.5%，如表 7.2 所示。

我们现在来分析编制预测利润表时所需的项目之间的关联关系。生产成本（$COGS$）与产品生产直接相关，因而在同等条件下，它与销售直接相关。从此，我们保持 $\dfrac{COGS}{NS}$ 恒定，

---

① 它们仅仅称为近似相等，原因是两个用于几何平均增长率计算的数据点 NS_{-T} 和 NS_0 几乎肯定不会同时准确地落在回归模型上。在很小的概率下，两个数据点要么都正好落在回归方程上，要么同时落在回归方程的上方或者下方的同一位置处，那么就有 $g^{GM} = e^\beta - 1$。否则，有 $g^{GM} \approx e^\beta - 1$。

② $\ln(\pi_t)$ 对时间 t 的图像中，恒定相对增长率的图像呈线性，而恒定绝对增长率则呈凸性。我们应当首先以 pi_t 对时间 t 作图。如果图像呈线性，则采用恒定绝对增长率模型使增长率 g 等于 $\pi_t - \pi_{t-1}$ 的平均值，$t = \{-T+1, -T+2, ..., 0\}$。

③ 给定恒定绝对增长率 k^a，那么 $\dfrac{d\pi_t}{dt} = k^a$。因此相对增长率逐年下降，即 $\dfrac{d\ln(\pi_t)}{dt} = \dfrac{1}{\pi_t}\dfrac{d\pi_t}{dt} = \dfrac{k^a}{\pi_t}$ 是随着 π_t 递减的。

④ 我们计算得出 $g^{销售收入} = 5.5\%$。我们随后会假设计算得到的指标会以这个速率永续增长。在实际中，甚至对前途最光明的企业而言，长期增长率很可能不会大于 3%。现金流增长率的最大值不能超过经济整体增长速度。我们不会局限于假设现金流永续增长——我们在例子的最后会进行情景分析，从而考虑增长率取值范围中的所有情况。读者应当总是进行这样的情景分析，后续我们会更细致地讨论它。

即等于企业的历史均值。在模型中，我们假设销售、一般与管理费用和广告费用同样跟随销售收入等比上升。大部分企业的这些费用并不像生产成本一样与销售收入直接相关，因此假设 $\frac{SGA}{NS}$ 和 $\frac{广告费用}{NS}$ 恒定略微有些无力。[①]

表 7.1 用于现金流折现分析的利润表　　　　　　　　　（单位：1000 美元）

利润表科目	2015 年	2014 年	2013 年
销售收入（NS）	53 762	51 202	48 304
生产成本（COGS）	38 440	36 609	34 537
毛利润（GP）	15 322	14 593	13 767
销售、一般和管理费用（SGA）	4 892	4 659	4 396
广告费用	1 989	1 894	1 787
折旧与摊销（D&A）	439	114	115
维修与维护费用（R&M）	847	834	805
息税前利润（EBIT）	7 155	7 090	6 664
其他收入（费用）			
利息收入（II）	5	8	7
利息费用（IE）	(693)	(945)	(1 158)
税前利润（EBT）	6 467	6 153	5 512
所得税	2 199	2 092	1 874
净利润（NI）	4 268	4 061	3 638
发放现金股利	1 626	1 547	1 386
筹集现金：发行股份	0	0	2 224
使用现金：回购股份	979	0	0

折旧与摊销（D&A）是固定资产原值（GPPE）的损耗，因此我们假设 $\frac{D\&A_t}{GPPE_{t-1}}$ 每年都是恒定的。请注意时间上的滞后，如年度 t 的 $D\&A_t$ 应当由年度 $t-1$，即年度 t 开始时的财务报表科目计算得到。然后，维修与维护费用（R&M）应当与尚且"可用"的资产，如固定资产净值（NPPE）成正比。因此我们假设 $\frac{R\&M_t}{NPPE_{t-1}}$ 每年恒定。再次强调，请注意报表间因果关系带来的时间滞后：$NPPE_{t-1}$ 存在于 $t-1$ 年年末，它也是年度 t 的起始，也是年度 t 中 $R\&M_t$ 费用的基础。至于利息收入，它来源于可交易证券（MS），因此我们假定 $\frac{II_t}{\overline{MS_t}}$ 恒定，其中 $\overline{MS_t} = \frac{MS_t + MS_{t-1}}{2}$。下一步，由于利息费用是基于总债务（TD）的支出，我们假定 $\frac{IE_t}{\overline{TD_t}}$ 此后保持恒定，其中 $\overline{TD_t} = \frac{TD_t + TD_{t-1}}{2}$ 且 $TD_t = NP_t + CM_t + LTD_t$。同样地，我们计算得到 $\frac{所得税_t}{EBT_t}$ 的历史算术平均值为 34%，并在未来预测财务报表中使用这个结果。

显而易见，我们依旧保留以下利润表科目间的关联关系：
（1）毛利润 = 销售收入 − 生产成本；
（2）息税前利润 = 毛利润 − 销售、一般和管理费用 − 广告费用 − 折旧与摊销 − 维修与维护费用；

[①] 也可以假设这些费用分别保持恒定相对或绝对增长率。

表 7.2 现金流折现分析所用的利润表相关指标

利润表指标	关系	表达式	计算	结果
销售收入	几何平均增长率	$\left(\dfrac{NS_{2015}}{NS_{2013}}\right)^{\frac{1}{3}}-1$	$\left(\dfrac{53\,762}{48\,304}\right)^{\frac{1}{3}}-1$	5.5%
生产成本	$\dfrac{COGS_t}{NS_t}$ 的平均值	$\dfrac{1}{3}\left(\dfrac{COGS_{15}}{NS_{15}}+\dfrac{COGS_{14}}{NS_{14}}+\dfrac{COGS_{13}}{NS_{13}}\right)$	$\dfrac{1}{3}\left(\dfrac{38\,440}{53\,762}+\dfrac{36\,609}{51\,202}+\dfrac{34\,537}{48\,304}\right)$	71.5%

毛利润: $GP = NS - COGS$

销售、一般和管理费用	$\dfrac{SGA_t}{NS_t}$ 的平均值	$\dfrac{1}{3}\left(\dfrac{SGA_{15}}{NS_{15}}+\dfrac{SGA_{14}}{NS_{14}}+\dfrac{SGA_{13}}{NS_{13}}\right)$	$\dfrac{1}{3}\left(\dfrac{4\,892}{53\,762}+\dfrac{4\,659}{51\,202}+\dfrac{4\,396}{48\,304}\right)$	9.1%
广告费用	$\dfrac{Adv_t}{NS_t}$ 的平均值	$\dfrac{1}{3}\left(\dfrac{Adv_{15}}{NS_{15}}+\dfrac{Adv_{14}}{NS_{14}}+\dfrac{Adv_{13}}{NS_{13}}\right)$	$\dfrac{1}{3}\left(\dfrac{1\,989}{53\,762}+\dfrac{1\,894}{51\,202}+\dfrac{1\,787}{48\,304}\right)$	3.7%
折旧与摊销	$\dfrac{D\&A_t}{NS_t}$ 的平均值	$\dfrac{1}{3}\left(\dfrac{D\&A_{15}}{NS_{15}}+\dfrac{D\&A_{14}}{NS_{14}}+\dfrac{D\&A_{13}}{NS_{13}}\right)$	$\dfrac{1}{3}\left(\dfrac{439}{53\,762}+\dfrac{114}{51\,202}+\dfrac{115}{48\,304}\right)$	1.2%
维修与维护费用	$\dfrac{R\&M_t}{NPPE_{t-1}}$ 的平均值	$\dfrac{1}{3}\left(\dfrac{GPPE_{14}}{NPPE_{14}}+\dfrac{GPPE_{13}}{NPPE_{13}}+\dfrac{GPPE_{12}}{NPPE_{12}}\right)$ 外加 $\dfrac{R\&M_{15}}{NPPE_{14}}+\dfrac{R\&M_{14}}{NPPE_{13}}+\dfrac{R\&M_{13}}{NPPE_{12}}$	$\dfrac{1}{3}\left(\dfrac{19\,287}{16\,949}+\dfrac{18\,907}{16\,683}+\dfrac{18\,210}{16\,101}\right)$ $\dfrac{1}{3}\left(\dfrac{847}{16\,949}+\dfrac{834}{16\,683}+\dfrac{805}{16\,101}\right)$	5.0%

息税前利润: $EBIT = GP - $ 广告费用 $- D\&A - R\&M$

利息收入	$\dfrac{II_t}{(MS_t+MS_{t-1})/2}$ 的平均值	$\dfrac{1}{3}\left[\dfrac{II_{15}}{\frac{MS_{15}+MS_{14}}{2}}+\dfrac{II_{14}}{\frac{MS_{14}+MS_{13}}{2}}+\dfrac{II_{13}}{\frac{MS_{13}+MS_{12}}{2}}\right]$	$\dfrac{1}{3}\left[\dfrac{5}{\frac{526}{2}}+\dfrac{8}{\frac{750}{2}}+\dfrac{7}{\frac{656}{2}}\right]$	2.0%
利息费用	$\dfrac{IE_t}{(TD_t+TD_{t-1})/2}$ 的平均值	$\dfrac{1}{3}\left[\dfrac{IE_{15}}{\frac{TD_{15}+TD_{14}}{2}}+\dfrac{IE_{14}}{\frac{TD_{14}+TD_{13}}{2}}+\dfrac{IE_{13}}{\frac{TD_{13}+TD_{12}}{2}}\right]$	$\dfrac{1}{3}\left(\dfrac{693}{8\,659}+\dfrac{945}{11\,813}+\dfrac{1\,158}{14\,479}\right)$	8.0%

$EBT = EBIT + II - IE$; 所得税 $= EBT\,(T^C)$

所得税税率 (T^C)	$\dfrac{\text{所得税}}{EBT}$ 的平均值	$\dfrac{1}{3}\left[\dfrac{\text{所得税}_{15}}{EBT_{15}}+\dfrac{\text{所得税}_{14}}{EBT_{14}}+\dfrac{\text{所得税}_{13}}{EBT_{13}}\right]$	$\dfrac{1}{3}\left[\dfrac{2\,199}{6\,467}+\dfrac{2\,092}{6\,153}+\dfrac{1\,874}{5\,512}\right]$	34.0%

$NI = EBT - $ 所得税

(3) 税前利润 = 息税前利润 + 利息收入 − 利息费用;
(4) 所得税 = 税前利润（所得税税率）;
(5) 净利润 = 税前利润 − 所得税。

7.3 过往报表中的关系：资产负债表

现在我们继续探讨预测资产负债表中所需科目间的关联关系。现金流折现分析中使用的过程资产负债表如表 7.3 所示。相对于前一章中使用的资产负债表，本章中使用的资产负债表多了一个科目，即库存股 (TS)，它代表着企业过往回购发行在外股票所使用的现金总量。它是一个负向的权益科目，因此所有者权益 = $CS + APIC + RE − TS$。请注意，所有的四个权益科目，包括库存股科目，在金额上是不可能减少的。因此，在搭建预测财务报表时，应当小心注意以保证这些科目的金额不会按年减少。

表 7.4 则展示了现金流折现分析中使用的过程资产负债表。为了方便说明，我们将资产负债表分割为两部分。下一步我们会讨论表 7.5，它展示了现金流折现分析中用到的资产负债表相关关系：负债与所有者权益。

由此可见，我们假设现金、可交易证券、预付账款以及其他资产占总资产的比例是恒定的。① 由于应收账款 (AR) 与销售收入水平直接相关，假设其在预测财务报表中按 $\dfrac{\overline{AR_t}}{NS_t}$ 的历史算术平均值增长，其中 $\overline{AR_t} = \dfrac{AR_t + AR_{t-1}}{2}$。类似地，由于存货 ($Inv$) 与生产成本直接相关，假设其在预测财务报表中按 $\dfrac{\overline{Inv_t}}{COGS_t}$ 的历史算术平均值增长，其中，$\overline{Inv_t} = \dfrac{Inv_t + Inv_{t-1}}{2}$。

地产、厂房及设备三者都是固定资产原值的组成部分，我们假设它们每年占固定资产原值的比例与历史算术平均值持平，从而它们之间的相对占比不变。至于预测财务报表中的每年总值，我们进行如下推算。我们首先计算净固定资产净值的水平。由于固定资产净值大体上代表着企业账面剩余"可用的"固定资产，我们认为它们是通过生产产品来支持企业销售收入的根本。因此，假设 $\dfrac{\overline{NPPE_t}}{NS_t}$ 每年恒定，其中 $\overline{NPPE_t} = \dfrac{NPPE_t + NPPE_{t-1}}{2}$。最后，根据假设累计 $D\&A_t =$ 累计 $D\&A_{t-1} + D\&A_t$，我们就可以推出 $GPPE_t$ 的值：由于有 $NPPE_t = GPPE_t −$ 累计 $D\&A_t$，那么 $GPPE_t = NPPE_t +$ 累计 $D\&A_t$。

其他资产负债表的资产科目之间关系如下：
(1) 总流动资产 = 现金 + 可交易证券 + 应收账款 + 存货 + 预付账款;
(2) 固定资产原值 = 土地 + 建筑物与改造 + 设备;
(3) 总资产 = 总流动资产 + 净固定资产 + 其他资产。

在完成资产负债表的资产端后，我们现在来看另外一边。表 7.5 列示了负债和所有者权益科目的关系。

---

① 其他情况包括：(a) 假设这四个科目保持最近一期的值不变，如在 2015 年 12 月 31 日的水平；(b) 分别按相对增长率的历史几何平均值增长。

表 7.3　现金流折现分析中使用的过往资产负债表　　　　　　（单位：1000 元）

资产负债表科目	2015 年	2014 年	2013 年	2012 年
资产				
流动资产				
现金	255	920	910	890
可交易证券	111	415	335	321
应收账款	2 183	4 126	4 002	3 997
存货	10 336	12 528	12 323	12 111
预付账款	391	422	411	402
总流动资产	13 276	18 411	17 981	17 721
房屋、厂房与设备				
土地	21	18	17	16
建筑物与改造	4 636	3 809	3 888	3 607
设备	16 453	15 460	15 002	14 587
固定资产原值	21 111	19 287	18 907	18 210
减去：累计 D&A	2 777	2 338	2 224	2 109
固定资产净值	18 334	16 949	16 683	16 101
其他资产	1 603	477	472	460
总资产	33 213	35 837	35 136	34 282
负债与所有者权益				
流动负债				
应付账款	879	567	709	698
应付票据	3 733	2 779	2 666	2 535
一年内到期的长期负债	1 880	1 713	1 677	1 588
其他应付款	252	222	237	213
总流动负债	6 744	5 281	5 289	5 034
递延所得税	158	141	135	122
长期负债	722	6 490	8 301	12 191
总负债	7 625	11 912	13 725	17 347
所有者权益				
普通股，面值 1 美元 *	12 080	12 080	12 080	11 180
资本公积	4 400	4 400	4 400	2 376
留存收益	10 641	7 999	5 485	3 233
减去：库存股	1 533	554	554	554
总所有者权益	25 588	23 925	21 411	16 935
总负债与所有者权益	33 213	35 837	35 136	34 282
发行在外股份数 *	10 012	10 100	10 100	9 900

*总共 50 000 股

如前所示，假设 $\overline{\dfrac{AP_t}{COGS_t}}$ 和 $\overline{\dfrac{AL_t}{COGS_t}}$ 每年恒定等于历史算术平均值，其中 $\overline{AP_t}=\dfrac{AP_t+AP_{t-1}}{2}$，$\overline{AL_t}=\dfrac{AL_t+AL_{t-1}}{2}$。这两个假设都是符合逻辑的，因为这两个科目的费用最后都会按照产品出售的时间归集到当期生产成本中。我们假设应付票据和一年内到期的长期负债占总资产的比例不变。我们进一步假设递延所得税、普通股、资本公积和库存股总量每年持平。

第 7 章 会计财务报表和公司价值

表 7.4 现金折现分析中使用的过往资产负债表

资产科目	关联关系	表达式	计算	结果
现金	$\dfrac{\text{现金}}{TA}$ 的平均值	$\dfrac{1}{3}\left(\dfrac{\text{现金}_{15}}{TA_{15}} + \dfrac{\text{现金}_{14}}{TA_{14}} + \dfrac{\text{现金}_{13}}{TA_{13}}\right)$	$\dfrac{1}{3}\left(\dfrac{255}{33\,213} + \dfrac{920}{35\,837} + \dfrac{910}{35\,136}\right)$	1.97%
可交易证券	$\dfrac{MS}{TA}$ 的平均值	$\dfrac{1}{3}\left(\dfrac{MS_{15}}{TA_{15}} + \dfrac{MS_{14}}{TA_{14}} + \dfrac{MS_{13}}{TA_{13}}\right)$	$\dfrac{1}{3}\left(\dfrac{111}{33\,213} + \dfrac{415}{35\,837} + \dfrac{335}{35\,136}\right)$	0.82%
应收账款	$\dfrac{\text{平均应收账款}}{NS}$ 的平均值	$\dfrac{1}{3}\left[\dfrac{\left(\dfrac{AR_{15}+AR_{14}}{2}\right)}{NS_{15}} + \dfrac{\left(\dfrac{AR_{14}+AR_{13}}{2}\right)}{NS_{14}} + \dfrac{\left(\dfrac{AR_{13}+AR_{12}}{2}\right)}{NS_{13}}\right]$	$\dfrac{1}{3}\left[\dfrac{\left(\dfrac{2\,183+4\,126}{2}\right)}{53\,762} + \dfrac{\left(\dfrac{4\,002+3\,997}{2}\right)}{48\,304} + \dfrac{\left(\dfrac{4\,126+4\,002}{2}\right)}{51\,202}\right]$	7.36%
存货	$\dfrac{\text{平均存货}}{COGS}$ 的平均值	$\dfrac{1}{3}\left[\dfrac{\left(\dfrac{Inv_{15}+Inv_{14}}{2}\right)}{COGS_{15}} + \dfrac{\left(\dfrac{Inv_{14}+Inv_{13}}{2}\right)}{COGS_{14}} + \dfrac{\left(\dfrac{Inv_{13}+Inv_{12}}{2}\right)}{COGS_{13}}\right]$	$\dfrac{1}{3}\left[\dfrac{\left(\dfrac{10\,336+12\,528}{2}\right)}{38\,440} + \dfrac{\left(\dfrac{12\,528+12\,323}{2}\right)}{36\,609} + \dfrac{\left(\dfrac{12\,323+12\,111}{2}\right)}{34\,537}\right]$	33.0%
预付账款	$\dfrac{\text{预付账款}}{TA}$ 的平均值	$\dfrac{1}{3}\left(\dfrac{\text{预付账款}_{15}}{TA_{15}} + \dfrac{\text{预付账款}_{14}}{TA_{14}} + \dfrac{\text{预付账款}_{13}}{TA_{13}}\right)$	$\dfrac{1}{3}\left(\dfrac{391}{33\,213} + \dfrac{422}{35\,837} + \dfrac{411}{35\,136}\right)$	1.17%
总流动资产 = 现金 + MS + AR + 存货 + 预付账款				
土地	$\dfrac{\text{土地}}{GPPE}$ 的平均值	$\dfrac{1}{3}\left(\dfrac{\text{土地}_{15}}{GPPE_{15}} + \dfrac{\text{土地}_{14}}{GPPE_{14}} + \dfrac{\text{土地}_{13}}{GPPE_{13}}\right)$	$\dfrac{1}{3}\left(\dfrac{21}{21\,111} + \dfrac{18}{19\,287} + \dfrac{17}{18\,907}\right)$	0.1%
建筑物与改造	$\dfrac{\text{建筑物}}{GPPE}$ 的平均值	$\dfrac{1}{3}\left(\dfrac{\text{建筑物}_{15}}{GPPE_{15}} + \dfrac{\text{建筑物}_{14}}{GPPE_{14}} + \dfrac{\text{建筑物}_{13}}{GPPE_{13}}\right)$	$\dfrac{1}{3}\left(\dfrac{4\,636}{21\,111} + \dfrac{3\,809}{19\,287} + \dfrac{3\,888}{18\,907}\right)$	20.8%
设备	$\dfrac{\text{设备}}{GPPE}$ 的平均值	$\dfrac{1}{3}\left(\dfrac{\text{设备}_{15}}{GPPE_{15}} + \dfrac{\text{设备}_{14}}{GPPE_{14}} + \dfrac{\text{设备}_{13}}{GPPE_{13}}\right)$	$\dfrac{1}{3}\left(\dfrac{16\,453}{21\,111} + \dfrac{15\,460}{19\,287} + \dfrac{15\,002}{18\,907}\right)$	79.1%

$GPPE_t = NPPE_t + $ 累计 $D\&A_t$ (这来源于 $GPPE =$ 土地 + 建筑物与改造 + 设备)
累计 $D\&A_{t-1} + D\&A_t$

续表

资产科目	关联关系	表达式	计算	结果
$GPPE_t = NPPE_t + $ 累计 $D\&A_t$ (这来源于 $GPPE = $ 土地 $+$ 建筑物与改造 $+$ 设备)				
累计 $D\&A_t = $ 累计 $D\&A_{t-1} + D\&A_t$				
$NPPE_t$	平均值 $\dfrac{NPPE}{NS}$	$\dfrac{1}{3}\left[\dfrac{\left(\dfrac{NPPE_{15}+NPPE_{14}}{2}\right)}{NS_{15}} + \dfrac{\left(\dfrac{NPPE_{14}+NPPE_{13}}{2}\right)}{NS_{14}} + \dfrac{\left(\dfrac{NPPE_{13}+NPPE_{12}}{2}\right)}{NS_{13}}\right]$	$\dfrac{1}{3}\left[\dfrac{\left(\dfrac{18\,334+16\,949}{2}\right)}{53\,762} + \dfrac{\left(\dfrac{16\,949+16\,683}{2}\right)}{51\,202} + \dfrac{\left(\dfrac{16\,683+16\,101}{2}\right)}{48\,304}\right]$	33.2%
其他资产	平均值 $\dfrac{OA}{TA}$	$\dfrac{1}{3}\left(\dfrac{OA_{15}}{TA_{15}} + \dfrac{OA_{14}}{TA_{14}} + \dfrac{OA_{13}}{TA_{13}}\right)$	$\dfrac{1}{3}\left(\dfrac{1\,603}{33\,213} + \dfrac{477}{35\,837} + \dfrac{472}{35\,136}\right)$	2.50%
总资产 $=$ 总流动资产 $+ NPPE + $ 其他资产				

第7章 会计财务报表和公司价值

表 7.5 现金流折现分析中用到的资产负债表相关关系：负债与所有者权益

资产负债表负债与所有者权益	关联关系	表达式	计算	结果
应付账款	平均AP/$COGS$	$\dfrac{1}{3}\left[\dfrac{\left(\dfrac{AP_{15}+AP_{14}}{2}\right)}{COGS_{15}}+\dfrac{\left(\dfrac{AP_{14}+AP_{13}}{2}\right)}{COGS_{14}}+\dfrac{\left(\dfrac{AP_{13}+AP_{12}}{2}\right)}{COGS_{13}}\right]$	$\dfrac{1}{3}\left[\dfrac{\left(\dfrac{879+567}{2}\right)}{38\,440}+\dfrac{\left(\dfrac{709+698}{2}\right)}{34\,537}+\dfrac{\left(\dfrac{567+709}{2}\right)}{36\,609}\right]$	1.89%
应付票据	NP/TA 的平均值	$\dfrac{1}{3}\left(\dfrac{NP_{15}}{TA_{15}}+\dfrac{NP_{14}}{TA_{14}}+\dfrac{NP_{13}}{TA_{13}}\right)$	$\dfrac{1}{3}\left(\dfrac{3\,733}{33\,213}+\dfrac{2\,779}{35\,837}+\dfrac{2\,666}{35\,136}\right)$	8.86%
一年内到期的长期负债	CM/TA 的平均值	$\dfrac{1}{3}\left(\dfrac{CM_{15}}{TA_{15}}+\dfrac{CM_{14}}{TA_{14}}+\dfrac{CM_{13}}{TA_{13}}\right)$	$\dfrac{1}{3}\left(\dfrac{1\,880}{33\,213}+\dfrac{1\,713}{35\,837}+\dfrac{1\,677}{35\,136}\right)$	5.07%
其他应付款	平均应付款/$COGS$	$\dfrac{1}{3}\left[\dfrac{\left(\dfrac{AL_{15}+AL_{14}}{2}\right)}{COGS_{15}}+\dfrac{\left(\dfrac{AL_{14}+AL_{13}}{2}\right)}{COGS_{14}}+\dfrac{\left(\dfrac{AL_{13}+AL_{12}}{2}\right)}{COGS_{13}}\right]$	$\dfrac{1}{3}\left[\dfrac{\left(\dfrac{252+222}{2}\right)}{38\,440}+\dfrac{\left(\dfrac{237+213}{2}\right)}{34\,537}+\dfrac{\left(\dfrac{222+237}{2}\right)}{36\,609}\right]$	0.63%

注：
总流动负债 = 应付账款 + 应付票据 + 一年内到期的长期负债 + 其他应付款。
假设递延所得税总额每年持平。
长期负债 (LTD) = 总资产 − (总流动负债 + 递延所得税 + 总所有者权益)。
总负债 = 总流动负债 + 递延所得税 + 长期负债。
假设普通股总股数每年持平。
留存收益 (RE_t) = NI_t − 支付现金股利$_t$。
假设库存股总额每年持平。
总所有者权益 = 普通股 + 资本公积 + 留存收益 − 库存股。
总负债与所有者权益 = 总负债 + 总所有者权益。

资产负债表的资产和负债（及所有者权益）两端是平衡的，即总资产 = 总负债 + 总所有者权益。因此，这个等式是我们必须要考虑的一个条件。在我们的预测资产负债表中，有一个科目是专门按此等式计算的。这一项称为**倒算项**，因为它的值是按照报表平衡的条件倒算出来的。为了简化问题，我们将长期负债作为财务模型中的倒算项。根据资产负债表中的总资产 = 总负债 + 总所有者权益 =（流动负债 + 递延所得税负债 + 长期负债）+ 所有者权益，有长期负债 = 总资产 − 流动负债 − 递延所得税负债 − 所有者权益。因此，长期债务科目的增加意味着新增相应的债务。而长期债务科目的减少意味着偿还相应的债务。

资产负债表的其他负债与所有者权益科目的关系如下：

- 总流动负债 = 应付账款 + 应付票据 + 一年内到期的长期债券 + 其他应付款；
- 总负债 = 总流动负债 + 递延所得税负债 + 长期负债；
- Δ 留存收益 = 净利润 − 支付的现金股利；
- 总所有者权益 = 普通股 + 资本公积 + 留存收益 − 库存股；
- 总负债与所有者权益 = 总负债 + 总所有者权益。

7.4 用于现金流折现分析的预测财务报表

在掌握了这些比例指标后，我们现在可以编制用于现金流折现分析的预测利润表（表 7.6）和预测资产负债表（表 7.7）。从这些表中，我们还可以计算预测现金流量表（表 7.8 及表 7.9）。在编制这些预测财务报表时，我们考虑了之前讨论的各种科目之间的关系，包括利润表科目间关系、资产负债表资产科目间关系、负债和所有者权益科目间关系。显然，表 7.2、表 7.4 和表 7.5 中推导的关系也已经包含在各张预测财务报表中。

表 7.6 用于现金流折现分析的预测利润表 （单位：1000 美元）

利润表科目	2016 年	2017 年	2018 年	2019 年	2020 年
销售收入	56 718	59 837	63 127	66 599	70 261
生产成本	40 554	42 784	45 136	47 618	50 236
毛利润	16 165	17 054	17 991	18 981	20 024
销售、一般及管理费用	5 161	5 445	5 745	6 060	6 394
广告费用	2 099	2 214	2 336	2 464	2 600
折旧与摊销	746	807	872	941	1 015
维修与维护	2 764	2 916	3 076	3 246	3 424
息税前利润	5 395	5 672	5 963	6 269	6 592
其他收入（费用）					
利息收入	4	6	7	7	8
利息费用	(651)	(798)	(803)	(809)	(814)
税前利润	4 749	4 880	5 166	5 467	5 785
所得税	1 615	1 659	1 756	1 859	1 967
净利润	3 134	3 221	3 410	3 608	3 818

表 7.7　用于现金流折现分析的预测资产负债表　　　　　　　　（单位：1000 美元）

资产负债表科目	2016 年	2017 年	2018 年	2019 年	2020 年
资产					
流动资产					
现金	764	806	850	897	946
可交易证券	315	333	351	370	391
应收账款	3 858	4 070	4 293	4 530	4 779
存货	13 084	13 803	14 562	15 363	16 208
预付账款	454	479	506	534	563
总流动资产	18 475	19 491	20 563	21 693	22 886
房屋、厂房与设备					
土地	21	23	25	27	29
建筑物	4 724	5 111	5 524	5 964	6 432
设备	18 012	19 488	21 062	22 738	24 525
固定资产原值	22 758	24 622	26 610	28 729	30 986
减去：累计折旧与摊销	3 522	4 329	5 201	6 143	7 158
固定资产净值	19 235	20 293	21 409	22 586	23 828
其他资产	967	1 020	1 076	1 136	1 198
总资产	38 677	40 804	43 048	45 415	47 912
负债与所有者权益					
流动负债					
应付账款	796	840	886	934	986
应付票据	3 427	3 616	3 814	4 024	4 246
一年内到期的长期债券	1 961	2 069	2 183	2 303	2 430
其他应付款	264	278	293	309	326
总流动负债	6 448	6 803	7 177	7 571	7 988
递延所得税负债	158	158	158	158	158
长期负债	4 543	4 322	4 081	3 820	3 537
总负债	11 149	11 282	11 416	11 549	11 683
所有者权益					
普通股，面值 1 美元	12 080	12 080	12 080	12 080	12 080
资本公积	4 400	4 400	4 400	4 400	4 400
留存收益	12 581	14 574	16 685	18 919	21 282
减去：库存股	1 533	1 533	1 533	1 533	1 533
总所有者权益	27 528	29 522	31 632	33 866	36 229
总负债与所有者权益	38 677	40 804	43 048	45 415	47 912

正如我们之前讨论的那样，未来 5 年（表 7.6 中的 2016—2020 年）的销售收入则假设按照相对增长率（过去 3 年的历史几何平均值），即 5.5% 增长。

给定企业过往的盈利能力（即过去 3 年内 NI_t）并假设销售收入按每年 5.5% 的速率增长，可以预见企业的经营利润和净利润都为正且持续增长。

预测资产负债表如表 7.7 所示。请回想我们之前假设 4 个所有者权益科目中的 3 个（普通股、资本公积和库存股）保持不变。由于计算得到企业未来持续盈利（未来 5 年中每年 $NI > 0$），那么有 $RE_t = RE_{t-1} + NI_t(b)$ 每年增长。①因此，企业对债务融资的需求是逐年下降的，使我们的倒算项长期负债也逐年下降。这说明企业在 2016—2020 年间每年会产生额外的现金（2016—2020），并用这些现金来每年归还一些现有的债务。

最后，我们再来计算各种预测现金流，这些现金流稍后会用于各种现金流折现分析。

在得到了预测利润表和财务报表后，我们自然可以编制相应的预测现金流量表，如表 7.8 和表 7.9 所示。

表 7.8　用于现金流折现分析的预测现金流量表（1）　　（单位：1000 美元）

现金流量表科目	2016 年	2017 年	2018 年	2019 年	2020 年
产生经营现金流的活动					
净利润	3 134	3 221	3 410	3 608	3 818
非现金调整项					
折旧与摊销	746	807	872	941	1 015
递延所得税负债	0	0	0	0	0
营运资本使用（提供）的现金					
应收账款	(1 675)	(212)	(224)	(236)	(249)
存货	(2 748)	(719)	(759)	(801)	(845)
预付账款	(63)	(25)	(26)	(28)	(29)
应付账款	(83)	44	46	49	51
其他应付款	11	14	15	16	17
经营现金流（OCF）	(678)	3 130	3 334	3 550	3 779
产生投资现金流的活动					
新增固定资产	(1 647)	(1 865)	(1 988)	(2 119)	(2 257)
其他投资	636	(53)	(56)	(59)	(62)
投资现金流（ICF）	(1 011)	(1 918)	(2 044)	(2 178)	(2 320)
产生融资现金流的活动					
发行普通股	0	0	0	0	0
回购普通股	(0)	(0)	(0)	(0)	(0)
增加（或减少）短期负债	(225)	296	313	330	348
增加长期负债	3 821	0	0	0	0
减少长期负债	0	222	241	261	282
发放现金股利	1 194	1 227	1 299	1 375	1 455
融资现金流（FiCF）	2 402	(1 153)	(1 227)	(1 306)	(1 389)
增加现金 + 可交易证券	713	59	63	66	70
现金 + 可交易证券 $_{t-1}$	366	1 079	1 138	1 201	1 267
现金 + 可交易证券 $_t$	1 079	1 138	1 201	1 267	1 337
资产负债表中的现金 + 可交易证券 $_t$	1 079	1 138	1 201	1 267	1 337

---

① 请注意，全部 4 个所有者权益科目，包括留存收益（RE），在总量上是不会减少的。因此如果某年的净利润为负，则 b 当年必须为 0。

表 7.9　用于现金流折现分析的预测现金流量表（2）　　　　　　　（单位：1000 美元）

现金流量表科目	2016 年	2017 年	2018 年	2019 年	2020 年
经营现金流	(678)	3 130	3 334	3 550	3 779
投资现金流	(1 011)	(1 918)	(2 044)	(2 178)	(2 320)
融资现金流	2 402	(1 153)	(1 227)	(1 306)	(1 389)
利息费用 $\times(1-T^C)$	429	526	530	534	537
△ 长期负债（ΔLTD）	3 821	(222)	(241)	(261)	(282)
△ 短期负债（ΔSTD）	(225)	296	313	330	348
△ 负债（ΔTD）	3 596	75	72	69	66
税后债权现金流（税后 CF^D）	(3 167)	452	458	465	472
自由股权现金流（$FCFE$）	1 907	1 287	1 362	1 441	1 524
自由现金流（FCF）	(1 259)	1 738	1 820	1 906	1 996
现金股利	1 194	1 227	1 299	1 375	1 455
全股权现金流（$TECF$）	1 194	1 227	1 299	1 375	1 455
△（现金 + 可交易证券）	713	59	63	66	70
自由股权现金流	1 907	1 287	1 362	1 441	1 524

注：

Δ 负债 $=\Delta TD = \Delta LTD + \Delta STD$；税后 $CF^D = IE(1-T^C) - \Delta$ 负债；

$FCFE = OCF + ICF + \Delta TD$；$FCF = FCFE +$ 税后CF^D；

现金股利$=$ 留存比 $\times NI = b \times NI$；

$TECF =$ 现金股利$+$通过发行股票获得的现金$-$用于股票回购的现金；

此外 $FCFE = TECF + \Delta$(现金$+$ 可交易证券)。

7.5　资本成本：加权平均资本成本及其他

得到各种现金流后，我们现在转而关注折现这些现金流时需要用到的要求收益率。企业的**加权平均资本成本**（weighted average cost of capital，WACC），定义为

$$WACC = \frac{D}{D+Eq}r^D\left(1-T^C\right) + \frac{Eq}{D+Eq}r^E, \tag{7-1}$$

其中 D 和 Eq 分别是债权和股权的市场价值，而 r^E 和 r^D 则是企业股权投资人和债权投资人的要求收益率。请注意 $WACC$ 肯定了利息支出税务上利好。[1]

由于 WACC 本是股东要求收益率 r^E 和债权人要求收益率 r^D 的函数，我们需要首先谈谈这二者的计算方法。同样，我们需要先估计所得税税率（T^C）、债权价值（D）和股权价值（Eq）才能计算 $WACC$。

我们可以通过多种模型来计算股权价值（r^E）。我们已经讨论过市场模型，它使用了单一系统风险因子市场回报率，与资本资产定价模型的思想一致。在表 7.10 中，我们列举了企

---

[1] 支付给债权人的利息比股东的剩余追索权更安全，因为利息必须优先偿付且由于存在条约约定而变化较小，甚至恒定不变。因此有 $r^D < r^E$。债权人为每美元的期望收益支付更多，股东则支付得少，即 $\frac{E[1\text{美元利息}]}{1+r^D} = P_0^D > P_0^{Eq} = \frac{E[1\text{美元股利}]}{1+r^E}$。因此，根据 $WACC$ 的计算公式（式 (7-1)），有人可能会认为 100% 的负债水平会使 $WACC$ 最小。然而，这并没有考虑到当财务杠杆提高时，股东的要求收益率会不断提高，即式 (7-2)。

业和完全分散的股票指数的收市价,总共 61 对,其中完全分散的股票指数是我们用来模拟市场总体的工具。[1]

表 7.10 股票与市场指数的价格 (价格单位:美元)

Mo.	P^E	P^m	r^E	r^m	Mo.	P^E	P^m	r^E	r^m
0	1.26	4.41							
1	1.31	4.53	0.036	0.026	31	2.21	5.68	0.035	0.025
2	1.41	4.74	0.076	0.046	32	2.34	5.93	0.059	0.044
3	1.45	4.82	0.031	0.018	33	2.43	6.11	0.039	0.029
4	1.49	4.88	0.023	0.011	34	2.36	5.92	−0.030	−0.032
5	1.36	4.60	−0.091	−0.058	35	2.32	5.83	−0.019	−0.015
6	1.27	4.41	−0.067	−0.043	36	2.40	5.98	0.034	0.025
7	1.36	4.62	0.071	0.047	37	2.62	6.23	0.086	0.042
8	1.42	4.77	0.041	0.032	38	2.50	5.99	−0.044	−0.039
9	1.50	4.94	0.056	0.035	39	2.44	5.89	−0.024	−0.017
10	1.50	4.86	−0.002	−0.016	40	2.50	5.95	0.023	0.009
11	1.51	4.86	0.009	0.000	41	2.53	5.95	0.010	0.002
12	1.54	4.88	0.015	0.003	42	2.63	6.15	0.039	0.033
13	1.55	4.90	0.012	0.005	43	2.72	6.30	0.036	0.024
14	1.59	4.94	0.022	0.008	44	2.61	6.11	−0.043	−0.031
15	1.62	4.97	0.018	0.008	45	2.80	6.33	0.070	0.036
16	1.70	5.12	0.047	0.030	46	2.78	6.21	−0.006	−0.021
17	1.71	5.11	0.006	−0.003	47	2.93	6.35	0.053	0.023
18	1.68	4.96	−0.016	−0.029	48	3.00	6.47	0.024	0.019
19	1.75	5.11	0.043	0.030	49	3.03	6.46	0.008	−0.001
20	1.78	5.12	0.013	0.002	50	3.11	6.52	0.026	0.010
21	1.69	4.94	−0.047	−0.036	51	3.20	6.59	0.027	0.011
22	1.74	4.99	0.026	0.010	52	3.25	6.67	0.018	0.011
23	1.68	4.86	−0.034	−0.026	53	3.39	6.79	0.040	0.019
24	1.72	4.92	0.026	0.012	54	3.36	6.66	−0.008	−0.020
25	1.74	4.92	0.009	0.000	55	3.39	6.66	0.009	0.000
26	1.84	5.04	0.055	0.024	56	3.42	6.66	0.009	0.000
27	1.89	5.14	0.028	0.020	57	3.40	6.60	−0.008	−0.010
28	2.01	5.41	0.061	0.052	58	3.48	6.74	0.024	0.021
29	2.10	5.51	0.043	0.018	59	3.53	6.78	0.014	0.006
30	2.13	5.54	0.015	0.004	60	3.19	6.40	−0.100	−0.057

注:
$Mo.$:月;P^E:股票价格;P^m:市场指数;
r^E:股票月连续复合收益率;
r^m:市场指数月连续复合收益率;

显然,有 $r_t^E = \ln\left(\dfrac{P_t^E}{P_{t-1}^E}\right)$ 以及 $r_t^m = \ln\left(\dfrac{P_t^m}{P_{t-1}^m}\right)$,$t \in \{1, 2, ..., 60\}$。

价格数据四舍五入至两位小数,使计算结果存在差异。

根据市场模型,有 $r_t^E = \alpha^E + \beta^E r_t^m + \epsilon_t^E$,$t \in \{1, 2, ..., 60\}$。

对这 60 对数据进行回归,得到 $\beta^E = 1.42$。

随后将 $\beta^E = 1.42$ 用于 CAPM 模型,计算出 r^E。

---

[1] S&P 500 就是一种用来模拟市场的股票指数。

首先，连续复合收益率可据此计算：$r_t^i = \ln\left(\frac{P_t^i}{P_{t-1}^i}\right)$, $t \in \{1, 2, ..., 60\}$, $i \in \{E, m\}$。结果展示在表 7.10 中。然后，根据市场模型进行回归 $r_t^E = \alpha^E + \beta^E r_t^m + \epsilon_t^E$, $t \in \{1, 2, ..., 60\}$，得到 $\beta^E = 1.42$。这个 β^E 可以用于资本资产定价模型的计算，我们可假设下一期的无风险收益率和市场收益率分别为 3% 和 8%。那么根据资本资产定价模型有 $E[r^E] = r^f + \beta^E(E[r^m] - r^f) = 3\% + 1.42(8\% - 3\%) = 10.10\%$。

米勒–莫迪利亚尼（Miller-Modigliani）的 **MM 第二定理** 是可以用来计算 r^E 的另一模型。在一个无摩擦的理想世界里，它证明了股东的要求收益率与企业的权益比率直接相关，即①

$$r^E = r^0 + \frac{D}{Eq}\left(r^0 - r^D\right)\left(1 - T^C\right), \tag{7-2}$$

其中 r^0 是理论上当企业没有负债时股东的要求收益率。

下面，我们使用资本资产定价模型中的 $r^E = 10.10\%$。②稍后我们会利用表达式 (7-2) 来计算 r^0。

我们需要知道债务成本 (r^D)，以计算 $WACC$。这可以通过多种方式计算，例如以下两种：③

$$r^D = \frac{IE}{\text{平均}TD}, \quad \text{或} \quad r^D = \frac{IE - II}{\text{平均}(TD - MS)}, \tag{7-3}$$

其中 IE 是利息费用，TD（总债务）$= LTD + STD = LTD + NP + CM$，而 II 是可交易证券 (MS) 赚取的利息收入。④本例中，我们从表达式 (7-3) 计算得到 $r^D = 8.00\%$，并从第二个等式得到 $r^D = 8.17\%$。由于企业向债权人支付的利息率高于从可交易证券赚取的利息率，表达式 (7-3) 中第二个等式计算得到的 r^D 高于第一个等式的计算结果。

$WACC$ 是 T^C、D 和 Eq 的函数。首先，企业的平均企业所得税税率为通过历史算术平均值计算得到的 34%。其次，企业债权的市场价值等于债券数量乘以债券数量。在本例中，我们假设债券的市场价值等于债券当前的账面价值，即 $TD_{2015} = NP_{2015} + CM_{2015} + LTD_{2015} = 3\,733 + 1\,880 + 722 = 6\,336$ 美元。最后，对于股权价值 (Eq)，给定发行在外股份数 $10\,012$ 以及股票价格 11.12 美元，企业股权的市场价值是 $10\,012 \times 11.12$ 美元 $= 111\,333$ 美元。

我们终于准备好可以根据表达式 (7-1) 计算 $WACC$ 值，即 $WACC = \frac{6\,336}{6\,366 + 111\,333} \times 8.00\% \times (1 - 34\%) + \frac{111\,333}{6\,366 + 111\,333} \times 10.10\% = 9.84\%$。

---

① 当 $D = 0$，则根据 r^0 的定义有 $r^E = r^0$。
② 其他计算 r^E 的模型包括 Fama-French 三因子模型。根据该模型，卡尔哈特（Carhart）加入了第四个因子：股票回报率的动量，也有加入第五个因子股票流动性的模型。
③ 另一种计算 r^D 的方法是对于一组信用评分相近的债券，用债券的到期收益率 (y) 对债券的存续期 (ttm)、存续期的平方 (ttm^2) 和存续期的三次方 (ttm^3) 回归，即一个三阶多元回归方程。这可以建立适用于该信用级别的任一债券的模型。然后我们可以用 y 作为 r^D 的工具。这是一个比较保守的估计，因为对有风险的债券而言有 $y > r^D$，它们用来计算 y 的承诺现金流大于用来计算 r^D 的预期现金流。对于评级较高的债券，$y - r^D > 0$ 很小，因此这种代用是可以接受的。

然而对于评级较低的债券，我们需要十分小心，因为 $y - r^D > 0$ 并不小。因此，读者可能需要使用一个略小于 y 的数据来估计 r^D。

④ 例如，$\frac{IE}{\text{平均}TD}$ 的平均值 $= \frac{1}{3}\left[\frac{IE_{15}}{(TD_{15} + TD_{14})/2} + \frac{IE_{14}}{(TD_{14} + TD_{13})/2} + \frac{IE_{13}}{(TD_{13} + TD_{12})/2}\right]$。

7.6 理论要求收益率：无债务的情况

在滞后讨论的调整现值法中，我们会需要当企业没有债务时企业股东要求的理论收益率 r^0。表达式 (7-2) 可以写作：

$$r^0 = \frac{D(1-T^C)}{D(1-T^C)+Eq}r^D + \frac{Eq}{D(1-T^C)+Eq}r^E \tag{7-4}$$

本例中，根据表达式 (7-4) 有 $r^0 = 10.02\%$。

比较表达式 (7-1) 和 (7-4)，可得 $r^0 \geqslant WACC$，其中只要 $D>0$ 且 $T^C > 0$，则不等关系严格成立，其中 $r^0 > r^D$。因此 $r^0 - WACC$ 的差来自于债务利息支出的税盾优势。计算 $WACC$ 和 r^0 的相似之处十分明显：$WACC$ 是 D 和 Eq 的加权，而 r^0 则对 $D(1-T^C)$ 和 Eq 加权。此外，$WACC$ 和 r^0 都考虑了 r^E。然而，$WACC$ 对 $r^D(1-T^C)$ 加权，即税后的 r^D；r^0 则对 r^D 加权。①

7.7 现金流折现法

现在我们已经得到了现金流折现法所需的数据。现金流折现模型常用**加权平均资本成本法**，它用 $WACC$ 折现自由现金流。它的内在逻辑十分容易理解。自由现金流的一种含义是它是可以用来回报所有证券持有人的现金流，这些持有人包括股东和债权人。同时，$WACC$ 是公司总体的资本成本，它考虑了所有证券持有人的要求收益率并按他们投资额的比重进行加权。因此，用 $WACC$ 折现现金流可以得到**公司价值**，具体如下：

$$\begin{aligned} EV &= \sum_{t=1}^{\infty} \frac{FCF_t}{(1+WACC)^t} \\ &= \sum_{t=1}^{T} \frac{FCF_t}{(1+WACC)^t} + \frac{FCF_T(1+g^{FCF})}{(WACC-g^{FCF})(1+WACC)^T}, \end{aligned} \tag{7-5}$$

其中 g^{FCF} 是假设的 T 期后 FCF_t 的永续增长率。②表达式 (7-5) 的第一行是普适的，而第二行则体现了折现概念的应用。具体而言，T 年的未来预测财务报表可以得到未来的 T 年的 FCF 估计值，其中 T 一般是 5 或 10。前 T 年自由现金流对 EV 的贡献可以通过求和符号直接计算。在此基础上加上第二行的最后一项，即 $T+1$ 期以后的永续增长现金流。永续增长现金流的第一项就是分子，$FCF_{T+1} = FCF_T(1+g^{FCF})$。它在 T 期的价值是 $\frac{FCF_{T+1}}{WACC-g^{FCF}}$。用 $(1+WACC)^T$ 对此折现得到它在时点 $t=0$ 的现值。

---

① 另一种计算 r^0 的方式是米勒–莫迪利亚尼的第二定理，使用了无杠杆 beta。首先，用 r_t^E 对 r_t^m 进行回归，得到加杠杆后的 beta (β^E)。其次，无杠杆 beta，即无债务的理想企业的 beta，是 $\beta_u^E = \dfrac{\beta^E}{1+\dfrac{D}{E}(1-T^C)} \leqslant \beta^E$，其中只要 $D>0$ 和 $T^C>0$，这个弱不等式严格成立。最后，我们可以使 $r^0 = r^f + \beta_u^E(E[r^m]-r^f)$。

② 我们假设 $g^{FCF} < WACC$，因此表达式 (7-5) 第二行成立。

股权价值（Eq）可以通过 EV 计算：

$$Eq = EV - [债权 - (现金 + MS)] = EV - \Gamma, \tag{7-6}$$

其中 $\Gamma =$ 债权 $-$ (现金 $+ MS$) 是经现金和可交易证券调整后的企业负债。①

另一种现金流折现法是**股权现金流法**，股权自由现金流（$FCFE$）经股东要求收益率（r^E）折现。因此，这一内在价值的计算可以直接得到股权价值②。显然，现金流折现的计算方法是：

$$Eq = \sum_{t=1}^{\infty} \frac{FCFE_t}{(1+r^E)^t} = \sum_{t=1}^{T} \frac{FCFE_t}{(1+r^E)^t} + \frac{FCFE_T(1+g^{FCFE})}{(r^E - g^{FCFE})(1+r^E)^T}, \tag{7-7}$$

其中 g^{FCFE} 是假设的 T 期后 $FCFE_t$ 的永续增长率。③表达式 (7-7) 的第一行是普适的，而第二行则反映了折现概念的应用。现金流折现法这一表达式的逻辑与 $WACC$ 法中表达式 (7-5) 相似。

两种现金流折现法——**全股权现金流模型** 和**股利折现模型**——与刚才讨论的现金流折现法类似。唯一的区别在于股权现金流的定义。全股权现金流模型对全股权现金流进行折现，而股利折现模型则对股利折现。④

股利折现模型的一个特例是 **Gordon 常速增长股利折现模型**，即 $P_0^E = \dfrac{d_1}{r^E - g^d}$，其中 d_1 是预期一年后发放的股利，而 g^d 是股利永续增长的增长率。这一模型是第 1 章恒定增长率公式的一个应用。

我们不能对尚未成熟的公司或在尚未成熟的行业中的公司假设公司股利以恒定速率增长。**多阶段股利增长模型**适用于这些情况。例如，假设存在一个在前 t^h 年股利以 g^h 高速增长的公司，随后它的股利增速降低到 g^l 并以此速率永续增长。我们进一步假设这个公司昨天支付了股利 d_0，预期一年后发放股利 $d_0(1+g^h)$。给定这一**两阶段常速增长股利折现模型**得到的股权价值是⑤

$$Eq = \sum_{t=1}^{t^h} \frac{d_0(1+g^h)^t}{(1+r^E)^t} + \frac{d_0(1+g^h)^{t^h}(1+g^l)}{(1+r^E)^{t^h}(r^E - g^l)} \tag{7-8}$$

对于一个初创公司，限定只有两个成长阶段过于狭隘。假设对于一个公司存在**三阶段常速增长股利折现模型**，企业前 t^h 年的股利以 g^h 高速增长，随后 t^m 年股利以 g^m 中速增长，然后股利增速下降到 g^l 并以此速度永续增长。则公司的股权价值是：

---

① 现金和可交易证券也可以认为是一种负向的债务。确实，过多的现金和可交易证券可以用于归还债务。
② 据此，我们可以通过加上 Γ 得到公司价值，$EV = Eq + \Gamma$。
③ 我们假设 $g^{FCFE} < r^E$ 使表达式 (7-7) 的第二行成立。
④ 当然，g 在全股权现金流模型中指代 $TECF_t$ 的增长率，在股利折现模型中指代 d_t 的增长率；同样，两个模型都假设 $g < r^E$。本例中，这两个模型（全股权现金流模型和股利折现模型）在给定相同股份数时可得到相同的股权价值，我们将债权当作倒算项。如果我们在给定 $\dfrac{D}{A}$ 的前提下用（普通股 + 资本公积）或库存股，那么两个模型会得到两个不同的股权价值。
⑤ 对于最后一项，$d_0(1+g^h)^{t^h}$ 是 d_{t^h} 而 $d_{t^h}(1+g^l)$ 是 d_{t^h+1}。将它除以 $r^E - g^l$ 可以得到 t^h 期的永续增长价值。最后，将它除以 $(1+r^E)^{t^h}$ 得到永续增长的现时价值，其中第一期的股利是 d_{t^h+1}。

$$Eq = \sum_{t=1}^{t^h} \frac{d_0(1+g^h)^t}{(1+r^E)^t} + \sum_{t=t^h+1}^{t^h+t^m} \frac{d_0(1+g^h)^{t^h}(1+g^m)^{(t-t^h)}}{(1+r^E)^t}$$
$$+ \frac{d_0(1+g^h)^{t^h}(1+g^m)^{t^m}(1+g^l)}{(1+r^E)^{t^h+t^m}(r^E-g^l)} \quad (7\text{-}9)$$

以此类推，也可以使用四阶段模型、五阶段模型等等。

股利增长率可能不会像式 (7-8) 和式 (7-9) 假设的那样突然变化，因此我们可以假设股利增长率在一段时间内随时间线性下降。我们用以下例子说明这样的股利增长率变化，{11%, 11%, 11%, 11%, 10%, 9%, 8%, 7%, 6%, 5%, 4%, 3%}，最后以 3% 的速率永续增长。理论上，给定这个条件下，根据股利折现模型计算的股权价值与其他股利变化的情况并无二致：$Eq = \sum_{t=1}^{\infty} \frac{d_t}{(1+r^E)^t}$。

图 7.1 是两个三阶段股利折现模型年增长率的示例。正方形展示了与前一段中例子一致的年增长率，菱形则展示了增长率进行如下变化：{12%, 12%, 12%, 12%, 12%, 6.5%, 6.5%, 6.5%, 6.5%, 6.5%, 3%}，最后以 3% 的速率永续增长的情况。

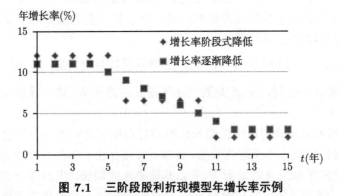

图 7.1　三阶段股利折现模型年增长率示例

股利折现模型可以用于估计 r^E。我们重写 Gordon 模型，得到 $P_0^E = \frac{d_1}{r^E-g^d} = \frac{d_0(1+g^d)}{r^E-g^d}$，因此 $r^E = g^d + \frac{d_1}{P_0^E}$，其中第二项 $\frac{d_1}{P_0^E}$ 是股利收益率。因此在市场中，市场参与者会调整价格直到股东要求收益率等于增长率加上股利收益率。更普遍的情况是，投资者可以使用多阶段股利折现模型如表达式 (7-8) 或表达式 (7-9) 来计算隐含的 r^E。[1]

调整现值法（APV）有两步。第一步，我们将自由现金流折现，与在加权平均资本成本法下一致。然而与加权平均资本成本法完全不同的是，加权平均资本成本法认为自由现金流是能够支付给所有证券持有人的现金流，而调整现值法则认为自由现金流是在公司没有负债时，公司股东理论上可以支配的现金流。在这种自由现金流的定义下，我们用其对应的收益率 r^0 来折现。因此，计算得到的内含价值是公司没有负债时的理论公司价值。我们将这个价值记为 $EV^U = EV|(D=0)$，即理论上的**无杠杆公司价值**（EV^U）：

$$EV^U = EV|(D=0) = \sum_{t=1}^{\infty} \frac{FCF_t}{(1+r^0)^t}$$

---

[1] 对于不存在显性解的情况，可以使用 Excel 程序中的规划求解功能进行计算。

$$= \sum_{t=1}^{T} \frac{FCF_t}{(1+r^0)^t} + \frac{FCF_T(1+g^{FCF})}{(r^0 - g^{FCF})(1+r^0)^T}, \quad (7\text{-}10)$$

其中假设 T 年后的自由现金流永续增长率为 g^{FCF}，且 g^{FCF} 小于 r^0。

调整现值法的第二步，我们假设公司资本结构中没有债务。因此，我们用理论上的无债务公司价值 EV^U 加上债权融资的影响 $NPVF^k$, $k \in \{1,2,...,K\}$。因此，实际上，（有杠杆）的公司价值或**杠杆公司价值**（EV^L）是

$$EV = EV^L = EV^U + \sum_{k=1}^{K} NPVF^k \quad (7\text{-}11)$$

我们关注债权融资中最重要的影响——**债务税盾**（DTS）。① DTS 是支付利息时节约的税费带来的公司价值提升，即②

$$DTS \equiv \sum_{t=1}^{\infty} \frac{IE_t T^C}{(1+r_t^D)^t} = T^C \sum_{t=1}^{\infty} \frac{D_t \left(r_t^C\right)}{(1+r_t^D)^t}, \quad (7\text{-}12)$$

其中 $IE_t = D_t(r_t^C)$，r_t^C 是票息率。在计算 DTS 时，年节约税款 $IE_t T^C$ 经过债权人要求收益率折现，因为这些节约下来的税款风险性与支付的利息本身是相同的。

如果我们假设票息率固定，即 $r_t^C = r^C$，且债务水平恒定，即 $D_t = D$，则表达式 (7-12) 变成了 $DTS = T^C D r^C \sum_{t=1}^{\infty} \frac{1}{(1+r_t^D)^t}$。此外，如果我们假设 $r_t^D = r^D$ 是恒定的，则表达式 (7-12) 中的求和号变成了 1，使得 $DTS = T^C D r^C \frac{1}{r^D}$。最后，如果我们假设债券平价发行，即 $r^C = r^D$，则③

$$DTS \big| (r^D = r^C \text{恒定}; T^C \text{和} D \text{恒定}) = T^C D \quad (7\text{-}13)$$

我们来完成调整现值法的第二步④：

$$EV = EV^L \approx EV^U + DTS$$
$$\approx \sum_{t=1}^{T} \frac{FCF_t}{(1+r^0)^t} + \frac{FCF_T(1+g^{FCF})}{(r^0 - g^{FCF})(1+r^0)^T} + T^C D \quad (7\text{-}14)$$

如前所述，股权价值为 $Eq = EV - \Gamma$，其中 $\Gamma =$ 债权 $-$（现金 $+ MS$）。

这 5 种现金流折现模型总结在表 7.11 中。⑤具体与我们的例子相关的数值计算列示于表 7.12。

---

① 所有债权融资都应考虑进来，如发行债券、次级债务融资等等。为了简化讨论，我们主要讨论最重要的债务税盾。

② 我们假设 T^C 是恒定的。

③ 将式 (7-13) 写作通用的 DTS 表达式 (7-12) 的一个特例，我们可以发现常见的表达式 $DTS = T^C D$ 使用假设非常强。虽然此处有许多假设，使表达式 (7-13) 计算得到的值不一定真实，但实际上大部分公司并不会大幅偏离这些假设。因此，$T^C D$ 通常是 DTS 的合理估计。

④ 式 (7-14) 中的第一次近似是因为我们排除了除 DTS 外的其他债务融资影响，而第二次近似则是认为总体而言，根据式 (7-13)，有 $DTS \approx T^C D$。

⑤ 也可以使用其他现金流折现模型。例如，用 $WACC$ 来折现 OCF 可以得到企业价值的另一种估计：$EV = \sum_{t=1}^{\infty} \frac{OCT_t}{(1+WACC)^t}$。和其他一样，有 $Eq = EV - \Gamma$。

表 7.11 现金流折现模型

现金流折现模型	现金流	折现率	内在价值 (IV)	IV 等于	公司价值 (EV)	股权价值 (Eq)
加权平均资本成本模型	FCF	$WACC$	$\left[\sum_{t=1}^{T}\frac{FCF_t}{(1+WACC)^t}\right]+\frac{FCF_T(1+g)}{(1+WACC)^T}\left(\frac{1}{WACC-g}\right)$	EV	IV	$EV-\Gamma$
股权现金流模型	$FCFE$	r^E	$\left[\sum_{t=1}^{T}\frac{FCFE_t}{(1+r^E)^t}\right]+\frac{FCFE_T(1+g)}{(1+r^E)^T}\left(\frac{1}{r^E-g}\right)$	Eq	$IV+\Gamma$	IV
全股权现金流模型	$TECF$	r^E	$\left[\sum_{t=1}^{T}\frac{TECF_t}{(1+r^E)^t}\right]+\frac{TECF_T(1+g)}{(1+r^E)^T}\left(\frac{1}{r^E-g}\right)$	Eq	$IV+\Gamma$	IV
股利折现模型	d	r^E	$\left[\sum_{t=1}^{T}\frac{d_t}{(1+r^E)^t}\right]+\frac{d_T(1+g)}{(1+r^E)^T}\left(\frac{1}{r^E-g}\right)$	Eq	$IV+\Gamma$	IV
调整现值模型	FCF	r^0	$\left[\sum_{t=1}^{T}\frac{FCF_t}{(1+r^0)^t}\right]+\frac{FCF_T(1+g)}{(1+r^0)^T}\left(\frac{1}{r^0-g}\right)$	$EV\|(D=0)$	$IV+\sum_{k=1}^{K}NPVF^k$ $EV^L=EV^U+\sum_{k=1}^{K}NPVF^k$	$EV-\Gamma$ $EV^L-\Gamma$

注:
EV^U: 无杠杆公司价值; EV^L: 杠杆公司价值; $NPVF_k$: 第 k 个净现值融资因子; 本例中, 我们只考虑一个因子, $NPVF=DTS\approx T^C(d)$, 即债务税盾效应。所有的内在价值 (IV) 计算方法中, g 是第 $T+1$ 年相应现金流的永续增长率。
公司价值和股权价值之差为 $\Gamma=$ (现金 $+MS$) $-$ (债权 $+MS$) $=EV-Eq$。

第 7 章 会计财务报表和公司价值

表 7.12 现金流折现模型的结果

现金流折现模型	现金流	折现率	内在价值 (IV)	IV 等于	公司价值 (EV)	股权价值 (Eq)
加权平均资本成本模型	FCF	9.84%	$4\,226 + 30\,338 = 34\,564$	$EV = 34\,564$	$34\,564$	$34\,564 - 7\,259 = 27\,305$
股权现金流模型	$FCFE$	10.10%	$5\,737 + 21\,603 = 27\,340$	$Eq = 27\,340$	$27\,340 + 7\,259 = 34\,599$	$27\,340$
全股权现金流模型	$TECF$	10.10%	$4\,905 + 20\,616 = 25\,521$	$Eq = 25\,521$	$25\,521 + 7\,259 = 32\,780$	$25\,521$
股利折现模型	d	10.10%	$4\,905 + 20\,616 = 25\,521$	$Eq = 25\,521$	$25\,521 + 7\,259 = 32\,780$	$25\,521$
调整现值模型	FCF	10.02%	$4\,197 + 28\,866 = 33\,063$	$EV\|(D=0)$ $= EV^U = 33\,063$	$EV^L = EV^U + T^C(D_0)$ $33\,063 + 34\% \times 6\,336 = 35\,217$	$35\,217 - 7\,259 = 27\,958$

总的来说，各种现金流折现分析方法会得到不同的结果。不同方法下计算得到的公司价值和股权价值是不同的。读者的任务就是在不同模型的不同计算结果中，确定具有说服力的 EV 和 Eq 值。

7.8 情景分析：加权平均资本成本和自由现金流的增长

现金流折现分析的关键假设包括加权平均资本成本（$WACC$）和自由现金流的永续增长率（g^{FCF}）。所有完备的现金流折现分析都包括一张分析这两个因素对公司价值和股权价值影响的二维图表。例如，表 7.13 展示了加权平均资本成本法下作为参数 $WACC$ 和 g^{FCF} 对公司价值的影响。显然，公司价值随加权平均资本成本上升而下降，如表中同一行从左到右的变化所示。相反，公司价值则随着 g^{FCF} 上升而上升，如表中同一列从上到下的变化所示。

表 7.13 加权平均资本成本法下 $WACC$ 和 g^{FCF} 对公司价值的影响

g^{FCF}	$WACC$						
	7%	8%	9%	10%	11%	12%	13%
2%	33 739	27 625	23 266	20 004	17 474	15 455	13 807
3%	41 354	32 516	26 633	22 439	19 300	16 864	14 920
4%	54 045	39 852	31 347	25 685	21 648	18 626	16 281
5%	79 427	52 080	38 418	30 230	24 779	20 892	17 981
6%	155 572	76 534	50 203	37 047	29 162	23 912	20 168
7%		149 899	73 772	48 409	35 737	28 141	23 083
8%			144 481	71 133	46 695	34 484	27 164
9%				139 306	68 611	45 056	33 285

如前所述，$g^{FCF} < WACC$ 条件是必需的；因此表格的左下部分，即 $g^{FCF} \geqslant WACC$ 时的情形，并不存在。

$WACC$ 和 g^{FCF} 对企业价值的影响十分明显。确实，表 7.13 中的最大值是最小值的 10 倍以上。[①]此外，这个表格说明了企业价值对这两个因子的敏感性很高。从另一个角度看，它也说明了使用现金流折现模型的缺点，尤其是在我们对 $WACC$ 和 g^{FCF} 的估计值没有绝对信心的时候。

7.9 例：预测财务报表、现金流、公司价值和股票价值

图 7.2 展示了 2013—2015 年的历史利润表，同时展示的（见 F 列）是由历史财务报表中数据计算出的关键的相对指标。净销售的增长率是 2013—2015 年的指标几何平均数，许多其他的指标是这 3 年的比率的算术平均数。如果一个指标是利润表中两个项目的比率，那么这一度量的计算非常直观。如果这一指标是一个利润表项目（对于 t 时间段，始于 $t-1$

[①] 具体而言，$\dfrac{155\ 572}{13\ 807} = 11.3$。当然，在同等条件下，$g^{FCF}$ 和 $WACC$ 的范围扩大会导致企业价值的范围扩大。

时间点，终于 t 时间点）和一个资产负债表项目的比值，那么一般来说资产负债表项目是上一年年末值（$t-1$ 时间点）和本年度年末值（t 时间点）的平均值。①

	A	B	C	D	E	F
1		2015	2014	2013		μ
2	NS	53,762	51,202	48,304	g^{GM}	5.5%
3	COGS	38,440	36,609	34,537	COGS/NS	71.5%
4	GP	15,322	14,593	13,767		
5	SGA	4,892	4,659	4,396	SGA/NS	9.1%
6	Adv.	1,989	1,894	1,787	Adv./NS	3.7%
7	D&A	439	114	115	D&A/GPPE	2.2%
8	R&M	847	834	805	R&M/NPPE	5.0%
9	Oper. π (EBIT*)	7,155	7,090	6,664		
10	OI (OE)					
11	II	5	8	7	II/MS	2.0%
12	IE	(693)	(945)	(1,158)	IE/TD	9%
13	EBT**	6,467	6,153	5,512		
14	T	2,199	2,092	1,874	T^c	34%
15	Net π, NI	4,268	4,061	3,638		
16						
17	Basic EPS	0.43	0.40	0.36		
18	Diluted EPS	0.41	0.38	0.34		
19	cash Div.	1,626	1,547	1,386	1-b	38.1%
20	Cash spent on TS	978.56	-	-	b	61.9%
21	Cash raised stock issued			2,224		
22	Shs authorized	32,000	32,000	32,000		
23	Shs outstanding $_{t-1}$	10,100	10,100	9,900		
24	Shs outstanding $_t$	10,012	10,100	10,100		
25	Shs including dilution	10,513	10,605	10,605		
26	Shs repurchased, in TS	88	-	(200)		
27	Shs traded	7,889.5	7,958.8	7,958.8	Shs T/O	78.9%
28	F2 ={B2/D2}^(1/2)-1		F3 {=AVERAGE(B3:D3/B2:D2)}			
29	F5 {=AVERAGE(B5:D5/B2:D2)}					
30	F6 {=AVERAGE(B6:D6/B2:D2)}		F7 =B7/AVERAGE(J11:K11)			
31	F8 {=AVERAGE(B8:D8/K13:M13)}		F14 {=AVERAGE(B14:D14/B13:D13)}			
32	F11 =AVERAGE(B11/((J3+K3)/2),C11/((K3+L3)/2),D11/((L3+M3)/2))					
33		F12 =-				
34	AVERAGE(B12/((J18+K18+J19+K19+J23+K23)/2),C12/((K18+L18+K19+L19+K23+L23)/					
35	2),D12/((L18+M18+L19+M19+L23+M23)/2))					
36	F19 {=AVERAGE(B19:D19/B15:D15)}		F20 =1-F19			
37	F27 =AVERAGE(B27/((B23+B24)/2),C27/((C23+C24)/2),D27/((D23+D24)/2))					

图 7.2　历史利润表（关键历史指标）

图 7.3 展示了过去 4 年（2012—2015 年）的历史资产负债表，同时展示了由历史资产负债表中数据算出的关键历史指标（见第 O 列）。与本章中前面小节指标的计算不同，这

---

① 这种情况下的一个例外是 $\dfrac{D\&A}{GPPE}$，其中我们使用了最近一年的数值，这是因为最近一年（2015 年）的 $D\&A$ 显著不同于之前两年的值。

里使用 $\frac{CMLTD}{LTD}$ 而不是 $\frac{CMLTD}{TA}$。① 我们仍然使用 LTD 作为平衡资产负债表的触发变量。

	I	J	K	L	M	N	O
1		2015	2014	2013	2012		μ
2	CA: cash	255	920	910	890	cash/TA	1.97%
3	MS	111	415	335	321	MS/TA	0.82%
4	AR	2,183	4,126	4,002	3,997	AR/NS	7.36%
5	Inv	10,336	12,528	12,323	12,111	Inv/COGS	33.02%
6	PE	391	422	411	402	PE/TA	1.17%
7	TCA	13,276	18,411	17,981	17,721		
8	PPE: land	21	18	17	16	L/GPPE	0.09%
9	buildings	4,636	3,809	3,888	3,607	B/GPPE	20.76%
10	equipment	16,453	15,460	15,002	14,587	E/GPPE	79.15%
11	GPPE	21,111	19,287	18,907	18,210		
12	Less Acc. D&A	2,777	2,338	2,224	2,109		
13	NPPE	18,334	16,949	16,683	16,101	NPPE/NS	33.2%
14	OA	1,603	477	472	460	OA/TA	2.50%
15	TA	33,213	35,837	35,136	34,282		
16	L&E						
17	CL: AP	879	567	709	698	AP/COGS	1.89%
18	NP	3,733	2,779	2,666	2,535	NP/TA	8.86%
19	CMLTD	28.89	259.59	332.05	487.64	CMLTD/LTD	4.00%
20	AL	252	222	237	213	AL/COGS	0.63%
21	TCL	4,893	3,828	3,944	3,934		
22	DIT	158	141	135	122	k	158
23	LTD	722	6,490	8,301	12,191	TA-TCL-DIT-TE	
24	TL	5,774	10,458	12,380	16,247		
25	E						
26	CS, par = $1/sh	12,080	12,080	12,080	11,880	k	12,080
27	APIC	4,400	4,400	4,400	2,376	k	4,400
28	RE	10,641	7,999	5,485	3,233		
29	Less TS	1,533	554	554	554	k	1,533
30	TE	25,588	23,925	21,411	16,935	O22 =J22	
31	T L&E	31,362	34,383	33,791	33,182	O26 =J26	
32	TD_t	4,485	9,528	11,299	15214	O27 =J27	
33	$(TD_t + TD_{t-1})/2$	7006.45	10413.80	13256.44		O29 =J29	
34	O2 {=AVERAGE(J2:L2/J15:L15)}			O3 {=AVERAGE(J3:L3/J15:L15)}			
35	O4 =AVERAGE((J4+K4)/B2,(K4+L4)/C2,(L4+M4)/D2)/2			O6 {=AVERAGE(J6:L6/J15:L15)}			
36	O5 =AVERAGE((J5+K5)/B3,(K5+L5)/C3,(L5+M5)/D3)/2			O8 {=AVERAGE(J8:L8/J11:L11)}			
37	O9 {=AVERAGE(J9:L9/J11:L11)}			O10 {=AVERAGE(J10:L10/J11:L11)}			
38	O13 =AVERAGE((J13+K13)/B2,(K13+L13)/C2,(L13+M13)/D2)/2			O14 {=AVERAGE(J14:L14/J15:L15)}			
39	O17 =AVERAGE((J17+K17)/B3,(K17+L17)/C3,(L17+M17)/D3)/2			O18 {=AVERAGE(J18:L18/J15:L15)}			
40	O19 =AVERAGE(J19:L19/J23:L23)}						
41	O20 =AVERAGE((J20+K20)/B3,(K20+L20)/C3,(L20+M20)/D3)/2						

图 7.3　历史资产负债表（关键历史指标）

与利润表类似，如果关于资产负债表的比率是两个资产负债表项目的比值，那么计算是直接的。然而，如果一个指标是资产负债表项目与利润表项目的比率（它涵盖时间段 t，开始于时点 $t-1$，结束于时点 t），那么一般来说，资产负债表项目被计算为上一年年末（时点 $t-1$）和本年年末（时点 t）的平均值。

图 7.4 展示了最近 1 年（2015 年）和预测的未来 5 年（2016—2020 年）的利润表。图

---

① 对于这个特别的公司，LTD 的数值在后面预测的几年里变得非常小，因此在分母中使用 TA 会导致在某些情况下 $CMLTD$ 超过 LTD，这是没有道理的。

中还展示了从历史利润表中计算出的关键指标，见列 Z（这些与图 7.2 所示的工作表中计算的指标相同）。这些指标指导了大部分计算，同时我们也显然遵从了每个利润表中的适当关系。在整个分析中的关键参数之一是净销售额的增长率。应该格外注意确定这个参数的过程。

	R	S	T	U	V	W	X	Y	Z
46		*2015*	*2016*	*2017*	*2018*	*2019*	*2020*		μ
47	NS	53,762	56,718	59,837	63,127	66,599	70,261	g^{GM}	5.5%
48	COGS	38,440	40,554	42,784	45,136	47,618	50,236	COGS/NS	71.5%
49	GP	15,322	16,165	17,054	17,991	18,981	20,024		
50	SGA	4,892	5,161	5,445	5,745	6,060	6,394	SGA/NS	9.1%
51	Adv.	1,989	2,099	2,214	2,336	2,464	2,600	Adv./NS	3.7%
52	D&A	439	479.45	513.0628	548.69	586.44	626.43	D&A/GPPE	2.2%
53	R&M	847	941	993	1,048	1,105	1,166	R&M/NPPE	5.0%
54	Oper. π (EBIT*)	7,155	7,484	7,888	8,314	8,764	9,238		
55	OI (OE)								
56	II	5	4	7	7	7	8	II/MS	2.0%
57	IE	(693)	(638)	(826)	(747)	(660)	(563)	IE/TD	9.2%
58	EBT**	6,467	6,850	7,069	7,574	8,112	8,683		
59	T	2,199	2328.92	2,403	2,575	2,758	2,952	T^c	34.0%
60	Net π, NI	4,268	4,521	4,666	4,999	5,354	5,731		
61									
62	Basic EPS	0.43	0.45	0.47	0.50	0.53	0.57		
63	Diluted EPS	0.41	0.43	0.44	0.48	0.51	0.55		
64	cash Div.	1,626	1722	1,778	1,905	2,040	2,183	1-b	38.1%
65	Cash spent on TS	978.56	-	-	-	-	-	b	61.9%
66	Cash raised stock issued								
67	Shs authorized	32,000	32,000	32,000	32,000	32,000	32,000		
68	Shs outstanding $_{t-1}$	10,100	10,012	10,012	10,012	10,012	10,012		
69	Shs outstanding $_t$	10,012	10,012	10,012	10,012	10,012	10,012		
70	Shs including dilution	10,513	10,513	10,513	10,513	10,513	10,513		
71	Shs repurchased, in TS	88	-	-	-	-	-		
72	Shs traded	7,889.5	7,904.2	7,904.2	7,904.2	7,904.2	7,904.2	Shs T/O	78.9%
73	T47 =S47*(1+$Z47)		T48 =T47*Z48		T49 =T47-T48		T50 =T$47*$Z50		Z47 =F2
74	T51 =T$47*$Z51		T52 =$Z$52*AE57		T53 =$Z$53*AE58		T54 =T49-SUM(T50:T53)		Z48 =F3
75	T56 =$Z$56*((AD48+AE48)/2)		T57 =-$Z$57*((AD63+AE63+AD64+AE64+AD68+AE68)/2)						Z59 =F14
76	T58 =T54+SUM(T56:T57)		T59 =T58*$Z59		T60 =T58-T59		T62 =T60/T69		Z64 =F19
77	T63 =T60/T70		T64 =$Z$64*T60		T72 =$Z$72*((T68+T69)/2)				Z72 =F27

图 7.4　最近 1 年及预测利润表（关键指标）

图 7.5 中展示了最近 1 年（2015 年）和预测的未来 5 年（2016—2020 年）的资产负债表。图中还展示了从历史资产负债表中数据计算出的关键指标（AK 列）。(这些与图 7.3 中所示的工作表中计算的指标相同。）这些指标指导了大部分计算，同时我们也显然遵从了每个资产负债表中的适当关系。

预估的利润表和资产负债表之间存在若干紧密的联系。例如，从一年年末到下一年年末的累积折旧与摊销的变动，等于连接两个年份年终的一年的折旧与摊销的值。作为另一个例子，从一年年末到下一年年末的留存收益的变化，等于连接两个年份年终的一年的净收入乘以利润留存比率。综上所述，两种预测财务报表之间存在着许多相互依存关系。

图 7.6 中展示了最近 1 年（2015 年）和预测的未来 5 年（2016—2020 年）的现金流量

表。这些计算非常直接。第 113 行和 114 行中证实了，上年年末（时点 $t-1$）的现金加上上年年末（时点 $t-1$）的可交易证券加上由式 $CFO_t + CFI_t + CFF_t$ 计算得到的本年（时间段 t）的净现金流，等于本年（时点 t）的现金加上可交易证券。

	AC	AD	AE	AF	AG	AH	AI	AJ	AK
46		**2015**	**2016**	**2017**	**2018**	**2019**	**2020**		μ
47	CA: cash	255	768	811	855	902	952	cash/TA	1.97%
48	MS	111	317	335	353	372	393	MS/TA	0.82%
49	AR	2,183	4,175	4405	4647	4903	5172	AR/NS	7.36%
50	Inv	10,336	13,390	14126	14903	15723	16587	Inv/COGS	33.02%
51	PE	391	457	482	509	537	566	PE/TA	1.17%
52	TCA	13,276	19,108	20,159	21,267	22,437	23,670		
53	PPE: land	21	21	22	24	25	27	L/GPPE	0.09%
54	buildings	4,636	4584	4906	5246	5607	5990	B/GPPE	20.76%
55	equipment	16,453	17,480	18,705	20,004	21,380	22,838	E/GPPE	79.15%
56	GPPE	21,111	22,085	23,633	25,274	27,013	28,855		
57	Less Acc. D&A	2,777	3,256	3,769	4,318	4,904	5,531		
58	NPPE	18,334	18,829	19,864	20,957	22,109	23,325	NPPE/NS	33.20%
59	OA	1,603	973	1026	1083	1142	1205	OA/TA	2.50%
60	TA	33,213	38,910	41,049	43,307	45,688	48,200		
61	L & E								
62	CL: AP	879	765	807	852	898	948	AP/COGS	1.89%
63	NP	3,733	3,448	3,637	3,837	4,048	4,271	NP/TA	8.86%
64	CMLTD	29	227	189	146	100	49	CMLTD/TD	4.00%
65	AL	252	256	270	285	301	317	AL/COGS	0.63%
66	TCL	6,744	4,696	4,903	5,121	5,348	5,585		
67	DIT	158	158	158	158	158	158	k	158
68	LTD	722	5,669	4,713	3,659	2,499	1,227	=TA-TCL-DIT-TE	
69	TL	7,625	10,523	9,775	8,938	8,005	6,970		
70	E								
71	CS, par = $1/sh	12,080	12,080	12,080	12,080	12,080	12,080	k	12,080
72	APIC	4,400	4,400	4,400	4,400	4,400	4,400	k	4,400
73	RE	10,641	13,439	16,327	19,421	22,735	26,283		
74	Less TS	1,533	1,533	1,533	1,533	1,533	1,533	k	1,533
75	TE	25,588	28,386	31,274	34,369	37,683	41,230		
76	T L&E	33,213	38,910	41,049	43,307	45,688	48,200		
77	AE47 =$AK$47*AE60		AE48 =$AK$48*AE60		AE49 =$AK$49*T47		AE50 =$AK$50*T48		
78	AE51 =$AK$51*AE60		AE52 =SUM(AE47:AE51)		AE53 =$AK$53*AE56		AE54 =$AK$54*AE56		
79	AE55 =AE56-AE54-AE53		AE56 =AE57+AE58		AE57 =AD57+T52		AE58 =$AK$58*T47		
80	AE59 =$AK$59*AE60		AE60 =AE52+AE58+AE59		AE62 =$AK$62*T48		AE63 =$AK$63*AE60		
81	AE64 =$AK$64*AE68		AE65 =$AK$65*T48		AE66 =SUM(AE62:AE65)		AE71 =AD71		
82	AE67 =AD67		AE68 =AE60-AE66-AE67-AE75		AE69 =AE66+AE67+AE68		AE72 =AD72		
83	AE73 =AD73+(T60-T64)		AE75 =SUM(AE71:AE73)-AE74		AE76 =AE69+AE75		AE74 =AD74		

图 7.5 最近 1 年及预测资产负债表（关键指标）

图 7.7 展示了为估值做准备的现金流计算。图 7.7 中的许多计算是多余的，我们这样做只是为了强调以下事实：可以有多种方法来进行这些计算。行 130:133 显示了计算自由现金流的不同方法。第 136 行计算了支付给债务持有者的年度净现金流。行 138:143 展示了几种计算支付给股东的自由现金流的方法。总股本现金流在第 145 行进行了计算，与之前图中相同的股利出现在第 149 行。

图 7.8 展示了如何用多种方法对公司和股票进行估值。图中还包括了一个二维数据表，其中将每股固有权益价值作为 $WACC$ 和假设的 g^{FCF} 的函数。单元格 BH182:BH186 中为输入参数。在单元格 BM183 中，我们计算了债务持有者要求的 3 年历史平均回报率。计算 $WACC$ 的额外输入参数显示在单元格 BH189:BH191 中，而 $WACC$ 本身则显示在单元格 BH192 中。单元格 BH193 中计算了假设公司没有债务时，股东要求的收益率。单元格 BH194 计算出了企业价值与股权价值之间的差异。

	AN	AO	AP	AQ	AR	AS	AT
86		2015	2016	2017	2018	2019	2020
87	OCF						
88	NI	4,268	4,521	4,666	4,999	5,354	5,731
89	Non-cash						
90	D & A	439	479	513	549	586	626
91	DIT	17	-	-	-	-	-
92	cash: WC						
93	AR	1,943	(1,992)	(230)	(242)	(256)	(270)
94	Inv	2,192	(3,054)	(736)	(777)	(819)	(865)
95	PE	31	(66)	(25)	(27)	(28)	(30)
96	AR	312	(113)	42	44	47	49
97	AL	30	4	14	15	16	17
98	CFO	9,232	(222)	4,244	4,561	4,900	5,259
99	CFI						
100	Adds to PPE	(1,824)	(974)	(1,548)	(1,641)	(1,739)	(1,842)
101	Other	(1,126)	630	(53)	(56)	(60)	(63)
102	CFI	(2,950)	(344)	(1,602)	(1,697)	(1,798)	(1,905)
103	CFF						
104	Sales CS	-	-	-	-	-	-
105	Incr (decr) STD*	1,121	(88)	151	158	165	172
106	ΔLTD	(5,767)	4,947	(956)	(1,054)	(1,160)	(1,273)
107	- TS	(979)	-	-	-	-	-
108	Cash Div	1,626	1,722	1,778	1,905	2,040	2,183
109	CFF	(7,251)	3,137	(2,582)	(2,801)	(3,035)	(3,284)
110							
111	Δ cash+MS	(969)	2,571	60	63	66	70
112	cash$_{t-1}$+MS$_{t-1}$	1,335	366	1,086	1,145	1,208	1,275
113	cash$_{t-1}$+MS$_{t-1}$ +Δcash$_t$	366	2,937	1,145	1,208	1,275	1,345
114	confirm:	366	1,086	1,145	1,208	1,275	1,345
115	AP88 =T60		AP90 =T52		AP91 =(AE67-AD67)		
116	AP93 =-(AE49-AD49)		AP94 =-(AE50-AD50)		AP95 =-(AE51-AD51)		
117	AP96 =(AE62-AD62)		AP97 =(AE65-AD65)		AP106 =(AE68-AD68)		
118	AP98 =AP88+SUM(AP90:AP91)+SUM(AP93:AP97)				AP100 =-(AE56-AD56)		
119	AP101 =-(AE59-AD59)		AP102 =SUM(AP100:AP101)		AP107 =-(AE74-AD74)		
120	AP104 =(AE71+AE72)-(AD71+AD72)				AP105 =(AE63+AE64)-(AD64+AD63)		
121	AP108 =T64		AP109 =SUM(AP104:AP107)-AP108				
122	AP111 =AP98+AP102+AP109				AP112 =AD47+AD48		
123	AP113 =AP111+AP112				AP114 =AE47+AE48		

图 7.6　最近 1 年及预测的现金流量表

图 7.7 中所示的现金流在图 7.8 里的单元格 BJ186:BO190 中重复了一遍。第 197:202 行中展示了计算企业价值和股权价值的 5 种不同的折现现金流估价方法。

单元格 BH210 计算了每股固有权益价值，其中我们用 $WACC$ 方法在单元格 BP198 中

通过 $Eq = EV - [TL - (cash + MS)]$ 计算出了总股本价值。需要注意的是，我们在单元格 BH210 中使用了 IF 函数来确保 $WACC$ 比长期自由现金流的增长率要大。在基础的情况下，$9.80\% = WACC > g^{FCF} = 3\%$，因此并不存在上述问题。但是，考虑到在接下来的数据表中我们对 $IV(WACC, g^{FCF})$ 进行了情景分析，我们需要考虑到关于 $WACC$ 和 g^{FCF} 范围的某些情况，即 $WACC \leqslant g^{FCF}$ 的情况。因此，在单元格 BH210 中，我们检查数据以确保 $WACC > g^{FCF}$，从而确保在单元格 BL198 中，企业 2020 年后所有现金的终值可以被计算出来。这样做的情况下，数据表不会在 $WACC \leqslant g^{FCF}$ 时出现错误的信息，而仅仅会出现空格。

	AX	AY	AZ	BA	BB	BC	BD
128		**2015**	**2016**	**2017**	**2018**	**2019**	**2020**
129	Φ*	2,014	(5,087)	(2,024)	(2,135)	(2,252)	(2,376)
130	FCF=NI+IE*(1-T^c)+Φ	6,739	(145)	3,187	3,357	3,537	3,726
131	FCF=(EBIT+II)*(1-T^c)+Φ	6,739	(145)	3,187	3,357	3,537	3,726
132	FCF=CFO+IE*(1-T^c)-Δ(GPPE+OA)	6,739	(145)	3,187	3,357	3,537	3,726
133	FCF=CFO+CFI+IE*(1-T^c)	6,739	(145)	3,187	3,357	3,537	3,726
134							
135	ΔTD	(4,646)	4,859	(805)	(896)	(995)	(1,101)
136	ATCFD =IE*(1-T^c)-ΔTD	5,104	(4,438)	1,349	1,389	1,431	1,473
137							
138	FCFE=FCF-{IE*(1-T^c)-ΔTD}=FCF-ATCFD	1,636	4,293	1,837	1,968	2,106	2,254
139	FCFE=NI+(D&A+ΔFIT)+Δ(AP+AL)	1,636	4,293	1,837	1,968	2,106	2,254
140	-Δ(AR+Inv+PE)-Δ(GPPE+OA)+ΔTD						
141	FCFE=FCF-ATCFD	1,636	4,293	1,837	1,968	2,106	2,254
142	FCFE=CFO-Δ(GPPE+OA)+ΔTD	1,636	4,293	1,837	1,968	2,106	2,254
143	FCFE =CFO+CFI+ΔTD	1,636	4,293	1,837	1,968	2,106	2,254
144							
145	TECF=Divd-Δ$(shs: issued-repurchased)	2,605	1,722	1,778	1,905	2,040	2,183
146	Δ(cash+MS)	(969)	720	60	63	66	70
147	FCFE=TECF+Δ(cash+MS)	1,636	2,442	1,837	1,968	2,106	2,254
148							
149	$divds	1,626	1,722	1,778	1,905	2,040	2,183
150	$ΔTS	979	-	-	-	-	-
151	$Δissue Eq	-	-	-	-	-	-
152	TECF=$divds+$ΔTS-$Δissue Eq	2,605	1,722	1,778	1,905	2,040	2,183
153	*Φ=(D&A+ ΔFIT)+Δ(AP+AL)-Δ(AR+Inv+PE)-Δ(GPPE+OA)						
154	AZ129 =T52+(AE67-AD67)+((AE62-AD62)+(AE65-AD65))-((AE49-AD49)+(AE50-AD50)+(AE51-AD51))-(AE56-						
155	AD56)-(AE59-AD59)						
156	AZ130 =T60-T57*(1-$Z$59)+AZ129	AZ131 =(T54+T56)*(1-$Z$59)+AZ129					
157	AZ132 =AP98-T57*(1-$Z$59)-(AE56-AD56)-(AE59-AD59)	AZ133 =AP98+AP102-T57*(1-$Z$59)					
158	AZ135 =((AE63-AD63)+(AE64-AD64)+(AE68-AD68))	AZ136 =-T57*(1-$Z$59)-AZ135					
159	AZ138 =AZ132-AZ136	AZ141 =AZ130-AZ136					
160	AZ139 =T60+(T52+(AE67-AD67))+((AE62-AD62)+(AE65-AD65))-((AE49-AD49)+(AE50-AD50)+(AE51-AD51))-						
161	(AE56-AD56)-(AE59-AD59)+((AE63-AD63)+(AE64-AD64)+(AE68-AD68))						
162	AZ142 =AP98-(AE56-AD56)-(AE59-AD59)+AZ135	AZ143 =AP98+AP102+AZ135					
163	AZ145 =T64+T65-T66	AZ146 =(AE47+AE48)-(AD47+AD48)					
164	AZ147 =SUM(AZ145:AZ146)	AZ149 =T64	AZ150 =T65		AZ151 =-T66		
165	AZ152 =SUM(AZ149:AZ151)						

图 7.7 为估值做准备的现金流计算

单元 BK212:BQ219 中的数据表展示了每股固有权益价值。读者可以观察到，条件格式功能已经被用来区分不同 $(WACC, g^{FCF})$ 导致的结果,该条件格式的依据是内在价值大于当前的股票价格 $P_0 = 5.37$ 美元/股。

	BG	BH	BI	BJ	BK	BL	BM	BN	BO	BP	BQ
182	P_0	5.37		**2015**	**2014**	**2013**	μ				
183	r^f	3%	r^{D}***	10.19%	9.34%	8.91%	9.48%	BM183 =AVERAGE(BJ183:BL183)			
184	$E[r^m]$	8%	**r^D=(IE-II)/(TD-MS)		BJ183 =(-B12-B11)/((J23+K23+J19+K19+J18+K18-(J3+K3))/2)						
185	g CF	3%			BL183 =(-D12-D11)/((L23+M23+L19+M19+L18+M18-(L3+M3))/2)						
186	β	1.42			**2016**	**2017**	**2018**	**2019**	**2020**		
187	Shs Outst.	10,012		FCF	(145)	3,187	3,357	3,537	3,726	BO187 =BD130	
188	T^c	34%		FCFE	4,293	1,837	1,968	2,106	2,254	BO188 =BD138	
189	2015 MV D*	4,485		TECF	1,722	1,778	1,905	2,040	2,183	BO189 =BD145	
190	2015 MV E	53,764		Div	1,722	1,778	1,905	2,040	2,183	BO190 =BD149	
191	$E[r^i]$	10.10%									
192	WACC	9.80%		BH189 =AD63+AD64+AD68			BH190 =BH182*BH187				
193	r^0: MMP II	10.07%		BH191 =BH183+BH186*(BH184-BH183)			BH194 =AD69-(AD47+AD48)				
194	TL-(cash+MS)	7,259		BH192 ={BM183*(1-BH188)*BH189+BH191*BH190)/(BH189+BH190)							
195	*=NP+CMLTD+LTD			BH193 ={BM183*(1-BH188)*BH189+BH191*BH190)/((1-BH188)*BH189+BH190)							
196											
197			**CF**	**r**	**ΣPV(CFs)**	**ΣPV(5 CFs)**	**ΣPV(other CFs)**	**ΣPV(CFs)**	**DTS**	**EV_L**	**E***	**EV**
198	WACC	FCF	WACC	EV	9,814	35,336	45,150		37,891		
199	FTE	FCFE	r^E	E	9,716	20,207	29,923				37,182
200	TECF	TECF	r^E	E	7,196	19,579	26,774				34,033
201	DDM	Div	r^E	E	7,196	19,579	26,774				34,033
202	APV	FCF	r^0	EV_U	9,733	33,613	43,346	1,525	44,871	37,612	
203	***E=EV-(TL-(cash+MS))			BK198 =NPV(BH192,BK187:BO187)				BK199 =NPV(BH191,BK188:BO188)			
204	BK200 =NPV(BH191,BK189:BO189)			BK201 =NPV(BH191,BK190:BO190)			BK202 =NPV(BH193,BK187:BO187)				
205	BL198 =BO187*(1+$BH$185)/(1+BH192)^5/(BH192-$BH$185)						BM198 =BK198+BL198				
206	BL202 =BO187*(1+$BH$185)/(1+BH193)^5/($BH$193-$BH$185)						BM202 =BK202+BL202				
207	BN202 =BH187*BH188	BO202 =BM202+BN202					BP198 =BM198-$BH$194			BP202 =BO202-$BH$194	
208	BQ199 =BM199+$BH$194			BQ200 =BM200+$BH$194			BQ201 =BM201+$BH$194				
209											
210	IV: E/Sh.	4.51		BH210 =IF(BH192>BH185,BM198/BH186,"")							
211							g^{FCF}				
212				BK212 =BH210	4.51	0%	1%	2%	3%	4%	5%
213					3%	11.93	17.44	33.97			
214				WACC	5%	6.98	8.51	11.06	16.16	31.47	
215					7%	4.86	5.54	6.49	7.91	10.27	15.00
216					9%	3.69	4.06	4.53	5.16	6.04	7.35
217					11%	2.95	3.17	3.45	3.79	4.23	4.81
218					13%	2.44	2.59	2.76	2.97	3.22	3.54
219					15%	2.07	2.17	2.29	2.42	2.58	2.78
220						BL213:BQ219 {=TABLE(BH185,BH192)}					

图 7.8　多种方法为公司和股票估值

第8章 风险价值、两资产投资组合

在本章中，我们将会回顾基于资产历史回报率将中期现金流再投资的影响。我们也将讨论连续复利和离散收益率等指标。基于历史回报，我们可以确定超额回报率。此外，我们将引入风险价值（value at risk），这是一个重要的风险管理工具。最后，我们还会介绍关于两资产投资组合的相关计算。

本章涉及的 Excel 函数包括：LOGINV 函数，该函数可返回对数正态分布函数的区间点；平方根函数 SQRT。

8.1 股利现金流的再投资

历史连续复利周期回报率和历史离散周期回报率分别为

$$r_t^{cc} = \ln\left(\frac{CF_t + P_t}{P_{t-1}}\right) \quad \text{和} \quad r_t^d = \left(\frac{CF_t + P_t}{P_{t-1}}\right) - 1, \tag{8-1}$$

$\forall t \in \{-T+1, -T+2, ..., -1, 0\}$，其中 P_t、P_{t-1} 是资产在 t、$t-1$ 期的价格，CF_t 是该资产在 t 期的现金流，即股利或债券息票。[①] 此处，我们假设资产为一份股票。对于两种回报率，衡量分布中心性的**算数平均回报率**（arithmetic mean return）可以通过下式计算：

$$AMr^{cc} = \frac{1}{T}\sum_{t=-T+1}^{0} r_t^{cc} \quad \text{和} \quad AMr^d = \frac{1}{T}\sum_{t=-T+1}^{0} r_t^d \tag{8-2}$$

衡量分布离散程度的指标**标准差**的计算方法如下：[②]

$$s(r^{cc}) = \sqrt{\frac{1}{T-1}\sum_{t=-T+1}^{0}(r_t^{cc} - AMr^{cc})^2}$$

$$s(r^d) = \sqrt{\frac{1}{T-1}\sum_{t=-T+1}^{0}(r_t^d - AMr^d)^2}$$

无论现金流（比如股利）是否再投资于该项资产，AMr 和 $s(r)$ 始终有效，只要包含资产现金流的周期率如式 (8-1) 所示。另外，前文提到的周期率与投资规模无关，即与投资者持有的股票数额无关。从某种意义上来说，资产价值每期会被"重置"。通过式 (8-1)，我们发现周期回报率包含每一期的现金流，即使该现金流可能消费或投资于别处。

[①] CF_t 和 P_t 的下标 t 为时点，而 r_t^d 和 r_t^{cc} 的下标指时期，其中时期 t 连接时点 $t-1$ 和 t。
[②] 注意，由于计算 AMr 时损耗了一个自由度，标准差的计算中分母为 $T-1$。如果数据集代表的是一个总体而非样本，计算 $s(r)$ 时，μ 将取代 AMr，而分母将变成 T。

相比之下，一些回报指标主要依赖于期末和期初价值，而不直接考察中期现金流。资产期末价值取决于中期现金流，如股票红利，以及是否再投资。如果中期现金流不用于再投资，则资产价值减少，某些回报率会低于中期现金流再投资的回报率。

如果股利不用于再投资，那么股票数量永远不会改变，并且总是等于初始值。因此有

$$sh_t|NR = sh_{-T} = \frac{I_{-T}}{P_{-T}}, \ \forall t \in \{-T+1, -T+2, ..., -1, 0\}, \tag{8-3}$$

其中，NR 代表"没有再投资"，I_{-T} 为初始投资额，P_{-T} 为每股期初价格。与之相对，如果考虑再投资，则有：

$$\boxed{sh_t|R = sh_{-T} \prod_{n=-T+1}^{t} \left(1 + \frac{CF_n}{P_n}\right),} \tag{8-4}$$

$\forall t \in \{-T+1, -T+2, ..., -1, 0\}$。注意，如果忽略中期现金流，式（8-4）中累乘结果为 1，等式右边等于 sh_{-T}，与式（8-3）中无再投资时得到的结果一致。

持有期收益率（holding period return），该变量记作 HPr，其计算公式为期末股票或债券价值与初始价值的比值减去 1。即使中期现金流不用于再投资，我们仍然需要考虑这些现金流，那么①

$$HPr|NR = \frac{P_0 + \sum_{t=-T+1}^{0} CF_t}{P_{-T}} - 1, \tag{8-5}$$

$$\boxed{HPr|R = \left[\frac{P_0}{P_{-T}} \prod_{t=-T+1}^{0} \left(1 + \frac{CF_t}{P_t}\right)\right] - 1} \tag{8-6}$$

当股利用于再投资时，$\frac{sh_0}{sh_{-T}} = \prod_{t=-T+1}^{0} \left(1 + \frac{CF_t}{P_t}\right) > 1$，则有

$$HPr|NR < HPr|R \tag{8-7}$$

由 $GMr = GMR - 1 = HPR^{1/T} - 1 = (HPr+1)^{1/T} - 1$，可得到

$$\left(\frac{P_0 + \sum_{t=-T+1}^{0} CF_t}{P_{-T}}\right)^{\frac{1}{T}} - 1 = GMr|NR < GMr|R = \left\{\left[\frac{P_0}{P_{-T}} \prod_{t=-T+1}^{t} \left(1 + \frac{CF_t}{P_t}\right)\right]\right\}^{\frac{1}{T}} - 1$$

8.2 例：中期现金流的再投资

图 8.1 主要研究了资产中期现金流（如股利）再投资的影响。价格、股价等输入数据在 B 列及 C 列。年离散回报率为 $r_t^d = \frac{P_t + d_t}{P_{t-1}} - 1$，连续复利回报率为 $r_t^{cc} = \ln\left(\frac{P_t + d_t}{P_{t-1}}\right)$，二者分别在 D 列及 E 列。

---

① 值得注意的是，$HPr|NR$ 的定义是存疑的，它并没有考虑中期现金流的时间价值。

	A	B	C	D	E	F	G	H	I	J	K	L	M
1	Accenture PLC (ACN.N)			Source: Yahoo finance									
2	t	P	D/sh	r^d	r^{cc}		sh	D	N	Tsh	V	r^d	r^{cc}
3	2005	22.53								1.00	22.53		
4	2006	29.14	0.35	30.9%	26.9%		1.00	0.35	0.01	1.01	29.49	30.9%	26.9%
5	2007	28.73	0.42	0.0%	0.0%		1.01	0.43	0.01	1.03	29.50	0.0%	0.0%
6	2008	26.57	0.5	-5.8%	-6.0%		1.03	0.51	0.02	1.05	27.79	-5.8%	-6.0%
7	2009	34.28	0.75	31.8%	27.6%		1.05	0.78	0.02	1.07	36.64	31.8%	27.6%
8	2010	40.80	0.825	21.4%	19.4%		1.07	0.88	0.02	1.09	44.50	21.4%	19.4%
9	2011	45.69	1.125	14.8%	13.8%		1.09	1.23	0.03	1.12	51.06	14.8%	13.8%
10	2012	58.37	1.485	31.0%	27.0%		1.12	1.66	0.03	1.15	66.89	31.0%	27.0%
11	2013	73.92	1.74	29.6%	25.9%		1.15	1.99	0.03	1.17	86.69	29.6%	25.9%
12	2014	82.36	1.95	14.1%	13.2%		1.17	2.29	0.03	1.20	98.88	14.1%	13.2%
13	2015	99.53	3.14	24.7%	22.0%		1.20	3.77	0.04	1.24	123.27	24.7%	22.0%
14	2016	113.81	2.31	16.7%	15.4%		1.24	2.86	0.03	1.26	143.82	16.7%	15.4%
15	2017	151.75	2.54	35.6%	30.4%		1.26	3.21	0.02	1.28	194.97	35.6%	30.4%
16			17.14	C16 =SUM(C4:C15)				19.96	H16 =SUM(H4:H15)				
17			AM	20.4%	18.0%						AM	20.4%	18.0%
18	J3 =1		s	13.1%	11.4%						s	13.1%	11.4%
19	D4 =(B4+C4)/B3-1			E4 =LN((B4+C4)/B3)			G4 =J3			GM	19.7%		
20	H4 =C4*G4			I4 =H4/B4			J4 =G4+I4			HPR	8.65	8.65	
21	K4 =J4*B4			L4 =K4/K3-1			M4 =LN(K4/K3)			HPr	7.65	7.65	
22	D17 =AVERAGE(D4:D15)				D18 =STDEV.S(D4:D15)								
23	K19 =(K15/K3)^(1/(A15-A3))-1						K20 =K15/K3				L20 =(1+K19)^(A15-A3)		
24	K21 =K20-1			L21 =L20-1									

图 8.1 中期现金流再投资的回报

从 G 列至 M 列，我们考虑股利的再投资。在不损失一般性的情况下，我们假设初始投资为 1 单位资产，如单元格 G4 所示。在 H 列，$Div = (\text{shares}) \dfrac{\$Div}{\text{share}}$，也就是说 H4=G4*C4。另外，I 列计算新购进的股票份额；在 t 期，股票价格为 P_t，将股利再投资于股票，即 $N_t = \dfrac{\$Div}{P_t}$，也就是说，单元格 I4=H4/B4。J 列表示 t 期总的股票份额，$T_t = T_{t-1} + N_t$，所以 J4=G4+I4。在 K 列，t 期投资于股票的总价值等于更新后的股票数乘以当前股票价格，即 $V_t = T_t P_t$，也就是说 K4=B4*J4。

K 列为算得的总价值，L 列及 M 列分别计算的是年离散回报率 $\left(r_t^d = \dfrac{V_t}{V_{t-1}} - 1\right)$ 和连续复利的回报率 $\left[r_t^{cc} = \ln\left(\dfrac{V_t}{V_{t-1}}\right)\right]$。注意，单元格 L4:L15 中的值与 D4:D15 中的值一致。同样的，M4:M15 中的值与 E4:E15 中的值一致。由于周期回报率的计算"重置"了每一期期初的基准值，所以现金流是否用于再投资不会影响周期回报率及周期回报率的函数，比如回报率的算数平均。

单元格 C16 及 H16 证实了股利再投资会增加总的股利支付（由于 $19.96 > $17.14）。第 17 行证实了当其他条件相同时，离散的回报率大于连续复利回报率。[1] 第 18 行计算了回报率的标准差。单元格 K19 计算了几何平均回报率（假设将股利再投资于股票），当然，它总是小于离散回报率的算数平均值（假设将股利再投资于股票），也就是说，19.7% = GM <

---

[1] 我们还可以看到区域 D4:D15 内的每一项都比 E4:E15 内的对应项大。

$AM = 20.4\%$。最后，持有期总回报率和净回报率分别如第 20 及 21 行所示。

8.3 超额收益、历史方差-协方差矩阵

回顾一下，回报率的**历史方差**可以通过下式计算：①

$$s^2(r^{cc}) = \frac{1}{T-1} \sum_{t=-T+1}^{0} (r_t^{cc} - AMr^{cc})^2 \tag{8-8}$$

此外，资产 x 和 y 回报率的历史协方差为

$$s^2(r^x, r^y) = \frac{1}{T-1} \sum_{t=-T+1}^{0} (r_t^x - AMr^x)(r_t^y - AMr^y) \tag{8-9}$$

历史方差-协方差矩阵 S 是一个方阵，对角线上的元素为方差 $s^2(r^i)$，其余元素为协方差 $s^2(r^i, r^j)$，其中 $i \in \{1, 2, ..., I\}$, $j \in \{1, 2, ..., I\}$。② 这是对称矩阵，意味着 $s^2(r^i, r^j) = s^2(r^j, r^i)$，因此，$S_{ij} = S_{ji}$, $\forall i \in \{1, 2, ..., I\}$, $\forall j \in \{1, 2, ..., I\}$, $i \neq j$。③ 请注意，如果 $i = j$，$s^2(r^i, r^j)$ 就是 $s^2(r^i)$，即资产 i 的回报率方差。

考虑 I 个资产 $T+1$ 个时期的历史价格与现金流，$t \in \{-T, -T+1, ..., -1, 0\}$。如前文所述，连续复利的周期回报率为

$$r_t^i = \ln\left(\frac{P_t^i + CF_t^i}{P_{t-1}^i}\right) \tag{8-10}$$

对于 $T+1$ 个时期，我们共得到 $T \cdot I$ 个资产回报率，其中每个资产 $i \in \{1, 2, ..., I\}$ 在每个时期 $t \in \{-T+1, -T+2, ..., -1, 0\}$ 均有一个回报率。④ 每个时期，资产 i 的**超额收益**都有

$$er_t^i = r_t^i - \overline{r^i} \tag{8-11}$$

其中，$\overline{r^i}$ 是时间区间内资产 i 的（算数）平均回报率，即

$$\overline{r^i} = \frac{1}{T} \sum_{t=-T+1}^{0} r_t^i \tag{8-12}$$

接下来，我们考虑资产 i 在 T 个时期得到的 $T \times 1$ 维的超额收益列向量，即

$$\hat{er}^i = \begin{bmatrix} er_{-T+1}^i & er_{-T+2}^i & \cdots & r_{-1}^i & r_0^i \end{bmatrix}^T, \quad i \in \{1, 2, ..., I\} \tag{8-13}$$

将 I 个资产的超额收益列向量组合在一起，可以得到 T 行 I 列的**超额收益矩阵**，即

$$\hat{er} = \begin{bmatrix} \hat{er}^1 & \hat{er}^2 & ... & \hat{er}^I \end{bmatrix}_{T \times I} \tag{8-14}$$

---

① 本章，我们将会使用连续复利的回报率。
② 我们将用 S 表示历史方差-协方差矩阵，而 Σ 对应下个周期，即未来。S 中的单个元素记作 $s^2(r^i)$ 和 $s^2(r^i, r^j)$，Σ 中的单个元素记作 $\sigma^2(r^i)$ 和 $\sigma^2(r^i, r^j)$，分别对应方差和协方差。
③ 正如在线性代数中常见的一样，第一个下标是指行，第二个下标指列，因此 $S_{i,j}$ 是矩阵 S 中第 i 行第 j 列元素。
④ 回忆一下，时期 t 将时点 $t-1$ 和 t 联系在一起。

最后，我们可以通过下式计算 $I \times I$ 维的**历史方差–协方差矩阵**：[1]

$$S_{I \times I} = \frac{1}{T-1} \hat{er}^{\mathrm{T}} \hat{er} \tag{8-15}$$

8.4 例：历史方差–协方差矩阵

图 8.2（见第 120 页）计算了 7 个个体收益率的方差–协方差矩阵：6 家公司与 S&P500 指数，我们将它视为市场组合。第 6 至 21 行显示了 16 年每年年末的日期和价格。从这些数据中可得知，每个个体均有 15 个连续复利的年回报率，如第 24 至 38 行所示。算数平均 $\mu^i = \frac{1}{15} \sum_{t=2003}^{2017} r_t^i$ 如第 39 行所示。紧接着，每个公司 i（包括 S&P500）$T = 15$ 期的超额回报 $r_t^i - \mu^i$ 如第 44 至 58 行所示，$t \in \{2003, 2004, ..., 2017\}$。作为检验，第 59 行证实了超额回报之和为 0，这是由于算数平均 μ^i 的定义。

在第 63 至 69 行，我们通过超额回报率计算了历史方差–协方差矩阵。在第 71 至 77 行，我们使用用户定义的数组函数通过原始价格数据计算矩阵，除了价格数据外，唯一的输入值为单元格 B39:H39 中所示的平均回报率向量。

8.5 风险价值

对于银行的资产，给定连续复利回报率的均值和方差，**风险价值**（value at risk，VaR）即给定时间框架，且在特定显著性水平下的最大可能美元损失。例如，给定持有期为一周，显著水平为 5%（即 $\frac{1}{20}$）时，VaR 为 1 800 万美元，意味着平均而言，一家银行每 20 周就会损失 1 800 万美元。

考虑一项资产，即时收益是年化且复利的，我们通过以 μ 为均值、σ 为标准差的正态分布模拟其即时收益，即

$$r^{cc} \sim N(\mu, \sigma^2) \tag{8-16}$$

对于该项资产，如果当前价值为 V_0，则 T 期的价值 V_T（或称价格，如果不存在错误定价的话）是呈对数正态分布的，即

$$V_T \sim LN\left(\ln(V_0) + T\left(\mu - \frac{\sigma^2}{2}\right), T\sigma^2\right) \tag{8-17}$$

要明确，从现在起 T 年后，资产价值是呈对数正态分布的，该分布的均值为

$$m = \ln(V_0) + T\left(\mu - \frac{\sigma^2}{2}\right) \tag{8-18}$$

---

[1] 由于计算资产平均收益已经消耗了一个自由度，此处分母为 $T-1$，而不是 T。在 Excel 中，区别在于是使用样本函数（如，计算样本方差的 VAR.S 函数）还是使用总体函数（如，计算总体方差的 VAR.P 函数），总体函数假设数据集是一个总体，而不仅仅是一个样本。

第 8 章 风险价值、两资产投资组合

	A	B	C	D	E	F	G	H
1	Source: Yahoo Finance, USD				A.N	Agilent Technologies		
2	AAP.N	Advance Auto Parts			AAPL.O	Apple		
3	ABC.N	AmerisourceBergen Corporation						
4	ABT.N	Abbott Laboratories			ACN.N	Accenture plc		
5	t	S&P 500	A.N	AAP.N	AAPL.O	ABC.N	ABT.N	ACN.N
6	2002-12-31	879.82	11.25	15.55	1.02	10.88	8.80	13.87
7	2003-12-31	1111.92	18.32	25.88	1.53	11.56	10.80	20.30
20	2016-12-31	2238.83	44.92	168.62	115.82	76.20	37.18	113.81
21	2017-12-31	2673.61	66.67	99.58	169.23	91.06	56.53	151.75
23		B24 =LN(B7/B6)					H38 =LN(H21/H20)	
24	2003	23.4%	48.7%	51.0%	40.0%	6.1%	20.5%	38.1%
25	2004	8.6%	-19.3%	7.1%	110.3%	3.0%	12.1%	2.6%
37	2016	9.1%	9.7%	11.8%	9.6%	-26.6%	-13.1%	13.4%
38	2017	17.7%	39.5%	-52.7%	37.9%	17.8%	41.9%	28.8%
39	AM	7.4%	11.9%	12.4%	34.1%	14.2%	12.4%	15.9%
40		B39 =AVERAGE(B24:B38)					H39 =AVERAGE(H24:H38)	
42		B44 =B24-B$39					H44 =H24-H$39	
43		S&P 500	A.N	AAP.N	AAPL.O	ABC.N	ABT.N	ACN.N
44	2003	16.0%	36.9%	38.6%	5.9%	-8.1%	8.1%	22.1%
45	2004	1.2%	-31.2%	-5.3%	76.3%	-11.1%	-0.3%	-13.4%
57	2016	1.7%	-2.2%	-0.6%	-24.5%	-40.7%	-25.6%	-2.5%
58	2017	10.3%	27.6%	-65.0%	3.9%	3.7%	29.5%	12.8%
59	AM	0.0%	0.0%	0.0%	0.0%	0.0%	0.0%	0.0%
60		B59 =AVERAGE(B44:B58)					H59 =AVERAGE(H44:H58)	
62		S&P 500	A.N	AAP.N	AAPL.O	ABC.N	ABT.N	ACN.N
63	S&P 500	3.1%	5.5%	1.5%	5.0%	2.1%	0.9%	1.6%
64	A.N	5.5%	13.0%	3.2%	9.6%	4.8%	0.9%	3.4%
65	AAP.N	1.5%	3.2%	8.2%	3.3%	2.3%	-1.9%	0.2%
66	AAPL.O	5.0%	9.6%	3.3%	22.3%	3.8%	0.5%	0.6%
67	ABC.N	2.1%	4.8%	2.3%	3.8%	4.3%	0.6%	1.0%
68	ABT.N	0.9%	0.9%	-1.9%	0.5%	0.6%	2.4%	0.8%
69	ACN.N	1.6%	3.4%	0.2%	0.6%	1.0%	0.8%	1.5%
70	B63:H69 {=MMULT(TRANSPOSE(B44:H58),B44:H58)/(COUNT(A44:A58)-1)}							
71		3.1%	5.5%	1.5%	5.0%	2.1%	0.9%	1.6%
72		5.5%	13.0%	3.2%	9.6%	4.8%	0.9%	3.4%
73		1.5%	3.2%	8.2%	3.3%	2.3%	-1.9%	0.2%
74		5.0%	9.6%	3.3%	22.3%	3.8%	0.5%	0.6%
75		2.1%	4.8%	2.3%	3.8%	4.3%	0.6%	1.0%
76		0.9%	0.9%	-1.9%	0.5%	0.6%	2.4%	0.8%
77		1.6%	3.4%	0.2%	0.6%	1.0%	0.8%	1.5%
78	B71:H77 {=MMULT(TRANSPOSE(LN(B7:H21/B6:H20)-B39:H39),LN(B7:H21/B6:H20)-B39:H39)/(COUNT(A7:A21)-1)}							

图 8.2 历史方差—协方差矩阵

标准差为

$$s = \sqrt{v} = \sqrt{T\sigma^2} = \sigma\sqrt{T} \tag{8-19}$$

与之对应，方差为 $v = T\sigma^2$。

那么，在一段时期 Δt 内的连续复利回报率为 $r^{cc}_{\Delta t}$，该回报率符合正态分布

$$r^{cc}_{\Delta t} = \ln\left(\frac{V_{\Delta t}}{V_0}\right) = \ln V_{\Delta t} - \ln V_0 \sim N\left(\Delta t\left(\mu - \frac{\sigma^2}{2}\right), \Delta t \sigma^2\right) \tag{8-20}$$

对应 $100(1-\alpha)\%$ 的置信水平，即**显著性水平**为 α 时，有

$$\ln(\text{cutoff}) = N^{-1}\left(\alpha \,\bigg|\, m = \ln(V_0) + T\left(\mu - \frac{\sigma^2}{2}\right), v = T\sigma^2\right), \tag{8-21}$$

其中，$N^{-1}(\alpha|m,v)$ 是正态（累积）分布函数的反函数，均值为 $m = \ln(V_0) + T\left(\mu - \frac{\sigma^2}{2}\right)$，方差为 $v = T\sigma^2$。① 由此可得

$$\text{cutoff} = e^{\ln(\text{cutoff})}, \tag{8-22}$$

其中，cutoff 是**截点值**，是给定分布在特定显著性水平下的 V_T 值。相应地，我们可以通过下式直接计算截点值：

$$\text{cutoff} = LN^{-1}\left(\alpha \,\bigg|\, m = \ln(V_0) + T\left(\mu - \frac{\sigma^2}{2}\right), v = T\sigma^2\right) \tag{8-23}$$

最后，当我们运用上述任意一种方法计算出截点值后，我们可以得到

$$VaR = V_0 - \text{cutoff} \tag{8-24}$$

8.6 Excel 函数：风险价值

Excel 公司 "=LOGINV(*prob,mean,StdDev*)" 返回对数正态累积分布函数的区间点，且累积概率为 $prob = \alpha$，同时给定均值 "*mean*" 和方差 "*StdDev*" 两个参数如下：

$$mean = m = \ln(V_0) + T\left[\mu - \frac{\sigma^2}{2}\right], \tag{8-25}$$

$$StdDev = \sqrt{v} = \sigma\sqrt{T} \tag{8-26}$$

注意 =LOGINV(*prob,mean,StdDev*) 并非直接计算风险价值（VaR），而是计算截点值，即

$$\begin{aligned}\text{cutoff} &= e^{m+\sqrt{v}SN(\alpha)} \\ &= e^{\left(\ln(V_0)+\Delta t\left[\mu-\frac{\sigma^2}{2}\right]\right)+\sigma\sqrt{\Delta t}SN(\alpha)},\end{aligned} \tag{8-27}$$

其中 $SN(\alpha)$ 为标准正态累积分布函数，累积概率为 α。在计算出截点值后，我们通过 $VaR = V_0 - \text{cutoff}$ 得到风险价值。

---

① (8-21) 式等同于 $\alpha = N(\ln(\text{cutoff})|m,v)$。

8.7 例：风险价值

在图 8.3 中，我们计算了风险价值（VaR）。我们假设风险资产未来的回报率服从正态分布，这意味着资产未来的价格服从对数正态分布。输入的参数如第 1 至 3 行所示。对数正态分布的均值和标准差分别通过单元格 A5 和 A6 计算。第 8 至 12 行显示了三种计算风险价值的不同方法，其中最简单的如单元格 A8 和 A9 所示。单元格 A8 中的截点值使用公式"=LOGNORM.INV(D2,A5,A6)"。最后，单元格 A9 通过"=A1−A8"计算 VaR，即 $V_0 - \text{cutoff}$。

	A	B	C	D	E	F	G	H	I
1	500	V_0		0.0833	T			A5 =LN(A1)+D1*(A2-A3^2/2)	
2	12%	μ		5%	α			A6 =A3*SQRT(D1)	
3	40%	σ						A8 =LOGNORM.INV(D2,A5,A6)	
5	6.2179	$m = \ln(V_0) + T(\mu - \sigma^2/2)$							
6	0.1155	$s = \sigma\sqrt{T}$							
8	414.9	c		6.028	ln(c)		-1.6449	SN(α)	
9	85.1	VaR		414.9	c		-18.7%	$r^\alpha = T(\mu - \sigma^2/2) + SN(\alpha)\sigma\sqrt{T}$	
10	A9 =A1-A8			85.1	VaR		0.830	exp^(r^α)	
11	D8 =NORM.INV(D2,A5,A6)						414.9	$c = V_0 \exp^{(r^\alpha)}$	
12	D9 =EXP(D8)						85.1	VaR	
13	D10 =A1-D9						G10 =EXP(G9)		
14	G8 =NORM.S.INV(D2)						G11 =A1*G10		
15	G9 =D1*(A2-A3^2/2)+G8*A6						G12 =A1-G11		

图 8.3 风险价值

8.8 两资产投资组合的均值和方差

我们考察只有两个资产 a 和 b 的特殊投资组合，当前（$t=0$）权重分别为 $w_0^a = \dfrac{V_0^a}{V_0^P}$ 和 $w_0^b = \dfrac{V_0^b}{V_0^P}$，其中 $V_0^P = V_0^a + V_0^b$。① 我们将会推导该组合的期望收益和标准差（以及方差）。由下一期，即第 1 期的期望离散收益率，我们可以得到：

$$E[V_1^i] = E[P_1^i + CF_1^i] = V_0^i \left(1 + E\left[r_1^i\right]\right), \quad i \in \{a, b\} \tag{8-28}$$

此为资产在第 1 期的期望价值，包括期望现金流（$E[CF_1^i]$）。请注意 $V_0^i = P_0^i$。则投资组合在

---
① 在后文中，我们将会考察更具一般性的多资产投资组合。

下一期的预期周期回报率为[1]

$$E\left[r_1^P\right] = \frac{E\left[V_1^P\right]}{V_0^P} - 1 = \frac{E\left[V_1^P\right] - V_0^P}{V_0^P} = \frac{E\left[V_1^a + V_1^b\right] - (V_0^a + V_0^b)}{V_0^P}$$

$$= \frac{E\left[V_1^a\right] - V_0^a}{V_0^P} + \frac{E\left[V_1^b\right] - V_0^b}{V_0^P}$$

$$= \frac{V_0^a\left[(1 + E\left[r_1^a\right]) - 1\right]}{V_0^P} + \frac{V_0^b\left[(1 + E\left[r_1^b\right]) - 1\right]}{V_0^P}$$

$$= w_0^a E\left[r_1^a\right] + w_0^b E\left[r_1^b\right] \tag{8-29}$$

紧接着，我们得到投资组合的**波动性**（σ_P），即

$$\sigma_P = \sqrt{(w_0^a)^2 \sigma^2(r^a) + (w_0^b)^2 \sigma^2(r^b) + 2w_0^a w_0^b \sigma^2(r^a, r^b)} \tag{8-30}$$

$$= \sqrt{(w_0^a)^2 \sigma^2(r^a) + (w_0^b)^2 \sigma^2(r^b) + 2w_0^a w_0^b \rho(r^a, r^b) \sigma(r^a) \sigma(r^b)}$$

已知 $\sigma^2(r^a, r^b) = \rho(r^a, r^b) \sigma(r^a) \sigma(r^b)$。其中 $\rho(r^a, r^b)$ 为相关系数，有

$$\boxed{\rho(r^a, r^b) = \frac{\sigma^2(r^a, r^b)}{\sigma(r^a) \sigma(r^b)} \in [-1, +1]} \tag{8-31}$$

它衡量的是一种资产对另一种资产的回报率做普通最小二乘回归时的**拟合优度**。如果最佳拟合线的斜率为正（负），那么相关系数也同样如此。给定一项资产对另一项资产回报率的散点图，如果这些数据点相对接近（远离）最佳拟合线，那么相关系数的绝对值接近 1（0）。

我们可以使用数值调节钮设定相关系数，从而在两资产风险投资组合的 $\sigma(r^P) - E[r^P]$ 空间中绘制投资边界。整个边界都可以通过两个资产权重的凸组合达到。方法如下文所述。首先，计算两资产投资组合的预期回报率和标准差，而权重为任意值，例如，两项资产权重皆为 50%，即 $w^A = w^b = 0.50$。接下来，对 w^a（与此同时，$w^b = 1 - w^a$）进行敏感性分析，生成整个边界，并将边界绘制出来。必须强调，此时得到的边界并非有效边界，也就是说，在给定的标准差水平上，期望收益率并没有最大化。此时的边界仅仅只是两种资产的凸组合。在下一章中，我们将讨论当三个或更多资产由投资者支配时，投资组合的有效性。

8.9 例：两资产投资组合的均值、方差

在图 8.4 中，我们展示了两资产投资组合的均值、方差，用来表示两个风险资产的凸组合。关于资产 A 和资产 B 的回报，它们的均值和标准差如单元格 B2:C3 所示。相关显示系

---

[1] 类似地，如果我们考察连续复利的回报率，$E[r_1^i] = E\left[\ln\left(\frac{V_1^i}{V_0^i}\right)\right]$，则：

$$E\left[r_1^P\right] = E\left[\ln\left(\frac{V_1^P}{V_0^P}\right)\right] = E\left[\ln\left(\frac{V_1^a + V_1^b}{V_0^P}\right)\right]$$

$$= E\left[\ln\left(\frac{V_0^a e^{r_1^a} + V_0^b e^{r_1^b}}{V_0^P}\right)\right] = E\left[\ln\left(w_0^a e^{r_1^a} + w_0^b e^{r_1^b}\right)\right]$$

数在单元格 B4 中。对于资产权重为 $w^A = 0.7$ 和 $w^B = 1 - w^A = 0.3$ 的任意投资组合 P，它的回报率标准差和均值分别在单元格 J1 和 K1 中计算。J2:K18 区域内包含两个函数的一维数据表，其输入的参数为资产 A 的权重 (w^A)，即单元格 B5。

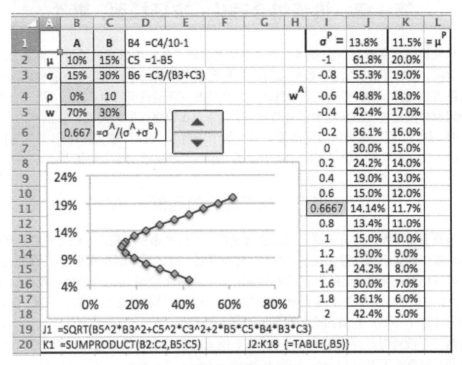

图 8.4　两资产投资组合的均值、方差

有趣的是，相关系数与风险-预期回报散点图的形状有关。[①] 因此，我们添加数值调节钮，间接控制这一参数。由于数值调节钮可以控制的最小增量为一个单位，我们直接用该数值调节钮控制单元格 C4。借由该调节钮，我们将 C4 的范围定义在 0 至 20 之间，间隔为 1。由于单元格 B4 的公式为"=C4/10−1"，那么当 C4 从 0 至 20 变化时，B4 的变化范围为 −1 至 +1，与相关系数的区间一致。

---

① 由于这是 X-Y 数对，所以必须使用散点图。只有当 X 为均匀分布时，才能使用折线图。

第9章 投资组合理论；市场模型；事件

本章我们将会回顾有效投资组合边界的计算方法，分别考虑有风险资产和无无风险资产两种情况。在每种情况之下，我们还将考虑有无卖空限制。对于无卖空限制的风险资产投资组合的有效边界，我们将确认其最低点，即全局最小方差投资组合。之后，我们将考虑给定卖空限制时风险资产投资组合的有效边界。随后，我们将回顾风险资产收益率的方差-协方差矩阵。最后，假设每种风险资产都有恰当的市场模型，我们将提供一种计算该矩阵有效且便捷的方法。本章将会使用很多 Excel 函数，其中大多数已在前文中提及。

9.1 多资产投资组合的均值和方差

本节我们将回顾风险价值这一风险管理指标，不仅考虑单一资产，还将考察资产组合。这使我们能明确认识到**分散化投资**的好处，也就是说，给定预期回报水平（即预期收益率），分散化投资将降低风险（此处指收益率的标准差或**波动性**）。获得这种分散化收益的充分必要条件为，资产的收益率并不是完全正相关的。为了确定这种分散化收益的规模，我们必须学习如何计算 I 个资产投资组合的预期回报率和波动性。

将两资产投资组合得到的式（8-29）和式（8-30）推广到一般模型，投资组合 P 的**预期回报率**和回报率标准差为[①]

$$\boxed{E[r_1^P] = \sum_{i=1}^{I} w_0^i E[r_1^i], \quad i \in \{1, 2, ..., I\}} \tag{9-1}$$

$$\boxed{\sigma^P = \sqrt{\sum_{i=1}^{I}\sum_{j=1}^{I} w_0^i w_0^j \rho(r^i, r^j) \sigma(r^i) \sigma(r^j)}} \tag{9-2}$$

其中当 $i \neq j$ 时，$\rho(r^i, r^j)\sigma(r^i)\sigma(r^j) = \sigma^2(r^i, r^j)$ 是资产 i 和 j 回报率的协方差。当 $i = j$ 时，$\rho(r^i, r^i)\sigma(r^i)\sigma(r^i) = \sigma^2(r^i)$ 是资产 i 回报率的方差，且有[②]

$$\boxed{w_0^i = \frac{V_0^i}{V_0^P} = \frac{V_0^i}{\sum_{i=1}^{I} V_0^i}} \tag{9-3}$$

w_0^i 是整个投资组合中最初投资于资产 i 的资金比例，而 V_0^i 是投资组合 P 中资产 i 的初始价值。所以，投资组合 P 的初始价值为 $V_0^P = \sum_{i=1}^{I} V_0^i$。

[①] 已知 $\rho(r^i, r^j) = \rho(r^j, r^i)$，可知 $\rho(r^i, r^j)\sigma(r^i)\sigma(r^j) = \sigma^2(r^i, r^j) = \sigma^2(r^j, r^i) = \rho(r^j, r^i)\sigma(r^j)\sigma(r^i)$。同时，$\rho(r^1, r^2) = \dfrac{\sigma^2(r^1, r^2)}{\sigma(r^1)\sigma(r^2)} \in [-1, +1]$。

[②] 显然，$\rho(r^i, r^i) = 1$。

注意两个重要性质。投资组合的预期收益率不是资产回报率之间的相关性的函数。换句话说，它只是单个资产预期回报率的线性函数。相比之下，投资组合波动性是资产回报率相关性的函数。实际上，当所有的 $\sigma(r^i) \geqslant 0$ 且假设所有 $w_0^i > 0$，即不允许卖空时，$i \in \{1, 2, ..., I\}$，由式（9-2）可容易得出 σ_P 对任一 $\rho(r^i, r^j)$ 都是单调递增的，其中 $\forall i \neq j$。所以，当资产间相关系数增大时，组合的风险也随之增加。同样，保持其他因素不变，当任意两个资产回报率之间的相关性降低时，投资组合的波动性也会降低。总而言之，分散化投资会降低投资组合的风险，但对组合的预期收益率并无影响。

在 Excel 中，投资组合的预期回报率和回报的波动性使用线性函数中的数组函数最容易计算。假设 I 个资产的权重向量为[①]

$$\hat{w} = \begin{bmatrix} w_0^1 & w_0^2 & \cdots & w_0^I \end{bmatrix}^\mathrm{T}, \tag{9-4}$$

预期收益率向量为

$$\hat{r} = \begin{bmatrix} E[r_1^1] & E[r_1^2] & \cdots & E[r_1^I] \end{bmatrix}^\mathrm{T}, \tag{9-5}$$

两者皆为 $I \times 1$ 维的列向量，则投资组合的预期收益率和收益率的标准差分别为

$$\begin{aligned} E[r^P] &= \hat{w}^\mathrm{T} \hat{r} = \hat{r}^\mathrm{T} \hat{w}, \\ \sigma^P &= \sqrt{\hat{w}^\mathrm{T} \Sigma \hat{w}}, \end{aligned} \tag{9-6}$$

其中 Σ 是 $I \times I$ 维的方阵，是资产回报率的**方差–协方差矩阵**。

9.2 全局最小方差投资组合

在无数个仅仅包含风险资产的投资组合中，**全局最小方差投资组合**（global minimum variance portfolio），变量记作 $GMVP$，是回报率方差最小的一点，因此标准差也最小。[②] 它没有包含无风险资产。虽然推导计算这个投资组合权重的公式超出了我们的学习范围，但是确定它权重是非常直观的。具体来说，给定 I 个风险资产，$I \times 1$ 维的列向量 $\hat{w}^{GMVP}$ 可以通过下式计算：

$$\hat{w}^{GMVP} = \frac{\Sigma^{-1} \hat{1}}{\hat{1}^\mathrm{T} \Sigma^{-1} \hat{1}}, \tag{9-7}$$

[①] 式（9-4）、式（9-5）和式（9-6）中的上标 T 均表示向量的转置，也就是说，$I \times 1$ 维的列向量转置后变成了 $1 \times I$ 的横向量。

[②] 给定 $f(x) \geqslant 0$，如果 x 使 $[f(x)]^2$ 最小化，那么它同样使 $f(x)$ 最小化。如果 $0 = \frac{\partial [f(x)]^2}{\partial x}$，那么 $0 = \frac{\partial [f(x)]^2}{\partial f(x)} \frac{\partial f(x)}{\partial x} = 2 f(x) \frac{\partial f(x)}{\partial x}$。此处 $f(x)$ 是风险资产投资组合的波动率，所以为正。因此，当 $f(x) > 0$ 时，$0 = \frac{\partial [f(x)]^2}{\partial x} \Rightarrow \frac{\partial f(x)}{\partial x} = 0$。在所有可能的风险资产投资组合中，使组合方差最小化的权重向量同样也使标准差最小化，反之亦然。

其中 Σ^{-1} 是方差–协方差矩阵的逆矩阵，$\hat{\imath}$ 是以 1 为元素、$I \times 1$ 维的列向量，而 $\hat{\imath}^{\mathrm{T}}$ 是它的转置。显然，由式 (9-6)，对应可知：

$$\boxed{\begin{aligned} E[r^{GMVP}] &= (\hat{w}^{GMVP})^{\mathrm{T}} \hat{r} = \hat{r}^{\mathrm{T}} \hat{w}^{GMVP}, \\ \sigma^{GMVP} &= \sqrt{(\hat{w}^{GMVP})^{\mathrm{T}} \Sigma \hat{w}^{GMVP}} \end{aligned}}$$
(9-8)
(9-9)

9.3 风险资产投资组合的组合

我们不仅考察单个资产的投资组合，还会考察投资组合的组合。考虑投资组合 CP，包含 N 个投资组合，$p^1, p^2, ..., p^{N-1}$ 和 p^N，对应的权重分别为 $w_0^1, w_0^2, ..., w_0^{N-1}$ 和 w_0^N，也可表示为

$$\boxed{w_0^n = \frac{V_0^n}{V_0^{CP}}, \; n \in \{1, 2, ..., N\},}$$
(9-10)

其中 V_0^n 是投资于组合 p^n 的初始价值，$V_0^{CP} = \sum_{n=1}^{N} V_0^n$。投资组合的权重向量记作 $\hat{w}_0$，是 $N \times 1$ 维的列向量，其下标 0 表示今天的日期，有

$$\hat{w}_0^{\mathrm{T}} = [w_0^1 \; w_0^2 \; \cdots \; w_0^N]$$
(9-11)

接下来，下一期，即第 1 期，N 个投资组合的预期收益记作 $N \times 1$ 维的列向量 $\hat{r}_1$，即

$$\hat{r}_1^{\mathrm{T}} = [E[r_1^1] \; E[r_1^2] \; \cdots \; E[r_1^N]]$$
(9-12)

N 个投资组合的 $N \times N$ 维的方差—协方差矩阵记作 Σ^{CP}。与 I 个单一资产组成投资组合的情况类似，投资组合 CP 的期望回报和波动性分别是：

$$\boxed{\begin{aligned} E[r_1^{CP}] &= \hat{w}_0^{\mathrm{T}} \hat{r}_1 = \hat{r}_1^{\mathrm{T}} \hat{w}_0, \\ \sigma^{CP} &= \sqrt{\hat{w}_0^{\mathrm{T}} \Sigma^{CP} \hat{w}_0} \end{aligned}}$$
(9-13)

9.4 例：多资产投资组合：全局最小方差

在图 9.1 中，我们可以看到投资组合 P 和 Q 的期望回报率和回报率的方差，两个投资组合均由四个资产构成。同时，我们可以看到如何计算投资组合 P 和 Q 回报率的协方差。风险资产 $\{A, B, C, D\}$ 回报率的均值如单元格 B2:E2 中所示。回报率的方差–协方差如单元格 B4:E7 中所示。最后，还需输入的参数，即投资组合中四个风险资产各自的权重，如单元格 H2:K3 中所示。

关于这四个资产，第 9 行和第 10 行计算了回报率的标准差，分别使用了两种方法。这两种计算方式都先计算 B 列的单元格（即 B13 和 B14），然后将其复制粘贴到右边的三个相邻单元格中，即同一行的 C 至 E 列。第 9 行的每个单元格都使用了用户定义的数组函

数,注意 SUMIF 函数和 SQRT 函数的使用。第 10 行的单元格都使用了 SUMIF 函数,但是第一个参数不是可以条件加总的数值矩阵,而是文本矩阵。数值矩阵作为可选参数出现,是 SUMIF 函数的第三个参数,它出现在所需的文本条件之后。

	A	B	C	D	E	F	G	H	I	J	K	L
1		A	B	C	D			A	B	C	D	
2	μ	13%	6%	18%	26%		P	10%	20%	30%	40%	100%
3							Q	40%	30%	20%	10%	100%
4	A	0.0052	0.0049	0.0130	-0.0075							
5	B	0.0049	0.0122	0.0144	-0.0220		B9	{=SUM(IF(B1=$A4:$A7,SQRT(B4:B7),0))}				
6	C	0.0130	0.0144	0.0585	-0.0246		E9	{=SUM(IF(E1=$A4:$A7,SQRT(E4:E7),0))}				
7	D	-0.0075	-0.0220	-0.0246	0.1088		B10	=SQRT(SUMIF($A$4:$A$7,"="&TEXT(B1,"0"),B4:B7))				
8							E10	=SQRT(SUMIF($A$4:$A$7,"="&TEXT(E1,"0"),E4:E7))				
9	σ	7.2%	11.0%	24.2%	33.0%							
10		7.2%	11.0%	24.2%	33.0%							
12		μ	μ	σ^2	σ	$\sigma^2(P,Q)$			Σ			
13	P	18.3%	18.3%	0.0159	12.61%	0.0060		$\sigma^2(P)$	0.0159	0.0060	$\sigma^2(P,Q)$	
14	Q	13.2%	13.2%	0.0074	8.62%			$\sigma^2(P,Q)$	0.0060	0.0074	$\sigma^2(Q)$	
16	B13 =SUMPRODUCT($B$2:$E$2,H2:K2)						C13 {=MMULT($B$2:$E$2,TRANSPOSE(H2:K2))}					
17	D13 {MMULT(MMULT(H2:K2,$B$4:$E$7),TRANSPOSE(H2:K2))}								E13 =SQRT(D13)			
18	G13 {=MMULT(MMULT(H2:K2,B4:E7),TRANSPOSE(H3:K3))}											
19	B14 =SUMPRODUCT($B$2:$E$2,H3:K3)						C14 {=MMULT($B$2:$E$2,TRANSPOSE(H3:K3))}					
20	D14 {=MMULT(MMULT(H3:K3,$B$4:$E$7),TRANSPOSE(H3:K3))}								E14 =SQRT(D14)			
21	J13:K14 {=MMULT(MMULT(H2:K3,B4:E7),TRANSPOSE(H2:K3))}											

图 9.1 多资产投资组合的均值和方差

对于投资组合 P 和 Q,它们各自的回报率均值如单元格 B13:B14 中所示,通过 SUMPRODUCT 函数计算。在单元格 C13:C14 中,我们运用 MMULT 函数对此进行验算。回报率的方差和标准差分别显示在单元格 D13:D14 和 E13:E14 中。P 和 Q 回报率的协方差在单元格 G13 中。方差–协方差矩阵可以通过嵌套的 MMULT 函数和转置函数 TRANSPOSE 计算得出,如单元格 J13:K14 中所示。请注意,这些值与第 13 行和第 14 行中通过其他方法算得的值一致。

图 9.2 展示了如何构建投资组合 P 和 Q 的凸组合。方法与通过单个资产构建投资组合一致。

为了用投资组合 P 和 Q 构建新的组合 X,我们任意选取一组权重 $w^Q = 60\%$(如单元格 B25 所示),$w^P = 1 - w^Q = 40\%$。关于组合 X 未来的回报率,其标准差和均值分别在单元格 C30 和 D30 中计算。单元格 C31:D44 中包含了一张数据表,对 w^Q(如单元格 B25 所示)对 $\sigma(X)$ 和 $E[r^X] = \mu^X$ 的影响进行敏感性分析。

在单元格 I46:I49 中,我们计算全局最小方差投资组合 $GMVP$ 的权重。在确定权重后,我们在单元格 K48 和 L48 中计算全局最小方差投资组合回报率的标准差和均值。

图 9.2 中的折线图显示的是 P 和 Q 的凸组合的边界。我们还没有尝试构造有效边界,单个资产(A 和 B)以及全局最小方差投资组合皆在我们绘制的边界之外,这证实了这条边界并非有效边界。[1]

---

[1] 再强调一下,此处,我们只是想学习如何利用风险资产的投资组合构造边界。在之后的章节中,我们将会讨论边界的有效性。

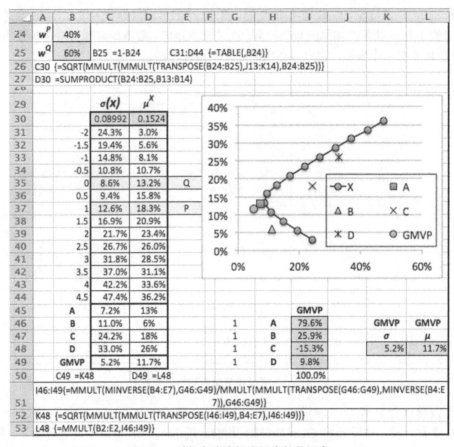

图 9.2 随机多资产投资组合的凸组合

9.5 有效投资组合：允许卖空

有效投资组合（efficient portfolio）指在给定回报率标准差（即风险水平）时，预期回报率最大的投资组合。**有效投资组合前沿**（frontier of efficient portfolios）是在 $\sigma(r^P)$-$E[r^P]$ 空间中的函数，包含所有有效组合。

根据定义，假设只有风险资产可供投资，则风险资产的全局最小方差投资组合是唯一的，且必为有效投资组合。换句话说，给定一个可以接受的风险水平 $\sigma(r^{GMVP})$，那么唯一的期望回报，同时也是最大化的期望回报为 $E[r^{GMVP}]$。因此，风险资产投资组合的有效前沿的最低点是全局最小方差投资组合。

我们仍然假设只投资风险资产，也就是说，没有机会投资于无风险资产。给定 I 个风险资产，对应常数 c 可以得到特定的有效投资组合的权重向量 $\hat{w}^e|c$，该向量是 $I \times 1$ 维的列向量，其中 $c < E[r^{GMVP}]$，该向量的计算方式如下：[①]

$$\hat{w}^e|c = \frac{\Sigma^{-1}(\hat{r}-\hat{c})}{\sum_{i=1}^{I}\Sigma^{-1}(\hat{r}-\hat{c})}, \tag{9-14}$$

---

① 上标 e 表示有效投资组合。

其中 $\hat{c} = [c\,c\,\cdots\,c]^{\mathrm{T}}$ 是 $I \times 1$ 维的列向量，其中 I 个元素皆为常数 c；$I \times I$ 维的矩阵 Σ^{-1} 是各资产方差—协方差矩阵的逆矩阵。[1]

我们可以通过常数 $c < E[r^{GMVP}]$ 来设定有效风险资产权重向量这一参数。如此，我们便可以表示常数 c 和有效组合 e 之间的关系，其中 e 通过 (9-14) 式得到的 $\hat{w}^e|c$ 来定义。在 $\sigma(r^P)$-$E[r^P]$ 空间中，经过点 $(0, c)$ 和点 $(\sigma(r^e|c), E[r^e|c])$ 的直线与有效投资组合前沿相切。换而言之，有效投资组合 e 是截距为 $(0, c)$ 的直线与风险资产投资组合有效前沿的切点。因此，c 取不同值，使我们可以通过平滑地连接各个风险资产有效投资组合来绘制有效前沿，而全局最小方差投资组合是有效前沿的端点。每个有效投资组合都可以通过 (9-6) 式确定。对应地，可以得到：

$$E[r^e|c] = (\hat{w}^e|c)^{\mathrm{T}}\,\hat{r} = \hat{r}^{\mathrm{T}}\,(\hat{w}^e|c),$$
$$\sigma(r^e|c) = \sqrt{(\hat{w}^e|c)^{\mathrm{T}}\,\Sigma\,\hat{w}^e|c} \tag{9-15}$$

虽然用于计算风险资产的有效投资组合权重的公式 (9-14) 形式简洁，但我们仍然会介绍第二种方法。我们可以使用规划求解最大化投资组合的夏普比率。投资组合 P 的**夏普比率**（Sharpe ratio）可以通过下式计算：

$$\boxed{SR^P\left(r^f\right) = \frac{E[r^P] - r^f}{\sigma(r^P) - \sigma(r^f)} = \frac{E[r^P] - r^f}{\sigma(r^P)},} \tag{9-16}$$

其中 r^f 是无风险回报率。我们将最大化函数 $\dfrac{E[r^P] - c}{\sigma(r^P)}$，而不是夏普比率，其中 $c < E[r^{GMVP}]$。[2] 首先，选择任意 $c < E[r^{GMVP}]$，然后随机选择权重，例如，对于 I 个可以投资的风险资产，$w^i = \dfrac{1}{I}$，$\forall i \in \{1, 2, ..., I\}$。接下来，我们通过式（9-6）计算 $E[r^P]$ 和 $\sigma(r^P)$。在计算了 $\dfrac{E[r^P] - c}{\sigma(r^P)}$ 之后，我们通过规划求解使其最大化，并将 I 个权重 $\{w^1, w^2, ..., w^I\}$ 设为可变单元格。最大化函数 $\dfrac{E[r^P] - c}{\sigma(r^P)}$ 得到的权重与通过式（9-14）得到的权重 $\hat{w}^e|c$ 相同。

9.6 有效投资组合前沿

投资组合理论的一个重要结论是，投资组合的整条有效前沿均可以通过任意两个有效组合的凸组合得到。[3] 因此，有两个有效投资组合 A 和 B，对应常数 $c_A < E[r^{GMVP}]$ 和 $c_B < E[r^{GMVP}]$，整个有效前沿都可以通过组合 A 和 B 的凸组合计算得到。因此，一旦我们确定了 $I \times 1$ 维的列向量 $\hat{w}^e|c_A$ 和 $\hat{w}^e|c_B$，则包含有效前沿的整条包络线都可以通过 $I \times 1$ 维的列向量 $w^A \hat{w}^e|c_A + w^B \hat{w}^e|c_B$ 来确定，其中 w^A (w^B) 是有效投资组合 A (B) 的权

---

[1] 所以式 (9-14) 的分母是分子中 I 项的加总。因此，通过计算该比率可以得到向量 $\hat{w}^e|c$ 中的 I 个相对权重。
[2] 作为一个特例，我们可以设定 $c = r^f$，在这种情况下，我们确实最大化了夏普比率。
[3] 上述有效投资组合必须允许卖空。如果不允许卖空，那么有效投资组合的凸组合不能生成风险资产投资组合的整条有效前沿。

重，$w^A + w^B = 1$。边界通过对 w^A 取不同的值得到，当然 $w^B = 1 - w^A$ 也取不同值。①

当确定有效投资组合 A 和 B 的凸组合 C 时，给定对应权重 w^A 和 w^B，则投资组合 C 中各个资产 i 的权重分别为 $w^A w_i^e|_{C_A} + w^B w_i^e|_{C_B}$，$i \in \{1, 2, ..., I\}$，其中 $w_i^e|_{C_A}$ ($w_i^e|_{C_B}$) 是有效投资组合 A (B) 中资产 i 的权重。换句话说，$w_i^e|_{C_A}$ ($w_i^e|_{C_B}$) 是 $I \times 1$ 维的列向量 $\hat{w}^e|_{C_A}$ ($\hat{w}^e|_{C_B}$) 中的第 i 个元素。

我们可以在多资产风险投资组合的 $\sigma(r^P)$-$E[r^P]$ 空间中绘制有效前沿。正如前文所解释的，整个有效前沿均可以通过两个有效组合的凸组合生成。因此，与两资产投资组合的例子相似，我们首先计算一个由两个有效投资组合组成的投资组合的期望收益和标准差，其权重可取任意值，例如，两个资产的权重均为 50%，即 $w^A = w^B = 0.5$。此时有

$$E[r^C] = w^A E[r^A] + w^B E[r^B],$$
$$\sigma(r^C) = \sqrt{(w^A \sigma(r^A))^2 + (w^B \sigma(r^B))^2 + 2w^A w^B \sigma^2(r^A, r^B)}$$

最后，使用模拟运算表对 w^A 做敏感性分析，同样，$w^B = 1 - w^A$，如此便可得到整条有效前沿，然后可以绘制散点图。②

9.7 例：允许卖空时的有效投资组合

图 9.3 展示了允许卖空时如何确定有效投资组合的权重及其有效边界。如前文所述，公式为

$$\tilde{w} = \frac{\tilde{\Sigma}^{-1}\left(E[\tilde{r}] - \tilde{c}\right)}{\sum_{i=1}^{I}\left(\tilde{\Sigma}^{-1}\left(E[\tilde{r}] - \tilde{c}\right)\right)} \tag{9-17}$$

图中还展示了允许卖空时如何生成风险资产的整条有效边界。单元格 B55 和 C55 中包含常数 c_α 和 c_β，用于生成有效投资组合的权重 α 和 β。有效投资组合 α (β) 中风险资产 $\{A, B, C, D\}$ 的权重通过单元格 B57:B60（C57:C60）计算，参考式 (9-17)。确定 α 与 β 中资产的权重后，回报率的标准差如单元格 G56:H56 中所示，而回报率均值通过单元格 G57:H57 计算，回报率的方差—协方差矩阵如单元格 J56:K57 所示。

在单元格 C68 和 D68 中，我们计算了有效投资组合 X 回报率的标准差和均值，组合 X 由有效投资组合 α 和 β 以任意比例组合而成。此处，任取权重 $w^\alpha = 70\%$（单元格 B63）和 $w^\beta = 30\%$（单元格 B64）。由于允许卖空时，有效投资组合的凸组合也是有效的，因此，我们可以通过数据表（即单元格 C69:D82 中所示），通过改变权重 w^α（从而，$w^\beta = 1 - w^\alpha$ 也随之改变），生成风险资产投资组合的整条有效边界。

通过该数据表绘制的图显示了有效边界，它由有效投资组合 α 和 β 的凸组合构成。由于我们现在有了有限边界，任意单个资产以及全局最小方差投资组合均落在所绘有效边界上

---

① 通过这种方法得到的包络线包含全局最小方差投资组合，并在其下方延伸。由于有效投资组合前沿的终点为 $GMVP$，有效投资组合的凸组合若期望收益率小于 $GMVP$ 的期望收益率则可忽略。对于给定的小于 $GMVP$ 的期望收益率，这样的投资组合最小化了风险，但对于给定的风险 $\sigma(r^P)$，上述投资组合却没有最大化期望收益。

② 正如前文所述，风险资产投资组合的有效前沿的最低点是全局最小方差投资组合。

或边界内。提醒一下,有效边界的最低点是全局最小方差投资组合($GMVP$)。因此,$GMVP$下方的边界,即边界上斜率为负的部分,不是有效边界的一部分。

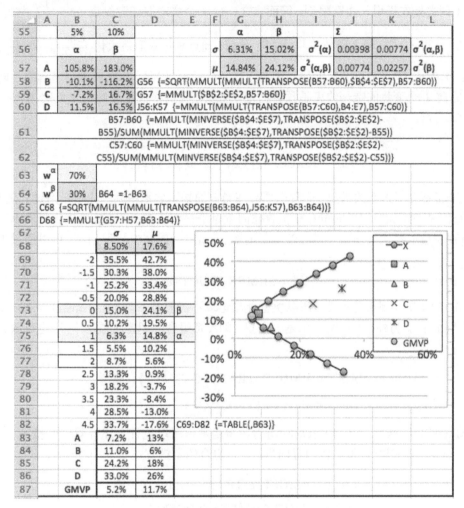

图 9.3　允许卖空时的有效投资组合和有效边界

9.8　有效投资组合：限制卖空

我们继续假设只可投资风险资产,也就是说,我们无法投资无风险资产。给定卖空限制,也就是说,$w_i^e \geqslant 0$, $\forall i \in \{1, 2, ..., I\}$,如此,我们给有约束条件限制的最大化问题多添加了 I 个约束条件。之前唯一的约束条件是**成本约束**,即 $\sum_{i=1}^{I} w^i = 1$。[①] 在经济学中,人们通常通过拉格朗日函数或库恩–塔克条件解决上述问题。在 Excel 中,我们可以仅仅使用规划求解。它的功能十分强大,不仅包含单变量求解（即计算得到输入值,从而产生期望的输

[①] 一项资产如果被卖空,则它是投资组合中的负债,权重为负,期初带来正的现金流入。否则,它是多头头寸,是投资组合中的资产,权重为正,初始现金流为负。如果多头（空头）头寸的价值增加,则它对组合价值的贡献是正的（负的）。

出值),也可以解决函数的最大化或最小化问题。由 $\frac{E[r^P] - c}{\sigma(r^P)}$,我们同样如上文所述算出 $\hat{w}^e|c$,不同之处在于引入卖空限制。简而言之,对 I 个资产取任意权重 $w^i = \frac{1}{I}$;由式(9-6)计算 $E[r^P]$ 和 $\sigma(r^P)$,输入函数 $\frac{E[r^P] - c}{\sigma(r^P)}$;最后,通过规划求解最大化 $\frac{E[r^P] - c}{\sigma(r^P)}$,并将权重 $w^i, i \in \{1, 2, ..., I\}$ 设为可变单元格,其中 $\sum_{i=1}^{I} w^i = 1$。然而,与之前规划求解的不同之处在于,之前 I 个变量的唯一约束是预算约束,而现在我们将权重限制为非负数,即 $w^i \geq 0$, $i \in \{1, 2, ..., I\}$。

9.9 Excel 函数:投资组合理论

本节将不会引入新的函数,但我们理应在当前的知识体系中回顾先前学习过的函数。在计算期望收益时,如果权重向量和期望收益向量对于它们在 Excel 工作表中占据的单元格来说都是列向量或都是行向量,则可以运用函数 SUMPRODUCT,即 $E[r^P]$ 可以通过下式计算:

$$E[r^P] = \text{SUMPRODUCT}(\hat{w}, \hat{r}) \tag{9-18}$$

SUMPRODUCT 不是数组函数,所以执行此项运算不需要按下"shift+control+enter",而只需按下"enter"。另外,如果两者都是列向量,则投资组合的期望收益 $E[r^P]$ 也可以这样计算:

$$E[r^P] = \text{MMULT}(\text{TRANSPOSE}(\hat{w}), \hat{r}), \text{ 或} \tag{9-19}$$

$$E[r^P] = \text{MMULT}(\text{TRANSPOSE}(\hat{r}), \hat{w}) \tag{9-20}$$

函数 MMULT 和函数 TRANSPOSE 均为数组函数,所以执行上述计算必须按下"shift+control+enter"。如果 $\hat{w}$ 和 $\hat{r}$ 皆为行向量,投资组合的期望收益 $E[r^P]$ 为

$$E[r^P] = \text{MMULT}(\hat{r}, \text{TRANSPOSE}(\hat{w})), \text{ 或} \tag{9-21}$$

$$E[r^P] = \text{MMULT}(\hat{w}, \text{TRANSPOSE}(\hat{r})) \tag{9-22}$$

如果 $\hat{w}$ 是行向量,$\hat{r}$ 是列向量,则有

$$E[r^P] = \text{MMULT}(\hat{w}, \hat{r}) \tag{9-23}$$

最后,如果 $\hat{r}$ 是行向量,而 $\hat{w}$ 是列向量,则 $E[r^P]$ 可由下式计算:

$$E[r^P] = \text{MMULT}(\hat{r}, \hat{w}) \tag{9-24}$$

总之,如果 $\hat{w}$ 和 $\hat{r}$ 皆为行向量或皆为列向量,那么函数 SUMPRODUCT 是理想的。如果其中一个是行向量,另一个是列向量,那么 MMULT 更合适。

接下来,我们考察投资组合收益率的波动性 σ^P。假设权重向量 $\hat{w}$ 占据 Excel 工作表中的一列单元格,那么 σ^P 可由下式计算:

$$\sigma^P = \text{SQRT}(\text{MMULT}(\text{MMULT}(\text{TRANSPOSE}(\hat{w}), \Sigma), \hat{w})), \text{ 或}$$

$$\sigma^P = \text{SQRT}(\text{MMULT}(\text{TRANSPOSE}(\hat{w}), \text{MMULT}(\Sigma, \hat{w}))) \qquad (9\text{-}25)$$

其中式（9-25）第一行计算的是 $(\hat{w}^{\mathrm{T}}\Sigma)\hat{w}$，第二行计算的是 $\hat{w}^{\mathrm{T}}(\Sigma\hat{w})$，两者等价，即 $(\hat{w}^{\mathrm{T}}\Sigma)\hat{w} = \hat{w}^{\mathrm{T}}(\Sigma\hat{w})$。相反，如果权重向量在 Excel 工作表中占据一排单元格，则 σ^P 可由下式计算：

$$\sigma^P = \text{SQRT}(\text{MMULT}(\text{MMULT}(\hat{w}, \Sigma), \text{TRANSPOSE}(\hat{w}))) \text{，或}$$
$$\sigma^P = \text{SQRT}(\text{MMULT}(\hat{w}, \text{MMULT}(\Sigma, \text{TRANSPOSE}(\hat{w})))) \qquad (9\text{-}26)$$

9.10 多资产投资组合的风险价值

计算投资组合的风险价值（VaR）本质上与计算单个资产的风险价值相同。简而言之，我们首先只需要计算投资组合的平均回报和回报的标准差（波动性）。一旦确定了这两个参数，它们可以分别作为 μ 和 σ 进行如 8.5 节所示的运算。

多资产投资组合 VaR 是证明分散化投资能带来优势的有力工具。例如，我们可以计算初始价值为 V_0、由四个资产构成的投资组合的 VaR。我们也可以计算四个资产各自的 VaR，每个资产的初始价值均为 $\frac{V_0}{4}$。保持其他参数不变，投资组合的 VaR 远小于四个资产各自 VaR 的加总，尽管两种情况的初始投资额均为 V_0。[①]

9.11 例：限制卖空时的有效投资组合

图 9.4 中展示了如何计算有效投资组合的权重的第二种方法，并假定没有卖空限制。在这种方法中，我们通过选择权重，使预期回报对风险的比例最大化：

$$\max_{w^{\text{A}}, w^{\text{B}}, w^{\text{C}}, w^{\text{D}}} \frac{E[r^j] - c_j}{\sigma^j}, j \in \{\alpha, \beta\} \qquad (9\text{-}27)$$

考虑以 $(\sigma, E[r])$ 为空间作图，通过图形我们能够较好地解释通过此方法求得的解，因为它能标记出穿过 $E[r]$ 轴上某一特定常数的直线与有效边界的切点投资组合，$E[r]$ 轴上某一特定常数可能为 c_α 或 c_β。这种方法还有一个优点，便是它也适用于限制卖空的情形。最后，图 9.4 中还列出了多资产的风险价值。

我们重新回顾有效投资组合 α 和 β。对于上文提及的 $E[r]$ 轴上的常数，投资组合 α 和 β 分别对应单元格 B89、C89 中的 $c_\alpha = 5\%$ 和 $c_\beta = 10\%$。在单元格 B91:B94（C91:C94），我们计算有效投资组合 α（β）的权重，允许像上文那样卖空。正如预期，当两组计算都允许卖空时，图 9.4 中参考式（9-27）计算的 α（β）的权重，与图 9.3 中参考式（9-17）计算的权重一致。

[①] 四个资产各自 VaR 的加总，与投资组合 VaR 的差额取决于资产间相关系数的大小。一般来说，相关性越高，两者间的差额就越小。

	A	B	C	D	E	F	G	H	I	J	K	L
89		5%	10%					5%	10%			
90		α	β	α	β			α	β	α	β	
91	A	105.8%	183.0%	14.8%	24.1%	μ		85.8%	71.7%	14.8%	16.1%	μ
92	B	-10.1%	-116.2%	6.3%	15.0%	σ		0.0%	0.0%	6.5%	7.9%	σ
93	C	-7.2%	16.7%	1.56	0.94	(μ-c)/σ		0.0%	6.9%	1.52	0.78	(μ-c)/σ
94	D	11.5%	16.5%					14.2%	21.4%			
95		100.0%	100.0%					100.0%	100.0%			
96	B95 =SUM(B91:B94)							H95 =SUM(H91:H94)				
97	C95 =SUM(C91:C94)							I95 =SUM(I91:I94)				
98	D91 =MMULT($B$2:$E$2,B91:B94)						E91 {=MMULT($B$2:$E$2,C91:C94)}					
99	D92 =SQRT(MMULT(MMULT(TRANSPOSE(B91:B94),$B$4:$E$7),B91:B94))											
100	E92 {=SQRT(MMULT(MMULT(TRANSPOSE(C91:C94),$B$4:$E$7),C91:C94))}											
101	D93 =(D91-B89)/D93				E93 =(E91-C89)/E92							
102		A	B	C	D		σ	μ				
103		25%	25%	25%	25%		9.4%	15.8%				
104	G103 {=SQRT(MMULT(MMULT(B103:E103,B4:E7),TRANSPOSE(B103:E103)))}											
105	H103 =SUMPRODUCT(B103:E103,B2:E2)											
106												
107		A	B	C	D		25%	GMVP				
108	V_0	100	100	100	100		400	400				
109	T	0.083	0.083	0.083	0.083		0.083	0.083				
110	α	5%	5%	5%	5%		5%	5%				
111	μ	13.0%	6.0%	18.0%	26.0%		15.8%	11.7%				
112	σ	7.2%	11.0%	24.2%	33.0%		9.4%	5.2%				
113	m	4.616	4.610	4.618	4.622		6.004	6.001				
114	s	0.021	0.032	0.070	0.095		0.027	0.015				
115	c	97.7	95.3	90.3	87.0		387.5	394.0				
116	VaR	2.34	4.68	9.72	13.02		12.53	5.99				
117					29.76	E117 =SUM(B116:E116)						
118	B113 =LN(B108)+B109*(B111-B112^2/2)											
119	B114 =B112*SQRT(B109)											
120	B115 =LOGINV(B110,B113,B114)											
121	B116 =B108-B115											

图 9.4 有效投资组合（多资产的风险价值）

让我们来回顾一下在允许卖空交易时，通过式（9-27）计算 α 权重的细节。首先，在区域 B91:B94 内的每个单元格中，输入任意权重，比如 25%。关于预算约束，公式"=SUM(B91:B94)"被输入到单元格 B95 中。紧接着，分别在单元格 D91:D93 中输入回报率的均值、标准差，通过式（9-27）计算。然后，使用规划求解，将单元格 D93 中的比例最大化，而可变单元格为 B91:B94 中 α 的权重，预算约束为 $w^A + w^B + w^C + w^D = 1$，也就是说，单元格 B95 等于 1。β 权重的计算也类似，如单元格 C91:C95 和 E91:E93 所示。

现在，我们考察当不允许卖空时，通过式（9-27）计算 α 和 β 权重的细节。计算在单元格 H91:K95 中展开，与前一段的计算过程类似，最关键的区别在于四个权重均有额外的非负约束条件。在规划求解中，我们对这四个变量设置约束：$w^i \geqslant 0, i \in \{A, B, C, D\}$。

计算所得的四组权重中，两组允许卖空（如 B91:C94 所示），两组不允许卖空（如 H91:I94 所示），我们对单元格设置了条件格式。不出意料，允许卖空时为负数的权重（即投资组合 α 的权重：单元格 B92 中的 $w^B = -10.1\%$，B93 中的 $w^C = -7.2\%$；投资组合 β 的权重：C92 中的 $w^B = -116.2\%$）在不允许卖空后变为 0。

图 9.4 下半部分讨论的是多资产的 VaR。区域 B108:E116 计算的是单项资产 $\{A,B,C,D\}$ 的风险价值,假设每项资产的初始价值均为 \$100M,四项资产的风险价值如 B116:E116 所示。四项资产风险价值之和等于 \$29.76M,如单元格 E117 所示。\$29.76M 的含义如下:它对应四个独立的投资者,每人投资 \$100M 且投资四项资产其中之一,则总投资额为 \$400M。则时间为 1 个月 ($T = 0.083$ 年),左尾区域概率为 5% 时,他们各自风险价值加总之和为 \$29.76M。

现在考虑投资组合风险价值的计算,假设 $\{A,B,C,D\}$ 每项资产投资 \$100M,总投资额为 \$400M。首先,我们需要权重为 $w^A = w^B = w^C = w^D = 25\%$ 的投资组合对应的期望回报和回报率的标准差,计算如单元格 G103 和 H103 中所示。对于这个投资组合,单元格 G116 中计算的风险价值为 \$12.53M,约为 \$29.76M 的 42%。这是说明投资组合多样化价值的一个很好的例子。尽管 \$400M 的期望回报在两种情况下是相同的,但投资于单项资产的风险价值是投资组合风险价值的两倍以上。多样化并不影响预期回报,但它确实降低了风险。

最后,投资于全局最小方差投资组合的 \$400M 的风险价值如单元格 H108:H116 所示。结果为 \$5.99M,只占相同投资水平的等权重投资组合风险价值的不到 50%,只约占相同投资水平却投资单项资产的风险价值约 \$29.76M 的 20%。

9.12 系统风险、非系统风险:市场模型

投资组合理论中的一个重要概念便是分散化投资的思想。在包含许多风险资产的投资组合中,由于公司特定问题,一些资产可能会表现不佳。由于这些问题导致的资产表现不佳的风险被称作**非系统风险**或**企业特有风险**或**可分散风险**或**个体风险**或**基本风险**。然而,将许多风险资产构建成一个投资组合,由于公司特质,在给定时间段内,一些资产的表现比预期得更好。根据大数定理,在包含许多资产的投资组合中,表现低于预期和高于预期的资产相互抵消。因此,拥有大量资产的投资组合几乎没有剩余的非系统风险。

除了公司特定问题,风险资产还可能共同受到宏观经济因素的影响,也就是说,这些因素会对所有风险资产产生不同程度的影响。为了捕捉这种影响,使用市场投资组合 M 的回报率作为统计量,假定市场投资组合由所有风险资产构成,各风险资产的回报是不确定的。[1] 在这种情况下,市场回报率就是所谓的**系统风险因子**,因为它影响着几乎所有回报率不确定的资产的回报。**系统风险**是风险资产回报率与系统风险因子敞口直接相关的风险(离差)。换句话说,如果一项资产的回报受到系统风险因子的影响,该资产就会受到系统风险的影响。

资产 x 的回报率对市场回报率的敏感性通过资产 x 的 beta (β^x) 度量,其中:

$$\beta^x = \frac{s^2(r^x, r^m)}{s^2(r^m)} = \rho(r^x, r^m)\frac{s(r^x)}{s(r^m)} \tag{9-28}$$

β^x 是回归得到的斜率系数,该回归的因变量为资产 x 在 T 个时期的周期回报率 (r_t^x),自变量为 T 个时期的周期市场回报率 (r_t^m),$t \in \{-T+1, -T+2, ..., 0\}$。**市场模型假设风险资产**

---
[1] 在金融实务中,分散化投资的股票指数,比如 S&P500,被用作市场回报率的代理指标。

回报率的唯一系统性驱动因素是市场回报率，即

$$r_t^x = \alpha^x + \beta^x r_t^m + \epsilon_t^x, \tag{9-29}$$

假设误差项 ϵ_t^x 为正态分布，服从 $N(0,\sigma^2(\epsilon^x))$，且独立于 r_t^m，$\forall t$。[1] 市场风险敞口较高（低）的资产，回报率对市场回报率敏感性较高（低），则其 beta 也较大（小）。资产的 beta 也能衡量其对投资组合的系统风险的贡献程度。因此，beta 较大（小）的资产可以用来增加（减少）投资组合的系统性市场风险。一小部分资产实际上有负的 beta 值，这意味着它们确实降低了投资组合的市场风险。以对投资组合的贡献来看，投资这样的资产能带来分散投资的优势。

已知 $s(r^x)>0$ 和 $s(r^m)>0$，参考式（9-28）可知 β^x 的符号与相关系数 $\rho(r^x,r^m)$ 一致。如前文所述，由于资产 x 的回报率与市场回报率的相关性可能为负，资产的 β^x 同样可能为负。[2] 在市场回报率低迷的时期，这样的资产可能会比大多数其他资产表现得更好，尤其是那些 beta 为正的资产。总结一下，一个良好的分散化投资组合不仅由大量资产构成，以消除非系统风险，还拥有系统风险敞口不同的资产。[3]

市场模型的参数 α^x 和 β^x 一旦通过式（9-29）的回归得以确认，就下一期的市场期望回报率而言，资产 x 在下一期的预期回报率便可被估计出来。对式（9-29）取期望，则有

$$E\left[r_1^x\right] = \alpha^x + \beta^x E\left[r_1^m\right] \tag{9-30}$$

其中 $E[\epsilon_1^x]=0$。因此，对于任一风险资产 x，我们现在可以估计投资者要求的回报率。

9.13 通过市场模型的 beta 值计算协方差

很容易证明资产 x 和 y 回报率的协方差的计算方式如下

$$\sigma^2(r^x, r^y) = E\left[r^x r^y\right] - E\left[r^x\right] E\left[r^y\right] \tag{9-31}$$

此处我们省去了下标"1"，但默认该计算指向下一期，即第 1 期。如果我们假设资产 x 和 y 的回报率均满足式（9-29）所示的市场模型，则式（9-31）可变形为：

$$\begin{aligned} \sigma^2(r^x, r^y) = & E\left[(\alpha^x + \beta^x r^m + \epsilon^x)(\alpha^y + \beta^y r^m + \epsilon^y)\right] \\ & - (\alpha^x + \beta^x E\left[r^m\right])(\alpha^y + \beta^y E\left[r^m\right]) \end{aligned} \tag{9-32}$$

此处我们两次用到式（9-30）来替换 $E[r^x]$ 和 $E[r^y]$。注意，对于随机变量 x 和常数 a 和 b，证明 $\sigma^2(a+bx)=b^2\sigma^2(x)$ 是直观的。当 x 和 y 为随机变量，其线性函数 $a+bx$ 和 $c+dy$ 的协方差满足 $\sigma^2(a+bx,c+dy)=bd\sigma^2(x,y)$，其中 $\sigma^2(x,y)$ 是 x 和 y 的协方差。[4] 注意，随机

---

[1] 同时，假设 $\sigma^2(\epsilon_{t-1},\epsilon_t)=0$，$\forall t \in \{-T+2,-T+3,...,-1,0\}$。
[2] 这类资产的回报率通常与市场回报率反向运动，对于分散化投资非常有价值。
[3] 例如，将单一行业的股票组合在一起不是一个良好的分散化投资组合，因为单一行业的公司其回报率可能拥有相同的系统风险敏感性。
[4] 在该计算中，a、b、c 和 d 均为常数。

变量加上一个常数不会改变该变量与另一个随机变量的协方差。因此，由于 α^x、α^y、β^x 和 β^y 均为常数，而 r^m、ϵ^x 和 ϵ^y 是随机变量，则式（9-32）可被简化为

$$\begin{aligned}\sigma^2\left(r^x, r^y\right) &= E\left[\left(\beta^x r^m + \epsilon^x\right)\left(\beta^y r^m + \epsilon^y\right)\right] \\ &\quad - \left(\beta^x E\left[r^m\right]\right)\left(\beta^y E\left[r^m\right]\right) \\ &= \beta^x \beta^y \left\{E\left[\left(r^m\right)^2\right] - \left(E\left[r^m\right]\right)^2\right\} \\ &\quad + \beta^x E\left[r^m \epsilon^y\right] + \beta^y E\left[r^m \epsilon^x\right] + E\left[\epsilon^x \epsilon^y\right]\end{aligned} \tag{9-33}$$

参考普通最小二乘回归的关键假设，可知式（9-33）最后一行的三项均等于 0。① 接着，由

$$E\left[\left(r^m\right)^2\right] - \left(E\left[r^m\right]\right)^2 = \sigma^2\left(r^m\right), \tag{9-34}$$

式（9-33）可被简化为

$$\boxed{\sigma^2\left(r^x, r^y\right) = \beta^x \beta^y \sigma^2\left(r^m\right)} \tag{9-35}$$

式（9-35）为什么重要？考虑一个有 100 项资产的投资组合，其对应的方差-协方差矩阵有 $100^2 = 10\ 000$ 个元素，其中 100 个为方差，9 900（= 10 000 − 100）个为协方差。由于该矩阵是对称的，也就是说，有 $\sigma^2(r^i, r^j) = \sigma^2(r^j, r^i)$，且 $\Sigma_{i,j} = \Sigma_{j,i}$，那么仅仅 100 项资产的回报率就有 $\dfrac{9\ 900}{2} = 4\ 950$ 个不同的协方差。

式（9-35）提供了一种更为有效的方法，并非直接计算 4 950 个不同方差，但需假设市场模型是正确的。对同一投资组合中的 100 个资产来说，仅存在 100 个不同的斜率（即 beta 值），每个市场模型 $r_t^i = \alpha^i + \beta^i r_t^m + \epsilon_t^i$ 的回归将得到一个 β^i，$i \in \{1, 2, ..., 100\}$。因此，计算 100 个市场模型中的 beta 值可能会更简便，由此重复运用式（9-35）将得到 4 950 个不同的协方差项。

随着投资组合规模增大，使用市场模型计算方差-协方差矩阵的效率将显著提升。例如，对于由 1 000 项资产构成的投资组合，1 000 个回归将产生 1 000 个不同的 beta 值，这种方法可以代替直接计算 499 500（= $\dfrac{1\ 000(999)}{2}$）个协方差。② 简而言之，当资产被加入一个投资组合，资产回报率间协方差的数量以凸函数的方式增加，形式为资产数量的平方；而用于计算协方差的 beta 的个数只是线性增长。I 个资产协方差的个数为 $\dfrac{I(I-1)}{2}$，与市场模型 beta 的个数 I 之比为 $\dfrac{I-1}{2}$，该比率显然是资产个数 I 的增函数。

9.14 例：方差-协方差矩阵（市场模型）

图 9.5 展示了如何运用市场模型计算方差-协方差矩阵。首先，单元格 A1:H8 中显示了 7 个个体通过定义由回报率数据得到的历史方差-协方差矩阵，7 个个体为 6 家公司及 S&P500

---

① 关键假设之一是任一自变量（此例中为 r_t^m）独立于误差项（即回归 $r_t^x = \alpha^x + \beta^x r_t^m + \epsilon_t^x$ 中的 ϵ_t^x，和回归 $r_t^y = \alpha^y + \beta^y r_t^m + \epsilon_t^y$ 中的 ϵ_t^y）。因此，由普通最小二乘回归的另一关键假设：$E[\epsilon^i] = 0$，$i \in \{x, y\}$，可知 $0 = \sigma^2(r^m, \epsilon^i) = E[r^m \epsilon^i] - E[r^m]E[\epsilon^i] = E[r^m \epsilon^i]$，由此可知 $E[r^m \epsilon^x] = 0$ 且 $E[r^m \epsilon^y] = 0$。关于式（9-33）最后一行的第三项，我们假设两个不同回归的误差项是独立的，则 $\sigma^2(\epsilon^x, \epsilon^y) = 0$。因此，$E[\epsilon^x \epsilon^y] = \sigma^2(\epsilon^x, \epsilon^y) + E[\epsilon^x]E[\epsilon^y] = 0$。

② 我们强调，要想使用这种便捷的方式计算方差-协方差矩阵，人们必须相信市场模型是恰当的。

指数，我们将 S&P500 指数视作市场组合的代理变量。在这个矩阵中，我们提取每个个体回报率的标准差，也就是，矩阵对角线上元素的平方根。与其单独计算第 10 行中所需的各个元素，我们选择在单元格 B10 中定义一个数组函数，将其复制粘贴到单元格 C10:H10 中。

	A	B	C	D	E	F	G	H
1	Σ	S&P 500	A.N	AAP.N	AAPL.O	ABC.N	ABT.N	ACN.N
2	S&P 500	0.0306	0.0555	0.0147	0.0496	0.0206	0.0095	0.0162
3	A.N	0.0555	0.1295	0.0324	0.0963	0.0479	0.0087	0.0342
4	AAP.N	0.0147	0.0324	0.0822	0.0327	0.0232	-0.0192	0.0025
5	AAPL.O	0.0496	0.0963	0.0327	0.2230	0.0380	0.0051	0.0059
6	ABC.N	0.0206	0.0479	0.0232	0.0380	0.0429	0.0062	0.0103
7	ABT.N	0.0095	0.0087	-0.0192	0.0051	0.0062	0.0239	0.0079
8	ACN.N	0.0162	0.0342	0.0025	0.0059	0.0103	0.0079	0.0153
10	σ	17.5%	36.0%	28.7%	47.2%	20.7%	15.5%	12.4%
11	B10	{=SUM(IF($A2:$A8=B1,SQRT(B2:B8),0))}						
12	H10	{=SUM(IF($A2:$A8=H1,SQRT(H2:H8),0))}						
14	B16	=SLOPE('Ch 8 2'!B24:B38,'Ch 8 2'!$B$24:$B$38)						
15	H16	=SLOPE('Ch 8 2'!H24:H38,'Ch 8 2'!$B$24:$B$38)						
16	β	1.0000	1.8164	0.4825	1.6225	0.6749	0.3106	0.5308
17		0.0306	0.0555	0.0147	0.0496	0.0206	0.0095	0.0162
18			0.1295	0.0268	0.0900	0.0375	0.0172	0.0295
19				0.0822	0.0239	0.0099	0.0046	0.0078
20					0.2230	0.0335	0.0154	0.0263
21						0.0429	0.0064	0.0109
22							0.0239	0.0050
23								0.0153
25	B17:H23 {=IF(ROW()-17>COLUMN()-2,"",IF(A2:A8=B1:H1,B10:H10^2,B10^2*MMULT(TRANSPOSE(B16:H16),B16:H16)))}							
27	%Δ	0.0%	0.0%	0.0%	0.0%	0.0%	0.0%	0.0%
28			0.0%	17.3%	6.5%	21.8%	-97.7%	14.0%
29				0.0%	27.0%	57.2%	123.8%	-213%
30					0.0%	11.9%	-200%	-345%
31						0.0%	-3.0%	-6.0%
32							0.0%	36.1%
33								0.0%
34	B27:H33 {=IF(ROW()-27>COLUMN()-2,"",(B2:H8-B17:H23)/B2:H8)}							

图 9.5　借助市场模型的方差–协方差矩阵

利用市场模型，6 家公司的斜率系数（β）可以用 SLOPE 函数计算，如图 9.5 中第 16 行所示。接下来，单元格 B17:H23 中计算了方差–协方差的上三角矩阵，其中方差仅仅来自单元格 B2:H8 中的对应条目，而协方差通过下式计算：

$$\sigma^2\left(r^i, r^j\right) = \beta^i \beta^j \sigma^2\left(r^m\right),$$

其中，$\sigma^2\left(r^m\right)$ 是市场组合回报率的方差。用于生成该上三角矩阵的自定义数组函数功能十分强大，读者应仔细回顾，它结合了 Excel 中若干优良特性。

单元格 B27:H33 中的下三角函数简单地比较了两个不同的方差-协方差矩阵,即,由回报率数据计算得到的矩阵(单元格 B2:H8)和由市场模型计算得到的矩阵(单元格 B17:H23)。

9.15 事件研究

事件研究(event study)的目的是确定某个"事件"是否对变量(尤其是企业股本的回报率)在统计上有显著影响。[①] 为了评估"事件",我们必须在事件发生前构建模拟数据生成过程的模型。这一重要的时间区间被称为**估计窗口**(estimation window)。事件研究的一个关键假设是:给定原假设,即事件不产生影响,则**事件窗口**(event window)的数据生成过程与估计窗口的一致。因此,所选模型将会为我们提供事件窗口每一期的基准回报,也就是,随着事件展开,变量的期望(和分布)。然而,如果事件窗口的数据生成过程相对于估计窗口发生了变化,那么这种变化将被归因于"事件"。换句话说,原假设被拒绝,这意味着该事件被认为对变量(股票回报率)产生了影响。

逻辑是显而易见的。在估计窗口中,模型被用来捕获兴趣变量的数据生成过程。在事件窗口中,我们将变量的实际发生过程与如果事件发生前的数据生成过程继续进行所产生的期望作比较。如果变量实际值与模型预测值差异较大(较小),那么我们也许可以认为,事件对数据生成过程有(没有)影响,也就是说,该事件对目标变量似乎是重要的(无关紧要的)。

事件研究通常考察宏观经济因素或公司特定活动的影响。因此,事件研究与效率这一主题有关。假设某个事件会影响数据的生成过程,事件研究则能确定受影响的时间段。效率理论(弱式、半强式和强式)对事件影响发生的时间有明确的指向作用。

接下来,我们考虑某一公司特定的事件对其股票回报率的影响,例如,事件可能是业绩公告、合并或收购公告。有多种模型可以描述股票回报率,其中一些依赖于宏观经济变量,另一些依赖于公司特征。对股票回报率建模的常用模型是市场模型。市场模型的假设是股票回报率的唯一驱动因素是市场回报率。[②] 如果我们假设市场模型是正确的,则有

$$r_t^x = \alpha^x + \beta^x r_t^m + \epsilon_t^x, \quad t \in \{-T+1, T+2, ..., -1, 0\}, \tag{9-36}$$

估计窗口为 T 期,自第 $-T+1$ 期至第 0 期。对于上述模型,给定事件窗口中第 t 期已实现的市场回报率,则第 t 期资产 x 的条件期望回报率为

$$\hat{r}_t^x = E[r_t^x | r_t^m] = \alpha^x + \beta^x r_1^t + E[\epsilon_t^x] = \alpha^x + \beta^x r_t^m, \tag{9-37}$$

我们假设事件窗口共有 N 期,对事件窗口中的任意 t,$t \in \{1, 2, ..., N\}$,$E[\epsilon_t^x] = 0$。给定 $E[r_t^x | r_t^m]$,我们只需要比较通过模型得到的这一期望值与随机变量在事件窗口第一期实际发生的值 r_t^x。

[①] 尽管在接下来介绍期权的几章中将会涉及这一内容,但由于它在内容上更接近本章的内容,我们将它放在本章中介绍。

[②] 另一个流行的模型是 Fama-French 三因子模型。

我们的模型中 r_t^x 的分布是什么？我们必须为这个随机变量构造一个置信区间，以确定"事件"是否发生。因此，我们需要，给定自变量实际发生值时，因变量回报率的条件标准误这一估计量。我们可以使用**均方根误差**（root mean square error），记作 $RMSE$，或称**均方根偏差**（root mean square deviation），或称估计量 $r_t^x|r_t^m$ 的**标准误**（standard error）。该标准误能度量模型的拟合度。这是给定自变量（r_t^m）的实际发生值，模型对因变量（r_t^x）的预测误差。它的计算方法是，取实际观察值和模型预测值之间的残差的平方，对其求均值，再开方，即

$$RMSE = \sqrt{\frac{1}{T-2} \sum_{t=-T+1}^{0} (\hat{r}_t^x - r_t^x)^2} \qquad (9\text{-}38)$$

$$= \sqrt{\frac{1}{T-2} \sum_{t=-T+1}^{0} (\alpha^x + \beta^x r_t^m - r_t^x)^2}, \qquad (9\text{-}39)$$

其中，t 期的**残差**（residual）或**预测误差**（prediction error）为 $\hat{r}_t^x - r_t^x = \alpha^x + \beta^x r_t^m - r_t^x$，对估计窗口的所有 t 都成立，$t \in \{-T+1, -T+2, ..., -1, 0\}$。$\alpha^x$ 和 β^x 可由数据计算得到，r_t^x、r_t^m 以及 $RMSE$ 可由数据间接得到，其中①

$$RMSE = \sqrt{\frac{1}{T-2}\left\{\sum_{t=-T+1}^{0}(r_t^x - \overline{r}^x)^2 - \frac{\left[\sum_{t=-T+1}^{0}(r_t^x - \overline{r}^x)(r_t^m - \overline{r}^m)\right]^2}{\sum_{t=-T+1}^{0}(r_t^m - \overline{r}^m)^2}\right\}}, \qquad (9\text{-}40)$$

其中

$$\overline{r}^x = \frac{1}{T}\sum_{t=-T+1}^{0} r_t^x, \quad \overline{r}^m = \frac{1}{T}\sum_{t=-T+1}^{0} r_t^m \qquad (9\text{-}41)$$

得到 $RMSE$ 后，假设估计窗口，即 $t \in \{-T+1, -T+2, ..., -1, 0\}$ 期的数据生成过程在事件窗口仍然继续存在，则事件窗口内每一期的 $r_t^x|r_t^m$ 都可生成置信区间，其中 $t \in$

---

① 由 $\alpha^x = \overline{r}^x - \beta^x \overline{r}^m$，等式 (9-39) 可变形为

$$(T-2)RMSE^2 = \sum(\overline{r}^x - \beta^x \overline{r}^m + \beta^x r_t^m - r_t^x)^2, \quad *$$

其中，为了方便证明，我们省去了累加计算中的 $t, t \in \{-T+1, -T+2, ..., -1, 0\}$。令 $A = \overline{r}^x - r_t^x$，$B = \beta^x \overline{r}^m - \beta^x r_t^m$，则等式 * 右边 $= \sum(A-B)^2 = \sum(A^2 + B^2 - 2AB) = \sum(A^2) + \sum(B^2 - 2AB)$，或

$$= \sum(\overline{r}^x - r_t^x)^2 + \sum\left([\beta^x \overline{r}^m - \beta^x r_t^m]^2 - 2(\overline{r}^x - r_t^x)(\beta^x \overline{r}^m - \beta^x r_t^m)\right)$$

$$= \sum(\overline{r}^x - r_t^x)^2 - \beta^x \sum(\overline{r}^m - r_t^m)[2(\overline{r}^x - r_t^x) - \beta^x(\overline{r}^m - r_t^m)]$$

$$= \sum(\overline{r}^x - r_t^x)^2 - \beta^x \sum(\overline{r}^m - r_t^m)(\overline{r}^x - r_t^x)$$

$$\quad - \beta^x\left\{\sum(\overline{r}^m - r_t^m)(\overline{r}^x - r_t^x) - \beta^x\sum(\overline{r}^m - r_t^m)^2\right\}$$

$$= \sum(\overline{r}^x - r_t^x)^2 - \beta^x \sum(\overline{r}^m - r_t^m)(\overline{r}^x - r_t^x), \quad **$$

其中 $\sum(\overline{r}^m - r_t^m)(\overline{r}^x - r_t^x) - \beta^x \sum(\overline{r}^m - r_t^m)^2 = 0$。后一个等式服从 $\beta^x \sum(\overline{r}^m - r_t^m)^2 = \frac{\sum(r_t^x - \overline{r}^x)(r_t^m - \overline{r}^m)}{\sum(r_t^m - \overline{r}^m)^2}\sum(\overline{r}^m - r_t^m)^2$。最后，将 $\beta^x = \frac{\sum(r_t^x - \overline{r}^x)(r_t^m - \overline{r}^m)}{\sum(r_t^m - \overline{r}^m)^2}$ 代入 ** 得到式 (9-40)。

$\{1,2,...,N\}$。假设 $r_t^x|r_t^m$ 服从正态分布，则 95% **置信区间**（confidence interval）为

$$\boxed{\begin{array}{l} r_t^x|r_t^m \in (E\left[r_t^x|r_t^m\right] - 1.96RMSE, E\left[r_t^x|r_t^m\right] + 1.96RMSE), \\ \text{或}\, r_t^x|r_t^m \in (\alpha^x + \beta^x r_t^m - 1.96RMSE, \alpha^x + \beta^x r_t^m + 1.96RMSE), \end{array}}$$

其中 $t \in \{1,2,...,N\}$。因此，如果

$$r_t^x < \alpha^x + \beta^x r_t^m - 1.96RMSE, \quad \text{或} \quad r_t^x > \alpha^x + \beta^x r_t^m + 1.96RMSE,$$

则事件对股票在 t 期的回报率在统计上有显著的影响。否则，我们无法拒绝事件对股票在 t 期的回报率没有影响的原假设。

同样地，事件窗口每一期的**异常收益率**（abnormal return）、**剩余回报**（residual return）或**超额收益率**（excess return）都可以计算，异常收益率（AR_t^x）的计算方法如下：

$$\boxed{AR_t^x = r_t^x - \hat{r}_t^x = r_t^x - E\left[r_t^x|r_t^m\right] = r_t^x - [\alpha^x + \beta^x r_t^m],} \tag{9-42}$$

$t \in \{1,2,...,N\}$。紧接着，如果 t 期异常收益率的绝对值大于 $1.96\,RMSE$，则事件对 t 期的股票收益率在统计上有显著影响。简言之，该事件对 r_t^x 产生影响，$t \in \{1,2,...,N\}$，如果有

$$\frac{AR_t^x}{RMSE} < -1.96, \quad \text{或} \quad +1.96 < \frac{AR_t^x}{RMSE}, \tag{9-43}$$

则式（9-43）等价于 $\left|\frac{AR_t^x}{RMSE}\right| > 1.96$。

9.16 Excel 函数：事件研究

在 Excel 中，式（9-38）、式（9-40）中的 $RMSE$ 可以通过函数非常简便地得到，该函数为

$$=\text{STEYX}(yArray, xArray),$$

其中"$yArray$"为数据 r_t^x, $t \in \{-T+1, -T+2, ..., -1, 0\}$，"$xArray$"为数据 r_t^m。当然，STEYX 也是函数 LINEST 的参数之一。任何回归中，参数 STEYX 总是显示在 LINEST 函数输出值左起第二列第三行。

9.17 例：业绩公告（事件研究）

在图 9.6 中，我们展示了一份工作表，其中包含 6 家公司及 S&P500 指数的日度连续复利回报率，我们将 S&P500 视作市场投资组合。（K 列至 P 列被隐藏，所以读者只能从图中看到 6 家公司其中 1 家的数据。）日度数据的时间区间为 2016 年至 2017 年。因此，这一时期共有 503 个交易日的数据。第一个日期为单元格 A4 中的 1/4/16，最后一个日期为单元格 A506 中的 12/29/17。

在进行业绩公告事件研究时，我们将使用图 9.6 中所示的日度回报率作为图 9.7 中工作表的输入值。（图 9.6 和图 9.7 是同一张工作边的截图。）在这种情况下，我们考虑业绩公告对公

	A	B	C	D	E	F	G	H	I	J	Q	R	S	T	U	V
1	Source: Yahoo Finance														20	
2		Apple			Agilent T.			Advance AP			Accenture			SP500		
3	t	P_t	d_t	r_t^{cc}	P_t	d_t	r_t^{cc}	P_t	d_t	r_t^{cc}	P_t	d_t	r_t^{cc}	P_t	r_t^{cc}	
4	1/4/16	100.63			39.80	0.115		151.61			96.98			2012.66		
5	1/5/16	98.10		-2.5%	39.66		-0.3%	150.57		-0.7%	97.49		0.5%	2016.71	0.2%	
6	1/6/16	96.18		-2.0%	39.84		0.4%	146.59		-2.7%	97.30		-0.2%	1990.26	-1.3%	
504	12/27/17	169.25		0.0%	67.00		0.1%	99.72		-2.2%	151.98		0.2%	2682.62	0.1%	
505	12/28/17	169.73		0.3%	67.15		0.2%	99.66		-0.1%	152.23		0.2%	2687.54	0.2%	
506	12/29/17	167.90		-1.1%	66.82	0.149	-0.3%	99.64		0.0%	151.75		-0.3%	2673.61	-0.5%	
507																
508	D5 =LN((B5+C5)/B4)				D506 =LN((B506+C506)/B505)											
509	G5 =LN((E5+F5)/E4)				G506 =LN((E506+F506)/E505)											
510																

图 9.6 连续复利回报率

	W	X	Y	Z	AA	AB	AC	AD	AE	AF	AG	AH	AI	AJ	AK	AL	AM
513	Source: Bloomberg																
514	t	NI	E[NI]	%Δ		t=0	t=-T	α	β	σ	$E[r_t]$	LB	UB	r_t	AR_t	t-stat	
515	Apple																
516	2017/1/31	3.36	3.218	4.4%	3	272	20	0.0005	0.8752	1.11%	0.0%	-2.2%	2.1%	-0.2%	-0.2%	-0.18	Met
517	2017/5/2	2.1	2.022	3.9%	3	335	83	0.0015	0.8129	1.00%	0.2%	-1.7%	2.2%	0.6%	0.4%	0.39	Met
518	2017/8/1	1.67	1.572	6.2%	3	398	146	0.0011	0.9807	0.95%	0.3%	-1.5%	2.0%	0.9%	0.5%	0.57	Met
519	2017/11/2	2.07	1.87	10.7%	3	464	212	0.0008	1.1656	0.96%	0.1%	-1.8%	2.0%	0.7%	0.6%	0.65	Met
520	Agilent Technologies																
521	2/14/17	0.505	0.49	3.1%	6	282	30	0.0001	1.4374	0.97%	0.6%	-1.3%	2.5%	-0.3%	-0.8%	-0.87	Met
522	5/22/17	0.516	0.484	6.6%	6	349	97	0.0001	1.4640	0.93%	0.8%	-1.1%	2.6%	-0.1%	-0.9%	-0.92	Met
523	8/15/17	0.366	0.522	-29.9%	6	408	156	0.0003	1.3857	0.99%	0.1%	-2.0%	1.9%	-0.4%	-0.4%	-0.36	Met
524	11/20/17	0.578	0.624	-7.4%	6	476	224	0.0008	1.3173	0.88%	0.2%	-1.5%	2.0%	1.7%	1.4%	1.63	Met
525	Advance Auto Parts																
526	2017/02/21	0.937	1.085	-13.6%	9	286	34	-0.0004	1.0316	1.42%	0.6%	-2.2%	3.4%	-0.3%	-0.9%	-0.60	Met
527	5/24/17	1.5	2.155	-30.4%	9	351	99	-0.0007	0.8887	1.42%	0.2%	-2.6%	2.9%	-5.6%	-5.7%	-4.04	Neg
528	8/15/17	1.534	1.659	-7.5%	9	408	156	-0.0021	0.9886	1.76%	-0.3%	-3.7%	3.2%	-22.7%	-22.5%	-12.77	Neg
529	11/14/17	1.357	1.207	12.4%	9	472	220	-0.0029	0.9385	2.36%	-0.5%	-5.1%	4.1%	15.1%	15.6%	6.62	Pos
530	Amerisource Bergen Corporation																
531	2017/01/31	1.289	1.23	4.8%	12	272	20	-0.0007	0.8438	1.82%	-0.1%	-3.7%	3.4%	4.3%	4.4%	2.43	Pos
532	2017/05/04	1.894	1.679	12.8%	12	337	85	-0.0005	0.8948	1.80%	0.0%	-3.5%	3.5%	4.6%	4.6%	2.53	Pos
533	2017/08/03	1.379	1.374	0.4%	12	400	148	-0.0004	1.0781	1.75%	-0.3%	-3.7%	3.2%	-11.1%	-10.8%	-6.18	Neg
534	2017/11/02	1.187	1.321	-10.1%	12	464	212	-0.0003	1.0147	1.78%	0.0%	-3.5%	3.5%	-4.5%	-4.5%	-2.53	Neg
535	Abbott Laboratories																
536	2017/01/25	0.596	0.646	-7.7%	15	268	16	-0.0006	1.1524	1.23%	0.9%	-1.5%	3.3%	0.0%	-0.9%	-0.70	Met
537	2017/04/19	0.173	0.43	-59.8%	15	326	74	-0.0004	1.2293	1.02%	-0.3%	-2.3%	1.8%	0.4%	0.6%	0.60	Met
538	2017/07/20	0.44	0.605	-27.3%	15	390	138	0.0003	1.0478	0.90%	0.0%	-1.7%	1.8%	2.8%	2.8%	3.14	Pos
539	2017/10/18	0.436	0.653	-33.2%	15	453	201	0.0007	0.9230	0.90%	0.1%	-1.6%	1.9%	1.3%	1.1%	1.27	Met
540	Accenture plc																
541	2017/03/23	1.342	1.299	3.3%	18	308	56	0.0002	1.0383	0.96%	-0.1%	-2.0%	1.8%	-4.6%	-4.5%	-4.75	Neg
542	2017/06/22	1.515	1.522	-0.5%	18	349	119	-0.0002	1.0029	0.94%	-0.1%	-1.9%	1.8%	-4.0%	-4.0%	-4.22	Neg
543	2017/09/28	1.476	1.463	0.9%	18	439	187	0.0003	0.8806	0.92%	0.1%	-1.7%	1.9%	-0.2%	-0.4%	-0.40	Met

544	AA516:AA519 =COLUMN(D:D)-1	AA521:AA524 =COLUMN(G:G)-1	AA526:AA529 =COLUMN(J:J)-1
545	AA531:AA534 =COLUMN(M:M)-1	AA536:AA539 =COLUMN(P:P)-1	AA541:AA543 =COLUMN(S:S)-1
546	AB516 =COUNTIF($A$4:$A$506,"<="&TEXT(W516,"0"))	AB543 =COUNTIF($A$4:$A$506,"<="&TEXT(W543,"0"))	
547	AC516 =AB516-252	AC543 =AB543-252	
548	AD516 =INTERCEPT(OFFSET($A$3,AC516,AA516,252,1),OFFSET($A$3,AC516,$U$1,252,1))		
549	AD543 =INTERCEPT(OFFSET($A$3,AC543,AA543,252,1),OFFSET($A$3,AC543,$U$1,252,1))	AK516 =AJ516-AG516	
550	AE516 =SLOPE(OFFSET($A$3,AC516,AA516,252,1),OFFSET($A$3,AC516,$U$1,252,1))	AK543 =AJ543-AG543	
551	AE543 =SLOPE(OFFSET($A$3,AC543,AA543,252,1),OFFSET($A$3,AC543,$U$1,252,1))	AL516 =AK516/AF516	
552	AF516 =STEYX(OFFSET($A$3,AC516,AA516,252,1),OFFSET($A$3,AC516,$U$1,252,1))	AL543 =AK543/AF543	
553	AF543 =STEYX(OFFSET($A$3,AC543,AA543,252,1),OFFSET($A$3,AC543,$U$1,252,1))		
554	AG516 =AD516+AE516*OFFSET($A$3,AB516,$U$1,1,1)	AG543 =AD543+AE543*OFFSET($A$3,AB543,$U$1,1,1)	
555	AH516 =AG516-1.96*AF516	AH543 =AG543-1.96*AF543	AI516 =AG516+1.96*AF516
556	AI543 =AG543+1.96*AF543	AJ516 =OFFSET($A$3,AB516,AA516,1,1)	
557	AJ543 =OFFSET($A$3,AB543,AA543,1,1)	AM516 =IF(AL516>1.96,"Pos",IF(AL516<-1.96,"Neg","Met"))	
558	AM543 =IF(AL543>1.96,"Pos",IF(AL543<-1.96,"Neg","Met"))		

图 9.7 业绩公告的事件研究

司股价的影响。对于每个公司，我们都在第 W 列显示了公告日期。为了识别潜在事件，我们考虑了业绩的意外情况，也就是说，宣布的 NI（X 列）和分析师事前预测的均值 $E[NI]$（Y 列）的差异。

由于在 OFFSET 函数中使用的参考单元格为 A3，我们利用 AA 列计算对应公司回报率数据在 A 列右侧第几列。（单元格 A4 中为股价、股利数据表中的第一个日期。）接下来，AB 列是基于交易日期给出的公告日期，以 2016 年 4 月 1 日为第一天。紧接着，我们需要为每家公司的股票在对应公告日期建立预期回报率的模型。使用市场模型，我们对 252 天的回报率数据求回归，我们希望在公告发布前一天结束估计窗口。因此，AC 列列出了每项公告估计窗口的第一天，我们同样将 2016 年 4 月 1 日视作第一天。

借助 AA、AB、AC 列中计算得到的信息，我们使用 INTERCEPT 和 SLOPE 函数（如 AD 列、AE 列所示），对 23 个业绩公告分别对应的估计窗口构建市场模型。对于这 23 个市场模型，AF 列使用 STEYX 函数，计算了对应的均方根误差 $RMSE$，记作 σ_t^i。请注意 INTERCEPT、SLOPE、STEYX 函数中 OFFSET 函数的使用。

在 AG 列中，每家公司 i 于每个公告发布日期的期望回报率满足 $E[r_t^i | r_t^m, \alpha_t^i, \beta_t^i] = \alpha_t^i + \beta_t^i r_t^m$。① AJ 列得到公告日的回报率，AK 列得到对应的超额回报率 $AR_t^i = r_t^i - E[r_t^i | r_t^m, \alpha_t^i, \beta_t^i]$。AL 列计算了相关的 t 统计量 $\frac{AR_t^i}{\sigma_t^i}$。最后，AM 列运用嵌套 IF 语句检验业绩公告为积极事件（即 t 统计量 $\geqslant 1.96$）、消极事件（即 t 统计量 $\leqslant -1.96$）或无影响事件（即 $-1.96 < t$ 统计量 < 1.96）。

---

① AH 列、AI 列计算了以 95% 为置信区间、公告期预期回报率的上下限。

第三部分

期　权

在第三部分中,我们介绍了如何用 Excel 进行关于期权、包含期权的资产组合以及复制上述两种资产的相关计算。相关理念是金融工程领域中十分典型的理念。

在第 10 章的前半部分,我们不仅研究了期权,而且研究了包含期权的资产组合在到期日的回报和收益。在对期权进行基础介绍后,我们计算了看涨期款和看跌期权的多头和空头的回报,并作图。我们也对保护性卖权、持保看涨期权、跨式期权和领子期权进行了相同的计算和作图。接着我们介绍了领子期权的一种特殊情况——买权卖权等价关系。在考虑期权价格和相关费用的情况下,我们对上述资产的收益进行了计算并作图。

第 10 章的后半部分主要研究了期权的价格。我们首先用强大的无套利概念给出了期权成本的边界。在对期权的价值进行分解后,我们回顾了布莱克–斯科尔斯–默顿(BSM)模型,并用比较静态分析的方法分析了输入参数对期权价值的影响。

在第 11 章中,我们对 BSM 模型进行了若干应用。除了用 BSM 模型对期权的收益作图,为了计算期权的隐含波动率,我们借助了 Excel 规划求解的功能。我们研究了如何对一个结构性的产品进行定价,主要的方法是把结构性产品分解成等价的一篮子股票、债券和期权。我们研究了如何对类似"退款保证"的资产组合进行定价。此外,我们还设计了一个看跌期权,使得其在包含基础资产的情况下,能够保证组合价值的最小收益率。

第 12 章和 13 章都介绍了如何用债券和基础风险资产去复制期权或者包含期权的资产组合的现金流。这种复制在基于基础资产的期权不可得时是十分必要的。第 12 章展示了一个一般性的复制过程。第 13 章介绍了一个特殊的方法,这个方法只有在复制组合时都是买入基础资产和债券的情况下可用。两章都复制了领子期权和保护性卖权。第 12 章还复制了看涨期权。

第 14 章介绍了二叉树期权定价模型。我们对美式看涨和看跌期权进行了定价。美式期权相对于欧式期权增加了灵活性。我们的 Excel 模型可以算出允许提早行权带来的价值增量。这一模型还给出了提早行权概率的时间序列函数。最终,我们回顾了蒙特卡罗分析,这一方法将在接下来的章节广泛使用。

在第 15 章中,我们首先利用蒙特卡罗模拟,在假定基础风险资产的未来价格途径符合对数正态分布的情况下,建立了一个退休模型。接着,在融合二叉树模型和蒙特卡罗模拟的基础上,我们对路径依赖型期权进行定价。最后,我们研究了作为重要的资本预算方法的实物期权。我们通过看涨期权分析研究了资产扩张的可能性,通过看跌期权分析研究了资产废止的决定。

第 10 章 期权回报与收益

在这一章，我们首先回顾了到期日的期权回报，以及包含期权的资产组合的回报。在给出期权的基础概念后，我们对看涨和看跌期权的多头和空头进行了计算并作图。接着，我们对含有期权的资产组合（包括那些同样拥有标的资产和期权的资产组合）进行了同样的操作。从领子期权开始，我们证明了买权卖权等价关系是领子期权的一个特殊的情况。从回报函数中减去最初的成本就得到了期权的收益，它是风险标的资产最终价格的函数。

接着，我们将注意力转到期权本身的花费，即期权费。我们给出了欧式看跌期权费 (p_0) 和看涨期权费 (c_0) 的上边界。在所有情况下，标的资产都可以被认为是一份支付"固定"连续复利股利的股票的指数。之后，我们同样给出了 p_0 和 c_0 的下边界。这些过程都帮助我们进一步了解了重要的无套利理念。

之后，我们分别对不同情况建立了具有非负回报的投资组合。这样的投资组合必须具有非负成本，否则将存在套利机会。对于看跌期权的下（上）界，我们建立了一个多头（空头）的看跌期权位置。如果这样的投资组合在到期时作为标的资产的价值的函数是非负的，那么它的成本也必须是非负的，从而给出了看跌期权费下限（上限）。可以对看涨期权进行类似的陈述。

在定义一个期权的内在价值之后，我们直接用 BSM 模型来计算期权价值。接下来，我们通过买权卖权等价来说明相应的看涨期权和看跌期权费，即具有相同基础资产、执行价格和到期日看涨、看跌期权，的关系。最后，通过比较静态分析，我们探讨了相关参数对期权费的影响。

10.1 期 权 基 础

顾名思义，**期权**是一种为其所有者提供了在两种方案间进行选择的权利的证券。[①] 第一种方案是期权合约中明确规定的交易，第二种方案是期权所有者从第一种方案"走开"，即取消交易。因此，所有者并非必须接受合约定义的第一个方案，他有权选择第二种方案使合约无效。如果所有者选择第二种方案，即不行权，那么这个期权被称作**到期作废**。

因此期权的所有者，即买方，和卖方相比，更加有利，后者需要卖出期权，处于空头的位置。卖方必须接受所有者在两种方案中做出的任一选择，因此处于不利的地位。所以，在 $t=0$，合约交易的时候，买方需要向卖方支付期权费，即期权的价格，来适当地补偿卖方相对不利的地位。

期权合约详细地介绍了第一种方案，即未来交易的实现。包含的内容有交换的标的资产及对应的价格，即行权价格。合约还规定了交易可能发生的最终的日期，即到期日。欧式期权只允许所有者在到期日而不能在之前行权。与之不同，美式期权不只允许在到期日，也允

[①] 对于期权的简单介绍，读者可以在前文找到。

许在到期之前行权。

看涨期权给予买方向卖方支付行权价购买标的资产的权利。如果行权，卖方被称作交付标的资产，期权所有者被叫做接收资产。

和看涨期权相反，看跌期权给予买方向卖方卖出（或交付）标的资产的权利，卖方向买方支付行权价。其中，"买方/所有者"和"卖方"指的是一开始的合约交易的买卖方，而不是接下来在到期日如果行权进行交易的买卖方。对于看涨期权来说，可能不容易混淆，因为期权的买方随后也会在到期日买入（接收）标的资产。然而，对于看跌期权，学生有时会混淆，此时，如果行权，合约的买方随后会卖出（交付）标的资产。

10.2 单个期权在到期日的回报和收益

在接下来，我们将回顾一些期权的回报，这些期权包括看涨和看跌期权，以及多头（资产）和空头（债务）。

10.2.1 买入看涨期权在到期日的回报与收益

让我们从买入一个看涨期权的回报开始。虽然行权价（K）在看涨期权合约中已经被规定，但标的资产的未来价值并不确定。让我们假设有一个在日期 $t=T$ 到期的欧式期权，其标的资产是在日期 t 的价值为 S_t 的 1 股公司股票，$t \in [0,T]$。[1]如果行权，净回报就等于到期日获得的股票价值（S_T），减支付的行权价（K）。[2]如果不行权，就没有交易发生，很明显地，回报为 0。所以，由于追求财富最大化，所有者将在两个回报间选择：如果行权为 $S_T - K$，如果不行权为 0。所以买入一个看涨期权的回报是 $\max(0, S_T - K)$，是非负的：不是 0 就是大于 0。最后，所有者的决策规则也十分明显，如果 $S_T - K > 0$ 就行权，反之则不行权。

和之前的概念一致，三个定义被用于描述看涨期权在其存续期的任意时间 $t \in [0,T]$ 的状态。

$$
\begin{aligned}
S_t < K &\quad : \quad \text{看涨期权是\textbf{价外期权}；} \\
S_t = K &\quad : \quad \text{看涨期权是\textbf{平价期权}；} \\
S_t > K &\quad : \quad \text{看涨期权是\textbf{价内期权}。}
\end{aligned}
\tag{10-1}
$$

所以在到期日（$t=T$），如果看涨期权是价内期权，买方行权；否则，所有者会选择让它到期作废。

---

[1] 在现实中，如果标的资产是公司股票，那么股数应该是 100，而不是 1。我们在这用 1 股股票是为了方便说明。所以在我们稍后关于回报与收益的图中的非零斜率不是 1 就是 −1。在现实中，非零斜率实际上不是 100 就是 −100。

[2] 关于标的资产，这 1 股股票是已经存在的，公司并不为满足看涨期权合约而新发行 1 股股票。事实上，合约和行权对公司没有直接影响。合约只是买方与卖方之间的协议。我们让期权变成了"零和游戏"，这稍后会讨论。与之不同，认股权证（warrant）是一种需要公司在行权时发行新股的看涨期权，这不在本书的讨论范围内。

另外，卖方在看涨期权到期日行权时没有股票并不是问题。因为卖方可以从市场上以 S_T 的价格买入，然后将它以行权价 K 交付给拥有者。

因为买方在 $t=0$ 必须支付看涨期权费 c_0 给卖方，所以其收益 π^c 等于其回报减费用。[1]总结起来，可以得到如下不等式：

$$\begin{array}{l}\text{回报}: c_T = \max(0, S_T - K) \geqslant 0, \\ \text{收益}: \pi^c = c_T - c_0 \geqslant -c_0\end{array} \tag{10-2}$$

多头能实现的最小的"收益"是看涨期权费的损失，$-c_0 < 0$，这是期权到期作废的收益。否则，如果行权，收益就要大于 $-c_0$。实际上，收益潜力是无限的，只要给定期权为价内期权，其回报就随着到期日股价而同等地上升。

图 10.1 展示了作为到期日股价 S_T 的函数的，买入看涨期权的回报 $(c_T(S_T))$，以及收益 $(\pi^c(S_T))$。[2]在图 10.1 中，看涨期权费是 $c_0 = 3.53$ 美元，所以 $c_T - \pi^c = 3.53$ 美元，$\forall S_T$。行权价 $K = 40$ 美元是其中的折点。[3]所以对于 $S_T < 40$ 美元，$S_T - K < 0$，期权到期作废，留给所有者的回报是 0，因为初始的费用支付，收益是 -3.53 美元 < 0。相反地，对于 $S_T > 40$ 美元，$S_T - K > 0$，期权行权，正的回报为 $S_T - K = S_T - 40$。虽然回报为正，收益仍然为负，因为 $S_T < K + c_0 = 40 + 3.53 = 43.53$ 美元。所以对于 $S_T \in (40\text{美元}, 43.53\text{美元})$，收益为负。最后，对于 $S_T > K + c_0 = 43.53$ 美元，回报与收益皆为正。

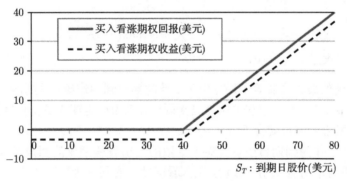

图 10.1　买入看涨期权的回报与收益

回报与收益的 45 度转折点是所有者"为什么付钱"，即他买入期权的原因。如果无论到期日股价为何，他都必须履行交易，那么当到期日股价持续下降到行权价之下后，他的回报函数也会继续降低。换句话说，在价外期权的例子中，到期日股价每降低 1 美元，回报也会同等地下降 1 美元。[4]而所有者将在到期日股价小于行权价时，行使让期权到期作废的权利，即看涨期权在到期日为价外时，所有者的回报变为 0。

---

[1] 我们用小写字母 c 和 p 指代欧式看涨期权与看跌期权，用大写字母 C 和 P 指代美式看涨期权与看跌期权。

[2] 因为 $S_0 = 40$ 美元，$K = 40$ 美元，$r^f = 4\%$，$T = 0.5$ 年，$\sigma = 30\%$ 以及 $k = 2\%$，根据稍后会介绍的 BSM 模型，得到 $c_0 = 3.53$ 美元，$p_0 = 3.14$ 美元。

[3] 在现实中，标的资产是 100 股，所以实际的费用是 $100c_0$，即 353 美元，基于所报的每份期权费用 3.53 美元。

[4] 这种美元兑美元的回报对应着**远期**合约的回报，买入（卖空）在每处的斜率都是 $+1$（-1）。另外，当 $S_T = P^f$ 时，远期的回报是 0，远期的价格 P^f 对应着期权的行权价 K。然而，买入（卖空）的回报是 $S_T - P^f$（$P^f - S_T$），即无论买入还是卖空，投资者都没有选择的权利，而只有义务。除此之外的远期的知识不在本书的范围以内。也就是说，期权和对应的远期（即，有着相同的到期期限、标的资产，并且远期价格等于期权行权价，即 $P^f = K$ 的远期）的回报之间的差代表着期权合约相对于远期合约的价值的增量，即其溢价。具体地来说，溢价就是期权由于可以到期作废所增加的价值的直接衡量指标。

10.2.2 卖出看涨期权在到期日的回报与收益

现在让我们考虑卖出看涨期权的回报与收益函数。如果买方/拥有者不行权，卖方的回报为 0。然而，如果买方在到期日 T 行权，卖方就必须交付 1 股价值为 S_T 的股票，作为回报，他将从买方获得 K。所以，他的回报是 $K-S_T$。在之前，我们论证到只有当 $S_T-K>0$ 时，买方才会行权。所以，如果行权，卖方将承受一个负的回报，$K-S_T<0$。所以卖出看涨期权的回报是非正的：不是 0 就是小于 0。将这两种情景结合起来，因为 $\min(0,a)=-\max(0,-a)$，所以卖出看涨期权的回报等于 $\min(0,K-S_T)=-\max(0,S_T-K)$。从之前可知，买入看涨期权的回报是 $c_T=\max(0,S_T-K)$。所以，卖出看涨期权的回报 $-\max(0,S_T-K)$，只是买入看涨期权回报的相反数。所以我们将卖出看涨期权的回报记为 $-c_T\leqslant 0$。

上述结论是关于期权的重要概念。因为期权只是双方（买方和卖方）之间的"下注"，所以它意味着一种零和游戏。简言之，买入者在到期日所"收益"的，就是卖出者所"失去"的。当期权到期作废时，收益与损失皆为 0；不然的话，买方的正回报就正好等于卖方负回报的绝对值。① 所以买入者与卖出者的回报的和总是等于 0。类似地，他们的收益之和也等于 0。

因为卖方在日期 $t=0$ 从买方获得看涨期权费 c_0，所以卖方的收益等于 c_0-c_T，是买入者收益的相反数。所以我们用 $-\pi^c$ 来指代它。我们再次看到买方和卖方之间的零和游戏的概念。总结起来有

$$\text{回报}: -c_T = \min(0, K-S_T) = -\max(0, S_T-K) \leqslant 0,$$
$$\text{收益}: -\pi^c = c_0 - c_T \leqslant c_0 \text{。} \tag{10-3}$$

卖出能够实现的最大收益等于期权费 c_0，此时期权到期作废。否则，买方行权，卖方的收益将会减少。事实上，潜在损失的幅度是无限的，因为给定期权是价内期权，到期日股价每上升 1 美元，卖方的回报就会下降 1 美元。

图 10.2 展示了作为到期日股价（S_T）函数的卖出看涨期权的回报（$-c_T(S_T)$）和收益（$-\pi^c(S_T)$）。虽然对于所有到期日股价，买入看涨期权的回报函数要比收益函数高 c_0，但是卖出看涨期权的回报函数要比收益函数低 c_0。

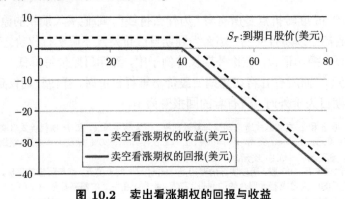

图 10.2　卖出看涨期权的回报与收益

---

① 另一个零和游戏的例子是朋友间的扑克牌游戏。在游戏结束时，一些玩家会赢，一些会输。但游戏开始时进入这个房间的总金额正好等于游戏结束后离开这个房间的金额。没有更多的经济净财富被创造出来，而只是现存财富在玩家之间的转移。

我们之前指出过，期权是零和游戏。所以，图 10.2 中的卖出的回报（收益）函数可以通过以 x 轴为对称轴，翻转图 10.1 中的买入的回报（收益）函数得到。另外，对于所有的到期日股价 S_T，将图 10.1 和图 10.2 中的两个回报（收益）函数相加，将会得到 0。

10.2.3 买入看跌期权在到期日的回报与收益

现在让我们考虑买入一个标的资产为 1 股股票、到期日为 $t=T$ 的欧式看跌期权。如果行权，买方的净回报等于他获得的行权价（K），减去他在到期日必须交付的股票的价值（S_T）。否则，没有交易发生，买方的回报为 0。因为买方/拥有者寻求最大化财富，因此他会选择两个回报中的较高值：如果行权时的 $K-S_T$，如果不行权时的 0。所以买入看跌期权的回报是 $\max(0, K-S_T)$。和看涨期权相似，买入看跌期权的回报是非负的。最后，所有者的选择规则十分明显。如果 $K-S_T>0$，行权；否则不行权。

和之前的概念一致，三个定义被用来描述看跌期权在存续期内任意时间（$t \in [0,T]$）的状态。

$$
\begin{aligned}
S_t < K \ &: \ \text{看跌期权是\textbf{价内期权}}; \\
S_t = K \ &: \ \text{看跌期权是\textbf{平价期权}}; \\
S_t > K \ &: \ \text{看跌期权是\textbf{价外期权}}。
\end{aligned}
\tag{10-4}
$$

所以在到期日 $t=T$，如果期权是价内期权，买方行权；否则，期权到期作废。这也适用于看涨期权。然而，看跌期权的关于价内和价外的定义和看涨期权的相反。

因为买方在合约交易的日期 $t=0$，必须向卖方支付看跌期权费（p_0），所以买方的收益（π^p），等于他的回报减费用。总结起来有：

$$
\boxed{\begin{aligned}
\text{回报} &: p_T = \max(0, K-S_T) \geqslant 0, \\
\text{收益} &: \pi^p = p_T - p_0 \geqslant -p_0。
\end{aligned}}
\tag{10-5}
$$

买入可以实现的最小的"收益"是看跌期权费的损失：$-p_0 < 0$，此时期权到期作废。否则，买方行使看跌期权会带来高于 $-p_0$ 的收益。其最大的回报（收益）不高于 K（$K-p_0$），对应着 $S_T=0$。[①]

图 10.3 展示了作为到期日股价（S_T）函数的买入看跌期权的回报（$p_T(S_T)$）和收益（$\pi^p(S_T)$）。看跌期权费是 3.14 美元，所以 $p_T - \pi^p = 3.14$ 美元，$\forall S_T$。行权价是折点，为 $K=40$ 美元。所以当 $S_T > 40$ 美元时，$K-S_T < 0$ 意味着期权到期作废，给所有者留下的回报是 0。因为在他购买看跌期权时支付的费用，他的收益是 -3.14 美元 < 0。相反地，当 $S_T < 40$ 美元时，$K-S_T > 0$，期权将行权，带来正回报。虽然回报为正，收益仍然为负，$S_T > K-p_0 = 40-3.14 = 36.86$ 美元。所以对于 $S_T \in (36.86 \text{美元}, 40 \text{美元})$，收益为负，虽然回报为正。最后，当 $S_T < K-p_0 = 36.86$ 美元时，回报与收益皆为正。

[①] 这和买入看涨期权的回报与收益不同，后者是潜在无限的。

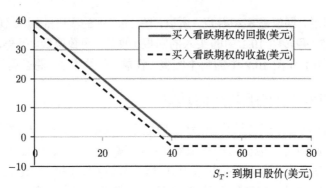

图 10.3 买入看跌期权的回报与收益

我们再一次观察买方在回报与收益函数的 45 度转折点处获得的值。如果无论到期日股价为何，看跌期权的买方在到期日都必须执行交易，他的回报将会随着到期日股价高于行权价并持续上升时，即看跌期权在价外行权时，而以 -1 的斜率持续向下。对于所有高于行权价的到期日股价，他可以让期权到期作废的权利会将其回报改为 0。

10.2.4 卖出看跌期权在到期日的回报与收益

现在让我们考虑卖出看跌期权的回报与收益。如果买方不行权，卖方的回报为 0。然而，如果买方在到期日 T 行权，那么买方向卖方交付价格为 S_T 的 1 股股票，卖方为此必须向买方支付 K。所以，如果行权，卖出看跌期权的回报是 $S_T - K$。在之前，我们说明所有者只有在 $K - S_T > 0$ 时行权。所以，如果行权，卖出看跌期权会承受负的回报 $S_T - K < 0$。所以卖空看跌期权的回报等于 $\min(0, S_T - K) = -\max(0, K - S_T)$。和卖空看涨期权一样，卖空看跌期权的回报是非正的。

因为买入看跌期权的回报是 $p_T = \max(0, K - S_T)$，所以卖空看跌期权的回报 $-\max(0, K - S_T)$ 是买入看跌期权回报相反数。所以我们用 $-p_T$ 来指代卖空看跌期权的回报。我们再一次看到，期权代表着一种零和游戏。简言之，买入者在到期日"收获"的，就是卖出者"失去"的，如果期权到期作废，损益皆为 0；不然，买方的正回报恰好等于卖方负回报的绝对值。

因为在期权交易日 $t = 0$，卖方从买方获得看跌期权费（p_0），所以他的收益等于 $p_0 - p_T$，是买入者收益的相反数。所以我们用 $-\pi^p$ 来指代它。我们再次看到所有者与卖方之间的零和游戏。总结起来有

$$\begin{aligned} \text{回报}: -p_T &= \min(0, S_T - K) = -\max(0, K - S_T) \leqslant 0, \\ \text{收益}: -\pi^p &= p_0 - p_T \leqslant p_0 \text{。} \end{aligned} \quad (10\text{-}6)$$

卖出所能够实现的最大的收益等于看跌期权费（p_0），此时期权到期作废。不然，买方行使看跌期权，卖方的收益要小于 p_0 且可能为负。然而，和卖空看涨期权的无限潜在损失相反，卖空看跌期权的潜在损失的幅度不高于 $K - p_0$。

图 10.4 展示了作为到期日股价 S_T 的函数的卖出看跌期权的回报（$-p_T(S_T)$）与收益（$-\pi^p(S_T)$）。对于所有到期日股价，与买入看跌期权的回报函数收益函数高于 p_0 不同，卖出看跌期权的回报函数收益函数低于 p_0。

我们之前注意到期权是零和游戏。所以，图 10.4 中，卖出看跌期权的回报（收益）函数可以通过将图 10.3 中的买入看跌期权的回报（收益）函数绕 x 轴翻转得到。而且，对于所有到期日股价（S_T），将图 10.3 和图 10.4 中的两个回报（收益）函数相加会得到 0。

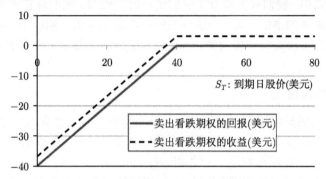

图 10.4 卖出看跌期权的回报与收益

我们已经看到看涨期权和看跌期权的回报与收益都可以通过式 (10-2)、式 (10-3)、式 (10-5)、式 (10-6) 和图 10.1、图 10.2、图 10.3、图 10.4 描述。而期权的回报与收益也可以通过表格形式描述，如表 10.1 所示。看涨期权（看跌期权）费被设为 $c_0 = 3.53$ 美元（$p_0 = 3.14$ 美元）。看涨期权与看跌期权的行权价都为 $K = 40$ 美元。①

表 10.1 看涨期权与看跌期权的回报与收益　　　　　　　　　　　　　单位：美元

价格 S_T	欧式看涨期权				欧式看跌期权			
	买入		卖出		买入		卖出	
	回报 c_T	收益 π^c	回报 $-c_T$	收益 $-\pi^c$	回报 p_T	收益 π^p	回报 $-p_T$	收益 $-\pi^p$
0	0	−3.53	0	3.53	40	36.86	−40	−36.86
5	0	−3.53	0	3.53	35	31.86	−35	−31.86
10	0	−3.53	0	3.53	30	26.86	−30	−26.86
15	0	−3.53	0	3.53	25	21.86	−25	−21.86
20	0	−3.53	0	3.53	20	16.86	−20	−16.86
25	0	−3.53	0	3.53	15	11.86	−15	−11.86
30	0	−3.53	0	3.53	10	6.86	−10	−6.86
35	0	−3.53	0	3.53	5	1.86	−5	−1.86
40	0	−3.53	0	3.53	0	−3.14	0	3.14
45	5	1.47	−5	−1.47	0	−3.14	0	3.14
50	10	6.47	−10	−6.47	0	−3.14	0	3.14
55	15	11.47	−15	−11.47	0	−3.14	0	3.14
60	20	16.47	−20	−16.47	0	−3.14	0	3.14
65	25	21.47	−25	−21.47	0	−3.14	0	3.14
70	30	26.47	−30	−26.47	0	−3.14	0	3.14
75	35	31.47	−35	−31.47	0	−3.14	0	3.14
80	40	36.47	−40	−36.47	0	−3.14	0	3.14

① 我们通常会用图表和/或数学表达式来展示回报与收益。

10.3 包含期权的资产组合在到期日的回报和收益

在对期权的探索中,我们首先检查了它们到期时的收益。我们现在对包含期权和其他证券的投资组合也做同样的事情。从一个这样的投资组合——领子期权中,我们得出了重要的关于四种不同证券的买权卖权等价关系。这种关系的发展是基于无套利理论,这是资本市场运作良好的基石。

10.3.1 欧式保护性卖权

我们从一个**欧式保护性卖权**(protective put)开始,它包含买入一个看跌期权和买入 1 股对应着标的资产的股票。[1] 在到期日股票的回报等于 S_T,看跌期权的回报等于 $p_T = \max(0, K - S_T)$。所以,总回报就是二者之和,$S_T + \max(0, K - S_T) = \max(S_T + 0, S_T + K - S_T) = \max(S_T, K)$。注意最小的可能回报是 K。这解释了资产组合名字中"保护性"这个词的含义。和 1 股单独的股票的回报(即只包含一股股票,不含看跌期权)相比,单独的股票最小的可能回报是 0,加上一个看跌期权给回报带来了下界,$K > 0$。因为这个原因,看跌期权有时也被称为**保险**。

一般来说,当投资者购买保险时,他相当于买入一个看跌期权。举个例子,汽车保险是一种看跌期权,期权费预先支付,到期日是当保险失效日期,标的资产是汽车,行权价是保险公司为交换汽车支付的数额。一般而言,只要汽车没被损毁,这个美式看跌期权就是价外期权,不会被行权;汽车的所有者理性地选择不将完好的价值高于保险公司支付的行权价的汽车交付出去。然而,如果汽车损毁严重,它的价值就会下降到保险公司支付的行权价之下。如果这样,这个保险(即美式看跌期权)会成为价内期权,会被行权,即买方(汽车所有者)将损毁的汽车交付给卖方(保险公司),以获得行权价。所以将看跌期权(保险)和标的资产(汽车)结合起来,最小的回报是 K(保险公司为汽车支付的数额),为拥有标的资产提供了保险。

关于欧式保护性卖权,记为 pp,设置成本为 pp_0,即投资者必须支付的成本是 $pp_0 = S_0 e^{-kT} + p_0$。其中,在布莱克–斯科尔斯–默顿模型中,k 是基础资产为股指基金的情况下,假设的连续复利的股息支付率。[2] 所以有

回报:$pp_T = \max(S_T, K) \geqslant K$,

收益:$\pi^{pp} = \max(S_T, K) - pp_0 = \max(S_T, K) - (S_0 + p_0)$。

图 10.5 展示了作为到期日股价 S_T 函数的欧式保护性卖权的回报 ($pp_T(S_T)$) 和收益 ($\pi^{pp}(S_T)$)。在图 10.5 中,我们假设看跌期权费是 3.14 美元,行权价是 $K = 40$ 美元。除此之外,我们假设 $k = 0$,并且初始股价是 $S_0 = 40$ 美元,所以看跌期权以平价状态发行。回报与收益之差是 $S_0 e^{-kT} + p_0 = 43.14$ 美元,$\forall S_T$。这两个函数的折点都是在行权价上,即 $S_T = K = 40$ 美元。

---

[1] 我们继续假设标的资产是 1 股股票。在现实中,对于 100 股的标的资产,一个欧式保护性卖权包括一个看跌期权和 100 股股票。

[2] 由于保护性卖权中包含 1 单位到期日为 T 的基础资产,那么其需要在 0 时刻拥有 e^{-kT} 单位的股票,在假设股利被再投资于该基础资产的情况下,有 $e^{-kT} e^{kT} = 1$。

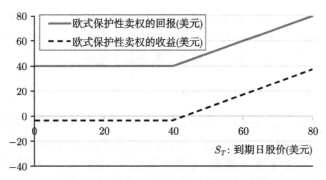

图 10.5 欧式保护性卖权的回报与收益

10.3.2 持保看涨期权

1 个**持保看涨期权**(covered call)，记为 cc，包含卖空 1 个看涨期权和买入 1 股为看涨期权标的资产的股票。[①] 到期日股票的回报就是 S_T，卖出看涨期权的回报是 $-c_T = -\max(0, S_T - K) = \min(0, K - S_T)$。所以，持保看涨期权的回报是二者之和，即 $cc_T = S_T - c_T = S_T + \min(0, K - S_T) = \min(S_T + 0, S_T + K - S_T) = \min(S_T, K)$。所以欧式保护性卖权的回报是 $pp_T = \max(S_T, K)$，持保看涨期权的回报是 $cc_T = \min(S_T, K)$。

关于资产组合的设置成本，投资者为股票支付 $S_0 e^{-kT}$，而因为卖出看涨期权获得 c_0。所以有

$$回报: cc_T = \min(S_T, K) \leqslant K,$$
$$收益: \pi^{cc} = \min(S_T, K) - (S_0 - c_0) \leqslant K - (S_0 e^{-kT} - c_0)。$$

图 10.6 展示了作为到期日股价 S_T 函数的持保看涨期权的回报（$cc_T(S_T)$）与收益（$\pi^{cc}(S_T)$）。在图中我们假设看涨期权费是 3.53 美元，行权价是 $K = 40$ 美元。除此之外，我们假设初始股票价格为 $S_0 = 40$ 美元，因此看涨期权以平价状态发行。所以回报与收益之差是 $S_0 - c_0 = 40 - 3.53 = 36.47$ 美元，$\forall S_T$。两个函数的折点都处于行权价，即 $K = 40$ 美元。

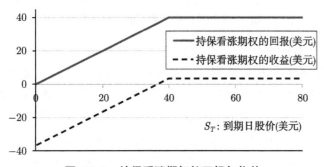

图 10.6 持保看涨期权的回报与收益

为什么投资者要构建一个持保看涨期权呢？投资者通常最初只拥有股票。如果他相信股票价格在最近不会上涨，他可以卖出看涨期权，收到看涨期权费，来补充他当下的收入。然

[①] 我们继续假设标的资产是 1 股股票。在现实中，对于 100 股的标的资产，一个持保看涨期权包括卖空一个看涨期权和买入 100 股股票。

而，通过检查图 10.6 可见，卖出看涨期权的潜在损失是很明显的。如果股价迅速上涨，因为投资者卖出了看涨期权，他将不会因买入股票获得收益。简言之，投资者构建持保看涨期权，以通过期权费获得当下的收入，并为此牺牲了股票的上涨潜力。[①]

10.3.3 多头跨式期权

多头跨式期权（long straddle），变量记为 ls，包含买入一个看涨期权和买入一个看跌期权，二者有相同的行权价、相同的到期日和标的资产。到期日时 $c_T = \max(0, S_T - K)$ ($p_T = \max(0, K - S_T)$) 表示买入看涨（看跌）期权的回报。所以，组合的回报是二者之和。关于资产组合的设置成本，投资者为了买入看涨和看跌期权需要支付 $c_0 + p_0$。所以有

$$\text{回报}: ls_T = \max(0, S_T - K) + \max(0, K - S_T) \geqslant 0, \tag{10-7}$$
$$\text{收益}: \pi^{ls} = ls_T - (c_0 + p_0) \geqslant -(c_0 + p_0)。$$

图 10.7 展示了多头跨式期权的一个例子，它展示了作为到期日股价 S_T 函数的多头跨式期权的回报 ($ls_T(S_T)$) 和收益 ($\pi^{ls}(S_T)$)。在图中，行权价均等于 40 美元。另外，$c_0 = 3.53$ 美元，$p_0 = 3.14$ 美元。所以回报与收益的差值是 $p_0 + c_0 = 3.53 + 3.14 = 6.67$ 美元，$\forall S_T$。两个函数的折点均在行权价处，$K = 40$ 美元。

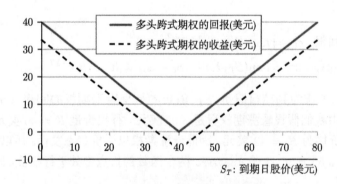

图 10.7　多头跨式期权的回报与收益

为什么投资者要构建一个多头跨式期权呢？观察图 10.7，我们可以得到一个显而易见的结论：当到期日股价与行权价之间的差距较大时，资产组合的收益为正。举个例子，假设一家公司在一个 60 天内发行的单一产品上赌博。如果成功，股价会涨至 100 美元；如果失败，价格会跌至 10 美元。市场整体认为每个结果都是同样可能的。所以当前的股价是 $\dfrac{100+10}{2} e^{-12\%(60/365)} = 53.93$ 美元，假设 $r^E = 12\%$，并使用连续复利的 APr。所以在 60 天内，在其他条件相同时，价格要么是 10 美元要么是 100 美元。将公司股票作为标的资产的多头跨式期权在这样的情况下将十分理想。[②]

[①] 和持保看涨期权不同，"裸"看涨期权仅卖空一个看涨期权，即不买入标的资产。

[②] 另一个例子，考虑一家公司被起诉，判决决定被预期很快将作出。如果潜在的赔偿金是巨额的，公司赢得和输掉官司之后的股价差别将是巨大的。虽然法律诉讼的结果仍不确定，但通过股价向上或向下的极端移动，多头跨式期权的投资者都可以获利。

10.3.4 空头跨式期权

空头跨式期权(short straddle),变量记为 ss,包含卖出一个看涨期权和卖出一个看跌期权,二者有相同的行权价、相同的到期日和标的资产。到期日时卖出看涨(看跌)期权的回报是 $-c_T = \min(0, K - S_T)$ $(-p_T = \min(0, S_T - K))$。所以,组合的回报是二者之和。关于资产组合的设置成本,投资者卖出看涨和看跌期权可获得 $c_0 + p_0$。所以有

$$\text{回报}: -ss_T = \min(0, S_T - K) + \min(0, K - S_T) \leqslant 0,$$
$$\text{收益}: -\pi^{ss} = (c_0 + p_0) - ss_T \leqslant (c_0 + p_0)。 \tag{10-8}$$

图 10.8 展示了空头跨式期权的一个例子,它展示了作为到期日股价 S_T 函数的空头跨式期权的回报 $(ss_T(S_T))$ 和收益 $(\pi^{ss}(S_T))$。

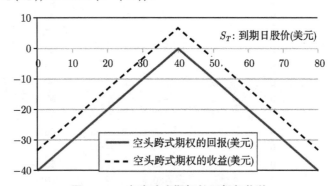

图 10.8 空头跨式期权的回报与收益

在图中,行权价均等于 40 美元。另外,$p_0 = 3.14$ 美元,$c_0 = 3.53$ 美元。所以回报与收益的差值是 $p_0 + c_0 = 6.67$ 美元,$\forall S_T$。两个函数的折点均在行权价处,即 $K = 40$ 美元。

为什么投资者要构建一个空头跨式期权呢?观察图 10.8,我们可以得到一个显而易见的结论:当到期日股价与行权价之间的差较小时,投资组合会产生收益。所以,当一个公司的股票在可预见的未来,价格被认为会横向移动时,将成为空头跨式期权的理想的候选标的资产。

10.3.5 领子期权

领子期权(collar),变量记为 co,包含买入 1 股股票,卖出一个看涨期权,买入一个看跌期权,看涨期权的行权价高于看跌期权($K_p < K_c$)。看涨与看跌期权有相同的到期日和标的资产。各自的到期日回报是 S_T,$-c_T = \min(0, K_c - S_T)$ 和 $p_T = \max(0, K_p - S_T)$。所以,组合的回报是三者之和:

$$co_T = S_T - c_T + p_T = S_T + \min(0, K_c - S_T) + \max(0, K_p - S_T),$$
$$\pi^{co} = co_T - \left(S_0 e^{-kT} + p_0 - c_0\right) \tag{10-9}$$

为了理解这些回报与收益的表达式,考虑表 10.2。

其中,$K_p = 30$ 美元,$K_c = 50$ 美元,$S_0 = 40$ 美元,$k = 0$,$T = 5$ 年,无风险利率是 $r^f = 5\%$,将使用连续复利的 APr,以及标的资产被假设将支付 2% 的持续股利流。利用稍

后会讲到的 Black-Scholes 欧式期权定价模型，$p_0 = 3.39$ 美元，$c_0 = 7.92$ 美元。所以领子期权一开始的成本是 $S_0 e^{-kT} - c_0 + p_0 = 40 - 7.92 + 3.39 = 35.47$ 美元。

表 10.2　领子期权的回报与收益　　　　　　　单位：美元

价格	回报			收益
S_T	p_T	$-c_T$	co_T	π^{co}
0	30	0	30	−5.47
5	25	0	30	−5.47
10	20	0	30	−5.47
15	15	0	30	−5.47
20	10	0	30	−5.47
25	5	0	30	−5.47
30	0	0	30	−5.47
35	0	0	35	−0.47
40	0	0	40	4.53
45	0	0	45	9.53
50	0	0	50	14.53
55	0	−5	50	14.53
60	0	−10	50	14.53
65	0	−15	50	14.53
70	0	−20	50	14.53
75	0	−25	50	14.53
80	0	−30	50	14.53

在表 10.3 中，我们通过公式简洁地总结了表 10.2 中展示的回报与收益。在表 10.2 和表 10.3 中相同的领子期权的回报与收益函数，即 $co_T(S_T)$ 和 $\pi^{co}(S_T)$，在图 10.9 中以图形的方式展现出来。在图 10.9 中，回报（收益）在 $0 < S_T < 30$ 美元的范围内，都等于 30 美元（−5.47 美元）的原因和欧式保护性卖权一样。随着到期日股价在比较静态的意义上从 0 开始增加，股价的增加正好被看跌期权的价值的下降所抵消。在这个范围内的到期日股价上，看涨期权到期作废。接着，在 30 美元 $< S_T <$ 50 美元的到期日股价的范围内，因为看跌期权变成价外期权，回报与收益的斜率从 0~1 转变。看涨期权仍然为价外期权，所以这只股票有价值。所以，斜率为 1。最后，在范围 50 美元 $< S_T$ 内，看涨期权为价内期权，看跌期权到期作废。因为看涨期权是卖出，当股价上涨时它的价值下降正好抵消股价的上涨，在更高的股价上模拟了持保看涨期权的回报与收益的平坦部分。

表 10.3　领子期权的回报与收益　　　　　　　单位：美元

价格		回报		回报
S_T	S_T	p_T	$-c_T$	co_T
$0 - 30$	S_T	$K_p - S_T$	0	K_p
$30 - 50$	S_T	0	0	S_T
$50 - 80$	S_T	0	$K_c - S_T$	K_c

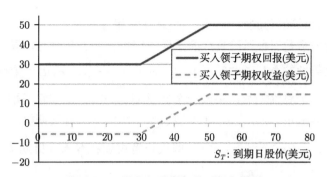

图 10.9　买入领子期权的回报与收益

正如之前所说，领子期权的价格为 $co_0 = S_0 e^{-kT} + p_0 - c_0$。通常，投资者会选择有相同价格的看涨与看跌期权（二者有相同的到期日与标的资产），所以 $p_0 = c_0$。在这种情况下，领子期权的价格就只包含 1 股股票。相比于股票自身，投资者可以通过构建领子期权来为回报设置边界。这样做了之后，他通过牺牲股价上涨带来的上行收益，限制了股价下跌带来的下行风险。

10.4　买权卖权等价关系

我们将介绍资产定价中的一个重要关系——买权卖权等价关系。我们将在之前的领子期权的结论上进行。我们还会使用至关重要的无套利的概念，它是运行良好的资本市场的关键特征。

回想领子期权的回报：$co_T = S_T + \min(0, K_c - S_T) + \max(0, K_p - S_T)$。现在考虑一种特殊情况：$K_p = K_c$，都表示为 K。因为 $\min(a,b) + \max(a,b) = a+b$，所以 $co_T|(K_p = K_c) = S_T + \min(0, K - S_T) + \max(0, K - S_T) = K$。这是一个有趣的结论。将价格都是到期日股价（$S_T$）的函数的三种风险资产（买入股票、买入看跌期权、卖出看涨期权）组合起来，会得到一个常数回报（K）。因此，三个风险资产的这种特殊组合会产生一个无风险的投资组合，因为它的回报不是 S_T 的函数。所以，$co_T|(K_p = K_c) = S_T + p_T - c_T = K$。用文字来描述是，投资买入 1 股股票、一个看跌期权和卖出一个看涨期权，会得到一个确定的（即无风险的）回报：K。①

正如我们在之前的章节里讨论的那样，套利的特征是无成本、无风险收益。这样的机会不应该存在。所以，领子期权的回报确定地等于 K，即 $S_T + p_T - c_T = K$。所以它今天的成本必须等于 K 的现值，以无风险利率折现，或者说，$co_0 = PV(S_T + p_T - c_T) = \dfrac{K}{(1+r^f)^T}$。因为 $PV(S_T + p_T - c_T) = S_0 e^{-kT} + p_0 - c_0$，所以可得**买权卖权等价关系**，即

$$\boxed{S_0 e^{-kT} + p_0 = c_0 + \frac{K}{(1+r^f)^T}} \tag{10-10}$$

聪明的读者可以发现式 (10-10) 的左边部分是欧式保护性卖权，回报如之前所示是 $\max(S_T, K)$。右边部分的到期日回报是 $c_T + K = \max(S_T - K, 0) + K = \max(S_T, K)$，回

---

① 当然，看涨期权与看跌期权必须有相同的到期日，它们必须用对应的股票作为标的资产。

报相等。再次，它们相等的与股价无关的回报意味着相等的现值。

买权卖权等价关系是三种风险资产的重要的定价关系。暂时地，假设看涨期权和看跌期权违背买权卖权等价关系：$S_0 e^{-kT} + p_0 > c_0 + \frac{K}{(1+r^f)^T}$。考虑一个投资者构建这样一个资产组合，买入一个看涨期权，买入一个在日期 T 支付 K（即，面值为 K）的无风险零息票债券（zero-coupon bond），卖出 1 股股票，卖出一个看跌期权。[①] 这个资产组合成本为 $c_0 + \frac{K}{(1+r^f)^T} - S_0 e^{-kT} - p_0 < 0$，即投资者可以在今天（日期 $t=0$）产生正的现金流：$S_0 e^{-kT} + p_0 - c_0 - \frac{K}{(1+r^f)^T} > 0$。[②] 在到期时，通过买权卖权等价关系，他的回报是：$c_T + K - S_T - p_T = 0$。

总结一下这个例子，投资者在 $t=0$ 时有正的现金流，在 $t=T$ 时有中性现金流，二者皆没有风险。在运行良好的资本市场中，这不会永远地持续下去。只要这个套利机会还存在，投资者就会继续这样一个策略，买入成比例的看涨期权与无风险债券同时售出成比例的看跌期权和股票。通过这样做，无停止地买入将驱动看涨期权和无风险债券的价格 $(c_0 + K)$ 上涨，无停止地卖出将驱动看跌期权和股票的价格 $(p_0 + S_0)$ 下降。投资者会继续这样的买入和卖出，直到恢复买权卖权等价关系。[③]

10.5 总结：内在价值和债券

结合上述关于欧式看涨期权的结论：

$$c_0 \in \left(\max\left(0, S_0 - Ke^{-r^f T}\right), S_0 \right),$$
$$\text{或} \quad \max\left(0, S_0 - Ke^{-r^f T}\right) < c_0 < S_0 \tag{10-11}$$

在图 10.10 中，我们用股价 S_0 的函数的形式展示了买入看涨期权费的上、下边界。上边界：S_0，用穿过原点的斜率为 1 的虚线表示。下边界：$\max(0, S_0 - Ke^{-r^f T})$，以实线表示。注意图 10.10 中下边界的折点并不对应着在这里被假设为 $K = 40$ 美元的行权价，而是等于 $Ke^{-r^f T} = 40e^{-4\%(5)} = 32.75$ 美元，假设 $r^f = 4\%$ 以及 $T = 5$ 年。给定假设的当前股价 50 美元，我们用黑色圆点展示了对于下边界的违背，此时 10 美元 $= c_0 < \max(0, S_0 - Ke^{-r^f T}) = S_0 - Ke^{-r^f T} = 50 - 40e^{-4\%(5)} = 17.25$ 美元。我们也用黑色方块展示了对于上边界的违背，此时 60 美元 $= c_0 > S_0 = 50$ 美元。聪明的读者可能已经在图 10.10 中注意到了

[①] 在实践中，投资者可以买多个在日期 T 到期的美国国库券，买入多个看涨期权，卖出多股股票，卖出多个看跌期权，以使花费的比例是：看涨期权为 c_0，美国国库券为 $\frac{K}{(1+r^f)^T}$，而卖出股票和看跌期权的收益的比例是：股票为 S_0，看跌期权为 p_0。

[②] 在整本书中，我们都忽略交易成本。然而，在加入它们之后，买权卖权等价关系不再通过特定的价值而是通过价值区间将资产价格联系起来，但是基本的概念仍然成立。

[③] 当然，如果 $S_0 e^{-kT} + p_0 < c_0 + \frac{K}{(1+r^f)^T}$，当投资者买入看跌期权和股票同时卖出看涨期权和无风险债券时，套利机会存在。她扩大着这个资产组合，给价格 p_0 和 S_0（c_0 和无风险债券）向下（向上）的压力，直到恢复买权卖权等价关系。她会实现正的初始现金流和到期时的中性现金流，这些都是无风险的。

一条虚线曲线。这是通过我们稍后会介绍的布莱克-斯科尔斯-默顿期权定价模型得出的,作为股价函数的欧式看涨期权的价值。①

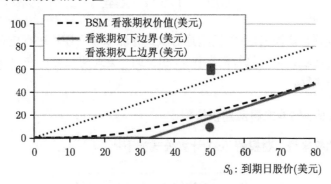

图 10.10 买入看涨期权费的上、下边界

对于欧式看跌期权有

$$p_0 \in \left(\max\left(0, Ke^{-r^f T} - S_0 e^{-kT}\right), Ke^{-r^f T}\right),$$

$$\text{或} \quad \max\left(0, Ke^{-r^f T} - S_0 e^{-kT}\right) < p_0 < Ke^{-r^f T} \tag{10-12}$$

在图 10.11 中,我们给出了作为现在股票价格(S_0)函数的买入看跌期权费的上、下边界。上边界:$Ke^{-r^f T}$,由常数 32.75 美元的虚线和点给出。下边界:$\max(0, Ke^{-r^f T} - S_0 e^{-kT})$,由实心线表示。请注意图 10.11 中下边界的拐点不等于执行价格 $K = 40$ 美元而是由 $Ke^{-r^f T} = 40e^{-4\%(5)} = 32.75$ 美元给出(给定 $r^f = 4\%$,$k = 0\%$ 和 $T = 5$ 年)。给定股票现价为 20 美元的情况下,我们用黑色圆点给出了一个违背下边界的情况:7 美元 $= p_0 < \max(0, Ke^{-r^f T} - S_0 e^{-kT}) = Ke^{-r^f T} - S_0 e^{-kT} = 40e^{-4\%(5)} - 20e^{-0\%(5)} = 12.75$ 美元;同样,我们用黑色方块给出了一个违背上边界的情况:38 美元 $= p_0 > Ke^{-r^f T} = 32.75$ 美元。聪明的读者可能已经在图 10.11 中注意到了一条虚线曲线。这是通过我们稍后会介绍的 BSM 期权定价模型得出的,作为股价函数的欧式看跌期权的价值。②同时,看跌期权的内在价值由点组成的线给出。

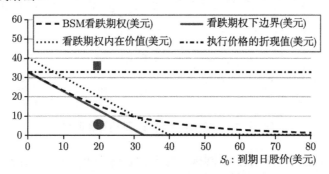

图 10.11 买入看跌期权费的上、下边界

---

① 在利用 BSM 模型时,我们需要标的资产——股票的年化连续复利收益率的标准差。在生成这条曲线时,我们假设 $\sigma = 30\%$。

② 在利用 BSM 模型时,我们需要标的资产的年化连续复利收益率的标准差。在生成这条曲线时,我们假设 $\sigma = 30\%$。

10.6 BSM 模型

布莱克–斯科尔斯–默顿 (BSM) 模型是对欧式看涨和看跌期权进行定价的模型。作为提醒，欧式期权是只能在到期日执行的期权。（相反的，美式期权可以在包含到期日和提前于到期日的任意时间执行。）

10.6.1 BSM 模型下的欧式看涨期权价值

对欧式看涨期权来说，**期权费** (c_0) 计算公式如下：

$$c_0 = S_0 e^{-kT} SN(d_1) - K e^{-r^f T} SN(d_2) \tag{10-13}$$

其中，S_0 是当前股票价格，K 是看涨期权执行价格，r^f 是年化连续复利无风险利率，T 是以年为单位的期权到期时间，k 是连续复利的股利支付率，且有：

$$d_1 = \frac{\ln\left(\frac{S_0}{K}\right) + T\left(r^f + \frac{\sigma^2}{2} - k\right)}{\sigma\sqrt{T}}, \qquad d_2 = d_1 - \sigma\sqrt{T} \tag{10-14}$$

其中，$SN(\cdot)$ 是一个随机变量的均值为 0、方差为 1 的标准正态（累积）分布函数，同时 σ 是收益率的波动率，即一份股票指数基金的标的资产的年化连续复利收益率的标准差。

图 10.12 用虚曲线表示根据 BSM 模型得到的作为股价函数的欧式看涨期权的价值，同时还用点线展示了看涨期权的回报，即 $\max(0, S_T - K)$，以及用实线展示了欧式看涨期权的下边界：$\max(0, S_T - K e^{r^f T})$。

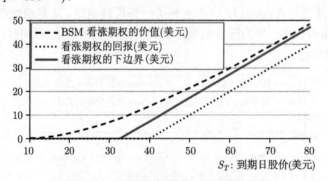

图 10.12 看涨期权价值、下边界和回报

因为下边界在任意一处都至少和回报一样大，而 $S_T > 0$，所以在给定 $S_0 > 0$ 的情况下，看涨期权的价值恒大于回报。因此在给定标的资产不会在到期日前付股利的情况下，提前行权绝不是有利的。[①]

[①] 注意 BSM 模型是用于给欧式期权，而非美式期权定价。尽管如此，上述逻辑仍然成立，因为对于标的资产和我们在此处提到的在到期前不会支付股利的股票一样的美式看涨期权，提前行权不是有利的。

10.6.2 BSM 模型下的欧式看跌期权价值

对于欧式看跌期权,有

$$p_0 = Ke^{-r^fT}SN(-d_2) - S_0e^{-kT}SN(-d_1) \tag{10-15}$$

其中 d_1 和 d_2 与式(10-14)中提到的相同。

图 10.13 用虚曲线表示根据 BSM 模型得到的作为股价函数的欧式看跌期权的价值,同时还展示了用实线表示的期权回报,$\max(0, K - S_T)$,以及用点线表示的期权的下边界:$\max(0, Ke^{-r^fT} - S_T)$。

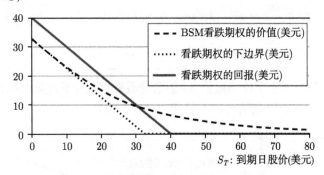

图 10.13 看跌期权的价值、下边界和回报

和看涨期权的情形不同,即使在看跌期权的基础资产在到期日前不付息的情况下,看跌期权的价值也穿过看跌期权的回报。在图 10.13 中,这种情形在股价约低于 $S_0 = 30.50$ 美元时出现。因此,对于标的资产为不支付股利股票的看跌期权来说,如果股价充分下行,提前行权可能是有利的。①

10.6.3 通过买权卖权等价关系计算欧式看跌期权

只要我们根据式 (10-13) 和式 (10-14) 获得了看涨期权的价值,我们就可以推导出"相对应的"(即有相同的标的资产、行权价和到期时间的)看跌期权的价值,有

$$c_0 + Ke^{-r^fT} = p_0 + [S_0 - PV(D)] = p_0 + S_0e^{-kT} \tag{10-16}$$

对上述式子移项得到

$$p_0 = -S_0e^{-kT} + c_0 + Ke^{-r^fT}, \tag{10-17}$$

将式 (10-13) 中的 c_0 代入买权卖权等价关系,得到

$$p_0 = \{S_0e^{-kT}SN(d_1) - Ke^{-r^fT}SN(d_2)\} + Ke^{-r^fT} - S_0e^{-kT}$$
$$= Ke^{-r^fT}[1 - SN(d_2)] - S_0e^{-kT}[1 - SN(d_1)],$$

或者,

$$p_0 = Ke^{-r^fT}SN(-d_2) - S_0e^{-kT}SN(-d_1) \tag{10-18}$$

因 $1 - SN(x) = SN(-x)$,结果和式 (10-15) 一致。

---

① 行权时,投资者获得回报。注意 BSM 模型是用于给欧式期权,而非美式期权定价。尽管如此,上述逻辑仍然成立。

10.6.4 比较静态分析

因为用到的每一个符号都以希腊字母来表示,所以看涨期权和看跌期权的比较静态分析有一个特别的名字:Greeks。在本节中,在为 Greeks 提供表达式之外,我们还用图形来展示欧式看涨和看跌期权价值和相关参数的函数关系。在整节中,我们都用下述基础情形的参数:$S_0 = 50$ 美元,$k = 0$,$K = 50$ 美元,$r^f = 5\%$,$T = 3$ 年,$\sigma = 25\%$。根据 BSM 模型,基础情形中 $c_0 = 11.92$ 美元,$p_0 = 4.96$ 美元。

我们已经看到 delta (Δ) 被定义为

$$\Delta^c \equiv \frac{\partial c}{\partial S} = e^{-kT} SN(d_1) \in (0, 1) > 0,$$

$$\Delta^p \equiv \frac{\partial p}{\partial S} = -e^{-kT} SN(-d_1) = \Delta^c - 1 \in (-1, 0) < 0 \tag{10-19}$$

在图 10.14 中,我们展示了作为股价 S_0 函数的看涨期权和看跌期权的价值,和式 (10-19) 一致,看涨(看跌)期权的价值随股价上升而上升(下降)。

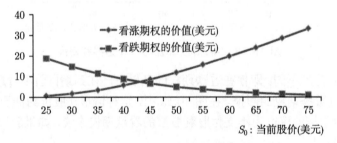

图 10.14 作为标的资产价值函数的期权价值

接着,关于股价的二阶导被称为 gamma (Γ),定义如下:

$$\Gamma^c \equiv \frac{\partial^2 c}{\partial S^2} = \Gamma^p \equiv \frac{\partial^2 p}{\partial S^2} = \frac{e^{-kT} Sn(d_1)}{S_0 \sigma \sqrt{T}} > 0 \tag{10-20}$$

其中,$Sn(x) = \frac{\mathrm{d}SN(x)}{\mathrm{d}x}$ 是标准正态密度函数,因此 $Sn(d_1) = \frac{1}{\sqrt{2\pi}} e^{-\frac{(d_1)^2}{2}} > 0$。注意 $\Gamma^c = \Gamma^p > 0$。一般来说,二阶导描述的是一个函数的曲度。因为看涨期权和看跌期权的二阶导都为正(且相等),所以两个期权价值的函数对于股价都是凸的,这和图 10.14 中的曲线一致。①

关于行权价,有

$$\frac{\partial c}{\partial K} = -e^{-r^f T} SN(d_2) < 0; \quad \frac{\partial p}{\partial K} = e^{-r^f T} SN(-d_2) > 0 \tag{10-21}$$

在图 10.15 中,我们展示了作为行权价函数的看涨期权和看跌期权的价值。和式 (10-21) 一致,看涨(看跌)期权价值随行权价上升而下降(上升)。直觉地,当行权时,行权价对于

---

① 虽然没有明确说明,但在期权平价时,两个期权价值的函数是最弯曲的。因此在期权平价时,gamma 最大;股价离行权价越远,gamma 越小。

看涨（看跌）期权的所有者是一个条件负债（资产）。因此其他条件不变时，看涨（看跌）期权的价值随行权价上升而下降（上升）。

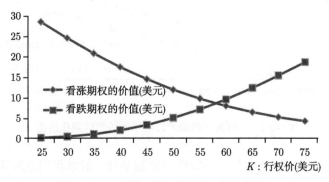

图 10.15　作为行权价函数的期权价值

期权价值关于无风险利率的求导称为 **rho** (ρ)，有

$$\boxed{\begin{aligned}\rho^c &\equiv \frac{\partial c}{\partial r^f} = KTe^{-r^fT}SN(d_2) > 0, \\ \rho^p &\equiv \frac{\partial p}{\partial r^f} = -KTe^{-r^fT}SN(-d_2) < 0\end{aligned}}\tag{10-22}$$

在图 10.16 中，我们展示了作为无风险利率 r^f 函数的看涨期权和看跌期权的价值。和式 (10-22) 一致，看涨（看跌）期权的价值随无风险利率 r^f 上升而上升（下降）。直觉地，随着 r^f 上升，根据风险中性模型，在未来任一时点的预期股价就会上升。行权时，对于看涨（看跌）期权的所有者，股票/标的资产就是一个条件资产（负债），所以其他条件不变时，看涨（看跌）期权的价值随无风险利率 r^f 上升而上升（下降）。

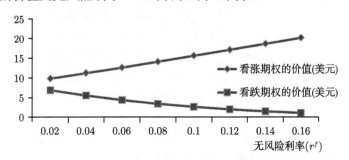

图 10.16　作为无风险利率函数的期权价值

接着，期权价值对波动率，即标的资产收益率的标准差，的求导称为 **vega** (ν)[①]，有

$$\boxed{\nu^c \equiv \frac{\partial c}{\partial \sigma} = \nu^p \equiv \frac{\partial p}{\partial \sigma} = e^{-kT}S_0\sqrt{T}Sn(d_1) > 0}\tag{10-23}$$

在图 10.17 中，我们展示了作为波动率 σ 函数的看涨期权和看跌期权的价值。和式 (10-23) 一致，看涨期权和看跌期权的价值随波动率 σ 上升而上升。

---

① Vega (ν) 其实不是希腊字母表里的一个字母。尽管如此，vega，即 $\frac{\partial o}{\partial \sigma}$ 仍被认为是期权世界 "Greeks" 中的一员。

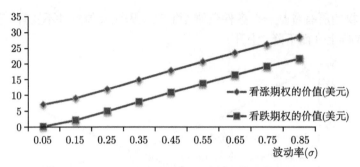

图 10.17　作为标的资产波动率的函数的期权价值

因为在期权定价中，波动率是一个非常重要的参数，所以我们将对其进行更深入的研究。提前翻到图 14.25，它表示的是在二叉树定价模型中的一系列看涨期权随标的资产波动性上升而上升。具体来说，和二叉树模型一致，这些标的资产可以获得二值之一。这一序列中每一对的价值都比前一对有更高的波动性，但是期望价值永远一样，都是 42.05 美元，和图 14.25 中的竖线一致。

现在考虑一个等同的例子，只是其中到期日股价用连续随机变量来代替，如图 10.18 所示。具体来说，实线表示的累积分布函数（对应股票 A）是虚线表示的累积分布函数（对应股票 B）的同均值的延展。换言之，虽然股票 A 和 B 都有相同的收益率均值：10%，但股票 A 和 B 的收益率波动率分别为 30% 和 10%。

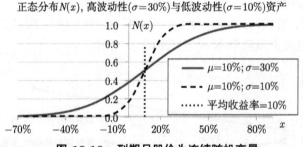

图 10.18　到期日股价为连续随机变量

通过图 10.19 所示的等价的密度函数来证明我们想要的结论可能会更加简单。股票 A 和 B 的这些密度函数分别对应着图 10.18 中的分布函数。

考虑两个看涨期权，除了标的资产，其他完全一样。看涨期权 A（B）的标的资产为股票 A（B）。两个看涨期权的行权价都对应着一个连续复利的 APr 收益率 $r^K = 25\%$，或者说假设 $T = 1$ 年，$S_0 = 50$ 美元时，$K = S_0 e^{r^K T} = 50 e^{(25\%)1} = 64.20$ 美元。在图 10.19 中，$r^K = 25\%$ 用垂直点线来表示。所以，如果看涨期权 A 和 B 对应的收益率都大于 $r^K = 25\%$，即对应的到期日股价都大于 $K = 64.20$ 美元，则期权 A 和 B 到期时为价内。

给定图 10.19 中收益率大于 25% 时，实曲线（对应着波动性更大的资产 A）下面 $r^K = 25\%$ 右方的条件区域大于点线（对应着波动性更小的资产 B）下面 $r^K = 25\%$ 右方的条件区域。这些区域对应着相应的看涨期权到期时为价内的概率，其中 $30.9\% = prob(r^A > 25\%) >$

$prob(r^B > 25\%) = 6.7\%$。①

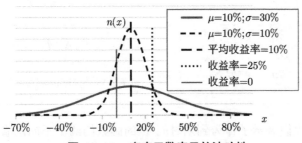

图 10.19 密度函数表示的波动性

给定收益率大于 25%，看涨期权的条件预期回报与股票 A 和 B 的各自条件预期值成比例。图形上，这些条件期望值是 $r = 25\%$ 右方的、密度函数下方的区域的"重心"在 x 轴上对应的值。从而，$44\% = E[r^A | r^A > 25\%] > E[r^B | r^B > 25\%] = 29\%$，其中 $E[r^i | r^i > 25\%] = \dfrac{\int_{x=25\%}^{\infty} x f^i(x) dx}{\int_{x=25\%}^{\infty} f^i(x) dx}$，其中 $f^i, i \in \{A, B\}$ 是各自的标准密度函数。简言之，给定两个看涨期权到期时为价内，资产波动性更大（更小）的看涨期权的条件预期回报更大（更小）。

总结前两段，我们假设除了标的资产分别是股票 A 和 B，看涨期权 A 和 B 是完全一样的。股票现在的价格和预期收益率都是相同的，但股票 A 的波动性大于股票 B。因此，不仅看涨期权 A 到期时为价内的概率比看涨期权 B 更大，当 A 和 B 到期时都为价内时，A 的条件预期回报也比 B 更大。简言之，$prob(r^i > r^K)$ 和 $E[r^i | r^i > r^K], i \in \{A, B\}$ 这两个正向影响看涨期权价值的要素，在看涨期权有波动性更大（更小）的标的资产 A (B) 时更大（小）。

最后，考虑有两个标的资产 A 和 B 的看跌期权。我们假设这些看跌期权平价发行，对应的行权价为图 10.19 中水平实线所示的 $r^K = 0$ （$K = 50$ 美元）。所以，如果收益率为负：$r^i < r^K = 0, i \in \{A, B\}$，即如果到期日股价 $S_T^i < K = 50$ 美元时，看跌期权到期时为价内。

同之前看涨期权的讨论相似，给定两个看跌期权到期时为价内，那么波动性更大的标的资产 A 的密度函数（实线）下方 $r = 0$ 左方的条件区域比波动性更小的标的资产 B 密度函数（虚线）下方 $r = 0\%$ 左方的条件区域更大。所以看跌期权 A 到期时为价内的概率比看跌期权 B 更大。换言之，正向影响看跌期权价值的 $prob(r^i < r^K), i \in \{A, B\}$，随波动性上升而上升。此外，给定两个看跌期权到期时为价内，股票 A 的条件预期到期日价格小于股票 B 的，意味着看跌期权 A 的条件预期回报比看跌期权 B 高。（因为 $E[r^i | r^i < r^K]$ 随波动性上升而下降，而看跌期权价值也随 $E[r^i | r^i < r^K]$ 上升而下降，那么上升的波动性也可以通过这个渠道增加看跌期权价值。）总结起来，其他条件不变时，标的资产波动性更大的看跌期

---

① 这是据 $prob(r^A > 25\%) = 1 - prob(r^A \leqslant 25\%) = 1 - SN\left(\dfrac{25\% - \mu^A}{\sigma^A}\right) = 1 - SN\left(\dfrac{25\% - 10\%}{30\%}\right) = 1 - 69.1\% = 30.9\%$ 计算所得。类似地，$prob(r^B > 25\%) = 1 - SN\left(\dfrac{25\% - 10\%}{10\%}\right) = 1 - 93.3\% = 6.7\%$。

权的价值比标的资产波动性更小的看跌期权的价值更大。最后一个要考虑的 Greek 是期权价值对到期时间的求导，即 **theta**。注意在本书中，Θ 代表期权价值对到期时间增加的敏感度。[①] 因此有：

$$\Theta^c \equiv \frac{\partial c}{\partial T} = \frac{e^{-kT} S_0 Sn(d_1) \sigma}{2\sqrt{T}} + r^f K e^{-r^f T} SN(d_2) > 0, \tag{10-24}$$

$$\Theta^p \equiv \frac{\partial p}{\partial T} = \frac{e^{-kT} S_0 Sn(d_1) \sigma}{2\sqrt{T}} - r^f K e^{-r^f T} SN(-d_2) \tag{10-25}$$

在图 10.20 中，我们展示了作为到期时间 T 的函数的两个不同的看跌期权的价值和一个看涨期权的价值。和表达式 (10-24) 一致，图 10.20 中看涨期权的价值随到期时间 T 增加而上升。换言之，其他条件不变时，随着时间的推移，看涨期权的价值下降。

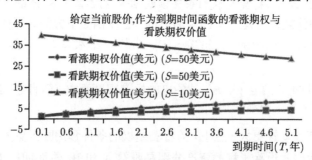

图 10.20　作为到期时间函数的期权价值

根据式 (10-25)，到期时间对看跌期权价值的影响是模糊的。在图 10.20 中，看跌期权和看涨期权 $K = 50$ 美元，$r^f = 5\%$ 和 $\sigma = 25\%$。但是，看涨期权和其中一个看跌期权有 $S_0 = 50$ 美元 $= K$（即平价），而另外一个看跌期权为深度实值，10 美元 $= S_0 \ll K = 50$ 美元。平值看跌期权的价值随 T 增加而增加，与看涨期权相同。而深度实值看跌期权的价值随到期时间增加而下降。

10.7　例：BSM 模型

图 10.21 展示了为欧式期权估值的 BSM 模型。单元格 B1:B6 展示了模型的六个输入参数。为了得到看涨期权和看跌期权价值的过渡性计算，d_1, $N(d_1)$, d_2, $N(d_2)$, $e^{-r^f T}$, e^{-kT} 等被展示在单元格 B7:B16 中。单元格 B17 和 B18 用 BSM 模型分别计算了期权费 c_0 和 p_0。同时，单元格 B19 利用买权卖权等价关系验证了 p_0，即 $p_0 = c_0 + Ke^{-r^f T} - S_0 e^{-kT}$。

单元格 F3:G19 中展示了利用数据表功能来对 $c_0(S_0)$ 和 $p_0(S_0)$ 进行敏感性分析。单元格 H3 (I3) 计算了看涨（看跌）期权的内在价值，单元格 J3 (K3) 计算了看涨（看跌）期权费用的下边界。单元格 H3:K19 计算了上述四个值作为初始股票价格 S_0 的函数的变化，但是这一计算并不是通过数据表功能来完成的。

[①] 在一些书中，theta 的定义相反，即随到期时间的缩短，期权价值的变化。

	A	B	C	D	E	F	G	H	I	J	K
1	S_0	10				c_0	p_0	IV^c	IV^p	LB c_0	LB p_0
2	K	11				4.13	2.28				
3	r^f	6%			0.01	0.00	8.14	0	11	0	8.14
4	k	0%	0		1	0.01	7.16	0	10	0	7.15
5	T	5			3	0.27	5.42	0	8	0	5.15
6	σ	40%			5	1.00	4.15	0	6	0	3.15
7	d1	0.6761		S_0	7	2.08	3.22	0	4	0	1.15
8	-d1	-0.6761			8.15	2.81	2.81	0	2.85	0.00	0.00
9	N(d1)	0.7505			9	3.40	2.55	0	2	0.85	0.00
10	N(-d1)	0.2495			11	4.90	2.05	0	0	2.85	0.00
11	d2	-0.2184			13	6.52	1.67	2	0	4.85	0.00
12	-d2	0.2184			15	8.23	1.38	4	0	6.85	0.00
13	N(d2)	0.4136			17	10.00	1.15	6	0	8.85	0.00
14	N(-d2)	0.5864			19	11.81	0.96	8	0	10.85	0.00
15	exp(-r^f*T)	0.7408			21	13.67	0.82	10	0	12.85	0.00
16	exp(-kT)	1.0000			23	15.55	0.70	12	0	14.85	0.00
17	c_0	4.13			25	17.45	0.60	14	0	16.85	0.00
18	p_0	2.28			27	19.37	0.52	16	0	18.85	0.00
19	p_0	2.28			29	21.30	0.45	18	0	20.85	0.00
20						Data Table					
21	B4 =C4/100			B7 =(LN(B1/B2)+B5*(B3+B6^2/2-B4))/B6/SQRT(B5)					B8 =-B7		
22	B9 =NORM.S.DIST(B7,1)				B11 =B7-B6*SQRT(B5)				B12 =-B11		
23	B15 =EXP(-B3*B5)			B16 =EXP(-B4*B5)				B17 =B1*B16*B9-B2*B15*B13			
24	B18 =B2*B14*B15-B1*B10*B16				B19 =B17+B2*B15-B1*B16						
25	F2 =B17			G2 =B18		F3:G19 {=TABLE(,B1)}					
26	H3 =MAX(0,E3-$B$2)			I3 =MAX(0,$B$2-E3)							
27	J3 =MAX(0,E3*$B$16-$B$2*$B$15)				K3 =MAX(0,$B$2*$B$15-E3*$B$16)						

图 10.21 BSM 期权定价模型

图 10.21 中包含了上述六个函数值的图像。需要注意的是，由于年化连续复利的股利支付率为 0，看涨期权费将在任意股票价格 S_0 下超过其内在价值。这是一个一般的结果，暗示了对于美式看涨期权来说，如果其基础资产在到期日前不支付股利，提前执行永远不是最

优的选择。[①]相反地,当股票价格较低时,看跌期权价格向下穿过其内在价值线。因此,提前执行美式看跌期权可能是最优的选择。

为了动态地显示股利支付率的影响,我们设置了一个数值调节钮来控制单元格 C4 中的值,而单元格 B4 中的股利支付率是由 C4/100 来计算。[②] 由于股利支付率 (k) 增加,图 10.21 中上述六个函数值中的四个有了平移,而其余两个内在价值是独立于 k 的。尽管发生了平移,但相对的下边界仍然低于期权费的函数。

10.8 美式看涨和看跌期权的内在价值

看跌期权和看涨期权的**内在价值**分别为

$$
\begin{aligned}
IV^c &= \max(0, S_0 - K), \\
IV^p &= \max(0, K - S_0)
\end{aligned}
\tag{10-26}
$$

假设为美式期权(即一个期权可以在到期日 T 之前行使的期权),内在价值显然是一个投资者可以立即行使期权时获得的价值。虽然这里没有强调,但是时间价值是期权的价值(即它的当前价格)与其内在价值之间的差值。因此,期权的时间价值随着时间的增长而增加。

APPENDIX 附录:期权价格的上下边界

在这一附录中,我们将回顾期权价值的上界和下界。这些界限的推导使我们能够揭示无套利原理的强大性。由于这一过程与建模过程不甚相关,我们将其放到附录中。

期权价值的上下边界

到目前为止,本章已经讨论了到期日回报及相应的收益。收益是回报和初始现金流的总和,即回报总和减去成本。现在我们讨论在到期日前对期权进行定价的情形。在处理这个问题之前,我们首先需要确定期权的上下边界,此时将用到强大的无套利理论。

接下来,我们将结合我们试图确定边界的期权,确定一个特定的补充投资组合,记为 PS,使得当其与期权组合时,两个支付函数的总和总是非负的。在无套利理论下,我们可以根据补充投资组合的价值对期权价值进行约束。

[①] BSM 模型用来对欧式期权而不是美式期权进行估值。然而,我们知道美式期权至少和欧式期权的价值相同。
[②] 我们不能直接控制单元格 B4 的值,这是因为数值调节钮的最小增量为 1。

期权价值的下边界

如果我们试图确定一个期权 X 的下边界,那么我们将在一个期权多头的基础上加上补充投资组合,使得两个资产在到期日 T 支付函数的总和总为非负的,或者

$$X_T(S_T) + PS_T^{XL}(S_T) \geqslant 0, \quad \forall S_T \geqslant 0 \tag{10-27}$$

由式 (10-27) 可知,这里存在 S_T 使得

$$X_T(S_T) + PS_T^{XL}(S_T) > 0 \tag{10-28}$$

用上标 XL 代表期权 X 的下边界。通过无套利定理,可以得到

$$X_0(S_0) + PS_0^{XL}(S_0) > 0 \tag{10-29}$$

利用反证法,假设式(10-27)和式(10-28)成立,但是式(10-29)不成立。因此,有 $X_0(S_0)+PS_0^{XL}(S_0)<0$,或 $0<X_0(S_0)<-PS_0^{XL}(S_0)$,其中小于号来源于期权 X 是有价值的,即 $X_0>0$。让我们同时买入 X 和 PS,根据我们的假设 $X_0(S_0+PS_0^{XL}(S_0)<0$,这将产生初始现金流 $-[X_0(S_0)+PS_0^{XL}(S_0)]>0$。接着到了到期日,我们清仓,通过不等式(10-27)得到此时我们手中的组合价值为 $X_T+PS_T^{XL} \geqslant 0$。

综上所述,这一策略产生了初始净现金流和非负到期日净现金流。但这是不可能的,因为它代表了套利机会。如果这种套利机会确实存在了一段时间,那么对于 X 和 PS 的超额购买将推动其价格上升到 $X_0(S_0)+PS_0^{XL}(S_0) \geqslant 0$。因此有

$$\text{期权 } X \text{ 的下边界} = -PS_0^{XL}(S_0) \leqslant X_0(S_0) \tag{10-30}$$

期权价值的上边界

如果我们试着决定期权 X 的上边界,那么我们应该将一个期权的空头位置和其他的资产进行组合,使得两资产的回报函数的加总在到期日总为非负的,即

$$-X_T(S_T) + PS_T^{XU}(S_T) \geqslant 0, \quad \forall S_T \geqslant 0 \tag{10-31}$$

并且存在一个 S_T 使得

$$-X_T(S_T) + PS_T^{XU}(S_T) > 0 \tag{10-32}$$

用上标 XU 代表期权 X 的上边界。通过上述式子和无套利原理,可得

$$-X_0(S_0) + PS_0^{XU}(S_0) > 0 \tag{10-33}$$

使用反证法,让我们假设式(10-31)和式(10-32)成立,但是式(10-33)不成立,因此有 $-X_0(S_0)+PS_0^{XU}(S_0)<0$,或 $-X_0(S_0)<-PS_0^{XU}(S_0)$。我们卖出期权 X 并且买进资产 PS。根据我们的假设 $-X_0(S_0)+PS_0^{XU}(S_0)<0$,这将产生初始现金流 $-[-X_0(S_0)+PS_0^{XU}(S_0)]=X_0(S_0)-PS_0^{XU}(S_0)>0$。在到期日,我们进行清仓。我们做多 PS(做空 X)将在到期日产生

正(负)现金流 $PS_T^{XU}(S_T)\,(-X_T(S_T))$。因此,给定不等式(10-31),$-X_T(S_T)+PS_T^{XU}(S_T)\geqslant 0$。

综上所述,这一策略产生了初始净现金流和非负到期日净现金流。这是不可能的,因为它代表了套利机会。如果这种套利机会确实存在了一段时间,那么过度抛售 X 将推动其价格下跌,同时过度购买 PS 将推动其价格上涨到 $-X_0(S_0)+PS_0^{XU}(S_0)\geqslant 0$,因此有

$$\text{期权 } X \text{ 的上边界} = +PS_0^{XL}(S_0)\geqslant X_0(S_0) \tag{10-34}$$

股利再投资和买权卖权平价关系

我们将使用买权卖权平价关系推导期权下边界。如前所述,有

$$p_0+S_0=c_0+K\mathrm{e}^{-r^f T} \tag{10-35}$$

这个等式假定在期权有效期间没有支付股息。现在让我们放松一下这个假设。

如前所述,如果在期权的生命期内没有支付股息,或者如果没有现金流的再投资,那么股票的数量永远不会改变。现在,如果我们把股指基金的股息认为是用连续复利的方式支付,那么由于股息再投资导致的股票的增长可以通过 e^{kT} 来表示,其中 k 是用连续复利表示的收益率。

在下文中,我们将进行一个买入或者卖空股票的投资组合,使得在期权到期日时,股票的价值刚好等于 S_T。因此,给定一个股票,其价格在期权到期日为 S_T。在 $t=0$ 时我们需要买入多少单位的股票,能够使得我们在到期日恰好拥有一单位股票?在期望的表示方法下,

$$sh_T=\mathrm{e}^{kT}sh_0 \tag{10-36}$$

此时,我们需要 $sh_T=1$,那么 $sh_0=\frac{1}{\mathrm{e}^{kT}}=\mathrm{e}^{-kT}\in(0,1]$,其中 $sh_0<1$,如果 $k>0$。类似地,若 $sh_T=-1$,有 $sh_0=-\mathrm{e}^{-kT}\in[-1,0)$。[①]因此,一个对股票的买入(卖出)投资中,$sh_0=\mathrm{e}^{-kT}>0$ $(sh_0=-\mathrm{e}^{-kT}<0)$ 单位的股票价值不断增长,直到在到期日 T 时,股票的数量变成 $1\,(-1)$,如 $\mathrm{e}^{-kT}\mathrm{e}^{kT}=1\,(-\mathrm{e}^{-kT}\mathrm{e}^{kT}=-1)$。

总结一下,我们期望股票的数量在到期日时正好为 1,即 $|sh_T|=1$。因此,在 $t=0$ 时,我们投资股票的数量需要为 $|sh_0|=\mathrm{e}^{-kT}\in(0,1]$,其中 $|sh_0|=1$,如果 $k=0$;否则的话 $|sh_0|<1$。

让我们回到对领子期权的研究中,一个领子期权由以下构成:

- 买入看跌期权;
- 卖出看涨期权;
- 买入 $sh_0=\mathrm{e}^{-kT}$ 单位的标的资产。

---

① 或者,你可以这样理解:$sh_T=sh_0\left[1+\dfrac{FV_T(d)}{S_T}\right]$,其中 $FV_T(d)$ 是在到期日时,所有在期权存续期间的股利支付的未来价值的总和。(中现金流再投资这一公式与以前不一样,因为它试图以未来股票价格来计算增量股票。)因此在期望条件下,$sh_T=sh_0\left[1+\left(\dfrac{FV_T(d)}{S_T}\right)\right]=sh_0[1+(\mathrm{e}^{kT}-1)]=\mathrm{e}^{kT}sh_0$,和式 (10-36) 一样。

其中对于看涨期权和看跌期权来说，二者均满足以下条件：在 T 时刻执行；拥有相同的执行价格 K；标的资产相同。此时，回报函数如下：

$$co_T = p_T - c_T + (1)S_T$$
$$= \max(0, K - S_T) + \min(0, K - S_T) + S_T = K \qquad (10\text{-}37)$$

因此，在 co_T 等于 K 的情况下，回报是常量。因此，这一领子期权需要拥有无风险收益率作为回报，即 $co_T = co_0 e^{r^f T} = K$。当 $co_0 = p_0 - c_0 + e^{-kT}S_0$ 时，买权卖权等价关系变成 $[p_0 - c_0 + e^{-kT}S_0]e^{r^f T} = K$，即

$$p_0 + e^{-kT}S_0 = c_0 + Ke^{-r^f T} \qquad (10\text{-}38)$$

对于资产组合的补充

对于期权的下边界，我们用合成的资产组合来帮助我们进行理解。特别的，对于买权卖权等价关系，如 $c_0 + e^{-r^f T}K = p_0 + e^{-kT}S_0$，一个合成的看涨期权由以下资产组成：

$$p_0 + e^{-kT}S_0 - e^{-r^f T}K > 0 \qquad (10\text{-}39)$$

例如：
- 买入看跌期权；
- 买入 e^{-kT} 单位股票；
- 卖出零息无风险债券，面值为 K。

这一不等式在 $c_0 > 0$ 时是符合无套利原则的。简短来说，一个无负支付（以及有一定的可能性得到正支付）的证券必须拥有一个正的价值。否则的话，如果这一证券的价值为负，人们可以通过（在 $t = 0$ 的时刻）"买"这一证券来得到正的现金流。在到期日时，回报总是非负的（在看涨期权的这一情况下，$c_T = max(0, S_T - K) \geqslant 0$）。因此，产生正初始现金流和非负到期现金流的证券代表一个套利机会。通过过度购买直到其价格为正，这一套利机会将被消除。因此，只要 $c_0 > 0$，就有 $p_0 + e^{-kT}S_0 - e^{-r^f T}K > 0$，即 $p_0 > e^{-r^f T}K - e^{-kT}S_0$。

类似地，通过买权卖权等价关系，一个合成的看跌期权可以通过如下方式合成：

$$c_0 - e^{-kT}S_0 + e^{-r^f T}K > 0 \qquad (10\text{-}40)$$

例如：
- 买入看涨期权；
- 卖空 e^{-kT} 单位股票；
- 买入零息无风险债券，面值为 K。

式 (10-40) 在 $p_0 > 0$ 时是符合无套利原则的，与之前相同。因此，有 $c_0 > e^{-kT}S_0 - e^{-r^f T}K$。

关于（看涨和看跌期权）的上边界，我们将构造具有与持保看涨期权一致的回报的投资组合。正如我们将很快看到的，这些资产结构比相应的期权下边界的资产组合更简单，因为每个都只包含一种证券。

通过套利得到的欧式看跌期权下边界

我们将式（10-27）转换一下，用于我们现在的应用，有

$$p_T(S_T) + PS_T^{PL}(S_T) \geqslant 0, \quad \forall S_T \geqslant 0 \tag{10-41}$$

接下来，我们将式（10-30）转换一下，那么初始时刻的价值为

$$\text{看跌期权下边界} = -PS_0^{PL}(S_0) \tag{10-42}$$

我们定义补充的资产组合 PS 为：买入 e^{-kT} 单位的股票指数基金，这些股票会在到期日增长到 1 单位数量，并且价格为 S_T。因此，在时间 T，股票价值为 S_T，并且，卖空面值为 $F = K$ 的债券。

我们现在来检查不等式（10-41）是否成立，即

$$\begin{aligned} p_T + S_T - K &= \max(0, K - S_T) + S_T - K \\ &= \max(S_T - K, 0) \geqslant 0, \end{aligned} \tag{10-43}$$

这一结果和合成的看涨期权的回报一致。因为这一回报非负，因此其初始的费用也必须是非负的，即

$$p_0 + S_0 e^{-kT} - K e^{-r^f T} \geqslant 0, \tag{10-44}$$

或者

$$p_0 \geqslant K e^{-r^f T} - e^{-kT} S_0 \tag{10-45}$$

最终，由于不等式（10-45）的右边可能为负，因此有

$$p_0 \geqslant \max\left(0, K e^{-r^f T} - e^{-kT} S_0\right) \tag{10-46}$$

因为在给定其回报不为负的情况下，期权的价值不可能为负，因此我们引入了最大值函数。

另一视角下的看跌期权下边界

为了进一步理解无套利原则，我们从一个稍微不同的角度重新考虑了一个欧式看跌期权的下限。这一次，我们考虑给定的下界，并再次使用无套利原理，来确认其有效性。

让我们从式（10-46）得到的下边界开始。首先，考虑 $S_0 e^{-kT} \geqslant K e^{-r^f T}$ 的情况。那么对于式（10-46），下边界就为 0。由于看跌期权的回报为非负，其期权价值也要非负，否则的话，人们可以通过在 $t = 0$ 的时刻"购买"看跌期权 $p_0 < 0$，来产生正的现金流 $CF_0 = -p_0 > 0$。与到期时保证的非负回报相结合，这将意味着套利机会。

现在来考虑 $S_0 e^{-kT} < K e^{-r^f T}$ 的情况，即式（10-46），$p_0 \geqslant \max(0, K e^{-r^f T} - S_0 e^{-kT}) = K e^{-r^f T} - S_0 e^{-kT} > 0$。利用反证法，我们的假设与式（10-46）的结果相反，即 $p_0 < K e^{-r^f T} - S_0 e^{-kT} | (S_0 e^{-kT} < K e^{-r^f T})$，或者对于某一比率 $f \in (0,1)$，$p_0 = f(K e^{-r^f T} - S_0 e^{-kT}) < K e^{-r^f T} - S_0 e^{-kT}$。我们认为这也将是一个套利机会。

让我们来构建以下投资组合：

- 买入 1 单位看跌期权，同时根据我们的相反的假设，其初始现金流如下：
$$CF_0 = -p_0 = -f(Ke^{-r^fT} - S_0e^{-kT}) \in (-[Ke^{-r^fT} - S_0e^{-kT}], 0)$$

- 卖空零息无风险债券，面值为
$$F = K, \text{其中} CF_0 = Ke^{-r^fT} > 0$$

- 买入 e^{-kT} 单位股票，其中 $CF_0 = -e^{-kT}S_0 < 0$。

对于我们的投资组合，$CF_0 = -p_0 + Ke^{-r^fT} - e^{-kT}S_0$，

$$\text{或者} \quad CF_0 = -f(Ke^{-r^fT} - S_0e^{-kT}) + Ke^{-r^fT} - e^{-kT}S_0$$
$$= \left(Ke^{-r^fT} - e^{-kT}S_0\right)(1-f) > 0 \tag{10-47}$$

因为我们考虑当 $Ke^{-r^fT} - e^{-kT}S_0 > 0$ 的情况，所以我们的套利组合拥有正的初始净现金流，即 $CF_0 > 0$。

现在考虑在到期日 $t = T$，投资组合的现金流计算如下：

$$\begin{aligned} CF_T &= p_T - K + S_T \\ &= \max(0, K - S_T) + (S_T - K) \\ &= \max(S_T - K, 0) \geqslant 0, \end{aligned} \tag{10-48}$$

其中当 $S_T > K$ 时，到期日的投资组合的回报是正的；否则回报为 0。这将导致套利，因为 $CF_0 > 0$ 并且 $CF_T \geqslant 0$，$\forall S_T$。因此，我们的认为看跌期权可以小于其下边界的假设违反了无套利理论。

总结一下，我们用无套利原理证明了欧式看跌期权的下边界为 $\max(0, Ke^{-r^fT} - S_0e^{-kT})$。我们通过反证法证明了这一结论。同时，我们制造了一个套利的投资组合（一个合成的期权），如下：

- 买入欧式看跌期权；
- 卖空一个零息无风险债券，其面值 $F = K$；
- 买入 e^{-kT} 数量的标的资产。

其中 $f \in (0,1)$ 是在 $S_0e^{-kT} < Ke^{-r^fT}$ 的情况下，看跌期权价值和其下边界的推定比率。我们发现，初始现金流是正的，到期日现金流是非负的。因此，由于套利组合违背了我们对运作良好的资本市场的理解，因此 $f \in (0,1)$ 在均衡中是不可能的，即 $p_0 \geqslant \max(0, Ke^{-r^fT} - S_0e^{-kT})$。

通过套利得到的欧式看涨期权下边界

我们对不等式（10-27）进行转换，得到

$$c_T(S_T) + PS_T^{CL}(S_T) \geqslant 0, \quad \forall S_T \geqslant 0 \tag{10-49}$$

接着，对不等式（10-30）进行转换，那么初始时刻的价值为

$$\text{看涨期权下边界} = -PS_0^{CL}(S_0) \tag{10-50}$$

我们定义补充的资产组合 PS 为
- 卖空 e^{-kT} 单位的股票指数基金，这些股票会在到期日增长为一单位数量的股票，并且价格为 S_T，因此，在时间 T，股票价值为 $-S_T$；
- 买入面值为 $F = K$ 的债券。

我们现在来检查不等式（10-49）是否成立，即

$$c_T - S_T + K = \max(0, S_T - K) - S_T + K$$
$$= \max(K - S_T, 0) \geqslant 0 \qquad (10\text{-}51)$$

这一结果和合成看跌期权的回报一致。因为这一回报非负，因此其初始费用也必须是非负的，即

$$c_0 - S_0 e^{-kT} + K e^{-r^f T} \geqslant 0, \qquad (10\text{-}52)$$

或者

$$c_0 \geqslant S_0 e^{-kT} - K e^{-r^f T} \qquad (10\text{-}53)$$

最终，由于不等式（10-53）的右边可能为负，因此有

$$c_0 \geqslant \max\left(0, e^{-kT} S_0 - K e^{-r^f T}\right) \qquad (10\text{-}54)$$

因为在给定其回报不为负的情况下，期权的价值不可能为负，因此我们引入了最大值函数。

另一视角下的看跌期权下边界

现在我们考虑给定的下界，再次使用无套利原理，这一次来证实其有效性。

考虑这一情况，当 $S_0 e^{-kT} \leqslant K e^{-r^f T}$ 时，因此根据式（10-54），下边界为 0。由于看涨期权的回报为非负，其期权价值也要非负，否则的话，人们可以通过在 $t = 0$ 的时刻"购买"看跌期权 $c_0 < 0$，来产生正的现金流 $CF_0 = -c_0 > 0$。与到期时保证的非负回报相结合，这将意味着套利机会。

现在考虑 $S_0 e^{-kT} > K e^{-r^f T}$ 的情况，根据式（10-54），$c_0 \geqslant \max(0, S_0 e^{-kT} - K e^{-r^f T}) = S_0 e^{-kT} - K e^{-r^f T} > 0$。利用反证法，让我们假设与式（10-54）的结果相反，即 $c_0 < S_0 e^{-kT} - K e^{-r^f T} | (S_0 e^{-kT} > K e^{-r^f T})$，即对于某一比率 $f \in (0, 1)$，有 $c_0 = f(S_0 e^{-kT} - K e^{-r^f T}) < S_0 e^{-kT} - K e^{-r^f T}$。我们认为这将导致套利机会。

让我们来构建以下投资组合：
- 买入看涨期权多头，同时根据我们的相反的假设，有

$$CF_0 = -c_0 = -f(S_0 e^{-kT} - K e^{-r^f T}) \in (-[S_0 e^{-kT} - K e^{-r^f T}], 0)$$

- 买入零息无风险债券，面值为

$$F = K, \text{ 其中 } CF_0 = -K e^{-r^f T} < 0$$

- 卖空 e^{-kT} 单位股票，其中 $CF_0 = +e^{-kT} S_0 > 0$。

对于我们的组合 $CF_0 = -c_0 - Ke^{-r^fT} + e^{-kT}S_0$,即

$$\begin{aligned}CF_0 &= -f(S_0e^{-kT} - Ke^{-r^fT}) - Ke^{-r^fT} + e^{-kT}S_0 \\ &= \left(e^{-kT}S_0 - Ke^{-r^fT}\right)(1-f) > 0\end{aligned} \qquad (10\text{-}55)$$

因为我们考虑 $e^{-kT}S_0 - Ke^{-r^fT} > 0$ 的情况,所以我们的套利组合拥有正的初始净现金流,即 $CF_0 > 0$。

现在考虑在到期日 $t = T$,投资组合在到期日的现金流计算如下:

$$\begin{aligned}CF_T &= c_T + K - S_T \\ &= \max(0, S_T - K) + (K - S_T) \\ &= \max(K - S_T, 0) \geqslant 0,\end{aligned} \qquad (10\text{-}56)$$

其中当 $S_T < K$ 时,到期日的投资组合的回报是正的;否则回报为 0。这将导致套利,因为 $CF_0 > 0$,并且 $CF_T \geqslant 0, \forall S_T$。因此,我们的认为看涨期权可以小于其下边界的假设违反了无套利理论。

总结一下,我们用无套利原理证明了欧式看涨期权的下边界为 $\max(0, S_0e^{-kT} - Ke^{-r^fT})$。我们通过反证法证明这一结论。同时,我们制造了一个套利的投资组合(在本例中,是一个合成期权):

- 买入欧式看涨期权;
- 买入一个零息无风险债券,其面值 $F = K$;
- 卖空 e^{-kT} 数量的标的资产。

其中,在 $S_0e^{-kT} > Ke^{-r^fT}$ 的情况下,$f \in (0,1)$ 是看涨期权价值和其下边界的推定比率。我们发现,初始现金流是正的,到期日现金流是非负的。因此,由于套利组合违背了我们对运作良好的资本市场的理解,因此 $f \in (0,1)$ 在均衡中是不可能的,即 $c_0 \geqslant \max(0, S_0e^{-kT} - Ke^{-r^fT})$。

通过套利得到的欧式看跌期权上边界

对于上边界,我们希望建立这样一个投资组合,它是卖空期权(在本例中,是欧式看跌期权),并且投资组合总有非负回报。简而言之,如果不包括卖空看跌期权的投资组合回报被表示为 PS_T^{PU},那么我们就要建立一个投资组合来卖空看跌期权,这样的投资组合如下:

$$-p_T + PS_T^{PU} \geqslant 0$$

考虑这样一个投资组合 PS_T^{PU}

- 买入面值为 $F = K$ 的债券。在到期日,有

$$-p_T + K = \min(0, S_T - K) + K = \min(S_T, K) \geqslant 0 \qquad (10\text{-}57)$$

因为在到期日的回报是非负的,那么根据无套利定理,有

$$-p_0 + PS_0^{PU} \geqslant 0 \Leftrightarrow p_0 \leqslant PS_0^{PU}, \qquad (10\text{-}58)$$

或者在假设 $r^f \geqslant 0$ 的情况下，由

$$p_0 \leqslant K\mathrm{e}^{-r^f T} \in (0, K] \tag{10-59}$$

欧式看跌期权上边界：第二种方法

从 BSM 模型中可知，看跌期权价值 $p_0 = K\mathrm{e}^{-r^f T}SN(-d_2) - S_0 \mathrm{e}^{-kT}SN(-d_1)$，其中对于标准正态分布函数 $SN(x) \in (0,1), \forall x \in (-\infty, \infty)$。① 因此，

$$\begin{aligned} p_0 &= K\mathrm{e}^{-r^f T}SN(-d_2) - S_0\mathrm{e}^{-kT}SN(-d_1) \\ &< K\mathrm{e}^{-r^f T}SN(-d_2) < K\mathrm{e}^{-r^f T} = PS_T^{PU} \end{aligned} \tag{10-60}$$

证明欧式看跌期权上边界

考虑到一个欧式看跌期权的上边界，我们再利用无套利原理通过反证法来确定该界限。考虑一个看跌期权价值为 $x + K\mathrm{e}^{-r^f T}$，对于 $x > 0$ 会和我们在式（10-60）中所陈述的相违背。让我们创建一个套利组合，即进入看跌期权空头和买入零息债券，面值为 $F = K$（因此债券今天的价值是 $K\mathrm{e}^{-r^f T}$）。因此，我们投资组合的初始现金流如下：

$$CF_0 = x + K\mathrm{e}^{-r^f T} - K\mathrm{e}^{-r^f T} = x > 0 \tag{10-61}$$

在到期日，有

$$CF_T = -p_T + K = \min(0, S_T - K) + K = \min(K, S_T) \geqslant 0 \tag{10-62}$$

对于 $S_T > 0$，到期日的现金流都是正的。当初始现金流量为正、到期日现金流为非负时，存在套利机会，这意味着不可能有 $x > 0$，即 $p_0 < K\mathrm{e}^{-r^f T}$。

通过套利得到的欧式看涨期权上边界

对于上边界，我们希望建立这样一个投资组合，它是卖空期权（在本例中，是欧式看涨期权），并且投资组合总有非负回报。简而言之，如果不包括卖空看涨期权的投资组合回报被表示为 PS_T^{CU}，那么我们就要建立一个投资组合来卖空看涨期权，这样的投资组合如下：

$$-c_T + PS_T^{CU} \geqslant 0$$

考虑这样一个投资组合 PS_T^{CU}：
- 买入 e^{-kT} 单位的股票。

因此在到期日，有

$$-c_T + S_T = \min(0, K - S_T) + S_T = \min(K, S_T) \geqslant 0 \tag{10-63}$$

因为在到期日的回报是非负的，那么根据无套利定理，有

$$-c_0 + PS_0^{CU} \geqslant 0 \Leftrightarrow c_0 \leqslant PS_0^{CU}, \tag{10-64}$$

或者：

$$c_0 \leqslant S_0 \mathrm{e}^{-kT} \tag{10-65}$$

---

① 同样，我们会看到 $d_1 > d_2$。因为 $SN(x)$ 是严格递增的，所以 $d_1 > d_2 \Rightarrow -d_2 > -d_1 \Rightarrow SN(-d_2) > SN(-d_1)$。

欧式看涨期权上边界：第二种方法

从 BSM 模型中可知，看涨期权价值 $c_0 = S_0 e^{-kT} SN(d_1) - K e^{-r^f T} SN(d_2)$，其中对于标准正态分布函数 $SN(x) \in (0,1), \forall x \in (-\infty, \infty)$。[①] 因此有

$$c_0 = S_0 e^{-kT} SN(d_1) - K e^{-r^f T} SN(d_2)$$
$$< S_0 e^{-kT} SN(d_1) < S_0 e^{-kT} = PS_0^{CU} \tag{10-66}$$

证明欧式看涨期权上边界

考虑到一个欧式看跌期权的上边界，我们再利用无套利原理通过反证法来确定该界限。考虑一个看涨期权价值为 $x + S_0 e^{-kT}$，对于 $x > 0$，这将与我们在式（10-66）中所陈述的相违背。让我们创建一个套利组合，即进入看涨空头和买入 $e^{r^f T}$ 单位股票。因此，我们投资组合的初始现金流如下：

$$CF_0 = [x + S_0 e^{-kT}] - e^{-kT} S_0 = x > 0 \tag{10-67}$$

在到期日，有

$$CF_T = -c_T + S_T$$
$$= \min(0, K - S_T) + S_T = \min(K, S_T) \geqslant 0 \tag{10-68}$$

对于 $S_T > 0$，到期日的现金流都是正的、当初始现金流量为正，到期日现金流量为非负时，存在套利机会，这意味着不可能有 $x > 0$，即 $c_0 \leqslant S_0 e^{-kT}$。

[①] 同样，我们会看到 $d_1 > d_2$。因为 $SN(x)$ 是严格递增的，所以 $d_1 > d_2 \Rightarrow SN(d_1) > SN(d_2)$。

第11章 BSM 模型的应用

在下文中，我们探索布莱克-斯科尔斯-默顿（BSM）模型的多种应用。第一个应用是领子期权，其将基础资产、看跌期权多头和看涨期权空头相结合，并且看涨期权的执行价格大于看跌期权的执行价格。我们还展示了一个对从业者十分重要的指标——隐含波动率，并介绍其是如何用 BSM 模型在 Excel 中计算出来。另外，我们通过资金回报率的方法对期权进行评级。最后，我们展示了如何使用 BSM 模型来对结构性产品、保护性卖权和退款保证的资产组合进行定价。

11.1 领子期权

领子期权（collar）的资产组合包含三份证券：一份股票；一份看跌期权的多头，执行价格为 K^p；一份看涨期权的空头，执行价格 $K^c > K^p$。[①] 对于看涨期权和看跌期权，都有到期日 $t = T > 0$。通过买入（卖空），意即投资者购买（出售）证券，导致所谓的多头（空头）头寸，从而该证券变成一种资产（负债）。这样，投资者的价值随着证券价值的增加而增加（减少）。

领子期权的成本（co_0）为

$$co_0 = S_0 e^{-kT} + p_0(K^p) - c_0(K^c) \tag{11-1}$$

在式（11-1）中，我们强调了两种不同的执行价格：K^p 和 K^c。接下来，领子期权的回报（co_T），即在到期日 $t = T > 0$ 的现金流为

$$\begin{aligned} co_T &= S_T + p_T(K^p) - c_T(K^c) \\ &= S_T + \max(0, K^p - S_T) + \min(0, K^c - S_T) \end{aligned} \tag{11-2}$$

最终，领子期权的收益（π^{co}），即回报和最初成本的差值，为

$$\pi^{co} = co_T - co_0 \tag{11-3}$$

想要更深入地了解回报和收益的情况，考虑表 11.1，其中 $K^p = 30$ 美元，$K^c = 50$ 美元，$S_0 = 40$ 美元，$T = 5$ 年，无风险收益率是 APr，为连续复利，具体数值为 $r^f = 4\%$，并且假设基础资产的年化连续复利股利支付率为 $k = 2\%$。利用 BSM 欧式期权定价模型，可得 $p_0 = 3.39$ 美元以及 $c_0 = 7.92$ 美元。因此，领子期权的成本为 $S_0 e^{-kT} - c_0 + p_0 =$ 40美元 − 7.92美元 + 3.39美元 = 35.47美元。

[①] 这一节的内容与第 10 章的内容有所重复，但是有不同的侧重点。

表 11.1 领子期权的回报和收益

价格	回报			收益
S_T	p_T	$-c_T$	co_T	π^{co}
0	30	0	30	−5.47
5	25	0	30	−5.47
10	20	0	30	−5.47
15	15	0	30	−5.47
20	10	0	30	−5.47
25	5	0	30	−5.47
30	0	0	30	−5.47
35	0	0	35	−0.47
40	0	0	40	4.53
45	0	0	45	9.53
50	0	0	50	14.53
55	0	−5	50	14.53
60	0	−10	50	14.53
65	0	−15	50	14.53
70	0	−20	50	14.53
75	0	−25	50	14.53
80	0	−30	50	14.53

表 11.2 领子期权的回报总结

价格	各资产回报			总回报
S_T	S_T	p_T	$-c_T$	co_T
$0-30$	S_T	$K^p - S_T$	0	K^p
$30-50$	S_T	0	0	S_T
$S_T > 50$	S_T	0	$K^c - S_T$	K^c

在表 11.2 中，我们通过公式简洁地总结了表 11.1 中所列的回报和收益。

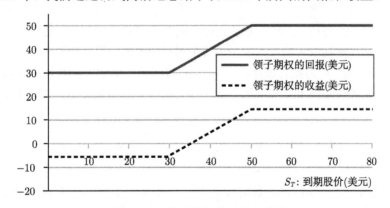

图 11.1 领子期权的回报和收益

在图 11.1 中，回报（收益）函数开始在回报和收益等于 30 美元（−5.47 美元）时开始向右上方倾斜，在股票价格等于 $0 < S_T < 30$ 美元时持平，持平原因和保护性卖权完全相同。

在比较静态分析法下，当期末股票价格从 0 增加时，股票价格的上升正好被看跌期权的价值的下降所抵消。到期日股票价格在这一范围内时，看涨期权是无价值的，因此，对领子期权的的回报贡献为 0。接下来，在到期的股票价格范围为 30 美元 $< S_T <$ 50 美元 时，回报和收益开始向上倾斜，此时两个期权（卖出看涨和买入看跌）结束虚值状态。因此，当股票价格范围为 30 美元 $< S_T <$ 50 美元 时，在领子期权中只有股票有价值，斜率为 1。最后，在第三个区域（50 美元 $< S_T$），看涨期权结束了实值状态，看跌期权结束了虚值状态。由于领子其权重进入的是看涨期权的空头，在比较静态意义下，随着股票价格的增加，它的损失越来越大，正好抵消了股票价值的上升，在更高的股票价格下，复制了持保看涨期权的回报和收益。

如之前所说，领子期权的成本是 $co_0 = S_0 e^{-kT} + p_0 - c_0$。通常情况下，投资者选择相同费率的看涨和看跌期权（到期日和基础资产也相同），因此有 $p_0 = c_0$。在这种情况下，领子期权的成本仅仅是股票的成本，因为保险成本（即看跌期权）是通过卖空看涨期权的正溢价来支付的。

投资者可以构建一个领子期权的投资组合，与股票本身相比，将收益限制在一定范围内。在这样做时，他通过降低上行潜力，即股价上涨，限制了股票价格下跌带来的下行风险。

11.2 隐含波动率

隐含波动率指基础资产回报率的波动率（σ）。它被包含在 BSM 期权模型（甚至是任意一个投资者对期权进行估价的模型）的公式中。在 BSM 模型中，影响看涨和看跌期权的六个参数（S_0、K、r^f、T、k 和 σ）中，前五个通常是可以观察到的，几乎没有不确定性。[①] 参数 σ 是唯一不可估计的。事实证明，看涨和看跌期权的价值在 BSM 模型中随着 σ 的增大而严格递增，即有

$$\frac{dc_0}{d\sigma} > 0, \quad \frac{dp_0}{d\sigma} > 0 \tag{11-4}$$

因此，由于期权的费用在 BSM 模型下随 σ 增加而严格地增加，因此我们可以颠倒这种一对一映射，以此确定期权市场参与者所假设的精确波动性。已知可以通过 BSM 模型计算出期权的价值的 σ 值，即为隐含波动率。[②] 我们可以据此计算每一期权的隐含波动率。由于这种反向推算是无法得到解析解的，所以我们在 Excel 中通过规划求解来进行。

11.3 例：领子期权价值、隐含波动率

图 11.2 展示了如何应用 BSM 模型计算领子期权的价值、回报、收益，同时其也解决了隐含波动率的问题。

[①] 我们可以完美观测到 S_0、K 和 T，同时我们可以相对精确地估计 r^f 和 k。
[②] 显然，该陈述假设期权市场参与者使用 BSM 模型来定价。

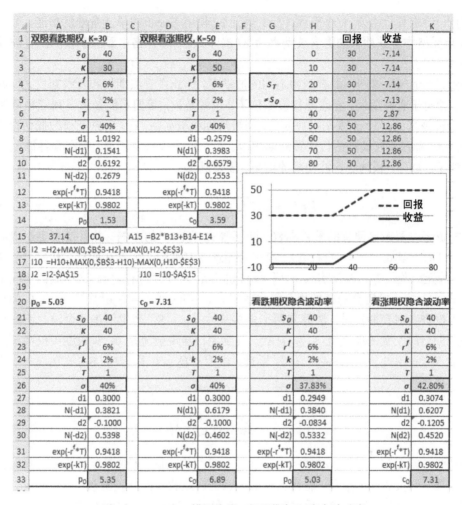

图 11.2　BSM 模型应用：领子期权和隐含波动率

由于领子期权是由买入股票、买入执行价格为 K^p 的看跌期权和卖空执行价格 $K^c > K^p$ 的看涨期权组成，我们从图 10.21 中的工作表中复制计算 BSM 期权费所需的单元格，并将其粘贴到图 11.2 的工作表中，每种期权粘贴一次。看跌期权的参数（包括 $K^p = 30$）在 B2:B7 的单元格中，看涨期权的参数（$K^c = 50$）展示在 E2:E7 的单元格中。除了执行价格，其他的五个 BSM 模型中的参数对于看涨期权和看跌期权是相同的。如单元格 B14（E14）所示，看跌期权（看涨期权）的价值是 1.53 美元（3.59 美元）。

A15 单元格计算了领子期权的成本：$co_0 = S_0 e^{-kT} + p_0(K^p) - c_0(K^c)$。I2:I10 单元格计算了领子期权的回报：$co_T = S_T + p_T(S_T) - c_T(S_T) = S_T + \max(0, K^p - S_T) - \max(0, S_T - K^c)$。J2:J10 单元格计算了收益；$\pi^{co}(S_T) = co_T(S_T) - co_0$。图 11.2 中展示了 $\pi^{co}(S_T)$ 和 $co_T(S_T)$ 的折线图。

图 11.2 下半部分展示了如何为看涨期权和看跌期权计算隐含波动率。在这个例子中，这两个欧式期权有相同之处：(1) 以股票指数基金作为基础资产；(2) 执行价格相同（$K^p = K^c = 40$）；(3) 到期时间 $T = 1$ 年。由于它们的基础资产相同，普通股指数基金的波动性也

必然相同。给定其价格为 5.03 美元（7.31 美元），使用 Excel 的单变量求解功能，可以得到在 H26 单元格中看跌期权的隐含波动率为 37.83%（K26 单元格中看涨期权的隐含波动率是 42.80%）。

显然，单个风险资产不能有两种不同的波动率，因此在看涨期权和看跌期权之间存在错误定价。相对于看涨期权，看跌期权被低估了。也就是说，我们不能知道下列三种可能的情形中哪一种是真的：(1) 看跌期权被低估，而看涨期权被高估；(2) 看跌期权被低估得比看涨期权多；(3) 看跌期权被高估得比看涨期权少。对于一个投资者来说，存在哪种情况并不重要。不管场景如何，根据隐含波动率的结果，需要满足：

$$p_o < c_0 + Ke^{-r^fT} - S_0e^{-kT} \tag{11-5}$$

因此，投资者会买入更便宜的看跌期权（即不等式（11-5）的左侧）并且卖空更昂贵的合成看跌期权（即不等式（11-5）的右侧）。卖空右侧意味着发行一个看涨期权、发行一个零息面值为 K 的无风险债券，以及购买 e^{-kT} 单位价格是 S_0 的股指基金。这样做的情况下，根据不等式（11-5），投资者的初始现金流 $CF_0 = c_0 + Ke^{-r^fT} - S_0e^{-kT} - p_0 > 0$ 为正。并且，由于投资者在到期日时，清算其两个多头头寸 $p_T + S_T$ 产生了正现金流，正好完全抵消了在到期日时空头的现金流 $-(c_T + K)$，其到期日净现金流是 0，即通过买权卖权关系得到：$CF_T(S_T) = p_T + S_T - c_T - K = 0$。因此，由于 $CF_0 > 0$ 和 $CF_T(S_T) = 0, \forall S_T$，那么套利机会存在。[①]

11.4 结构性产品

结构性产品是指一个产品在未来 $t = T > 0$ 时刻的回报，不仅是基础资产（例如股票指数基金份额）回报的连续函数，而且也仅由一系列有限的线性分段函数组成。因此，通过创建今天（$t = 0$）包含看涨期权、看跌期权、股票和无风险的零息票债券的一个组合，我们总是可以精确地复制未来日期 $t = T$ 的结构性产品回报。为什么这很重要？对于无套利理论来说，如果两个不同的投资组合（结构性产品和我们的一篮子的看涨期权、看跌期权、股票和债券）具有相同的未来收益，那么在今天（$t = 0$），它们的价值必须相同。否则，套利机会将存在，即可以获得无成本、无风险的利润。在一个运转良好的资本市场，套利是不可能的，尤其是在无限的时间段内。

总而言之，我们的策略是，首先确定投资组合中期权、股票和债券的适当仓位（占比、卖空和买入），使得其回报恰好与我们试图估值的结构化产品相同。然后，因为我们能够估计期权、股票和债券的价格，我们可以确定这篮子证券今天的价值，并且其回报正好与结构化产品的回报相同。最后，通过无套利理论，我们简单地将证券篮子的价值认为是结构化投资组合的价值。

举一个简单的例子，考虑一个结构性产品的回报 $SP_T(S_T)$ 是到期日（$t = T$）风险基础资产价格 S_T 回报的函数。让这一结构性产品的回报函数由三个不同的分段函数组成。第一个分段函数从原点开始 $(S_T, SP_T) = (0, 0)$ 到点 (a, F)，其中 $a > 0$ 并有 $F > 0$。第二个分段

[①] 显然，我们忽略了交易成本，成本的存在会减少套利的机会。

函数是一条水平的直线, 从 (a, F) 到 (b, F), 其中 $b > a$。第三个分段函数是一条由点 (b, F) 发射的射线, 以正的斜率 $m > 0$ 随着 S_T 的增加而无限增加。换句话说, 这三个结构性产品的回报函数的斜率分别是:

- $\dfrac{F}{a} > 0$, 当 $S_T \in (0, a)$ 时;
- 0, 当 $S_T \in (a, b)$ 时;
- $m > 0$, 当 $S_T \in (b, \infty)$ 时。

我们在图 11.3 中画出了与这一特殊的结构性产品相一致的回报。在画图时, 我们假定 $a = 30, b = 60$ 以及 $F = 60$。因此, 在图 11.3 中, 斜率 $\dfrac{F}{a}$ 为 $\dfrac{60}{30} = 2$, 斜率 m 为 $\dfrac{1}{2}$。让我们把这个结构性产品的回报与一篮子看涨期权、看跌期权、股票、零息票债券相匹配。如果我们可以这样做, 那么就可以对这种结构性产品进行估值。

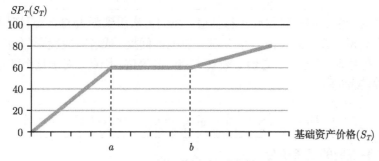

图 11.3 结构性产品的回报函数

对于第一段线性分段函数, $\dfrac{F}{a}$ 单位股票以股票到期日 (即 $t = T$) 的价格 S_T 进行画图, 显然有精确的到期日回报斜率 $\dfrac{F}{a}$。因此, 我们的资产组合将包括买入 $\dfrac{F}{a}$ 单位的股票。将这些股票的回报作为 S_T 的函数绘制的图形, 为一条从原点开始, 并且斜率恒定为 $\dfrac{F}{a}$ 的直线。

接下来, 我们需要匹配当 $a < S_T < b$ 时斜率为 0 的分段函数。给定当 $S_T < a$ 时斜率为 $\dfrac{F}{a}$, 因此, 我们需要加入那些不仅不能影响当 $S_T < a$ 时 $\dfrac{F}{a}$ 单位股票的回报 (即我们需要加入的证券在 $S_T < a$ 时具有零回报), 并且在 $S_T = a$ 时以斜率 $-\dfrac{F}{a}$ "立刻弯曲下行"的证券, 以此来抵消买入 $\dfrac{F}{a}$ 单位股票的回报。哪一种证券在 $S_T < a$ 时刻拥有零回报, 又在 $S_T > a$ 时拥有恒定的斜率 $-\dfrac{F}{a}$? 答案是卖出 $\dfrac{F}{a}$ 单位的看涨期权, 每一单位的执行价格都为 $K^c = a$。

最后我们需要匹配当 $S_T > b$ 时的斜率 m, 给定 $S_T < a$ 时斜率为 $\dfrac{F}{a}$, $a < S_T < b$ 时斜率为 0。因此, 我们需要加入一种不仅不会影响在 $S_T < b$ 时 $\dfrac{F}{a}$ 单位股票和卖出 $\dfrac{F}{a}$ 单位看涨期权的支付 (即证券在 $S_T < b$ 时支付为 0), 并且在 $S_T = b$ 时 "立刻弯曲上行" 并且在 $S_T > b$ 时斜率恒定为 m 的证券。这一证券应该是买入 m 单位的看涨期权, 其执行价格为 $K^c = b$。

总结一下, 我们可以完全将结构性产品的回报当成是基础资产 (例如, 股票) 的回报的

函数进行匹配,这将用到一系列证券的组合,即

- $t=T$ 时,买入 $\dfrac{F}{a}>0$ 单位股票;
- $t=T$ 时,卖出 $\dfrac{F}{a}$ 单位的看涨期权,其基础资产仍是该股票的,且执行价格是 $K^c=a$;
- $t=T$ 时,买入 $m>0$ 单位的看涨期权,其基础资产仍是该股票的,执行价格是 $K^c=b$。

简单来说,对每一股票的终值"S_T",二者的回报是相同的。将这一复制的资产组合称为 RP^x,那么

$$SP_T = RP_T^x = \frac{F}{a}S_T - \frac{F}{a}c_T(K^c=a) + (m)c_T(K^c=b),$$

或者

$$\boxed{SP_T = \frac{F}{a}[S_T - c_T(K^c=a)] + (m)c_T(K^c=b)} \tag{11-6}$$

接下来就是对这一复制的投资组合进行估值。我们再次用到强大的无套利理论。简而言之,两个投资组合对每一股要的终值"S_T",都有相同的回报(或者对应股票的每一个终值 S_T),那么今天,即在时间 $t=0$ 时,它们必须具有相同的价值。因此,对于这个特定的复制组合,它的价值(SP_0)如下:

$$\boxed{SP_0 = \frac{F}{a}\left[S_0 e^{-kT} - c_0(K^c=a)\right] + (m)c_0(K^c=b)} \tag{11-7}$$

11.4.1 第二种复制的投资组合

上述结构性产品还可以通过另一种投资组合来进行估值。显然,通过无套利论证,第二种投资组合必须产生与第一种相同的价值。在此之前,我们复制的回报是基于 S_T 的以下区间:$(0<S_T<a)$,$(a<S_T<b)$ 和 $(b<S_T)$。其他金融工程师可能会用不同的顺序匹配回报,来解决这一问题,具体的顺序如下:$(a<S_T<b)$,$(0<S_T<a)$ 和 $(b<S_T)$。对比两种方法,不同之处在于前两个区间段:$(a<S_T<b)$ 和 $(0<S_T<a)$ 的顺序。

首先,在区间 $(a<S_T<b)$ 上考虑结构性产品的回报为 F。因此,这一回报可以被面值为 F 的无风险零息债券所复制。因此,其现值为 $Fe^{-r^f T}$,r^f 是连续复利的无风险收益率。

接下来,考虑区间 $(0<S_T<a)$,那么为了和结构性产品的回报相匹配,我们需要找到一种不仅不会在区间 $S_T>a$ 时影响恒定的回报,并且在 $S_T<a$ 时的回报的斜率为 $-\dfrac{F}{a}$ 的证券。因此,数量为 $\dfrac{F}{a}$、执行价格为 $K^p=a$ 的看跌期权的空头位置可以精确地匹配这一回报。

总结一下,我们可以完全将结构性产品的回报当成基础资产(例如,股票)的回报的函数进行匹配,这将用到一系列证券的组合,即

- 买入面值为 F、到期日为 T 的无风险零息债券;
- 卖出 $\dfrac{F}{a}$ 单位的,基础资产仍是该股票的,在 $t=T$ 时执行价格为 $K^p=a$ 的看跌期权,并且

- 买入 $m>0$ 单位的,基础资产仍是该股票的,在 $t=T$ 时执行价格是 $K^c=b$ 的看涨期权。

如之前所说,对每一股票的终值"S_T",回报是相同的。将这一复制的资产组合称为 RP^y,那么

$$SP_T = RP_T^y = F - \frac{F}{a}p_T(K^p=a) + (m)c_T(K^c=b) \tag{11-8}$$

接下来要做的就是对 RP^y 进行估值。类似于之前对 RP^x 进行估值,即

$$SP_0 = RP_0^y = Fe^{-r^f T} - \frac{F}{a}p_0(K^p=a) + (m)c_0(K^c=b) \tag{11-9}$$

11.4.2 对两种复制的投资组合的分析

再次利用无套利定价理论,如果 $SP_T(S_T) = RP_T^x(S_T) = RP_T^y(S_T)$,那么一定有 $SP_0(S_0) = RP_0^x(S_0) = RP_0^y(S_0)$。因此,使式 (11-7) 和式 (11-9) 相等,有

$$\frac{F}{a}\left[S_0 e^{-kT} - c_0(K^c=a)\right] + (m)c_0(K^c=b)$$
$$= Fe^{-r^f T} - \frac{F}{a}p_0(K^p=a) + (m)c_0(K^c=b)$$

将两边同时减去 $(m)c_0(K^c=b)$,并同时乘以 $\frac{a}{F}$,最后进行移项即可得到

$$S_0 e^{-kT} + p_0(K^p=a) = c_0(K^a=a) + ae^{-r^f T}, \tag{11-10}$$

上式即为明显的买权卖权等价关系。[①]

11.5 资金回报率

资金回报率是收益成本比的一种表达方式。在本章中,资金回报率被定义为看涨(看跌)期权价值的变化相比于基础风险资产价值的相对增加(减少)的比值。对于看涨期权来说,资金回报率定义为

$$\frac{d\ln c_0}{d\ln S_0} = \frac{dc_0/c_0}{dS_0/S_0} = \frac{S_0}{c_0}\frac{dc_0}{dS_0} = \frac{S_0}{c_0}\Delta^c = \frac{S_0}{c_0}e^{-kT}SN(d_1) > 0 \tag{11-11}$$

同时,根据定义有

$$\Delta^c \equiv \frac{dc_0}{dS_0} \in (0,1) \tag{11-12}$$

这一重要的比率是 delta 对冲的关键,**delta 对冲**不是我们现在讨论的重点。[②] 结果显示,通常来说,看涨期权越在深度虚值的状态(即当前的股票价格 S_0 越低),其资金回报率就越高。

[①] 再次,因为 $K^p = K^c = a$,我们用 K 替换 a。在式 (11-10) 两边的执行价格为 $K=b$ 的看涨期权被抵消了。

[②] 对于式 (11-11),根据 BSM 模型可知 $\Delta^c = \dfrac{dc_0}{dS_0} = SN(d_1)e^{-kT} > 0$。

对于看跌期权而言，由于 $\dfrac{\mathrm{d}p_0}{\mathrm{d}S_0}<0$，资金回报率为负，即看跌期权的收益随股票价格的增加而降低，因此

$$-\frac{\mathrm{d}\ln p_0}{\mathrm{d}\ln S_0}=-\frac{\mathrm{d}p_0/p_0}{\mathrm{d}S_0/S_0}=-\frac{S_0}{p_0}\Delta^p\equiv\frac{S_0}{p_0}\mathrm{e}^{-kT}SN(-d_1)>0, \qquad (11\text{-}13)$$

根据定义，有：

$$\Delta^p=\frac{\mathrm{d}p_0}{\mathrm{d}S_0}\in(-1,0) \qquad (11\text{-}14)$$

这一重要的比率也是delta对冲的关键，delta对冲不是我们现在讨论的重点。[1]结果显示，通常来说，看跌期权越在深度虚值的状态（即当前的股票价格 S_0 越高），其资金回报率就越高。

对于BSM模型，有 $\Delta^c=\dfrac{\mathrm{d}c_0}{\mathrm{d}S_0}=SN(d_1)\mathrm{e}^{-kT}>0$ 和 $\Delta^p=\dfrac{\mathrm{d}p_0}{\mathrm{d}S_0}=-SN(-d_1)\mathrm{e}^{-kT}<0$。因为 $SN(x)+SN(-x)=1,\ \forall x\in(\infty,\infty)$，所以 $\Delta^c-\Delta^p=\mathrm{e}^{-kT},\ \forall S_0\geqslant 0$。

11.6 例：结构性产品和价格弹性

图11.4展示了如何利用BSM模型计算结构性产品的价值，也展示了如何计算资金回报率，即期权价格弹性的大小。对于看涨期权来说，价格弹性是 $\dfrac{\partial\ln c_0}{\partial\ln S_0}$；对于看跌期权来说，价格弹性是 $-\dfrac{\partial\ln p_0}{\partial\ln S_0}$。

图11.4中上面的折线图是一个特定的结构性产品在到期日 T 时的回报 $SP_T(S_T)$ 关于股票价格 S_T 的函数。[2] 在 (S_T,SP_T) 的空间中，折线以斜率10不断增加，直到 $(30,300)$，接着从 $(30,300)$ 到 $(50,300)$ 是水平的，并且最终在 $S_T>50$ 时以斜率5不断增加。将这一结构化产品分解为一篮子的基础资产、无风险债券和期权的组合，我们可以复制结构性产品的回报 $SP_T(S_T)=10[S_T-c_T(K^c=30)]+5c_T(K^c=50)=10[S_T-\max(0,S_T-30)]+5\max(0,S_T-50)$。因此，我们可以对结构性产品进行估值，得到 $SP_0=10[S_0\mathrm{e}^{-kT}-c_0(K=30)]+5c_0(K=50)$。由单元格B39和E39可知 $S_0=40$ 美元，由单元格B50和E50可知 $\mathrm{e}^{-kT}=0.9802$，由单元格B51可知 $c_0(K=30)$ 美元 $=12.48$ 美元，由单元格E51可知 $c_0(K=50$ 美元$)=3.59$ 美元，于是结构化产品的价值（如单元格G48所示）为 $SP_0=285.21$ 美元。

我们在计算资金回报率时用到的基本参数，都涵盖在单元格B60:B65中。看涨期权和看跌期权的资金回报率分别在单元格I60和J60中计算。单元格I61:J67中的数据表分别展示了对看涨期权和看跌期权的资金回报率作为当前股价 S_0 函数的灵敏度分析。如图11.4中右下角的图表所示，期权的资金回报率越大，其虚值程度越深。这一点对于看涨期权和看跌期权都适用。

---

[1] 对于式 (11-13)，由BSM模型可知 $\Delta^p=\dfrac{\mathrm{d}p_0}{\mathrm{d}S_0}=-SN(-d_1)\mathrm{e}^{-kT}<0$。

[2] 结构性产品的收益函数是 $\pi_T^{SP}(S_T)=SP_T(S_T)-SP_0$。

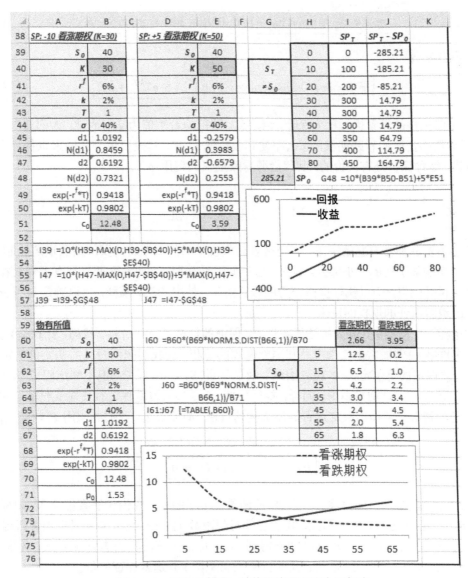

图 11.4 BSM 模型：结构性产品和资金回报率

11.7 保护性卖权

在接下来的两节中，我们将用到保护性卖权的概念。因此，我们先复习一下这个概念。**保护性卖权**是一种投资组合，即买入股票（基础资产）和买入对应股票的看跌期权。因此，它的成本是

$$pp_0 = S_0 e^{-kT} + p_0 \tag{11-15}$$

并且其回报为[1]

---

[1] 数学上，我们可以简单地计算 $f(x)$ 与 $max(g(x), h(x))$ 相加的结果，即 $f(x) + \max(g(x), h(x)) = \max(f(x) + g(x), f(x) + h(x))$。

$$pp_T = S_T + p_T = S_T + \max(0, K - S_T) = \max(S_T, K) \tag{11-16}$$

因此,其收益为

$$\pi^{pp} = pp_T - pp_0 = \max(S_T, K) - (S_0 e^{-kT} + p_0) \tag{11-17}$$

一个保护性的设置也被称为**保险**。请注意,回报的最小值为 K。因此,人们通过购买已经拥有其基础资产的看跌期权,那么即使其股价低于 K,其投资组合的回报也保证至少为 K。当然,这种保护是有代价的,其代价即看跌期权的费用 p_0。

11.8 退款保证

许多消费品都带有**退款保证**——消费者有权在稍后的日期将购买的商品退还给制造商,并获得最初购买价格的一小部分。显然,这类似于看跌期权,即看跌期权持有者有权在未来的日期交付基础资产,以执行价格作为回报。因此,使用 BSM 模型,可以确定与消费者商品相关的退款保证的期权的价值。

在这样一个框架中,消费品是基础资产,保证的价格是执行价格。然而,计算是复杂的,因为购买价格(P)通常是是消费品和退款保证的总和。让我们把消费品的初始价值定义为 S_0,将退款保证的价值定义为 p_0。因此,我们知道 $S_0 + p_0 = P$,但不知道组成部分的价格——S_0 和 p_0——分别是多少。同样,执行价格 K 是如果退款保证行使时支付的金额,到期日 T 是消费者必须作出决定是否退还货物的日期。简而言之,我们必须用 $P = S_0 + p_0$ 解出 S_0,或者

$$P - [S_0 + p_0(S_0|K)] = 0 \tag{11-18}$$

其中,我们用 $p_0(S_0|K)$ 来强调 p_0 是 S_0 的函数。不幸的是,我们无法直接插入 $p_0(S_0)$ 函数来得到一个显性的不等式。因此,我们必须对隐函数 (11-18) 反复实验进行求解得到 S_0。或者在 Excel 中通过单变量求解的功能得到 S_0。总结一下,我们需要找到 S_0 的值,使 $S_0 + p_0(S_0|K) = P$。其中 S_0 是消费品的价格,$p_0(S_0|K)$ 是退款保证的价值。

11.9 保证最低收益率

进一步建立一个保护性卖权或保险的投资组合,使得投资者可以使用这个概念,以确保风险投资组合的最低收益率低于无风险收益率。换言之,即使风险资产组合可能具有较高收益率,但在预期收益率低于无风险收益率的情况下,也可以保证未来的最低回报。事实上,这种期望的最低收益率通常是负的。例如,投资者可能希望投资风险资产——股票,并设置保护性措施,以确保其收益率至少为 $r^{min} = -10\%$。在这一情况下,即使出现了损失,她希望损失最多不超过她最初投资的 10%。这等价于 $R^{min} = 1 + r^{min} = 90\%$。

这一设定需要用到保护性卖权。我们的任务是设计适当的看跌期权,使得当其与基础资产(例如股票)相结合时,所产生的保护性投资组合具有与我们期望一致的最低可能收益率。

然而，我们最初既不知道看跌期权的执行价格，也不知道保护性卖权的数量，即股票和欧式看跌期权的数量。

设 I 为初始投资额，S_0 为初始股票指数价格，σ 是股票指数回报率的波动率，k 是股息支付率，R^{min}（r^{min}）是投资者要求的最低总（净）收益率，其中 $r^{min}<r^f$。为了确定看跌期权的设计，即满足投资者期望的最小收益的看跌期权的执行价格，考虑包含两个未知数的两个方程，在两个不同的日期上对这一投资组合进行建模。对于 N 单位的保护性卖权（即 N 单位的股票和 N 单位的基于该股票的看跌期权），有①

$$t=0 \quad : \quad I = N\left[S_0 e^{-kT} + p_0(K|S_0)\right], \quad \text{初始的花费}; \tag{11-19}$$

$$t=T \quad : \quad R^{min} I = NK, \quad \text{保证最低收益率}。 \tag{11-20}$$

式 (11-20) 使用了保护性卖权的最低收益是 K 的这样一个事实。由于 $pp_T = \max(K, S_T) \geqslant K$，有 $pp_T = K, \forall S_T \in [0, K]$。因此，$N$ 单位保护性卖权的最低收益是 NK。

我们对式 (11-19) 和式 (11-20) 进行求解得到 $\dfrac{I}{N}$。通过用式 (11-19) 减去式 (11-20)，我们得到

$$\boxed{S_0 e^{-kT} + p_0(K|S_0) - \frac{K}{R^{min}} = 0} \tag{11-21}$$

因此，因为 N 已经被消去，唯一的未知数是 K。然而，因为无法解析地将 $p_0(K)$ 转化为 $K(p_0)$，那么需要通过反复的代入实验得到 K。显然，在 Excel 中，可以通过单变量求解对式 (11-21) 进行求解。

为了使得结果更完整，当 K 被决定时，$p_0(K|S_0)$ 也被决定了。因此对式 (11-19) 和式 (11-20) 进行运算，从而，投资组合所需的看跌期权的数量（即股票的数量）如下：

$$\boxed{N = \frac{I}{S_0 e^{-kT} + p_0(K|S_0)} = \frac{R^{min} I}{K}} \tag{11-22}$$

本章没有介绍新的 Excel 功能，但给出了单变量求解的一些很好的应用。

11.10 例：退款保证和保证最小收益率

图 11.5 显示了 BSM 模型的两个其他应用：决定消费商品的退款保证价值（列 A:E），以及通过保护性卖权保证最低收益率（列 G:K）。

考虑一个带有退款保证的电脑的成本是 $C_0 = 1000$ 美元，在第一年年末，购买者可以将电脑退回得到 900 美元。这一保证类似于看跌期权。消费者有权在到期日（在本例中为 $T=1$）之前将消耗品（即，基础资产 S）退回，以换取保证价值（即，执行价格 K）。我们将波动率设定为 $\sigma = 40\%$，其中 σ 可以解释为制造商所缺乏的质量控制。因此，我们将使用

---

① 为了简单起见，我们仍然假设基础资产是 1 单位股票，即使一般来说一手看跌期权和看涨期权大约包含 100 单位股票。因此，p_0 和 c_0 是看跌期权和看涨期权的价格，其真实的价格分别为 $100p_0$ 和 $100c_0$。

BSM 模型来进行看跌期权期权费的计算，并借此对退款保证进行估值，因为这一保险类似于看跌期权。①

	A	B	C	D	E	F	G	H	I	J	K
80	$C_0 = -CF_0$	1000					I	10000		$S_0exp(-kT)+p_0-K/R$	
81	$S_0+p_0-C_0$	13.84		$S_0+p_0-C_0$	0.00		R	94%			0.000
82										K81	=K83*K94+K95-K84/H81
83	S_0	900		S_0	877.86		S_0	10		S_0	10
84	K	900		K	900		K	10		K	10.121
85	r^f	6%		r^f	6%		r^f	5%		r^f	0.05
86	k	0%		k	0%		k	2%		k	0.02
87	T	1		T	1		T	0.25		T	0.25
88	σ	40%		σ	40%		σ	40%		σ	0.4
89	d1	0.3500		d1	0.2877		d1	0.1375		d1	0.0773
90	N(-d1)	0.3632		N(-d1)	0.3868		N(-d1)	0.4453		N(-d1)	0.4692
91	d2	-0.0500		d2	-0.1123		d2	-0.0625		d2	-0.1227
92	N(-d2)	0.5199		N(-d2)	0.5447		N(-d2)	0.5249		N(-d2)	0.5488
93	exp(-r^f*T)	0.9418		exp(-r^f*T)	0.9418		exp(-r^f*T)	0.9876		exp(-r^f*T)	0.9876
94	exp(-kT)	1.0000		exp(-kT)	1.0000		exp(-kT)	0.9950		exp(-kT)	0.9950
95	p_0	113.84		p_0	122.14		p_0	0.75		p_0	0.82
96											
97	B81	=B83+B95-$B$80					N = IR/K = I/[S_0exp(-kT)+p_0]			929	929
98	E81	=E83+E95-$B$80					J97	=H80*H81/K84			
99							K97	=H80/(K83*K94+K95)			

图 11.5　BSM 模型：退款保证、保证最低收益率

让我们设退款保证的价值是 $p_0(S_0)$，其中，我们强调 $p_0(S_0)$ 是关于 S_0 的复杂函数。我们知道 $S_0 + p_0(S_0) = 1000$，并不知道 S_0 和 $p_0(S_0)$ 的价值分别为多少。由于 $p_0(S_0)$ 函数是不可逆的，我们不能由 $S_0 + p_0(S_0) = 1000$ 计算出 S_0 的解析解。

在单元格 B83 中，我们对电脑的价值 S_0 进行了初始的猜测（900）。在单元格 B81 中，B83 中电脑价值（$S_0 = 900$）和 B95 中退款保证的成本（$p_0 = 113.84$）之和与 B80 中的总成本（$C_0 = 1000$）的差值是 $13.84 \neq 0$。因此，对于 $S_0 = 900$ 的初始猜测是错误的。

我们复制单元格 B81:B95 并将其粘贴到单元格 E81:E95 中，这仅仅是因为我们希望为了教学目的而保留 B 列中初始的猜测值。因此，让我们使用列 E 找到解决方案。使用单变量求解，我们让单元格 E81 中的值变化到 0，从而导致单元 E83 中的输入值为 $S_0 = 877.86$。因此，单元格 E95 中 p_0 变成 122.14。总而言之，1 000 的总支出意味着电脑的费用为 877.86，退款保证的费用为 122.14。

在图 11.5 的右侧，展示了如何通过保护性卖权保证最低收益率。假设投资者总共有 $I = 10\,000$ 要投资，她希望 3 个月后，即 $T = 0.25$ 年，能够得到的最低收益为 $I \times R = 9\,400$（即，最小收益率是 $R = 94\%$）。由于我们既不知道看跌期权的执行价格（K），也不知道在投资者的投资组合中存在的保护性卖权的数量（N），因此我们在单元格 K81 中计算 $S_0 e^{-kT} + p_0(K) - \dfrac{K}{R}$，并让其在解中等于 0。请注意，我们已经将看跌期权费表示为 $p_0(K)$，

---

① 通过 BSM 模型对退款保证进行建模的过程中存在明显缺陷。例如，消费者通常可以在"到期日"之前返还商品，也就是说，它更像是美式看跌期权。

以强调看跌期权费是 K 的复杂函数，我们无法直接解析地求解 K。

对于在单元格 K84 中 $K=10$ 的初始猜测，单元格 K81 中的值不会为 0。[①] 因此，使用单变量求解，我们让单元格 K81 中的值变为 0，可变单元格是 K84。得到的结果是在投资者的保护性卖权中执行价格是 $K=10.121$。在单元格 J97 和 K97 中，我们计算出保护性卖权的数量是 929。[②]

[①] 读者可以在 Excel 中自己证明。
[②] 读者可以自己求解证明

$$10\,000 = I = N(e^{-kT}S_0 + p_0) = 929(e^{-2\%(0.25)}10 + 0.82),\quad t=0 \text{ 和}$$
$$929(10.121) = NK = IR = 10\,000(94\%), t=T$$

第 12 章　复制期权的投资组合

在本章中，我们将探讨如何通过一个由基础资产和债券组成的"替代"投资组合来复制一个期权或一个包含期权的投资组合。当不存在我们希望的期权时，这样的复制是必要的。例如，假设我们拥有一个特定的风险资产，并希望为这个资产创造一个领子期权。如果不存在其基础资产与风险资产相匹配的看涨期权和看跌期权，那么我们就不能直接构造领子期权。① 然而，通过风险资产和债券的复制组合，我们可以模拟与实际领子期权一致的现金流，即我们可以创造一个**合成**的领子期权。本章探讨了关于复制期权和相关投资组合现金流的可能性。

12.1　复制投资组合的计算

有时投资者可能希望建立一个包含欧式期权及其基础资产的投资组合，假设这样的期权并不存在。我们将把这个假设不存在但是却被投资者需要的投资组合称为**被复制的投资组合**。在这种情况下，投资者可以创建一个**复制投资组合**，包括基础资产（在本章中假定为特定的股票指数基金，或者简称为"股票"）和"无风险"债务，以模仿被复制的投资组合的现金流。在最初建立复制投资组合，以及定期地更新它的时候，我们将使用布莱克–斯科尔斯–默顿（BSM）模型。

在执行复制投资组合的过程中，我们将周期性地将投资组合进行**再平衡**，即通过交易股票和债券，来更新中间日期的仓位。这种周期性更新的目的是确保我们的复制组合的价值相对于风险资产（股票）价格的变化的敏感性与期望的复制的投资组合相匹配。再平衡是必要的，它使复制的投资组合在 $t = T$ 时的终值现金流尽可能地接近不存在的被复制的投资组合。在每一个时期，当我们调整复制投资组合时，我们将使用中性现金流约束，即确保投资组合的中期净现金流为 0，与假设复制的投资组合一致。

我们需要解释"中期净现金流"。在下文中，我们考虑到潜在资产在期权生命期间有产生现金流的可能性。根据 BSM 模型，我们假设股票指数基金的连续复利股息支付率为 k。对于这样的股利产生的现金流，我们简单地假设它们在被接收时立刻被再投资到股票中。② 类似地，债务的相关现金流，即利息的支付，也是从短期仓位的持有者支付给长期仓位的持有者。

我们将我们希望复制的投资组合限制为欧式期权和基础资产的组合。假设风险资产的中期现金流被用于再投资到该资产中，那么这些期望的被复制的投资组合在初始日期之后、到期日之前的时间内，没有现金流。因此，我们包含基础资产和债券的复制资产组合必须不产生中期净现金流。简而言之，无论股票或债券的仓位是多头还是空头，我们将考虑与这些

---

① 也可能是我们的风险资产的期权确实存在，但没有符合我们期望的到期日和/或执行价格。无论出于何种原因，如果不存在所需的期权，则可以通过债券和基础资产的组合来复制它。

② 如果我们的投资组合中包含了卖空股票，我们必须将支付的股息给我们借入股票的投资者。

仓位相关的现金流，并重新投资于各自的股票和债券，确保任意时期（$0 < t < T$）的中期净现金流等于 0。

考虑到中间净现金流为 0 的约束条件，当我们再平衡复制投资组合时，确定更新的复制投资组合的仓位的关键是，确保其相对于基础资产价格变化的价值敏感性与假设的被复制的投资组合相匹配。换言之，在更新我们的复制投资组合时，我们希望股票价格（即基础资产）的一个给定的微小变化导致的投资组合的价值变化与被复制的投资组合相匹配。

在我们的复制过程中，我们将执行三种类型的计算，对应于三种类型的日期，计算如下：

（1）在 $t = 0$ 时刻初始仓位的确定；
（2）在所有 $N-1$ 个中间时刻，再平衡仓位的确定，即
$t \in \{\Delta t, 2\Delta t, ..., T - \Delta t\}$，其中 $\Delta t = \dfrac{T}{N}$ 年，共 N 期；
（3）在到期日 $t = T$ 时刻清仓。

最初的复制投资组合：$t = 0$ 时刻

在 $t = 0$ 时刻，用 BSM 模型确定了初始的仓位，因而确定了复制投资组合的初始成本。当然，如果初始成本是正（负）的，那么初始现金流是负（正）的。

中期的再平衡：$t \in \{\Delta t, 2\Delta t, ..., T - \Delta t\}$ 时刻

在 $N-1$ 个中期（再平衡）的时刻 $t \in \{\Delta t, 2\Delta t, ..., T - \Delta t\}$，BSM 模型确定了我们更新的股票仓位，确保复制投资组合的价值敏感性相对于基础资产价格的微小变化与假设的被复制的投资组合相匹配。在确定最优更新的股票仓位后，更新的债券仓位以确保中性现金流，这与由欧式期权及其基础资产构成的被复制的资产组合的现金流一致。

复制的投资组合在到期日的清仓：$t = T$ 时刻

最后，在到期日（$t = T$ 时刻），卖出多头，空头仓位通过还款结算，这将产生到期现金流。如果我们复制投资组合的计算无误，这种现金流应该与被复制的投资组合中的现金流相匹配。

为什么我们需要周期性地更新复制投资组合？

随着时间的推移，复制投资组合对基础资产的微小变动的价值敏感性可能与假设的被复制的投资组合的价值敏感性背离。因此，如果没有更新，那么在到期日（$t = T$ 时刻）的复制投资组合的价值可能与被复制的投资组合差距极大，特别是如果到期日基础资产的价值与它在 $t = 0$ 的初始时刻的价值相差很大。因此，随着时间的推移，我们周期性地更新包含股票和债券的复制投资组合，使其价值敏感性与被复制的投资组合相一致。

如果基础资产波动性较大，那么更新仓位应该更频繁。相对而言，针对基础资产价值的相对突然急剧变化、应该对复制的投资组合进行再平衡。此外，如果被复制的期权是实值（虚值），那么期权价值敏感性随着到期日的临近而增加（减少）。期权价值敏感性也随着到期时间的减少而变化得更快。因此，在其他条件相同的情况下，再平衡的频率可能需要随着时间的推移而增加。简而言之，再平衡应该在任何复制投资组合的价值敏感性与所需被复制的投资组合产生"显著"背离的情况下进行。

正如前面的讨论所说，从业者通常在被复制期权的生命周期中不采用固定的时间间隔

进行再平衡。然而，为了简化说明，我们将使用恒定的再平衡频率：在我们的 N 个时间段中，每一个都具有恒定的 $\frac{T}{N} = \Delta t$ 的长度。

12.1.1 初始时刻的计算：$t=0$

由之前所示的 BSM 模型可知：

$$c_0 = S_0 \left[e^{-kT} SN(d_1(K^c)) \right] - K^c e^{-r^f T} SN(d_2(K^c)), \text{ 并且} \tag{12-1}$$

$$p_0 = K^p e^{-r^f T} SN(-d_2(K^p)) - S_0 \left[e^{-kT} SN(-d_1(K^p)) \right], \tag{12-2}$$

其中

$$d_1(K^i) = \frac{\ln\left(\frac{S_0}{K^i}\right) + T\left(r^f + \frac{\sigma^2}{2} - k\right)}{\sigma\sqrt{T}}, \text{ 并且} \tag{12-3}$$

$$d_2(K^i) = d_1(K^i) - \sigma\sqrt{T}, \tag{12-4}$$

其中 $i \in \{c, p\}$ 分别代表看涨或者看跌期权，我们特别强调两者的执行价格不同，分别为 K^c 和 K^p。如之前所示：

$$\Delta_0^c \equiv \frac{\partial c_0}{\partial S_0} = e^{-kT} SN(d_1(K^c, T)) \in (0, 1), \text{ 并且} \tag{12-5}$$

$$\Delta_0^p \equiv \frac{\partial p_0}{\partial S_0} = -e^{-kT} SN(-d_1(-K^p, T)) \in (-1, 0), \tag{12-6}$$

其中 $d_1(K^c, T)$ 和 $d_1(-K^p, T)$ 强调了在 $t = 0$ 时刻，离到期日有 T 年。

如前所述，我们在包含股票和债券的复制投资组合中，使用股票的仓位，以确保复制投资组合的价值敏感性与被复制的投资组合相匹配。简而言之，我们的复制投资组合（RP）的初始股票数量需要为

$$\boxed{sh_0^{RP} = \Delta_0^{RP} \equiv \frac{\partial RP_0}{\partial S_0},} \tag{12-7}$$

其中，BSM 模型将帮助我们决定 Δ_0^{RP}，这将在之后对具体的组合进行复制的过程展示。

考虑到债券的仓位，我们通过确保初始的复制投资组合现金流与被复制的投资组合相匹配的方法，来确定初始的债券仓位 (B_0)。因此，

$$\boxed{B_0 = \sum_{i=1}^{I} K^i \frac{\partial RP_0}{\partial K^i}, \quad i \in \{1, 2, ..., I\},} \tag{12-8}$$

其中给定我们的复制投资组合中共有 I 个看跌和看涨期权，K^i 表示期权 i 的执行价格。BSM 模型将帮助我们决定每个 $\frac{\partial RP_0}{\partial K^i}$，这将在之后对具体的组合进行复制的过程中展示。

股票和债券初始仓位所产生的现金流量分别为

$$\boxed{CF_0^{eq} = -S_0 \Delta_0^{RP} = -S_0 \frac{\partial RP_0}{\partial S_0}, \quad \text{和}} \tag{12-9}$$

$$\boxed{CF_0^d = -\sum_{i=1}^{I} K^i \frac{\partial RP_0}{\partial K^i}, \quad i \in \{1, 2, ..., I\}} \tag{12-10}$$

结合初始股权和债券的仓位，那么我们的复制投资组合的初始现金流如下：

$$\boxed{CF_0^{RP} = CF_0^{eq} + CF_0^d,} \tag{12-11}$$

或者

$$CF_0^{RP} = -\left[S_0 \frac{RP_0}{\partial S_0} + \sum_{i=1}^{I} K^i \frac{\partial RP_0}{\partial K^i}\right], \quad i \in \{1, 2, ..., I\}, \tag{12-12}$$

$$CF_0^{RP} = -RP_0, \tag{12-13}$$

其中 RP_0 是在 $t = 0$ 时刻复制投资组合的初始价值，即

$$\boxed{RP_0 = S_0 \Delta_0^{RP} + \sum_{i=1}^{I} K^i \frac{\partial RP_0}{\partial K^i} = S_0 \frac{RP_0}{\partial S_0} + \sum_{i=1}^{I} K^i \frac{\partial RP_0}{\partial K^i},} \tag{12-14}$$

其中 $i \in \{1, 2, ..., I\}$。

总之，我们用 BSM 模型来确定我们建立的复制投资组合的初始（$t = 0$ 时刻）仓位，使得它的成本（正或负）正好等于我们假设的不存在的由被复制的欧式期权和基础资产构成的投资组合。如式 (12-13) 所示，我们复制投资组合的初始成本恰好等于被复制的投资组合的价值。

12.1.2 中间日期的计算：$0 < t < T$

在 $N - 1$ 个中间日期中，当我们再平衡投资组合时，以在日期 $t = 0$ 同样的方式，我们再次使用 BSM 模型来确定需要更新的股票仓位。具体而言，最优的复制投资组合其价值敏感度将与被复制的投资组合相匹配。然而，当考虑到我们需要更新的债券位置，我们不再用在日期 $t = 0$，使用的 BSM 模型。相反，我们通过债券仓位的变化，以确保净现金流为 0。这是因为包含欧式期权和可能的基础资产的被复制的投资组合将在日期 $t = 0$ 和 $t = T$ 之间净现金流为 0。因此，我们包含股票和债务的复制投资组合也必须有中性的中期现金流，即所有净中期现金流必须等于 0。

在每一中间时刻 $t \in \{\Delta t, 2\Delta t, ..., T - \Delta t\}$，基于再平衡产生的复制投资组合的净现金流是如下投资行为产生的现金流之和：①

- 忽略股利，股票仓位的再平衡；
- 在 t 时期内，股票产生的股利；
- 忽略利息，债券仓位的再平衡；
- 在 t 时期内，债券产生的利息。

以上四种类型的现金流分别为：

- $-S_t \left(sh_t^{RP} - sh_{t-\Delta t}^{RP}\right)$；
- $S_t \left[sh_{t-\Delta t}^{RP} \left(e^{k\Delta t} - 1\right)\right]$；
- $-(B_t - B_{t-\Delta t})$；
- $B_{t-\Delta t} \left[e^{\Delta t(r^f)} - 1\right]$。

---

① 再次提醒，t 时期在 t 时刻结束。

因此，股票产生的现金流是：①

$$CF_t^{eq} = -S_t\left(sh_t^{RP} - sh_{t-\Delta t}^{RP}\right) + S_t\left[sh_{t-\Delta t}^{RP}\left(e^{k\Delta t} - 1\right)\right], \quad 或$$

$$CF_t^{eq} = -S_t\left(sh_t^{RP} - sh_{t-\Delta t}^{RP} e^{k\Delta t}\right) \tag{12-15}$$

类似地，关于债券的现金流为

$$CF_t^d = -\left(B_t - B_{t-\Delta t}\right) + B_{t-\Delta t}\left[e^{\Delta t(r^f)} - 1\right], \quad 或$$

$$CF_t^d = -\left[B_t - B_{t-\Delta t} e^{\Delta t(r^f)}\right] \tag{12-16}$$

总结一下：

$$\boxed{\begin{aligned} CF_t^{RP} &= CF_t^{eq} + CF_t^d \\ &= -S_t\left(sh_t^{RP} - sh_{t-\Delta t}^{RP} e^{k\Delta t}\right) \\ &\quad - \left(B_t - B_{t-\Delta t} e^{\Delta t(r^f)}\right), \end{aligned}} \tag{12-17}$$

其中，对于每一个再平衡的日期，sh_t^{RP} ($sh_{t-\Delta t}^{RP}$) 是 t ($t-\Delta t$) 时刻，在再平衡之后需要更新的股票仓位。B_t ($B_{t-\Delta t}$) 是 t ($t-\Delta t$) 时刻，在再平衡之后需要更新的债券仓位。

让我们仔细研究 $CF_t^{eq} = -S_t(sh_t^{RP} - sh_{t-\Delta t}^{RP} e^{k\Delta t})$。因为 $sh_{t-\Delta t}^{RP}$ 是 $t-\Delta t$ 时刻在再平衡之后的股票数量，那么由于股息收益的再投资而增加的股票的数量为 $sh_{t-\Delta t}^{RP}(e^{k\Delta t} - 1)$。因此，$sh_{t-\Delta t}^{RP} + sh_{t-\Delta t}^{RP}(e^{k\Delta t} - 1) = sh_{t-\Delta t}^{RP} e^{k\Delta t}$ 是 t 时刻，再平衡之前复制投资组合的股票数量。因此 $sh_t^{RP} - e^{k\Delta t} sh_{t-\Delta t}^{RP}$ 是在 t 时刻，由于投资组合再平衡导致的股票数量的增量。如果 $sh_t^{RP} - sh_{t-\Delta t}^{RP} e^{k\Delta t}$ 是正（负）的，那么股票必须被购买（卖出），导致负（正）的现金流。因为 t 时刻股票价格为 S_t，所以在 t 时刻，由于在复制投资组合中再平衡股票产生的现金流是 $-S_t(sh_t^{RP} - sh_{t-\Delta t}^{RP} e^{k\Delta t})$。

那我们如何得到 sh_t^{RP}？再次，考虑价值对基础资产价格变化的敏感性，我们希望复制投资组合与假设的被复制的投资组合本身相匹配的。因此，比类式 (12-7)，有

$$\boxed{sh_t^{RP} = \Delta_t^{RP} \equiv \frac{\partial RP_t(T-t, S_t)}{\partial S_t}, t \in \{\Delta t, 2\Delta t, ..., T - \Delta t\},} \tag{12-18}$$

---

① 考虑从上一个再平衡日起的总股票价值的变化，另一种分解股票现金流的方法如下：
- 股票价格的总变化，忽略股利；
- 在 t 时期内产生的股利，忽略股票价格的变化和再平衡的影响；
- 给定股利，忽略再平衡的影响，股票价格的变化。

三种现金流分别为
- $-\left[S_t sh_t^{RP} - S_{t-\Delta t} sh_{t-\Delta t}^{RP}\right]$；
- $S_{t-\Delta t} sh_{t-\Delta t}^{RP}\left[e^{k\Delta t} - 1\right]$；
- $\left[S_t - S_{t-\Delta t}\right] sh_{t-\Delta t}^{RP} e^{k\Delta t}$。

因此，关于股票的现金流为

$$CF_t^{eq} = -\left(S_t sh_t^{RP} - S_{t-\Delta t} sh_{t-\Delta t}^{RP}\right) + S_{t-\Delta t} sh_{t-\Delta t}^{RP}\left(e^{k\Delta t} - 1\right)$$
$$+ (S_t - S_{t-\Delta t}) sh_{t-\Delta t}^{RP} e^{k\Delta t},$$
$$或 CF_t^{eq} = -S_t\left(sh_t^{RP} - sh_{t-\Delta t}^{RP} e^{k\Delta t}\right)$$

其中我们强调在 t 时刻,距到期日有 $T-t$ 年,股票的现价为 S_t。稍后,我们将通过具体的例子展示如何使用 BSM 模型来确定更新的股票仓位。

让我们仔细研究 $CF_t^d = -(B_t - B_{t-\Delta t}e^{\Delta t(r^f)})$。因为 $B_{t-\Delta t}$ 是 $t-\Delta t$ 时刻在再平衡之后的债券数量,所以在 1 期后(t 时刻)再平衡之前其价值变化为 $B_{t-\Delta t}e^{\Delta t(r^f)}$,由于周期性的利息为 $B_{t-\Delta t}[e^{\Delta t(r^f)} - 1]$。因此,将再平衡之后债券的价值记为 B_t,那么假设在不考虑交易成本的情况下,$-[B_t - B_{t-\Delta t}e^{\Delta t(r^f)}]$ 是由于再平衡债券产生的现金流贡献。如果 CF_t^d 为正,那么债券的增量可以解释为,如果债券被发行了,在我们的头寸为空头的情况下,如果我们拥有债券多头头寸,那么就是债券被售出了。如果 CF_t^d 为负,那么债券的增量可以解释为,如果我们拥有空头头寸,债券就到期结算了,如果我们拥有多头头寸,那么我们就购买了债券。

那么我们如何计算 B_t?我们利用**中性现金流约束**,即对于所有 $N-1$ 个中间(再平衡)时刻,$t \in \{\Delta t, 2\Delta t, ..., T-\Delta t\}$,$CF_t^{RP} = 0$ 成立。所以由式 (12-17) 设定 $CF_t^{RP} = 0$,那么

$$0 = CF_t^{RP} = -S_t\left(sh_t^{RP} - sh_{t-\Delta t}^{RP}e^{k\Delta t}\right) - \left[B_t - B_{t-\Delta t}e^{\Delta t(r^f)}\right] \tag{12-19}$$

因此,通过式 (12-17) 再平衡后的债券仓位为

$$\boxed{B_t = B_{t-\Delta t}e^{\Delta t(r^f)} - S_t\left(sh_t^{RP} - sh_{t-\Delta t}^{RP}e^{k\Delta t}\right),} \tag{12-20}$$

其中,$\forall t \in \{\Delta t, 2\Delta t, ..., T-\Delta t\}$。由之前 $sh_{t-\Delta t}^{RP}$ 和 $B_{t-\Delta t}$ 在 $t-\Delta t$ 时刻已经确定,因此,t 时刻两个值已知。并且,由式 (12-18),我们给出了在 t 时刻再平衡后的股票数量为 $sh_t^{RP} = \Delta_t^{RP}$。因此,唯一的未知数是式 (12-19) 中的 B_t,我们在每一时刻利用中性现金流约束,通过式 (12-20) 计算出更新的再平衡后的债券仓位。

式 (12-20) 是符合逻辑的。首先,债券的平衡后的数量在之前的中间时刻 $t-\Delta t$ 是 $B_{t-\Delta t}$。因此,1 期之后,在 t 时刻,再平衡之前,其增长到 $B_{t-\Delta t}e^{\Delta t(r^f)}$。接下来,为了保证中性现金流,更新的债券价值必须不仅包含现存债券在 t 时刻、再平衡之前的现值:$B_{t-\Delta t}e^{\Delta t(r^f)}$,还要"吸收"掉再平衡股票所产生的现金流。在再平衡之后的 $t-\Delta t$ 时刻,复制投资组合有 $sh_{t-\Delta t}^{RP}$ 份股票。1 期之后在 t 时刻,再平衡之前,其变为 $e^{k\Delta t}sh_{t-\Delta t}^{RP}$。因此,在 t 时刻必须被购买的,由于再平衡导致的股票数量的增量是 $sh_t^{RP} - e^{k\Delta t}sh_{t-\Delta t}^{RP}$。由于在 t 时刻股票价值为 S_t,因此购买股票产生的现金流是 $-S_t\left(sh_t^{RP} - e^{k\Delta t}sh_{t-\Delta t}^{RP}\right)$。

12.1.3 到期日的计算: $t=T$

在到期日,由于我们只是将复制投资组合简单地清仓,计算变得十分直观。在 $t=T$ 时刻股票价值为 $S_T(sh_{T-\Delta t}^{RP}e^{k\Delta t})$,其中 $sh_{T-\Delta t}^{RP}$ 是在 $T-\Delta t$ 时刻再平衡后的股票数量,即到期前 1 期,其中因子 $e^{k\Delta t}$ 是 $\dfrac{sh_T^{RP}}{sh_{T-\Delta t}^{RP}}$ 的结果。因此,最后一期的股息使得股票数量增加 $sh_{T-\Delta t}^{RP}(e^{k\Delta t} - 1)$。类似地,债券仓位在到期日为 $B_{T-\Delta t}e^{\Delta t(r^f)}$,其中 $B_{T-\Delta t}$ 为在 $T-\Delta t$ 时刻再平衡之后的债券价值。因此,最后一期债券的相应利息为 $B_{T-\Delta t}(e^{\Delta t(r^f)} - 1)$。

债券和股票对现金流的贡献是正还是负?出售股票(或债券)的多头(平仓空头)对现金流有正的(负的)贡献。因此,在到期日($t=T$),复制投资组合的现金流,即其**回报**,等

于：

$$CF_T^{RP} = S_T \left(sh_{T-\Delta t}^{RP} e^{k\Delta t} \right) + B_{T-\Delta t} e^{\Delta t (r^f)} = RP_T, \tag{12-21}$$

其中 RP_T 在到期时复制投资组合的价值。在我们进行了足够频繁的更新的情况下，这应该与被复制的投资组合的到期价值紧密匹配，因为我们的复制投资组合做得很好。在 $\Delta t = \dfrac{T}{N}$ 减少的情况下，即给定到期日 (T) 的情况下，区间数 (N) 不断增加，那么 RP_T 将在到期日越来越接近假设的被复制的投资组合。[①]

12.1.4 复制投资组合的计算综述

在初始 $t=0$ 时刻和所有 $N-1$ 个中间时刻 $t \in \{\Delta t, 2\Delta t, ..., T-\Delta t\}$ 我们使用 BSM 模型来计算所需股票的数量，这样我们的复制投资组合对基础股票价格的微小变化 Δ_t^{RP} 和假设的不存在的被复制的投资组合具有相同的价值敏感性。考虑到复制投资组合中的债务的仓位，初始日期的计算不同于中间日期的计算。最初（即 $t=0$ 时刻），通过 BSM 模型计算债务仓位。而在每个中间日期，更新的债务仓位是通过式 (12-20) 计算的，它确保了中性净现金流。最后，在到期日（$t=T$），任何买入多头头寸被出售，并且任何卖出空头头寸被平仓。

根据我们的目标，包含股票和债券的复制投资组合的现金流将与被复制的投资组合紧密匹配。实际上，净现金流在到期之前的所有日期，$t \in \{0, 1\Delta t, 2\Delta t, ..., T-\Delta t\}$，会完美匹配被复制的投资组合。唯一的在到期日的其他现金流，将近似匹配被复制的投资组合，近似情况随着再平衡频率的增加将得到改善。

复制投资组合的标度

在下面，我们将复制单一证券或一些证券资产组合。显然，复制在现实世界的应用需要大量资金。因此，实践者需要将这些小的复制投资组合进行比较。我们从一个简单的复制投资组合到现实世界进行外推，只需要将每一种相关类型的证券的计算结果乘以一个特定的常数。这个常数只是投资总额 (I) 与我们的每一个复制投资组合中的证券的初始值 (RP_0) 的比率。因此，乘数 $M^{RP} = \dfrac{I}{RP_0}$ 提升了资产的仓位、价值、现金流。

在接下来，我们将复制：

(a) 一份（单一的）欧式看涨期权；

(b) 一份保护性卖权（单一的购买一份股票和单一的一份基础资产为该股票的看跌期权）；

(c) 一份领子期权（单一的购买一份股票、一份基础资产为该股票的看跌期权（执行价格 K^p）和一份基础资产是该股票的看涨期权（执行价格为 K^c），其中 $K^p < K^c$）。

在每一种情况下，分别给定复制投资组合的初始成本：(a) c_0, (b) $pp_0 = S_0 + p_0$, 和 (c)

[①] 提醒读者，我们忽略了交易成本。然而，虽然增加再平衡的频率有利于减少复制和被复制的投资组合的到期日回报之间的差异，但它伴随着交易成本的增加。再平衡导致交易成本。在实践中，当到期时间在离现在相当远的时候，不频繁的再平衡在复制的初始阶段通常是足够的。然而，随着时间的推移，再平衡通常变得更加频繁。这些超出了我们的考虑范围，因为我们只是在不变的时间间隔内进行再平衡。

$co_0 = S_0 + p_0(K^p) - c_0(K^c)$，那么合适的乘数为

$$M^c = \frac{I}{c_0}, \quad M^{pp} = \frac{I}{pp_0} \quad \text{和} \quad M^{co} = \frac{I}{co_0} \tag{12-22}$$

简而言之，所有的结果都是将该特定复制投资组合简单地乘以适当的倍数。

本章没有介绍新的 Excel 功能。

12.2 复制欧式看涨期权

借鉴上一节的计算方法，我们可以复制一个欧式看涨期权。我们将执行对应于三种"类型"日期的计算：

(a) 在 $t = 0$ 时刻初始仓位的确定；

(b) 在所有 $N-1$ 个中间时刻，再平衡仓位的确定，
$t \in \{\Delta t, 2\Delta t, ..., T - \Delta t\}$，其中 $\Delta t = \dfrac{T}{N}$，共 N 期；

(c) 在到期日 $t = T$ 时刻清仓。

12.2.1 初始时刻的计算：$t= 0$

由 BSM 模型可知，看涨期权的费用是

$$c_0 = S_0 \left\{ e^{-kT} SN(d_1) \right\} - Ke^{-r^fT} SN(d_2), \tag{12-23}$$

其中，

$$d_1 = \frac{\ln\left(\dfrac{S_0}{K}\right) + T\left(r^f + \dfrac{\sigma^2}{2} - k\right)}{\sigma\sqrt{T}}, \quad d_2 = d_1 - \sigma\sqrt{T} \tag{12-24}$$

如之前所示，

$$\Delta_0^c \equiv \frac{\partial c_0}{\partial S_0} = e^{-kT} SN(d_1) \in (0, 1) \tag{12-25}$$

在我们的由股票和债券构成的复制看涨期权的组合中，我们使用股票的仓位以确保组合价值灵敏度匹配被复制的投资组合，即欧式看涨期权。简而言之，我们的复制投资组合（RP）的初始股票数量为

$$sh_0^c = \Delta_0^{RP} \equiv \frac{\partial RP_0}{\partial S_0} = \frac{\partial c_0}{\partial S_0} = \Delta_0^c \tag{12-26}$$

由于 $\Delta_0^c > 0$，因此我们的股票仓位是多头。因此，初始的股票仓位需要现金购买，即产生了负的现金流。购买 Δ_0^c 单位的价格为 S_0 的股票需要现金 $S_0\Delta^c > 0$，所以 $CF_0^{eq} = -S_0\Delta^c < 0$。

关于债券在我们的复制看涨期权组合中的仓位，我们通过确保复制投资组合的初始现金流与被复制投资组合相匹配的方式，来确定债券的初始仓位（B_0），即

$$B_0 = K\frac{\partial RP_0}{\partial K} = K\frac{\partial c_0}{\partial K} = -Ke^{-r^fT}SN(d_2) < 0 \tag{12-27}$$

负号意味着空头，所以我们发行债券。债券的发行对现金流有积极的贡献，其值为 $CF_0^d = Ke^{-r^fT}SN(d_2) > 0$，即其（部分）有助于为购买我们复制投资组合中的股票提供资金。

总结一下：

$$CF_0^{eq} = -S_0 \Delta_0^c = -S_0 \frac{\partial c_0}{\partial S_0} = -S_0 \{e^{-kT} SN(d_1)\} < 0, \tag{12-28}$$

$$CF_0^d = -K \frac{\partial c_0}{\partial K} = K e^{-r^f T} SN(d_2) > 0, \tag{12-29}$$

$$CF_0^{RP} = CF_0^{eq} + CF_0^d < 0, \tag{12-30}$$

$$CF_0^{RP} = -S_0 \{e^{-kT} SN(d_1)\} + K e^{-r^f T} SN(d_2) < 0, \text{和} \tag{12-31}$$

$$CF_0^{RP} = -RP_0 = -c_0 < 0, \tag{12-32}$$

其中，复制看涨期权的投资组合的正初始价值（$t=0$ 时刻）为

$$RP_0 = c_0 = S_0 \Delta_0^c + K \frac{\partial c_0}{\partial K} = S_0 \frac{\partial c_0}{\partial S_0} + K \frac{\partial c_0}{\partial K} > 0 \tag{12-33}$$

我们使用了 BSM 模型来帮助我们建立复制欧式看涨期权的投资组合的初始（$t=0$）仓位。出售债券得到的资金是用来部分购买股票的。如式 (12-32) 所示，我们复制的投资组合的初始成本恰好匹配一个等价的（假设的、不存在的）看涨期权的价值，正如我们所需要的一样。

12.2.2 中间日期的计算：$0 < t < T$

我们如何得到 sh_t^c？对比式 (12-7)，有

$$sh_t^c = \Delta_t^c \equiv \frac{\partial c_t(T-t, S_t)}{\partial S_t} = e^{-k(T-t)} SN(d_1(T-t, S_t)) \in (0,1), \tag{12-34}$$

其中 $\forall t \in \{\Delta t, 2\Delta t, ..., T-\Delta t\}$。我们强调了在 t 时刻距到期日还有 $T-t$ 年，股票现价是 S_t。因为 $sh_t^c > 0$，我们的复制欧式看涨期权组合仍然是持有股票多头。

我们如何得到更新后的复制欧式看涨期权组合中的债券仓位 B_t？我们利用**中性现金流约束**，即对于所有的 $N-1$ 个中间（再平衡）日期，$t \in \{\Delta t, 2\Delta t, ..., T-\Delta t\}$，$CF_t^c = 0$ 成立。因此，通过式 (12-20) 计算得到的再平衡后的债券价值为

$$B_t = B_{t-\Delta t} e^{\Delta t(r^f)} - S_t \left[sh_t^c - sh_{t-\Delta t}^c e^{k\Delta t} \right], \tag{12-35}$$

其中 $\forall t \in \{\Delta t, 2\Delta t, ..., T-\Delta t\}$，$sh_t^c = \Delta_t^c(T-t, S_t)$ 且 $sh_{t-\Delta t}^c = \Delta_{t-\Delta t}^c(T-(t-\Delta t), S_{t-\Delta t})$。回顾一下债务在复制欧式看涨期权时的仓位是空仓，即 $B_t < 0$。因此，如果 $B_t > (<) B_{t-\Delta t} e^{\Delta t(r^f)}$，那么，在其他条件相同的情况下，再平衡后的债券仓位比再平衡前的（负值）要少（多），也就是说，债务已经被退还（发行），对现金流作出了负的（正的）贡献。

12.2.3 到期日的计算：$t=T$

在 $t=T$ 时刻，股票多头价值 $S_T(e^{k\Delta t} sh_{T-\Delta t}^c) > 0$，其中 $sh_{T-\Delta t}^c$ 是在 $T-\Delta t$ 时刻，到期日 1 期之前，再平衡之后的股票数量。债券空头在到期日的价值是 $B_{T-\Delta t} e^{\Delta t(r^f)} < 0$，其中 $B_{T-\Delta t}$ 是 $T-\Delta t$ 时刻，到期日 1 期之前，再平衡之后的债券价值。因此，在到期时，我

们出售股权，并终止债券责任（即平仓），即

$$CF_T^{RP} = S_T \left(sh_{T-\Delta t}^c e^{k\Delta t}\right) + B_{T-\Delta t} e^{\Delta t \left(r^f\right)} \tag{12-36}$$
$$= S_T \left(sh_{T-\Delta t}^c e^{k\Delta t}\right) - \left|B_{T-\Delta t} e^{\Delta t \left(r^f\right)}\right|$$
$$\approx c_T = \max\left(0, S_T - K\right)$$

我们再次注意到，以欧式看涨期权为例，复制投资组合的到期日现金流大致与被复制的投资组合相匹配。最后，如前所述，在到期之前复制投资组合的所有现金流恰好与被复制的投资组合，即欧式看涨期权的现金流相匹配。

欧式看涨期权的标度

作为提醒，如果从单一的欧式看涨期权推广到实际复制投资组合中的结果，则需要在之前所有的计算上乘以乘数 $M^c = \dfrac{I}{c_0}$。换句话说，sh_t，B_t，CF_t^{eq}，CF_t^d 和 CF_t^c，$t \in \{0, \Delta t, 2\Delta t, ..., (N-1)\Delta t, T\}$，都需要被乘以 M^c。

12.3 复制领子期权

在复制领子期权时，我们使用与看涨期权相同的原则。如前所述，关键是确保在每次再平衡之后，复制领子期权投资组合的价值敏感性匹配假设被复制的投资组合。换言之，我们希望，由股票价格的一个给定的小变化导致的复制投资组合价值的变化，与被复制的投资组合相匹配。当然，我们限制我们复制的投资组合是净现金流中性的，与领子期权本身一致。我们的复制要求我们执行三种类型的计算，分别对应于三种类型的日期，计算如下：

(a) 在 $t=0$ 时刻初始仓位的确定；
(b) 在所有 $N-1$ 个中间时刻[①]，再平衡仓位的确定；
(c) 在到期日 $t=T$ 时刻清仓。

我们现在考虑一个**领子期权**，定义如下：

(a) 买入 e^{-kT} 单位股票（股票即为基础资产）[②]；
(b) 买入关于这一股票的看跌期权，执行价格 K^p；
(c) 卖出关于这一股票的看涨期权，执行价格 $K^c > K^p$。

所有期权的到期日都是 T。

12.3.1 初始时刻的计算：$t=0$

从之前所示的 BSM 模型可知：

$$c_0 = S_0 \left[e^{-kT} SN\left(d_1\left(K^c\right)\right)\right] - K^c e^{-r^f T} SN\left(d_2\left(K^c\right)\right), \tag{12-37}$$

$$p_0 = K^p e^{-r^f T} SN\left(-d_2\left(K^p\right)\right) - S_0 \left[e^{-kT} SN\left(-d_1\left(K^p\right)\right)\right], \tag{12-38}$$

[①] $N-1$ 个中间时刻具体为：$t \in \{\Delta t, 2\Delta t, ..., T - \Delta t\}$。
[②] 在到期日领子期权包含 1 单位的股票。因此我们必须在初始包含 e^{-kT} 单位股票，因为股票会随着时间的推移，在 T 年后，即到期日时增长到 $e^{-kT} e^{kT} = 1$ 单位。

其中

$$d_1(K^i) = \frac{\ln\left(\dfrac{S_0}{K^i}\right) + T\left(r^f + \dfrac{\sigma^2}{2} - k\right)}{\sigma\sqrt{T}}, \tag{12-39}$$

$$d_2(K^i) = d_1(K^i) - \sigma\sqrt{T}, \quad i \in \{c, p\} \tag{12-40}$$

通过领子期权的定义，其中 $K^p < K^c$，初始成本是

$$\begin{aligned}co_0 &= e^{-kT}S_0 + p_0(K^p) - c_0(K^c) \\ &= e^{-kT}S_0 + \left\{K^p e^{-r^f T} SN(-d_2(K^p)) - S_0\left[e^{-kT} SN(-d_1(K^p))\right]\right\} \\ &\quad - \left\{S_0\left[e^{-kT} SN(d_1(K^c))\right] - K^c e^{-r^f T} SN(d_2(K^c))\right\}\end{aligned} \tag{12-41}$$

化简后，式 (12-41) 变为

$$\begin{aligned}co_0 &= e^{-kT}S_0\left\{1 - [SN(-d_1(K^p)) + SN(d_1(K^c))]\right\} \\ &\quad + e^{-r^f T}[K^p SN(-d_2(K^p)) + K^c SN(d_2(K^c))]\end{aligned} \tag{12-42}$$

像以前一样，我们通过在我们复制的包含股票和债券的投资组合中，建立股票的仓位，确保其价值敏感的股票价格的小变化与被复制投资组合，即领子期权相区配。假设的领子期权的的初始价格敏感性是

$$\begin{aligned}\frac{\partial co_0}{\partial S_0} &= \frac{\partial\left(e^{-kT}S_0 + p_0(K^p) - c_0(K^c)\right)}{\partial S_0} = e^{-kT} + \Delta^p(K^p) - \Delta^c(K^c), \\ \frac{\partial co_0}{\partial S_0} &\equiv \Delta_0^{co} = e^{-kT}\left\{1 - [SN(-d_1(K^p)) + SN(d_1(K^c))]\right\} \\ &= e^{-kT}[SN(d_1(K^p)) - SN(d_1(K^c))],\end{aligned} \tag{12-43}$$

其中 $SN(x) = 1 - SN(-x)$。因此，在我们复制的领子期权投资组合中，通过式 (12-43)，我们需要初始股票仓位是 $e^{-kT}[SN(d_1(K^p)) - SN(d_1(K^c))]$ 单位股票。最终，因为 $SN(d_1(K^p)) > SN(d_1(K^c))$，那么这一复制领子期权投资组合包含了股票的多头，即 $sh_0^{co} = \Delta_0^{co} = \dfrac{\partial co_0}{\partial S_0} > 0$。①

因为 $sh_0^{co} = \Delta_0^{co} = \dfrac{\partial co_0}{\partial S_0} > 0$，那么领子期权初始持有的是股票多头。这一股票多头在所有条件相同的情况下，贡献了负的初始现金流。

考虑到复制领子期权的投资组合中的初始债券仓位，通过式 (12-42) 可得，债券仓位是：

$$B_0^{co} = e^{-r^f T}[K^p SN(-d_2(K^p)) + K^c SN(d_2(K^c))] > 0 \tag{12-44}$$

因为 $B_0^{co} > 0$，我们是进入债务多头，这意味着我们购买它，在其他条件相同的情况下，对初始现金流产生负的影响。

---

① 因为对于领子期权来说，$K^p < K^c$，只要 $\dfrac{\partial d_1}{\partial K} = -\dfrac{1}{K\sigma\sqrt{T}} < 0$ 和 $\dfrac{\partial SN(x)}{\partial x} = Sn(x) > 0$，那么 $K^p < K^c \Rightarrow d_1(K^p) > d_1(K^c) \Rightarrow SN(d_1(K^p)) > SN(d_1(K^c))$。

结合我们的包含债券和股票的复制领子期权投资组合（RP），初始现金流是

$$CF_0^{co} = CF_0^{eq} + CF_0^d \tag{12-45}$$
$$= -\mathrm{e}^{-kT}S_0\left\{1 - [SN(-d_1(K^p)) + SN(d_1(K^c))]\right\} -$$
$$\mathrm{e}^{-r^fT}[K^pSN(-d_2(K^p)) + K^cSN(d_2(K^c))]$$
$$= -\left[\mathrm{e}^{-kT}S_0 + p_0(K^p) - c_0(K^c)\right] = CF_0^{RP} = -RP_0 < 0,$$

我们的复制领子期权投资组合是持有股票和债券的多头。

12.3.2 中间日期的计算：$0 < t < T$

考虑到再平衡投资组合的中间日期，以 $t=0$ 时刻同样的方式，我们再次通过 BSM 模型，确定更新的股票仓位。具体地说，我们再次希望确保我们复制投资组合的价值敏感性正好与复制的投资组合，即领子期权相匹配。

我们如何得到更新后的股票仓位？在 t 时刻，利用与式 (12-43) 类似的等式，即

$$sh_t^{co} = \Delta_t^{co} \equiv \frac{\partial co_t}{\partial S_t} \tag{12-46}$$
$$= \mathrm{e}^{-k(T-t)}\left[1 - SN(-d_1(K^p, T-t, S_t)) - SN(d_1(K^c, T-t, S_t))\right],$$
$$= \mathrm{e}^{-k(T-t)}\left[SN(d_1(K^p, T-t, S_t)) - SN(d_1(K^c, T-t, S_t))\right],$$

其中 $t \in \{1\Delta t, 2\Delta t, ..., T - \Delta t\}$。

关于在我们的复制领子期权投资组合中债券数量的更新，我们使用中性净现金流约束来计算 B_t，即

$$B_t = B_{t-\Delta t}\mathrm{e}^{\Delta t(r^f)} - S_t\left(sh_t^{co} - sh_{t-\Delta t}^{co}\mathrm{e}^{k\Delta t}\right), \tag{12-47}$$

其中 sh_t^{co} 是通过式 (12-46) 得到的，并且

$$sh_{t-\Delta t}^{co} = \mathrm{e}^{-k(T-(t-\Delta t))}\{SN(d_1(K^p, T-(t-\Delta t), S_{t-\Delta t}))$$
$$- SN(d_1(K^c, T-(t-\Delta t), S_{t-\Delta t}))\}$$

sh_t^{co} 明显是在 $t - \Delta t$ 时刻被计算出来的。

12.3.3 到期日的计算：$t=T$

复制领子期权投资组合在到期日的回报是

$$CF_T^{RP} = S_T\left(sh_{T-\Delta t}^{co}\mathrm{e}^{k\Delta t}\right) + B_{T-\Delta t}\mathrm{e}^{\Delta t(r^f)} \tag{12-48}$$
$$\approx S_T + \max(0, K^p - S_T) + \min(0, K^c - S_T) \tag{12-49}$$
$$= co_T$$

注意在式 (12-49) 中，我们已经表明，我们的复制投资组合的到期现金流大约等于领子期权的到期现金流。

欧式领子期权的标度

作为提醒，如果从单一的欧式领子期权推广到实际复制投资组合中的结果，则需要在之前所有的计算乘以乘数 $M^{co} = \dfrac{I}{co_0}$。换句话说，sh_t，B_t，CF_t^{eq}，CF_t^d 和 CF_t^{co}，$t \in \{0, \Delta t, 2\Delta t, ..., (N-1)\Delta t, T\}$，都需要被乘以 M^{co}。

12.4 复制保护性卖权

在复制保护性卖权（PP）时，我们使用与先前复制相同的原则，即看涨期权和领子期权的那些原则。与以前一样，关键是要确保在每个再平衡之后，复制投资组合的价值敏感性与假设被复制的保护性卖权相匹配。

我们的复制要求我们执行对应于三个类型日期的计算：

(a) 在 $t = 0$ 时刻初始仓位的确定;

(b) 在所有 $N-1$ 的中间时刻[1]，再平衡仓位的确定;

(c) 在到期日 $t = T$ 时刻清仓。

考虑保护性卖权，定义如下：

(a) 买入 e^{-kT} 单位股票（即基础资产）;[2]

(b) 买入关于该股票的一单位看跌期权，执行价格为 K，到期日为 T。

12.4.1 初始时刻的计算: $t = 0$

根据之前所述的 BSM 公式，看跌期权价格是

$$p_0 = Ke^{-r^f T} SN(-d_2) - S_0 \left\{ e^{-kT} SN(-d_1) \right\}, \tag{12-50}$$

其中

$$d_1 = \dfrac{\ln\left(\dfrac{S_0}{K}\right) + T\left(r^f + \dfrac{\sigma^2}{2} - k\right)}{\sigma\sqrt{T}}, \quad d_2 = d_1 - \sigma\sqrt{T} \tag{12-51}$$

根据保护性卖权的定义，初始成本是

$$\begin{aligned} pp_0 &= e^{-kT} S_0 + (p_0) \\ &= e^{-kT} S_0 + \left(Ke^{-r^f T} SN(-d_2) - S_0 e^{-kT} SN(-d_1) \right) \\ &= e^{-kT} S_0 (1 - SN(-d_1)) + Ke^{-r^f T} SN(-d_2) \\ &= e^{-kT} S_0 (SN(d_1)) + Ke^{-r^f T} SN(-d_2) \end{aligned} \tag{12-52}$$

在包含股票和债券的复制保护性卖权投资组合中，通过确定股票的仓位，确保其对股票价格的小变动的敏感性与被复制的投资组合相匹配，然后有[3]

---

[1] $N-1$ 个中间时刻具体为：$t \in \{\Delta t, 2\Delta t, ..., T - \Delta t\}$。

[2] 在到期日保护性卖权期权包含 1 单位股票的多头。因此我们必须在初始包含 e^{-kT} 单位股票。

[3] 因为 $SN(x) \in (0,1)$ 和 $e^{-kT} \in (0,1)$，所以 $\dfrac{\partial pp_0}{\partial S_0} = \Delta_0^{pp} \in (0,1)$。

$$sh_0^{pp} = \frac{\partial pp_0}{\partial S_0} = \Delta_0^{pp} = \frac{\partial \left(e^{-kT}S_0 + p_0\right)}{\partial S_0} = e^{-kT} + \Delta^p \in (0,1).$$

$$sh_0^{pp} = e^{-kT}\left(1 - SN(-d_1)\right) = e^{-kT}SN(d_1) = \Delta^c(K^p), \tag{12-53}$$

其中 $e^{-kT} + \Delta^p = \Delta^c$。保护性卖权对基础股票价格变动的敏感性与和保护性卖权中的看跌期权参数一致的看涨期权相同。事实上，一个看涨期权和一个保护性卖权，关于股票价格的价值敏感性分析图具有相同的形状；它们在不同的地方仅存在一个常数差异。最后，因为 $sh_0^{pp} > 0$，我们复制保护性卖权投资组合的方法是买入股票。

考虑到我们的复制投资组合中初始债券仓位，通过式 (12-52)，有

$$B_0^{pp} = K\frac{\partial pp_0}{\partial K} = +Ke^{-r^fT}\left(SN(-d_2)\right) > 0 \tag{12-54}$$

因为它是正的，我们进入债务多头，这意味着我们最初购买债务。

结合我们的复制保护性卖权投资组合的股票和债务头寸，初始现金流贡献如下：

$$CF_0^{pp} = -e^{-kT}S_0\left[1 - (SN(-d_1))\right] - Ke^{-r^fT}SN(-d_2) \tag{12-55}$$

$$= CF_0^{eq} + CF_0^d = -pp_0 < 0, \tag{12-56}$$

其中 CF_0^{eq} 和 CF_0^d 都是负的，这是因为复制保护性卖权的投资组合中股票和债券的仓位都是多头。

12.4.2 中间日期的计算：$0 < t < T$

和之前一样，在每一个中间日期 $t \in \{\Delta t, 2\Delta t, ..., T - \Delta t\}$，由于再平衡导致的我们复制保护性卖权投资组合的现金流是更新债券和股票仓位导致的现金流之和，即

$$CF_t^{RP} = CF_t^{eq} + CF_t^d$$

$$= -S_t\left(sh_t^{pp} - sh_{t-\Delta t}^{pp}e^{k\Delta t}\right) - \left(B_t - B_{t-\Delta t}e^{\Delta t(r^f)}\right)$$

我们如何得到更新后的股票仓位？与之前的计算一致：

$$sh_t^{pp} = \Delta_t^{pp} \equiv \frac{\partial pp_t}{\partial S_t} \tag{12-57}$$

$$= e^{-k(T-t)}\left[1 - SN(-d_1(T-t, S_t))\right] = e^{-k(T-t)}SN(d_1(T-t, S_t))$$

使用我们的中性现金流约束，我们计算 B_t^{pp} 为

$$B_t^{pp} = B_{t-\Delta t}^{pp}e^{\Delta t(r^f)} - S_t\left(sh_t^{pp} - sh_{t-\Delta t}^{pp}e^{k\Delta t}\right), \tag{12-58}$$

其中 sh_t^{pp} 是通过式 (12-58) 得到的，并且

$$sh_{t-\Delta t}^{pp} = e^{-k(T-(t-\Delta t))}\left[1 - SN(-d_1(T-(t-\Delta t), S_{t-\Delta t}))\right]$$

明显是通过 $t - \Delta t$ 时刻的计算得到的。

12.4.3 到期日的计算：$t=T$

复制保护性卖权期权投资组合在到期日的回报是

$$CF_T^{pp} = S_T \left(sh_{T-\Delta t}^{pp} e^{k\Delta t}\right) + B_{T-\Delta t}^{pp} e^{\Delta t(r^f)} \tag{12-59}$$

$$\approx pp_T = S_T + \max(0, K - S_T) = \max(S_T, K) \tag{12-60}$$

注意在式 (12-60) 中，我们已经表明，我们的复制投资组合的到期现金流大约等于保护性卖权的到期现金流。

保护性卖权的标度

作为提醒，为了推广先前讨论的结果，也就是说，从单一的保护性卖权推广到实际复制投资组合中的结果，需要在之前所有的计算乘以乘数 $M^{pp} = \dfrac{I}{pp_0}$。换句话说，sh_t, B_t, CF_t^{eq}, CF_t^d 和 CF_t^{pp}, $t \in \{0, \Delta t, 2\Delta t, ..., (N-1)\Delta t, T\}$，都需要乘以 M^{pp}。

12.5 例：看跌期权、多头跨式期权、持保看涨期权

在本节中，我们将展示三种不同类型的期权投资组合的复制：欧式看跌期权、欧式多头跨式期权和欧式持保看涨期权。对于三者中的每一者，我们展示两条可能的价格路径：一条是期权在到期时是实值；另一条是期权在到期时不是实值。通过这样做，我们可以探索复制组合时仓位的差异。

12.5.1 例：看跌期权，价格路径 I

图 12.1 展示了如何用股票和债券复制不存在的欧式看跌期权，其中只使用无风险债券和股票，股票是被复制的看跌期权的基础资产。

我们选择通过单元格 E1 确定模型的周期为 $N = 10$。由于要复制的看跌期权到期的时间是 0.1 年（单元格 B7），那么再平衡投资组合之间的间隔时间是 0.01 年（单元格 H1），或者 3 至 4 天。单元格 B3:B8 中为其他输入参数。第 2 行显示时间的流逝，但不用于计算。

第 3 行显示了一个任意的股票价格路径，其中假定股票价格从 $S_0 = 18$（单元格 B3）开始，并随时间线性下降，直到到期时达到 $S_T = 14$（单元格 L3）。给定 4 单位的总股价下跌，这等于每周期减少 0.4 单位，如单元格 K1 中所示。[①]请注意，第 7 行更新每个时间段，以计算到期之前的剩余时间，因为在使用 BSM 模型时需要这一参数。读者将看到这一系列单元格——B2:B15, C2:C15, $\cdots$, K2:K15，是 BSM 模型的计算，并且最终在第 15 行中计算出期权费。

如图 12.1 的下半部分所示，我们将计算划分为三个种类：(1) 初始日期 ($t = 0$) 的计算，在单元格 B19:B29 中；(2) 中间日期 ($t \in \{\Delta t, 2\Delta t, ..., T - \Delta t\}$) 的计算，在单元格 C19:K29 中；(3) 到期日 ($t = T$) 的计算，在单元格 L19:L29 中。

对于看跌期权来说，BSM 模型中每期股票数量是通过 $sh_t = -e^{-k(T-t)}SN(-d_1(T-t))$ 来进行更新的，其中 $t \in \{0, \Delta t, 2\Delta t, ..., T - \Delta t\}$。因此，单元格 B20:K20 是相同的格式，以 B20 为例，其公式是 "=-B14*B10"。

[①] 在实现这种复制时，股票价格路径是已知的，即已实现。为了说明如何执行复制，我们必须假定一个路径。

	A	B	C	D	E	F	G	H	I	J	K	L	M
1	看跌期权				N	10		Δt	0.01		ΔS	-0.4	
2	t	0	0.01	0.02	0.03	0.04	0.05	0.06	0.07	0.08	0.09	0.1	
3	S_0	18	17.6	17.2	16.8	16.4	16	15.6	15.2	14.8	14.4	14	
4	K	16	16	16	16	16	16	16	16	16	16	16	
5	r^f	6%	6%	6%	6%	6%	6%	6%	6%	6%	6%		
6	k	2%	2%	2%	2%	2%	2%	2%	2%	2%	2%		
7	T-t	0.1	0.09	0.08	0.07	0.06	0.05	0.04	0.03	0.02	0.01	0	
8	σ	40%	40%	40%	40%	40%	40%	40%	40%	40%	40%		
9	d1	1.026	0.884	0.724	0.540	0.326	0.067	-0.256	-0.688	-1.336	-2.604		
10	N(-d1)	0.152	0.188	0.235	0.294	0.372	0.473	0.601	0.754	0.909	0.995		
11	d2	0.900	0.764	0.611	0.435	0.228	-0.022	-0.336	-0.758	-1.392	-2.644		
12	N(-d2)	0.184	0.222	0.271	0.332	0.410	0.509	0.632	0.776	0.918	0.996		
13	exp(-r^f*T)	0.994	0.995	0.995	0.996	0.996	0.997	0.998	0.998	0.999	0.999		
14	exp(-kT)	0.998	0.998	0.998	0.999	0.999	0.999	0.999	0.999	1.000	1.000		
15	p_0	0.19	0.23	0.28	0.35	0.44	0.55	0.71	0.93	1.22	1.59	2.00	
16	H1 =B7/E1		K1 =-0.4		C2 =B2+$H1		C3 =B3+$K1		C4 =B4		C5 =B5		
17	C6 =B6		C7 =B7-$H1		C8 =B8			B10 =NORM.S.DIST(-B9,1)					
18	B12 =NORM.S.DIST(-B11,1)									L15 =MAX(0,L4-L3)			
19	sh_t^-		-0.152	-0.188	-0.234	-0.294	-0.372	-0.473	-0.601	-0.754	-0.909	-0.995	
20	sh_t^+	-0.15	-0.19	-0.23	-0.29	-0.37	-0.47	-0.60	-0.75	-0.91	-1.00	0	
21	Δsh_t	-0.15	-0.036	-0.046	-0.060	-0.078	-0.101	-0.128	-0.153	-0.155	-0.086	0.995	
22	Eq_t	-2.74	-3.31	-4.03	-4.94	-6.10	-7.56	-9.37	-11.46	-13.45	-14.33		
23	CF_t^{Eq}	2.74	0.630	0.794	1.006	1.277	1.612	1.994	2.327	2.290	1.241	-13.94	
24	B_t^-		2.931	3.563	4.359	5.368	6.649	8.266	10.267	12.601	14.900	16.151	
25	B_t^+	2.93	3.561	4.357	5.365	6.645	8.261	10.260	12.594	14.891	16.141	0	
26	p_t^{RP}	0.191	0.253	0.330	0.425	0.545	0.697	0.889	1.134	1.441	1.811		
27	p_t	0.191	0.231	0.282	0.349	0.437	0.554	0.712	0.929	1.221	1.594	2.000	
28	Δp_t	0.00	0.02	0.05	0.08	0.11	0.14	0.18	0.21	0.22	0.22		
29	CF_t^{RP}	-0.19	0.000	0.000	0.000	0.000	0.000	0.000	0.000	0.000	0.000	2.216	
30	t = 0:	B20 =-B14*B10		B21 =B20-B19		B22 =B20*B3			B23 =-B21*B3				
31	B25 =B13*B4*B12			B26 =B22+B25			B27 =B15		B28 =B26-B27				
32	0 < t < T:		C19 =B20/$K14			C24 =B25/$K13			C25 =C24+C23				
33	t = T:		L20 =0		L25 =0		L27 =L15						

图 12.1 用股票和债券复制看跌期权,第一部分

考虑到在 $t=0$ 时的债券水平,单元格 B25 计算了初始债券价值 $Ke^{-r^fT}SN(-d_2(T-t))$,为 "=B4*B13*B12"。在中间日期,中性现金流原则意味着更新的债券价值是 $B_{t-\Delta t}e^{r^f\Delta t} + CF_t^{Eq}$,其中 $CF_t^{Eq} = -S_t(sh_t - sh_{t-\Delta t}e^{kT})$。因此单元格 C25:K25 都是可比的,如单元格 C25 包含公式 "=C24+C23",其中单元格 C23 是 CF_t^{Eq},单元格 C24 是 "=B25/$K13",因为单元格 B25 是 $B_{t-\Delta t}$,K13 是 $e^{-r^f\Delta t}$,因此 $1/K13$ 与 $e^{r^f\Delta t}$ 相同。

对各期进行总结,第 26 行中是更新后的看跌期权复制投资组合,加总所有组成成分的价值,即 $p_t^{RP} = B_t + Eq_t$。第 27 行是更新后的 BSM 看跌期权的价值,第 28 行是假设被复制的看跌期权和复制看跌期权的投资组合的价值之差。第 29 行展示了周期的复制投资组合的净现金流:$CF_t^{Eq} + CF_t^B$。

在到期日,对复制投资组合进行清仓,即看跌期权是买入债券和卖空股票,因此债券被

售出股票的收入清偿。考虑到买入债券，单元格 L24 的值 $CF_T^B = B_{T-\Delta t} e^{r^f \Delta t} = 16.151$ 是由 "=K25/K13" 计算出来的。考虑到卖空的股票，单元格 L23 的值 $CF_T^{Eq} = S_T(sh_{T-\Delta t} e^{k\Delta t}) = -13.94$ 是由 "=-L3*L21" 计算出来的。

在这一复制中，一个假设的看跌期权的回报是 2.00，由 $p_T = \max(0, K-S_T) = \max(0, 16-14) = 2$ 得到（单元格 L27）。复制看跌期权投资组合的回报是 2.216（单元格 L29），与假设的看跌期权有大约 10% 的差异。如之前所讨论，更频繁的再平衡会增加到期日的复制投资组合对被复制看跌期权的贴近程度，尤其是当股票的价格在 5 周内狂跌 −22%，从 18 跌到 14 时。

12.5.2　例：看跌期权，价格路径 II

图 12.2 中复制了与图 12.1 中相同的欧式看跌期权。我们希望用一个不同的未来潜在股票价格路径来检测这个模型。

	A	B	C	D	E	F	G	H	I	J	K	L
37	看跌期权			N	10			Δt	0.01		ΔS	0.4
38	t	0	0.01	0.02	0.03	0.04	0.05	0.06	0.07	0.08	0.09	0.1
39	S_0	<u>14</u>	<u>14.4</u>	<u>14.8</u>	<u>15.2</u>	<u>15.6</u>	<u>16</u>	<u>16.4</u>	<u>16.8</u>	<u>17.2</u>	<u>17.6</u>	<u>18</u>
40	K	16	16	16	16	16	16	16	16	16	16	16
41	r^f	6%	6%	6%	6%	6%	6%	6%	6%	6%	6%	
42	k	2%	2%	2%	2%	2%	2%	2%	2%	2%	2%	
43	T-t	0.1	0.09	0.08	0.07	0.06	0.05	0.04	0.03	0.02	0.01	0
44	σ	40%	40%	40%	40%	40%	40%	40%	40%	40%	40%	
45	d1	-0.961	-0.788	-0.604	-0.405	-0.185	0.067	0.369	0.756	1.321	2.413	
46	N(-d1)	0.832	0.785	0.727	0.657	0.573	0.473	0.356	0.225	0.093	0.008	
47	d2	-1.087	-0.908	-0.717	-0.511	-0.283	-0.022	0.289	0.687	1.264	2.373	
48	N(-d2)	0.862	0.818	0.763	0.695	0.611	0.509	0.386	0.246	0.103	0.009	
49	exp(-r^f*T)	0.994	0.995	0.995	0.996	0.996	0.997	0.997	0.998	0.998	0.999	
50	exp(-kT)	0.998	0.998	0.998	0.999	0.999	0.999	0.999	0.999	1.000	1.000	
51	p_0	2.08	1.74	1.41	1.10	0.81	0.55	0.33	0.16	0.04	0.00	0.00
52	K37 =0.4		B39 =14		C38 =B38+$H37			C39 =B39+$K37					
53													
54													
55	sh_t^-		-0.830	-0.783	-0.726	-0.657	-0.573	-0.473	-0.356	-0.225	-0.093	-0.008
56	sh_t^+	-0.83	-0.78	-0.73	-0.66	-0.57	-0.47	-0.36	-0.22	-0.09	-0.01	0
57	Δsh_t	-0.83	0.047	0.057	0.070	0.084	0.100	0.117	0.131	0.131	0.085	0.008
58	Eq_t	-11.62	-11.28	-10.74	-9.98	-8.93	-7.56	-5.84	-3.77	-1.60	-0.14	
59	CF_t^{Eq}	11.62	-0.676	-0.850	-1.059	-1.309	-1.600	-1.918	-2.207	-2.261	-1.502	-0.14
60	B_t^-		13.710	13.042	12.200	11.148	9.844	8.249	6.335	4.131	1.871	0.369
61	B_t^+	13.70	13.035	12.193	11.141	9.838	8.244	6.331	4.128	1.870	0.369	0
62	p_t^{RP}	2.082	1.756	1.448	1.163	0.905	0.680	0.494	0.354	0.266	0.230	
63	p_t	2.082	1.740	1.412	1.101	0.813	0.554	0.331	0.156	0.043	0.002	0.000
64	Δp_t	0.00	0.02	0.04	0.06	0.09	0.13	0.16	0.20	0.22	0.23	
65	CF_t^{RP}	-2.08	0.000	0.000	0.000	0.000	0.000	0.000	0.000	0.000	0.000	0.227

图 12.2　用股票和债券复制欧式看跌期权，第二部分

图 12.1 中所示的工作表中的单元格 A1:M30 被复制并粘贴到了图 12.2 的工作表中的单元格 A37:M66。然而，股票价格的路径不一样了。在图 12.1 中，股票价格从 18 变化到 14，然而在图 12.2 中，其从 14 变化到 18。这些变化仅仅来源于两个单元格的变化：K37 从 -0.4 变到 0.4，B39 从 18 变到 14。除此之外，两个工作表中其余的单元格都是相同的。

在这一复制中，一个假设的看跌期权的回报是 0，因为 $p_T = \max(0, K - S_T) = \max(0, 16 - 18) = 0$（单元格 L63）。复制看涨期权投资组合的回报是 0.227（单元格 L65）。如之前所讨论的，更频繁的再平衡会增加到期日的复制投资组合对被复制看涨期权的贴近程度，尤其是当股票的价格在 5 周内狂涨 29%，从 14 涨到 18 时。

12.5.3 看跌期权：对比不同价格路径的情境

下面我们对比一下上述两种价格路径。思考一个看跌期权的回报函数 $p_T(S_T)$，当看跌期权为实值（虚值）时，即 $S_T < K$（$S_T > K$）即，它有一个 -1（0）的斜率。因此，在第一种情境中，当看跌开始（结束）于虚值（实值）时，看跌期权的复制投资组合中的股票数量开始接近 0，然后稳步减少，并在到期时接近 -1。为了得到与到期时的看跌期权相匹配的回报，债券多头头寸随着时间推移而增加，以抵消越来越大的股票空头头寸。

相比之下，在第二种情况下，当看跌期权开始（结束）于实值（虚值）时，看跌期权复制投资组合中的股票数量开始接近 -1，然后稳步增长，在到期日接近 0。为了匹配到期日看跌期权的回报，债券多头头寸随着时间的推移而相应减少，以抵消越来越少的股票空头头寸。

12.5.4 例：多头跨式期权，价格路径 I

图 12.3 展示了如何用股票和债券复制由一个欧式看跌期权多头和一个欧式看涨期权多头组成的多头跨式期权，其中两个期权的执行价格相等。它只使用无风险债券和股票来进行复制，其中股票是假设的多头跨式期权的基础资产。

图 12.3 中的工作表和图 12.1 以及图 12.2 中的工作表差别很小。第 17 行计算了买入看涨期权的费用。对于工作表的下半部分，只有第 22 行与之前的不同，这是因为对于多头跨式期权 $sh_t = e^{-k(T-t)}[SN(d_1(T-t, K^c)) - SN(-d_1(T-t, K^p))]$，$t \in \{0, \Delta t, 2\Delta t, ..., T - \Delta t\}$。举个例子，单元格 B22 的公式为 "=B16*(B10-B11)"。除此之外，图 12.3 中单元格的公式都与在图 12.1 和图 12.2 中对应的单元格相同。

在到期日，对复制投资组合进行清仓。在这一特别的情况下，股票价格的终值是 $S_T = 13$，看跌期权（看涨期权）在到期日是实值（虚值）。最初，当 $S_T > K$ 时，多头跨式期权的仓位由股票多头和债券空头组成。相反，在到期日，股票价格变为 $K < S_T$，复制的投资组合变成了股票空头和债券多头。因此，在到期日时，债券被卖出，股票的债务被偿付。考虑到债券的多头，单元格 L26 中的值 $CF_T^B = B_{T-\Delta t} e^{r^f \Delta t} = 15.286$ 由 "=K27/K15" 计算得到。考虑到股票的空头，单元格 L25 中的值 $CF_T^{Eq} = S_T(sh_{T-\Delta t} e^{k\Delta t}) = -12.93$ 由 "=-L3*L23" 计算得到。

在这一复制中，一个假设的多头跨式期权的回报是 2.00（单元格 L31）。因为 $p_T + c_T = \max(0, K - S_T) + \max(0, S_T - K) = \max(0, 15 - 13) + \max(0, 13 - 15) = 2 + 0 = 2$（单元格 L29）。复制投资组合的回报是 2.35，和假设的多头跨式期权有大约 18% 的差异。如之前所讨论的，更频繁的再平衡会增加到期日的复制投资组合对被复制多头跨式期权的贴近程度，尤其是当股票的价格在 5 周内狂跌 29%，从 17 下跌到 13 时。

	A	B	C	D	E	F	G	H	I	J	K	L
1	多头跨式期权, K=14				N	10		Δt	0.01		ΔS	-0.4
2	t	0	0.01	0.02	0.03	0.04	0.05	0.06	0.07	0.08	0.09	0.1
3	S_0	**17**	**16.6**	**16.2**	**15.8**	**15.4**	**15**	**14.6**	**14.2**	**13.8**	**13.4**	**13**
4	$K^C = K^P$	15	15	15	15	15	15	15	15	15	15	15
5	r^f	6%	6%	6%	6%	6%	6%	6%	6%	6%	6%	
6	k	2%	2%	2%	2%	2%	2%	2%	2%	2%	2%	
7	$T-t$	0.1	0.09	0.08	0.07	0.06	0.05	0.04	0.03	0.02	0.01	0
8	σ	40%	40%	40%	40%	40%	40%	40%	40%	40%	40%	
9	d1	1.084	0.935	0.765	0.570	0.342	0.067	-0.278	-0.739	-1.432	-2.790	
10	N(d1)	0.861	0.825	0.778	0.716	0.634	0.527	0.391	0.230	0.076	0.003	
11	N(-d1)	0.139	0.175	0.222	0.284	0.366	0.473	0.609	0.770	0.924	0.997	
12	d2	0.958	0.815	0.652	0.465	0.244	-0.022	-0.358	-0.808	-1.488	-2.830	
13	N(d2)	0.831	0.792	0.743	0.679	0.596	0.491	0.360	0.209	0.068	0.002	
14	N(-d2)	0.169	0.208	0.257	0.321	0.404	0.509	0.640	0.791	0.932	0.998	
15	exp(-r^f*T)	0.994	0.995	0.995	0.996	0.996	0.997	0.998	0.998	0.999	**0.999**	
16	exp(-kT)	0.998	0.998	0.998	0.999	0.999	0.999	0.999	0.999	1.000	**1.000**	
17	c_0	2.22	1.85	1.49	1.15	0.84	0.55	0.31	0.13	0.03	0.00	0.00
18	p_0	0.16	0.20	0.25	0.31	0.40	0.52	0.68	0.91	1.21	1.59	2.00
19	p_0	0.16	0.20	0.25	0.31	0.40	0.52	0.68	0.91	1.21	1.59	
20										L17 =MAX(0,L3-L4)	L18 =MAX(0,L4-L3)	
21	sh_t^-		0.721	0.649	0.555	0.431	0.267	0.053	-0.219	-0.540	-0.848	-0.995
22	sh_t^+	0.720	0.649	0.555	0.431	0.267	0.053	-0.219	-0.540	-0.847	-0.995	0
23	Δsh_t	0.720	-0.072	-0.094	-0.124	-0.164	-0.214	-0.272	-0.321	-0.307	-0.147	0.995
24	Eq_t	12.25	10.77	8.99	6.81	4.12	0.80	-3.19	-7.67	-11.69	-13.33	
25	CF_t^{Eq}	-12.25	1.190	1.524	1.960	2.520	3.210	3.973	4.560	4.243	1.969	-12.93
26	B_t^-		-9.875	-8.690	-7.171	-5.214	-2.695	0.515	4.491	9.056	13.307	15.286
27	B_t^+	-9.869	-8.685	-7.166	-5.211	-2.694	0.515	4.489	9.051	13.299	15.276	0
28	LS_t^{RP}	2.38	2.086	1.823	1.598	1.424	1.317	1.296	1.385	1.605	1.950	
29	LS_t	2.377	2.047	1.741	1.466	1.235	1.068	0.990	1.036	1.240	1.595	2.00
30	ΔLS_t	0.000	0.038	0.082	0.133	0.189	0.248	0.306	0.350	0.365	0.355	
31	CF_t^{RP}	-2.38	0.000	0.000	0.000	0.000	0.000	0.000	0.000	0.000	0.000	2.35
32	t = 0:	B22 =B16*(B10-B11)			B27 =B15*B4*(B14-B13)				B28 =B24+B27			
33		B29 =B17+B18			B31 =B25-(B27-B26)							

图 12.3 用股票和债券复制多头跨式期权，第一部分

12.5.5 例：多头跨式期权，价格路径 II

图 12.4 与图 12.3 一样，复制了相同的多头跨式期权。我们想要用一个不同的未来潜在股票价格路径来检测这个模型。

图 12.3 中所示的单元格 A1:M32 被复制并粘贴到了图 12.4 中的单元格 A36:M67。然而，股票价格的路径不一样了。在图 12.3 中，股票价格从 17 变化到 13，然而在图 12.4 中，其从 13 变化到 17。这些变化仅仅来源于两个单元格的变化：K36 从 -0.4 变到 0.4，B38 从 17 变到 13。除此之外，两个工作表中其余的单元格都是相同的。

在这一复制中，一个假设的多头跨式期权的回报是 2。因为 $p_T + c_T = \max(0, K - S_T) + \max(0, S_T - K) = \max(0, 15-17) + \max(0, 17-15) = 0 + 2 = 2$（单元格 L64）。复制多头跨式

期权投资组合的回报是 2.37（单元格 L66）。如之前所讨论的，更频繁的再平衡会增加到期日的复制投资组合对被复制多头跨式的贴近程度，尤其是当股票的价格在 5 周内狂涨 31%，从 13 上涨到 17 时。

	A	B	C	D	E	F	G	H	I	J	K	L
36	多头跨式期权, K=14					N 10		Δt 0.01			ΔS 0.4	
37	t	0	0.01	0.02	0.03	0.04	0.05	0.06	0.07	0.08	0.09	0.1
38	S_0	13	13.4	13.8	14.2	14.6	15	15.4	15.8	16.2	16.6	17
39	$K^C = K^P$	15	15	15	15	15	15	15	15	15	15	15
40	r^f	6%	6%	6%	6%	6%	6%	6%	6%	6%	6%	
41	k	2%	2%	2%	2%	2%	2%	2%	2%	2%	2%	
42	$T-t$	0.1	0.09	0.08	0.07	0.06	0.05	0.04	0.03	0.02	0.01	0
43	σ	40%	40%	40%	40%	40%	40%	40%	40%	40%	40%	
44	d_1	-1.036	-0.850	-0.652	-0.439	-0.202	0.067	0.389	0.802	1.403	2.564	
45	$N(d_1)$	0.150	0.198	0.257	0.331	0.420	0.527	0.651	0.789	0.920	0.995	
46	$N(-d_1)$	0.850	0.802	0.743	0.669	0.580	0.473	0.349	0.211	0.080	0.005	
47	d_2	-1.163	-0.970	-0.765	-0.544	-0.300	-0.022	0.309	0.733	1.346	2.524	
48	$N(d_2)$	0.122	0.166	0.222	0.293	0.382	0.491	0.621	0.768	0.911	0.994	
49	$N(-d_2)$	0.878	0.834	0.778	0.707	0.618	0.509	0.379	0.232	0.089	0.006	
50	$\exp(-r^f T)$	0.994	0.995	0.995	0.996	0.996	0.997	0.998	0.998	0.999	0.999	
51	$\exp(-kT)$	0.998	0.998	0.998	0.999	0.999	0.999	0.999	0.999	1.000	1.000	
52	c_0	0.12	0.17	0.23	0.31	0.41	0.55	0.73	0.95	1.25	1.61	2.00
53	p_0	2.06	1.71	1.38	1.07	0.78	0.52	0.30	0.14	0.03	0.00	0.00
54	p_0	2.06	1.71	1.38	1.07	0.78	0.52	0.30	0.14	0.03	0.00	
55												
56	sh_t^-		-0.699	-0.604	-0.485	-0.339	-0.160	0.053	0.303	0.577	0.839	0.990
57	sh_t^+	-0.699	-0.604	-0.485	-0.339	-0.160	0.053	0.302	0.577	0.839	0.989	0
58	Δsh_t	-0.699	0.095	0.119	0.146	0.178	0.214	0.249	0.275	0.262	0.150	-0.990
59	Eq_t	-9.08	-8.09	-6.69	-4.81	-2.34	0.80	4.66	9.12	13.59	16.42	
60	CF_t^{Eq}	9.08	-1.275	-1.639	-2.080	-2.605	-3.205	-3.835	-4.338	-4.242	-2.494	16.82
61	B_t^-		11.266	9.997	8.363	6.286	3.684	0.479	-3.357	-7.700	-11.95	-14.45
62	B_t^+	11.259	9.991	8.358	6.282	3.682	0.479	-3.355	-7.695	-11.94	-14.44	0
63	LS_t^{RP}	2.18	1.903	1.666	1.476	1.343	1.281	1.302	1.422	1.650	1.982	
64	LS_t	2.178	1.877	1.607	1.374	1.190	1.068	1.027	1.089	1.280	1.608	2.00
65	ΔLS_t	0.000	0.026	0.059	0.101	0.153	0.212	0.276	0.334	0.371	0.374	
66	CF_t^{RP}	-2.18	0.000	0.000	0.000	0.000	0.000	0.000	0.000	0.000	0.000	2.37
67	K36 =0.4			B38 =13		C38 =B38+$K36						

图 12.4 用股票和债券复制多头跨式期权，第二部分

12.5.6 多头跨式期权：对比不同价格路径的情境

下面我们对比一下上述两种价格路径的情境。想想一个多头跨式期权的回报函数：$ls_T(S_T)$。当 $S_T < K$ （$S_T > K$）时，它的斜率为 -1 （0）。因此，在第一种情境中，当股票价格从大于 K（$t=0$）变为小于 K（$t=T$）时，股票数量从开始 $t=0$ 时的接近 1，变成到期时（$t=T$）时的接近 -1。债券开始时是空头、后来变为多头。

相比之下，在第二种情况下，当股票价格从小于 K（$t=0$）变为大于 K（$t=T$）时，股票数量从开始（$t=0$）时的接近 -1，变成到期（$t=T$）时的接近 1。债券开始时是多头，后

来变为空头。

12.5.7 例：持保看涨期权，价格路径 I

图 12.5 展示了如何用股票和债券复制由一个欧式看涨期权空头和一份股票多头组成的持保看涨期权，其中两个期权的执行价格相等。它只使用无风险债券和股票来进行复制，其中股票是假设的持保看涨期权的基础资产。这一部分的图与之前的图差别很小，主要的不同是对于 $sh_t,\ t \in \{0, \Delta t, 2\Delta t, ..., T-\Delta t\}$ 的计算，对于持保看涨期权来说，其等于 $\mathrm{e}^{-k(T-t)}[1 - SN(d_1(T-t, S_{T-t}))]$。第 20 行的单元格中包含了这一不同，如单元格 B20 的公式为"=B14*(1-B10)"。除此之外，单元格中的公式都与在图 12.1、图 12.2、图 12.3 和图 12.4 中对应的单元格相同。

	A	B	C	D	E	F	G	H	I	J	K	L
1	持保看涨期权			N	10		Δt	0.01		ΔS	-0.4	
2	t	0	0.01	0.02	0.03	0.04	0.05	0.06	0.07	0.08	0.09	0.1
3	S_0	18	17.6	17.2	16.8	16.4	16	15.6	15.2	14.8	14.4	14
4	K	16	16	16	16	16	16	16	16	16	16	16
5	r^f	6%	6%	6%	6%	6%	6%	6%	6%	6%	6%	
6	k	2%	2%	2%	2%	2%	2%	2%	2%	2%	2%	
7	$T\text{-}t$	0.1	0.09	0.08	0.07	0.06	0.05	0.04	0.03	0.02	0.01	0
8	σ	40%	40%	40%	40%	40%	40%	40%	40%	40%	40%	
9	d1	1.026	0.884	0.724	0.540	0.326	0.067	-0.256	-0.688	-1.336	-2.604	
10	N(d1)	0.848	0.812	0.765	0.706	0.628	0.527	0.399	0.246	0.091	0.005	
11	d2	0.900	0.764	0.611	0.435	0.228	-0.022	-0.336	-0.758	-1.392	-2.644	
12	N(d2)	0.816	0.778	0.729	0.668	0.590	0.491	0.368	0.224	0.082	0.004	
13	$\exp(-r^f*T)$	0.994	0.995	0.995	0.996	0.996	0.997	0.998	0.998	0.999	0.999	
14	exp(-kT)	0.998	0.998	0.998	0.999	0.999	0.999	0.999	0.999	1.000	1.000	
15	c_0	2.25	1.89	1.53	1.19	0.87	0.59	0.34	0.15	0.03	0.00	0.00
16	H1 =B7/E1		K1 -0.4		C2 =B2+$H1		C3 =B3+$K1		C4 =B4		C5 =B5	
17	C6 =B6		C7 =B7-$H1		C8 =B8					L15 =MAX(0,L3-L4)		
18												
19	sh_t^-		0.152	0.188	0.234	0.294	0.372	0.473	0.601	0.754	0.909	0.995
20	sh_t^+	0.152	0.188	0.234	0.294	0.372	0.473	0.601	0.754	0.909	0.995	0
21	Δsh_t	0.152	0.036	0.046	0.060	0.078	0.101	0.128	0.153	0.155	0.086	-0.995
22	Eq_t	2.738	3.308	4.027	4.940	6.100	7.565	9.371	11.460	13.451	14.331	
23	CF_t^{Eq}	-2.74	-0.630	-0.794	-1.006	-1.277	-1.612	-1.994	-2.327	-2.290	-1.241	13.936
24	B_t^-		12.983	12.361	11.574	10.574	9.303	7.696	5.705	3.380	1.090	-0.151
25	B_t^+	12.975	12.353	11.567	10.568	9.297	7.691	5.701	3.377	1.090	-0.151	0
26	CC_t^{RP}	15.713	15.661	15.594	15.508	15.398	15.256	15.072	14.837	14.540	14.180	
27	CC_t	15.713	15.683	15.641	15.584	15.506	15.398	15.249	15.043	14.760	14.396	14.000
28	ΔCC_t	0.000	-0.022	-0.048	-0.076	-0.108	-0.143	-0.177	-0.205	-0.219	-0.216	
29	CF_t^{RP}	-15.71	0.000	0.000	0.000	0.000	0.000	0.000	0.000	0.000	0.000	13.784
30	t = 0:	B20 =B14*(1-B10)			B21 =B20-B19			B22 =B20*B3			B23 =-B21*B3	
31	B25 =B13*B4*B12			B26 =B22+B25			B27 =B3*B14-B15			B28 =B26-B27		
32	B29 =B23-(B25-B24)											
33	0 < t < T:		C19 =B20/$K14			C24 =B25/$K13			C25 =C24+C23			
34	t = T:	L20 =0		L25 =0								
35												

图 12.5 用股票和债券复制持保看涨期权，第一部分

在到期日,对复制投资组合进行清仓。在这一特别的情况下,股票价格的终值是 $S_T = 14$,看涨期权是虚值,其仅占复制期权组合中较少的股票和债务仓位。因此,在到期日时主要的仓位是买入股票。因此,在到期日时,复制的投资组合中股票的数目是 1,债务的仓位接近于 0。

在这一复制中,一个假设的持保看涨期权的回报是 14,因为 $S_T - c_T = \min(S_T, K) = \min(14, 16) = 14$(单元格 L27)。复制投资组合的回报是 13.784(单元格 L29),和假设的持保看涨期权有大约 2% 的差异。如之前所讨论的,更频繁的再平衡会增加到期日的复制投资组合对被复制持保看涨期权的贴近程度,尤其是当股票的价格在 5 周内狂跌 22%,从 18 下跌到 14 时。

12.5.8 例:持保看涨期权,价格路径 II

图 12.6 与图 12.5 一样,复制了相同的持保看涨期权。我们希望用一个不同的未来潜在股票价格路径来检测这个模型。

	A	B	C	D	E	F	G	H	I	J	K	L	M
38	持保看涨期权				N	10		Δt	0.01		ΔS	0.4	
39	t	0	0.01	0.02	0.03	0.04	0.05	0.06	0.07	0.08	0.09	0.1	
40	S_0	_14_	_14.4_	_14.8_	_15.2_	_15.6_	_16_	_16.4_	_16.8_	_17.2_	_17.6_	_18_	
41	K	16	16	16	16	16	16	16	16	16	16	16	
42	r^f	6%	6%	6%	6%	6%	6%	6%	6%	6%	6%		
43	k	2%	2%	2%	2%	2%	2%	2%	2%	2%	2%		
44	T-t	0.1	0.09	0.08	0.07	0.06	0.05	0.04	0.03	0.02	0.01	0	
45	σ	40%	40%	40%	40%	40%	40%	40%	40%	40%	40%		
46	d1	-0.961	-0.788	-0.604	-0.405	-0.185	0.067	0.369	0.756	1.321	2.413		
47	N(d1)	0.168	0.215	0.273	0.343	0.427	0.527	0.644	0.775	0.907	0.992		
48	d2	-1.087	-0.908	-0.717	-0.511	-0.283	-0.022	0.289	0.687	1.264	2.373		
49	N(d2)	0.138	0.182	0.237	0.305	0.389	0.491	0.614	0.754	0.897	0.991		
50	exp(-r^f*T)	0.994	0.995	0.995	0.996	0.996	0.997	0.998	0.998	0.999	0.999		
51	exp(-kT)	0.998	0.998	0.998	0.999	0.999	0.999	0.999	0.999	1.000	1.000		
52	c_0	0.15	0.20	0.26	0.35	0.45	0.59	0.76	0.97	1.26	1.61	2.00	
53	K38 =0.4			B40 =14		C40 =B40+$K38			C44 =B44-$H38				
54													
55													
56	sh_t^-		0.830	0.783	0.726	0.657	0.573	0.473	0.356	0.225	0.093	0.008	
57	sh_t^+	0.830	0.783	0.726	0.656	0.573	0.473	0.356	0.225	0.093	0.008	0	
58	Δsh_t	0.830	-0.047	-0.057	-0.070	-0.084	-0.100	-0.117	-0.131	-0.131	-0.085	-0.008	
59	Eq_t	11.620	11.279	10.745	9.978	8.934	7.565	5.837	3.774	1.604	0.139		
60	CF_t^{Eq}	-11.62	0.676	0.850	1.059	1.309	1.600	1.918	2.207	2.261	1.502	0.142	
61	B_t^-		2.203	2.881	3.733	4.795	6.108	7.712	9.636	11.850	14.119	15.631	
62	B_t^+	2.202	2.879	3.731	4.792	6.104	7.708	9.631	11.843	14.111	15.621	0	
63	CC_t^{RP}	13.822	14.158	14.475	14.770	15.038	15.272	15.467	15.617	15.715	15.761		
64	CC_t	13.822	14.174	14.512	14.832	15.129	15.398	15.631	15.815	15.937	15.989	16.000	
65	ΔCC_t	0.000	-0.016	-0.036	-0.062	-0.092	-0.126	-0.163	-0.198	-0.223	-0.228		
66	CF_t^{RP}	-13.82	0.000	0.000	0.000	0.000	0.000	0.000	0.000	0.000	0.000	15.773	
67													

图 12.6 用股票和债券复制持保看涨期权,第二部分

图 12.5 中的单元格 A1:M30 被复制并粘贴到了图 12.6 中的单元格 A38:M67。然而，股票价格的路径不一样了。在图 12.5 中，股票价格从 18 变化到 14，然而在图 12.6 中，其从 14 变化到 18。这些变化仅仅来源于两个单元格的变化：K38 从 −0.4 变到 0.4，B40 从 18 变到 14。除此之外，两个工作表中其余的单元格都是相同的。

在这一复制中，假设的持保看涨期权的回报是 16。因为 $S_T - c_T = \min(K, S_T) = \min(16, 18) = 16$（单元格 L64）。复制多头跨式期权投资组合的回报是 15.773（单元格 L66），两者之间的差异小于 2%。

12.5.9　持保看涨期权：对比不同价格路径的情境

下面我们对比一下上述两种价格路径的情境。想想一个持保看涨期权的回报函数 $cc_T(S_T)$。当实值（虚值）时，即 $S_T < K$（$S_T > K$）时，它的斜率为 1（0）。因此，在第一种情境中，当股票价格从大于 K（$t = 0$）变成小于 K（$t = T$）时，股票数量从开始（$t = 0$）的接近 0，变成在到期时（$t = T$）时的接近 1。债券开始时是多头，并且仓位很大变成在日期到接近 0，这是因为持保看涨期权的回报与股票的回报相匹配，当在到期日时，看涨期权为虚值，即股票价格较低（$S_T < K$）。

相比之下，在第二种情况下，当股票价格从小于 K（$t = 0$）变成大于 K（$t = T$）时，股票数量从开始（$t = 0$）时的接近 1，变成在到期（$t = T$）的接近 0。债券由开始时仓位很小变成在到期时接近于 K，这是因为持保看涨期权的回报是 K，当在到期日时，看涨期权为实值，即股票价格较高（$S_T > K$）。

第13章 复制期权投资组合的再回顾

本章继续第12章的主题。第12章讨论了一般的复制方法，本章引入了一种在特殊情况下，即复制投资组合中关于基础资产和债券都是多头的情况下可以使用的方法。正如前面所讨论的，这种复制的目的是建立一个合成的资产组合，它只包含基础资产和债券，它们复制了一个理想的基于期权的投资组合，即假设的被复制的投资组合的现金流。

13.1 另一种复制投资组合的方法

如果复制投资组合中的债券和股票都是多头，那么在每一个中间时期，BSM 模型不仅可以用来更新复制投资组合的股权位置，也可以更新债券位置。相对于先前的例子，只有更新的过程（即再平衡）在 $N-1$ 个中间日期 $t \in \{\Delta t, 2\Delta t, ..., T-\Delta t\}$ 不同。换句话说，投资组合的初始建立（$t=0$ 时刻）的仓位以及到期日（$t=T$ 时刻）清仓都与以前相同。因此，在本章中，我们只显示中间日期数据计算中的差异，因为初始日期和到期日期的计算与第12章中的相同。

在这种方法中，我们使用中性现金流约束的方式与以前略有不同。在中间日期 $t \in \{\Delta t, 2\Delta t, ..., T-\Delta t\}$，再平衡之前有

$$Eq_t^- = S_t\left(sh_{t-\Delta t}e^{k\Delta t}\right), \tag{13-1}$$

$$B_t^- = B_{t-\Delta t}e^{r^f(\Delta t)}, \quad 和 \tag{13-2}$$

$$RP^- = Eq_t^- + B_t^- = S_t\left(sh_{t-\Delta t}e^{k\Delta t}\right) + B_{t-\Delta t}e^{r^f(\Delta t)}, \tag{13-3}$$

其中上标"$-$"代表在 t 时刻再平衡前的一刻。与之前相同，我们忽略交易成本，那么**中性现金流约束** $CF_t^{RP} = 0$，意味着复制投资组合的价值（RP），再平衡后必须等于再平衡前，即

$$RP_t = RP_t^- = S_t\left(sh_{t-\Delta t}e^{k\Delta t}\right) + B_{t-\Delta t}e^{r^f(\Delta t)}, \tag{13-4}$$

$\forall t \in \{\Delta t, 2\Delta t, ..., T-\Delta t\}$。

如果复制投资为中的股票和债券都是的多头，那么分别更新对应的股票和债券价值 RV^{eq} 和 RV^d，可以在到期日之前的任意时刻被计算出，方法如下：[1]

$$RV_t^{eq} = S_t(sh_t) = S_t\frac{\partial RP_t}{\partial S_t} = S_t\Delta_t^{RP} > 0, \tag{13-5}$$

$$RV_t^d = \sum_{i=1}^{I} K^i \frac{\partial RP_t}{\partial K^i} > 0, \quad i \in \{1, 2, ..., I\}, \tag{13-6}$$

---

[1] 初始时（即 $t=0$ 时刻），使用这一计算得到的结果与通过先前方法计算得到的结果相同。

其中 I 是看涨期权和看跌期权的总和。在给定特定的需要被复制的投资组合的情况下，我们可以使用 BSM 公式来分别计算 RV_t^{eq} 和 RV_t^d。式 (13-5) 和式 (13-6) 在满足假设的情况下都为正。①

通过计算股票和债券的相对价值，我们可以确定更新后的复制投资组合中股票和债券的权重：

$$w_t^{eq} = \frac{RV_t^{eq}}{RV_t^{eq} + RV_t^d} \in (0,1), \tag{13-7}$$

$$w_t^d = \frac{RV_t^d}{RV_t^{eq} + RV_t^d} = 1 - w_t^{eq} \in (0,1) \tag{13-8}$$

根据假设，通过在每个中间日期进行再平衡实现的这些权重都是正的，因此，也必须都是 0 和 1 之间的分数。

由于再平衡，更新的股票和债券的仓位分别是

$$B_t = w_t^d [RP_t] = w_t^d \left[S_t \left(sh_{t-\Delta t} e^{k\Delta t} \right) + B_{t-\Delta t} e^{r_f(\Delta t)} \right], \tag{13-9}$$

$$Eq_t = w_t^{eq} [RP_t] = w_t^{eq} \left[S_t \left(sh_{t-\Delta t} e^{k\Delta t} \right) + B_{t-\Delta t} e^{r_f(\Delta t)} \right] \tag{13-10}$$

由于 $Eq_t = S_t(sh_t)$，因此更新后的股票数量是

$$sh_t = \frac{Eq_t}{S_t} = \frac{w_t^{Eq} RP_t}{S_t} = \frac{RV_t^{eq}}{RV_t^{eq} + RV_t^d} \frac{RP_t}{S_t},$$

$$sh_t = \frac{RV_t^{eq}}{RV_t^{eq} + RV_t^d} \left(sh_{t-\Delta t} e^{k\Delta t} + \frac{B_{t-\Delta t} e^{r_f(\Delta t)}}{S_t} \right) \tag{13-11}$$

如之前所解释的，给定需要被复制的投资组合，RV_t^{eq} 和 RV_t^d 是由 BSM 公式计算出来的。

13.2 复制投资组合的标度

作为提醒，为了拓展这些讨论的结果，即，对于一个或多个单个证券组成的投资组合，若实践中总投资为 TO，应该在所有计算结果上乘以以下乘数：

$$M^{RP} = \frac{I}{RP_0}, \tag{13-12}$$

换句话说，对于 $t \in \{0, \Delta t, 2\Delta t, ..., (N-1)\Delta t, T\}$，$sh_t$，$B_t$，$CF_t^{eq}$，$CF_t^d$ 和 CF_t^{RP} 都需要被乘以 M^{RP}。

13.3 复制领子期权的再回顾

使用我们之前得到的结果，我们首先决定在 $N-1$ 个中间时刻，$t \in \{\Delta t, 2\Delta t, ..., T - \Delta t\}$，再平衡之前，复制领子期权的投资组合中股票和债券的价值。根据式 (13-4)，有

$$co_t = Eq_t^- + B_t^- = S_t \left(sh_{t-\Delta t} e^{k\Delta t} \right) + B_{t-\Delta t} e^{r_f(\Delta t)} \tag{13-13}$$

---

① 再次重复，为了使用这种方法，股票和债券的仓位必须是正的。

接着，根据式 (12-46)，复制领子期权的投资组合中股票更新后的相对（比例）价值是：①

$$\begin{aligned}
RV_t^{eq} &= S_t \left(sh^{st}\right) = S_t \frac{\partial co_t}{\partial S_t} = S_t \Delta_t^{co} \\
&= \mathrm{e}^{-k(T-t)} S_t \left\{1 - \left[SN\left(-d_1\left(K^p\right)\right) + SN\left(d_1\left(K^c\right)\right)\right]\right\} \\
&= \mathrm{e}^{-k(T-t)} S_t \left\{\left[SN\left(d_1\left(K^p\right)\right) - SN\left(d_1\left(K^c\right)\right)\right]\right\} > 0
\end{aligned} \tag{13-14}$$

考虑到计算复制领子期权的投资组合中债券更新后的相对（比例）价值时我们使用了式 (13-6)，因此有②

$$\begin{aligned}
RV_t^d &= \sum_{i=1}^{I} K^i \frac{\partial co_t}{\partial K^i} = K^p \frac{\partial co_t}{\partial K^p} + K^c \frac{\partial co_t}{\partial K^c} \\
&= \mathrm{e}^{-r^f T}\left[K^p SN\left(-d_2\left(K^p\right)\right) + K^c SN\left(d_2\left(K^c\right)\right)\right] > 0
\end{aligned} \tag{13-15}$$

接下来的更新复制领子期权投资组合的计算和式 (13-7) 到式 (13-11) 中所示一致。

13.4 欧式领子期权的标度

作为提醒，为了拓展这些讨论的结果，即，对于一个或多个单个证券的投资组合，若实践中总投资为 I，应在之前所有的计算结果上乘以以下乘数：

$$\boxed{M^{co} = \frac{I}{co_0},} \tag{13-16}$$

换句话说，sh_t, B_t, CF_t^{eq}, CF_t^d 和 CF_t^{co}, $t \in \{0, \Delta t, 2\Delta t, ..., (N-1)\Delta t, T\}$，都需要被乘上 M^{co}。

13.5 复制保护性卖权的再回顾

使用 13.1 节的结果，我们首先确定在 $N-1$ 个中间时刻，$t \in \{\Delta t, 2\Delta t, ..., T - \Delta t\}$，在再平衡前一秒，复制保护性卖权投资组合中股票和债券的价值。使用式 (13-4)，有

$$pp_t = Eq_t^- + B_t^- = S_t \left(sh_{t-\Delta t}^{pp} \mathrm{e}^{k\Delta t}\right) + B_{t-\Delta t}^{pp} \mathrm{e}^{r^f(\Delta t)} > 0, \tag{13-17}$$

由于我们的股票和债券是多头，因此式 (13-17) 中每一项都为正。

接着，由式 (12-58) 可以计算我们的复制保护性卖权期权的投资组合中，股票更新后的相对（比例）价值：

$$\begin{aligned}
RV_t^{eq} &= S_t \left(sh_t^{pp}\right) = S_t \frac{\partial pp_t}{\partial S_t} = S_t \Delta_t^{pp} \\
&= \mathrm{e}^{-k(T-t)} S_t \left[1 - SN\left(-d_1\left(S_t, T-t\right)\right)\right] \\
&= \mathrm{e}^{-k(T-t)} S_t \left[SN\left(d_1\left(S_t, T-t\right)\right)\right] > 0
\end{aligned} \tag{13-18}$$

---
① 为了更直观，在表示 RV_t^{eq} 时，在 $d_1(K^p, T-t)$ 和 $d_1(K^c, T-t)$ 中，我们已经省略了到期时间 $T-t$。
② 为了更直观，在表示 RV_t^d 时，在 $d_2(K^p, T-t)$ 和 $d_2(K^c, T-t)$ 中，我们已经省略了到期时间 $T-t$。

考虑到我们的复制保护性卖权的投资组合中债券更新后的相对（比例）价值，我们类比式 (12-54)，得到其在 t 时刻的形式，因此

$$RV_t^d = K \frac{\partial pp_t}{\partial K} \tag{13-19}$$
$$= K e^{-r^f(T-t)} SN(-d_2(S_t, T-t)) > 0$$

接下来的更新复制保护性卖权期权组合和式 (13-7) 到式 (13-11) 所示一致。

13.6 保护性卖权的标度

作为提醒，为了推广先前讨论的结果，也就是说，从单一的保护性卖权，推广到实际复制投资组合中的结果，需要在之前所有的计算结果乘以乘数 $M^{pp} = \dfrac{I}{pp_0}$。换句话说，sh_t, B_t, CF_t^{eq}, CF_t^d 和 CF_t^{pp}，$t \in \{0, \Delta t, 2\Delta t, ..., (N-1)\Delta t, T\}$，都需要被乘上 M^{pp}。

13.7 例：持保看涨期权和领子期权

在本节中，我们将展示两种不同类型的期权投资组合的复制，即欧式持保看涨期权和欧式领子期权，因为在两种期权的复制中在股票和债券均为多头头寸。对于两个期权组合中的每一个，我们展示两条可能的价格路径：(1) 期权在到期日是实值；(2) 期权在到期日是虚值。通过这样做，我们可以加深对复制组合仓位差异的理解。

13.7.1 例：持保看涨期权，价格路径 I

图 13.1 展示了如何复制由一个欧式看涨期权空头和一份股票多头组成的持保看涨期权，其中两个期权的执行价格相等。它只使用无风险债券和股票来进行复制，其中股票是假设的持保看涨期权的基础资产。因为在复制持保看涨期权的组合时，股票和债券均为多头头寸，我们可以使用第二种复制方法。

图 13.1 中的工作表复制了图 12.5 的工作表中相同的持保看涨期权和相同的任意股票价格路径。这两个图的上半部分是一样的。不同之处在于下面的部分，具体来说就是列 C:K 中所示的中间日期的计算。

让我们考虑列 C，在第一个再平衡日期（$t = \Delta t$），单元格 C17 计算了再平衡前的股票价值，$Eq_t^- = sh_{t-\Delta t} e^{k\Delta t} S_t$，或者 "=B25/\$K14*C3"，由单元格 K14 可知 $e^{-k\Delta t} = 1/e^{k\Delta t}$。至于再平衡前的债券价值，C18 单元格计算了 $B_t^- = B_{t-\Delta t} e^{r^f \Delta t}$，即 "=B26/\$K13"，由单元格 K13 可知 $e^{-r^f \Delta t} = 1/e^{r^f \Delta t}$。接下来，单元格 C19 计算了复制投资组合在再平衡前的价值 $RP_t^- = Eq_t^- + B_t^-$，由 "=C17+C18" 得到。

对于这种复制方法，BSM 模型不仅像其他复制方法那样指导更新后的股权仓位，而且还指导更新的债券仓位。C20 计算了股票价值比例是 $RV_t^{Eq} = e^{-k(T-t)} S_{T-t}[1 - SN(d_1(T-t))]$，由 "=C14*C3*(1-C10)" 得到。单元格 C21 计算了债券价值比例是 $RV_t^d = K[SN(d_2(T-t))]e^{-r^f(T-t)}$，由 "=C4*C12*C13" 得到。

	A	B	C	D	E	F	G	H	I	J	K	L
1	持保看涨期权				N	10		Δt	0.01		ΔS	-0.4
2	t	0	0.01	0.02	0.03	0.04	0.05	0.06	0.07	0.08	0.09	0.1
3	S_0	18	17.6	17.2	16.8	16.4	16	15.6	15.2	14.8	14.4	14
4	K	16	16	16	16	16	16	16	16	16	16	16
5	r^f	6%	6%	6%	6%	6%	6%	6%	6%	6%	6%	
6	k	2%	2%	2%	2%	2%	2%	2%	2%	2%	2%	
7	T-t	0.1	0.09	0.08	0.07	0.06	0.05	0.04	0.03	0.02	0.01	0
8	σ	40%	40%	40%	40%	40%	40%	40%	40%	40%	40%	
9	d1	1.026	0.884	0.724	0.540	0.326	0.067	-0.256	-0.688	-1.336	-2.604	
10	N(d1)	0.848	0.812	0.765	0.706	0.628	0.527	0.399	0.246	0.091	0.005	
11	d2	0.900	0.764	0.611	0.435	0.228	-0.022	-0.336	-0.758	-1.392	-2.644	
12	N(d2)	0.816	0.778	0.729	0.668	0.590	0.491	0.368	0.224	0.082	0.004	
13	exp(-r^f*T)	0.994	0.995	0.995	0.996	0.996	0.997	0.998	0.998	0.999	0.999	
14	exp(-kT)	0.998	0.998	0.998	0.999	0.999	0.999	0.999	0.999	1.000	1.000	1.000
15	c_0	2.25	1.89	1.53	1.19	0.87	0.59	0.34	0.15	0.03	0.00	0.00
17	Eq_t^-		2.678	3.229	3.922	4.800	5.911	7.309	9.029	11.013	12.904	13.741
18	B_t^-		12.98	12.37	11.59	10.60	9.35	7.77	5.81	3.54	1.29	0.06
19	RP_t^-		15.661	15.594	15.508	15.399	15.258	15.076	14.844	14.551	14.196	13.806
20	RV_t^{eq}		3.31	4.03	4.94	6.10	7.56	9.37	11.46	13.45	14.33	
21	RV_t^d		12.375	11.614	10.644	9.406	7.834	5.878	3.583	1.309	0.066	
22	w_t^{eq}		0.211	0.257	0.317	0.393	0.491	0.615	0.762	0.911	0.995	
23	w_t^d		0.789	0.743	0.683	0.607	0.509	0.385	0.238	0.089	0.005	
24	Eq_t	2.738	3.303	4.015	4.916	6.058	7.495	9.265	11.309	13.260	14.131	
25	sh_t	0.152	0.188	0.233	0.293	0.369	0.468	0.594	0.744	0.896	0.981	
26	B_t	12.975	12.358	11.579	10.592	9.341	7.762	5.811	3.535	1.291	0.065	
27	CC_t^{RP}	15.713	15.661	15.594	15.508	15.399	15.258	15.076	14.844	14.551	14.196	
28	CC_t	15.713	15.683	15.641	15.584	15.506	15.398	15.249	15.043	14.760	14.396	14.000
29	ΔCC_t	0.00	-0.02	-0.05	-0.08	-0.11	-0.14	-0.17	-0.20	-0.21	-0.20	-0.19
30	CF_t^{RP}	-15.71	0.000	0.000	0.000	0.000	0.000	0.000	0.000	0.000	0.000	13.806
31	t = 0:	B24 =B14*B3*(1-B10)			B25 =B24/B3			B26 =B4*B12*B13				
32	B27 =B24+B26			B28 =B14*B3-B15			B29 =B27-B28			B30 =-(B24+B26)		
33	0 < t < T:	C17 =B25/$K14*C3		C18 =B26/$K13		C19 =C17+C18			C24 =C19*C22			
34	C20 =C14*C3*(1-C10)			C21 =C4*C12*C13			C22 =C20/(C20+C21)			C25 =C24/C3		
35	C26 =C23*C19		C27 =C24+C26			C28 =C14*C3-C15			C29 =C27-C28			
36	C30 =-(C24-C17)-(C26-C18)			t=T:	L29 =L19-L28			L30 =L19				

图 13.1 复制持保看涨期权，进入股票和债券多头，第一部分

由 $w_t^{Eq} = \dfrac{RV_t^{Eq}}{RV_t^{Eq} + RV_t^d}$，通过 "=C20/(C20+C21)" 得到单元格 C22。由 $w_t^d = \dfrac{RV_t^d}{RV_t^{Eq} + RV_t^d}$，通过 "=C21/(C20+C21)" 得到单元格 C23。单元格 C24 计算出了再平衡后的股票价值 $Eq_t = RP_t^- w_t^{Eq}$，通过 "=C19*C22" 得到。单元格 C25 计算出了再平衡后的股票数量 $sh_t = Eq_t/S_t$，通过 "=C24/C3" 得到。单元格 C26 计算出了再平衡后的债券价值 $B_t = RP_t^- w_t^d$，通过 "=C19*C23" 得到。更新后复制投资组合的价值 $CC_t^{RP} = Eq_t + B_t$ 在单元格 C27 中计算得到。更新后的假设的持保看涨期权的价值在单元格 C28 中通过 "=C14*C3-C15" 得到。接下来，中间日期的中性现金流约束在单元格 C30:K30 中得到证实。最后，复

制投资组合的回报是 13.806（单元格 L30），而假设的持保看涨期权现金流为 14（单元格 L28）。

在这一复制中，假设的持保看涨的回报是 14，因为 $S_T - c_T = \min(K, S_T) = \min(16, 14) = 14$。复制投资组合的回报是 13.806（单元格 L30），两者之间的差异小于 2%。

比较前一章和本章两种复制方法的现金流量，初始现金流量和中期现金流量是相同的。唯一的区别是到期日的现金流。当股票价格从 18 变化为 14 时，相应的到期日现金流从 13.784（图 12.5 中的单元格 L29）变化为 13.806（图 13.1 中的单元格 L30），两者相差不到 0.2%。

13.7.2 例：持保看涨期权，价格路径 II

图 13.2 与图 13.1 一样，复制了相同的持保看涨期权。我们简单地想要用一个不同的未来潜在股票价格路径来检测这个模型。

	A	B	C	D	E	F	G	H	I	J	K	L	M
39	持保看涨期权				N	10		Δt	0.01		ΔS	0.4	
40	t	0	0.01	0.02	0.03	0.04	0.05	0.06	0.07	0.08	0.09	0.1	
41	S_0	14	14.4	14.8	15.2	15.6	16	16.4	16.8	17.2	17.6	18	
42	K	16	16	16	16	16	16	16	16	16	16	16	
43	r^f	6%	6%	6%	6%	6%	6%	6%	6%	6%	6%		
44	k	2%	2%	2%	2%	2%	2%	2%	2%	2%	2%		
45	T-t	0.1	0.09	0.08	0.07	0.06	0.05	0.04	0.03	0.02	0.01	0	
46	σ	40%	40%	40%	40%	40%	40%	40%	40%	40%	40%		
47	d1	-0.961	-0.788	-0.604	-0.405	-0.185	0.067	0.369	0.756	1.321	2.413		
48	N(d1)	0.168	0.215	0.273	0.343	0.427	0.527	0.644	0.775	0.907	0.992		
49	d2	-1.087	-0.908	-0.717	-0.511	-0.283	-0.022	0.289	0.687	1.264	2.373		
50	N(d2)	0.138	0.182	0.237	0.305	0.389	0.491	0.614	0.754	0.897	0.991		
51	exp(-r^f*T)	0.994	0.995	0.995	0.996	0.996	0.997	0.998	0.998	0.999	0.999		
52	exp(-kT)	0.998	0.998	0.998	0.999	0.999	0.999	0.999	0.999	1.000	1.000	1.000	
53	c_0	0.15	0.20	0.26	0.35	0.45	0.59	0.76	0.97	1.26	1.61	2.00	
54													
55	Eq_t^-		11.955	11.581	11.009	10.199	9.108	7.690	5.916	3.814	1.617	0.140	
56	B_t^-		2.20	2.89	3.76	4.84	6.16	7.77	9.69	11.89	14.13	15.62	
57	RP_t^-		14.158	14.475	14.769	15.035	15.269	15.462	15.610	15.707	15.752	15.765	
58	RV_t^{eq}		11.28	10.74	9.98	8.93	7.56	5.84	3.77	1.60	0.14		
59	RV_t^d		2.895	3.767	4.854	6.196	7.834	9.794	12.041	14.334	15.849		
60	w_t^{eq}		0.796	0.740	0.673	0.590	0.491	0.373	0.239	0.101	0.009		
61	w_t^d		0.204	0.260	0.327	0.410	0.509	0.627	0.761	0.899	0.991		
62	Eq_t	11.620	11.266	10.717	9.936	8.878	7.501	5.774	3.725	1.580	0.137		
63	sh_t	0.830	0.782	0.724	0.654	0.569	0.469	0.352	0.222	0.092	0.008		
64	B_t	2.202	2.892	3.757	4.833	6.157	7.768	9.688	11.885	14.126	15.615		
65	CC_t^{RP}	13.822	14.158	14.475	14.769	15.035	15.269	15.462	15.610	15.707	15.752		
66	CC_t	13.822	14.174	14.512	14.832	15.129	15.398	15.631	15.815	15.937	15.989	16.000	
67	$ΔCC_t$	0.00	-0.02	-0.04	-0.06	-0.09	-0.13	-0.17	-0.20	-0.23	-0.24	-0.24	
68	CF_t^{RP}	-13.82	0.000	0.000	0.000	0.000	0.000	0.000	0.000	0.000	0.000	15.765	

图 13.2 复制持保看涨期权，进入股票和债券多头，第二部分

图 13.1 中的单元格 A1:M30 被复制并粘贴到了图 13.2 中的单元格 A39:M68。然而，股票价格的路径不一样了。在图 13.1 中，股票价格从 18 变化到 14；然而在图 13.2 中，其从

14 变化到 18。这些变化仅仅来源于两个单元格的变化：K39 从 −0.4 变到 0.4；B41 从 18 变到 14。除此之外，两个工作表中其余的单元格都是相同的。

在这一复制中，一个假设的持保看涨期权的回报是 16，因为 $S_T - c_T = \min(K, S_T) = \min(16, 18) = 16$（单元格 L64）。复制多头跨式期权投资组合的回报是 15.765（单元格 L68），两者之间的差异小于 2%。

比较两种复制方法的现金流量，初始现金流量和中期现金流量是相同的。唯一的区别是到期日的现金流。当股票价格从 14 变化为 18 时，相应的到期日现金流从 15.773（图 12.6 中的 L66 单元格）变化为 15.765（图 13.2 中的单元格 L68），两者相差不到 0.1%。

13.7.3 例：领子期权，价格路径 I

图 13.3 展示了如何计算领子期权的价值，由买入一单位股票、买入执行价格为 K^p 的看跌期权和卖空执行价格 $K^c > K^p$ 的看涨期权组成。它只使用无风险债券和股票来进行复

	A	B	C	D	E	F	G	H	I	J	K	L	M
1	双限看跌期权，K=14				N	10		Δt	0.01		ΔS	-0.4	
2	t	0	0.01	0.02	0.03	0.04	0.05	0.06	0.07	0.08	0.09	0.1	
3	S_0	16	15.6	15.2	14.8	14.4	14	13.6	13.2	12.8	12.4	12	
4	K^p	14	14	14	14	14	14	14	14	14	14	14	
5	r^f	6%	6%	6%	6%	6%	6%	6%	6%	6%	6%		
6	k	2%	2%	2%	2%	2%	2%	2%	2%	2%	2%		
7	T-t	0.1	0.09	0.08	0.07	0.06	0.05	0.04	0.03	0.02	0.01	0	
8	σ	40%	40%	40%	40%	40%	40%	40%	40%	40%	40%		
9	d1	1.151	0.992	0.812	0.604	0.361	0.067	-0.302	-0.797	-1.542	-3.004		
10	N(-d1)	0.125	0.161	0.208	0.273	0.359	0.473	0.619	0.787	0.938	0.999		
11	d2	1.024	0.872	0.699	0.499	0.263	-0.022	-0.382	-0.867	-1.598	-3.044		
12	N(-d2)	0.153	0.192	0.242	0.309	0.396	0.509	0.649	0.807	0.945	0.999		
13	exp(-r*T)	0.994	0.995	0.995	0.996	0.996	0.997	0.998	0.998	0.999	0.999		
14	exp(-kT)	0.998	0.998	0.998	0.998	0.999	0.999	0.999	0.999	1.000	1.000		
15	p_0	0.13	0.17	0.21	0.28	0.36	0.48	0.65	0.89	1.21	1.59	2.00	L15 =MAX(0,L4-L3)
16	双限看涨期权，K=16												
17	K^c	16	16	16	16	16	16	16	16	16	16	16	
18	d1	0.095	-0.121	-0.369	-0.657	-1.002	-1.426	-1.971	-2.725	-3.902	-6.342		
19	N(d1)	0.538	0.452	0.356	0.255	0.158	0.077	0.024	0.003	0.000	0.000		
20	d2	-0.032	-0.241	-0.482	-0.763	-1.100	-1.515	-2.051	-2.794	-3.959	-6.382		
21	N(d2)	0.487	0.405	0.315	0.223	0.136	0.065	0.020	0.003	0.000	0.000		
22	c_0	0.84	0.59	0.39	0.23	0.11	0.04	0.01	0.00	0.00	0.00	0	
24	Eq_t^-		5.252	5.878	6.429	6.782	6.754	6.122	4.723	2.691	0.766	0.016	
25	B_t^-		9.885	9.111	8.393	7.858	7.698	8.156	9.419	11.374	13.282	14.04	
26	RP_t^-		15.137	14.989	14.822	14.639	14.452	14.278	14.142	14.065	14.049	14.057	
27	RV_t^{us}		6.034	6.606	6.972	6.943	6.291	4.849	2.763	0.787	0.017		
28	RV_t^d		9.111	8.394	7.856	7.691	8.138	9.384	11.318	13.215	13.975		
29	w_t^{eq}		0.398	0.440	0.470	0.474	0.436	0.341	0.196	0.056	0.001		
30	w_t^d		0.602	0.560	0.530	0.526	0.564	0.659	0.804	0.944	0.999		
31	Eq_t	5.385	6.031	6.601	6.969	6.945	6.301	4.865	2.775	0.791	0.017		
32	sh_t	0.337	0.387	0.434	0.471	0.482	0.450	0.358	0.210	0.062	0.001		
33	B_t	9.879	9.106	8.388	7.853	7.694	8.151	9.414	11.367	13.274	14.032		
34	co_t^{ap}	15.265	15.137	14.989	14.822	14.639	14.452	14.278	14.142	14.065	14.049		
35	co_t	15.265	15.145	14.999	14.828	14.634	14.429	14.233	14.081	14.002	13.992	14.000	
36	Δco_t	0.00	-0.008	-0.010	-0.007	0.005	0.024	0.045	0.061	0.063	0.057	0.06	
37	CF_t^{Kp}	-15.26	0.000	0.000	0.000	0.000	0.000	0.000	0.000	0.000	0.000	14.057	
38	t=0:	B31 =B14*B3*(1-B10-B19)			B32 =B31/B3			B33 =B13*(B4*B12+B17*B21)					
39	B34 =B31+B33		B35 =B14*B3+B15-B22			B36 =B34-B35			B37 =-(B31+B33)				
40	0<t<T:	C24 =B32*SK14*C3			C25 =B33/SK13			C27 =C14*C3*(1-C10-C19)					
41	C28 =C13*(C4*C12+C17*C21)			C35 =C14*C3+C15-C22			C37 =-(C31-C24)-(C33-C25)						
42	t=T:	L35 =L3+L15-L22			L36 =L26-L35			L37 =L26					

图 13.3 复制持保领子期权，进入股票和债券多头，第一部分

制，其中股票是假设的领子期权的基础资产。因为复制领子期权的组合中，都进入了股票和债券的多头，我们可以使用本章中介绍的复制方法。

我们将注意力集中在两种方法之间的不同，即在列 C:K 中，中间日期的计算。具体来说，第 24:37 行对于第二种方法是特定的。让我们考虑一下 C 列，第一个再平衡日期 ($t = \Delta t$)。在图 13.3 中，第 24:26 行与之前的两个（持保看涨期权）复制的相对应的行相同，即图 13.1 的第 17:19 行和图 13.2 的第 55:57 行。单元格 C27 计算出了再平衡后的股票价值：$RV_t^{Eq} = e^{-k(T-t)}S_{T-t}\{1-[SN(-d_1(T-t,K^p))+SN(d_1(T-t,K^c))]\}$，通过 "=C14*C3*(1−C10−C19)" 计算得到。单元格 C28 计算出了再平衡后的债券价值 $RV_t^d = e^{-r^f(T-t)}\{K^p[SN(-d_2(T-t,K^p))] + K^c[SN(d_2(T-t,K^c))]\}$，通过 "=C13*(C4*C12+C17*C21)" 计算得到。接下来图 13.3 中的行与图 13.1 和图 13.2 中的相对应的行的计算相类似。

单元格 C35 中是更新后假设的领子期权的价值，即 $co_t = e^{-k(T-t)}S_t - c_t(K^c, S_t) + p_t(K^p, S_t)$，通过公式 "=C14*C3+C15−C22" 计算得到。接下来，中间日期的中性现金流约束在单元格 C37:K37 中得到证实。最后，复制投资组合的回报是 14.057（单元格 L37），相比于假设的领子期权现金流 14（单元格 L35），两者之间的差异小于 0.5%。

13.7.4 例：领子期权，价格路径 II

图 13.4 与图 13.3 一样，复制了相同的领子期权。我们简单地想要用一个不同的未来潜在股票价格路径来检测这个模型。

图 13.3 中的单元格 A1:M37 被复制并粘贴到了图 13.4 中的单元格 A45:M81。然而，股票价格的路径不一样了。在图 13.3 中，股票价格从 16 变化到 12，然而在图 13.4 中，其从 14 变化到 18。这些变化仅仅来源于两个单元格的变化：K45 从 −0.4 变化到 0.4；B47 从 16 变化到 14。除此之外，两个工作表中其余的单元格都是相同的。

在这一复制中，一个假设的领子期权的回报是 16，因为 $S_T - c_T(K^c) + p_T(K^p) = S_T - \max(0, S_T - K^c) + \max(0, S_T - K^c) = 18 - 2 + 0 = 16$（单元格 L79）。复制领子期权投资组合的回报是 15.851（单元格 L68），两者之间的差异小于 1%。

	A	B	C	D	E	F	G	H	I	J	K	L
45	双限看跌期权, K=14				N	10			Δt	0.01	ΔS	0.4
46	t	0	0.01	0.02	0.03	0.04	0.05	0.06	0.07	0.08	0.09	0.1
47	S_0	_14_	_14.4_	_14.8_	_15.2_	_15.6_	_16_	_16.4_	_16.8_	_17.2_	_17.6_	_18_
48	K^p	14	14	14	14	14	14	14	14	14	14	14
49	r^f	6%	6%	6%	6%	6%	6%	6%	6%	6%	6%	
50	k	2%	2%	2%	2%	2%	2%	2%	2%	2%	2%	
51	T-t	0.1	0.09	0.08	0.07	0.06	0.05	0.04	0.03	0.02	0.01	0
52	σ	40%	40%	40%	40%	40%	40%	40%	40%	40%	40%	
53	d1	0.095	0.325	0.576	0.856	1.178	1.560	2.038	2.684	3.681	5.751	
54	N(-d1)	0.462	0.373	0.282	0.196	0.119	0.059	0.021	0.004	0.000	0.000	
55	d2	-0.032	0.205	0.463	0.751	1.080	1.471	1.958	2.614	3.625	5.711	
56	N(-d2)	0.513	0.419	0.322	0.226	0.140	0.071	0.025	0.004	0.000	0.000	
57	exp(-r^f*T)	0.994	0.995	0.995	0.996	0.996	0.997	0.998	0.998	0.999	0.999	
58	exp(-kT)	0.998	0.998	0.998	0.999	0.999	0.999	0.999	0.999	1.000	1.000	
59	p_0	0.68	0.48	0.31	0.18	0.09	0.04	0.01	0.00	0.00	0.00	0.00
60	双限看涨期权, K=16											
61	K^c	16	16	16	16	16	16	16	16	16	16	16
62	d1	-0.961	-0.788	-0.604	-0.405	-0.185	0.067	0.369	0.756	1.321	2.413	
63	N(d1)	0.168	0.215	0.273	0.343	0.427	0.527	0.644	0.775	0.907	0.992	
64	d2	-1.087	-0.908	-0.717	-0.511	-0.283	-0.022	0.289	0.687	1.264	2.373	
65	N(d2)	0.138	0.182	0.237	0.305	0.389	0.491	0.614	0.754	0.897	0.991	
66	c_0	0.15	0.20	0.26	0.35	0.45	0.59	0.76	0.97	1.26	1.61	2
68	Eq_t^-		5.311	6.088	6.752	7.187	7.244	6.760	5.601	3.773	1.624	0.141
69	B_t^-		9.341	8.735	8.255	8.011	8.141	8.797	10.096	12.019	14.214	15.71
70	RP_t^-		14.652	14.823	15.007	15.197	15.385	15.556	15.697	15.792	15.838	15.851
71	RV_t^{eq}		5.922	6.573	7.005	7.073	6.615	5.496	3.713	1.602	0.139	
72	RV_t^d		8.728	8.250	8.011	8.150	8.821	10.145	12.104	14.336	15.849	
73	w_t^{eq}		0.404	0.443	0.467	0.465	0.429	0.351	0.235	0.100	0.009	
74	w_t^d		0.596	0.557	0.533	0.535	0.571	0.649	0.765	0.900	0.991	
75	Eq_t	5.162	5.923	6.573	7.001	7.061	6.593	5.467	3.685	1.587	0.138	
76	sh_t	0.369	0.411	0.444	0.461	0.453	0.412	0.333	0.219	0.092	0.008	
77	B_t	9.336	8.729	8.250	8.006	8.136	8.791	10.090	12.012	14.205	15.700	
78	co_t^{RP}	14.498	14.652	14.823	15.007	15.197	15.385	15.556	15.697	15.792	15.838	
79	co_t	14.498	14.650	14.823	15.015	15.223	15.436	15.641	15.816	15.937	15.989	16.000
80	Δco_t	0.00	0.002	0.000	-0.009	-0.025	-0.051	-0.085	-0.120	-0.145	-0.150	-0.15
81	CF_t^{RP}	-14.50	0.000	0.000	0.000	0.000	0.000	0.000	0.000	0.000	0.000	15.851

图 13.4 复制持保领子期权,进入股票和债券多头,第二部分

第 14 章　二叉树定价模型、蒙特卡罗分析

本章将探讨强大的二叉树定价模型。虽然 BSM 模型具有无可估量的价值，但其使用仅限于欧式期权和与之相关的应用。相比之下，二叉树模型则更灵活。它不仅可用于评估美式期权，还可用于评估路径依赖期权。①关于美式期权，我们也可以在期权的生命周期内推导提前行权概率的时间序列函数。最后，我们将介绍蒙特卡罗分析，在后续章节这一分析将被广泛使用。

14.1　二叉树股票定价模型

虽然 BSM 模型赫赫有名，但其应用范围相当窄，仅仅局限于**欧式买入和卖出期权**，即只能在到期日 T 行权的期权。因此，它无法用于**美式期权**的定价，即那些可在到期日之前行权的期权。许多期权都是**路径依赖的**，这意味着它们的回报不仅取决于到期日相关资产的价值 S_T，还取决于期权生命周期里的相关资产价值 S_t, $t \in \{1\Delta t, 2\Delta t, ..., T - \Delta t\}$，其中 S_t 是期权有效期内股票的期间价格。②③因此，对于路径依赖期权，其回报取决于期权生命期间相关资产的"路径"。BSM 模型无法为这类期权定价。常用于非欧式期权定价的是**二叉树定价模型**。该模型的建立以**二叉树股票定价模型**为基础，考虑一只股票的当前价格为 S_0，自现在开始的下一期股票价格可能取以下两个值中的一个：**上升状态价格** S_1^u 或**下降状态价格** S_1^d，如图 14.1 所示。

假定下一期股价只在两个可能值中取一个的期权定价模型似乎是愚蠢的。然而，给定到期时间的期权，通过在模型中增加期数，我们将增加最终可能达到的股价的数量。尽管在给定条件下，下一时期结束时的股票价格仍然只能实现两个可能值中的一个。模型中每额外增加一个时期，我们将增加一个关于到期价格的可能性。相应地，给定到期日，随着时期数的增加，时期的持续时间将缩短，我们称具有多期的二叉树模型为多期二叉树模型。由于其灵活性，多期二叉树模型非常强大。基本上，它可用于任何期权的定价。据此模型计算的期权价值取决于所选时期的数量。模型的准确性随时期数增加而增加，或随时期的持续时间增加而减少。考虑极限情形，随着二叉树模型中的时期数变为无穷大（即每期的持续时间缩小到无穷小），计算结果将接近期权的真实价值。例如，随着时期持续时间的减小，通过二叉树定价模型计算得到的欧式期权价值接近于布莱克–斯科尔斯–默顿模型计算的价值。

---

① 路径依赖期权将在第 15 章讨论。根据定义，这种期权的收益取决于期权有效期内标的资产的价格路径。

② 用于定义美式期权回报函数的股票价格频率（例如，每日收盘价、连续定价等）会在合约中声明。二叉树模型时期的选择与合约无关，通常与期权的时期定义不匹配。然而，在预期中，尽管时期长度不同，但该模型仍可正确地对债券进行定价。为简单起见，当我们讨论美式期权时，我们假设时期与二叉树模型的时期相匹配，即用于定义美式期权收益的日期与我们的二叉树模型的日期相匹配。

③ 本书中，下标通常表示从今天开始的年化的日期。本章中，它通常表示未来的时期数，一段时期的长度可能不是一年。从上下文来看，这层意义将是显而易见的。

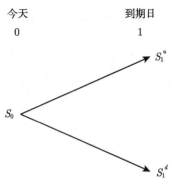

图 14.1 二叉树股票定价模型

14.2 风险中性二叉树模型参数

期权的一个关键发展是我们认识到可以为期权估值，就好像市场参与者是风险中性的一样。这一概念背后的直觉如下：期权及其相关资产的投资组合可以通过恰当的头寸组合，使投资组合具有恒定的回报，无论风险标的资产的最终价值是多少。这样的投资组合是无风险的，因此必须获得无风险回报率。运用**风险中性定价**，我们假设风险标的资产预期获得无风险回报率。考虑一个到期时间为距今 T 年的期权。回顾式 (3-4)，

$$\Delta t = \frac{T}{N}, \quad 或 \quad N = \frac{T}{\Delta t}, \tag{14-1}$$

其中 N 是模型中的时期数，Δt 年是每期的持续时间。建模者可选择 N 或 Δt 中的一项，进而通过式 (14-1) 计算出另一项。我们定义

$$GR = e^{\Delta t(r^f)}, \quad NR = e^{\Delta t(r^f-k)} \tag{14-2}$$

分别为**总无风险回报率**和**净无风险回报率**，其中 r^f 是无风险回报率，k 是标的资产股息收益率，两者均为连续复利。在多期二叉树模型中，我们使用**上升状态的条件风险中性概率**和**下降状态的条件风险中性概率**：pr^u 和 pr^d。其中

$$pr^u + pr^d = 1 \tag{14-3}$$

接着，给定当前股价 S_t，后一期上升状态条件价格和下降状态条件价格分别被指定为

$$S^u_{t+\Delta t}|S_t = (U)(S_t), \quad S^d_{t+\Delta t}|S_t = (D)(S_t) \tag{14-4}$$

参数 U 和 D 将在之后进行探讨，其中 $U > D$。给定日期 t 的每个节点，下一期的两个条件未来股价为 $S^u_{t+\Delta t}$ 和 $S^d_{t+\Delta t}$，可通过式 (14-4) 计算得到。两期二叉树股票定价模型如图 14.2

所示,对于其中的概率 pr^u 和 pr^d 我们将在之后进行更加详细的讨论。①

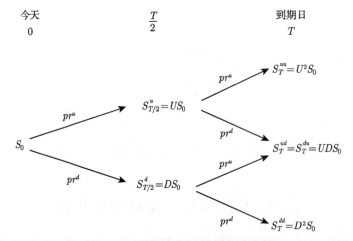

图 14.2 两期二叉树股票定价模型

给定风险中性定价,有

$$\begin{aligned} E[S_{t+\Delta t}|S_t] &= S_t \mathrm{e}^{(r^f-k)\Delta t} = S_t NR \\ &= pr^u S^u_{t+\Delta t}|S_t + pr^d S^d_{t+\Delta t}|S_t, \end{aligned} \tag{14-5}$$

或

$$\frac{E[S_{t+\Delta t}|S_t]}{S_t} = \mathrm{e}^{(r^f-k)\Delta t} = NR = pr^u U + pr^d D, \tag{14-6}$$

或

$$\begin{aligned} \mathrm{e}^{-r^f \Delta t} E[S_{t+\Delta t}|S_t] &= S_t \mathrm{e}^{-k\Delta t} \\ &= \mathrm{e}^{-r^f \Delta t}\left(pr^u S^u_{t+\Delta t}|S_t + pr^d S^d_{t+\Delta t}|S_t\right) \end{aligned} \tag{14-7}$$

考虑式 (14-6),给定 NR 和参数 U, D(留待之后讨论),因为有 $pr^d = 1 - pr^u$,所以式 (14-6) 等同于

$$\boxed{pr^u = \frac{NR - D}{U - D}, \quad \text{且} \quad pr^d = 1 - pr^u = \frac{U - NR}{U - D}} \tag{14-8}$$

---

① 注意二叉树模型的一个关键假设是:对于行权价格 K,S^{dd}_T 和 S^{uu}_T 满足约束条件 $K \in (S^{dd}_T, S^{uu}_T)$,这意味着 $c^{dd}_T = \max(0, S^{dd}_T - K) = 0$,且 $c^{uu}_T = \max(0, S^{uu}_T - K) = S^{uu}_T - K > 0$。对于看跌期权,$p^{dd}_T = \max(0, K - S^{dd}_T) = K - S^{dd}_T > 0$,且 $p^{uu}_T = \max(0, K - S^{uu}_T) = 0$。更普遍的是,对于 N 期模型,$K \in (S^{dd\cdots d}_T, S^{uu\cdots u}_T)$,这意味着 $c^{dd\cdots d}_T = \max(0, S^{dd\cdots d}_T - K) = 0$,且 $c^{uu\cdots u}_T = \max(0, S^{uu\cdots u}_T - K) = S^{uu\cdots u}_T - K > 0$。类似地,$p^{dd\cdots d}_T = \max(0, K - S^{dd\cdots d}_T) = K - S^{dd\cdots d}_T > 0$,且 $p^{uu\cdots u}_T = \max(0, K - S^{uu\cdots u}_T) = 0$。

现在我们解决 U 和 D 的问题。考虑：

$$U = e^{dr\Delta t + \sigma\sqrt{\Delta t}} = e^{dr\Delta t}e^{\sigma\sqrt{\Delta t}} = \hat{d}e^{\sigma\sqrt{\Delta t}}, \qquad (14\text{-}9)$$

$$D = e^{dr\Delta t - \sigma\sqrt{\Delta t}} = e^{dr\Delta t}e^{-\sigma\sqrt{\Delta t}} = \hat{d}e^{-\sigma\sqrt{\Delta t}}, \qquad (14\text{-}10)$$

其中

$$\hat{d} = e^{dr\Delta t} \qquad (14\text{-}11)$$

是二叉树股票定价模型中的**漂移项**。可证明由式 (14-9) 和式 (14-10) 中的参数 U 和 D 可得标的资产年化连续复合收益率的条件标准差（波动率），与 σ 近似。常用的 dr 和 $\hat{d}$ 值包括：①

$$\begin{aligned}
dr &= r^f - \frac{\sigma^2}{2}, \quad \text{对应} \quad \hat{d} = e^{\Delta t\left(r^f - \frac{\sigma^2}{2}\right)}, \\
dr &= \mu - \frac{\sigma^2}{2}, \quad \text{对应} \quad \hat{d} = e^{\Delta t\left(\mu - \frac{\sigma^2}{2}\right)}, \\
dr &= 0, \quad \text{对应} \quad \hat{d} = e^{\Delta t(0)} = 1
\end{aligned} \qquad (14\text{-}12)$$

其中，最后一项由 Cox, Ross 和 Rubenstein（CRR）提出。随着时期数的增加，虽然 dr 的选择会影响模型收敛到其极限值的速度，但 dr 的选择对极限值本身没有影响。②因此，在下文中，为简单起见，我们将使用 CRR 参数，或

$$\boxed{e^{\sigma\sqrt{\Delta t}} = U > D = e^{-\sigma\sqrt{\Delta t}} = \frac{1}{U}} \qquad (14\text{-}13)$$

至此，我们可求出期权估值模型的参数值。

14.3 多期二叉树期权定价模型

虽然我们有 BSM 模型来对欧式期权定价，但本节中我们将运用多期二叉树期权模型分别给欧式看涨期权及欧式看跌期权定价以适应**逆向归纳**过程。与二叉树股票定价模型不同，**二叉树期权定价模型**是反向构建而成的，其使用逆向归纳法由终值反向推导初始价值。给定一个 N 期模型，在二叉树 $N+1$ 个终端节点的每个节点处，即在对应于日期 $t = T = N\Delta t$ 的每一个节点处，有

$$c_T = \max(0, S_T - K), \quad p_T = \max(0, K - S_T) \qquad (14\text{-}14)$$

当我们通过式 (14-14) 计算了 $N+1$ 个节点价值后，我们向前反推一期，至对应于日期 $T - \Delta t$ 的二叉树模型中的 N 个节点。使用一个与式 (14-7) 相似的等式来为期权估值。在期权定价二叉树中对应于日期 $T - \Delta t$ 的 N 个节点中的每个节点 x 处，给定随后一期的条件假设价值（看涨期权为 c_T^{xu} 和 c_T^{xd}，看跌期权为 p_T^{xu} 和 p_T^{xd}），我们可以计算期权的"期望"价值。因此，

---
① 注意 μ 是标的资产年化瞬时连续复合平均收益率。
② 这里，"极限值"指的是当时期数接近无穷大时（或给定到期时间 T，每期的持续时间接近于 0 时）得到的值。

$$c^x_{T-\Delta t} = e^{-r^f \Delta t}\left(pr^u c^{xu}_T + pr^d c^{xd}_T\right), \quad (14\text{-}15)$$

$$p^x_{T-\Delta t} = e^{-r^f \Delta t}\left(pr^u p^{xu}_T + pr^d p^{xd}_T\right), \quad (14\text{-}16)$$

其中 xu 是随后的上升状态终端节点（日期 $t = T$），而 xd 是随后的下降状态终端节点。欧式看涨和看跌期权的所有倒数第二节点处的价值可通过式 (14-15) 和式 (14-16) 相应求得。以此类推，我们可以继续向后移动一期以追溯所有的 $N-1$ 个在到期日前两期的节点，这些节点对应于日期 $T - 2\Delta t$。我们使用与式 (14-15) 和式 (14-16) 类似的等式。将这些式子一般化，在我们的期权定价二叉树中的每个剩余节点 x 处，看涨期权和看跌期权可以通过下式估值：

$$c^x_t = e^{-r^f \Delta t}\left(pr^u c^{xu}_{t+\Delta t} + pr^d c^{xd}_{t+\Delta t}\right), \quad (14\text{-}17)$$

$$p^x_t = e^{-r^f \Delta t}\left(pr^u p^{xu}_{t+\Delta t} + pr^d p^{xd}_{t+\Delta t}\right), \quad (14\text{-}18)$$

给定节点 x，xu (xd) 是随后的条件"上升"（"下降"）节点。估计了对应于日期 $T - 2\Delta t$ 的所有 $N-1$ 个节点处的期权价值（$c^x_{T-2\Delta t}$ 或 $p^x_{T-2\Delta t}$）后，我们继续向前回推一期，运用式 (14-17) 和式 (14-18)，为对应于日期 $T - 3\Delta t$ 的所有 $N-2$ 个节点 x 处的期权估值。之后，我们继续通过整个期权定价二叉树反向回推，直到我们推至对应于日期 $t = T - N\Delta t = 0$ 的唯一初始节点。在日期 $t = 0$ 的节点计算得到的价值即为欧式看涨或看跌期权的价值。

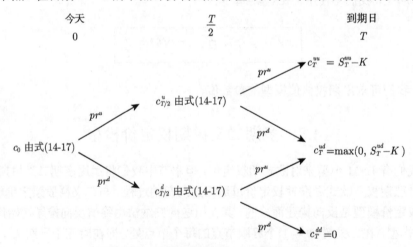

图 14.3　两期看涨期权二叉树定价模型

总结看来，对于 N 期模型，我们使用式 (14-14) 为在所有 $N+1$ 个终端时点的期权定价。通过欧式期权定价二叉树逆向推导，将"当前"节点定义为 x，我们可选择式 (14-17) 或式 (14-18) 来为在其他所有节点的期权估值。最后，期权定价二叉树在日期 $t = 0$ 的节点的价值即为欧式期权的价值。图 14.3 展示了一个简单的两期**看涨期权二叉树定价模型**。期权价值可由日期 T 反推至日期 $\dfrac{T}{2}$ 再反推至日期 $t = 0$ 得到。两期看跌期权二叉树定价模型的构建与之相似，只需将 $c_T = \max(0, S_T - K)$ 替换为 $p_T = \max(0, K - S_T)$，并将 c^x_t 替换为 p^x_t，由式 (14-18) 计算即可。最后，拓展即得 N 期权定价二叉树。

14.4 欧式期权二叉树模型：无树

在我们讨论通过二叉树模型为欧式期权定价之前，请读者先注意，不必明确生成整个二叉树就可以运用该模型对该类期权进行估值。直观地，由于欧式期权只能在到期日行权，因此我们不需要考虑期权定价树的中间节点的明确价值，即我们只需考虑终端节点就行。理论上，通过绝对估值，期权价值等于未来现金流现值的总和。因此，为了对欧式期权定价，我们只需将每个终端节点的回报乘以其发生的概率，再将这些结果相加，最后利用无风险回报率将相加总和折回到今天的日期。这一定价过程得益于风险中性估值的概念。为了讨论方便，不同于本书大多数章节的内容，本章中下标不指代以年为单位的距今日期，而是指今天之后的时期数。例如，下标 3 指距离今天 3 期远的日期。因此下标 "N" 指代到期日，因为模型设定共有 N 期。我们将 N 期后上涨 nu 次的最终股价表示为

$$S_N^{nu} = S_0 U^{nu} D^{nd}, \tag{14-19}$$

其中 $nd = N - nu$ 是 N 期后下降的次数。因此，最终期权回报为

$$c_N^{nu} = \max(0, S_N^{nu} - K), \text{ 及 } p_N^{nu} = \max(0, K - S_N^{nu}) \tag{14-20}$$

继续考虑给定上涨 nu 次、下降 $nd = N - nu$ 次的最终节点（N 期后，对应于日期 T）。任一路径到达该状态（即该节点）的概率以及到达该节点的可能路径数分别为

$$(pr^u)^{nu}(pr^d)^{nd} \text{ 及 } \frac{N!}{nu!(nd)!}, \tag{14-21}$$

其中 $N! = 1 \times 2 \times 3 \times \cdots \times N$。因此到达 N 期后上涨 nu 次、下降 $nd = N - nu$ 次的特定最终节点的概率为

$$(pr^u)^{nu}(pr^d)^{nd} \frac{N!}{nu!(nd)!} \tag{14-22}$$

最后，联立式（14-19）、式（14-20）和式（14-22），并以无风险回报率将日期 T 的回报折现到日期 $t = 0$，随即可以通过下式计算欧式期权价值：

$$\boxed{\begin{aligned}c_0 &= e^{-r^f T} \sum_{nu=0}^{N} (pr^u)^{nu}(pr^d)^{nd} \frac{N!}{nu!nd!} \max\left(0, S_0 U^{nu} D^{nd} - K\right), \\ p_0 &= e^{-r^f T} \sum_{nu=0}^{N} (pr^u)^{nu}(pr^d)^{nd} \frac{N!}{nu!nd!} \max\left(0, K - S_0 U^{nu} D^{nd}\right)\end{aligned}}$$

因此，运用这些关于 c_0 和 p_0 的表达式，我们无须明确画出股票定价二叉树或是期权定价二叉树，只需简单地考虑这两个二叉树的终端节点的明确价值。

14.5 美式期权价值

现在我们已经可以运用二叉树模型为期权定价了。由于 BSM 模型无法处理美式期权，因此我们必须使用二叉树模型。注意，**美式期权**可在到期日之前行权。另外，美式期权的**内在价值**是其"即时价值"，即美式期权在给定当前节点 x 对于股价 S_t^x 的当前行权价值。因此，对于美式看涨（跌）期权，给定当前股价为 S_t^x，看涨（跌）期权当前节点 x 的内在价值为 $S_t^x - K$ $(K - S_t^x)$。

美式期权持有者仅在期权内在价值超出其继续持有期权的期望价值时才会行权。后者恰好是我们之前计算的在所有非最终节点的欧式期权的价值，即式（14-17）和式（14-18）。因此，在到期日前的每一节点 x 处的美式看涨（跌）期权价值，就等于之前的式（14-17）（式（14-18））的计算值与立即行权的价值之间较大值。将到期日前的每一节点 x 的美式期权价值分别以大写字母命名：C_t^x 和 P_t^x（欧式期权价值为小写字母 c_t^x 和 p_t^x），那么有

$$C_t^x = \max\left(S_t^x - K, e^{-r^f \Delta t}\left(pr^u C_{t+\Delta t}^{xu} + pr^d C_{t+\Delta t}^{xd}\right)\right), \tag{14-23}$$

$$P_t^x = \max\left(K - S_t^x, e^{-r^f \Delta t}\left(pr^u P_{t+\Delta t}^{xu} + pr^d P_{t+\Delta t}^{xd}\right)\right) \tag{14-24}$$

总结看来，美式期权可由逆向归纳法通过期权二叉树模型定价。首先，在 $N+1$ 个最终节点中的每个最终节点 y，期权价值可由式 (14-25) 计算：

$$C_T^y = \max(0, S_T^y - K), \quad P_T^y = \max(0, K - S_T^y) \tag{14-25}$$

接着通过逆向归纳，在每个非最终节点重复运用式 (14-23) 或式 (14-24)，直至日期 $t = 0$ 的初始节点。初始节点的价值即为美式期权的价值。

14.6 美式看跌期权定价：一个例子

举一个例子，考虑一个与前文中被定价的欧式看跌期权相对应的美式看跌期权。简单起见，相关参数如下：到期时间 $T = 0.5$ 年；看涨期权平价发行，$S_0 = K = 5$ 美元；无风险利率 $r^f = 5\%$，是连续复利的 APr；标的资产年化收益率波动率为 $\sigma(r) = 50\%$，其中收益率是连续复利的 APr。另外，我们将使用 $N = 26$ 期的二叉树模型。因此，$\Delta t = \dfrac{T}{N} = \dfrac{0.5}{26} = 0.01923$ 年（一周），$u = e^{(\Delta t)^{1/2}\sigma(r)} = e^{(0.5/26)50\%} = 1.071798$，$d = e^{-(\Delta t)^{1/2}\sigma(r)} = 0.9330117$，$e^{r^f \Delta t} = e^{5\%(0.5/26)} = 1.0009620$，$pr^u = \dfrac{e^{r^f \Delta t} - d}{u - d} = 48.96\%$ 以及 $pr^d = 51.04\%$。在计算出必需的参数 $(\Delta t, u, d, e^{r^f \Delta t}, pr^u$ 和 $pr^d)$ 之后，我们生成了如表 14.1 和表 14.2 所示的股价二叉树。接着，如同前文描述的那样，我们生成看跌期权价值的二叉树，如表 14.3 和表 14.4 所示。注意表 14.3 中的第一个节点的价值为 0.640 美元。因此，通过这个 $N = 26$ 期的二叉树模型计算出的美式看跌期权的价值是 $P_0 = 0.64$ 美元。

表 14.1 股价二叉树，$N = 26$ 期（第一部分：第 1—17 期）

股价单位：美元

时期 向下	0**	1	2	3	4	5	6	7	8	9	10	11	12	13	14	15	16	17
0	5.00	5.36	5.74	6.16	6.60	7.07	7.58	8.12	8.71	9.33	10.00	10.72	11.49	12.32	13.20	14.15	15.16	16.25
1		4.67	5.00	5.36	5.74	6.16	6.60	7.07	7.58	8.12	8.71	9.33	10.00	10.72	11.49	12.32	13.20	14.15
2			4.35	4.67	5.00	5.36	5.74	6.16	6.60	7.07	7.58	8.12	8.71	9.33	10.00	10.72	11.49	12.32
3				4.06	4.35	4.67	5.00	5.36	5.74	6.16	6.60	7.07	7.58	8.12	8.71	9.33	10.00	10.72
4					3.79	4.06	4.35	4.67	5.00	5.36	5.74	6.16	6.60	7.07	7.58	8.12	8.71	9.33
5						3.54	3.79	4.06	4.35	4.67	5.00	5.36	5.74	6.16	6.60	7.07	7.58	8.12
6							3.30	3.54	3.79	4.06	4.35	4.67	5.00	5.36	5.74	6.16	6.60	7.07
7								3.08	3.30	3.54	3.79	4.06	4.35	4.67	5.00	5.36	5.74	6.16
8									2.87	3.08	3.30	3.54	3.79	4.06	4.35	4.67	5.00	5.36
9										2.68	2.87	3.08	3.30	3.54	3.79	4.06	4.35	4.67
10											2.50	2.68	2.87	3.08	3.30	3.54	3.79	4.06
11												2.33	2.50	2.68	2.87	3.08	3.30	3.54
12													2.18	2.33	2.50	2.68	2.87	3.08
13														2.03	2.18	2.33	2.50	2.68
14															1.89	2.03	2.18	2.33
15																1.77	1.89	2.03
16																	1.65	1.77
17																		1.54

* "向下"表示到达一个给定节点的向下移动的次数。"时期结束"行表示今天所经历的时期减去向下移动的次数等于向上移动的次数。

** "时期"行中的 0 表示今天，即日期 $t = 0$。

某一列任一行向右一列的水平移动对应着股价在二叉树中价格的一次向上移动，向右移动一列、向下移动一行对应着股价的一次向下移动。

表 14.2　股价二叉树，$N = 26$ 期（第二部分：第 18—26 期）　　　　　　　股价单位：美元

时期	18	19	20	21	22	23	24	25	26
向下 *									
0	17.42	18.67	20.01	21.45	22.99	24.64	26.40	28.30	30.33
1	15.16	16.25	17.42	18.67	20.01	21.45	22.99	24.64	26.40
2	13.20	14.15	15.16	16.25	17.42	18.67	20.01	21.45	22.99
3	11.49	12.32	13.20	14.15	15.16	16.25	17.42	18.67	20.01
4	10.00	10.72	11.49	12.32	13.20	14.15	15.16	16.25	17.42
5	8.71	9.33	10.00	10.72	11.49	12.32	13.20	14.15	15.16
6	7.58	8.12	8.71	9.33	10.00	10.72	11.49	12.32	13.20
7	6.60	7.07	7.58	8.12	8.71	9.33	10.00	10.72	11.49
8	5.74	6.16	6.60	7.07	7.58	8.12	8.71	9.33	10.00
9	5.00	5.36	5.74	6.16	6.60	7.07	7.58	8.12	8.71
10	4.35	4.67	5.00	5.36	5.74	6.16	6.60	7.07	7.58
11	3.79	4.06	4.35	4.67	5.00	5.36	5.74	6.16	6.60
12	3.30	3.54	3.79	4.06	4.35	4.67	5.00	5.36	5.74
13	2.87	3.08	3.30	3.54	3.79	4.06	4.35	4.67	5.00
14	2.50	2.68	2.87	3.08	3.30	3.54	3.79	4.06	4.35
15	2.18	2.33	2.50	2.68	2.87	3.08	3.30	3.54	3.79
16	1.89	2.03	2.18	2.33	2.50	2.68	2.87	3.08	3.30
17	1.65	1.77	1.89	2.03	2.18	2.33	2.50	2.68	2.87
18	1.44	1.54	1.65	1.77	1.89	2.03	2.18	2.33	2.50
19		1.34	1.44	1.54	1.65	1.77	1.89	2.03	2.18
20			1.25	1.34	1.44	1.54	1.65	1.77	1.89
21				1.17	1.25	1.34	1.44	1.54	1.65
22					1.09	1.17	1.25	1.34	1.44
23						1.01	1.09	1.17	1.25
24							0.95	1.01	1.09
25								0.88	0.95
26									0.82

* "向下"表示到达一个给定节点的向下移动的次数。

向上移动的次数是"时期"行表示的经历的时期数减去向下移动的次数。

某一列任一行向右一列的水平移动对应着股价二叉树中价格的一次向上移动。

向右移动一列、向下移动一行对应着股价的一次向下移动。

表 14.3 美式看跌期权价值二叉树，$N=26$ 期（第一部分：第 1—17 期）

股价单位：美元

时期 向下*	0**	1	2	3	4	5	6	7	8	9	10	11	12	13	14	15	16	17
0	0.640	0.494	0.366	0.260	0.174	0.110	0.064	0.034	0.016	0.006	0.002	0.000	0.000	0.000	0.000	0.000	0.000	0.000
1		0.781	0.617	0.469	0.342	0.237	0.154	0.093	0.051	0.025	0.010	0.003	0.001	0.000	0.000	0.000	0.000	0.000
2			0.940	0.759	0.592	0.444	0.317	0.213	0.133	0.076	0.039	0.017	0.006	0.001	0.000	0.000	0.000	0.000
3				1.116	0.921	0.736	0.567	0.417	0.290	0.188	0.112	0.060	0.027	0.010	0.003	0.000	0.000	0.000
4					1.305	1.099	0.900	0.712	0.539	0.388	0.262	0.163	0.091	0.044	0.017	0.005	0.001	0.000
5						1.506	1.293	1.082	0.878	0.686	0.510	0.357	0.232	0.136	0.069	0.029	0.009	0.002
6							1.713	1.497	1.280	1.064	0.855	0.658	0.479	0.324	0.200	0.108	0.048	0.016
7								1.923	1.709	1.489	1.267	1.046	0.831	0.628	0.444	0.288	0.165	0.079
8									2.129	1.923	1.705	1.481	1.254	1.027	0.805	0.595	0.406	0.248
9										2.321	2.129	1.923	1.702	1.475	1.242	1.007	0.777	0.559
10											2.501	2.321	2.129	1.923	1.702	1.469	1.230	0.988
11												2.668	2.501	2.321	2.129	1.923	1.702	1.465
12													2.824	2.668	2.501	2.321	2.129	1.923
13														2.970	2.668	2.501	2.321
14															3.106	2.824	2.668
15																3.233	2.970
16																	3.351	3.233
17																		3.462

* "向下"表示到达一个给定节点的向下移动的次数。向上移动的次数是"时期结束"行表示的时期数减去向下移动的次数。
** "时期"行中的 0 表示今天，即日期 $t=0$。
某一列任一行向右一列的水平移动对应着股价二叉树中价格的一次向上移动。向右移动一列、向下移动一行对应着股价的一次向下移动。

表 14.4 美式看跌期权价值二叉树，$N=26$ 期（第二部分：第 18—26 期）　　股价单位：美元

时期	18	19	20	21	22	23	24	25	26
向下 *									
0	0.000	0.000	0.000	0.000	0.000	0.000	0.000	0.000	0.000
1	0.000	0.000	0.000	0.000	0.000	0.000	0.000	0.000	0.000
2	0.000	0.000	0.000	0.000	0.000	0.000	0.000	0.000	0.000
3	0.000	0.000	0.000	0.000	0.000	0.000	0.000	0.000	0.000
4	0.000	0.000	0.000	0.000	0.000	0.000	0.000	0.000	0.000
5	0.000	0.000	0.000	0.000	0.000	0.000	0.000	0.000	0.000
6	0.003	0.000	0.000	0.000	0.000	0.000	0.000	0.000	0.000
7	0.029	0.006	0.000	0.000	0.000	0.000	0.000	0.000	0.000
8	0.128	0.051	0.012	0.000	0.000	0.000	0.000	0.000	0.000
9	0.364	0.203	0.088	0.023	0.000	0.000	0.000	0.000	0.000
10	0.747	0.518	0.314	0.151	0.044	0.000	0.000	0.000	0.000
11	1.220	0.968	0.715	0.471	0.254	0.087	0.000	0.000	0.000
12	1.702	1.465	1.212	0.951	0.681	0.414	0.171	0.000	0.000
13	2.129	1.923	1.702	1.465	1.211	0.939	0.647	0.335	0.000
14	2.501	2.321	2.129	1.923	1.702	1.465	1.211	0.939	0.647
15	2.824	2.668	2.501	2.321	2.129	1.923	1.702	1.465	1.211
16	3.106	2.970	2.824	2.668	2.501	2.321	2.129	1.923	1.702
17	3.351	3.233	3.106	2.970	2.824	2.668	2.501	2.321	2.129
18	3.565	3.462	3.351	3.233	3.106	2.970	2.824	2.668	2.501
19		3.661	3.565	3.462	3.351	3.233	3.106	2.970	2.824
20			3.751	3.661	3.565	3.462	3.351	3.233	3.106
21				3.834	3.751	3.661	3.565	3.462	3.351
22					3.912	3.834	3.751	3.661	3.565
23						3.985	3.912	3.834	3.751
24							4.053	3.985	3.912
25								4.117	4.053
26									4.176

* "向下"表示到达某一给定节点的向下移动的次数。

向上移动的次数是"时期"行表示的经历的时期数减去向下移动的次数。

某一列任一行向右一列的水平移动对应着股价二叉树中价格的一次向上移动。

向右移动一列、向下移动一行对应着股价的一次向下移动。

14.7 可以提前行权的影响

现在让我们更详细地探讨可以在到期日之前行权的能力对价值的影响。特别地，我们将从三个维度进行探讨。首先我们将展示提前行权的能力能够创造价值。随后，我们将探讨美

式期权在股价二叉树的何处行权。最后，我们计算股价二叉树中，在到期日之前的每一个日期当天及之前行权的概率。

14.7.1 价值创造

如果在到期日 T 之前的任一节点，计算出的行权时的价值不高于不行权时的价值，那么美式期权相比于欧式期权可以提前行权的灵活性就没有价值。在这种情况下，其他条件相同时，美式期权不比对应的欧式期权价值更高。一个例子就是标的资产为一股股票的看涨期权，这股股票在到期日之前不会支付股利，那么无论股价的路径为何，美式看涨期权提前行权绝不是有利的选择。[1]但是一般而言，美式期权的价值的确会比对应的欧式期权更高，因为可以提前行权的灵活性通常会增加价值。

我们之前计算出的欧式看跌期权的价值是 0.626 美元 $= p_0 < P_0 =$ 0.640 美元。计算二者之差，我们可以得出提前行权的灵活性的价值，即 $P_0 - p_0 = 0.014$ 美元，即美式期权相对于对应的欧式期权价值的增量。

如之前提到的那样，对标的资产为不支付股利的股票的美式看涨期权，提前行权不是好的选择。与之相反，对具有这样的标的资产的美式看跌期权，提前行权可能是有利的。我们之前证明了看跌期权价值的下边界是 $\max(0, Ke^{-Tr^f} - S_0) \leqslant \max(0, K - S_0)$，其中只要 $Tr^f > 0$（通常都是这样），$S_0 < Ke^{-Tr^f}$ 这一不等式就是严格成立的。因此，美式看跌期权的价值可能会小于投资者立即行权可获得的内在价值。因此，美式看跌期权的提前行权是可能的，即使标的资产为不支付股利的股票。

14.7.2 时间推移的深入讨论

我们可以确定在二叉树的何处，提前行权是有利的。在任一节点 x，我们只用比较表达式（14-26）中的两个价值：$\max(0, K - S_t^z)$ 和 $e^{-r^f \Delta t}[pr^u P_{t+\Delta t}^{zu} + pr^d P_{t+\Delta t}^{zd}]$。如果前者（后者）更大，提前行权就是有利（不是）的。我们得出的结论如表 14.5（第一部分）和表 14.6（第二部分）所示。

我们通过找到截至任一时期末，让提前行权不是最佳选择的向下移动的最大次数，来找到行权与不行权的分界点。即，如果在某一日期，向下移动的次数比有下画线的否对应着的次数更多，提前行权就是有利的。

显然，一旦美式期权行权，随后的股价与期权价值就不再相关。尽管如此，我们在表 14.5 和表 14.6 中，都用 "x" 表示了在对应的二叉树股价模型中，期权存在且不行权的节点。我们这样做的目的是观察随着时间推移，美式看跌期权行权的可能性。并不让人惊讶的是，随着时间推移，"x" 的列更高。标注着 "x" 的节点代表了更低的股价（恰好是使看跌期权更有价值的股价）和更晚的日期。给定有限的剩余到期时间，在这样一些看跌期权深度实值的节点，提前行权更有利。

---

[1] 标的资产不支付股利的看涨期权的下边界是 $\max(0, S_0 - Ke^{-r^f T}) \geqslant \max(0, S_0 - K)$。如果行权，投资者可以获得看涨期权的内在价值，即 $\max(0, S_0 - K)$。因为这永远不会比看涨期权的价值更高（经常情况下，会比看涨期权价值更低），所以提前行权绝不是最好的选择。

表 14.5 有利的提前行权（第一部分：第 1—17 期）

时期* / 向下*	0**	1	2	3	4	5	6	7	8	9	10	11	12	13	14	15	16	17
0	否	否	否	否	否	否	否	否	否	否	否	否	否	否	否	否	否	否
1		否	否	否	否	否	否	否	否	否	否	否	否	否	否	否	否	否
2			否	否	否	否	否	否	否	否	否	否	否	否	否	否	否	否
3				否	否	否	否	否	否	否	否	否	否	否	否	否	否	否
4					否	否	否	否	否	否	否	否	否	否	否	否	否	否
5						否	否	否	否	否	否	否	否	否	否	否	否	否
6							否	否	否	否	否	否	否	否	否	否	否	否
7								是	×	×	×	×	×	×	×	×	×	×
8									否	×	×	×	×	×	×	×	×	×
9										是	×	×	×	×	×	×	×	×
10											是	×	×	×	×	×	×	×
11												否	是	×	×	×	×	×
12													是	×	×	×	×	×
13														是	×	×	×	×
14															是	×	×	×
15																是	×	×
16																	是	×
17																		是

* "向下"表示到达一个给定节点的向下移动的次数。
向上移动的次数是"时期结束"行表示的经历的时期减去向下移动的次数。

** "时期"行中的 0 表示今天，即日期 $t=0$。

某一列任一行向右向下一列的水平移动对应着股价二叉树中价格的一次向上移动。
向右移动一列，向下移动一行对应着股价的一次向下移动。

"否"代表不行权，"是"代表行权。

表 14.6　有利的提前行权（第二部分：第 18—26 期）

时期	18	19	20	21	22	23	24	25	26
向下 *									
0	否	否	否	否	否	否	否	否	否
1	否	否	否	否	否	否	否	否	否
2	否	否	否	否	否	否	否	否	否
3	否	否	否	否	否	否	否	否	否
4	否	否	否	否	否	否	否	否	否
5	否	否	否	否	否	否	否	否	否
6	否	否	否	否	否	否	否	否	否
7	否	否	否	否	否	否	否	否	否
8	否	否	否	否	否	否	否	否	否
9	否	否	否	否	否	否	否	否	否
10	否	否	否	否	否	否	否	否	否
11	否	否	否	否	否	否	否	否	否
12	x	是	否	否	否	否	否	否	否
13	x	x	x	是	是	是	是	是	否
14	x	x	x	x	x	x	x	x	x
15	x	x	x	x	x	x	x	x	x
16	x	x	x	x	x	x	x	x	x
17	x	x	x	x	x	x	x	x	x
18	x	x	x	x	x	x	x	x	x
19		x	x	x	x	x	x	x	x
20			x	x	x	x	x	x	x
21				x	x	x	x	x	x
22					x	x	x	x	x
23						x	x	x	x
24							x	x	x
25								x	x
26									x

* "向下"表示到达一个给定节点的向下移动的次数。

向上移动的次数是"时期"行表示的经历的时期数减去向下移动的次数。

某一列任一行向右一列的水平移动，对应着股价二叉树中价格的一次向上移动。

向右移动一列、向下移动一行对应着股价的一次向下移动。

"否"代表不行权，"是"代表行权。

从另外一个视角进行思考，考虑在这个二叉树中何处提前行权是有利的。和之前的表格一致，表 14.7 展示了截至每一时期期末，需要股价向下移动多少次来使提前行权有利。在最开始 6 期的任一期末，对这一特定的美式看跌期权提前行权都不是有利的。第一次可能提前行权是在第 7 期期末，但只有在这 7 期的移动都是向下移动这一非常不可能的情况下才有可能发生。如之前所述，随着时间的推移，其他条件不变时，行权的可能性增加。

表 14.7 有利的提前行权及其概率

时期	1	2	3	4	5	6	7	8	9
向下次数 *	n/o**	n/o	n/o	n/o	n/o	n/o	7	8	8
概率 ***	n/o	n/o	n/o	n/o	n/o	n/o	0.9%	0.5%	2.3%
时期	10	11	12	13	14	15	16	17	18
向下次数	9	9	10	10	10	11	11	11	12
概率	1.3%	3.8%	2.3%	5.4%	10.3%	6.9%	12.1%	18.9%	13.8%
时期	19	20	21	22	23	24	25		
向下次数	12	13	13	13	13	13	13		
概率	20.5%	15.3%	21.9%	29.5%	37.6%	46.0%	54.2%		

* "向下次数"表示截至某一时期要触发提前行权需要向下移动的次数。

** "n/o"意味着在这个特定的模型中早于特定时期提前行权并不有利。

*** "概率"表示在这一时期或之前提前行权是有利的概率。

14.7.3 随时间推移的行权概率

在表 14.7 展示的结论中，关于在一个给定日期当日或之前提前行权的概率的结论更为有趣。如上所述，在这个特定的模型中，在前 6 期提前行权绝不是有利的。然而，在第 7 期期末，提前行权有利的概率是 0.9%。随着时间的推移，即随着到期时间的缩短，在某一给定日期当天或之前提前行权的可能性上升。实际上，在到期日之前对这个特定的美式看跌期权提前行权的先验概率是 54.2%。

这些概率的计算过程如下。首先我们需要另外生成两个二叉树。第一个二叉树在这 26 期模型中忽略提前行权的可能性。通过 $(pr^u)^{nu}(pr^d)^{nd}\dfrac{(nu+nd)!}{nu!nd!}$ 得到到达某一给定节点的先验概率，其中 nu（nd）是到达这一给定节点所需的向上（向下）的移动次数，在二叉树中的任一日期，$nu + nd$ 等于截至该日期所经历的时期数。在任一给定日期，到达所有节点的概率之和为 1，我们可以以此来检查自己的计算。

关于第二个二叉树，对任一给定日期，我们只需把提前行权是有利的，即标注着"行权"的节点的概率之和与提前行权已经发生，即在表 14.5 和表 14.6 中用"x"表示的节点的概率相加。最后，在某一给定时期提前行权的概率就等于这一时期结束的日期当天及之前提前行权的概率减这一时期开始的日期当天及之前提前行权的概率。

聪明的读者可能已经注意到表 14.7 中的概率并不是在每一处都是非递减的，这意味着当时期结束日期的概率小于时期开始日期的概率时，该时期提前行权的概率为负。具体来说，从日期 7 到 8，9 到 10，11 到 12，14 到 15，17 到 18，19 到 20，概率下降。这是因为模型是粗糙的。(读者可以注意到在表 14.5 和表 14.6 中,这些提到的时期的结束没有标注"行权"。) 如果我们可以使用无限的时期数,每一期的持续时间都无限短,那么关于有利的提前行权,得到的概率的序列将会接近非递减的函数。尽管如此,表 14.7 仍然证明了一个要点,即对于标的资产为不支付股利的股票的美式看跌期权,提前行权的先验概率随着到期时间的增加而下降,即,先验地,随着到期日的临近,提前行权更有可能。

在表 14.8 中,我们展示了二叉树模型中时期数对于欧式看涨和看跌期权价值的影响。为了得到这些数字,我们使用了如下的参数:到期时间 $T=0.5$ 年;看涨与看跌期权都以平价发行,$S_0 = K = 5$ 美元;无风险利率 $r^f = 5\%$,是连续复利的 APr;标的资产的年化收益率波动率为 $\sigma(r) = 50\%$,其中收益率是连续复利的 APr。此外,在每个模型中,我们使用 $u = e^{(\Delta t)^{1/2}\sigma(r)}$ 和 $d = e^{-(\Delta t)^{1/2}\sigma(r)}$。所以 pr^u 和 d 随时期数 N 上升而上升,而 pr^d,u 和 $e^{r^f \Delta t}$ 随时期数 N 上升而下降。最后,作为基准,我们也展示通过 BSM 模型得到的两个期权的价值。

表 14.8 时期数对二叉树模型期权价值的影响

时期	1	2	3	4	5	6	7	8	9
c_0	0.926	0.677	0.814	0.715	0.791	0.728	0.781	0.735	0.775
p_0	0.802	0.554	0.690	0.591	0.667	0.605	0.657	0.612	0.652
时期	10	11	12	13	14	15	16	17	18
c_0	0.739	0.772	0.742	0.769	0.744	0.768	0.746	0.766	0.747
p_0	0.616	0.648	0.619	0.646	0.621	0.644	0.622	0.643	0.623
时期	19	20	21	22	23	24	25	26	BS
c_0	0.765	0.748	0.764	0.749	0.764	0.749	0.763	0.750	**0.756**
p_0	0.642	0.624	0.641	0.625	0.640	0.626	0.640	0.626	**0.633**

在图 14.4 中,我们用图形展示了表 14.8 中的看涨期权的结果。读者可以看到,随着二叉树模型中时期数的增加,其看涨期权价值更接近 BSM 模型中的值。即使只有 26 期,结果也是令人鼓舞的。①

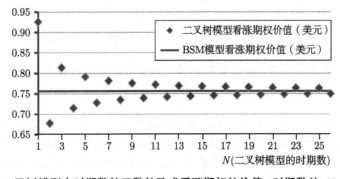

图 14.4 作为二叉树模型中时期数的函数的欧式看涨期权的价值,时期数从 $N=1$ 到 $N=26$

虽然图 14.4 中没有展示,我们也计算了 26 个模型中每一个的到期日股价的相对波动

---
① 这一模型的一个扩展是当到期日临近时,缩减各个时期的持续时间。

率。具体而言，有[①]

$$\frac{\sigma(S_T)}{E[S_T]} = \frac{\left[\sum_{n=1}^{N}(pr^u)^n(pr^d)^{N-n}\frac{N!}{n!(N-n)!}\left(U^nD^{N-n}S_0 - E[S_T]\right)^2\right]^{\frac{1}{2}}}{E[S_T]},$$

其中 $E[S_T] = S_0 \mathrm{e}^{(T)r^f} = 5.00\mathrm{e}^{(0.5)5\%} = 5.13$ 美元。给定年化的 $\sigma = 50\%$，半年（$T = 0.5$）的波动率是 $\sigma(T)^{0.5} = 50\%(0.5)^{0.5} = 35.4\%$。实际上，所有这 26 个模型计算出的波动率值都很接近这个理论值，从 $N = 1$ 时的 35.0% 单调上升到 $N = 26$ 时的 36.4%。

14.8 Excel 函数：二叉树模型

- =COMBIN(*total*,*ups*) 计算组合函数：

$$\frac{total!}{ups!(total-ups)!},$$

其中阶乘函数为 $N! = 1 \times 2 \times 3 \times ... \times N$。

14.9 例：二叉树模型——股票、期权

本节中，我们将展示为期权估值的二叉树模型的例子。因为欧式期权只有在到期日可行权，我们首先在不明确计算期间股票价格的情况下对欧式看跌期权估值。接着，我们继续进行反向归纳推导，为美式期权估值。我们揭示了二叉树模型在分析美式期权提前行权可能性时的作用。

图 14.5 中的工作表展示了用二叉树模型与股票和欧式期权进行估值的方法。期权输入参数展示在单元格 B1:B6 中。由单元格 E1，我们选择 $N = 10$ 的 10 期模型。单元格 E2:E8 计算了模型的参数。单元格 E2 是每期的期间长度，由 "=B5/E1" 可得 $\Delta t = \frac{T}{N}$ 年。单元格 E3 和 E4 分别展示了净期间无风险回报率和总期间无风险回报率，分别由 "=EXP((B3−B4)*E2)" 得到 $NR = \mathrm{e}^{(r^f-k)\Delta t}$，由 "=EXP(B3*E2)" 得到 $GR = \mathrm{e}^{(r^f)\Delta t}$。单元格 E5 和 E6 分别由 "=EXP(B6*SQRT(E2))" 计算得到 $U = \mathrm{e}^{\sigma\sqrt{\Delta t}}$，由 "=EXP(−B6*SQRT(E2))" 得到 $D = \frac{1}{U} = \mathrm{e}^{-\sigma\sqrt{\Delta t}}$。最后，单元格 E7 由 "=(E3−E6)/(E5−E6)" 计算得到 $pr^u = \frac{NR-D}{U-D}$，单元格 E8 由 "=(E5−E3)/(E5−E6)" 得到 $pr^d = \frac{U-NR}{U-D}$。

单元格 B13:L23 构建了 10 期二叉树股票定价模型。只需对这些单元格中的三个进行直接编辑，之后，通过将这三个单元格中的两个复制并粘贴到剩余的单元格中来构建整个二叉树。单元格 B13 由 "=B1" 得到 S_0。接着单元格 C13 由 "=B13*$E$5" 得到 $S^u_{\Delta t} = US_0$。然后，我们通过复制单元格 C13 并将其粘贴到单元格 D13:L13 中来构建股票价格树最上面的一行，其中单元格 B12:L12 代表二叉树每列对应的日期。

[①] 求和中，n ($N-n$) 是在 N 期中向上（下）的数目。

第 14 章 二叉树定价模型、蒙特卡罗分析

	A	B	C	D	E	F	G	H	I	J	K	L
1	s_0	10		N	10	E2 =B5/E1			B13 =B1		B5 =15/252	
2	K	10.1		Δt	0.006	E3 =EXP((B3-B4)*E2)			C13 =B13*$E$5			
3	f	6%		NR	1.0004	E4 =EXP(B3*E2)			D13 =C13*$E$5			
4	k	0%		GR	1.0004	E5 =EXP(B6*SQRT(E2))			L13 =K13*$E$5			
5	T	0.0595		U	1.031	E6 =EXP(-B6*SQRT(E2))			C14 =IF($A14>C$12,"",B13*$E$6)			
6	σ	40%		D	0.970	0.970	F6 =1/E5		C23 =IF($A23>C$12,"",B22*$E$6)			
7	c_0	0.359		pr^U	0.498	E7 =(E3-E6)/(E5-E6)			L14 =IF($A14>L$12,"",K13*$E$6)			
8	p_0	0.423		pr^D	0.502	0.502	F8 =1-E7		L23 =IF($A23>L$12,"",K22*$E$6)			
9					E8 =(E5-E3)/(E5-E6)							
10	S_T											
11				Δt								
12	nd	0	1	2	3	4	5	6	7	8	9	10
13	0	10	10.31	10.64	10.97	11.31	11.67	12.03	12.41	12.80	13.20	13.62
14	1		9.70	10.00	10.31	10.64	10.97	11.31	11.67	12.03	12.41	12.80
15	2			9.40	9.70	10.00	10.31	10.64	10.97	11.31	11.67	12.03
16	3				9.12	9.40	9.70	10.00	10.31	10.64	10.97	11.31
17	4					8.84	9.12	9.40	9.70	10.00	10.31	10.64
18	5						8.57	8.84	9.12	9.40	9.70	10.00
19	6							8.31	8.57	8.84	9.12	9.40
20	7								8.06	8.31	8.57	8.84
21	8									7.81	8.06	8.31
22	9										7.57	7.81
23	10											7.34

	A	B	C	D	E	F	G	H	I	J	K	L
25								P(1 p to S_{10})	# p to S_{10}		$p_{10}\|S_{10}$ *P(S_{10})	$c_{10}\|S_{10}$ *P(S_{10})
26	F27 =MAX(0,$B$2-E27)			nd	S_{10}	$p_{10}\|S_{10}$	$c_{10}\|S_{11}$			Pr(S_{10})		
27	F37 =MAX(0,$B$2-E37)			0	13.62	0.00	3.52	0.09%	1	0.09%	0.00	0.00
28	G27 =MAX(0,E27-$B$2)			1	12.80	0.00	2.70	0.09%	10	0.95%	0.00	0.03
29	G37 =MAX(0,E37-$B$2)			2	12.03	0.00	1.93	0.10%	45	4.29%	0.00	0.08
30				3	11.31	0.00	1.21	0.10%	120	11.54%	0.00	0.14
31	J27 =H27*I27			4	10.64	0.00	0.54	0.10%	210	20.35%	0.00	0.11
32	J37 =H37*I37			5	10.00	0.10	0.00	0.10%	252	24.61%	0.02	0.00
33	K27 =F27*J27			6	9.40	0.70	0.00	0.10%	210	20.67%	0.14	0.00
34	K37 =F37*J37			7	8.84	1.26	0.00	0.10%	120	11.90%	0.15	0.00
35	L27 =G27*J27			8	8.31	1.79	0.00	0.10%	45	4.50%	0.08	0.00
36	L37 =G37*J37			9	7.81	2.29	0.00	0.10%	10	1.01%	0.02	0.00
37				10	7.34	2.76	0.00	0.10%	1	0.10%	0.00	0.00
38	E27 =$B$1*$E$5^(10-D27)*$E$6^D27					I27 =COMBIN(10,10-D27)				100%		
39	E37 =$B$1*$E$5^(10-D37)*$E$6^D37					I37 =COMBIN(10,10-D37)			$\Sigma =$		0.43	0.36
40	H27 =$E$7^(10-D27)*$E$8^D27					K39 =SUM(K27:K37)			$e^{-rT}\Sigma =$		0.4239	0.3599
41	H37 =$E$7^(10-D37)*$E$8^D37					K40 =K39/$E$4^$E$1			BSM		0.4232	0.3593
42			L41 =B7		K41 =B8		K42 =K40-K41			$\Delta =$	0.0006	0.0006

图 14.5 股票和期权二叉树定价模型

在完成初始股票价格与二叉树最上面的一行后,剩余的二叉树构建过程如下。我们想要使用对所有剩余单元格(即股价二叉树的剩余节点)有效的单个公式。注意每行代表的"向下"的总数展示在单元格 A13:A23 中。因此第 13 (14, 15, ..., 23) 行所有单元格表示股价二叉树中的节点,其累积下降步数为 0 (1, 2, ..., 10)。对于 C14:L23 中的每一单元格,我们首先要检查确保其代表二叉树上的节点,即,其下行步数的累积数量不大于期数。如果其下行步数的累积数量大于期数,那么我们希望单元格显示为空。否则,我们将通过 $S_t^{xd} = S_{t-\Delta t}^x D$ 计算二叉树中该节点的股票价格,方法是用 D 乘以上一行、左一列的单元格。举个例子,单元格 C14 中有"=IF($A14>C$12,"",B13*$E$6)"。通过使用这一特定公式我们可以复制粘贴它以填充完成单元格 C14:L23 的计算。

我们有 BSM 模型，因此不需要二叉树模型来为欧式期权估值。尽管如此，我们还是首先通过二叉树模型为欧式期权估值，将其作为一个基本案例，从而使读者对此更加熟悉，也便于随后对于美式期权提前行权的价值进行估值。如果没有在二叉树中建立相应的股票价格树，则可以用第 27:42 行对欧式看涨和看跌期权进行估值。单元格 E27:E37 计算了 11 个期末股票价格，每个对应于单元格 D27:D37 中相应的累积下降步数，例如，E27 中有"=$B$1*$E$5^(10−D27)*$E$6^D27"。然后可以将该单元格复制并粘贴到单元格 E28:E37 中，从而完成该列的填充。

单元格 F27:F37 和 G27:G37 分别计算了看跌期权和看涨期权的回报。举例说明，在单元格 F27 中有"=MAX(0,$B$2−E27)"，G27 中有"=MAX(0,E27−$B$2)"。H27:H37 中的每一单元格计算了单个路径到相应期末股票价格的概率，即 $P(S_T^{nd}) = (pr^u)^{(10-nd)}(pr^d)^{nd}$，其中，$nd$ 是股票价格路径中向下步数的累积数量，$(10-nd)$ 是股票价格路径中向上步数的累积数量。例如，H27 中有"=$E$7^(10−D27)*$E$8^D27"。I27:I37 中的每个单元格通过使用 Excel 函数 "COMBIN" 计算到达相应期末股票价格的对应路径数，例如，I27 中有 "=COMBIN(10,10−D27)"。单元格 J27:J37 中计算了到达期末股价的概率，即第 H 列和第 I 列的对应单元格乘积。第 K（L）列计算了给定特定股票价格的看跌期权（看涨期权）预期回报的贡献，即在第 F（G）列中的给定期末股价的看跌（看涨）期权的条件预期回报乘以第 J 列中的对应概率。

单元格 K39（L39）中计算的单元格 K27:K37（L27:L37）的总和等于看跌期权（看涨期权）的期望回报。将其用 $e^{-r^f T} = GR^N$ 折现，将得到看跌期权（看涨期权）价值，如单元格 K40（L40）所示。看跌期权价值 0.4239（看涨期权价值 0.3599）与 BSM 模型得到的单元格 B7（B8）中的价值相近（也即单元格 K41（L41）中的价值）。

图 14.6 中展示了逆向归纳过程，使用了与图 14.5 中相同的工作表。单元格 B49:L59 展示了相同欧式看跌期权的估值。只有两个公式需要单独编辑，而整个二叉树可通过复制粘贴这两个公式构建而成。其中一个公式是到期日的回报（单元格 L49:L59 中），例如，L49 中有 "=MAX(0,$B$2−L13)"，其中图 14.5 中的单元格 L13 对应于股价树中的节点，看跌期权价值树的单元格 L49 也是如此。随后这一单元格被复制粘贴到单元格 L50:L59 中。

欧式看跌期权在看跌期权价值树中到期日之前的所有其他节点 x 的价值通过下式计算：

$$p_t^x = e^{-r^f \Delta t}(pr^u p_{t+\Delta t}^{xu} + pr^d p_{t+\Delta t}^{xd}) \tag{14-26}$$

正如我们在图 14.5 中单元格 C14:L23 中构建部分股价树所做的，我们要在每个工作表单元格中决定其应当是空单元格（即当向下步数的累积数目超过期数时）还是应当通过式 (14-26) 计算看跌期权在给定二叉树节点的价值。例如，单元格 K49 中有

=IF($A49>K$48,"",($E$7*L49+$E$8*L50)/EXP($B$3*$E$2))

这一单元格随后可被复制粘贴以填充完成单元格 B49:K58。注意，由这一模型得到的欧式看跌期权价值展示在单元格 B49 中，为 0.4239，与图 14.5 中的单元格 K40 相匹配。

	A	B	C	D	E	F	G	H	I	J	K	L
46	P_T											
47				Δt								
48	nd	0	1	2	3	4	5	6	7	8	9	10
49	0	0.4239	0.27	0.15	0.07	0.02	0.00	0.00	0.00	0.00	0.00	0.00
50	1		0.58	0.39	0.23	0.11	0.04	0.01	0.00	0.00	0.00	0.00
51	2			0.77	0.55	0.34	0.18	0.07	0.01	0.00	0.00	0.00
52	3				1.00	0.74	0.51	0.29	0.13	0.03	0.00	0.00
53	4					1.25	0.98	0.72	0.46	0.23	0.05	0.00
54	5						1.51	1.25	0.97	0.69	0.40	0.10
55	6							1.78	1.52	1.25	0.98	0.70
56	7								2.03	1.78	1.53	1.26
57	8									2.28	2.04	1.79
58	9										2.52	2.29
59	10											2.76
60	B49 =IF($A49>B$48,"",($E$7*C49+$E$8*C50)/EXP($B$3*$E$2))											
61	K49 =IF($A49>K$48,"",($E$7*L49+$E$8*L50)/EXP($B$3*$E$2))								L49 =MAX(0,$B$2-L13)			
62	B58 =IF($A58>B$48,"",($E$7*C58+$E$8*C59)/EXP($B$3*$E$2))											
63	K58 =IF($A58>K$48,"",($E$7*L58+$E$8*L59)/EXP($B$3*$E$2))								L59 =MAX(0,$B$2-L23)			
64												
65	P_T											
66				Δt								
67	nd	0	1	2	3	4	5	6	7	8	9	10
68	0	0.428	0.27	0.15	0.07	0.02	0.00	0.00	0.00	0.00	0.00	0.00
69	1		0.59	0.39	0.23	0.11	0.04	0.01	0.00	0.00	0.00	0.00
70	2			0.78	0.55	0.35	0.18	0.07	0.01	0.00	0.00	0.00
71	3				1.01	0.75	0.51	0.30	0.13	0.03	0.00	0.00
72	4					1.26	0.99	0.72	0.46	0.23	0.05	0.00
73	5						1.53	1.26	0.98	0.70	0.40	0.10
74	6							1.79	1.53	1.26	0.98	0.70
75	7								2.04	1.79	1.53	1.26
76	8									2.29	2.04	1.79
77	9										2.53	2.29
78	10											2.76
79	B68 =IF($A68>B$67,"",MAX($B$2-B13,($E$7*C68+$E$8*C69)/EXP($B$3*$E$2)))											
80	B77 =IF($A77>B$67,"",MAX($B$2-B22,($E$7*C77+$E$8*C78)/EXP($B$3*$E$2)))											
81	K68 =IF($A68>K$67,"",MAX($B$2-K13,($E$7*L68+$E$8*L69)/EXP($B$3*$E$2)))											
82	K77 =IF($A77>K$67,"",MAX($B$2-K22,($E$7*L77+$E$8*L78)/EXP($B$3*$E$2)))											

图 14.6 逆向归纳：美式看跌期权 Vs. 欧式看跌期权

我们现在继续为对应的美式看跌期权估值，此时 BSM 模型无法为之估值。图 14.6 中的单元格 L68:L78 等同于单元格 L49:L59，这些单元格计算了到期日的回报。对于表示美式看跌期权价值树非期末节点 x 的单元格，我们只需通过检查立即行权的价值 $K - S_t^x$ 是否超出由式 (14-26) 计算的继续持有看跌期权的期望价值，来修改式 (14-26)。例如，单元格 K68 中有

=IF($A68>K$67,"",MAX($B$2-K13,($E$7*L68+$E$8*L69)/EXP($B$3*$E$2))),

其中 K13（图 14.5 中）包含股价二叉树模型的相应节点处的对应输入内容。复制粘贴单元格 K68 中的上述公式到剩余单元格 B68:K77 中以完成模型，单元格 B68 中将计算出美式看跌期权的价值 0.428。请注意，美式看跌期权价值比之前计算的对应的欧式看跌期权价值 0.4239 高。因此，提前行权的能力增加了 0.0041 的价值。

	A	B	C	D	E	F	G	H	I	J	K	L
86	美式看跌期权执行树											
87			Δt									
88	nd	0	1	2	3	4	5	6	7	8	9	10
89	0	0	0	0	0	0	0	0	0	0	0	0
90	1		0	0	0	0	0	0	0	0	0	0
91	2			0	0	0	0	0	0	0	0	0
92	3				0	0	0	0	0	0	0	0
93	4					0	0	0	0	0	0	0
94	5						1	1	1	1	1	1
95	6							1	1	1	1	1
96	7								1	1	1	1
97	8									1	1	1
98	9										1	1
99	10											1
100	B89	=IF($A89>B$88,"",IF($B$2-B13>($E$7*C68+$E$8*C69)/EXP($B$3*$E$2),1,0))										
101	K89	=IF($A89>K$88,"",IF($B$2-K13>($E$7*L68+$E$8*L69)/EXP($B$3*$E$2),1,0))										
102	B98	=IF($A98>B$88,"",IF($B$2-B22>($E$7*C77+$E$8*C78)/EXP($B$3*$E$2),1,0))										
103	K98	=IF($A98>K$88,"",IF($B$2-K22>($E$7*L77+$E$8*L78)/EXP($B$3*$E$2),1,0))										
104		L89	=IF($B$2>L13,1,0)			L99	=IF($B$2>L23,1,0)					
105	$P(S_t\|t)$											
106			Δt									
107	nd	0	1	2	3	4	5	6	7	8	9	10
108	0	1	0.498	0.248	0.124	0.062	0.031	0.015	0.008	0.004	0.002	0.001
109	1		0.502	0.500	0.374	0.248	0.154	0.092	0.054	0.031	0.017	0.009
110	2			0.252	0.376	0.375	0.311	0.233	0.162	0.108	0.069	0.043
111	3				0.126	0.252	0.314	0.312	0.272	0.217	0.162	0.115
112	4					0.063	0.158	0.236	0.274	0.273	0.245	0.203
113	5						0.032	0.095	0.166	0.220	0.247	0.246
114	6							0.016	0.056	0.111	0.166	0.207
115	7								0.008	0.032	0.072	0.119
116	8									0.004	0.018	0.045
117	9										0.002	0.010
118	10											0.001
119	Σ	100%	100%	100%	100%	100%	100%	100%	100%	100%	100%	100%
121	$\Sigma_t P(E_t)$	0%	0%	0%	0%	0%	3%	11%	23%	37%	50%	63%
122	$P(E_t)$	0%	0%	0%	0%	0%	3%	8%	12%	14%	14%	12%
123	B108	=IF($A108>B$107,"",$E$7^(B$107-$A108)*$E$8^$A108*COMBIN(B$107,B$107-$A108))										
124	B118	=IF($A118>B$107,"",$E$7^(B$107-$A118)*$E$8^$A118*COMBIN(B$107,B$107-$A118))										
125	L108	=IF($A108>L$107,"",$E$7^(L$107-$A108)*$E$8^$A108*COMBIN(L$107,L$107-$A108))										
126	L118	=IF($A118>L$107,"",$E$7^(L$107-$A118)*$E$8^$A118*COMBIN(L$107,L$107-$A118))										
127	B121	=SUMPRODUCT(B108:B118,B89:B99)			L121	=SUMPRODUCT(L108:L118,L89:L99)						
128	B119	=SUM(B108:B118)			B122	=B121	C122	=C121-B121		L122	=L121-K121	

图 14.7　美式看跌期权的提前行权

由于美式看跌期权价值高于同等的欧式看跌期权，因此在看跌期权价值树中至少一个节点处提前行权是最佳的。图 14.7（与图 14.5 和图 14.6 来自同一工作表）中模型的目的是解决关系看跌期权提前行权的问题。虽然第 L 行代表到期日，但我们仍将其纳入关于行权的分析，尽管这里我们的关注焦点是提前行权。当看跌期权行权时，单元格 B89:L99 将显示 "1"；否则将显示 "0"。因此，当 $K > S_T^x$ 时单元格 L89:L99 将显示 "1"，否则为 "0"。例如，L89 有 "=IF($B$2>L13,1,0)"，其中 L13 为二叉树在这一特定节点的对应股票价格。

关于剩余单元格 B89:K98，当下式满足时，将显示 "1"：

$$K - S_t^x > e^{-r^f \Delta t}(pr^u p_{t+\Delta t}^{xu} + pr^d p_{t+\Delta t}^{xd}) \tag{14-27}$$

否则为 "0"。举个例子，单元格 K89 中有

"=IF($A89>K$88,"",IF($B$2-K13>($E$7*L68+$E$8*L69)/EXP($B$3*$E$2),1,0))",
其中单元格 K13（图 14.5 中）包含股价二叉树模型在对应节点的输入项。复制单元格 K89 并粘贴到剩余的单元格 B89:K98 以完成这一模型。通过条件格式即可突出显示值为 "1" 的单元格，随着到期日的临近，在较低的价格对美式看跌期权提前行权是最佳选择。

单元格 B108:L118 包含给定特定日期时到达股价树每一节点的条件概率。第 119 行确认了在 10 期模型中 11 个日期中各个日期条件概率总和为 1。在日期 t 对应 nd 下降（nu 上升）状态的给定节点 x，有

$$P(S_t^x) = (pr^u)^{nu}(pr^d)^{nd}\frac{(nd+nu)!}{nd!nu!}, \tag{14-28}$$

在 Excel 中，$\frac{(nd+nu)!}{nd!nu!}$ 由 "=COMBIN(nd+nu,nd)" 计算得到。例如，单元格 L108 中有 "=IF($A108>L$107,"",$E$7^(L$107-$A108)*$E$8^$A108*COMBIN(L$107,L$107-$A108))". 复制单元格 L108 并将之粘贴到剩余单元格 B108:L118 以完成该模型。

随着行 89:99 和行 108:118 相应完成，我们接下来计算在第 121 行的每期行权的累积概率。单元格 B121 中有 "=SUMPRODUCT(B108:B118,B89:B99)"。之后，我们只需复制这一单元格将向其粘贴到单元格 C121:L121 中。单元格 K121 展示了此时有 50% 提前行权的概率，单元格 L121 展示了有 63% 的行权可能，包括在到期日行权。最后，我们可以通过累积概率的差异来计算二叉树模型中 11 个日期里各个日期的行权概率，如第 122 行所示。例如，单元格 K122 中有 "=K121−J121"。

14.10 蒙特卡罗分析

蒙特卡罗分析是一种用于进行概率计算的工具，通常用于因系统输入项中存在一个或多个随机变量所致概率直接计算困难的情形。通过生成与其假定的概率分布一致的每个随机变量输入项的实现变量，可以计算特定的系统输出，即所谓的**结果**（outcome）或**实现**（realization）。如果计算中包含时间序列，那么特定结果计算值的集合被称为**路径**（path）。由于我们将蒙特卡罗分析应用于多期二叉树期权定价模型，因此我们得到的结果被称为路径。

在蒙特卡罗分析中，通过运行多条路径（通常是数万条路径或更多路径），我们可对建模系统的计算结果概率分布有大致了解。因此，对于系统的任何关键产出变量，我们可计算其均值和标准差，进而决定任何一个产出变量的置信区间。

例：通过蒙特卡罗分析计算 $X \sim U[0,\sqrt{12}]$ 的方差

举个例子，我们使用蒙特卡罗分析计算均匀分布在 0 和 $\sqrt{12}$ 间的随机变量（$X \sim U[0,\sqrt{12}]$）的方差。我们将运用以下事实进行计算：

$$\sigma_X^2 = E[X^2] - (E[X])^2 \tag{14-29}$$

首先，考虑变量的概率密度函数 $f(x) = \dfrac{1}{\sqrt{12}}$，那么

$$E[X] = \int_{x=0}^{\sqrt{12}} \frac{1}{\sqrt{12}} x \mathrm{d}x = \frac{1}{\sqrt{12}} \left(\frac{(\sqrt{12})^2}{2} - \frac{0^2}{2} \right) = \frac{\sqrt{12}}{2} = \sqrt{3} \tag{14-30}$$

因此 $(E[X])^2 = (\sqrt{3})^2 = 3$。接着有

$$E\left[X^2\right] = \int_{x=0}^{\sqrt{12}} \frac{1}{\sqrt{12}} x^2 \mathrm{d}x = \frac{1}{\sqrt{12}} \left(\frac{(\sqrt{12})^3}{3} - \frac{0^3}{3} \right) = \frac{(\sqrt{12})^2}{3} = 4 \tag{14-31}$$

因此，由式 (14-29)，有 $\sigma_X^2 = E\left[X^2\right] - (E[X])^2 = 4 - 3 = 1$。

我们将通过 "= SQRT(12)*RAND()" 在 Excel 的一列中生成 $X \sim U[0, \sqrt{12}]$ 的 1 000 个值。$E[X]$ 的代理值将是这些数值的平均值，应当接近于 $\sqrt{3}(1.7321)$。下一列我们将这 1 000 个值取平方，它们的平均值将成为 $E[X^2]$ 的代理值，应当接近于 4。最后，$\sigma_X^2 = E[X^2] - (E[X])^2$ 的代理值将为后一平均值减去前一平均值的平方，应当接近于 1。

这个练习中没有引入新的 Excel 函数。

14.11 例：蒙特卡罗分析

图 14.8 展示了简单的蒙特卡罗分析。单元格 A2:A1012 包含 1 011 个均匀分布随机变量的随机数，满足 $X \sim U[0, \sqrt{12}]$，由 "=RAND()*SQRT(12)" 生成。如之前所展示的，对于这一随机变量，$\mu(X) = \dfrac{\sqrt{12}}{2} \sim 1.732$ 且 $\sigma^2(X) = 1$。

	A	B	C	D	E	F	G	H	I	J	K	L
1	x	x^2		μ(x)	1.692	A2:A1012	=RAND()*SQRT(12)					
2	1.401	1.962		$[μ(x)]^2$	2.862	B2:	=A2^2		B1012	=A1012^2		
3	0.376	0.141		$μ(x^2)$	3.864	E1	=AVERAGE(A2:A1012)					
4	3.041	9.250				E2	=E1^2		E3	=AVERAGE(B2:B1012)		
1010	1.772	3.139		$μ(x^2) - [μ(x)]^2$	1.0018	E1010	=E3-E2					
1011	2.986	8.919		$σ^2$	1.0018	E1011	=VAR.P(A2:A1012)					
1012	2.382	5.676		%Δ	0.0000%	E1012	=(E1010-E1011)/E1011					

图 14.8 蒙特卡罗分析

单元格 B2:B1012 计算了对应的平方：X^2。单元格 E1 计算了 X 的 1 011 个随机数的平均数：$\overline{X}$；单元格 E2 将 E1 中的值取平方：$\overline{X}^2$；单元格 E3 将第 B 列中的 1 011 个平方数取平均值：$\overline{X^2}$。

在单元格 E1011 中，我们由数据计算得到经验方差为 1.0018。由关系式 $s^2(X) = \overline{X^2} - \overline{X}^2$，我们能以另一种方式计算得到经验方差，如单元格 E1010 所示，即 $1.0018 = 3.864 - (1.692)^2 = 3.864 - 2.862$。

APPENDIX 附录：二叉树模型基础知识

本附录的目的在于对单期二叉树模型进行更深入的研究。具体来说，我们将对一个看涨期权和一个看跌期权定价以加深对模型的理解。这些结果可推广到多期模型。[①]

与前相比，我们发现如下定义更加方便：

$$U \equiv \frac{S_1^u}{S_0}, \quad D \equiv \frac{S_1^d}{S_0}, \tag{14-32}$$

其中，我们假设：

$$S_1^d < S_1^u \quad \Leftrightarrow \quad D < U \tag{14-33}$$

Delta 套期保值推出的看涨期权价值

在本节中，我们试图构建一个包含看涨期权（买入）和其标的资产（股票）的资产组合，让其一期之后的回报永远为常值。其中，"永远"是指在这个世界中任一个可能的状态中。在我们给定的简单二叉树股价模型中，只有两种状态：上升和下降。如果我们可以成功地构建这样一个资产组合，那么它的回报一定是无风险的。所以，我们可以将这一期之后的确定回报折现回今天的日期，以决定现在这个资产组合的价值。因为我们知道股票当下的价值 S_0，我们可以推导出期权的价值。

一开始，与买入一个看涨期权结合的股票的头寸（买入还是卖空）和数量都是未知的。我们将通过计算得出头寸的符号和大小。为使模型可行，一个必须的假设是

$$S_1^d < K < S_1^u \tag{14-34}$$

回忆之前的内容，$S_0 \in (S_1^d, S_1^u)$。接着，看涨期权在上升状态的回报是 $c_1^u = \max(0, S_1^u - K) = S_1^u - K > 0$；在下降状态的回报是 $c_1^d = \max(0, S_1^d - K) = 0$，因为 $S_1^d - K < 0$。这些内容如图 14.9 所示。

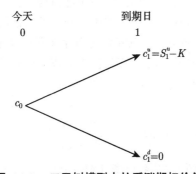

图 14.9　二叉树模型中的看涨期权价值

---

① 实际上，我们可以证明，在二叉树模型的多期形式中，通过增加时期数量从而使时期的持续时间接近于 0，而得到的欧式看涨和看跌期权的价值与在 BSM 模型中得到的值相同。

考虑一个包含 σ 股标的资产和买入一个看涨期权的资产组合。如果 σ 为正（负），那么我们持有多头（空头）股票，意味着我们一开始买入（卖空）股票；多头（空头）意味着负的（正的）初始现金流。在日期 $t=0$，资产组合价值为 σS_0+c_0；在日期 $t=1$，资产组合价值为 $\sigma S_1^u+c_1^u$ 或 $\sigma S_1^d+c_1^d$。我们在图 14.10 中有所总结。①

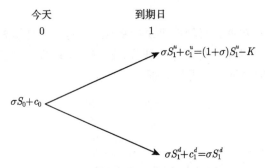

图 14.10　在二叉树模型中复制资产组合价值

让这个资产组合在上升和下降状态的回报相等：$\sigma S_1^u+c_1^u=\sigma S_1^d+c_1^d$，或者 $\sigma=-\dfrac{c_1^u-c_1^d}{S_1^u-S_1^d}=-\dfrac{\Delta c}{\Delta S}$。因为 σ 是 "看涨期权价值变动/股票价值变动" 这个比率的相反数，所以它是看涨期权价值对股票价值的偏导数 $-\dfrac{\partial c_0}{\partial S_0}$ 的离散近似的相反数。这一概念对期权非常重要，被定义为期权的 **delta**，或者

$$\Delta^c \equiv \frac{\partial c_0}{\partial S_0} \tag{14-35}$$

所以接下来，我们用 $-\Delta^c$ 表示 σ，虽然 $\sigma=\dfrac{\Delta c}{\Delta S}$ 是 $\Delta^c=\dfrac{\partial c_0}{\partial S_0}$ 的离散近似。代入 $c_1^u=S_1^u-K$ 和 $c_1^d=0$，得到

$$\Delta^c = \frac{\Delta c}{\Delta S} = \frac{S_1^u-K}{S_1^u-S_1^d} > 0, \tag{14-36}$$

其中 $K \in (S_1^d, S_1^u)$，从而 $\Delta^c \in (0,1)$。$\Delta^c > 0$ 这一结果从直觉上是合理的。显然，当股价上涨时，看涨期权的价值也上涨。对于固定的行权价，因为这股股票代表着看涨期权行权时的资产，所以上涨的股价意味着上涨的期权价值。最后，在这个 delta 套期保值的资产组合中，从直觉上，为了抵消股票价格对于看涨期权价值的正向影响，我们必须卖空（Δ^c 股）股票。

通过选择 $\sigma=-\Delta^c$ 股股票和买入一个看涨期权，我们让这个资产组合在两个状态的回报相等，因此它的回报是无风险的。所以我们可以用无风险年利率 r^f 的连续复利形式来对其贴现，得到其当下的价值。所以，我们可以让初始资产组合价值 σS_0+c_0 等于 $t=1$ 时回报的贴现值，即因为 $c_1^d=0$，有 $(\sigma S_1^d+c_1^d)\mathrm{e}^{-(1)r^f}=\sigma S_1^d\mathrm{e}^{-r^f}$。在 $\sigma S_0+c_0=\sigma S_1^d\mathrm{e}^{-r^f}$ 中，将 σ 替换为 $-\Delta^c$，得到

$$c_0 = \Delta^c \left(S_0-S_1^d\mathrm{e}^{-r^f}\right) = \frac{S_1^u-K}{S_1^u-S_1^d}\left(S_0-S_1^d\mathrm{e}^{-r^f}\right) > 0 \tag{14-37}$$

---

① 在日期 $t=0$，资产组合价值是它的成本（假设价格正确估计），$\sigma S_0+c_0<0$。所以初始现金流为 $CF_0=-(\sigma S_0+c_0)>0$，而因为 $\sigma=-\Delta^c<0$，$CF_1=\sigma S_1^d<0$。

相反地，如果我们在图 14.10 中卖空看涨期权，在 $t=0$ 则有 $\sigma S_0-c_0>0$，$\sigma=+\Delta^c>0$，$CF_0=-(\sigma S_0-c_0)<0$，而因为 $\sigma=+\Delta^c>0$，$CF_1=\sigma S_1^d>0$。不管怎样，都可以得到相同的看涨期权价值。

这个不等式是由如下论点得到的：一个以正的概率获得严格正回报，并且在世界所有状态中都有非负回报的资产一定有正的价值，得到的。所以，根据式 (14-37)，有

$$S_1^d \mathrm{e}^{-r^f} < S_0, \quad 或, \quad D < e^{r^f} \tag{14-38}$$

Delta 套期保值推出的看跌期权价值

我们现在用和前一节看涨期权相同的分析框架为看跌期权估值。我们再次假设 $S_1^d < K < S_1^u$，或者 $K \in (S_1^d, S_1^u)$。接着，因为 $K - S_1^u < 0$，看跌期权在上升状态的回报是 $p_1^u = \max(0, K - S_1^u) = 0$。在下降状态，$p_1^d = \max(0, K - S_1^d) = K - S_1^d > 0$。这些被总结在图 14.11 中。

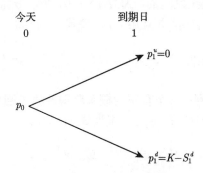

图 14.11 二叉树模型中的看跌期权价值

考虑一个包含 σ 股标的资产和买入一个看跌期权的资产组合。在日期 $t = 0$，资产组合的价值为 $\sigma S_0 + p_0$。在日期 $t = 1$，它的价值如图 14.12 所总结，要么为 $\sigma S_1^u + p_1^u = \sigma S_1^u$，要么为 $\sigma S_1^d + p_1^d = K - (1-\sigma)S_1^d$。①让这个资产组合在上升和下降状态的回报相等，$\sigma = -\dfrac{p_1^u - p_1^d}{S_1^u - S_1^d} = -\dfrac{\Delta p}{\Delta S}$。和看涨期权的情况类似，有

$$\Delta^p \equiv \frac{\partial p_0}{\partial S_0} \approx \frac{\Delta p}{\Delta S} = -\frac{K - S_1^d}{S_1^u - S_1^d} \in (-1, 0), \tag{14-39}$$

Δ^p 的取值范围由 $K \in (S_1^d, S_1^u)$ 决定。

$\Delta^p < 0$ 这一结果从直觉上是合理的。显然，当股价上涨时，看跌期权的价值下降。对于固定的行权价，因为股票代表着看跌期权行权时的负债，所以上涨的股价意味着下降的期权价值。最后，在这个 delta 套期保值的资产组合中，从直觉上，为了抵消股票价格对于看跌期权价值的负影响，我们必须买入 $-\Delta^p$ 股股票。

---

① 在日期 $t = 0$，资产组合价值是它的成本（假设价格正确估计）：$\sigma S_0 + p_0 > 0$。所以初始现金流为 $CF_0 = -(\sigma S_0 + p_0) < 0$，即因为 $\sigma = -\Delta^p > 0$，$CF_1 = \sigma S_1^u > 0$。

相反地，如果我们在图 14.12 中卖空看跌期权，在 $t = 0$ 时则有 $\sigma S_0 - p_0 < 0$，所以 $\sigma = +\Delta^p < 0$，$CF_0 = -(\sigma S_0 - p_0) > 0$，而因为 $\sigma = +\Delta^p < 0$，$CF_1 = \sigma S_1^u < 0$。不管怎样，都可以得到相同的看跌期权价值。

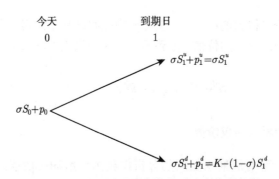

图 14.12　二叉树模型中复制资产组合的价值

在我们的资产组合中，我们选择 $\sigma = -\Delta^p$ 股股票和买入一个看跌期权，以使在 $t=1$ 时回报为确定值。因此，回报是无风险的，因为 $p_1^u = 0$，所以 $\sigma S_0 + p_0 = (\sigma S_1^u + p_1^u)e^{-(1)r^f} = \sigma S_1^u e^{-r^f}$。令 $\sigma S_1^u e^{-r^f} = \sigma S_0 + p_0$，并且用 $-\Delta^p$ 替代 σ，得到

$$p_0 = -\Delta^p \left(S_1^u e^{-r^f} - S_0 \right) = -\frac{K - S_1^d}{S_1^u - S_1^d} \left(S_1^u e^{-r^f} - S_0 \right) > 0 \tag{14-40}$$

这个不等式是由以下论点得到：一个有正的概率获得严格正回报并且在世界中所有状态都有非负回报的资产一定有正的价值。所以，根据式 (14-40)，

$$S_0 < S_1^u e^{-r^f}, \text{ 或, } e^{r^f} < u$$

将其与式 (14-38) 结合起来，得到

$$S_1^d < S_0 e^{r^f} < S_1^u, \text{ 或, } D < e^{r^f} < U \tag{14-41}$$

风险中性定价

Ross（1976）证明期权可以通过风险中性定价来建模。这意味着我们可以使用投资者为风险中性的二叉树股价模型。因此，我们用无风险收益率来为所有的未来现金流贴现。这也暗示着所有资产的价值以相同的无风险利率增长。对于给定了一个标的资产的期权，或者对多个标的资产具有相同收益率波动率 $\sigma(r)$ 的期权来说，一个模型就足够了。然而，只要期权的标的资产的波动和之前估值中的不同，一个新的模型就是必需的。

这个重要模型背后的直觉是由之前的结论得出的。因为我们可以构建一个由期权和其标的资产（在我们的例子中为股票）组成的资产组合，以让其在世界的每一个状态中的回报都相等，那么这个确定的回报就可以用无风险收益率贴现来推出期权的价值。因为我们总是可以创建出这样一个无风险的资产组合，所以我们可以为期权估值，就好像这个世界是无风险的一样。

在图 14.1 之上，我们加上图 14.13 中的**风险中性概率**：pr^u 和 pr^d。接着，以风险中性概率 pr^u 和 pr^d 来表示，有

$$E[S_1] = pr^u (US_0) + pr^d (DS_0) = S_0 e^{(1)r^f}, \tag{14-42}$$

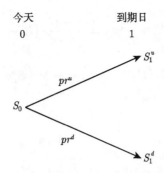

图 14.13 有风险中性概率的二叉树股票定价模型

其中，式 (14-42) 中第二个等号是由在风险中性世界中，无论实际风险如何，无风险收益率都不仅是所有现金流的合适的贴现率，也是所有资产价值的预期增长率这一事实得出的。注意到 $pr^d = 1 - pr^u$，那么式 (14-42) 意味着：

$$pr^u = \frac{e^{r^f} - D}{U - D}, \quad pr^d = 1 - pr^u = \frac{U - e^{r^f}}{U - D} \tag{14-43}$$

两个概率都被认为为正，再次得出了式 (14-41) 中的关系，在这里为了方便再次重复：

$$S_1^d < S_0 e^{r^f} < S_1^u, \quad 或, \quad D < e^{r^f} < U \tag{14-44}$$

通过风险中性为看涨期权定价

在图 14.9 之上，我们加入了图 14.14 中显示的风险中性概率 pr^u 和 pr^d，得到图 14.14。因为所有风险资产都用相同的风险中性的框架估值，上述过程是恰当的。所以，$c_0 e^{(1) r^f} = E[c_1] = pr^u(c_1^u) + pr^d(c_1^d) = pr^u(S_1^u - K) = \frac{e^{r^f} - d}{u - d}(S_1^u - K)$。因此，

$$c_0 = \Delta^c S_0 \left(1 - De^{-r^f}\right) = \Delta^c \left(S_0 - S_1^d e^{-r^f}\right), \tag{14-45}$$

和之前推导出的式 (14-37) 一样。

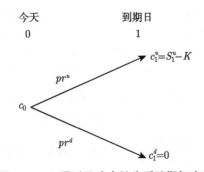

图 14.14 通过风险中性为看涨期权定价

通过风险中性为看跌期权定价

同为看涨期权定价一样，我们可以用风险中性定价来为看跌期权估值。在图 14.11 之上，我们加入了图 14.15 中展示的风险中性概率：pr^u 和 pr^d，得到了图 14.15。所以，$p_0 e^{(1) r^f} =$

$$E[p_1] = pr^u(p_1^u) + pr^d(p_1^d) = pr^d(K - S_1^d) = \frac{u - e^{r^f}}{u - d}(K - S_1^d)$$。求解 p_0，得到：

$$p_0 = -\Delta^p S_0 \left(Ue^{-r^f} - 1\right) = -\Delta^p \left(S_1^u e^{-r^f} - S_0\right), \quad (14\text{-}46)$$

和之前推导出的式 (14-40) 一样。

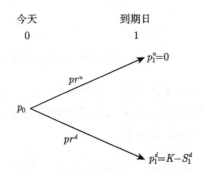

图 14.15　通过风险中性为看跌期权定价

比较静态分析

在其他条件不变时，看涨期权价值随着标的资产收益率波动率上升而上涨。为了理解这一结论，考虑表 14.9 和图 14.16，其中图是对表的描述。具体而言，考虑 5 只股票和 5 个看涨期权，每 1 个看涨期权都对应着 1 只股票。对于所有 5 只股票，现价都相同：$S_0 = 40$ 美元。因为我们都是在相同的无风险收益率（连续复利 APr）为 5% 的风险中性世界中为 5 个看涨期权估值，那么对于所有 5 只股票，今天起一期（即一年）之后的预期价值为 $E[S_1] = 40e^{5\%(1)} = 42.05$ 美元。

表 14.9　股价波动性对看涨期权价值的影响

股票	S_1^d	S_1^u	pr^u	$E[S_1] = pr^u S_1^u + pr^d S_1^d$	$\sigma(S_1)$	c_1^u	$E[c_1] = pr^u c_1^u$	c_0
A	37.95	42.05	100.0%	100%(42.05) = 42.05美元	0	2.05	100.0%(2.05) = 2.05美元	1.95美元
B	30	50	60.25%	60.25%(50) + 39.75%(30)	979%	10	60.25%(10) = 6.03美元	5.73美元
C	20	60	55.13%	55.13%(60) + 44.87%(20)	1989%	20	55.13%(20) = 11.03美元	10.49美元
D	10	70	53.42%	53.42%(70) + 46.58%(10)	2993%	30	53.42%(30) = 16.03美元	15.24美元
E	0	80	52.56%	52.56%(80) + 47.44%(0)	3995%	40	52.56%(40) = 21.03美元	20.00美元

$\sigma(S_1) = [pr^u(S_1^u - E[S_1])^2 + pr^d(S_1^d - E[S_1])^2]^{0.5} = [pr^u(S_1^u - 42.05)^2 + pr^d(S_1^d - 42.05)^2]^{0.5}$;

$pr^u = \dfrac{S_0(e^{r^f}) - S_1^d}{S_1^u - S_1^d} = \dfrac{E[S_1] - S_1^d}{S_1^u - S_1^d} = \dfrac{42.051 - S_1^d}{S_1^u - S_1^d}$，因为 $S_0 = 40$ 美元以及 $r^f = 5\%$。

对于所有 5 只股票：$\{A, B, C, D, E\}$，有 $E[S_1] = pr^u S_1^u + pr^d S_1^d = 42.05$ 美元；

$c_1^u = S_1^u - K = S_1^u - 40$ 美元，因为 $K = 40$ 美元；

$c_0 = e^{-r^f}(E[c_1]) = e^{-r^f}[pr^u(S_1^u - K)] = 0.9512[pr^u(S_1^u - 40)]$ 美元。

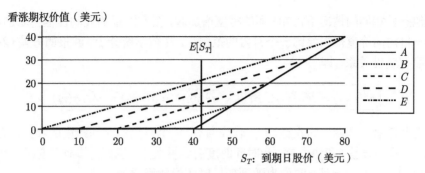

图 14.16 看涨期权价值随股价波动性上升而上升

今日起一期后，股票 A 的价格以 100% 的概率，即确定地为 42.05 美元，所以，它是无风险的。① 因此，它的合适的未来价值（即在 $t=1$ 时的价值）是 $E[S_1^A] = 42.05$ 美元。同样，今日起 1 期后，股票 B（C，D，E）的价格会是 50 美元（60 美元，70 美元，80 美元）对应的概率为 60.25%（55.13%，53.42%，52.56%）以及 30 美元（20 美元，10 美元，0 美元），对应的概率为 39.75%（44.87%，46.58%，47.44%）。在所有 5 个情形中，$E[S_1] = 42.05$ 美元 $= S_0 e^{r^f} = pr^{u,1}S_1^{u,i} + pr^{d,i}S_1^{d,i}$，$i \in \{A,B,C,D,E\}$。根据 $\sigma(S_1) = [pr^u(S_1^u - E[S_1])^2 + pr^d(S_1^d - E[S_1])^2]^{0.5}$，我们可以确认 $\sigma(S_1^A) < \sigma(S_1^B) < \sigma(S_1^C) < \sigma(S_1^D) < \sigma(S_1^E)$。简言之，从股票 A 到 B 到 C 到 D 再到 E，回报的波动性严格上升。

现在考虑 5 只看涨期权的价值，其中每一个期权的行权价都是 $K = 40$ 美元，标的资产为 5 个股票中对应的一个。回顾表 14.9 中的最后一列，我们可以看到看涨期权价值随波动性上升而上涨。

在图 14.16 中，我们画了一条竖线代表时期结束时的预期股票价值：$E[S_1] = 40\, e^{(1)r^f} = 42.05$ 美元。这 5 个看涨期权的回报，$E[c_1^i]$，$i \in \{A,B,C,D,E\}$，对应着这条竖线和其他 5 条非水平线的交点。首先，$E[c_1^A] = 2.05$ 美元是竖线和看涨期权回报函数曲线的 45 度线的交点。其他 4 个看涨期权在表 14.9 中展示的对应其他 4 只股票的看涨期权的价值是 4 条斜率为 $\frac{1}{2}$ 的非实线分别和竖线相交的地方。最后，每只股票的概率 p^d 和 p^u 也可以被图 14.16 解释。举个例子，对于股票 B，pr^d 是 $E[S_1] = 42.05$ 美元与 $S_1^u = 50$ 美元的水平距离，和 $S_1^d = 30$ 美元与 $S_1^u = 50$ 美元的水平距离之比，即 $pr^d = \dfrac{50 - 42.05}{50 - 30} = 39.75\%$。同样，$pr^u$ 是 $S_1^d = 30$ 美元与 $E[S_1] = 42.05$ 美元 的水平距离，和 $S_1^d = 30$ 美元与 $S_1^u = 50$ 美元的水平距离之比，即 $pr^u = \dfrac{42.05 - 30}{50 - 30} = 60.25\%$。股票 C、D、E 的概率 pr^u 和 pr^d 都能够相似地用图形解释。

到期时间对于看涨期权价值的影响

和标的资产收益波动性的情形一样，在至今为止展示的单期二叉树股价模型中，我们没有可以直接表示到期时间的变量。稍后，我们会看到看涨期权和看跌期权的价值都随到期日时间的增加而增加。因此，对于到期时间对看涨期权价值的影响，我们提供如下的直觉判断。

---

① 很明显这只在理论上成立，只用于教学的目的，因为现实中股票的回报不是无风险的。

在其他条件相同的情况下,当时间的跨度增加时,资产回报的波动性也会增加。直觉上,风险资产一日内的价值范围要比一个月内的范围小。在数学统计上,回报的方差(和协方差)和时间跨度有线性关系,即

$$\sigma^2(r_{Nt}) = N\sigma^2(r_t),\text{ 所以 } \sqrt{\sigma^2(r_{Nt})} = \sigma(r_{Nt}) = \sqrt{N}\sigma(r_t), \tag{14-47}$$

其中,r_t 代表着单一时期 t 的收益,r_{Nt} 代表着有 N 个时期的时间跨度的收益。所以,我们再次证明,回报的方差(和协方差)和时间跨度有线性关系。因此,其他不变时,因为看涨期权价值随波动性上升而上涨,它们也随到期日时间增加而增加。

看跌期权比较静态分析

标的资产的收益率波动率对看跌期权价值的影响

和我们对看涨期权的处理类似,考虑表 14.10 和图 14.17,其中图是对表的描述。

表 14.10 股价波动性对看跌期权价值的影响

股票	S_1^d	S_1^u	pr^u	$E[S_1] = pr^u S_1^u + pr^d S_1^d$	$\sigma(S_1)$	p_1^d	$E[p_1] = pr^d p_1^d$	p_0
A	37.95	42.05	100.0%	100%(42.05) = 42.05美元	0	0	0%(2.05) = 0.00美元	0.00美元
B	30	50	60.25%	60.25%(50) + 39.75%(30)	979%	10	39.75%(10) = 3.97美元	3.78美元
C	20	60	55.13%	55.13%(60) + 44.87%(20)	1989%	20	44.87%(20) = 8.97美元	8.54美元
D	10	70	53.42%	53.42%(70) + 46.58%(10)	2993%	30	46.58%(30) = 13.97美元	13.29美元
E	0	80	52.56%	52.56%(80) + 47.44%(0)	3995%	40	47.44%(40) = 18.97美元	18.05美元

和表 14.9 相比,本表只有最后三列不同。

$$pr^d = \frac{S_1^u - S_0(e^{r^f})}{S_1^u - S_1^d} = \frac{S_1^u - E[S_1]}{S_1^u - S_1^d} = \frac{S_1^u - 42.051}{S_1^u - S_1^d},\text{ 因为 } S_0 = 40 \text{ 美元},r^f = 5\%。$$

对于所有 5 只股票: $\{A, B, C, D, E\}$,有 $E[S_1] = pr^u S_1^u + pr^d S_1^d = 42.05$ 美元 $= S_0 e^{r^f} = 40 e^{5\%}$;
$p_1^d = K - S_1^d = 40 - S_1^d$,因为 $K = 40$ 美元;
$p_0 = e^{-r^f}[E[p_1]] = e^{-r^f}[pr^d(K - S_1^d)] = 0.9512[pr^d(40 - S_1^d)]$。

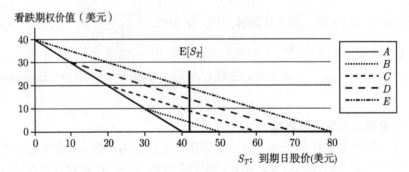

图 14.17 看跌期权价值随股价波动性的上升而上升

具体而言,我们再次考虑同样的 5 只股票,表 14.9 中的 $\{A, B, C, D, E\}$,但是这次这些股票分别为 5 只看跌期权各自的标的资产。如之前一样,所有 5 只股票都有相同的现

价：$S_0 = 40$ 美元。所有 5 个看跌期权都有相同的行权价：$K = 40$ 美元。因为我们在相同的 $r^f = 5\%$ 的风险中性世界中为所有 5 个看跌期权定价，那么 $E[S_1] = 40e^{5\%(1)} = 42.05$ 美元 $= pr^{u,1}S_1^{u,i} + pr^{d,i}S_1^{d,i}$，$i \in \{A, B, C, D, E\}$。查看表 14.10 中的最后一列，我们可以看到看跌期权和看涨期权一样，随波动性上升而上涨。

在图 14.17 中，我们画了一条竖线对应着时期结束时的预期股价：$E[S_1] = 40e^{(1)r^f} = 42.05$ 美元。这 5 个看跌期权的回报：$E[p_1^i]$，$i \in \{A, B, C, D, E\}$，对应着这条竖线和其他 5 条非水平线的交点。首先，$E[p_1^A] = 0$ 美元是竖线和看跌期权回报函数的相交点。其次，对应着其他 4 只股票的其他 4 个看跌期权的价值（如表 14.10 所示）是 4 条斜率为 $-\frac{1}{2}$ 的非实线各自和竖线相交的地方。最后，每只股票的概率 pr^d 和 pr^u 也可以在图 14.17 中得到解读，正如之前针对图 14.16 讨论的那样。

到期时间对看跌期权价值的影响

对于看涨期权，我们称看涨期权价值随波动性上升而上升，所以它必须也随到期时间上升而上升，因为 $\sigma^2(r_{Nt}) = N\sigma^2(r_t) \Leftrightarrow \sqrt{\sigma^2(r_{Nt})} = \sigma(r_{Nt}) = \sqrt{N}\sigma(r_t)$，其中 r_t 代表单一时期 t 的收益率，r_{Nt} 代表持续时间为 N 期的收益率。

虽然看跌期权的价值也是相似地随波动性的上升而上升，但到期时间对于看跌期权价值的影响是含混不清的。一般而言，看跌期权价值随到期时间的上升而上升。然而，深度价内的看跌期权的价值可能随到期时间的上升而下降。直觉上，因为股价一般随时间上升，深度价内的看跌期权的价值可能在被持有很长一段时间后下降。

第 15 章 路径依赖期权和实物期权

在本章中,我们首先将使用第 14 章介绍的蒙特卡罗方法分析退休模型。我们假设风险资产的未来价格路径服从对数正态分布。接着,我们将期权二叉树定价模型与蒙特卡罗分析结合起来为路径依赖期权定价。在本章最后,我们将探讨实物期权,这是一项资本预算的有力工具。我们将看到扩展可能性可通过看涨期权近似估值。类似地,考虑到放弃决策与看跌期权拥有共同特征,它可以通过看跌期权来估值。

15.1 退休计划

考虑从第 t 日开始并在第 $t+\Delta t$ 日结束的持续 Δt 年的给定时期 $t+\Delta t$,其中两个日期都是从今天开始计算的。通常在时期 $t+\Delta t$,个人将获得薪资 $S_{t+\Delta t}$、支出生活费用 $E_{t+\Delta t}$ 以及税费 $T_{t+\Delta t}$。她将投资她在日期 t 的财富 W_t,在时期 $t+\Delta t$ 产生收入并使得时期 $t+\Delta t$ 期末(即第 $t+\Delta t$ 日)的投资财富为 $I_{t+\Delta t}$。因此,她在第 $t+\Delta t$ 日的财富 $W_{t+\Delta t}$ 为

$$\boxed{W_{t+\Delta t} = S_{t+\Delta t} - E_{t+\Delta t} - T_{t+\Delta t} + I_{t+\Delta t},} \tag{15-1}$$

其中,

$$\boxed{I_{t+\Delta t} = W_t \sum_{i=1}^{I} w_t^i e^{\left[\Delta t \left(\mu^i - \frac{(\sigma^i)^2}{2}\right) + \sigma^i \sqrt{\Delta t}(Z_{t+\Delta t}^i)\right]},} \tag{15-2}$$

w_t^i 是在第 t 日的资产 i, $i \in \{1,2,3,...,I\}$,在组合 I 项资产中的权重。μ^i 是资产 i 的年化瞬时连续复合回报率的均值,σ^i 是资产 i 的年化瞬时连续复合回报率的标准差(即波动率),$Z_{t+\Delta t}^i$ 是标准正态分布随机变量的一个随机数。因此,由式 (15-2),为了得到在第 $t+\Delta t$ 日的投资价值,我们必须在每个时期 $t+\Delta t$ 生成 I 个独立标准正态分布的变量。聪明的读者此时应当注意到了,这里我们再次假设资产定价服从对数正态分布,这与式 (3-3) 相一致。

这一模型是蒙特卡罗分析在真实世界中的运用。举个例子,考虑一个 25 岁的年轻人,他计划在接下来的 40 年工作,并且预计在退休后再活 20 年。我们设定一期的长度为一年,因此此例是一个 60 年且 $N=60$ 期的模型。其余的假设还包括:

- 年薪以固定的年增长率 $g^s = 6\%$ 持续增长 40 年;
- 年费用增长率为每年 $g^e = 4\%$;
- 按照假定的税收计划,年税费 $T_{t+\Delta t}$ 固定;
- 假定可用投资资产每年的权重恒定(即相等)。

对于接下来的 60 年,蒙特卡罗分析中的每条路径将通过式 (15-1) 生成一个财富的价值。假定我们执行了 10 000 个这样的路径,那么距今 60 年的 10 000 个期末价值的分布给出了距今 60 年的最终财富的概率分布。因此,我们可以计算其均值与标准差。此外,这些

值中可能存在负值。因此，我们可以用 10 000 次路径最终值中负财富值的占比，来估计我们 25 岁的主人公在她到 85 岁前将所有财富挥霍一空的概率。

该模型提供了很大的灵活性。举一个简单的例子，如果在给定的路径中出现了不好的投资结果，沿着这条路径就将产生相对较低的财富价值，那么显然本案例中的主人公将会调低她的开支，而非继续以前述假设中的固定年增长率 4% 增加支出。我们可以对她的支出进行建模，如果她某一年的财富低于每年预设的年度金额，那么她可以将支出调整为她剩余财富的一小部分。作为另一个简单的例子，她可能希望根据日期和相对财富来调整她的投资资产权重。对于个人财富，随着时间的推移，投资者通常会将权重从风险较高的资产转移到风险较低的资产。此外，资产配置也可能是沿着给定路径的相对财富的函数。

15.2 例：退休计划

图 15.1 展示了退休计划的模型。在这一模型中，一个 21 岁的工人预期将工作 40 年（单元格 F1），然后将在退休后再活 25 年，即从现在起活 65 年（单元格 F2）直到 86 岁。给定各输入参数，我们想要计算：(a) 她在 86 岁前将资金用尽的概率；(b) 如果她的资金用尽，那么计算用尽资金的平均年龄；(c) 她 86 岁时的平均财富。我们将维纳过程（Wiener Process）股票价格模型与蒙特卡罗分析相结合，以解决这些问题。

输入参数位于单元格 B1:B12, D1:D2 和 F1:F2 中。假设 21 岁的初始财富是 100 000。假设我们的工人只考虑两项投资：无风险资产 A 和风险资产 B。第一年的开支预计为 25 000（单元格 B6），预期以 5% 的速率增长（单元格 B7）。第一年的工资和预期年增长率分别为 50 000（单元格 B8）和 8%（单元格 B9）。我们的工人计划每年重新调整她的投资组合，投资 20% 到资产 A（单元格 B11），投资 80% 到资产 B（单元格 B12）。工资收入的税率为 20%（单元格 D1），投资收入的税率为 10%（单元格 D2）。

行 19:218 生成了 200 个蒙特卡罗路径。[①] 单元格 B19:B218 仅仅用于定义运行数，这些数字不用于计算。将她的初始财富 100 000 输入单元格 C19:C218 中。单元格 C18:BP18 展示了以距今的以年数为单位的日期。我们只需在单元格 D19:BP218 中输入两个不同的公式：一个包含工资；而另一个不包含工资。之后，我们可以将它们复制粘贴以完成单元格 D19:BP218 的填充。

在单元格 D19 中，我们输入图底部显示的公式。包含税后工资部分的公式部分以粗体字体显示。通过巧妙地运用组合复制，单元格 D19 可以被复制粘贴以完成单元格 D19:AQ218 的填充。自第 41 年开始，我们需要移除工资部分。输入到单元格 AR19:BP218 的公式不包含工资部分，因为第 41 年是退休的第 1 年。例如，单元格 AR19 中的公式显示在图底部。单元格 AR19 可被复制粘贴以完成单元格 AR19:BP218 的填充。

单元格 D19 和 AR19 中的公式显示风险资产 B 的年度总回报为 $e^{\Delta t(\mu^B - (\sigma^B)^2/2) + Z\sigma^B\sqrt{\Delta t}}$，其中 $\Delta t = 1$ 且 $Z \sim N(0,1)$。此外，请注意在单元格 D19 和 AR19 中 "MAX(0,...)" 的使用，因为我们假设不允许借款。因此在第 40 年后，若她的财富降到 0，那么她的财富从此以后

[①] 运行 200 次通常是不够的，因为每次刷新工作表中的随机变量时输出参数都显示出极大的变动。但 200 次可用于说明的目的。

就是 0。

单元格 B13 计算了第 65 年的平均财富为 21 600 000。第 65 年的财富的标准差为 60 782 000。她的财富在第 65 年前降到 0 的概率为 44%（单元格 B15）。其计算为以 0 结束的路径数除以总路径。单元格 A19:A218 计算了每条相应路径的财富为零的年数。在单元格 D220 中，给定工人将财富全部耗尽的条件，我们计算了她没有财富的条件平均年数，为 8.7 年。单元格 E6:E14 显示了期末（即 $t=65$ 年）财富价值的频率。单元格 F6:F14 将这些值转变成百分比，之后绘制成图。

图 15.1　退休计划模型

可能存在更复杂的模型。模型扩展包括增加更多投资机会、将每年支出作为财富的函数,等等。

15.3 路径依赖期权和蒙特卡罗分析

我们回到第 14.1 节的二叉树模型,尤其是式 (14-1)。

通常我们使用下标 t 代指距今 t 年的日期。然而,现在我们用下标 t 代指距今 t 期的日期。每期期长为 $\Delta t = \dfrac{T}{N}$,那么下标 t 代指距今 $t\dfrac{T}{N}$ 年(或 t 期)的日期。因此,在期权生命周期内,我们模型的下标将为 $t \in \{0, 1, 2, ..., N-1, N\}$。接着,对于期权生命周期内股票(即标的资产)的每期收盘价,我们令

$$\overline{S}_t = \frac{1}{N} \sum_{t=1}^{N} S_t \tag{15-3}$$

表示每期收盘股价的平均值。令

$$S^{\max} = \max(S_1, S_2, ..., S_N) \tag{15-4}$$

表示每期收盘价的最大值。并令

$$S^{\min} = \min(S_1, S_2, ..., S_N) \tag{15-5}$$

代表每期收盘价的最小值。

我们将考虑下列路径依赖期权的类型:
- **第 1 类亚式看涨期权**回报为 $\max(0, \overline{S}_t - K)$。
- **第 1 类亚式看跌期权**回报为 $\max(0, K - \overline{S}_t)$。
- **第 2 类亚式看涨期权**回报为 $\max(0, S_T - \overline{S}_t)$。
- **第 2 类亚式看跌期权**回报为 $\max(0, \overline{S}_t - S_T)$。
- **敲入看涨期权**(knock-in call)回报为

    (a) $\max(0, S_T - K)$,若 $\exists t \in \{1, 2, ..., N\}$,使得 $S_t \geqslant B_{KI}^c$(或等价地,若 $S^{\max} \geqslant B_{KI}^c$),其中 B_{KI}^c 为常数,被称为**敲入看涨期权障碍**(knock-in call barrier),由期权合约决定;

    (b) 0,若 $S_t < B_{KI}^c, \forall t$,或等价地,若 $S^{\max} < B_{KI}^c$。
- **敲入看跌期权**(knock-in put)回报为

    (a) $\max(0, K - S_T)$,若 $\exists t \in \{1, 2, ..., N\}$ 使得 $S_t \leqslant B_{KI}^p$(或等价地,若 $S^{\min} \leqslant B_{KI}^p$),其中 B_{KI}^p 为常数,被称为**敲入看跌期权障碍**(knock-in put barrier),由期权合约决定;

    (b) 0,若 $S_t > B_{KI}^p, \forall t$,或等价地,若 $S^{\min} > B_{KI}^p$。
- **敲出看涨期权**(knock-out call)回报为

    (a) 0,若 $\exists t \in \{1, 2, ..., N\}$ 满足 $S_t \geqslant B_{KO}^c$(或等价地,若 $S^{\max} \geqslant B_{KO}^c$),其中 B_{KO}^c 为常数,被称为**敲出看涨期权障碍**(knock-out call barrier),由期权合约决定;

    (b) $\max(0, S_T - K)$,若 $S_t < B_{KO}^c, \forall t$,或等价地,若 $S^{\max} < B_{KO}^c$。

- **敲出看跌期权**（knock-out put）回报为

    (a) 0, 若 $\exists t \in \{1,2,...,N\}$ 满足 $S_t \leqslant B_{KO}^p$（或等价地, 若 $S^{\min} \leqslant B_{KI}^p$），其中 B_{KO}^p 为常数, 被称为**敲出看跌期权障碍**（knock-out put barrier），由期权合约决定；

    (b) $\max(0, K - S_T)$, 若 $S_t > B_{KO}^p$, $\forall t$, 或等价地, 若 $S^{\min} > B_{KO}^c$。

表 15.1 为上述各类路径依赖期权回报的整合。

表 15.1 路径依赖期权回报总结

期权类型	条件回报	必要条件
第 1 类亚式看涨期权	$\max(0, \overline{S}_t - K)$	#N/A
第 1 类亚式看跌期权	$\max(0, K - \overline{S}_t)$	#N/A
第 2 类亚式看涨期权	$\max(0, S_T - \overline{S}_t)$	#N/A
第 2 类亚式看跌期权	$\max(0, \overline{S}_t - S_T)$	#N/A
敲入看涨期权	$\max(0, S_T - K)$	$S^{\max} \geqslant B_{KI}^c$
敲入看跌期权	$\max(0, K - S_T)$	$S^{\min} \leqslant B_{KI}^p$
敲出看涨期权	$\max(0, S_T - K)$	$S^{\max} < B_{KO}^c$
敲出看跌期权	$\max(0, K - S_T)$	$S^{\min} > B_{KO}^p$

在执行蒙特卡罗分析以计算路径相关期权价值时，我们需要比生成整个二叉树更有效的方式。因此，我们将使用以下等效的技巧。回想一下，一次向上（向下）移动的概率为 pr^u（pr^d），它有条件地将股价改变 U（D）。因此，对于我们模型的每个时期 t，我们将生成一个 $[0,1]$ 均匀分布的随机变量 x_t，并将其与 pr^d 简单地进行比较。如果 $x_t \leqslant pr^d$，那么假设已经发生了一次向下移动，即 $S_t = S_{t-1}D$；否则，处于向上状态，即 $S_t = S_{t-1}U$。综上所述，

$$\begin{aligned} x_t \leqslant pr^d &\Rightarrow S_t = S_{t-1}D, \\ x_t > pr^d &\Rightarrow S_t = S_{t-1}U \end{aligned} \quad (15\text{-}6) \\ (15\text{-}7)$$

使用相似的逻辑，我们可以通过下式运用 pr^u 进行比较，

$$\begin{aligned} x_t \leqslant pr^u &\Rightarrow S_t = S_{t-1}U, \\ x_t > pr^u &\Rightarrow S_t = S_{t-1}D \end{aligned} \quad (15\text{-}8) \\ (15\text{-}9)$$

总结看来，使用 N 期模型，我们通过式 (15-6) 和式 (15-7) 生成了一个随机股价路径。对于这一路径，我们可以通过式 (15-3)、式 (15-4) 和式 (15-5) 分别计算路径上每期股价的平均值、最大值和最小值。随后，由表 15.1，即可计算得到给定路径依赖期权回报。接着，将回报以 $e^{-r^f T}$ 折现，将得到这一特定期权给定路径的现值。最后，生成多条这样的路径，比如 10 000 条，我们就能得到特定期权现值的分布。我们将这 10 000 个现值的平均值作为路径依赖期权的价值。

给定这些期权价值的整个分布，建模者可以计算输出结果的置信水平，此例中为期权价值的置信水平。我们知道，我们计算值的准确性随着路径数目的增加而增加。(当然，这里也有权衡，路径增加的成本是电脑响应时间的增加。) 由中心极限定理，当我们将路径数目翻时，通过我们的模型计算得到的期权价值分布的标准差将减少 $\sqrt{2}$ 倍。

通常来说，一种确定蒙特卡罗分析恰当的模拟运行次数的方式是由给定的一个数开始，例如 10 000。然后运行这一模型若干次，比如说 10 次，每次的模拟运行数为 10 000，然后观察这 10 个输出值。如果对于模型的目标来说，这些输出值的范围相当小，那么这 10 个输出值的平均值就是可接受的输出结果。然而，如果对于建模者的目标来说范围太大，那么将模拟运行数增加 10 倍，然后重复这一过程直至得到令人满意的输出值的范围。

虽然这一模型中没有引入新的 Excel 函数，但由式(15-6) 可以得到一条随机股价路径为

● $= S_{t-1} * \text{IF}(\text{RAND}() <= pr^d, D, U)$,

其中 "S_{t-1}" 将该单元格引用到了当前单元格的左侧，因为在给定单元格行模拟随机价格路径是最有效的。

15.4 例：路径依赖期权

图 15.2 展示了如何使用蒙特卡罗分析为路径依赖期权估值。单元格 B1:B6 和 E1 是输入项，单元格 E2:E8 计算了二叉树模型所需参数。我们在之前的工作表中已经介绍了这些参数的计算。单元格 B7 和 B8 分别展示了欧式看涨期权和欧式看跌期权的 BSM 模型价值。

单元格 A12:A511 仅标记了股票价格路径，这些数字不会用于随后的计算。单元格 B12:L511 展现了 500 个未来潜在的股票价格路径，每个路径对应 10 个期间。单元格 C11:L11 显示了以二叉树模型 Δt 年为单位的日期。对于行 12:511 中的每一路径，我们可以为与该路径对应的期权估值，或者在此工作表中，对每个股票价格路径，我们将建模 10 个期权。虽然欧式看涨(看跌)期权不是路径依赖期权，但我们也为它们估值。单元格 B517:B1016 (C517:C1016) 计算了对应的 500 个股价路径欧式看涨(看跌)期权的回报。这 500 个回报的平均值计算在单元格 B1018 (C1018)中，假定为欧式看涨(看跌)期权的期望收益。因此，以因子 $e^{-r^f T}$ 折现，我们在单元格 B1019 (单元格 C1019) 得到一个折现值，即为欧式看涨(看跌)期权的价值。

关于本章之前讨论过的 8 个路径依赖期权，从第 D 列到第 K 列的计算与第 B 列和第 C 列的计算类似。单元格 D517:K1016 计算了 500 × 8 个回报，即为 8 个路径依赖期权及 500 个未来潜在股价路径的回报。从第 D 列到第 K 列分别为下列期权进行了估值：(1) 第 1 类亚式看涨期权；(2) 第 1 类亚式看跌期权；(3) 第 2 类亚式看涨期权；(4) 第 2 类亚式看跌期权；(5) 敲入看涨期权，其敲入障碍为 11.50，在单元格 H516 中；(6) 敲入看跌期权，其敲入障碍为 8.75，在单元格 I516 中；(7) 敲出看涨期权，其敲出障碍为 11.50，在单元格 J516 中；(8) 敲出看跌期权，其敲出障碍为 8.75，在单元格 K516 中。第 1018 行的单元格将 8 个期权分别对应的 500 个回报取平均值，第 1019 行的单元格计算了期权的价值。最后，假设敲入看涨(看跌)期权和敲出看涨(看跌)期权有相同的障碍，单元格 B1020 (C1021) 表明了它们的价值之和等于欧式看涨(看跌)期权的价值。

	A	B	C	D	E	F	G	H	I	J	K	L
1	S_0	10		N	10	E2	=B5/E1					
2	K	10.1		Δt	0.006	E3	=EXP((B3-B4)*E2)					
3	r	6%		NR	1.0004	E4	=EXP(B3*E2)					
4	k	0%		GR	1.0004	E5	=EXP(B6*SQRT(E2))					
5	T	0.0595		U	1.031	E6	=EXP(-B6*SQRT(E2))					
6	σ	40%		D	0.970	0.970	F6 =1/E5					
7	BSM c_0	0.359		pr^U	0.498	E7	=(E3-E6)/(E5-E6)					
8	BSM p_0	0.423		pr^D	0.502	0.502	E8 =(E5-E3)/(E5-E6)		F8	=1-E7		
10				Δt								
11	n	S_0	1	2	3	4	5	6	7	8	9	10
12	1	10	10.31	10.64	10.31	10.64	10.97	11.31	10.97	10.64	10.31	10.64
13	2	10	9.70	10.00	10.31	10.00	9.70	9.40	9.70	9.40	9.70	10.00
510	499	10	9.70	10.00	9.70	9.40	9.12	8.84	9.12	9.40	9.12	8.84
511	500	10	9.70	9.40	9.12	8.84	8.57	8.84	9.12	8.84	9.12	8.84
512	C12 =B12*IF(RAND()<=$E$7,$E$5,$E$6)						L12 =K12*IF(RAND()<=$E$7,$E$5,$E$6)					
513	C511 =B511*IF(RAND()<=$E$7,$E$5,$E$6)						L511 =K511*IF(RAND()<=$E$7,$E$5,$E$6)					
515	n	Call	Put	T1AC	T1AP	T2AC	T2AP	KIC	KIP	KOC	KOP	
516								11.5	8.75	11.5	8.75	
517	1	0.54	0.00	0.51	0.00	0.02	0.00	0.00	0.00	0.54	0.00	
518	2	0.00	0.10	0.00	0.29	0.19	0.00	0.00	0.00	0.00	0.10	
1015	499	0.00	1.26	0.00	0.72	0.00	0.54	0.00	0.00	0.00	1.26	
1016	500	0.00	1.26	0.00	0.98	0.00	0.29	0.00	1.26	0.00	0.00	
1018	μ =	0.33	0.48	0.16	0.30	0.22	0.24	0.14	0.21	0.19	0.27	
1019	$e^{-rT}μ$	0.33	0.48	0.16	0.29	0.22	0.24	0.14	0.21	0.19	0.27	
1020		0.33	KIC + KOC	B1020	=H1019+J1019							
1021		0.48	KIP + KOP	C1021	=I1019+K1019							
1022	B517 =MAX(0,L12-$B$2)						D517 =MAX(0,AVERAGE(B12:L12)-$B$2)					
1023	C517 =MAX(0,$B$2-L12)						E517 =MAX(0,$B$2-AVERAGE(B12:L12))					
1024	F517 =MAX(0,L12-AVERAGE(B12:L12))						G517 =MAX(0,AVERAGE(B12:L12)-L12)					
1025	H517 =B517*(MAX(B12:L12)>=$H$516)						I517 =C517*(MIN(B12:L12)<=$I$516)					
1026	J517 =B517*(MAX(B12:L12)<$J$516)						K517 =C517*(MIN(B12:L12)>$K$516)					
1027	B1018 =AVERAGE(B517:B1016)						K1018 =AVERAGE(K517:K1016)					
1028	B1019 =B1018/$E$4^$E$1						K1019 =K1018/$E$4^$E$1					

图 15.2　使用蒙特卡罗分析为路径依赖期权估值

15.5　实 物 期 权

实物期权分析是资本预算的重要。实物期权分析与经典净现值分析相比的优势在于，它反映了项目实施后管理者收集新信息并可选择改变原定项目计划的事实。在净现值分析中，所有项目开始之前做出的决策都是"锁定"的，即它们永远不会被改变。相反，实物期权分析允许经理随着项目的展开以及时间的推进而改变原定项目计划，从而动态增加价值。因此，实物期权分析不仅比净现值分析更现实，也比净现值分析能产生更大的项目价值。

回顾式 (1-1)，净现值是以期望现金流 $E_0[CF_t]$ 为基础的，其中期望值在项目初始日 $t=0$ 取得。显然，这些现金流发生在未来，具有不确定性。因此，它们的概率分布函数与每一个可能的现金流相关，其中现金流的均值被用于净现值计算。而与之相比，实物期权分析捕捉到了初始的不确定性以及项目有多条路径向前发展而非单一（预期的）路径的事实。[1]

我们将考虑两类实物期权：扩张期权和放弃期权。一家公司可通过投资新项目、购买目前运营的资产或通过其他方式"扩张"。无论扩张方式如何，公司都会投入金融资本，即"花钱"购买资产。因此，在交易意义上，"行使"**扩张期权**类似于行使一项看涨期权，看涨期权持有者将支付行权价并收到标的资产。

一家公司可通过出售资产、接收金融资本来"放弃"一个项目。（在出售时，这些资产不一定处于正常运作状态。）因此，在交易意义上，"行使"**放弃期权**与执行看跌期权相类似，看跌期权所有者将交割标的资产并收到行权价对应的金额。

15.6　通用数值参考

接下来，我们将分析扩张期权和放弃期权的案例。为了突出实物期权的价值，我们将选定案例的数值，进而使得两种情况下的净现值均为负值，而包含了实物期权的项目净现值为正值。我们再次强调，实物期权分析总是比净现值分析能产生更大的项目价值，因此选择这样的数值是切合实际的。

为了说明简便，我们假设 FCF 永续。此外，令要估值的单个资产的初始（启动）成本为 $-CF_0 > 0$，并令 $\sum_{t=1}^{\infty} PV(FCF_t)$ 为所有未来期望现金流的现值。我们假设期望永续自由现金流 FCF_t 服从双峰分布，即取值为 FCF^+ 或 FCF^- 中的一个，其中：

$$CF_0 + \sum_{t=1}^{\infty} \frac{FCF^+}{(1+WACC)^t} = CF_0 + \frac{FCF^+}{WACC} > 0, \tag{15-10}$$

$$CF_0 + \sum_{t=1}^{\infty} \frac{FCF^-}{(1+WACC)^t} = CF_0 + \frac{FCF^-}{WACC} < 0 \tag{15-11}$$

联立式（15-10）和式（15-11），我们的关键假设为

$$\boxed{\frac{FCF^-}{WACC} < -CF_0 < \frac{FCF^+}{WACC}} \tag{15-12}$$

若永续的未来期望现金流为 FCF^+（FCF^-），那么项目净现值为正值（负值）。

15.7　扩张期权：看涨期权

考虑一个扩张期权，若第一项资产可盈利，那么我们希望能够复制它的成功，随后每个资产想必都和第一项资产一样有利可图。在这种情况下，我们会"执行"该实物期权。然而，若第一项资产不成功，那么扩张期权将"失效"，即我们不会选择扩张，这意味着我们不会"执行"实物期权。

举一个满足上一节假设的具体数值例子，假设你有一个关于建立热气球站点以满足情侣在晚上乘坐浪漫热气球需求的商业想法。这一项目的启动成本预计为 $-CF_0 = 100\,000$ 美元，预计 $WACC$ 为 10%。项目的年自由现金流（FCF）为下列两个永续年金中的一个：

---
[1] 在 BSM 模型中，不确定性由现金流的波动性（σ）捕捉。在其他模型中，多个前进路径在博弈论理论框架中得到识别并估值。

(a) $FCF^+ = 18\,000$ 美元，概率为 50%；

(b) $FCF^- = 0$，概率为 50%。

这与式（15-12）中的不等式一致，有

$$\frac{FCF_t^-}{WACC} = \frac{0}{10\%} = 0 < 100\,000\text{美元} = -CF_0 < 180\,000\text{美元} = \frac{18\,000\text{美元}}{10\%} = \frac{FCF_t^+}{WACC}.$$

15.7.1 净现值分析

计算该项目的净现值，即

$$NPV = \left[50\%\left(\frac{18\,000\text{美元}}{10\%}\right) + 50\%\left(\frac{0}{10\%}\right)\right] - 100\,000\text{美元} \quad (15\text{-}13)$$

$$= [50\%(180\,000\text{美元}) + 50\%(0)] - 100\,000\text{美元} \quad (15\text{-}14)$$

$$= [90\,000\text{美元} + 0] - 100\,000\text{美元} = 90\,000\text{美元} - 100\,000\text{美元} \quad (15\text{-}15)$$

$$= 50\%(80\,000\text{美元}) + 50\%(-100\,000\text{美元}) = -10\,000\text{美元} \quad (15\text{-}16)$$

通过净现值分析得到项目的净现值为负，那么你将拒绝该项目。[①] 给定已实现年自由现金流 FCF 为 $FCF^+ = 18\,000$ 美元（$FCF^- = 0$），通过式（15-16）可计算得到条件净现值为 80 000美元（$-100\,000$美元）。由于两种情况以同样的概率发生，通过式 (15-16) 也可计算得到净现值为 $-10\,000$ 美元。

15.7.2 扩张期权分析

与净现值分析不同，由于未来的自由现金流存在不确定性，你可以执行潜在的扩张期权。具体来说，考虑你在今天建立了一个站点并且假设它成功的情形，那么一年后您将继续建立 99 个站点。假设一年后，你将有充足的信息去判断已实现年自由现金流 FCF 是 $FCF^+ = 18\,000$美元 还是 $FCF^- = 0$。若永续自由现金流为

(a) $FCF^+ = 18\,000$美元，那么由式（15-16），每个未来站点的净现值为 80 000美元。[②]因此，你可以在一年后建另外的 99 个站点，而这一扩张举动那时（日期 $t = 1$ 年）的价值将等于 99 个项目在一年后时点的现值，$PV_1 = 99(80\,000\text{美元}) = 7\,920\,000$美元。

(b) 另一方面，若初始站点的已实现年自由现金流为 $FCF^- = 0$，那么由式 (15-16)，每个未来站点在日期 $t = 1$ 年的现值 PV_1 将为 $-100\,000$美元。显然此时你不会再建更多的站点。因此，若初始站点表明未来潜在的站点净现值为负（这里，每个站点的净现值 $= -100\,000$美元，对应 $FCF^- = 0$），那么企业就不会继续扩张。本例中，扩张建立更多的 99 个站点将带来负的增量现值 $PV_1 = 99(-100\,000\text{美元}) = -9\,900\,000$美元 < 0，那么你根本就不会选择继续推进项目。你将用 $PV_1|(FCF = 0) = 0$ "替代" $PV_1|(FCF = 0) = -9\,900\,000$美元，即选择不扩张。因此，$PV_1|(FCF = 0) = -9\,900\,000$美元 将被替换为 0。

运用实物期权分析，包含潜在扩张策略的项目的价值是多少呢？初始站点的期望价值是它的净现值，$NPV(1)$，其中"1"表示一个站点。在扩张实物期权（即看涨期权）的语境中，有

$$NPV(1) = -c_0 = -10\,000\text{美元} \quad (15\text{-}17)$$

[①] 作为提醒，净现值是指接受一个项目后企业价值的改变量。因此，应该接受（拒绝）正（负）净现值项目。

[②] 换言之，假设所有潜在的未来 99 个站点都具有与第一个站点相同的现金流量。

对于剩余的潜在 99 个站点，它们今天的集合价值，即**扩张期权价值**（EO_0）为[①]

$$EO_0 = 99\frac{50\%(PV_1|FCF=18k) + 50\%(PV_1|FCF=0)}{(1+10\%)}$$

$$= 99\frac{50\%(80\,000美元) + 50\%(0)}{1+10\%}$$

$$= 99(50\%)\frac{80\,000美元}{1.1} = 50\%(7\,200\,000美元) = 3\,600\,000美元 > 0 \tag{15-18}$$

因此，包括扩张期权的项目价值实际为

$$V_0 = -c_0 + EO_0, \tag{15-19}$$

$$V_0 = -10\,000美元 + 3\,600\,000美元 = 3\,590\,000美元 > 0 \tag{15-20}$$

总之，第一个站点的净现值为 $NPV(1) = -c_0 = -10\,000$ 美元，这意味着我们不应当运营该项目。然而，扩张期权当前（$t=0$）的美元价值为

$$\boxed{EO_0 = V_0 + c_0 > V_0,} \tag{15-21}$$

此例中为 3 600 000 美元。

我们该如何解释式 (15-19) 呢？该式比较了资产（即扩张期权）成本（$c_0 > 0$）与其价值（$EO_0 > 0$）的相对大小。同任何购买决策一样，如果价值超过成本，则应购买资产。本例考虑的资产是扩张期权，它的成本是通过第一个站点收集信息的成本，即其负的净现值：$c_0 = -NPV(1)$。

综上所述，扩张期权的价值（EO_0）等于下面三个因子的乘积：

- 扩张推进的可能性（即第一个站点成功的概率:$pr(S)$）；
- 扩张的净现值，本例中即为给定站点成功情况下第一个站点的条件净现值:$NPV(1|S)$；
- 扩张站点数目：N。

数学形式为

$$EO_0 = pr(S) \times NPV(1|S) \times N$$

$$= 50\%\left(\frac{80\,000美元}{1.1}\right)99 = 3\,600\,000美元, \tag{15-22}$$

与式 (15-18) 相一致。

运用实物期权分析得到项目的价值为正，本例中即 $V_0 = 3\,590\,000$ 美元。鉴于此，你将建立第一个站点。一年后，若其年自由现金流 FCF 足以覆盖额外的站点的启动成本，那么你将扩张你的经营项目。否则，你不会扩张。[②]

[①] 为了等待收集有关第一个站点的信息，这些剩余站点的潜在建设延迟了一年，因此我们需要将它们的价值再多折现一年，故分母为 $1+10\% = 1.1$。

[②] 若已实现自由现金流（FCF）为正但不足以覆盖启动成本，你可能会继续运营第一个站点，但不会扩张。若第一个站点有负的自由现金流（FCF），在其余条件相同的情况下，你将立刻关闭站点。

15.7.3 扩张期权：BSM 模型

扩张期权也可以作为**看涨期权**通过 BSM 模型进行股价。模型参数解释包括：

- S_0：资产的当前价值[1]，即未来预期自由现金流现值的总和。其中，恰当的折现率为 $WACC$；
- K：行权价格，即执行扩张（看涨）期权必须支付的成本[2]，它是所有扩张站点的总启动成本；
- T：到期时间，即做出是否扩张（即是否执行实物期权）决定的时间；
- σ：标的资产的波动性，它是未来自由现金流估计的标准差，反映了项目的不确定性。

通过这些输入项，我们可以计算扩张（看涨）期权的价值。接着，将这一实物期权的价值（EO_0）与扩张期权的实际"价格"（即第一个站点的负净现值（$-c_0$）的大小）相比较。因此，由实物期权分析，项目的价值为

$$V_0 = -c_0 + EO_0 \tag{15-23}$$

若实物期权成本大小 c_0 小于（大于）期权内在价值 EO_0（即由布莱克—斯科尔斯—默顿模型计算得到的扩张期权价值），那么应当继续（停止）推行该项目。

15.8 放弃期权：看跌期权

如果未来收集的信息表明项目现值低于出售项目资产的价值，那么经理可以决定放弃该项目。**放弃期权**可通过**看跌期权**来解释。

正如上一节我们对扩张（看涨）期权的处理，我们也可以在一个博弈论理论框架中为放弃（看跌）期权估值。举一个简单的例子，考虑一项初始成本为 100 万美元的项目，你预期项目的永续年自由现金流为

(a) $FCF_t^+ = 180\,000$ 美元，概率为 50%；

(b) $FCF_t^- = 0$，概率为 50%。

假设恰当的折现率（$WACC$）为 10%。与前文的通用数值参考相一致，由式（15-10）、式（15-11）和式（15-12），有

$$-1\,000\,000 \text{美元} + \frac{180\,000 \text{美元}}{10\%} = 800\,000 \text{美元} > 0,\ \text{且} -1\,000\,000 \text{美元} + \frac{0}{10\%} = -1\,000\,000 \text{美元} < 0.$$

联立式 (15-10) 和式 (15-11)，有

$$\frac{FCF^-}{WACC} < -CF_0 < \frac{FCF^+}{WACC} \tag{15-24}$$

换言之，若 $FCF_t = 180\,000$ 美元（$FCF_t = 0$），则净现值为正（负）。

---
[1] 这完全类似于代表未来预期股息现值总和的股票价格。
[2] 注意，在此框架下，这些启动成本没有折现，正如期权行权价（K）也没有折现。

15.8.1 净现值分析

我们先来计算该项目的净现值：

$$NPV = \left[50\%\left(\frac{180\,000\text{美元}}{10\%}\right) + 50\%\left(\frac{0}{10\%}\right)\right] - 1\,000\,000\text{美元}$$
$$= 50\%(800\,000\text{美元}) + 50\%(-1\,000\,000\text{美元}) \tag{15-25}$$
$$= -100\,000\text{美元} \tag{15-26}$$

由净现值分析，我们将拒绝该项目，因为 NPV= $-100\,000$美元 < 0。给定已实现年自由现金流为 $FCF_t^+ = 180\,000$ 美元（$FCF_t^- = 0$），由式（15-25）可计算得到条件净现值为 $800\,000$美元（$-1\,000\,000$美元）。由于两种情况以同样的概率发生，净现值为 $-100\,000$美元。

15.8.2 放弃期权分析

由于未来的自由现金流存在不确定性，你可以执行潜在的扩张期权。具体来说，考虑你在今天建立了一个站点并且假设它成功的情形，那么一年后你将继续建立 99 个站点。假设一年后，你将有充足的信息去判断已实现年自由现金流（FCF）是 $FCF^+ = 18\,000$ 美元还是 $FCF^- = 0$。若永续自由现金流为与净现值分析不同，你在今天无须作出永远运营该项目的承诺。例如，考虑到初始项目成本为 $1\,000\,000$ 美元，那么两年后你可以将项目资产以 $SV_2 = 500\,000$ 美元的价格卖出的假设是合理的，其中 SV_2 是项目启动两年后的**残值**。①

考虑你今天启动项目的情形。假设一年后，你将有充足的信息去判断已实现年自由现金流是 $FCF_t^+ = 180\,000$ 美元还是 $FCF_t^- = 0$。时点方面，我们假设在信息知晓一年后资产被出售掉（即在时点 $t = 2$ 出售，在已经知晓 $FCF_1 = 0$ 的情况下）。

给定日期 $t = 1$，若 $FCF = 180\,000$ 美元，那么在日期 $t = 1$ 的剩余永续年金现金流的价值为

$$PV_1|(FCF = 180\,000\text{美元}) = \frac{180\,000\text{美元}}{10\%} = 1\,800\,000\text{美元} \tag{15-27}$$

另一方面，当已实现年自由现金流最终为 0 时，若你继续运营项目，那么剩余永续年金现金流在日期 $t = 1$ 的价值为 0。在此情形下，你将不再继续运营，而是会在一年后卖出资产以换取 $500\,000$美元 的金额，也即

$$PV_1|(FCF = 0) = \frac{SV_2}{1 + WACC} = \frac{500\,000\text{美元}}{1 + 10\%} = 454\,545\text{美元} \tag{15-28}$$

因此，运用实物期权分析，包含潜在放弃策略的项目价值为

---

① 假设残值是项目启动两年后的逻辑在于，给定已实现的 $FCF_1^- = 0$，资产在项目启动一年后宣布出售，另外仍需额外的一年时间寻找买家并以 $500\,000$ 美元的金额完成交易。

$$V_0 = -CF_0 + 50\% \left(\frac{FCF_1^+ + \frac{FCF_1^+}{WACC}}{1+WACC} \right) + 50\% \left(\frac{FCF_1^- + \frac{SV_2}{1+WACC}}{1+WACC} \right)$$

$$= -1\,000\,000\text{美元} + 50\% \left(\frac{180\,000 + \frac{180\,000\text{美元}}{10\%}}{1+10\%} \right) + 50\% \left(\frac{0 + \frac{454\,545\,000\text{美元}}{1+10\%}} \right)$$

$$= -1\,000\,000\text{美元} + 50\%(1\,800\,000\text{美元}) + 50\%(413\,223\text{美元})$$

$$= 106\,612\text{美元} > 0$$

其中 SV_2 是项目在日期 $t=2$ 时卖出得到的残值, 即实物期权的"行权价"。另外, $k=1000$。

放弃期权的价值是多少呢? 类比实物扩张期权的式 (15-21), 有

$$\boxed{AO_0 = V_0 - \text{NPV},} \tag{15-29}$$

此例中, 即 $AO_0 = 106\,612\text{美元} - (-100\,000\text{美元}) = 206\,612\text{美元}$。

总的看来, 由式 (15-26) 计算得到的项目净现值为 $-100\,000$ 美元 <0, 这意味着不应运营该项目。然而, 以当前 $(t=0)$ 的美元价值计量, 放弃期权有条件地将零永续年金转换为了正的价值, 即 $\frac{500\,000\text{美元}}{(1+10\%)^2} = 413\,223$ 美元, 这源于资产在 $t=2$ 日以残值出售。这一事件的发生概率为 50%, 因此放弃期权的价值为 $50\%(413\,223\text{美元} - 0) = 206\,612$ 美元。

简言之, 本例中放弃期权的价值为①

$$AO_0 = (\text{失败概率})\{PV(\text{SV}) - PV(\text{项目}_1|\text{失败})\}$$

$$= 50\% \left[\frac{SV_2}{(1+WACC)^2} - \frac{\frac{FCF_2^-}{WACC}}{1+WACC} \right] \tag{15-30}$$

$$= 50\% \left[\frac{500\,000}{(1+10\%)^2} - \frac{\frac{0}{10\%}}{1+10\%} \right] = 206\,612\text{美元} \tag{15-31}$$

15.8.3 放弃期权: BSM 模型

正如扩张期权在 BSM 框架中可作为扩张期权来估值, 放弃期权也可被视为看跌期权。回顾一下, 当看跌期权行权时, 其持有者收到行权价 (K) 并交付标的资产 (S_T)。在实物(放弃)期权的语境下, 交付的"资产"是项目集合基础资产, 而"行权价"是放弃项目时卖出基础资产所收到的金额, 即残值。

参数解释包括:

• S_0, 即行使放弃期权时, 失去的未来预期自由现金流现值的总和, 也即出售有关资产所"放弃"的现金流;

---

① 其中, "项目 t_1|失败" 是给定项目失败且未被放弃条件下, 放弃期权在到期日(本例中为时点 $t=1$ 年)的假设的项目价值。我们之所以说"假设的", 是因为在项目失败时, 该项目会被放弃。

- K，即出售有关资产时收到的金融资本价值，也即残值；
- T，即到期时间，也即做出是否放弃（即是否执行实物期权）或出售资产决定的时间；
- σ，即未来自由现金流的波动性，反映了项目的不确定性。

通过这些输入项，我们可以计算放弃（看跌）期权的价值。

本章没有介绍新的 Excel 函数。

15.9 例：资本预算，实物期权

图 15.3 展示了资本预算的实例——实物期权。图的上半部分和下半部分分别展现了为项目估值的两种不同的方式，以及项目的放弃、扩张期权。

	A	B	C	D	E	F	G	H	I	J	K	L
1			t=0		t=1		t=2		t=3	...	S_0	3750
2					400	→	400	→	400	...	K	2900
3				U							r^f	6%
4		-3800									k	0%
5				D							T	1
6							2900	= SV_2			σ	33%	33%
7											d1	1.12
8					200	→	200	→	200	...	d2	0.78
9		C_0	3800			Pr	FCF				exp(-r^f*T)	0.94
10		WACC	8%		U	50%	400				exp(-kT)	1.00
11					D	50%	200				p_0	96.62
12		NPV	-50	B12 =-B9+SUMPRODUCT(E10:E11,F10:F11)/B10								
13												
14		SV_2	2900									
15		PV	35.7		Put	85.7	E15 =B15-B12					
16					Put	85.7	E16 =E11*(E6-(E8+G8/B10))/(1+B10)^2					
17	B15 =-B9+E10*F10/B10+E11*(F11/(1+B10)+E6/(1+B10)^2)											
18	K1 =SUMPRODUCT(E10:E11,F10:F11)/B10						K2 =E6					
19	L6 =STDEV.P(F10,F11)/AVERAGE(F10:F11)						K6 =L6					
20												
21		n	5								S_0	17361
22			t=0		t=1		t=2		t=3	...	K	19000
23					400	→	400	→	400	...	r^f	6%
24				U							k	0%
25							2400	-->	2400	...	T	1
26		-3800			E25 =$B$21*C23		G25 =$B$21*E23				σ	33%	33%
27				D							d1	0.08
28					200	→	200	→	200	...	N(d1)	0.53
29		C_0	3800			Pr	FCF				d2	-0.26
30		WACC	8%		U	50%	400				N(d2)	0.40
31					D	50%	200				exp(-r^f*T)	0.94
32											exp(-kT)	1.00
33					Call	2778	E33 =B34-B12				c_0	2077
34		PV	2728		Call	2778	E34 =E30*B21*(A26+E23/B30)/(1+B30)					
35	K21 =B21*SUMPRODUCT(E30:E31,F30:F31)/B30/(1+B30)						K22 =B21*B29					
36	L26 =STDEV.P(F31:F32)/AVERAGE(F31:F32)						K26 =L26					
37	B34 =-B29+E30*(C23+(B21*A26+E25/B30))/(1+B30)+E31*F31/B30											

图 15.3 资本预算：实物期权

为简化起见，我们对两种类型的项目使用相似的数值。单元格 A4 和 A26 中的初始成本为 3 800，随后的年度永续自由现金流有 50% 的概率为 $FCF = 400$，有 50% 的概率为 $FCF = 200$。相应地，$WACC = 8\%$。

15.9.1 净现值：期望函数

这一项目的 NPV 忽略了期权并仅使用了期望，为 $-3\,800 + 50\%(\frac{400}{8\%} + \frac{200}{8\%}) = -50$，显示在单元格 B12 中。给定净现值为负，由 NPV 分析，不应开展项目。

15.9.2 放弃期权：看跌期权

对于图 15.3 上半部分所展示的项目，经理认识到如果实现的 FCF 较小，项目可能会被放弃。她估计最初花费 3 800 的资产可以在两年后以 2 900 的价格出售，这意味着损失了 900。因此，若在 $t=1$ 时实现了 $FCF_1 = 200$，那么这一经营项目将被关闭、资产将被出售。她估计需要再花一年时间来完成资产出售，即由图 15.3，2 900 将在 $t=2$ 时收到。因此，当意识到放弃期权存在时的项目价值 (PV) 为 $-3\,800 + 50\%\left\{\frac{400}{8\%} + \left[\frac{200}{(1+8\%)} + \frac{2900}{(1+8\%)^2}\right]\right\} = 35.7$，反映在单元格 B15 中。由于 PV 为正，该项目应当继续进行。

认识到项目的放弃期权（即一个看跌期权）将为项目增加 $35.7 - (-50) = 85.7$ 的价值（单元格 E15）。这一放弃期权的价值也可计算如下。项目在第 2 年的残值将以 50% 的概率取代由第 2 年开始的 200 的永续年金。[①]（第 1 年的 FCF 已经实现。）因此，放弃期权（看跌期权）的价值为 $50\%\frac{2\,900 - \left(200 + \frac{200}{8\%}\right)}{(1+8\%)^2} = 85.7$，显示在单元格 E16 中。

我们也可使用 BSM 模型通过看跌期权为放弃期权估值。将相应的数字进行转换，单元格 K1 中 FCF 的现值总和，$50\%\left(\frac{400}{8\%} + \frac{200}{8\%}\right) = 3\,750$，代表 S_0，即当金融看跌期权的标的资产是权益份额时的股息现值总和。单元格 K2 中的残值 2 900 代表行权价格，即交付资产时收到的价值。由于是否放弃的决定将在距今一年后做出，那么单元格 K5 有 $T=1$。我们使用项目自由现金流的标准差代表波动性，用自由现金流的平均大小标准化，即 $\sigma = \frac{\sigma(FCF)}{\mu(FCF)} = \frac{100}{300} = 33.3\%$。使用这些输入项，通过 BSM 模型计算得到的放弃期权（看跌期权）的价值为单元格 K11 中的 96.62，比之前计算的 85.7 大约高 13%。

15.9.3 扩张期权：看涨期权

对于图 15.3 下半部分所展示的项目，我们将展示若项目成功，项目将可能得到扩张。特别地，经理相信在执行第一个项目一年后，可以继续推进另外五个（单元格 B21）具有相同现金流量的项目。因此，若实现了 $FCF_1 = 400$，那么这一经营项目将得到扩张，即在 $t=1$ 时将额外支付五个可比项目，这意味着在 $t=2$ 时的总年度永续自由现金流为 $(1+5)400 = 2\,400$。因此，当意识到扩张期权存在时的项目价值（PV）为 $-3\,800 +$

[①] 从 $t=2$ 开始的永续年金 200 相当于 $t=2$ 时 200 的现金流加上 $t=3$ 时开始的 200 永续年金。

$$50\%\left[\frac{200}{8\%}+\left(\frac{400+5(-3\ 800)+\frac{2400}{8\%}}{1+8\%}\right)\right]=2\ 728，反映在单元格 B34 中。当 PV 为正时，$$该项目应当继续进行。

认识到项目的扩张期权（即一个看涨期权）将为项目增加 $2\ 728-(-50)=2\ 778$ 的价值。这一扩张期权的价值也可计算如下。由于扩张带来的期望增加价值为 $50\%\left[5\left(\dfrac{-3\ 800+\dfrac{400}{8\%}}{1+8\%}\right)\right]=2\ 778$，在单元格 E34 中。

我们也可使用 BSM 模型通过看涨期权为扩张期权估值。将相应的数字进行转换，单元格 K21 中距今一年往后的五个项目的期望自由现金流现值总和为 $5\dfrac{50\%\left(\dfrac{400}{8\%}+\dfrac{200}{8\%}\right)}{1+8\%}=17\ 361$，代表 S_0，即当金融看跌期权的标的资产是权益份额时的股息现值总和。单元格 K22 中的扩张成本 $5(3\ 800)=19\ 000$ 代表行权价格，即交付资产时收到的价值。由于是否放弃的决定将在距今一年后做出，那么单元格 K5 有 $T=1$。我们使用项目自由现金流的标准差代表波动性，用自由现金流的平均大小标准化，即 $\sigma=\dfrac{\sigma(FCF)}{\mu(FCF)}=\dfrac{100}{300}=33.3\%$。使用这些输入项，通过 BSM 模型计算得到的扩张期权（看涨期权）的价值为单元格 K33 中的 2 077，之前的计算值为 2 778。

第四部分

债　　券

第四部分包含第 16 章、第 17 章两章。第 16 章首先将介绍价格–收益率曲线，即债券价格关于到期收益率（或简称收益率）的函数关系图。之后通过引入债券市场常用的半年期时间轴，我们将介绍债券收益的三种来源（不考虑货币的时间价值）。接下来，基于风险债券的假设，我们将解释承诺现金流大于期望现金流的逻辑。在此章大部分内容中，我们都假设债券是常见的固定利率债券，可对此类债券进行详尽的分析研究。另外，考虑到决定某些债券及债券组合的价格–收益率曲线具有挑战性，我们引入了重要的近似计算，包括一阶泰勒近似、二阶泰勒近似和经验近似。之后，我们将介绍各种重要的利率及回报率指标。此章最后，我们将考察息票日间的债券定价，并介绍一种新的定价方法。

在第 17 章中，我们将对第 16 章的内容进一步拓展以加深理解。我们使用了价格–收益率曲线敏感性的相关概念，这一概念可应用于债券投资组合免疫。简言之，债券投资组合经理通过构建一个资产组合来降低利率风险，给定市场利率变化下，这一资产组合的价格变化与所持有的负债组合的价格变化相同。①

---

① 附录 D 介绍了债券市场重要的利率和收益率指标，包括即期利率、远期利率、已实现持有期收益率和最差收益率。

第 16 章 价格-收益率曲线及其近似计算；即期利率、息票日间债券定价

为了探索 Excel 函数的使用，我们之前在第一部分已简要介绍了一些有关债券的背景知识。现在我们正式开始着手处理债券的问题，本章将直接对债券相关事项建模，并聚焦更加深入的财务分析。本章首先回顾了价格-收益率曲线，即债券价格关于到期收益率（或简称收益率）的函数关系图；随后介绍了债券市场常用的半年期时间轴以及债券收益的三种来源（不考虑货币的时间价值）。接下来，我们对比了承诺现金流和期望现金流。本章假设债券息票固定，这一假设合乎实际且便于进行各种分析。此外，我们介绍了重要的价格-收益率曲线近似计算，包括一阶泰勒近似和二阶泰勒近似，以及与价格-收益率曲线经验近似的建模。之后，我们探索了重要的利率和收益率指标。本章最后介绍了息票日间的债券定价，并分别以传统方法和新方法建模。

16.1 时间轴及基础知识

我们再次看到以半年期为基础的债券市场时间轴，如图 16.1 所示。[①]在时间点 $t=0$，债券以 P_0^B 的价格被买入，此时买者将拥有负的现金流。债券持有者相应享有利息支付，被称为**息票** C_t。息票每 6 个月支付一次，数额上等于 $F\frac{r_t^C}{2}$，其中 r_t^C 是**息票利率**，是以半年为基础的复合年化利率，故 $\frac{r_t^C}{2}$ 是有效半年息票利率。此外，F 是债券的**面值**。在债券到期时（**到期日** $t=T$）的最终支付等于最终息票 C_T 加上 F，即 $CF_T = F\left(1+\frac{r_T^C}{2}\right)$。

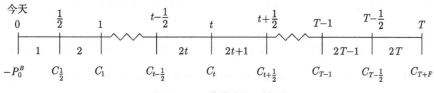

图 16.1 债券市场时间流

时期标志 t 代表一个单位的时期，在这里它是 6 个月。（在图 16.1 中，时间轴下方及不同日期之间都标出了相应的时期。）现金流的下标 $\left(\frac{t}{2}\right)$ 代表以年为单位的日期时刻，对应时间轴中线段之间垂直的竖线，$CF_{t/2}$ 表示现金流发生在第 $\frac{t}{2}$ 年，例如 $CF_{1/2}$ 是在距离今天

[①] 之前的章节为了便于理解 Excel 函数，曾简要介绍过该部分内容。现在我们将更全面、综合地介绍更多债券相关概念。

$\frac{1}{2}$ 年（即 6 个月）的时刻流入的，CF_1 是在距离今天 1 年的时刻流入的，以此类推。

我们接下来讨论内部收益率 ($IRR(P_0)$) 和内在价值 ($IV_0(r^D)$) 的紧密联系。对于债券的 $IV_0(r^D)$，我们有

$$IV_0^B\left(r^D\right) \equiv \sum_{t=1}^{2T} \frac{E\left[CF_{\frac{t}{2}}\left(L_{\frac{t}{2}}\right)\right]}{\left(1+\frac{r^D}{2}\right)^t}$$

$$= \sum_{t=1}^{2T-1} \frac{E\left[CF_{\frac{t}{2}}\left(L_{\frac{t}{2}}\right)\right]}{\left(1+\frac{r^D}{2}\right)^t} + \frac{E\left[C_T(L_T)\right]+F}{\left(1+\frac{r^D}{2}\right)^{2T}}, \tag{16-1}$$

其中 r^D 是债权人的要求回报率，是一种半年复利的 APr；$CF_{t/2} = C_{t/2}$，$\forall t < 2T$，是债券到期日之前每一期的息票；$CF_T = C_T + F$ 是债券到期日的现金流。① 注意式 (16-1) 用到的符号，息票支付额 $PC_{t/2}(L_{t/2})$ 可能与一种由市场决定的利率有关，这种利率称为参考利率 $L_{t/2}$，即 $\frac{\mathrm{d}CF_{t/2}(L)}{\mathrm{d}L} \neq 0$。②

根据 IRR 的定义，我们有

$$P_0 \equiv \sum_{t=1}^{2T} \frac{E\left[CF_{\frac{t}{2}}\left(L_{\frac{t}{2}}\right)\right]}{\left(1+\frac{IRR}{2}\right)^t}, \tag{16-2}$$

其中 $\frac{IRR}{2}$ 是有效的 6 个月隐含收益率。在这里，IRR 也是一种半年复利的 $APr\,(m=2)$。

16.2 债券收益来源

债券有三种潜在的收益来源：息票的支付、息票的再投资收益以及资本利得（损失）。现

---

① 因此，债权人的有效的 6 个月要求回报率等于 $\frac{r^D}{2}$，如果用有效年利率来表示这个回报率，则等价于 $\left(1+\frac{r^D}{2}\right)^2 - 1 = EAr$，其中 $EAr > r^D$。

② 如果息票额不是"固定"的，即息票的多少取决于参考利率 $L_{t/2}$，那么这个参考利率通常是被大家熟知且广泛使用的，例如伦敦同业拆借利率 (LIBOR)：一种大型国际银行之间借贷时所要求的短期利率。一般地，只要 $\frac{\mathrm{d}CF_{t/2}(L)}{\mathrm{d}L} \neq 0$，则 $\frac{\mathrm{d}CF_{t/2}(L)}{\mathrm{d}L} > 0$，也就是说，当参考利率 L 上升（下降）时，债券的现金流会增加（减少）。这种债券被称为**浮动利率债券**（floating rate bond 或 floater），它能有效降低债券因利率变动导致价值减小的程度，即降低利率风险。对于浮动利率债券，当市场利率上升时（一般在其他条件不变时这也意味着 y 增加，因为通常 $\frac{\mathrm{d}L}{\mathrm{d}y} > 0$），息票额增加。因此，其他条件不变，债券受利率上升影响造成的价值下降被息票额的增加抵消了一部分。而对于**逆浮动利率债券**，$\frac{\mathrm{d}CF_{t/2}(L)}{\mathrm{d}L} < 0$，因此这种债券对利率的波动非常敏感，也即它们有很高的市场利率风险。我们为 L 标注了下角标 $\frac{t}{2}$ 来说明 L 随时间变化的特点。但是现实中，在我们观测到市场利率 L 及收到息票支付 $C_{t/2}$ 的时刻之间通常有一个滞后，滞后期一般为一个时期。

在我们先假设债券是持有到期的，到期日为 T，则**息票支付总额**为 $\sum_{t=1}^{2T} C_{t/2} \geqslant 0$。除非债券是零息债券，即纯贴现债券，否则息票支付总额一定是大于 0 的。假设再投资回报率为 rr，它也是一种半年复利的 APr，那么息票的再投资收益是指息票再投资的未来值与息票总额的差额。**息票再投资**（俗称"利滚利"）的价值等于 $\sum_{t=1}^{2T} C_{t/2} \left[\left(1 + \frac{rr}{2}\right)^{2T-t} - 1 \right] \geqslant 0$，除了零息债券以外，所有债券的这个值都是大于 0 的。债券收益的最后一个组成部分是**资本利得或损失** $= F - P_0^B$，它可能是正的或负的。

将**债券总收益**的三个来源相加可以得到债券投资过程中的现金支出和现金收入之差（含息票再投资），即

$$\text{债券收益} = F + \sum_{t=1}^{2T} C_{\frac{t}{2}} \left(1 + \frac{rr}{2}\right)^{2T-t} - P_0^B \tag{16-3}$$

债券也有可能在到期日之前的某个持有日 $H < T$ 时被卖出。此时总息票支付为 $\sum_{t=1}^{2H} C_{t/2} > 0$。息票再投资收益等于 $\sum_{t=1}^{2H} C_{t/2} \left[\left(1 + \frac{rr}{2}\right)^{2H-t} - 1 \right] > 0$。资本利得为 $P_H^B - P_0^B$，这个数是可正可负的，其中 P_H^B 是债券在日期 H 时的销售价格。最终，债券总收益为现金支出与现金收入之差，即

$$\text{债券收益} = P_H^B + \sum_{t=1}^{2H} \left[C_{\frac{t}{2}} \left(1 + \frac{rr}{2}\right)^{2H-t} \right] - P_0^B \tag{16-4}$$

16.3 承诺现金流与期望现金流

债券现金流是在债券合同中明确定义的，因此我们可以称之为承诺现金流，并类似于在式 (16-2) 中的做法，用承诺现金流代替期望现金流。①事实上，债券市场的传统正是使用**承诺现金流**，记作 PC_t，而不是期望现金流。对于风险（无风险）债券来说，期望现金流总是小于（等于）承诺现金流的。为简单起见，我们可以用下面的式子表示期望现金流：

$$E[CF_t] = PC_t \times p(PC_t) + E[CF_t | CF_t < PC_t] \times p(CF_t < PC_t), \tag{16-5}$$

其中 PC_t 是 t 时刻的承诺现金流，$p(PC_t)$ 是在时刻 t 支付 PC_t 的概率，$E[CF_t|CF_t < PC_t]$ 是在已知支付的现金少于承诺现金流的条件下所支付现金的期望值，$p(CF_t < PC_t)$ 则是所支付现金少于承诺现金流这个事件发生的概率。②因此，$PC_t - E[CF_t] = (PC_t - E[CF_t|CF_t < PC_t])p(CF_t < PC_t) > 0$。

综上所述，对于风险债券，$PC_t > E[CF_t]$；对于无风险债券，$PC_t = E[CF_t]$，$\forall t \in \{0.5, 1, 1.5, ..., T-0.5, T\}$。

---

① 由于给股东发放股息这件事情是完全由公司决定的，本质上没有合同，所以这种情况下不存在承诺现金流。
② 对于风险债券，有 $PC_t > E[CF_t|CF_t < PC_t]$，及 $p(CF_t < PC_t) > 0$，因此 $p(PC_t) < 1$。（对于无风险债券，有 $PC_t = E[CF_t|CF_t < PC_t]$ 及 $p(CF_t < PC_t) = 0$，即 $p(PC_t) = 1$。）

对于本章的其余部分，除非另有说明，否则我们将使用承诺现金流。因此，为了说明的简洁性，我们通过 CF 或息票支付 C 来表示现金流，除非另有说明，这些都被视为债券合约中的承诺现金流。

16.4 到期收益率、名义收益率、当期收益率

现在我们已经了解期望现金流和承诺现金流之间的关系了，接下来我们将按照债券市场惯例的表达方式学习债券，也就是用承诺现金流进行贴现。除非另有说明，本节我们使用的都是承诺现金流 PC_t。我们把使得承诺现金流（PC_t）的现值之和与债券购入价格（P_0^B）相等的贴现率定义为**到期收益率**，记作 y，即

$$P_0^B \equiv \sum_{t=1}^{2T} \frac{PC_{\frac{t}{2}}\left(L_{\frac{t}{2}}\right)}{\left(1+\frac{y}{2}\right)^t} = \sum_{t=1}^{2T-1} \frac{C_{\frac{t}{2}}\left(L_{\frac{t}{2}}\right)}{\left(1+\frac{y}{2}\right)^t} + \frac{C_T(L_T)+F}{\left(1+\frac{y}{2}\right)^{2T}}, \tag{16-6}$$

其中 $C_{t/2}(L_{t/2})$ 是第 $\frac{t}{2}$ 年的承诺息票支付，$t \in \{1,2,...,2T\}$。即使现金流量可能取决于参考利率（$L_{t/2}$），它们仍然是"承诺"的，因为它们是在合同中明确定义的，也就是说即使 $L_{t/2}$ 是事先不知道的数，如果要以 $C_{t/2}(L_{t/2})$ 为支付标准，也是要在合同中进行明确定义的。

从式 (16-6) 可以看出，在计算到期收益率时我们不仅假设承诺的现金流一定会实现，而且认为投资者将持有债券到期。另一个不那么明显的假设是，为了真的得到所计算的到期收益率，息票的再投资收益率必须与该到期收益率相等。①

在这里，我们要提出一个很重要的问题。在我们对债券的大部分研究过程中，都把价格当作到期收益率的函数，看起来好像价格是因变量，而到期收益率是自变量。确实，按照惯例，价格——收益率曲线是关于 $P^B(y)$ 的图，而不是关于 $y(P^B)$ 的图。但是请始终记住，债券价格是由市场决定的，而市场定价的依据包括现金流的风险和期望，以及债券投资者基于风险产生的要求回报率。然后，我们才可以根据市场定价计算到期收益率。总而言之，价格不是关于到期收益率的函数，而后者是关于前者的函数。

此外，如果一个债券是合理定价的（即满足 $IV_0^P = P_0^B$），那么我们可以对其到期收益率（y）和债权人的要求回报率（r^D）进行排序。我们前面证明了对于风险债券，有 $PC_{t/2} > E[CF_{t/2}]$，$\forall t \in \{1,2,...,2T\}$。因此，比较表达式 (16-1) 和 (16-6) 我们可以得到，对于合理定价的债券，$y > r^D$。事实上，分析师们经常用 y 作为 r^D 的估计。在其他因素不变的情况下，债券的评级越高，$PC_{t/2} - E[CF_{t/2}] > 0$ 的差值越小，从而 $y - r^D > 0$ 的差值越小。因此，其他条件不变，债券风险越低、定价越合理时，y 作为 r^D 的估计也越有意义。

投资者们也考察一些比较简单的收益指标。例如**名义收益率**，这实际上就是票面利率，即 r^C。显然，名义收益率忽略了一些能决定债券收益率的相关因素，比如债券的现价。在同等条件下，债券的价格越大，潜在的资本收益（损失）则越小（越大）。**当期收益率**= $\dfrac{C}{P_0^B}$，它考虑的是固定息票支付为 C 的债券的现价。因此对于溢价（折价）债券，当期收益率小于（大于）名义收益率。

---

① 我们将在后文引入已实现持有期收益率这个概念之后证明这个假设。

16.5 固定利率债券

鉴于我们对债券的探讨与专门介绍固定收益证券的教科书相比十分有限，我们接下来假设现金流不是参考利率的函数。简单地说，后文只考虑"固定"的现金流，因此我们的考察对象是与参考利率无关的**固定息票支付**。对表达式 (16-6) 求偏导，得到

$$\boxed{\frac{\partial P_0^B}{\partial y} = -\sum_{t=1}^{2T}\left(\frac{t}{2}\right)\frac{PC_{\frac{t}{2}}}{\left(1+\frac{y}{2}\right)^{t+1}} < 0,} \tag{16-7}$$

这意味着固定利率债券的价格–收益率曲线是向下倾斜的。接下来，我们在表达式 (16-7) 两边同时对到期收益率 y 求偏导，得到

$$\boxed{\frac{\partial^2 P_0^B}{\partial y^2} = +\sum_{t=1}^{2T}\frac{t}{2}\left(\frac{t+1}{2}\right)\frac{PC_{\frac{t}{2}}}{\left(1+\frac{y}{2}\right)^{t+2}} > 0,} \tag{16-8}$$

也就是说价格–收益率曲线是凸的。因此，结合这两个结果，固定利率债券的价格–收益率曲线既是向下倾斜的（$\frac{\partial P_0^B}{\partial y}<0$），也是凸的（$\frac{\partial^2 P_0^B}{\partial y^2}>0$）。

固定利率债券的息票是本书第 1 章中提到的年金类型的现金流的一个例子。由于债券的支付还包括到期时的最终面值，因此有

$$P_0^B = \frac{F}{\left(1+\frac{y}{2}\right)^{2T}} + \sum_{t=1}^{2T}\frac{C_{\frac{t}{2}}}{\left(1+\frac{y}{2}\right)^t}$$

$$= \frac{F}{\left(1+\frac{y}{2}\right)^{2T}} + \frac{\frac{r^C F}{2}}{\frac{y}{2}}\left[1-\left(\frac{1}{1+\frac{y}{2}}\right)^{2T}\right],$$

或

$$\boxed{P_0^B = F\left[\frac{r^C}{y}+\left(1+\frac{y}{2}\right)^{-2T}\left(1-\frac{r^C}{y}\right)\right],} \tag{16-9}$$

其中票面利率 r^C 是一种半年复利的 APr。按照表达式 (16-9)，当 $r^C = y$ 时，$P_0^B = F$，即所谓的**平价**（par value）。这种债券被称为**平价债券**：$P_0^B = F \Leftrightarrow r^C = y$。

掌握了这些概念后，我们可以引入**价格–收益率曲线**，即债券价格作为其收益率的函数。之前的推导结果表明固定利率债券的价格–收益率曲线严格递减。图 16.2 展示了一个固定利率债券的价格–收益率曲线的例子，其中固定息票率为 3%，$T = 50$ 年，票面价值 $F = 1\,000$ 美元，每年的复利期数 $m = 2$。① 前面我们通过式 (16-7) 证明了对于固定利率债券，有

---

① 本书中，除非另有提及，否则 $F = 1\,000$ 美元，且 $\frac{\text{复利期数}}{\text{年}} = m = 2$。

$\frac{\partial P_0^B}{\partial y} < 0$。又因为当 $r^C = y$ 时,有 $P_0^B = F$,结合这两个事实,那么 $y > r^C \Leftrightarrow P_0^B < F$,对应的债券称为**折价债券**:其价格相对于平价(即票面价值)F 来说是"打折"的。图 16.2 展示了当 $y > r^C = 3\%$ 时 $P_0^B < F = 1\,000$ 美元,这与前述结论是一致的。最后,图 16.2 也证明了当 $y < r^C$ 时 $P_0^B > F$,这种债券称为**溢价债券**:其价格相对于平价(即票面价值)F 来说是"溢出"的。

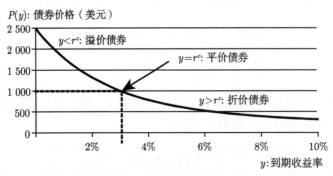

图 16.2 价格–收益率曲线

16.5.1 到期日收敛

为推导得出价格–收益率曲线,我们探索了债券价格对变化的利率的敏感性。现在我们来考察价格对到期期限的敏感性。

在此我们要提醒读者注意一点,市场将债券价格作为下列三项的函数:现金流风险、现金流期望值以及基于感知到现金流风险的债务持有者所要求的回报率。故我们能从市场决定的价格中计算得到到期收益率。因此,价格不是到期收益率的函数,而后者是前者的函数。请读者将这点铭记于心,因为本章随后几节中我们将价格作为收益率的函数。

前文对于平价债券有 $P_0^B = F \Leftrightarrow y = r^C$,而对于溢价(折价)债券有 $P_0^B > F \Leftrightarrow y < r^C$ ($P_0^B < F \Leftrightarrow y > r^C$)。现在我们进一步考察溢价债券的差值 $P_0^B(T) - F > 0$ 以及折价债券的差值 $F - P_0^B(T) > 0$ 如何随到期期限 T 变化。

前面式 (16-9) 说明固定利率债券的价格满足 $P_0^B = F\left[\frac{r^C}{y} + \left(1 + \frac{y}{2}\right)^{-2T}\left(1 - \frac{r^C}{y}\right)\right]$。因此,

$$\frac{\partial P_0^B}{\partial T} = -2F\left(1 + \frac{y}{2}\right)^{-2T}\left(1 - \frac{r^C}{y}\right)\ln\left(1 + \frac{y}{2}\right) > 0,\ \text{当}\ y < r^C;$$

$$\frac{\partial P_0^B}{\partial T} < 0,\ \text{当}\ y > r^C;\ \frac{\partial P_0^B}{\partial T} = 0,\ \text{当}\ y = r^C \tag{16-10}$$

对于二阶导的情形,

$$\frac{\partial^2 P_0^B}{\partial T^2} = \frac{4F}{y}\left(1 + \frac{y}{2}\right)^{-2T}(y - r^C)\left[\ln\left(1 + \frac{y}{2}\right)\right]^2 < 0,\ \text{当}\ y < r^C;$$

$$\frac{\partial^2 P_0^B}{\partial T^2} > 0,\ \text{当}\ y > r^C;\ \frac{\partial^2 P_0^B}{\partial T^2} = 0,\ \text{当}\ y = r^C \tag{16-11}$$

对于平价债券,由于 $y = r^C$,所以 $P_0^B = F$,$\forall T, T \in \{1, 2, 3, \ldots\}$。因此,当票面利率不变时,不论到期期限 T 多长,只要到期收益率与票面利率相同,债券价格就等于其面值。

然而，对于溢价（折价）债券，$y < r^C$ ($y > r^C$)，从而 T 的一阶导数为正（负）数，二阶导数为负（正）数。所以给定一系列拥有相同到期收益率和票面利率的溢价债券，它们的价格 $P_0^B(T) > F$ 会随到期期限的增加而上升，但是上升的速度在不断下降。类似地，如果给定一系列拥有相同的 y 和 r^C 的折价债券，它们的价格 $P_0^B(T) < F$ 会随着到期期限的增加而下降，但是下降的速度也在不断下降。

我们用一张图片来说明上述结论。在图 16.3 中，我们假设 $r^C = 8\%$，$F = 1\,000$ 美元。

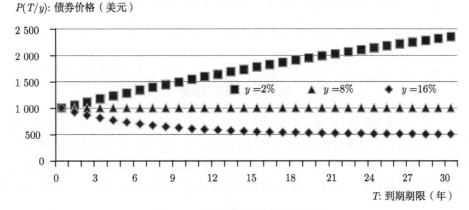

图 16.3　到期期限对价格的影响

图 16.3 中展示了三种情况：31 个溢价债券（均满足 $2\% = y < r^C = 8\%$），31 个平价债券（均满足 $8\% = y = r^C$），以及 31 个折价债券（均满足 $16\% = y > r^C$）。在每一种情况中，31 个债券的到期期限分别是 $T = \{0, 2, 3, ..., 30\}$ 年，其中 $T = 0$ 代表债券在当天马上到期。可以看到，平价债券的价格总是等于面值 $1\,000$ 美元，相对地，溢价（折价）债券的价格随着到期期限 T 的增加而以递减的速度上升（以递减的速度下降），这和我们进行数学推导的结论一致。总而言之，其他条件不变时，债券到期期限越长，债券价格偏离面值的程度越大，即溢价债券的差值 $P_0^B - F$ 和折价债券的差值 $F - P_0^B$ 越大。

在图 16.3 中，横坐标代表以年为单位的到期期限 T，坐标轴往右代表期限增加，从某种意义上来说这和时间流逝的方向相反。所以我们把横坐标翻转来体现时间的流逝，得到图 16.4，这样可以看到单个债券的价格在保持到期收益率和票面利率不变的情况下如何随着时间变化。图 16.4 的假设与图 16.3 相同，即 $r^C = 8\%$ 及 $F = 1\,000$ 美元，并且考察了三种不同的到期收益率（$y = 2\%$，$y = 8\%$ 和 $y = 16\%$），发现三种情况下债券价格在到期日均收敛。图 16.4 的三种情况分别是单一溢价债券的 31 个不同时间点（其中每一个时间点都满足 $2\% = y < r^C = 8\%$），单一平价债券的 31 个不同时间点（其中每一个时间点都满足 $8\% = y = r^C$），以及单一折价债券的 31 个不同时间点（其中每一个时间点都满足 $16\% = y > r^C$）。每一种情况都给出了 31 个价格，分别对应于期限 $T = \{30, 29, 28, ..., 0\}$，其中 $T = 0$ 代表债券在当天马上到期。因此图 16.4 中的三个债券都是以 $T = 30$ 年为到期期限发行的，发行日对应于图中三条价格时间序列的第一个数据点。对于每一个债券，我们可以观察到其一年以后（$T = 29$）的价格、两年以后（$T = 28$）的价格，等等。

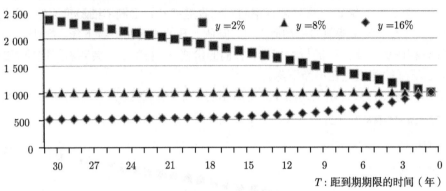

图 16.4 到期日收敛

总的来说，就像我们在图 16.4 中观察到的那样，距离债券的到期日时间越短，债券价格越接近于它的面值：其他条件不变时，溢价债券的差值 $P_0^B - F$ 和折价债券的差值 $F - P_0^B$ 均逐渐缩小。不论是 $y < r^C$ 还是 $y > r^C$，债券价格总是随着到期日的临近而逐渐收敛到票面价值 F，这种现象我们称之为**到期日收敛**。简而言之，其他条件相同时，债券随时间趋于平价。

16.5.2 到期期限 T 的影响

我们在前文已证明，当到期期限增加时，P_0^B 和 F 之间的差距会增加，即溢价债券的差值 $P_0^B(T) - F$ 和折价债券的差值 $F - P_0^B(T)$ 均增加。现在我们考察 T 如何影响相对利率风险指标 $\dfrac{\partial \ln(P_0^B)}{\partial y}$。根据马尔基尔的证明：

$$\frac{\partial}{\partial T}\left(\frac{\partial \ln(P_0^B)}{\partial y}\right) < 0, \quad \text{及} \quad \frac{\partial^2}{\partial T^2}\left(\frac{\partial \ln(P_0^B)}{\partial y}\right) > 0 \tag{16-12}$$

第一项求导 $\dfrac{\partial}{\partial T}\left(\dfrac{\partial \ln(P_0^B)}{\partial y}\right) < 0$ 的负号表示，其他条件不变时，当到期期限增加，债券的相对价格随收益率绝对变化的敏感性增加。换句话说，当 T 增加时，债券对收益率变动的相对价格敏感性增加。这是非常直观的，投资者会认为一年到期的债券比 30 年到期的债券拥有更低的相对利率风险。[1]

第二项求导 $\dfrac{\partial^2}{\partial T^2}\left(\dfrac{\partial \ln(P_0^B)}{\partial y}\right) > 0$ 的正号表示，当到期期限增加时，相对价格随收益率变化的敏感性增加的速率关于到期期限递减。

我们用数值示例来更形象地说明这个结论。观察图 16.5，其中 $F = 1\,000$ 美元且 $r^C = 10\%$。我们先考虑式 (16-12) 中的第一个不等式。注意图 16.5 中的五条曲线在 $y = r^C =$

---

[1] 此外，如果利率上升，那么比起持有 30 年期债券，一年内到期的债券可以在一年内以更高的利率再投资。不过这个话题和我们现在分析的内容没有太大关系，它并不能解释为什么 $\dfrac{\partial}{\partial T}\left(\dfrac{\partial \ln(P_0^B)}{\partial y}\right) < 0$。

10%（即 $P_0^B = F$）时的斜率为 $\frac{\partial P_0^B}{\partial y}$。显然，随着 T 的增加，斜率负的程度增加（幅度上增加），这与 $\frac{\partial}{\partial T}\left(\frac{\partial \ln(P_0^B)}{\partial y}\right) < 0$ 相一致（这个斜率的大小顺序在收益率比较小的时候，例如 $y = 5\%$ 时更加明显）。

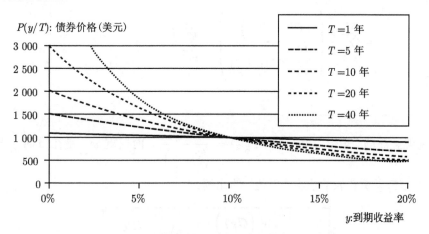

图 16.5　到期期限对价格-收益率曲线的影响

为了理解式 (16-12) 中的第二个不等式，注意观察图 16.5 中除了 $y = r^C = 10\%$ 以外任意一个收益率对应的五条曲线之间的距离。比如 $y = 15\%$ 时，随着 T 的增加，曲线与曲线的距离是单调递减的。换句话说，从 $T = 1$ 到 $T = 5$ 到 $T = 10$ 到 $T = 20$ 到 $T = 40$，价格之间的差距随着到期期限的增加而逐渐缩小。①

16.6　价格-收益率关系的近似计算

本节将建立价格-收益率曲线的有效近似计算方法。公司高管们发现，当需要快速地找到价格-收益率关系，或因为大型的投资组合包含了复杂证券导致寻找相关关系困难时，这些结论会非常有用。我们再次提醒读者，价格不是到期收益率的函数，而后者是前者的函数。因为我们在本章再次将价格当作收益率的一个函数，所以在这里重复一遍。显然，收益率与市场决定的利率相关。

16.6.1　麦考利久期和修正久期

我们从弗雷德里克·麦考利（Frederick Macaulay）提出的**麦考利久期**（Macaulay duration，MaD）开始，并用它作为利率风险的指标。这个指标有时也被称为有效久期。根据定义，对于半年付息债券，其麦考利久期为

---

① 图中 ΔT 是递减的，即 $5 - 1 < 10 - 5 < 20 - 10 < 40 - 20$。但是实际上 $\frac{\partial}{\partial T}\left(\frac{\partial \ln(P_0^B)}{\partial y}\right) < 0$ 这个结论比图中展示出来的更强。也就是说，如果这五条价格-收益率曲线之间的 ΔT 是均等的，那么曲线之间距离递减的现象会更加明显。

$$MaD \equiv \frac{1}{P_0^B} \sum_{t=1}^{2T} \frac{t}{2} \frac{CF_{\frac{t}{2}}}{\left(1+\frac{y}{2}\right)^t} = \frac{1}{\sum_{n=1}^{2T} \frac{CF_{\frac{n}{2}}}{\left(1+\frac{y}{2}\right)^n}} \sum_{t=1}^{2T} \frac{t}{2} \frac{CF_{\frac{t}{2}}}{\left(1+\frac{y}{2}\right)^t}$$

$$= \sum_{t=1}^{2T} \frac{t}{2} \underbrace{\left(\frac{PV\left(CF_{\frac{t}{2}}\right)}{\sum_{n=1}^{2T} PV\left(CF_{\frac{n}{2}}\right)}\right)}_{\equiv w_{\frac{t}{2}}} = \sum_{t=1}^{2T} \frac{t}{2} \left(w_{\frac{t}{2}}\right),$$

(16-13)

其中，一笔现金流的"现值"为 $PV(CF_{t/2}) = \dfrac{CF_{t/2}}{\left(1+\dfrac{y}{2}\right)^t}$，而权重 $w_{\frac{t}{2}}$ 是在日期 $\dfrac{t}{2}$ 时收到的相应现金流 $CF_{t/2}$ 所代表的债券"现值"的比例。①

$$w_{\frac{t}{2}} \equiv \frac{PV\left(CF_{\frac{t}{2}}\right)}{\sum_{t=1}^{2T} PV\left(CF_{\frac{t}{2}}\right)} = \frac{1}{P_0^B} \frac{CF_{\frac{t}{2}}}{\left(1+\frac{y}{2}\right)^t}$$

(16-14)

因此，麦考利久期是一个现金流接受时间（即日期 $\dfrac{t}{2}$）的加权平均值，其中权重对应于债券现值的百分比。

图 16.6 展示了到期期限为 $T=4$ 年，面值 $F=1\,000$ 美元，到期收益率 $y=10\%$，息票利率 $r^C=14\%$，每年复利次数 $m=2$ 且价格为 $P_0^B=1\,129.30$ 美元的债券的麦考利久期。经计算，$MaD=3.248$ 年。因此，首先，图 16.6 中八个柱体的高度等于债券价格 $1\,129.30$ 美元。其次，对于零息债券，整个"权重"发生在一个单一的日期，即到期日 T，令到期日 T 的

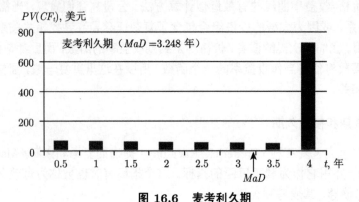

图 16.6　麦考利久期

---

① 根据收益率的定义，债券的价格是现金流的"现值"的总和，或者说 $P_0^B = \sum_{t=1}^{2T} \dfrac{CF_{t/2}}{\left(1+\dfrac{y}{2}\right)^t}$。所以每个权重分别是这个求和中的项除以这个求和。我们之所以把"现值"加上双引号，是因为收益率实际上并不是贴现率。就像债务追求者所要求的回报率一样，到期收益率是通过使得贴现现金流之和等于债券价格而计算出来的。

权重为 1，那么对于零息债券，$MaD = T$。接下来，对于固定利率债券，由于在到期日之前的日期（即 $t < T$）也有正的权重，则 $MaD < T$。

尽管看起来可能不明显，但麦考利久期其实是利率风险的指标。我们来考察一个明显的指标并观察两者之间的关系。考虑一个相对利率风险指标，**修正久期**（MD），即

$$MD \equiv -\frac{1}{P_0^B} \frac{\partial P_0^B}{\partial y} \tag{16-15}$$

注意这里面有一个负号。在本章，我们只考察固定利率债券的情形，那么由于 $\frac{\partial P_0^B}{\partial y} < 0$，因此 $MD > 0$。因此，对于固定利率债券，其相对价格敏感度随着 MD 增加（减少）而增加（减少）。

那么，麦考利久期 MaD 与修正久期 MD 间的关系是什么？由于 $w_{\frac{t}{2}} = \frac{PV(CF_{t/2})}{P_0^B}$，那么对于固定利率债券，有 $\frac{\partial P_0^B}{\partial y} = -\sum_{t=1}^{2T} \frac{t}{2} \frac{CF_{t/2}}{(1+y/2)^{t+1}} = -\frac{P_0^B}{P_0^B} \sum_{t=1}^{2T} \frac{t}{2} \frac{PV(CF_{t/2})}{(1+y/2)^1} = -\frac{P_0^B}{1+\frac{y}{2}} \sum_{t=1}^{2T} \frac{t}{2}(w_{\frac{t}{2}})$。①因此 $MD = -\frac{1}{P_0^B} \frac{\partial P_0^B}{\partial y} = -\frac{1}{P_0^B} \left(-\frac{P_0^B}{1+\frac{y}{2}} \sum_{t=1}^{2T} \frac{t}{2}(w_{\frac{t}{2}}) \right) = \frac{+1}{1+\frac{y}{2}} \sum_{t=1}^{2T} \frac{t}{2}(w_{\frac{t}{2}})$。把这个最终式和表达式 (16-13) 对比可以发现，对于固定利率债券，

$$MD = \frac{MaD}{1+\frac{y}{2}}, \quad 或 \quad MaD = MD\left(1+\frac{y}{2}\right) \tag{16-16}$$

在此提醒读者，我们的分析仅限于固定利率债券。因此修正久期定义为 $MD \equiv -\frac{1}{P_0^B} \frac{\partial P_0^B}{\partial y}$，麦考利久期由式 (16-13) 定义，式 (16-16) 仅对固定利率债券成立。

因为我们已经证明过修正久期是如何捕捉利率风险的，所以对于固定利率债券，表达式 (16-16) 表明麦考利久期可以捕捉利率风险。我们在前文看到，直觉上，其他条件不变时，债券的利率风险随着到期期限的增加而增加。收到现金流的日期距离现在越远，这笔现金流的现值对收益率变动的敏感性越大，由于麦考利久期是现金流接收时间的加权平均，因此这个值越大，债券价格对收益率变动的敏感性越大。

最后，我们不带证明地提供有关修正久期 MD 的静态比较分析如下：

$$\frac{\partial MD}{\partial r^C} < 0, \quad 及 \quad \frac{\partial MD}{\partial y} < 0 \tag{16-17}$$

两者都是合乎逻辑的。票面利率越大，由息票支付所代表的债券价值相对于面值的比例越大。债券收益的较大比率发生在更早的阶段（即远离到期期限的阶段），可以降低债券对收益率的相对价格敏感性。此外，根据式 (16-17) 的第二个结果，我们可以看到，债券对绝对收益率的相对价格敏感度随着收益率的增加而下降。最后，关于到期期限对修正久期的影响，即 $\frac{\partial MD}{\partial T}$，尽管偶尔有例外，但这个值通常是正数。这个结论也是直观的，因为我们已经证明了债券对于绝对收益率的相对价格敏感性会随着到期期限 T 的增加而增加。

---

① 因为 P_0^B 和 $1+\frac{y}{2}$ 都不是指标 t 的函数，因此它们可以提取到求和项的外面。

16.6.2 凸度

由于对于固定利率债券，修正久期的表达式为 $MD = -\dfrac{1}{P_0^B}\dfrac{\partial P_0^B}{\partial y}$，而麦考利久期为 $MaD = MD\left(1+\dfrac{y}{2}\right)$。联系价格-收益率曲线，久期实际上反映了曲线的截距。现在我们把重点转移到能反映价格-收益率曲线的曲率的二阶导指标上。

作为提醒，凸函数是指二次导数为正的函数。如前所示，固定利率债券的价格-收益率曲线是凸的。在求久期的时候，我们用斜率除以初始价格来反映相对价格的敏感度，这里的做法也是一致的，**凸度**的定义是 $Conv \equiv \dfrac{1}{P_0^B}\dfrac{\partial^2 P_0^B}{\partial y^2}$。对于固定利率债券，其凸度显然是正的，因为我们已经证明过 $\dfrac{\partial^2 P_0^B}{\partial y^2} > 0$。我们可以直接地证明 $\dfrac{\partial^2 P_0^B}{\partial y^2} = \dfrac{P_0^B}{\left(1+\dfrac{y}{2}\right)^2}\sum_{t=1}^{2T}\dfrac{t}{2}\left(\dfrac{t+1}{2}\right)w_{t/2}$。因此，

$$\boxed{Conv \equiv \dfrac{1}{P_0^B}\dfrac{\partial^2 P_0^B}{\partial y^2} = \dfrac{1}{\left(1+\dfrac{y}{2}\right)^2}\sum_{t=1}^{2T}\dfrac{t}{2}\left(\dfrac{t+1}{2}\right)w_{\frac{t}{2}}} \qquad (16\text{-}18)$$

总的来说，投资者可能会考察凸度这个指标，图 16.7 说明了考察凸度指标的重要性。

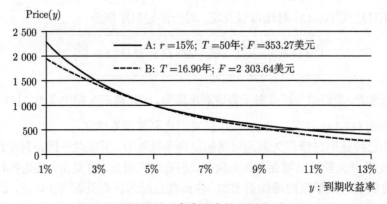

图 16.7 考察凸度的必要性

两个债券的价格-收益率曲线只有在 (5%, 1 000 美元) 这一点才相交，除此之外，债券 A 的价格处处高于债券 B。债券 A 的参数为 $F = 353.27$ 美元，$T = 50$ 年，$r = 15\%$ 且 $m = 2$。对于债券 B，$F = 2303.64$ 美元，$T = 16.90$ 年，$r = 0\%$ 且 $m = 2$。注意两个债券在 $y = 5\%$ 的时候价格均为 1 000 美元。然而在任何其他到期收益率的情况下，$y^A \neq y^B \Leftrightarrow P^A > P^B$。如果把 $y^A = y^B = 5\%$ 作为一个起始点，那么当市场利率下降导致两个债券的收益率都下降时，债券 A 的价格上升的幅度比 B 的更大。同时，如果市场利率上升导致两个债券的收益率都增加，那么 A 的价格下降的幅度也比 B 的价格要小。

上述讨论可能让你很好奇为什么会有投资者购买 B 而不是 A。我们考虑当 $y^A = y^B = 13\%$ 的情况。这时如果利率下降，使两个债券的收益率都下降到 12%，那么债券 B 的价格上升的幅度将会高于 A 的价格。类似地，站在 $y^A = y^B = 1\%$ 这一点，如果利率上升导致 $y^A = y^B = 2\%$，债券 A 的价格下降程度将超过 B 的价格。总而言之，如果两个债券的收益

率正在离开它们的共同点（在图 16.7 的情况下为 $y=5\%$），那么 A 的价格变化相对于 B 确实收益更高。然而，如果收益率从其他点走向这个共同点，则 A 的价格变化相较之下是不利的。①

最后，我们不带证明地提供有关凸度 ($Conv$) 的静态比较分析。

$$\frac{\partial Conv}{\partial r^C}<0, \quad \frac{\partial Conv}{\partial y}<0, \quad 且 \quad \frac{\partial Conv}{\partial T}>0 \tag{16-19}$$

前两个结果与修正久期相应的静态比较结果相同。对于第三个结果，回想一下 MD 通常随着 T 的增加而增加，而 $Conv$ 是严格递增的。因此，关于到期期限的这两个结果总的来说是相似的。总之，具有高（低）久期的债券往往也具有高（低）的凸度。

16.6.3 价格-收益率近似计算

考虑 $P^B(y)$ 对初始收益率 y_0 的泰勒展开。②

$$\begin{aligned} P^B(y_1) &= \sum_{n=0}^{\infty} \frac{1}{n!}(\Delta y)^n \frac{\partial^n P^B(y_0)}{\partial y^n} \\ &= P^B(y_0) + \frac{1}{1!}(\Delta y)^1 \frac{\partial P^B(y_0)}{\partial y} + \frac{1}{2!}(\Delta y)^2 \frac{\partial^2 P^B(y_0)}{\partial y^2} \\ &\quad + \sum_{n=3}^{\infty} \frac{1}{n!}(\Delta y)^n \frac{\partial^n P^B(y_0)}{\partial y^n}, \end{aligned} \tag{16-20}$$

其中 y_0 是当前的到期收益率，y_1 是一个"接近" y_0 的到期收益率，其对应的 P^B 是我们要求的价格，$\Delta y \equiv y_1 - y_0$，$P^B(y_0)$ 是 $P^B(y)$ 在 y_0 时的债券价格，而 $P^B(y_1)$ 是 $P^B(y)$ 在 y_1 时的债券价格。③

对比较小的 Δy，受 $(\Delta y)^n$ 的影响，对应的项也逐渐减小。确实，对于充分小的 Δy，超过二阶导的项因为数值太小而经常在实际运用中被忽略不计。因此，我们可以通过下式近似计算式 (16-20)：④

$$\begin{aligned} P^B(y_1) &\approx P^B(y_0) + \Delta y \frac{\partial P^B(y_0)}{\partial y} + \frac{(\Delta y)^2}{2}\frac{\partial^2 P^B(y_0)}{\partial y^2} \\ &= P^B(y_0)\left[1-(MD)\Delta y+(Conv)\frac{(\Delta y)^2}{2}\right] \end{aligned} \tag{16-21}$$

---

① 除凸度之外的参数也可能会使债券 B 对于一些投资者来说比债券 A 更有吸引力。这些参数包括到期期限、票面利率、现金流量时间等，所有这些都可能影响投资组合的决策。

② 我们定义 $0!=1$ 且 $\frac{\partial^0 P^B(y_0)}{\partial y^0}=P^B(y_0)$。

③ 类似地，$\frac{\partial P^B(y_0)}{\partial y}$ 是 $\frac{\partial P^B(y)}{\partial y}$ 在 y_0 时对应的值，$\frac{\partial P^B(y_1)}{\partial y}$ 是 $\frac{\partial P^B(y)}{\partial y}$ 在 y_1 时对应的值，更高阶的求导结果如此类推。此外，$n!=1\times 2\times 3\times ...\times n$。

④ 第一行可以改写为 $P^B(y_1)\approx P^B(y_0)\left[1-\left(-\frac{1}{P^B(y_0)}\frac{\partial P^B(y_0)}{\partial y}\right)\Delta y+\left(\frac{1}{P^B(y_0)}\frac{\partial^2 P^B(y_0)}{\partial y^2}\right)\frac{(\Delta y)^2}{2}\right]$。

我们称式 (16-21) 为价格–收益率曲线的**二阶估计**。我们也可以考虑一个比较简单的**一阶估计**，即式 (16-22)：

$$P^B(y_1) \approx P^B(y_0)\left[1 - (MD)\Delta y\right] \tag{16-22}$$

图 16.8 展示了一个真实的价格–收益率曲线，以及根据式 (16-22) 计算的一阶估计和根据式 (16-21) 计算的二阶估计。

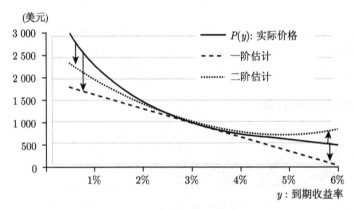

图 16.8　价格–收益率曲线及其估计

对于该债券，$T = 100$ 年，$F = 1\,000$ 美元，$r = 3\%$ 且 $m = 2$。显然，一阶估计是线性的（即斜率为常数），二阶估计是正凸性的（即二阶导为正数）。根据设定，这两个估计在当前的坐标 $(y_0, P^B(y_0)) = (3\%, 1\,000$ 美元$)$ 处与价格–收益率曲线重合。此外，这两个估计值不仅与 $P^B(y_0)$ 相吻合，而且也有相同的 $\dfrac{\partial P^B(y_0)}{\partial y}$。由于两个估计的斜率在 y_0 这一点与价格–收益率曲线的斜率相同，因此对于收益率的小幅度变化，两个估计值与真实曲线的偏离程度都很小，这正是我们想要的效果。此外，二阶估计的凸度在 y_0 这一点与真实的价格–收益率曲线的凸度 $\dfrac{1}{P^B}\dfrac{\partial^2 P^B(y_0)}{\partial y^2}$ 也相同。因此，二阶估计在 y_0 这一点同时匹配了真实曲线的斜率和凸度，从而比仅匹配了斜率的一阶估计偏离真实曲线的程度更低。比如，在 $y = 2\%$ 和 $y = 4\%$ 时，即 $\Delta y = -1\%$ 和 $\Delta y = +1\%$ 时，二阶估计明显比一阶估计更加接近于真实的价格–收益率曲线。

将更多的泰勒级数（三阶、四阶等）加入到价格–收益率曲线近似计算之中可以减小估计误差，即实际曲线与估计之间的差值。不过，从业人员发现通常二阶估计已经足够准确了，特别是对于 Δy 比较小的情况。另外值得注意的是，在 $\forall y_1 \neq y_0$ 的条件下，不论 $\Delta y = y_1 - y_0$ 的正负，一阶估计经常低估 $P^B(y_1)$ 的值。关于二阶估计的误差，图 16.8 所展示的是典型的情况，即对于小的 $\Delta y < 0$ $(\Delta y > 0)$，估计值略低于（高于）实际价格–收益率曲线。

给定收益率 y，**误差项**是选择的近似估计与真实价格（$P^B(y)$/actual）之间的差值。一阶近似的**一阶误差项**为

$$P^B(y_0)\left[1 - (MD)\Delta y\right] - P^B(y)|\text{actual} = \sum_{n=2}^{\infty} \frac{1}{n!}(\Delta y)^n \frac{\partial^n P^B(y_0)}{\partial y^n} \leqslant 0$$

对于 $\forall y \neq y_0$，固定利率债券的一阶误差项总是负的。这是由于一阶估计对应的是一条与真实价格–收益率曲线在初始点 $(y_0, P^B(y_0))$ 相切的直线。因此一阶估计总是低估了 $P^B(y)$，$\forall y \neq y_0$。

类似地，二阶误差项为

$$P^B(y_0)\left[1 - (MD)\Delta y + (Conv)\frac{(\Delta y)^2}{2}\right] - P^B(y)|\text{actual}$$
$$= \sum_{n=3}^{\infty}\frac{1}{n!}(\Delta y)^n\frac{\partial^n P^B(y_0)}{\partial y^n}$$

对于 $\forall y < y_0$，固定利率债券的二阶误差项总是负的；对于 $\forall y > y_0$，其二阶误差项则总为正。在一定程度上，固定利率债券的价格–收益率曲线随收益率上升而逐渐"平缓"。二阶估计固定了凸度，因而当收益率低于（高于）初始值时，估计值倾向于低于（高于）实际价格–收益率曲线。

1. Excel 久期函数

- =DURATION($DATE(yr,mm,dd), DATE(yr,mm,dd), cR, yield, m$)

计算固定利率债券的麦考利久期。第一个参数是今天的日期和发行日期中的较晚项，第二个参数是到期日期，m 是每年复合的期数数目，对债券来说通常 $m = 2$。

- =MDURATION($DATE(yr,mm,dd), DATE(yr,mm,dd), cR, yield, m$)

计算固定利率债券的修正久期。其参数与上述 DURATION 函数的参数相同。

2. 有效久期和有效凸度

如果要使用式 (16-21)，那么我们需要得到修正久期（MD），以及凸度（$Conv$）。这些值对于一些债券可能很难计算，比如内含期权的债券。另外，如果债券的现金流是变动的（即非固定利率），那么我们也不能通过式 (16-16) 和式 (16-18) 来分别计算修正久期和凸度。这时我们可以采取与前文类似的做法，使用离散近似。

首先考虑修正久期（$MD = -\frac{1}{P}\frac{\partial P}{\partial y}$）的离散近似，或称为**有效久期**，记作 **$ED$**：

$$ED = -\frac{1}{P^B(y_0)}\frac{\Delta P^B(y)}{\Delta y} = -\frac{1}{P^B(y_0)}\frac{P^B(y_0+\Delta y) - P^B(y_0-\Delta y)}{(y_0+\Delta y)-(y_0-\Delta y)},$$

或

$$\boxed{ED = \frac{1}{P^B(y_0)}\frac{P^B(y_0-\Delta y) - P^B(y_0+\Delta y)}{2\Delta y},} \qquad (16\text{-}23)$$

其中 $\Delta y > 0$ 相对于当前到期收益率 y_0 是一个很"小"的值，例如 $\Delta y = 0.01\%$。当然，对于固定利率债券，$ED > 0$。

图 16.9 是一个有效久期的示例。[1] 观察连接点 $(y_0+\Delta y, P(y_0+\Delta y))$ 和点 $(y_0-\Delta y, P(y_0-\Delta y))$ 的实线线段，这个线段的斜率的负值除以 $P(y_0)$ 就是有效久期。另外，注意有一条通过点 $(y_0, P(y_0))$ 且和上述线段拥有相似的负斜率的虚线线段，这个线段的斜率的负值除以

---

[1] 为了注释的便利，在本章的部分地方，包括图 16.9，我们都省略了上角标 B。

$P(y_0)$ 就是修正久期，也就是我们希望通过有效久期来离散近似的对象。在图 16.9 中，细心的读者可能已经发现虚线线段的斜率比实线线段要大一些（即斜率更负），这是因为价格–收益率曲线的凸度是关于收益率递减的。然而我们也可以看到，当 $\Delta y \to 0$ 时，实线线段的斜率会无限趋近于虚线线段的斜率。简而言之，当 $\Delta y \to 0$ 时，有效久期的极限就是修正久期。因此在计算有效久期的时候，应该使用充分小的 Δy。

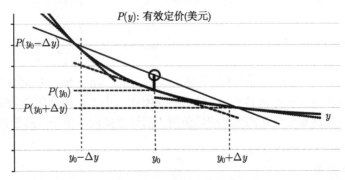

图 16.9 有效久期示例

现在我们考虑凸度的离散近似，或称为**有效凸度**，记作 EC：

$$EC = \frac{1}{P(y_0)} \frac{\Delta}{\Delta y}\left(\frac{\Delta P(y)}{\Delta y}\right)$$

$$= \frac{1}{P(y_0)} \frac{\dfrac{P(y_0+\Delta y)-P(y_0)}{(y_0+\Delta y)-y_0} - \dfrac{P(y_0)-P(y_0-\Delta y)}{y_0-(y_0-\Delta y)}}{\Delta y}$$

$$= \frac{1}{P(y_0)} \frac{P(y_0+\Delta y)+P(y_0-\Delta y)-2P(y_0)}{(\Delta y)^2},$$

或

$$\boxed{EC = \frac{2}{P(y_0)(\Delta y)^2}\left[\frac{P(y_0+\Delta y)+P(y_0-\Delta y)}{2}-P(y_0)\right]} \tag{16-24}$$

式 (16-24) 的前两行说明有效凸度是价格–收益率曲线在初始点 $(y_0, P^B(y_0))$ 的基础上发生变动之后的两点对应的两个切线斜率的差值，除以初始价格，再除以两个收益率变动量之和的二分之一，即 $\dfrac{2\Delta y}{2}=\Delta y$。第三行可能是实现 EC 的计算时可以使用的最简单的式子。然而我们在式 (16-24) 中增加了第四行，也是最后一行的表达式，因为这个式子可以更好地从图形上进行理解。在图 16.9 中，注意顶部有一个与小圆圈相交的垂直短线段，这个线段所代表的距离就是式 (16-24) 第四行的中括号里的式子，即 $\dfrac{P^B(y_0+\Delta y)+P^B(y_0-\Delta y)}{2}-P^B(y_0)$。其中 $P^B(y_0+\Delta y)$ 和 $P^B(y_0-\Delta y)$ 的平均值就是垂直线段的顶点，而 $P^B(y_0)$ 是线段的底端。显然，其他条件不变时，价格–收益率曲线的曲度越大，这个差距越大，也即有效凸度越大。[①]

[①] 考虑一个特殊情况，如果价格–收益率曲线是一条直线，那么 $\dfrac{P^B(y_0+\Delta y)+P^B(y_0-\Delta y)}{2}-P^B(y_0)=0$。

在得到有效久期和有效凸度的估计之后，我们可以用它们分别代替修正久期和凸度，进行价格-收益率的近似计算。因此，根据式 (16-21)，二阶估计就变成：

$$P^B(y_1) \approx P^B(y_0) \left[1 - (ED)\Delta y + (EC)\frac{(\Delta y)^2}{2} \right] \tag{16-25}$$

而根据表达式 (16-22)，价格-收益率曲线的一阶估计就变成：

$$P^B(y_1) \approx P^B(y_0) \left[1 - (ED)\Delta y \right] \tag{16-26}$$

3. 经验久期

对于特别复杂的投资组合，我们可能会发现不仅修正久期和凸度难以计算，而且对应的有效久期和有效凸度也难以获得，这时候可以采用经验方法。

考虑价格-收益率曲线的一阶近似计算，即表达式 (16-22)。我们需要一个关于 $MD = -\frac{1}{P^B}\frac{\partial P^B}{\partial y} = -\frac{\partial \ln(P^B)}{\partial y}$ 的估计值。我们可以考虑历史价格的对数关于收益率的回归方程，即

$$\ln P_t^B = \alpha^B + \beta^B y_t + \epsilon_t \tag{16-27}$$

其斜率可以看作 $\beta^B = \frac{\partial \ln(P^B)}{\partial y}$。把这个结果和 $MD = -\frac{\partial \ln(P^B)}{\partial y}$ 对应起来，那么**经验久期**就等于 $-\beta^B$，即回归方程 (16-27) 中斜率系数的负值，记作 EmD。

在一阶近似计算中用经验久期代替 MD，那么式 (16-22) 就变成：

$$P^B(y_1) \approx P^B(y_0) \left[1 - (EmD)\Delta y \right] = P^B(y_0) \left(1 + \beta^B \Delta y \right) \tag{16-28}$$

16.7 例：价格-收益率曲线及其近似计算

图 16.10 展示了债券价格-收益率的一阶近似和二阶近似计算。其中许多计算类似于图 2.2 中的计算，例如，图 16.10 中单元格 B7 使用 Excel 的 PV 函数计算出债券价格为 415.14。聪明的读者将注意到两个收益率的输入项，分别显示在单元格 B1 和 B2 中。单元格 B1 中的 y_1 将是我们稍后进行敏感性分析的收益率，而单元格 B2 中的 y_0 将固定为初始的当前到期收益率。

单元格 D2:I74 包含支持计算债券凸度的中间公式：$conv = \frac{1}{P_0}\frac{\partial^2 P_0}{(\partial y)^2}$，计算得到单元格 B75 中的值 326.42。单元格 D2:I74 中的计算被用作手动确认价格的工具，单元格 F74 反映了价格为 415.14。此外，单元格 D2:I74 也被用于手动计算麦考利久期，即单元格 H74（链接到单元格 B71）中的 14.37 年。这确认了由 Excel 函数 DURATION 在单元格 B72 中计算得到的久期是正确的。修正久期在单元格 B73 中通过函数 MDURATION 计算得到：$D_{mod} = -\frac{1}{P_0}\frac{\partial P_0}{\partial y}$。修正久期值 13.82 在单元格 B74 通过手动计算予以确认。

	A	B	C	D	E	F	G	H	I	J
1	y_1	8%		t	CF_t	$PV(CF_t)$	w_t	$t*w_t$	$t(t+0.5)w_t$	
2	y_0	8%		0	-415.14	E2 =-B76				
3	T	35		0.5	15.00	14.42	3.5%	0.02	0.02	
4	r^c	3%		1	15.00	13.87	3.3%	0.03	0.05	
5	F	1000		1.5	15.00	13.33	3.2%	0.05	0.10	
6	m	2		2	15.00	12.82	3.1%	0.06	0.15	
7	P_0	415.14		2.5	15.00	12.33	3.0%	0.07	0.22	
8	B1 =8%			3	15.00	11.85	2.9%	0.09	0.30	
9	B2 =8%			3.5	15.00	11.40	2.7%	0.10	0.38	
71	D_{Mac}	14.373		34.5	15.00	1.00	0.2%	0.08	2.91	
72	D_{Mac}	14.373		35	1015.00	65.18	15.7%	5.50	195.09	
73	MD	13.82		y_1	8.000%					
74	MD	13.82			Σ =	415.14	100%	14.37	353.1	
75	Conv	326.42								
76	P_0	415.14		B7 =PV(B1/B6,B6*B3,-B5*B4/B6,-B5)						
77	MD	13.82		E3 =($B$3>=D3)*$B$5*(($B$3=D3)+$B$4/$B$6)						
78	Conv	326.42		F3 =E3/(1+$B$1/$B$6)^($B$6*D3)				G3 =F3/$F$74		
79	$P_0(1o)$	415.14		H3 =G3*D3			I3 =H3*(D3+0.5)			
80	$P_0(2o)$	415.14		E73 =2*IRR(E2:E72)			F74 =SUM(F3:F72)			
81	B71 =H74			B72 =DURATION(DATE(2000,1,1),DATE(2000+B3,1,1),B4,B1,B6)						
82	B73 =MDURATION(DATE(2000,1,1),DATE(2000+B3,1,1),B4,B1,B6)									
83	B74 =B71/(1+B1/B6)									
84	B75 =I74/(1+B1/B6)^B6									
85	B76 415.137125502459					B77 13.8201087134881				
86	B78 326.417993410759					B79 =B76*(1-B77*(B1-B2))				
87	B80 =B76*(1-B77*(B1-B2)+B78*(B1-B2)^2/2)									
88										
89		$P(y_1)$	$P(y_1\|1o)$	$P(y_1\|2o)$						
90	y_1	$415	$415	$415						
91	0%	2045	874	1306						
92	2%	1248	759	1002						
93	4%	811	644	752						
94	6%	562	529	556						
95	8%	415	415	415						
96	10%	323	300	327						
97	12%	262	185	294						
98	14%	221	70	315						
99	16%	191	-44	390						
100	B90 =B7		C90 =B79		D90 =B80					
101	B91:D99 {=TABLE(,B1)}									

图 16.10 债券价格-收益率近似计算

在进行价格-收益率近似计算时,我们不仅要使用前面讨论过的单元格 B2 中的收益率初始值 $y_0 = 8\%$,也要使用下面各项的初始值:(1)价格;(2)修正久期;(3)凸度。因此,我们分别将三项值复制粘贴到单元格 B76, B77 和 B78 中。给定这些值,我们将在单元格 B80 中通过下式计算价格-收益率曲线的二阶近似:

$$P(y_1|y_0, D_{mod}, conv) \approx P_0[1 - D_{mod}(y_1 - y_0) + \frac{(y_1 - y_0)^2}{2}conv]$$

单元格 B79 计算了相应的一阶近似,其中上述算式里与 $conv$ 相关的项被省略。

第 16 章 价格–收益率曲线及其近似计算；即期利率、息票日间债券定价

针对单元格 B1 中的 y_1 的一维模拟运算表将对三个函数执行：(1) 单元格 B90 中的实际价格–收益率；(2) 单元格 C90 中的一阶近似计算；(3) 单元格 D90 中的二阶近似计算。所有三个价格–收益率关系都绘制在图 16.10 中。请注意，对于显示的整个收益率范围，二阶误差小于一阶误差。

图 16.11 中显示的工作表是图 16.10 中显示的工作表的后面部分。图 16.11 展示了驱动债券价值因素的影响。第 105:116 行（包括图片）展示了四个债券的价格–收益率曲线。其中，除了票息利率，所有参数均与图 16.10 中的基本案例债券相同，如单元格 B105:E105 所示。在单元格 B107 中使用 Excel 的 PV 函数计算一个债券的价值，以单元格 B107 中的方

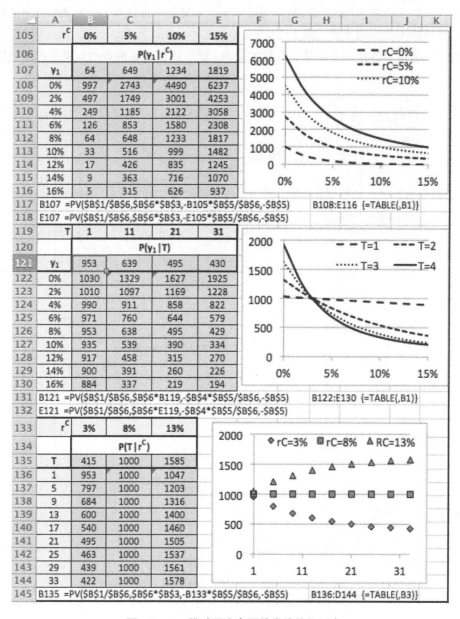

图 16.11 推动固定息票债券价值的因素

式输入，以便随后将其复制并粘贴到单元格 C107:E107 中。随即可在单元格 B108:E116 范围内得到对输入项 y_1（单元格 B1 中）变化的四个价格函数的单维模拟运算表。相关图表证实，其他条件相同时，债券价值随票面利率增加而增加。

第 119:130 行考虑了到期时间对债券价值的影响，其方式完全类似于第 105:116 行对到期收益率的影响的考虑。

尽管图 16.11 中的第 105:130 行生成了价格–收益率曲线 $P(y)$，但第 133:144 行则没有。因为在第 133:144 行 $y=8\%$ 是固定的，因此生成了函数 $P(T|y=8\%)$。从图 16.11 右下角的图中可以看出，$r^C=13\%$ 的溢价债券（折价债券 $r^C=3\%$）的到期时间越长，在其他条件相同的情况下，与平价债券相比，其溢价（折价）越大。对于平价债券（$r^C=8\%$），无论到期时间多长，其价格不会偏离平价，即 $P(T|r^C=y=8\%)=F=1\,000$。

图 16.12 显示了各种因素对修正久期的影响，这是固定利率债券对利率的价值敏感度的

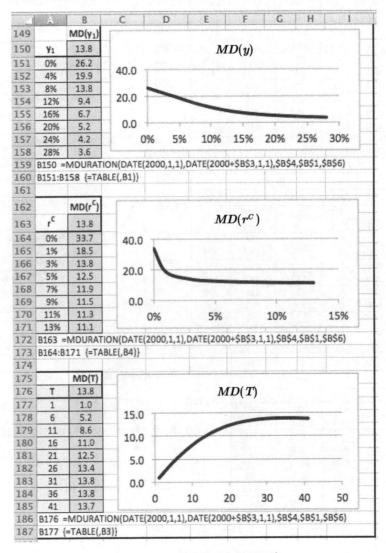

图 16.12　影响修正久期的因素

度量指标。正如马尔基尔（Malkiel）结论所确定的那样，修正久期随到期收益率递增而减小（顶部图），随票面利率增加而减小（中间图），随到期时间增加而增加（底部图）。这些是通过对应不同输入项的修正久期的模拟运算表生成的。

16.8 即期利率

观察到期收益率的定义，即式 (2-3)，不难发现它是关于债券价格与所有现金流的数量和时间的整体平均收益率。到期收益率是关于价格的函数，而不是反过来的关系。我们不使用收益率来折现现金流。为了计算一个证券的内在价值，我们需要适当的折现率。具体来说，我们寻求一套适当的即期利率，使得从现在到未来每一个接收现金流的时刻都有一个对应的利率。简言之，我们想要找到一组贴现因子 SR_t，每一个贴现因子对应于单笔现金流流入的时间 t。为此，我们引入一个叫做"自举"的过程。我们的输入参数为无风险债券的相关参数，其中我们用美国国债作为无风险债券的替代。这些参数包括债券的价格、现金流和它们的接收时间。然后，它们可以在即期利率中添加适当的溢价来反映投资者对现金流风险的认知水平。

自举法（Bootstrapping）首先计算 6 个月的即期利率，然后不断增加持续时间以计算更长期的即期利率，每次计算出一个利率。到期期限为 6 个月的美国国库券是一个零息债券，因此这个债券给投资者的回报暗含在其由面值 $F_{0.5}$ 贴现回来的价格 $P_0^{0.5}$ 中。价格 $P_0^{0.5}$ 的下标表示该价格是目前的现价，上标表示债券的到期日，即 0.5 年。因此，

$$\boxed{P_0^{0.5} = \frac{F_{0.5}}{1 + \frac{y_{0.5}}{2}}, \quad \text{且} \quad P_0^{0.5} = \frac{F_{0.5}}{1 + \frac{SR_{0.5}}{2}},} \tag{16-29}$$

式 (16-29) 定义了 6 个月期的美国国库券的到期收益率 $y_{0.5}$，以及 6 个月的即期利率 $SR_{0.5}$。对比这个等式，有

$$\boxed{SR_{0.5} = y_{0.5} = 2\left[\frac{F_{0.5}}{P_0^{0.5}} - 1\right]} \tag{16-30}$$

注意即期利率的下标是指对应现金流的接收日期，单位是年。[①]

类似地，一年期美国国库券也是一个零息债券，因此，

$$\boxed{P_0^1 = \frac{F_1}{\left(1 + \frac{y_1}{2}\right)^2}, \quad \text{且} \quad P_0^1 = \frac{F_1}{\left(1 + \frac{SR_1}{2}\right)^2}} \tag{16-31}$$

对比这两个等式，有：

$$\boxed{SR_1 = y_1 = 2\left[\left(\frac{F_1}{P_0^1}\right)^{1/2} - 1\right]} \tag{16-32}$$

[①] 即期利率是以 APr 的形式报价的，即半年复利一次，与债券世界的其他利率和收益率一致。

在继续深入之前，注意我们已经在式 (16-29) 和式 (16-31) 中分别展示了 $y_{0.5}$ 和 y_1 的计算，这是为了说明对于 6 个月和一年期美国国库券来说，$y_{0.5} = SR_{0.5}$ 且 $y_1 = SR_1$。然而需要强调的是，即期利率不是关于到期收益率的函数。

现在继续计算 $SR_{1.5}$，我们要用到 18 个月期的美国中期国库券。由于这种债券支付固定息票，因此比起基于零息美国国库券简单计算出来的 $SR_{0.5} = y_{0.5}$ 和 $SR_1 = y_1$，现在我们基于付息国债计算更长期的即期利率，这个过程会更加复杂。我们有

$$P_0^{1.5} = \sum_{t=1}^{3} \frac{CF_{\frac{t}{2}}}{\left(1+\frac{y_{1.5}}{2}\right)^t} = \frac{C_{0.5}^{1.5}}{\left(1+\frac{y_{1.5}}{2}\right)^1} + \frac{C_1^{1.5}}{\left(1+\frac{y_{1.5}}{2}\right)^2} + \frac{C_{1.5}^{1.5} + F_{1.5}}{\left(1+\frac{y_{1.5}}{2}\right)^3},$$

$$= \sum_{t=1}^{3} \frac{CF_{\frac{t}{2}}}{\left(1+\frac{SR_{\frac{t}{2}}}{2}\right)^t}$$

$$= \frac{C_{0.5}^{1.5}}{\left(1+\frac{SR_{0.5}}{2}\right)^1} + \frac{C_1^{1.5}}{\left(1+\frac{SR_1}{2}\right)^2} + \frac{C_{1.5}^{1.5} + F_{1.5}}{\left(1+\frac{SR_{1.5}}{2}\right)^3}, \quad (16\text{-}33)$$

其中 $C_{t/2}^T$ 是到期期限为 T（此处 $T = 1.5$ 年）的美国国债在日期 $\frac{t}{2}$ 支付的固定息票。注意式 (16-33) 的第一行对于计算 $SR_{1.5}$ 是不必要的，因为我们并不需要通过到期收益率来计算即期利率。但是我们想通过这个说明的是，对于这个 18 个月到期的债券，存在一个单一的收益率 $y_{1.5}$。相比之下，即期利率对应于收到现金流的特定日期，从而在式 (16-33) 的最后两行中，即期利率要用日期 $\frac{t}{2}$ 进行标示。总的来说，到期收益率仅适用于用来计算它的特定债券，而即期利率适用于接收日期为该利率对应时间的任何（无风险）现金流。

现在我们继续计算 18 个月的即期利率 $SR_{1.5}$。由于之前已经计算出 $SR_{0.5}$ 和 SR_1，因此表达式 (16-33) 的最后一行可以通过移项得到：

$$SR_{1.5} = 2\left\{\left[\frac{C_{1.5}^{1.5} + F_{1.5}}{P_0^{1.5} - \left(\frac{C_{0.5}^{1.5}}{\left(1+\frac{SR_{0.5}}{2}\right)^1} + \frac{C_1^{1.5}}{\left(1+\frac{SR_1}{2}\right)^2}\right)}\right]^{\frac{1}{3}} - 1\right\} \quad (16\text{-}34)$$

归纳可得，对所有可接收现金流的时间 $T \in \{0.5, 1, 1.5, 2, ...\}$，我们都可以计算出用来折现距离今天 T 年或者 $2T$ 个半年的任意单笔无风险现金流 (CF_T) 的**即期利率** (SR_T)。一般地，SR_T 可以通过下式得出[①]：

[①] 再次注意，根据收益率的定义，$P_0^T = \sum_{t=1}^{2T} \frac{CF_{t/2}}{\left(1+\frac{y_T}{2}\right)^t}$ 只包含一个"贴现率"，即 y_T。相比之下，同期一共有 $2T$ 个即期利率，每一个对应于一个复利周期的结尾，即 $SR_{0.5}, SR_1, ..., SR_T$。

第 16 章　价格–收益率曲线及其近似计算；即期利率、息票日间债券定价

$$P_0^T = \sum_{t=1}^{2T} \frac{CF_{\frac{t}{2}}}{\left(1+\frac{SR_{\frac{t}{2}}}{2}\right)^t} = \sum_{t=1}^{2T-1} \frac{C_{t/2}^T}{\left(1+\frac{SR_{\frac{t}{2}}}{2}\right)^t} + \frac{C_T^T + F_T}{\left(1+\frac{SR_T}{2}\right)^{2T}} \tag{16-35}$$

通过移项可以得到

$$SR_T = 2\left\{\left[\frac{C_T^T + F_T}{P_0^T - \left(\sum_{t=1}^{2T-1} \frac{C_{\frac{t}{2}}^T}{\left(1+\frac{SR_{\frac{t}{2}}}{2}\right)^t}\right)}\right]^{\frac{1}{2T}} - 1\right\} \tag{16-36}$$

在自举法的操作过程中，前面的 $2T-1$ 个即期利率都可以依次计算出来，因此我们可以明确地计算出 SR_T 的值。通过持续进行这个自举的过程，我们最远可以计算出现有的到期期限最长的固定利率美国国债的到期期限对应时长的即期利率。

表达式 (16-36) 表明即期利率是一种几何平均收益率，因为它具有 $\frac{SR_T}{2} = \left(\frac{V_T}{V_0}\right)^{\frac{1}{2T}} - 1$ 的形式，这与几何平均值的公式一致。更具体地来说，在即期利率的公式中，周期数为 $2T$，最终价值 V_T 是最后的现金流 $F_T + C_T^T$，初始价值是初始价格扣除 T 期以前的现金流现值总和，即 $V_0 = P_0^T - \sum_{t=1}^{2T-1} \frac{C_{t/2}^T}{\left(1+\frac{SR_{t/2}}{2}\right)^t}$。

总的来说，我们可以通过恰当的无风险即期利率贴现任意的无风险现金流。而无风险即期利率可以通过增加风险溢价来计算出适当的有风险即期利率。对于考察 N 个风险因子的情况，$SR_{t/2}^r = SR_{t/2} + \sum_{n=1}^{N} \beta^n (RP^n)$，$n \in \{1,2,...,N\}$。因此，对任意给定的证券，都可以通过下式进行估值：

$$IV^{rf} = \sum_{t=1}^{2T} \frac{CF_{t/2}^{rf}}{\left(1+\frac{SR_{t/2}}{2}\right)^t}, \quad \text{及} \quad IV^r = \sum_{t=1}^{2T} \frac{CF_{t/2}^r}{\left(1+\frac{SR_{t/2}^r}{2}\right)^t}, \tag{16-37}$$

其中第一个式子对应于无风险 (rf) 证券，第二个式子对应于有风险 (r) 证券。

16.9　零波动利差

给定到期期限为 T 的无风险债券，通过自举法，我们有

$$P_0^{rf} = \sum_{t=1}^{2T} \frac{CF_{t/2}^{rf}}{\left(1+\frac{SR_{t/2}}{2}\right)^t} \tag{16-38}$$

投资者需求因承担风险而得到补偿，因此风险债券的贴现率比无风险债券更高。在 N 个风险因子的情况下，从无风险即期利率得到有风险即期利率的方式如下：

$$SR^r_{t/2} = SR_{t/2} + \sum_{n=1}^{N} \beta^n (RP^n), \tag{16-39}$$

$n \in \{1, 2, ..., N\}$，即对应 N 个风险因子。现在我们不采用这个框架，考虑具有相同到期期限的一个风险债券和一个无风险债券，那么

$$P^r_0 < P^{rf}_0 = \sum_{t=1}^{2T} \frac{CF_{t/2}}{\left(1 + \dfrac{SR_{t/2}}{2}\right)^t} \tag{16-40}$$

因此对于拥有相同现金流的风险债券，我们可以通过给所有无风险即期利率加上同一个利差指标，使得有风险的现金流贴现后的现值之和等于风险债券的价格。这个单一的利差指标被称为**零波动利差**（z-spread），记作 z^T，其定义式为

$$\boxed{P^r_0 \equiv \sum_{t=1}^{2T} \frac{CF_{t/2}}{\left(1 + \dfrac{SR_{t/2} + z^T}{2}\right)^t},} \tag{16-41}$$

其中 z^T 是半年复利一次的 APr。

因此，和收益率差一样，零波动利差是针对特定的风险债券相对于选定的无风险基准债券的利差。这两种利差都是仅适用于给定债券和给定的无风险基准债券（通常是美国国债）的单一的值。在其他条件不变的情况下，它们都随着债券风险增加而增加。

再说两者之间的区别。收益率差将相同到期期限的单一风险债券与单一无风险基准债券进行比较。相比之下，对于一个给定到期期限为 T 的风险债券，由于零波动利差依赖所有期限小于或等于 T 的即期利率，因此 z^T 依赖所有到期期限小于或等于 T 的无风险基准债券。[①]

由式 (16-41) 可以看出，零波动利差显然无法求得解析解。它的求解需要不断试错，在 Excel 中我们可通过单变量求解有效而简便地求解。

16.10 付息日之间的债券定价

回顾式 (16-9)，我们发现固定利率债券可以被视为一种权利担保，该权利可以让所有者在到期日 T 获得面值 F 的单一现金流量支付，加上最后一期支付发生在日期 T 的息票年金。然而，根据年金的定义，每个现金流必须发生在其对应期限结束的时刻。因此，由于半年复利债券每年支付两次息票，式 (16-9) 中每年只有两天是有效的。[②]在每年的其余 363 天我们都不能使用该表达式。本节的目标是了解债券在付息日之间的价格走势。此外，我们研

[①] 通过多期二叉树对未来利率进行建模已经超出了本书的范围。对于一个给定的关于一系列无风险基准债券的二叉树，**期权调整价差**是加在二叉树所有利率上的一个单一的值，从而使得风险债券现金流之和等于债券的价格。之所以称为期权调整，是因为这个模型能够适应未来现金流对未来利率变动的依赖性。

[②] 再次声明，价格不是到期收益率的函数，而后者则是前者的函数。实际上，我们在本章把收益率设为定值，只关注时间的推移，即付息日之间的日期。

究债券市场如何试图消除债券付息周期对其价格的影响，以使投资者不论现金流的时间差异如何都可以比较不同债券的价格。

聪明的读者可能已经注意到，在图 16.4 中，我们使用离散点（正方形、三角形和菱形）而不是连续线来表示债券的到期日收敛，原因是这些点对应的是未来息票刚好发生支付的整点时间。我们没有，也不能简单地将这些点用连续的线连接在一起，因为事实可能与我们的直觉相反。尽管固定到期收益率不变，但是价格路径不是一条关于这些点的光滑插值曲线。

16.10.1 新的时间轴

图 16.13 展示了一个处于付息日之间的债券，我们引入一个变量 $f \in [0,1)$ 代表当前的半年周期已经度过的百分比。与之前一样，我们用垂直的长竖线代表以年为单位的日期，且在时间轴顶部进行了注释。时间轴底部注释了时期 $1, 2, ..., 2T$。现金流的角标代表该现金流发生的具体日期。如图 16.13 所示，我们已经度过了第一个时期的 40%，因此有 $f = 0.4$ 及 $1 - f = 0.6$，那么第一笔息票支付将发生在距离现在 $1 - f$ 个时期以后，即距离现在 $\frac{1-f}{2}$ 年，这大概是 $\frac{0.6}{2}(365) = 110$ 天。①类似地，之后的息票支付将发生在距离现在 $2-f, 3-f, ...$ 的时期以后。最后一笔息票加上面值的支付将发生在距离现在 $2T - f$ 个时期的时刻。

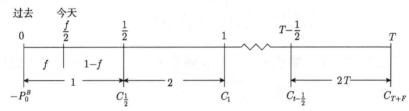

图 16.13　处于付息日之间的债券

在本书中，我们几乎一直将当前时间定义为 $t = 0$，只有这一章我们偏离了这个惯例。现在，我们定义日期 $t = 0$ 是债券的发行日。②如果我们已经度过了当前时间段的 f 比例，那么今天的日期就是 $t = \frac{f}{2} \geqslant 0$。因此，尽管债券仍在日期 T 时刻到期，但是到期日距离现在的时长是 $2\left(T - \frac{f}{2}\right) = 2T - f$ 个时期。③

16.10.2 全价交易

我们改变一下式 (16-9)，使其能够解释当前时期已经度过了 f 比例，我们有④

$$P^B(f) = \frac{F}{\left(1+\frac{y}{2}\right)^{2T-f}} + \sum_{t=1}^{2T} \frac{C_{\frac{t}{2}}}{\left(1+\frac{y}{2}\right)^{t-f}} = \sum_{t=1}^{2T} \frac{CF_{\frac{t}{2}}}{\left(1+\frac{y}{2}\right)^{t-f}}$$

---

① 相应地，债券发行是在 $f = 0.4$ 个半年以前 $\approx \frac{0.4}{2}(365) = 73$ 天前。

② 或每当发生了息票支付，日期 $t = 0$ 可以重新定义成最近的付息日。

③ 如果我们随着息票支付而更新 $t = 0$ 所代表的日期，那么不论当前是一个完整的还是剩余一部分的时期，$2T$ 都随之更新并且等价于从当前时刻直到到期日为止剩余的时期数量。换句话说，更新的 $T = \frac{1}{2} \times$（包括当前时刻的剩余时期数）。

④ 由于 $\left(1+\frac{y}{2}\right)^f$ 不是关于 t 的函数，所以可以提取到对 t 求和的求和号之前。

$$= \left(1+\frac{y}{2}\right)^f \sum_{t=1}^{2T} \frac{CF_{\frac{t}{2}}}{\left(1+\frac{y}{2}\right)^t}, \tag{16-42}$$

其中 $CF_{t/2} = C_{t/2}$ 且发生在每个时期 $t \in \{1, 2, ..., 2T-1\}$ 的末尾，$CF_T = C_T + F$。式 (16-42) 定义了一个债券的**全价**（dirty price），或也称为**发票价格**（invoice price），它是 f 的函数，即关于付息日之间的时间的一个函数。[①]

在债券发行的时候，$f = 0$，因此 $P^B(0) = \sum_{t=1}^{2T} \frac{CF_{t/2}}{\left(1+\frac{y}{2}\right)^t}$，这与表达式 (16-9) 一致。因此式 (16-42) 可以简化为

$$P^B(f) = \left(1+\frac{y}{2}\right)^f P^B(0), \quad f \in [0, 1) \tag{16-43}$$

由于 $\frac{\mathrm{d} a^{f(x)}}{\mathrm{d} x} = a^{f(x)} \ln(a) \frac{\mathrm{d} f(x)}{\mathrm{d} x}$，那么根据表达式 (16-43) 我们有

$$\frac{\partial P^B(f)}{\partial f} = \ln\left(1+\frac{y}{2}\right) P^B(f) > 0, \quad 且$$

$$\frac{\partial^2 P^B(f)}{\partial f^2} = \left[\ln\left(1+\frac{y}{2}\right)\right]^2 P^B(f) > 0 \tag{16-44}$$

在两个付息日之间的半年内，随着时间流逝（即随着 $f \in [0, 1)$ 的增加），债券的全价也在增加（$\frac{\partial P^B(f)}{\partial f} > 0$）并且形状是凸的（$\frac{\partial^2 P^B(f)}{\partial f^2} > 0$）。

现在我们来研究在付息日附近的时候债券全价的走势。在第一笔息票发生支付的一秒之前，债券的价格应该是

$$P^B = C_{\frac{1}{2}} + \frac{C_1}{\left(1+\frac{y}{2}\right)^1} + \frac{C_{\frac{3}{2}}}{\left(1+\frac{y}{2}\right)^2} + ... + \frac{C_T + F}{\left(1+\frac{y}{2}\right)^{2T-1}}, \tag{16-45}$$

其中我们忽略了下一秒会收到的现金流的折现可能带来的影响。[②] 两秒之后，也就是 $C_{1/2}$ 发生支付的下一秒，如果忽略第一笔息票在这一秒时间内的贴现，则我们有

$$P^B = \frac{C_1}{\left(1+\frac{y}{2}\right)^1} + \frac{C_{\frac{3}{2}}}{\left(1+\frac{y}{2}\right)^2} + ... + \frac{C_T + F}{\left(1+\frac{y}{2}\right)^{2T-1}} \tag{16-46}$$

对比式 (16-45) 和式 (16-46)，我们发现债券价格下降的数值等于被支付掉的息票的价值。这个不连续性和股票在支付现金分红时股价下降的情况是类似的。[③]

让我们总结一下。在付息日之间，债券的全价以递增的速率在上升（也就是随着时间增加而且形状是凸的）。在一笔息票发生支付后，债券价格就会马上下降，减小的程度等于所

[①] 再次提醒大家，价格是由市场决定的，而式 (16-42) 是用来定义 $y(P^B, f, CF_{t/2})$ 的。
[②] 同时我们也忽略了息票支付和接收之间的时间滞后（因此不再探讨债券的新买家的索求权）。
[③] 股价下降实际是发生在除息日，而且也包括平均个人税率等因素，不过中心思想与这里是一致的。

支付息票的价值。用来记录时间流逝的变量 $f \in [0,1)$ 在息票发生支付之前无限趋近于 1, 在息票发生支付后又变成 0, 并且这个过程一直重复。

图 16.14 分别展示了溢价、平价和折价三种不同债券的价格走势。我们保持每一个债券的到期收益率不变, 并展示债券全价在最后三年的走势, 也就是说, 每一个债券都在图 16.14 中的 $t = 3$ 年时到期。所有债券都有以下参数: $F = 1\,000$ 美元, $r^C = 8\%$ 且 $m = 2$。其中, 溢价债券的到期收益率是 2%, 平价债券是 8%, 折价债券是 16%, 并且假设到期收益率在 3 年内不变。这三个债券和我们在图 16.4 中展示到期日收敛时的债券是一样的, 只是图 16.4 展示了债券最后 30 年的价格走势, 而图 16.14 只展示了最后 3 年的价格走势。可以看到, 3 种债券全价在每一个付息日, 即每半年都发生不连续变动。从图 16.14 中可以明显发现债券全价在付息日之间逐渐上升, 此外, 尽管我们很难看出其形状是凸的, 不过这些线段确实是凸的, 即它们的斜率在增加。图中的三条虚线是对每年的两笔付息之后下一秒的价格进行平滑插值的结果。[①]最后, 值得注意的是, 不管到期收益率是多少, 债券全价在到期日都会收敛到 $C_T + F$, 或者以图中为例, 收敛到最后一笔现金流的数额 1 040 美元。

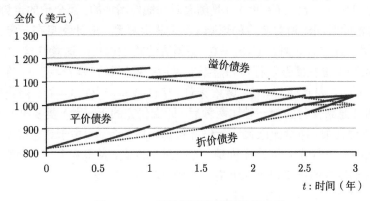

图 16.14　三种不同债券的价格走势

16.10.3　应计利息和净价交易

根据图 16.14, 债券的全价总是在发生息票支付时出现大幅度下滑, 下滑的程度等于支付的息票额。[②] 由于全年都有债券发行, 债券全价的这种走势让我们很难对不同债券的价值进行对比。因此, 债券市场需要一种可比的价值衡量方法, 从而去掉付息日对价格带来的周期性影响。这就是本节我们要讨论的内容使用债券净价进行报价的原因。

为了与全价的不连续性对比, 我们在图 16.14 中展示了三条平滑虚线, 这些虚线是通过对付息之后下一秒 (即 f 从无限趋近于 1 变成 0) 的债券价格进行插值后连线得到的。再次说明, 这三条线本质上就是把式 (16-9) 最后一行的离散变量 T 当成连续变量而计算出来的。然而, 这个表达式是根据年金的计算公式而来的, 根据定义, T 是距离到期期限的整时期数, 且每一笔息票支付都发生在相应时期的末尾。因此, 尽管这个过程可以平滑息票支付带来的价格周期性变动, 在债券市场中我们不采用这种做法。

为了减轻债券全价在一个付息周期内对 f 的高度依赖性, 债券市场一般会计应计利息

---

① 这些平滑的虚线本质上是把式 (16-9) 的离散变量 T 当成连续变量处理而计算出来的。
② 显然, 我们必须知道债券的付息日才能计算债券的收益率。

（accrued interest），记作 AI，公式为

$$AI(f) = fC, \tag{16-47}$$

其中 C 是下一笔待支付的息票。由于 $f \in [0, 1)$，因此 $AI(f) \in [0, C)$。应计利息是关于当前周期息票额的简单线性表达式。在计算得到 AI 之后，我们可以计算债券的**净价**（clean price，记作 CP）或者**报价**（quoted price）：

$$CP(f) = P^B(f) - AI(f) = P^B(f) - fC, \tag{16-48}$$

其中 $P^B(f)$ 是债券的全价。使用净价进行债券的报价可以消除非整数时间段对债券价格带来的影响。换句话说，债券净价试图通过假设付息日距离今天的时长是完整的时期数来对债券进行定价。

那么，债券净价的走势是什么样子？它和图 16.14 中展示的三条平滑插值虚线相比能在多大程度上平滑全价的走势呢？

首先，注意 $AI(f) = fC$ ($f \in [0, 1)$) 是随着时间线性增加的，而全价的走势是凸的。因此 AI 不能完全地消除时间流逝对全价的影响（我们将会看到，应计利息在一定程度上是被过度简化了）。其次，在 $f = 0$ 时，$AI(0) = 0$，根据表达式 (16-48)，这意味着 $CP(0) = P^B(0)$。因此债券的全价和净价在债券发行日和息票支付后的瞬间是相等的。接着，在息票支付的前一秒，由于 $f \to 1_-$，因此 $AI = C$，这意味着 $CP(1_-) = P^B(1_-) - C$。但我们前面已经证明，债券的全价在息票支付的前一秒比两秒后（即支付完的下一秒）要多出 C 的数额。因此在息票马上要支付之前，净价无限接近于债券付息之后的全价。由于这也等价于付息之后的债券净价（$CP(0) = P^B(0)$)，因此净价是一个连续的函数，从而起到了"平滑"全价走势的作用，这正是我们需求的用来报价的价格走势应该具备的特征。

接下来，我们对式 (16-48) 求导得到：

$$\frac{\partial CP(f)}{\partial f} = \frac{\partial P^B(f)}{\partial f} - C \text{ 且 } \frac{\partial^2 CP(f)}{\partial f^2} = \frac{\partial^2 P^B(f)}{\partial f^2} > 0, \tag{16-49}$$

$f \in (0, 1)$。因此在付息日之间，债券净价是凸的。

为了简单起见，我们只考虑平价债券的情况，即 $y = r^C$。当息票支付发生在整数倍的付息周期之后，那么 $f = 0$，从而 $P^B(0) = CP(0) = F$。我们探讨过债券净价的走势在付息日之间是凸的，而且在每个付息日恢复成 F，因此它一定在每个周期开始时斜率为负，在周期的中间达到最低点，然后逐渐增加直到下一个付息日时又变成 F。图 16.15 展示了一个平价债券净价的走势，其中我们假设在债券到期之前的最后 3 年，其到期收益率保持 $y = r^C = 8\%$ 不变（为了突出价格走势的特征，我们在图 16.15 中使用了比较小的价格范围）。对这个平价债券来说，面值 F 和净价 CP 之间最大的差额只有大约 0.20 美元。[1]因此对于平价债券，$CP(f) < F, \forall f \in (0, 1)$。平价债券的净价在一年里有 363 天小于面值。简而言之，与图 16.14 中三条平滑插值虚线相比，应计利息 $AI(f) = fC$ 的简单计算方法有些夸大了债券全价和付息日债券价格的平滑插值之间的差距。因此净价的数值比平滑插值的结果要稍微小一点。

---

[1] 这个平价债券和图 16.14 中展示的是一样的。

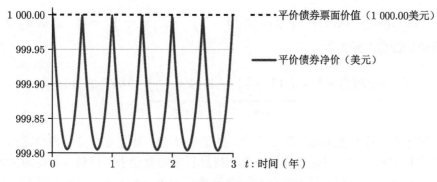

图 16.15　平价债券净价的走势

溢价和折价债券的净价走势也是连续的，并且在付息日之间是凸的，$\forall f \in (0,1)$。因此尽管图 16.15 中没有展示，溢价和折价债券的净价曲线也都在付息日时与图 16.14 相应的平滑虚线相交。而在付息日之间，净价的数值比平滑插值结果要小一些。[①]

有人认为平价债券在付息日之间面值和净价存在差别的来源是"应计利息和应计利息现值之间的差异"。这种说法是不正确的。[②] 这个差别是来自用于确定债券全价的复合增长利率与用于计算应计利息的简单增长利率之间的差异。

图 16.16 展示了一个平价债券最后一个付息周期的净价走势，其中债券的面值为 $F = 1\,000$ 美元，到期收益率和息票率相同，即 $y = r^C = 8\%$。图中 x 轴代表最后一个付息周期已经过去的时间的百分比 f。虚线表示净价低于面值的实际数额（在 $f = 0.5$ 处出现的最大跌幅大约为 0.20 美元，与图 16.15 中展示的一致）。相比之下，实线表示应计利息与其现值之间的差额。在整个付息周期中，后者几乎是前者的两倍。

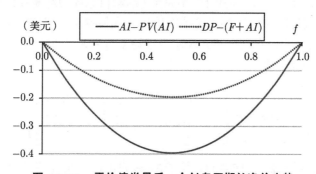

图 16.16　平价债券最后一个付息周期的净价走势

显然，对于平价债券，在付息日之间净价低于面值的差额并不是由于应计利息与其现值之间的差额造成的。这个差额是由于复合增长利率与简单增长利率之间的差异而形成的。对于一个平价债券，$y = r^C$，$P^B(0) = F$，则式 (16-43) 变为 $P^B(f) = F\left(1 + \dfrac{y}{2}\right)^f$，$f \in [0, 1)$。

[①] 正如平价债券的情况，溢价和折价债券的平滑插值都是通过将固定利率债券定价公式（即式 (16-9)）中的到期期限 T 当作连续变量而计算出来的，其中这个定价公式把息票看作一种年金现金流。

[②] Fabozzi, Frank J., Steven V. Mann, 2001, *Introduction to Fixed Income Analytics*, Frank J. Fabozzi Associates.

接下来，从式 (16-48)，我们有 $CP(f) = F\left(1+\frac{y}{2}\right)^f - f\left(F\frac{rC}{2}\right)$。因此，假设 $y > 0$，则平价债券的净价和面值之差为①

$$CP(f) - F = \underbrace{F\left(1+\frac{y}{2}\right)^f}_{\text{复合}} - \underbrace{F\left(1+f\frac{y}{2}\right)}_{\text{简单}} < 0, \forall f \in (0,1) \tag{16-50}$$

由于对任意小于一个付息周期（即 6 个月）的正的 f 值，即 $f \in (0,1)$，复合增长利率总是小于简单增长利率，因此平价债券的净值在付息日之间就会小于面值。正是因为利率增长计算方式的不同导致了平价债券在付息日之间净价偏小，而不是前述的贴现的原因。为了更好地说明，我们也可以对比平价债券净价和面值之差与应计利息及其现值之差。前者为 $CP(f) - F = F\left[\left(1+\frac{y}{2}\right)^f - \left(1+f\frac{y}{2}\right)\right]$，而后者为 $Ff\frac{y}{2}\left[1-\left(1+\frac{y}{2}\right)^{-(1-f)}\right]$。明显这两者是不一样的。

有趣的是，我们通常认为复合增长利率是"利滚利"，理应大于只对本金进行一次付息的简单增长利率。确实，$\left(1+\frac{y}{2}\right)^t - \left(1+t\frac{y}{2}\right) > 0$，$\forall t > 1$。②当 $t = 0$ 或 $t = 1$ 时这个表达式等于 0，正好对应于付息日。但是对于付息日之间的日子，$t \in (0,1)$，这个表达式的结果是负的，这就与平价债券在付息日之间净价低于面值的现象相一致了。最后，虽然我们前面展示了在付息日之间的任意一个给定的时间，平价债券的净价和面值之间的实际差异大约是应计利息与其现值之间的差异的一半，但这个差异的数值其实是非常小的。

16.10.4 理论应计利息

应计利息，即 $AI(f) = fC$，是用于（不完全）消除付息周期对债券报价价格的影响的工具。如果想要完全考虑付息周期，则净价或报价应该是债券全价和连接债券的付息日价格的平滑曲线之间的差异。我们将这个差异表示为**理论应计利息**（theoretical accrued interest），记作 TAI。对 $\forall f \in [0,1)$，有

$$TAI \equiv \sum_{t=1}^{2T} \frac{CF_{\frac{t}{2}}}{\left(1+\frac{y}{2}\right)^{t-f}} - F\left[\frac{1}{\left(1+\frac{y}{2}\right)^{2T-f}} + \frac{rC}{y}\left(1-\frac{1}{\left(1+\frac{y}{2}\right)^{2T-f}}\right)\right], \tag{16-51}$$

其中 $CF_{\frac{t}{2}} = C_{\frac{t}{2}}$，$\forall t \in \{1,2,...,2T-1\}$，且 $CF_T = F + C_T$。TAI 完全消除了付息周期对净价的影响。如图 16.17 所示，不论债券是平价、折价还是溢价的，使用理论应计利息都将导出一条平滑的净价走势。

虽然图中线条的曲度不明显，但是用理论应计利息反映的溢价（折价）债券的净价走势是凹（凸）的。显然根据其定义，对于平价债券它恒等于面值 F。

根据式 (16-51)，应计利息 $AI(f) = fC$ 的计算比理论应计利息 $TAI(f)$ 要简单很多。考虑到使用应计利息而不是理论应计利息所造成的"误差"数值上非常小，在债券世界中选择

---

① 式 (16-50) 中的"复合"（"简单"）标记代表复合（简单）利率以及面值 F。

② 这可以由 $\left[\left(1+\frac{y}{2}\right)^t - 1\right] - \left[\left(1+t\frac{y}{2}\right) - 1\right]$ 得出。

前者进行计算并不奇怪。尽管如此,在这个计算能力和速度都在飞速提升的时代,人们可能想知道使用 TAI 是否更加有利,因为它完全消除了付息周期对净价的影响。总的来说,TAI 在实现平滑债券的报价走势这个目标上确实是优于 AI 的。

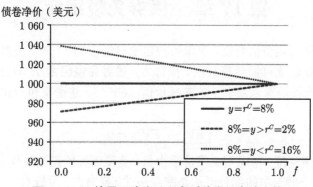

图 16.17　使用理论应计利息时债券的净价走势

第17章 债券免疫组合

本章将考虑如何实现负债**免疫**,即如何构建债券组合(净资产)使得其在距今 L 年的负债到期日的净价值足以支付被免疫负债。简言之,**债券免疫组合** P 的目标是确保在负债到期日 $t=L$ 时,它能被清算以获取正的未来价值(FV^P),进而支付负未来价值的被免疫负债(FV^L),即

$$\boxed{FV^L + FV^P = 0} \tag{17-1}$$

这一过程被称为负债**免疫**。考虑到负债价值为负,免疫债券的正净值代表净资产组合,虽然在免疫组合中的 I 个债券中的部分可能是空头头寸。换言之,尽管有

$$\boxed{FV^P = \sum_{i=1}^{I} FV^i > 0} \tag{17-2}$$

但仍可能存在着某些免疫债券 i 满足 $FV^i < 0$。

通过免疫,我们希望 I 个免疫债券的未来期望价值和($E[FV^1] + E[FV^2] + \cdots + E[FV^I]$)与负债在到期日 L 的未来负期望价值相匹配。因此①②

$$\begin{aligned} -E[FV^L] = -PV^L \left(1 + \frac{y^L}{2}\right)^{2L} &= E[FV^P] = \sum_{i=1}^{I} E[FV^i] \\ &= \sum_{i=1}^{I} PV^i \left(1 + \frac{y^i}{2}\right)^{2L} \\ &= \sum_{i=1}^{I} N^i \left[P^i(y^i)\left(1 + \frac{y^i}{2}\right)^{2L}\right], \end{aligned} \tag{17-3}$$

其中 $N^i, i \in \{1, 2, ..., I\}$,是投资于资产 i 的债券数,$P^i(y^i)$ 是债券资产 i 的价格,y^i 是它的到期回报率。如上所述,N^i 可为正(持有资产 i 的多头头寸)或负(持有资产 i 的空头头寸),但 $\sum_{i=1}^{I} N^i \left[P^i(y^i)\left(1 + \frac{y^i}{2}\right)^{2L}\right] > 0$。

为确保债券免疫组合在 L 日的未来价值大小尽可能与负债价值大小匹配,我们希望由于收益率变化造成的债务未来价值的任何变化都能通过我们的免疫组合抵消。因此,未来价

---

① 显然,令 $E[FV^L] = PV^L\left(1 + \frac{y^L}{2}\right)^{2L}$ 与 $\sum_{i=1}^{I} E[FV^i] = \sum_{i=1}^{I} PV^i\left(1 + \frac{y^i}{2}\right)^{2L}$,$i \in \{1, 2, ..., I\}$ 两者相等需要许多假设。这里不仅假设所有承诺现金流均已实现,还假设期间现金流按计算的收益率再投资。

② 若负债是已发行债务,那么 $E[FV^L] = N^L P^L(y^L)\left(1 + \frac{y^L}{2}\right)^{2L} < 0$,其中 $N^L < 0$ 是该项负债中发行的债券数,$P^L(y^L)$ 是债券价格,y^L 是到期收益率。这与免疫债券的计算过程类似。

值对被免疫负债收益率变化的一阶敏感性，即 $-\dfrac{\mathrm{d}E[FV^L]}{\mathrm{d}y^L}$①将为

$$= -\frac{\mathrm{d}\left[PV^L(y^l)\left(1+\dfrac{y^L}{2}\right)^{2L}\right]}{\mathrm{d}y^L} = \sum_{i=1}^{I}\frac{\mathrm{d}E[FV^i]}{\mathrm{d}y^i}\frac{\mathrm{d}y^i}{\mathrm{d}y^L} \tag{17-4}$$

$$= \sum_{i=1}^{I}\frac{\mathrm{d}y^i}{\mathrm{d}y^L}\frac{\mathrm{d}\left[N^iP^i(y^i)\left(1+\dfrac{y^L}{2}\right)^{2L}\right]}{\mathrm{d}y^i}$$

$$= \sum_{i=1}^{I}\frac{\mathrm{d}y^i}{\mathrm{d}y^L}N^i\left[\left(1+\frac{y^i}{2}\right)^{2L}\frac{\mathrm{d}P^i(y^i)}{\mathrm{d}y^i}+P^i(y^i)L\left(1+\frac{y^i}{2}\right)^{2L-1}\right]$$

$$= \sum_{i=1}^{I}N^i\frac{\mathrm{d}y^i}{\mathrm{d}y^L}P^i(y^i)\left(1+\frac{y^i}{2}\right)^{2L-1}\left[L-\left(1+\frac{y^i}{2}\right)MD^i\right] \tag{17-5}$$

为进一步确保免疫组合未来价值大小尽可能保持与负债价值大小一致，我们考虑收益率变化对预期价值的二阶影响。因此，未来价值对被免疫负债收益率变化的二阶敏感性为

$$-\frac{\mathrm{d}^2E[FV^L]}{(\mathrm{d}y^L)^2} = -\frac{\mathrm{d}^2\left[PV^L\left(1+\dfrac{y^L}{2}\right)^{2L}\right]}{(\mathrm{d}y^L)^2}$$

$$= \sum_{i=1}^{I}\frac{\mathrm{d}}{\mathrm{d}y^L}\left(\frac{\mathrm{d}E[FV^i]}{\mathrm{d}y^i}\frac{\mathrm{d}y^i}{\mathrm{d}y^L}\right)$$

$$= \sum_{i=1}^{I}\frac{\mathrm{d}E[FV^i]}{\mathrm{d}y^i}\frac{\mathrm{d}}{\mathrm{d}y^L}\left(\frac{\mathrm{d}y^i}{\mathrm{d}y^L}\right) + \frac{\mathrm{d}y^i}{\mathrm{d}y^L}\frac{\mathrm{d}}{\mathrm{d}y^L}\left(\frac{\mathrm{d}E[FV^i]}{\mathrm{d}y^i}\right)$$

$$= \sum_{i=1}^{I}\frac{\mathrm{d}E[FV^i]}{\mathrm{d}y^i}\frac{\mathrm{d}^2y^i}{(\mathrm{d}y^L)^2} + \frac{\mathrm{d}y^i}{\mathrm{d}y^L}\frac{\mathrm{d}y^i}{\mathrm{d}y^L}\frac{\mathrm{d}}{\mathrm{d}y^i}\left(\frac{\mathrm{d}E[FV^i]}{\mathrm{d}y^i}\right)$$

$$= \sum_{i=1}^{I}\frac{\mathrm{d}E[FV^i]}{\mathrm{d}y^i}\frac{\mathrm{d}^2y^i}{(\mathrm{d}y^L)^2} + \left(\frac{\mathrm{d}y^i}{\mathrm{d}y^L}\right)^2\frac{\mathrm{d}^2E[FV^i]}{(\mathrm{d}y^i)^2} \tag{17-6}$$

由 $\dfrac{\mathrm{d}^2E[FV^L]}{(\mathrm{d}y^L)^2} + \sum_{i=1}^{I}\dfrac{\mathrm{d}^2E[FV^i]}{(\mathrm{d}y^L)^2} = 0$，式 (17-6) 可变为②

---

① 若负债是已发行债务，则有

$$\frac{\mathrm{d}E[FV^L]}{\mathrm{d}y^L} = N^LP^L(y^L)\left(1+\frac{y^L}{2}\right)^{2L-1}\left[L-\left(1+\frac{y^L}{2}\right)MD^L\right],$$

这与免疫债券的计算类似。

② 若负债为已发行债务，那么 $\dfrac{\mathrm{d}^2E[FV^L]}{(\mathrm{d}y^L)^2} = N^L\dfrac{\mathrm{d}^2\left[P^L(y^L)\left(1+\dfrac{y^L}{2}\right)^{2L}\right]}{(\mathrm{d}y^L)^2}$，与免疫债券的计算类似。

$$\frac{\mathrm{d}^2 E\left[FV^L\right]}{(\mathrm{d}y^L)^2} = \sum_{i=1}^{I} N^i \left\{ \frac{\mathrm{d}\left[P^i(y^i)\left(1+\frac{y^i}{2}\right)^{2L}\right]}{\mathrm{d}y^i} \frac{\mathrm{d}^2 y^i}{(\mathrm{d}y^L)^2} + \left[\frac{\mathrm{d}y^i}{\mathrm{d}y^L}\right]^2 \frac{\mathrm{d}^2\left[P^i(y^i)\left(1+\frac{y^i}{2}\right)^{2L}\right]}{(\mathrm{d}y^i)^2} \right\} \tag{17-7}$$

17.1 一阶免疫

一阶免疫不仅设定负债期望未来价值与由式 (17-3) 得到的免疫债券期望未来价值总和为零，还要求式 (17-5) 表示的它们对负债收益率变化的敏感性为 0。一阶免疫至少需要两个债券——债券 1 和债券 2。注意，令免疫组合和负债在到期日的"期望"价值大小相等的表达式 (17-3) 给出了免疫债券相应数目 N^1 和 N^2 的线性关系。将免疫组合和负债在到期日价值大小对负债收益率的敏感性等同的式 (17-5)，给出了免疫债券相应数目 N^1 和 N^2 的另一线性关系。因此，①

$$-E\left[FV^L\right] = N^1 A + N^2 B \tag{17-8}$$

$$-\frac{\mathrm{d}E\left[FV^L\right]}{\mathrm{d}y^L} = N^1 X + N^2 Y \tag{17-9}$$

其中，由式 (17-3) 有

$$A = P^1(y^1)\left(1+\frac{y^1}{2}\right)^{2L}, \quad \text{且} \quad B = P^2(y^2)\left(1+\frac{y^2}{2}\right)^{2L} \tag{17-10}$$

由式 (17-5) 有

$$X = \frac{\mathrm{d}y^1}{\mathrm{d}y^L} P^1(y^1)\left(1+\frac{y^1}{2}\right)^{2L-1}\left[L-\left(1+\frac{y^1}{2}\right)MD^1\right], \quad \text{且} \tag{17-11}$$

$$Y = \frac{\mathrm{d}y^2}{\mathrm{d}y^L} P^2(y^2)\left(1+\frac{y^2}{2}\right)^{2L-1}\left[L-\left(1+\frac{y^2}{2}\right)MD^2\right] \tag{17-12}$$

将式 (17-8) 和式 (17-9) 整理成矩阵形式，有

$$\begin{bmatrix} -E\left[FV^L\right] \\ -\dfrac{\mathrm{d}E\left[FV^L\right]}{\mathrm{d}y^L} \end{bmatrix} = \begin{bmatrix} A & B \\ X & Y \end{bmatrix} \begin{bmatrix} N^1 \\ N^2 \end{bmatrix} \tag{17-13}$$

至此，我们可以解出相应的债券数目 N^1 和 N^2：

$$\begin{bmatrix} N^1 \\ N^2 \end{bmatrix} = \begin{bmatrix} A & B \\ X & Y \end{bmatrix}^{-1} \begin{bmatrix} -E\left[FV^L\right] \\ -\dfrac{\mathrm{d}E\left[FV^L\right]}{\mathrm{d}y^L} \end{bmatrix} \tag{17-14}$$

---

① 若 $FV^L = K < 0$ 是固定数目，则式 (17-8) 的左边变为 $-K > 0$，且式 (17-9) 中 $\dfrac{\mathrm{d}E[FV^L]}{\mathrm{d}y^L} = 0$。

17.2 二阶免疫

回顾上节，一阶免疫设定负债预期未来价值与由式 (17-3) 得到的免疫债券预期未来价值的总和为 0，且要求由式 (17-5) 表示的它们对负债收益率变化的敏感性为 0。而**二阶免疫**不仅要求满足前两个约束条件，还要满足第三个约束条件以处理敏感性对负债收益率变化的变化，该约束条件通过式 (17-7) 处理二级敏感性。

为实现二阶免疫，我们至少需要三个免疫债券：债券 1、债券 2 和债券 3。与一阶免疫相似，式 (17-3) 和式 (17-5) 给出了三个选择变量 N^1、N^2 和 N^3 的两个线性关系。各免疫债券对应数目的第三个线性关系可由式 (17-7) 得到，该式将免疫债券组合及负债总"期望"未来价值对负债收益率的二阶敏感性等同。因此，①

$$-E\left[FV^L\right] = N^1 A + N^2 B + N^3 C, \tag{17-15}$$

$$-\frac{\mathrm{d}E\left[FV^L\right]}{\mathrm{d}y^L} = N^1 X + N^2 Y + N^3 Z, \tag{17-16}$$

$$-\frac{\mathrm{d}^2 E\left[FV^L\right]}{(\mathrm{d}y^L)^2} = N^1 Q + N^2 R + N^3 S \tag{17-17}$$

由式 (17-17) 可得

$$Q = \frac{\mathrm{d}\left[P^1(y^1)\left(1+\frac{y^1}{2}\right)^{2L}\right]}{\mathrm{d}y^1}\frac{\mathrm{d}^2 y^1}{(\mathrm{d}y^L)^2} + \left(\frac{\mathrm{d}y^1}{\mathrm{d}y^L}\right)^2 \frac{\mathrm{d}^2\left[P^1(y^1)\left(1+\frac{y^1}{2}\right)^{2L}\right]}{(\mathrm{d}y^1)^2} \tag{17-18}$$

类似地，可得由债券 2 债券和 3 定义的 R 和 S。② 将式 (17-15)、式 (17-16) 和式 (17-17) 重新整理成矩阵形式：

$$\begin{bmatrix} -E\left[FV^L\right] \\ -\dfrac{\mathrm{d}E\left[FV^L\right]}{\mathrm{d}y^L} \\ -\dfrac{\mathrm{d}^2 E\left[FV^L\right]}{(\mathrm{d}y^L)^2} \end{bmatrix} = \begin{bmatrix} A & B & C \\ X & Y & Z \\ Q & R & S \end{bmatrix} \begin{bmatrix} N^1 \\ N^2 \\ N^3 \end{bmatrix} \tag{17-19}$$

至此，我们可以解出各债券数目 N^1、N^2 和 N^3：

---

① 若 $E[FV^L] = K < 0$ 是固定数目，则式 (17-15) 的左边为 $-K > 0$，式 (17-16) 中 $\dfrac{\mathrm{d}E[FV^L]}{\mathrm{d}y^L} = 0$，且式 (17-17) 中 $\dfrac{\mathrm{d}^2 E[FV^L]}{(\mathrm{d}y^L)^2} = 0$。

② 与一阶免疫的二资产情况相同，系数 A、B、X 和 Y 通过式 (17-10)、式 (17-11) 和式 (17-12) 定义。另外，$C = P^3(y^3)\left(1+\dfrac{y^3}{2}\right)^{2L}$ 且 $Z = \dfrac{\mathrm{d}y^3}{\mathrm{d}y^L}P^3(y^3)\left(1+\dfrac{y^3}{2}\right)^{2L-1}\left[L-\left(1+\dfrac{y^3}{2}\right)MD^3\right]$。

$$\begin{bmatrix} N^1 \\ N^2 \\ N^3 \end{bmatrix} = \begin{bmatrix} A & B & C \\ X & Y & Z \\ Q & R & S \end{bmatrix}^{-1} \begin{bmatrix} -E\left[FV^L\right] \\ -\dfrac{\mathrm{d}E\left[FV^L\right]}{\mathrm{d}y^L} \\ -\dfrac{\mathrm{d}^2 E\left[FV^L\right]}{(\mathrm{d}y^L)^2} \end{bmatrix} \qquad (17\text{-}20)$$

17.3 现金流的影响

计算得到 $N^1, N^2, ..., N^I$ 后，构建使负债免疫的 I 个债券的组合所需初始负现金流量为：①

$$CF_0^P = -\sum_{i=1}^{I} N^i P^i < 0, \qquad (17\text{-}21)$$

尽管可能存在一个或多个债券 i，$i \in \{1,2,...,I\}$，满足 $CF_0^i = -N^i P^i > 0$，但不影响上式成立。换言之，在债券免疫组合中，虽然组合有多头净头寸以抵消被免疫负债的空头头寸，但仍然存在一个或多个债券是空头头寸（即 $N^i < 0$）的可能。

在负债到期日 L，出售债券组合得到的正现金流有望满足负债的支付，这正是免疫过程的目标。因此，在日期 $t = L$ 的净现金流 CF_L 可通过下式计算：

$$CF_L = CF_L^P + CF_L^L = FV_L^P + FV_L^L = \sum_{i=1}^{I} N^i FV_L^i - |FV_L^L| \sim 0, \qquad (17\text{-}22)$$

上式中，债券免疫组合有 $CF_L^P = FV_L^P \sim \sum_{i=1}^{I} N^i FV_L^i > 0$，而负债有 $CF_L^L = FV_L^L < 0$。任何拥有空头头寸（$N^i < 0$）的免疫债券，在到期日 $t = L$ 都贡献负的现金流。然而，在 $t = L$ 时的债券免疫组合拥有正的净现金流量以支付被免疫负债。

中期现金流量

若债券免疫组合产生现金流，那么根据假设，为使前述计算合理，每一现金流 CF_t^i，$i \in \{1,2,...,I\}, t \in \{1,2,...,L-1\}$ 都以对应收益率 y^i 再投资。这样，所有介于 $t = 0$ 和 $t = L$ 之间的日期 $t \in \{1,2,...,L-1\}$ 都有净中性现金流，即 $CF_t = 0, \forall t \in \{1,2,...,L-1\}$。

在初始日 $t = 0$ 后、负债到期日 $t = L$ 前，存在着**更新债券免疫组合**的可能。在这种情况下，中期现金流可能存在也可能不存在。若中期现金流中性（即 $CF_t = 0, \forall t \in \{1,2,...,T-1\}$），那么价值对负债收益率的敏感性也必须由当前组合头寸同时平衡。

若存在中期现金流，那么调整更新后的 $N_t^1, N_t^2, ..., N_t^I$ 可通过如前所示的具有日期 t 更新参数的式 (17-14) 或式 (17-20) 在初始日 $t = 0$ 计算得到。② 如此，债券免疫组合的净中期现金流为

$$CF_t^P = -\sum_{i=1}^{I} P_t^i(y_t^i)[N_t^i - N^i], \qquad (17\text{-}23)$$

---

① 若负债也在 $t = 0$ 日发生，则 $CF_0^L = -PV^L = -\dfrac{E[FV^L]}{(1+\frac{y^L}{2})^{2L}} > 0$。

② "参数" 指式 (17-14) 和式 (17-20) 右边的项目。

上式可能为正、负或 0。

17.4 应用：简化假设

前述式子里含有 $\dfrac{\mathrm{d}y^i}{\mathrm{d}y^L}$ 一项，这对从业人员来说是必须解决的问题。简单起见，她可能假设 $\dfrac{\mathrm{d}y^i}{\mathrm{d}y^L}=1, i\in\{1,2,...,I\}$，这意味着 $\dfrac{\mathrm{d}^2 y^i}{(\mathrm{d}y^L)^2}=0, \forall i$。因此，对 $\forall i\in\{1,2,...,I\}$，式 (17-5) 可简化为

$$\frac{\mathrm{d}}{\mathrm{d}y^L}\sum_{i=1}^{I}E[FV^i]=\sum_{i=1}^{I}N^i\left\{P^i(y^i)\left(1+\frac{y^i}{2}\right)^{2L-1}\left[L-\left(1+\frac{y^i}{2}\right)MD^i\right]\right\} \tag{17-24}$$

考虑未来价值的二阶敏感性。假设 $\dfrac{\mathrm{d}y^i}{\mathrm{d}y^L}=1, i\in\{1,2,...,I\}$，这意味着式（17-7）可化简为

$$\frac{\mathrm{d}^2}{(\mathrm{d}y^L)^2}\sum_{i=1}^{I}E[FV^i]=\sum_{i=1}^{I}N^i\left\{\frac{\mathrm{d}^2\left[P^i(y^i)\left(1+\dfrac{y^i}{2}\right)^{2L}\right]}{(\mathrm{d}y^i)^2}\right\}$$

$$=\sum_{i=1}^{I}N^i\frac{\mathrm{d}}{\mathrm{d}y^i}\left[P^i(y^i)L\left(1+\frac{y^i}{2}\right)^{2L-1}+\frac{\mathrm{d}P^i(y^i)}{\mathrm{d}y^i}\left(1+\frac{y^i}{2}\right)^{2L}\right]$$

$$=\sum_{i=1}^{I}N^i P^i(y^i)\left(1+\frac{y^i}{2}\right)^{2L-2}\left[L\left(L-\frac{1}{2}\right)+\frac{1}{P^i(y^i)}\frac{\mathrm{d}^2 P^i(y^i)}{(\mathrm{d}y^i)^2}\left(1+\frac{y^i}{2}\right)^2\right]$$

$$+2\sum_{i=1}^{I}N^i\left(1+\frac{y^i}{2}\right)^{2L-2}P^i(y^i)\left[L\left(1+\frac{y^i}{2}\right)\frac{1}{P^i(y^i)}\frac{\mathrm{d}P^i(y^i)}{\mathrm{d}y^i}\right] \tag{17-25}$$

注意 $MD^i\equiv-\dfrac{1}{P^i(y^i)}\dfrac{\mathrm{d}P^i(y^i)}{\mathrm{d}y^i}$ 且 $Conv^i\equiv\dfrac{1}{P^i(y^i)}\dfrac{\mathrm{d}^2 P^i(y^i)}{(\mathrm{d}y^i)^2}$，

那么 $-\dfrac{\mathrm{d}^2 E[FV^L]}{(\mathrm{d}y^L)^2}=\dfrac{\mathrm{d}^2}{(\mathrm{d}y^L)^2}\sum_{i=1}^{I}E[FV^i]=$①

$$\sum_{i=1}^{I}N^i\left(1+\frac{y^i}{2}\right)^{2L-2}P^i(y^i)\left[L\left(L-\frac{1}{2}\right)+\left(1+\frac{y^i}{2}\right)^2 Conv^i-2L\left(1+\frac{y^i}{2}\right)MD^i\right] \tag{17-26}$$

运用简化假设 $\dfrac{\mathrm{d}y^i}{\mathrm{d}y^L}=1, i\in\{1,2,...,I\}$，通过式 (17-11) 和式 (17-18)，$X$ 和 Q 将相应变

---

① 若负债为已发行债券，则 $\dfrac{\mathrm{d}^2 E[FV^L]}{(\mathrm{d}y^L)^2}=$

$N^L\left(1+\dfrac{y^L}{2}\right)^{2L-2}P^L(y^L)\left[L\left(L-\dfrac{1}{2}\right)+\left(1+\dfrac{y^L}{2}\right)^2 Conv^L-2L\left(1+\dfrac{y^L}{2}\right)MD^L\right]$

为①

- 对资产 1,$X = P^1(y^1)\left(1+\frac{y^1}{2}\right)^{2L-1}\left[L-\left(1+\frac{y^1}{2}\right)MD^1\right]$,资产 2 对应的 Y 及资产 3 对应的 Z 可类似求得。

- 对债券 1,$Q = \left(1+\frac{y^1}{2}\right)^{2L-2}P^1(y^1)\left[L\left(L-\frac{1}{2}\right)+\left(1+\frac{y^1}{2}\right)^2 Conv^1 - 2L\left(1+\frac{y^1}{2}\right)MD^1\right]$,债券 2 和债券 3 对应的 R 和 S 可类似求得。

17.5 负债是一项预计固定金额情况

通常情况下,被免疫负债是一项预计的固定金额,例如保险公司预期未来几年的支付。因为技术上可能不存在固定金额的收益率变化,$\frac{dy^i}{dy^L}$ 可能不等于 1。但我们可将这项预计固定金额的负债视为面值为 FV^L、到期日为 L 的零息债券,进而使 $y^L \neq 0$ 成为可能。②

另一种解释方式则将价值敏感性视为对某一免疫债券收益率的敏感性,从而得到因子 $\frac{dy^i}{dy^j}, i,j \in \{1,2,...,I\}$。令所有免疫债券对应的因子等于 1,可得到同样的简化式 (17-24) 和式 (17-26)。注意此例是在未来 L 日免疫一项固定负债 FV^L,那么 $\frac{dE[FV^L]}{dy^L}=0$ 且 $\frac{d^2 E[FV^L]}{(dy^L)^2}=0$。

17.6 应用:更强的简化假设

为解决 $\frac{dy^i}{dy^L}$ 的问题,我们展示了从业人员可能假设所有收益率同步变化,即所有收益率的绝对变化值总是相等,这意味着 $\frac{dy^i}{dy^L}=1, i \in \{1,2,...,I\}$。而比 $\frac{dy^i}{dy^L}=1$ 更强的假设为③④

$$\boxed{y^L = y^1 = y^2 = ... = y^I.} \quad (17\text{-}27)$$

若从业人员使用更强的假设,则先前的式 (17-14) 和式 (17-20) 将变得更为简洁。

在更强假设下,式 (17-3) 中将负债和债券免疫组合价值等同的式子将被简化为 $-PV^L = PV^P$,也即

---

① 系数 A 和 B 由式 (17-10) 给出。对于债券 3 有,$C = P^3(y^3)\left(1+\frac{y^3}{2}\right)^{2L}$。

② 因此,该假设债券的适当假定收益率 y^L 将为公司发行债券的估计收益率。

③ 更强的假设意味着较弱的结果,较弱的假设意味着更强的结果。

④ "更强"指若这一强假设成立也意味着"更弱"假设的成立,但反之不成立。由 $\frac{dy^i}{dy^L}=1$,显然 $y^1 \neq y^l$ 是可能的。但 $y^L = y^1 = y^2 = ... = y^I \Rightarrow \frac{dy^i}{dy^L}=1, \forall i \in \{1,2,...,I\}$。

$$-N^L P^L(y) = \sum_{i=1}^{I} N^i P^i(y), \tag{17-28}$$

我们用 y 表示式 (17-27) 中唯一的假设收益率。

如前所示，将式 (17-28) 对 y 微分以实现敏感性的匹配，再将每一项乘以 -1（即乘以 $\frac{P^L}{-P^L}$ 或 $\frac{P^i}{-P^i}$），可得

$$-N^L \left(\frac{P^L(y)}{-P^L(y)} \right) \frac{\mathrm{d}P^L(y)}{\mathrm{d}y} = \sum_{i=1}^{I} N^i \left(\frac{P^i(y)}{-P^i(y)} \right) \frac{\mathrm{d}P^i(y)}{\mathrm{d}y}$$

$$-N^L P^L(y) MD^L(y) = \sum_{i=1}^{I} N^i P^i(y) MD^i(y), \tag{17-29}$$

其中 $MD^i(y) \equiv -\frac{1}{P^i(y)} \frac{\mathrm{d}P^i(y)}{\mathrm{d}y}, i \in \{1,2,...,I\}$。

如前所示，将式 (17-28) 对 y 微分两次以实现二阶敏感性的匹配，再将每一项乘以 -1（即乘以 $\frac{P^L}{-P^L}$ 或 $\frac{P^i}{-P^i}$），最后代入 $Conv(y) \equiv \frac{1}{P(y)} \frac{\mathrm{d}^2 P(y)}{(\mathrm{d}y)^2}$①得

$$-N^L P^L(y) Conv^L(y) = \sum_{i=1}^{I} N^i P^i(y) Conv^i(y) \tag{17-30}$$

因此，联立式 (17-28) 和式 (17-29)，一阶免疫方程组 (17-14) 可简化为

$$\begin{bmatrix} N^1 \\ N^2 \end{bmatrix} = \begin{bmatrix} P^1 & P^2 \\ P^1 MD^1 & P^2 MD^2 \end{bmatrix}^{-1} \begin{bmatrix} -N^L P^L \\ -N^L P^L MD^L \end{bmatrix} \tag{17-31}$$

类似地，联立式 (17-28)、式 (17-29) 和式 (17-30)，二阶免疫方程组 (17-20) 可简化为

$$\begin{bmatrix} N^1 \\ N^2 \\ N^3 \end{bmatrix} = \begin{bmatrix} P^1 & P^2 & P^3 \\ P^1 MD^1 & P^2 MD^2 & P^3 MD^3 \\ P^1 Conv^1 & P^2 Conv^2 & P^3 Conv^3 \end{bmatrix}^{-1} \begin{bmatrix} -N^L P^L \\ -N^L P^L MD^L \\ -N^L P^L Conv^L \end{bmatrix} \tag{17-32}$$

17.7 免疫组合权重

我们可以将上述简化式除以 $-N^L P^L = \sum_{i=1}^{I} N^L P^L$ 以实现标准化。因而式 (17-28)、式

---

① 显然式 (17-28) 和式 (17-29) 可通过令式 (17-3) 和式 (17-5) 中所有收益率相等得到。对于学生来说，这是一个不错的练习。

(17-29) 和式 (17-30) 将相应变为

$$\begin{aligned} 1 &= \sum_{i=1}^{I} w^i, \\ MD^L &= \sum_{i=1}^{I} w^i MD^i, \\ Conv^L &= \sum_{i=1}^{I} w^i Conv^i, \end{aligned} \tag{17-33}$$

其中 $w^i = -\dfrac{N^i P^i}{N^L P^L} = \dfrac{N^i P^i}{\sum\limits_{i=1}^{I} N^i P^i}$，$i \in \{1, 2, ..., I\}$。给定 $N^L < 0$ 且 $\sum\limits_{i=1}^{I} N^i P^i > 0$，多头（空头）头寸的免疫组合债券的 w^i 将为正（负）。

运用联立式 (17-33)，简化一阶免疫方程组 (17-31) 可被改写为

$$\begin{bmatrix} w^1 \\ w^2 \end{bmatrix} = \begin{bmatrix} 1 & 1 \\ MD^1 & MD^2 \end{bmatrix}^{-1} \begin{bmatrix} 1 \\ MD^L \end{bmatrix} \tag{17-34}$$

类似地，运用联立式 (17-33)，简化二阶免疫方程组 (17-32) 可被改写为

$$\begin{bmatrix} w^1 \\ w^2 \\ w^3 \end{bmatrix} = \begin{bmatrix} 1 & 1 & 1 \\ MD^1 & MD^2 & MD^3 \\ Conv^1 & Conv^2 & Conv^3 \end{bmatrix}^{-1} \begin{bmatrix} 1 \\ MD^L \\ Conv^L \end{bmatrix} \tag{17-35}$$

17.8 一阶免疫小结

式 (17-14) 是一阶免疫的一般方程组。方程式系数 X 和 Y 中含有表达式 $\dfrac{\mathrm{d}y^L}{\mathrm{d}y^i}$，$i \in \{1, 2\}$，解决它们的第一种途径是假设 $\dfrac{\mathrm{d}y^L}{\mathrm{d}y^1} = \dfrac{\mathrm{d}y^L}{\mathrm{d}y^2} = 1$。该假设简化了方程组 (17-14)，进而得到了一组可在 Excel 中以简单方式求解的联立方程。

解决 $\dfrac{\mathrm{d}y^L}{\mathrm{d}y^1}$ 和 $\dfrac{\mathrm{d}y^L}{\mathrm{d}y^2}$ 的另一种途径使用更强的简化假设，假设所有的收益率相等，即 $y^L = y^1 = y^2$，进而得到方程组 (17-31)。通过将选择变量 N^1 和 N^2（即免疫组合债券数目）替换为 w^1 和 w^2（即免疫组合债券权重，其中 $w^1 = \dfrac{N^1 P^1}{N^1 P^1 + N^2 P^2}$ 且 $w^2 = 1 - w^1 = \dfrac{N^2 P^2}{N^1 P^1 + N^2 P^2}$），进一步简化的方程组 (17-31) 可被改写成方程组 (17-34)。

17.9 二阶免疫小结

式 (17-20) 是二阶免疫的一般方程组。方程组系数 X, Y, Z, Q, R 和 S 中含有表达式

$\frac{\mathrm{d}y^L}{\mathrm{d}y^i}$，$i \in \{1,2,3\}$，同时系数 Q，R 和 S 中含有表达式 $\frac{\mathrm{d}^2 y^L}{(\mathrm{d}y^i)^2}$。解决它们的第一种途径是假设 $\frac{\mathrm{d}y^L}{\mathrm{d}y^1} = \frac{\mathrm{d}y^L}{\mathrm{d}y^2} = 1$，这意味着 $\frac{\mathrm{d}^2 y^L}{(\mathrm{d}y^i)^2} = 0$。该假设简化了方程组 (17-20)，消除了 $\frac{\mathrm{d}y^L}{(\mathrm{d}y^1)^2}$，$\frac{\mathrm{d}y^L}{(\mathrm{d}y^2)^2}$ 和 $\frac{\mathrm{d}y^L}{(\mathrm{d}y^3)^2}$，进而得到了一组可在 Excel 中以简单方式求解的联立方程。

解决 $\frac{\mathrm{d}y^L}{\mathrm{d}y^1}$，$\frac{\mathrm{d}y^L}{\mathrm{d}y^2}$ 和 $\frac{\mathrm{d}y^L}{\mathrm{d}y^3}$ 的另一途径使用了更强的简化假设，假设所有的收益率都相等，即 $y^L = y^1 = y^2 = y^3$，进而得到方程组 (17-32)。通过将选择变量 N^1，N^2 和 N^3（即免疫组合债券数目）替换为 w^1，w^2 和 w^3（即免疫组合债券权重，其中 $w^1 = \frac{N^1 P^1}{N^1 P^1 + N^2 P^2 + N^3 P^3}$，$w^2 = \frac{N^2 P^2}{N^1 P^1 + N^2 P^2 + N^3 P^3}$ 且 $w^3 = \frac{N^3 P^3}{N^1 P^1 + N^2 P^2 + N^3 P^3}$），进一步简化的方程组 (17-32) 可被改写为方程组 (17-35)。

方程组 (17-34) 和 (17-35) 便于使用，但其成立依赖于所有免疫债券和负债的收益率总是相等的强假设。

17.10 例：构建一免疫项负债

图 17.1、图 17.2 和图 17.3 是来自同一工作表的截图，用于说明构建免疫负债的债券组合的方法。让我们先来看看图 17.1。单元格 B14 中的 82 500 的负债由期限为 $L = 15$ 年（单元格 B5）的零息债券中的空头头寸表示，它的其他输入参数显示在单元格 B3:B7 中。关于我们的三个潜在免疫组合 $\{2,3,4\}$，它们的输入参数显示在单元格 C3:E7 中。之后，我们将对这些债券的未来价值对负债到期收益率的变化进行敏感性分析。考虑到这一点，第 2 行的到期收益率明确计算为相对于单元格 B3 中负债到期收益率的差异。①

所有四种债券的价格都计算了两次，一次是在第 8 行通过 Excel 的 PV 函数计算，另一次是在第 9 行通过的现金流现值（即现金流通过到期收益率"折现"）手动求和计算得出的。第 9 行链接到了第 156 行，如图 17.3 所示。我们的负债在到期日 $L = 15$ 年的未来价值，在第 13 行通过 $FV_{15}^i = P_0^i \left(1 + \frac{y^i}{m}\right)^{m(15)}$，$i \in \{L, 2, 3, 4\}$ 计算得到。单元格 B15 计算了负债债券的数量，$\frac{82\ 500}{1\ 000} = 82.5$，等于总负债值除以每个债券的面值。

与第 16:18 行类似的计算已经在图 16.10 的计算过程中展示了出来。由本章前述公式，第 19 行的单元格 F19:H19 近似计算了一阶导 $\frac{\mathrm{d}FV^i(y^i)|T=L}{\mathrm{d}y^i}$，$i \in \{L, 2, 3, 4\}$。第 22 行进行了离散情况下的相应计算：$\frac{\Delta FV^i(y^i)|T=L}{\Delta y^i}$。而第 20 和 21 行分别计算了 $FV^i(y^i + \Delta y^i)|T = L$ 及 $FV^i(y^i - \Delta y^i)|T = L$，其中由单元格 B10 有 $\Delta y^i = 0.00001$，$i \in \{L, 2, 3, 4\}$。第 23 行确认了 $\frac{\mathrm{d}FV^i(y^i)|T=L}{\mathrm{d}y^i}$ 和 $\frac{\Delta FV^i(y^i)|T=L}{\Delta y^i}$ 将产生相同的结果，因为我们用的 Δy^i 非常小。

---

① 因此，我们明确假设所有收益率变化都是平行的，即所有债券收益率相对于其各自的基准的变化是相同的。

第 24 行的单元格计算了在负债到期日 $L = 15$ 年的未来价值的二阶导，$\dfrac{\mathrm{d}^2 FV^i(y^i)|T=L}{(\mathrm{d}y^i)^2}$，而第 25 行进行了离散情况下的相应计算，$\dfrac{\Delta}{\Delta y^i}\left(\dfrac{\Delta FV^i(y^i)|T=L}{\Delta y^i}\right)$。再次，因为单元格 B10 中 $\Delta y^i = 0.00001$ 值很小，第 24 行和第 25 行的值基本上相等，即 $\dfrac{\mathrm{d}^2 FV^i(y^i)|T=L}{(\mathrm{d}y^i)^2} \sim \dfrac{\Delta^2 FV^i(y^i)|T=L}{(\Delta y^i)^2}$。

	A	B	C	D	E	F	G	H	I	J	K
1		B^L	B^2	B^3	B^4	C3 =$B$3+C2		D3 =$B$3+D2		E3 =$B$3+E2	
2	$y^j - y^L$	0%	-4%	0%	4%	E8 =-PV(E3/E7,E7*E5,E6*E4/E7,E6)				E9 =V156	
3	y	6%	2%	6%	10%	E11 =-PV((E3+$B$10)/E7,E7*E5,E4*E6/E7,E6)					
4	r^c	0%	3%	6%	9%	E12 =-PV((E3-$B$10)/E7,E7*E5,E6*E4/E7,E6)					
5	L,T	15	30	25	20	E13 =E8*(1+E3/E7)^(E7*$B$5)				E17 =Z159	
6	F	1,000	1,000	1,000	100	E16 =MDURATION(DATE(2000,1,1),DATE(2000+					
7	m	2	2	2	2	E5,1,1),E4,E3,E7)					
8	P	412.0	1224.8	1000.0	91.4	E18 =AD158					
9	P	412.0	1224.8	1000.0	91.4	E19 =E8*(1+E3/E7)^(E7*$B$5-1)*($B$5-E16*(1+E3/E7))					
10	Δy	0.00001				E20 =E11*(1+(E3+$B$10)/E7)^(E7*$B$5)					
11	P(y + Δy)	411.9	1224.5	999.5	91.4	E21 =E12*(1+(E3-$B$10)/E7)^(E7*$B$5)					
12	P(y - Δy)	412.0	1225.0	1000.1	91.4	E22 =(E20-E21)/$B$10/2				E23 =E19-E22	
13	FV(y|L)	1000.0	1650.8	2427.3	395.1	E24 =E8*(1+E3/E7)^(E7*$B$5-2)*($B$5*($B$5-					
14	L	82,500				0.5)+(1+E3/E7)^2*E18-2*$B$5*(1+E3/E7)*E16)					
15	N^L	82.50	B15 =B14/B13			E25 =(E20+E21-2*E13)/$B$10^2				E26 =E24-E25	
16	MD	14.563	20.9	12.9	8.7	E28 =E13		E29 =E19		E30 =E24	
17	MD	14.563	20.9	12.9	8.7		B32 =B15			C33 =-C32*C8	
18	Conv	219.15	549	244	121		B33 =B32*B8			D33 =-D32*D8	
19	dFV(L)/dy	0.00	-9909	4122	2190	P(1+y/2)$^{2L-1}$[L - MD(1+y/2)]				F33 =SUM(C33:E33)	
20	FV(y+Δy|L)	1000.00	1651	2427	395	P(y+Δy)[1+(y+Δy)/2]^{2L}				G33 =B33+F33	
21	FV(y-Δy|L)	1000.00	1651	2427	395	P(y-Δy)[1+(y-Δy)/2]^{2L}				C34 =C33/$F$33	
22	ΔFV(L)/Δy	0.00	-9909	4122	2190	[FV(y+Δy)-FV(y-Δy)]/(2Δy)				D34 =D33/$F$33	
23	Δ	0.00	0.00	0.00	0.00	dFV(L)/dy^L - ΔFV(L)/ΔyL				F34 =SUM(C34:E34)	
24	$d^2 FV(L)/dy^2$	0.00	235535	181040	27236	P(1+y/2)$^{2L-2}$[L(L-0.5)+(1+y/2)^{2}Conv-2L(1+y/2)MD]					
25	Δ[ΔFV(L)/Δy]/Δy	0.00	235535	181040	27236	[FV(y+Δy)+FV(y-Δy)-2FV(y)]/(Δy)^2					
26	Δ	0.00	0.04	-0.04	-0.02	C32:D32{=TRANSPOSE(MMULT(MINVERSE(C28					
27		B^L	B^2	B^3	B^4	:D29),B28:B29))}					
28	FV(y|L)	82500	1651	2427	395	C36:E36{=TRANSPOSE(MMULT(MINVERSE(C28					
29	dFV(L)/dy	0	-9909	4122	2190	:E30),B28:B30))}					
30	$d^2 FV(L)/dy^2$	0	235535	181040	27236	B36 =B15		B37 =B36*B8		C37 =-C36*C8	
31		B^L	B^2	B^3	B^4	CF^{IP}	$ΔCF_0$		y^{IP}		D37 =-D36*D8	
32	N	82.500	11.021	26.493						E37 =-E36*E8	
33	CF_0	33989	-13498	-26493		-39992	-6003		4.89%	F37 =SUM(C37:E37)	
34		w_0	33.8%	66.2%		100.0%				G37 =B37+F37	
35		B^L	B^2	B^3	B^4					C38 =C37/$F$37	
36	N	82.500	-67.855	187.567	-659.959					D38 =D37/$F$37	
37	CF_0	33989	83107	-187567	60334	-44126	-10137		4.22%	E38 =E37/$F$38	
38		w_0	-188.3%	425.1%	-136.7%	100.0%				F38 =SUM(C38:E38)	

图 17.1 免疫负债的债券组合 I

为了进行确定免疫组合头寸所需的矩阵计算，我们将这些债券未来价值的各阶导数收

集到连续的单元格中。因此,第 28:30 行分别收集了四个债券未来价值的三个阶数。第 28 行展示了在负债到期日 $T = L$ 的债券未来价值的 0 阶导数:$FV^i(y^i)|T = L$;第 29 行展示了每个债券的对应的 1 阶导数:$\frac{\mathrm{d}FV^i(y^i)|T = L}{\mathrm{d}y^i}$;第 30 行展示了每个债券的对应的 2 阶导数:$\frac{\mathrm{d}^2 FV^i(y^i)|T = L}{(\mathrm{d}y^i)^2}$。

通过下面的 Excel 数组函数,考虑一阶免疫,单元格 C32:D32 计算了对应的债券数量 N^2 和 N^3:

"=TRANSPOSE(MMULT(MINVERSE(C28:D29),B28:B29))"

通过下面的 Excel 数组函数,考虑二阶免疫,单元格 C36:E36 计算了对应的债券数量 N^2、N^3 和 N^4:

"=TRANSPOSE(MMULT(MINVERSE(C28:E30),B28:B30))"

第 33 和第 37 行计算了相应的现金流,第 34 和第 38 行计算了权重。关于现金流,单元格 F33 通过 "=SUM(C33:E33)" 加总了初始免疫组合现金流。类似地,单元格 F37 有 "=SUM(C37:E37)"。单元格 G33 和 G37 计算了相应的净初始现金流:负债现金流加上免疫组合资产初始头寸的相应现金流。

单元格 H33 和 H37 计算了在接下来的 15 年内的两种不同的免疫组合(IP)情形下的事前持有期收益率:

$$y^{IP} = 2\left[\left(\frac{FV^{IP}}{-CF_0^{IP}}\right)^{\frac{1}{2L}} - 1\right] = 2\left[\left(\frac{82\,500}{-CF_0^{IP}}\right)^{\frac{1}{2(15)}} - 1\right], \quad (17\text{-}36)$$

其中事前设定 $FV^{IP} = FV^L$。一阶免疫组合的事前持有期收益率在单元格 H33(4.89%)中通过下式计算:

"=2*(($B$14/-F33)^(1/(2*$B$5))-1)"

二阶免疫组合的 y^{IP} 在单元格 H37(4.22%)中通过下式计算:

"=2*(($B$14/-F37)^(1/(2*$B$5))-1)"

在图 17.1 中,第 32 行(第 36 行)计算了我们的一阶(二阶)免疫组合的债券数目,分别为 $N^2 = 11.021$ 和 $N^3 = 26.493$($N^2 = -67.855$,$N^3 = 187.567$ 和 $N^4 = -659.959$)。[①]我们将目光转至图 17.2,我们想要展现收益率曲线变化对我们的免疫组合偿还负债能力的影响。毕竟,构建免疫组合的目的是在负债到期时能够偿清。

图 17.2 与图 17.1 来自同一张工作表。第 43(44)行是对最佳一阶(二阶)免疫组合债券数目的重复。请注意,这些单元格包含的不是公式,而是被复制并粘贴过来的先前计算中的值。

第 47 行计算了单一资产"组合"的 0 阶头寸,即每个潜在免疫债券 $i, i \in \{2, 3, 4\}$ 的数目,因此 $FV_{15}^L(y^L) = FV_{15}^i(y^i)$。因为之后会有关于这些单一资产"组合"未来价值对收益率变化的敏感性分析,我们将第 47 行中的内容复制到第 48 行并粘贴为特殊值。虽然这些值对于免疫组合的计算不是必需的,但我们可以利用它们检查个别资产在负债到期日 $T = L$ 的未来价值,$FV^i(y^i)|T = L$,未来价值是其各自的到期收益率 y^i 的函数。

---

① 由单元格 B32 和 B36 可知,负债债券的初始数目为 82.5。

第 52 行包含下列项目的未来价值：负债（C52）、一阶免疫组合（D52）以及二阶免疫组合（E52），上述未来价值均为单元格 B3 中的负债债券收益率 $y^L = 6\%$ 的基准情形的函数。单元格 F52:H52 分别展示了三个单独资产"组合"的 0 阶未来价值，即假定它们被单独用作免疫工具。单元格 C53:H68 包含在负债到期日 $L = 15$ 年的六个未来价值的模拟运算表，未来价值为它们各自收益率的函数。

图 17.2 左下方的图展示了下列各项的未来价值：(1) 负债，$FV^L(y^L|T = L = 15)$；(2) 一阶免疫组合，$FV^{1o}(y^L|L = 15)$；(3) 二阶免疫组合，$FV^{2o}(y^L|L = 15)$。负债距今 15 年到期，需要支付固定金额 82 500，它独立于未来市场利率，如图 17.2 左下方图所示。右下方的图不仅显示了负债的未来价值，还显示了免疫组合中备选的三个单独债券的未来价值。

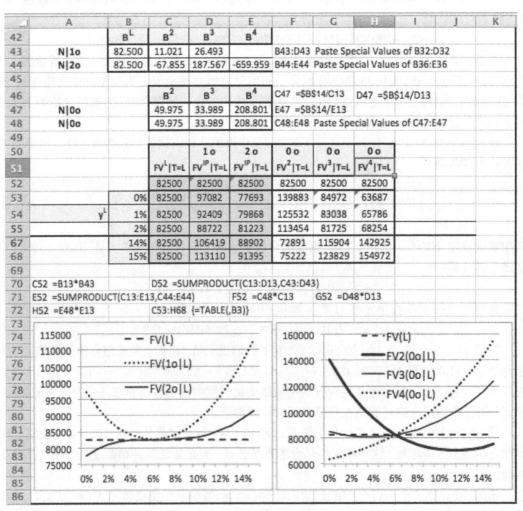

图 17.2　免疫负债的债券组合 II

正如预期的那样，相比一阶免疫组合，对于所有可能的未来收益率 $(y^L = [0\%, 15\%])$，二阶免疫组合在到期日 $T = L$ 的未来价值更接近于负债价值 82 500。二阶投资组合几乎完美地实现了负债对较广范围未来收益率的免疫，未来收益率围绕基准收益率变化 $\Delta y \in (-3\%, 3\%)$

的范围内大致可实现免疫。

当收益率较低时，二阶免疫组合将不足以覆盖负债的支付。这种情况发生在这个投资组合持有债券 2 的空头头寸时，即 $N^2 = -67.855$ 份债券，而债券 2 在低收益率时的未来价值极高，如图 17.2 中下方右侧图所示。因此，做空这个债券就会导致资金短缺。[①]

图 17.3 展示了债券现金流、现金流现值、对麦考利久期及凸度的贡献的计算。这些计算对于计算债券的凸度（$conv$）是必要的。我们还可利用它们来手动确认核实价格、麦考利久期和修正久期的计算结果（如果将它视为到期收益率的"函数"）。

	M	N	O	P	Q	R	S	T	U	V	W	X	Y	Z	AA	AB	AC	AD	AE
91			\multicolumn{4}{c}{CF_t}		\multicolumn{4}{c}{$PV(CF_t)$}	\multicolumn{4}{c}{$t*w_t$}	\multicolumn{4}{c}{$t(t+0.5)w_t$}	
92			B^1	B^2	B^3	B^4	B^1	B^2	B^3	B^4	B^1	B^2	B^3	B^4	B^1	B^2	B^3	B^4	
93							PV	PV	PV	PV	$t*$	$t*$	$t*$	$t*$	$(t+.5)*$	$(t+.5)*$	$(t+.5)*$	$(t+.5)*$	
94		t	CF_t^1	CF_t^2	CF_t^3	CF_t^4	CF_t^1	CF_t^2	CF_t^3	CF_t^4	w_t^1	w_t^2	w_t^3	w_t^4	$t*w_t^1$	$t*w_t^2$	$t*w_t^3$	$t*w_t^4$	
95		0.5	0	15	30	4.5	0.0	14.9	29.1	4.3	0.0	0.0	0.0	0.0	0.0	0.0	0.0	0.0	
96		1	0	15	30	4.5	0.0	14.7	28.3	4.1	0.0	0.0	0.0	0.0	0.0	0.0	0.0	0.1	
123		14.5	0	15	30	4.5	0.0	11.2	12.7	1.1	0.0	0.1	0.2	0.2	0.0	2.0	2.8	2.6	
124		15	1000	15	30	4.5	412.0	11.1	12.4	1.0	15.0	0.1	0.2	0.2	232.5	2.1	2.9	2.6	
125		15.5	0	15	30	4.5	0.0	11.0	12.0	1.0	0.0	0.1	0.2	0.2	0.0	2.2	3.0	2.7	
133		19.5	0	15	30	4.5	0.0	10.2	9.5	0.7	0.0	0.2	0.2	0.1	0.0	3.2	3.7	2.9	
134		20	0	15	30	104.5	0.0	10.1	9.2	14.8	0.0	0.2	0.2	3.2	0.0	3.4	3.8	66.6	
135		20.5	0	15	30	0	0.0	10.0	8.9	0.0	0.0	0.2	0.2	0.0	0.0	3.5	3.8	0.0	
143		24.5	0	15	30	0	0.0	9.2	7.0	0.0	0.0	0.2	0.2	0.0	0.0	4.6	4.3	0.0	
144		25	0	15	1030	0	0.0	9.1	235.0	0.0	0.0	0.2	5.9	0.0	0.0	4.7	149.8	0.0	
145		25.5	0	15	0	0	0.0	9.0	0.0	0.0	0.0	0.2	0.0	0.0	0.0	4.9	0.0	0.0	
153		29.5	0	15	0	0	0.0	8.3	0.0	0.0	0.0	0.2	0.0	0.0	0.0	6.0	0.0	0.0	
154		30	0	1015	0	0	0.0	558.7	0.0	0.0	0.0	13.7	0.0	0.0	0.0	417.4	0.0	0.0	
155																			
156						Σ	412.0	1225	1000	91.4	15.0	21.1	13.3	9.2	232.5	559.9	259.2	133.9	
157																			
158								D_{MAC}	15.0	21.1	13.3	9.2	219.2	548.9	244.3	121.4	Conv		
159								MD	14.6	20.9	12.9	8.7							

```
160  O95  =($N95<=B$5)*B$6*(($N95=B$5)+B$4/B$7)      R154 =($N154<=E$5)*E$6*(($N154=E$5)+E$4/E$7)
161  S95  =O95/(1+B$3/B$7)^(B$7*$N95)                V154 =R154/(1+E$3/E$7)^(E$7*$N154)
162  W95  =$N95*S95/S$156                            AA95 =$N95*($N95+0.5)*S95/S$156
163  AD154 =$N154*($N154+0.5)*V154/V$156             S156 =SUM(S95:S154)       AD156 =SUM(AD95:AD154)
164  W158 =W156                   X158 =X156         Y158 =Y156                T158 =Z156
165  AA158 =AA156/((1+B3/B7)^B7)                     AD158 =AD156/((1+E3/E7)^E7)
166  W159 =W156/(1+B3/B7)                            Z159 =Z156/(1+E3/E7)
```

图 17.3　债券免疫的凸度辅助计算

[①] 虽然二阶组合也持有债券 4 的空头头寸（即 $N^4 = -659.959$），右图显示债券 4 在低收益率时价值也低，因此，在其他条件相同时，做空该债券实际上会在低收益率时增加未来价值。

附录 A 金融学基础回顾

这一附录将回顾金融学的基础概念。首先,我们将研究在不同的时间点如何对现金流估值,为了进行这样的计算,我们需要用到投资者要求的收益率,也就是所谓的贴现率。在这一部分中,贴现率被认为是外生给定的。而在 B 附录中,我们将探索如何得到贴现率,贴现率将取决于投资者在现金流贴现时所感受到的风险。

A.1 时间轴、存量和流量

本书包含了好几种时间轴,图 A.1 就是其中的一种,从当前的日期($t=0$)开始,在 T 年后结束,即日期 T 结束。图中的每一小段竖线都对应着一个日期,即第 t 年。除非特别说明,今天的日期(当前的时间)都是 $t=0$。因为时期 t 从日期 $t-1$ 开始,在日期 t 结束,时期(以年为单位)将根据需要被标注在时间轴之下、两条小竖线之间。图 A.2 展示了一个更加完整的时间轴,即包含存量和流量的基础时间轴。

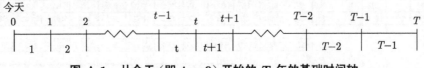

图 A.1 从今天(即 $t=0$)开始的 T 年的基础时间轴

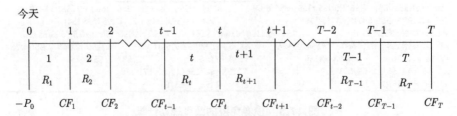

图 A.2 包含存量和流量的基础时间轴

时间轴下方显示的是各种变量。以日期为下标的现金流(CF_t)在表示收入时为正,表示支出时为负。注意,$-P_0$ 意味着在 $t=0$ 时以 P_0 的现价购买了一个资产。毛收益率(R_t,稍后定义)则以时期为下标。

除了无风险资产,资产未来的现金流是不确定的。所以,虽然用 CF_t($t>0$)来简单地表示未来现金流,但实际上应该将它们视为预期现金流。对于无风险资产来说,**预期现金流**和**承诺现金流**相等。而对于有承诺现金流的风险资产(例如风险债券)来说,预期现金流要小于承诺现金流,即 $E[CF_t] = \int_0^{CF_t^P} f(x)xdx < CF_t^P$。其中,$f(x)$ 是 CF_t 的概率密度函数,CF_t^P 是日期 t 的承诺现金流。因为 $f(x)$ 为小于承诺现金流的现金流也给予了正的概

率，所以 $E[CF_t] < CF_t^P$。

为了理解为什么一些变量直接在短竖线（代表日期）之下显示，而另外一些变量在短竖线（代表时期）之间显示，我们就必须理解**存量**和**流量**的区别。前者是在一个特定时间点，即一个日期测量的，读者可以将这一指标理解为拍摄静态的照片。相比之下，后者是在一段时间内，即一个时期测量的，读者可以将之理解为拍摄视频。举个例子，我们可以考虑一个国家的债务和财政赤字。其中，债务是存量，衡量的是在某个时点的累积净借款。与之不同，赤字是流量，衡量的是一段时间内（比如，一年内）的债务的变化。在某种意义上，我们可以通过差分将存量"转变"为流量。因为流量是在一个时间段，即 Δt 内测量的，所以不同的时间点的存量的差，即 $\frac{\Delta 存量}{\Delta t}$，"看上去"就像一个流量。继续我们刚才的例子，美国的债务在第 t 年年末和 $t-1$ 年年末之间（对应着时期 t）的差为 $\frac{debt_t(\$) - debt_{t-1}(\$)}{end\ year_t - end\ year_{t-1}} = \frac{debt_t(\$) - debt_{t-1}(\$)}{1\ year_t}$，从定义上而言就等于第 t 年的赤字，单位为 $\frac{\$}{year_t}$。现在回到图 A.2，现金流是在一个特定日期获得的，是存量，而收益率对应的是一个特定的时期或时间段，是流量。①

A.2 现金流在不同时点的转换

现在让我们考虑一个一年后获得的现金流的贴现。给定投资者要求的收益率（即，她的贴现率）$r > 0$，那么如图 A.3 所示，她可以通过 $PV_0 = \frac{CF_1}{1+r}$ 来计算 CF_1 的现值 $(t = 0)$，其中，PV_0 就是 CF_1 的**现值**。

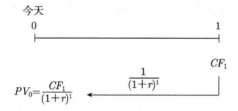

图 A.3 对一年后获得的现金流的贴现

因为 $r > 0$，所以一年后获得的 1 美元就比今天的 1 美元价值低。那么为什么 $PV_0 < CF_1$ 呢？这是因为投资者是缺乏耐心的，她宁愿在今天而不是一年后用掉这 1 美元。同样地，一个潜在的储蓄者必须被诱以利益（即，被给予 $r > 0$ 的收益率），才愿意将资本储蓄（投资）一年而不是当下就消费（支出）掉。

现在考虑一个两年后获得的现金流的贴现。正如图 A.4 所示，和之前相同，在获得 CF_2 的前一年，我们的投资者对其的估值（即，$t = 1$ 时的估值）是 $V_1 = \frac{CF_2}{1+r} < CF_2$。而从 PV_0

---

① 常见变量中，现值（PV_0）、日期 1 的价值（V_1）、日期 2 的股权价值（Eq_2）、日期 $t-1$ 的资产价值（A_{t-1}）、日期 t 的现金流（CF_t）、日期 $t+1$ 资产 i 的权重（w_{t+1}^i）和日期 T 的终值（FV_T），都是存量。而第 1 期的净收益率（r_1）、第 2 期的毛收益率（R_2）、第 $t+1$ 期的销售额（S_{t+1}）和第 $T-1$ 期的净利润（NI_{T-1}）都是流量。这些变量稍后将会被定义。

$=\frac{V_1}{1+r}$，我们可以得出 $PV_0 = \frac{CF_2}{(1+r)^2}$。

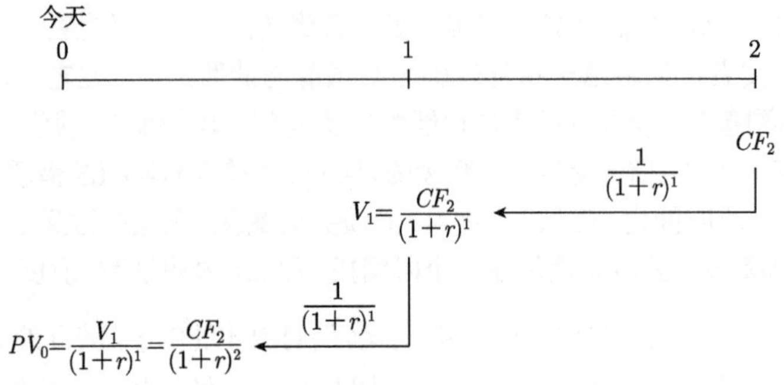

$$\begin{array}{c}\text{今天}\\ 0 \qquad\qquad\qquad\qquad 1 \qquad\qquad\qquad\qquad 2\end{array}$$

$$V_1 = \frac{CF_2}{(1+r)^1} \xleftarrow{\frac{1}{(1+r)^1}} CF_2$$

$$PV_0 = \frac{V_1}{(1+r)^1} = \frac{CF_2}{(1+r)^2} \xleftarrow{\frac{1}{(1+r)^1}}$$

图 A.4 对两年后获得的现金流的贴现

对任何 CF_t，它的 $PV_0 = \frac{CF_t}{(1+r)^t} < CF_t$。将这个过程反过来，我们可以计算给定的当前价值 V_0 在日期 t 的**终值**：$FV_t = V_0(1+r)^t$。简言之，因为投资者要求的收益率 $r > 0$，所以她预期在将来获得的价值 FV_t 要比她现在拥有的大，即 $FV_t > V_0$。

一般而言，不同货币表示的现金流不可以**直接**相比，类似地，不同时间点的现金流也不可以**直接**相比。正如我们不可以**直接**将 1 美元 和 1 元人民币 相加得到"2 元"，我们也不可以**直接**将在 $t = 1$ 获得的 1 美元 和在 $t = 0$ 获得的 1 美元 相加得到 2 美元。在第一种情境中，我们必须将 1 美元转换为人民币，然后与 1 元人民币加总。或者，我们可以将 1 元人民币转换为美元，然后与 1 美元加总。在两种情况下，结果都是相同的。

在第二种情境中，我们必须将 CF_1 转换为 $PV_0 = \frac{CF_1}{(1+r)^1}$，然后将之与 CF_0 加总，得到 $\frac{CF_1}{(1+r)^1} + CF_0$。或者，我们可以将 CF_0 转换为 $FV_1 = CF_0(1+r)^1$，然后将之与 CF_1 加总，得到 $V_1 = CF_0(1+r)^1 + CF_1$，因为这是在日期 1 的加总值，为了将之与之前算出的 $t = 0$ 的价值相比较，我们需要将它除以 $(1+r)^1$。所以，$PV_0 = \frac{V_1}{(1+r)^1} = \frac{CF_0(1+r)^1 + CF_1}{(1+r)^1}$ $= CF_0 + \frac{CF_1}{(1+r)^1}$，这个结果和之前的计算是相同的。

以上讨论的关键结论是**价值可加性**这个概念。只要投资者将在不同时点接收到的多个现金流转换到一个共同的时点（即，只要它们被转换到一个共同的讨论基础上），那么她就可以把它们相加。这和用不同货币表示的现金流非常相似。正如投资者在将用不同货币表示的现金流转换为同一种货币之后就可以将它们相加/相减一样，只要在不同时点发生的现金流被转换到共同的时点（即，共同的日期），投资者就可以将这些现金流相加/相减。而不同国家之间的"转换系数"是汇率，不同时点之间的"转换系数"是系数 $(1+r)^t > 1$。在将现金流往未来转换时，我们需要乘以这个系数来增加价值；在将时间流往过去转换时，我们需要除以这个系数来减少价值。最后，当我们将不同时点发生的现金流转换到一个给定的时点之后，可以将它们转换后的价值加总得到一个单个的转换价值，我们可以将这个单个的集合的价值在时间轴上转换移动，而不用再将组成这个集合价值的单个现金流的价值在时间轴上转换。

A.3 以速度 g 增长的等间隔的现金流

图 A.5 展示了一系列等间隔的现金流，它们中的每一个都在相应时期结束时发生，比如，第一个现金流 CF_1 就是在距今一期（年）后发生。

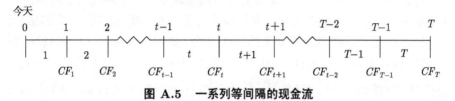

图 A.5 一系列等间隔的现金流

大体上，这 T 个现金流组成的这一系列的**内在价值**（intrinsic value, IV）就等于每一个现金流的现值之和，或者说，

$$IV = \sum_{t=1}^{T} \frac{CF_t}{(1+r)^t} = \frac{CF_1}{(1+r)^1} + \frac{CF_2}{(1+r)^2} + ... + \frac{CF_T}{(1+r)^T} \tag{A-1}$$

我们假设从现在开始一期后的第一个现金流是 CF_1，且现金流以不变的速度 $g\,(g<r)$ 增长。①那么距今两期后的第二个现金流为 $CF_2 = CF_1(1+g)$。继续下去，$CF_3 = CF_2(1+g)$，等等。现在让我们定义 $Z \equiv \dfrac{CF_1}{1+g}$，这意味着 $CF_t = Z(1+g)^t, \forall t \in 1, 2, ..., T$。所以有

$$IV = \sum_{t=1}^{T} \frac{CF_t}{(1+r)^t} = \frac{Z(1+g)}{(1+r)} + \frac{Z(1+g)^2}{(1+r)^2} + ... + \frac{Z(1+g)^T}{(1+r)^T} \tag{A-2}$$

让 $z \equiv \dfrac{1+g}{1+r}$，然后将式 (A-2) 除以 z，然后在等式的右边同时加上和减去一个 z^T，式 (A-2) 就变成了 $\dfrac{IV}{z} = IV + Z(1-z^T)$。我们将 z 替换为 $\dfrac{1+g}{1+r}$，将 Z 替换为 $\dfrac{CF_1}{1+g}$，用代数的方法求解 IV，就可以得到如下表示**增长型年金**（T 是有限的；$g>0$）的内在价值的式子：

$$IV\,(\text{增长型年金}) = \frac{CF_1}{r-g}\left[1-\left(\frac{1+g}{1+r}\right)^T\right] \tag{A-3}$$

在式 (A-3) 以外，让我们考虑三个特例。**年金**（T 是有限的；$g=0$）、**增长型永续年金**（$T\to\infty$；$g>0$）和**永续年金**（$T\to\infty$；$g=0$）的内在价值如下所示：②

$$IV\,(\text{年金}) = \frac{CF}{r}\left[1-\left(\frac{1}{1+r}\right)^T\right] \tag{A-4}$$

---

① 否则，如果现金流永远地持续下去，即在稍后会介绍的增长型永续年金的情况中，当 $T\to\infty$ 时，价值会没有上界。

② 对于增长型永续年金，因为 $g<r$，所以当 $T\to\infty$ 时，$\left(\dfrac{1+g}{1+r}\right)^T \to 0$。

$$IV(\text{增长型永续年金}) = \frac{CF_1}{r-g} \tag{A-5}$$

$$IV(\text{永续年金}) = \frac{CF}{r} \tag{A-6}$$

在年金和永续年金的内在价值中,现金流没有下标,这是因为增速 $g=0$,所有的现金流的值都相同。

让我们再次回顾之前提到的要点。只要现金流被转换到一个共同的日期并且相加,那么得到的单个的集合价值就可以在其他任何日期被估值。这么做了之后,单个的集合价值在时间轴上的转换远比组成它的多个现金流的转换方便。如图 A.6 展示了一系列等间隔现金流在日期 T 的终值。$FV_T = CF_1(1+r)^{T-1} + CF_2(1+r)^{T-2} + ... + CF_{T-1}(1+r)^{T-(T-1)} + CF_T(1+r)^{T-T}$。除以 $(1+r)^T$,得到 $\frac{FV_T}{(1+r)^T} = CF_1(1+r)^{-1} + CF_2(1+r)^{-2} + ... + CF_{T-1}(1+r)^{-(T-1)} + CF_T(1+r)^{-T}$。等式的右边就是 PV_0,所以,简言之,$\frac{FV_T}{(1+r)^T} = PV_0$。正如我们刚才所说的那样,只要我们计算出增长型年金的一篮子现金流的集合现值 (PV_0),我们就可以通过 $FV_T = PV_0(1+r)^T$ 得到这一篮子现金流在到期日的价值。将这个计算过程反过来,我们可以先计算 $FV_T = \frac{CF_1}{r-g}[(1+r)^T - (1+g)^T]$,然后通过 $PV_0 = \frac{FV_T}{(1+r)^T}$ 得到这一篮子现金流的现值。①

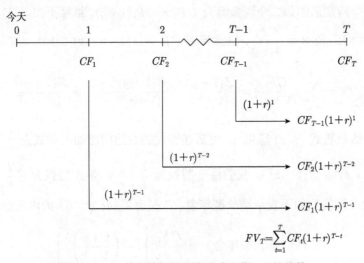

图 A.6　一系列等间隔现金流在日期 T 的终值

---

① FV_T 的表达式是从 $PV_0(1+r)^T = \frac{CF_1}{r-g}\left[1 - \frac{(1+g)^T}{(1+r)^T}\right](1+r)^T$ 推导出的。同样地,$FV_t = PV_0(1+r)^t, \forall t \in \{1,2,...,T\}$。

附录 B 财务报表回顾

在这一附录中我们将简单地回顾三张财务报表,目的是计算:(1)财务报表分析中的指标;(2)相对估值法中的指标;(3)第 B.4 节中绝对估值法用到的各种现金流。

在三大财务报表中,资产负债表是唯一使用了**存量**的报表,例如,在给定的年度报告期内,资产负债表通常展示当年最后一日的存量。相对而言,利润表和现金流量表使用**流量**,即在指定的一段时间或时间区间(通常是一季度内或一年内)内积累的量。

设想一个一年的时间段,使这个时间段连续两个年末日:年末 $t-1$ 和年末 t。某种程度上说,这两张连续年度的资产负债表中的科目是通过这两个年末日之间的年度 t 的利润表科目联系起来的。由于财务报表本意在于反映企业财务状况,我们可以把它们进行一个类比:资产负债表类似于静态的相片(在年末拍的一张快照),而另两张报表类似于时长达一年的录像。

B.1 利 润 表

表 B.1 是一张简单的利润表示例,年度为 $t=2015$。[1]对于同一企业,表 B.2 列举了 2014 年年末和 2015 年年末这两个日期的资产负债表。而这两个日期是这张利润表对应时期,即 $t=2015$ 年度的"开头"和"结尾"。

从更高的角度看,**利润表**(Income Statement,IS)用收入减去成本来计算企业的利润。具体而言,主营业务成本,是生产成本,而销售、一般及管理费用等费用是非生产成本。折旧与摊销是固定资产原值随时间"抵减"带来的非现金会计科目。[2]注意利润表中的 $D\&A$ 为 3 998 美元,将两张相应的资产负债表联系在一起,即累计折旧$_{2015}$ − 累计折旧$_{2014}$ = 11 528 美元 − 7 530 美元 = 3 998 美元 = $D\&A_{2015}$。

息税前利润是收入减去经营成本(COGS、SGA、广告费用、$D\&A$、维修与维护)后余下的部分。从会计角度来看,息税前利润可以用于支付税金和回报金融资本提供者。息税前利润首先用于支付给债权人;其次,用于结算税金并支付给政府;最后,所有结余属于企业的所有者,即股东们。

债权人收到利息,即他们的本金回报。只有在已经支付了利息以后,企业才再结算税金。因此,通过允许企业在计算应税收入前先抵扣利息,税务机关承认付给债权人的利息是一种合法的商业成本(利息的支付不是随意的,它们代表着一种法律义务[3])。

企业向股东支付现金股利,记作 d,这从会计角度看是来源于净利润。此后净利润余下的

---

[1] 此后所有表的单位为千美元。
[2] 如果企业在购入 PPE 当年将这一大笔投资款项费用化,企业可以大幅降低应税收入。然而,税务机关要求企业按照与资产的使用年限和用途一致的方法来逐步"抵减"这笔投资。
[3] 毕竟,无法支付利息会最终导致破产并将企业的控制权从股东处转移给债权人。

部分，$NI_t - d_t = RE_t - RE_{t-1} \equiv \Delta RE_t$，反哺企业作为留存收益。[①] 正如我们之前在利润表中的 D&A 和相应资产负债表中的累计折旧科目中看到的那样，我们再次看到一个利润表与资产负债表相关联的例子，即利润表的 NI_t 通过 $NI_t - d_t$ 影响资产负债表的 $RE_t - RE_{t-1}$。在我们的示例中，$\Delta RE_{2015} = 7\,812$ 美元 $= RE_{2015} - RE_{2014} = 40\,175$ 美元 $- 32\,363$ 美元，等于 $NI_{2015} - d_{2015} = 9\,394$ 美元 $- 1\,582$ 美元。

表 B.1 利润表示例 （单位：1000 美元）

利润表科目	2015
主营业务收入	215 600
业务成本	129 364
毛利润	86 236
销售、一般及管理费用	45 722
广告费用	14 258
折旧与摊销	3 998
维修与维护	3 015
经营利润	19 243
其他收入（成本）	
利息收入	422
利息费用	(2 585)
税前利润	17 080
所得税	7 686
净利润	9 394
基本每股收益	1.96
稀释每股收益	1.93

比值 $b_t \equiv \dfrac{\Delta RE_t}{NI_t}$ 称为**利润留存率**，是企业管理层代股东决定的将一部分属于股东的净利润留存在企业的比例。在这个例子里，$b_{2015} = \dfrac{\Delta RE_{2015}}{NI_{2015}} = \dfrac{7\,812 美元}{9\,394 美元} = 83.2\%$。与之互补的部分称作**股利分配率**，即 $1 - b_{2015} = \dfrac{d_{2015}}{NI_{2015}} = \dfrac{1\,582}{9\,394} = 16.8\%$。最后，基本每股收益为每股 $\dfrac{净利润_t}{发行在外股份数_t} = \dfrac{NI_{2015}}{SO_{2015}} = \dfrac{9\,394 美元}{4\,803} = 1.96$ 美元。

B.2 资产负债表

如之前所示，表 B.2 是一份，2014 年年末和 2015 年年末的资产负债表示例。**资产负债表**（Balance Sheet, BS）说明了资金的来源和用途。由于募集到的每一元资金都必须记录（如资金的用途），资产负债表表达了负债与所有者权益（资金来源）和资产（资金用途）的等价性。由此，这种等价性引申出了报表的名字：资产负债表。资产负债表的负债与所有者权益"侧"可以认为是融资侧，因为它说明了资本从何处募集以购买资产。另外"一侧"列示着企

[①] 所有关于（部分）净利润转移的讨论都是基于会计视角，因为**净利润**不是一种现金流。

业现有的资产，可以认为是资产负债表的"资本预算"侧，因为它说明了企业决策购买或出售资产带来的累积效应。资产负债表中的值称为**账面价值**。

表 B.2 资产负债表示例　　　　　　　　　　　　　　　　（单位：1000 美元）

资产负债表科目	2015 年 12 月 31 日	2014 年 12 月 31 日
资产		
流动资产		
现金	4 061	2 382
可交易证券	5 272	8 004
应收账款	8 960	8 350
存货	47 041	36 769
预付款项	512	759
流动资产总计	65 846	56 264
房屋、厂房与设备		
土地	811	811
建筑物 & 租入物维修	18 273	11 928
设备	21 523	13 768
固定资产原值	40 607	26 507
减去累计折旧与摊销	11 528	7 530
固定资产净值	29 079	18 977
其他资产	373	668
总资产	95 298	75 909
负债与所有者权益		
流动负债		
应付账款	14 294	7 591
应付票据	5 614	6 012
一年内到期的长期负债	1 884	1 516
其他应付款	5 669	5 313
流动负债总计	27 461	20 432
递延所得税负债	843	635
长期负债	21 059	16 975
总负债	49 363	38 042
所有者权益		
普通股，面值 1 美元	4 803	4 594
资本公积	957	910
未分配利润	40 175	32 363
所有者权益总计	45 935	37 867
负债与所有者权益总计	95 298	75 909

流动资产（**流动负债**）是预期一年内将要被耗用（或支付）的资产（或负债）。**固定资产**不会在一年内耗用完；它们衍生出企业的产品和服务。固定资产原值，是过去累计为现有固定资产支付的金额。累计 $D\&A$ 是 $GPPE$ 过去累计抵减的金额。固定资产净值是固定资产原值减去累计 $D\&A$ 的差值，即 $NPPE = GPPE - 累计\ D\&A$。递延所得税（DIT）来自于企业的两套财务报表：给税务机关的报表和向现有及潜在相关方公开的报表。[①]最后，**负债**还

---

① 企业通常在报税时采用比公开财务报表中更激进的折旧方法。这能帮助企业通过将部分应缴税费延后到未来某个未定时点以降低现时的应付税款，因此这种方法在公开的财务报表中产生了债务。

以三种科目出现：应付票据（NP）、一年内到期的长期负债（CM）和长期负债（LTD）①。前两者，即应付票据和一年内到期的长期负债，是流动负债，而长期负债显然不是流动负债。

在**所有者权益**项下的四个科目中，两个科目（普通股和资本公积）代表着过去发行新股时企业股东累计投入的资金。②这些是"直接"股权投资，因为股东用现金购买股票。与之相对，"间接"股权投资是由企业管理层通过增加留存收益代表股东作出的。如前所述，这一部分是企业派发现金股利后留存的利润。因此留存收益是过去每年留存在企业的净利润总量。最后，所有者权益下全部科目都是不可以随着时间从一个资产负债表日到另一个的流逝而减少的。这一点在制作预测资产负债表的时候一定要特别注意。

B.3 现金流量表

来继续我们的例子，表 B.3 是一份现金流量表示例，时间为日历年 $t = 2015$，与表 B.1 的利润表相同。**现金流量表**的目的是揭示本年现金的来源与用途。③简单地说，等式为

$$(cash_t + MS_t) - (cash_{t-1} + MS_{t-1}) = OCF_t + ICF_t + FiCF_t, \tag{B-1}$$

此处 MS 为可交易证券，OCF、ICF 和 $FiCF$ 分别为经营现金流、投资现金流和融资现金流。在公式中，$cash_t$ 和 MS_t 中的下标 t 指代年末。相对地，OCF_t、ICF_t 和 $FiCF_t$ 中的下标 t 指代年度，即从第 $t-1$ 年年末到第 t 年年末之间的时间。

现金流量表是有逻辑的：现金和可交易证券在第 $t-1$ 年年末到第 t 年年末之间的变化等于在年度 t 内产生的净现金，由三种活动带来：经营、投资和融资。**经营现金流**（OCF）是最重要的，因为它代表着核心商业活动带来的现金。从某种意义上说，它是企业能否持续经营的一个指标。总体上看，它等于净利润（经非现金科目调整后）减去非现金、非可交易证券、非债券营运资本项目的变动。④⑤紧接着，**投资现金流**（ICF）反映了投资活动，即固定资产原值的变化；购买固定资产会减少投资现金流，而出售固定资产会增加投资现金流。最后，**融资现金流**（$FiCF$）反映了与债务和股权资本有关的活动。发行对未来现金流有求偿权的证券能带来正的融资现金流。相反，偿还证券，如回购发行在外的债券或股票，都需要现金，因此会减少融资现金流。向股东支付现金股利也需要现金，即减少融资现金流。

---

① 企业通常在长期负债到期前，根据债务条款每年偿还债务的一部分。这部分将在一年内被偿还的长期负债将计入"一年内到期的长期负债"。长期债务余下的部分保留在长期负债科目内。

② 对我们来说，这两个科目的区别并不重要。每份新发行的股票的"面值"计入普通股，超过面值的缴存资金计入资本公积。

虽然本例中没有列举，但库存股（TS）是所有者权益的负向科目。它是企业过去回购本企业股票的累计总额。通过回购股票，企业可以减少发行在外的股份数，并缩减其总股权价值。与其他股权科目相同，库存股不会随着时间减少。

③ 由于可交易证券几乎像现金一样可流通，可交易证券与现金的总和被称为"现金"，如在现金流量表中所示。

④ 由于折旧与摊销是一个非现金科目，在计算经营现金流时应当将其冲回，即将折旧与摊销加回到净利润中以冲抵利润表中它被减去的步骤。此外，递延所得税负债是一个"非现金"负债科目，因为它纯粹是因为两套报表记账差异产生的。因此，相对于"税务报表"，"公众报表"列示了当期因递延所得税负债增加（或减少）导致的现金流产生（或减少），后续将会介绍。

⑤ 净营运资本（NWC）等于流动资产减去流动负债，或 $NWC \equiv CA - CL$。因此，$\Delta NWC = \Delta(CA - CL) = \Delta CA - \Delta CL = (CA_t - CA_{t-1}) - (CL_t - CL_{t-1}) = (CA_t - CL_t) - (CA_{t-1} - CL_{t-1})$。所以，$\Delta$（非现金、非可交易证券、非债券净营运资本）不包括 Δ 现金、ΔMS、ΔNP 和 ΔCM，其中后两者为 Δ 非债券科目。

表 B.3　现金流量表示例　　　　　　　　（单位：1000 美元）

现金流量表项目	2015 年
经营现金流相关活动	
净利润	9 394
净利润的非现金调整项	
折旧与摊销	3 998
递延所得税	208
营运资金提供的现金	
应收账款	(610)
存货	(10 272)
预付款项	247
应付账款	6 703
其他应付款	356
经营现金流	10 024
投资现金流相关活动	
新增固定资产	(14 100)
其他投资活动	295
投资现金流	(13 805)
融资现金流相关活动	
发行普通股	256
增加（减少）短期债务 *	(30)
增加长期负债	5 600
减少短期负债	(1 516)
支付股利	(1 582)
融资现金流	2 728
增加（减少）的现金和可交易证券	(1 053)
现金/可交易证券：年初	10 386
现金/可交易证券：年末	9 333

* 包括了一年内到期的长期负债和应付票据的变化量，即 $\Delta(CM+NP)$。

例如，按现行资本回报率回馈投资者需要现金，因此对企业而言是一种现金流出。然而，请注意依法向债权人支付利息和自行决定向股东支付股利的区别。由于前者是一种法定的合同义务，按照逻辑，它作为一种合法的商业成本反映在经营现金流内。简要地说，利息支出会降低经营现金流的核心项目——净利润。形成鲜明对比的是，股利不是一种义务；它们只是一种源自（而不是依赖）企业股东资本金的自定的回报。因此，股东的股利自然是融资现金流的一部分，而给债权人的利息支出不被认为是融资现金流的部分，而被认为是减少了经营现金流。

我们之前提到了资产负债表科目（存量）和利润表科目（流量）的重要区别。利润表科目自然对现金流有影响，因为利润表和现金流量表都包含流量。从逻辑上说，在现金流量表中，来自利润表的收入会增加现金流，而利润表的费用会降低现金流。然而，资产负债表对现金流量的影响十分微妙，因为资产负债表不是流量。因此，资产负债表科目的变化才会影响现金流。具体而言，资产科目增加需要现金，而负债或权益项目增加则产生现金流。然而，负债项目增加的影响并不那么直截了当。如果负债按年增加（或减少），那么企业就增加（或减少）了它欠相应"债权人"的金额。增加意味着企业从它的债权人口袋中掏出了更多的现金。类似地，债务总量减少说明企业欠债权人更少，如企业用现金偿还了它的债务，所以它欠债权人的钱比以前更少。总体而言，在其他条件不变的情况下，债务增加（或减少）能增加（或减少）现金流。[①]

从深层看，由于资产负债表项目是存量而利润表项目是流量，它们有不同的量纲。因此我们不能把这两种财务报表的项目直接相加或相减，因为它们像"苹果和橙子"一样不可直接类比。但是，通过把相邻两期的资产负债表项目间的差额除以两期的时间差可以让它们"看起来像是"一种像利润表那样的流量。简单地说，$\frac{BS_t - BS_{t-1}}{t-(t-1)} = \frac{\Delta BS_t}{1} = \Delta BS_t$ 像是一种流量，与利润表项目代表的在第 $t-1$ 年年末和第 t 年年末之间的变化一致。[②]因此所有现金流量表的项目要么是利润表项目，要么是资产负债表的差额。

B.4 自由现金流与自由股权现金流

有一种相对估值指标是 $\frac{P}{CF}$，因此我们需要计算现金流。在基于企业内在价值的绝对估值法中，我们把现金流按照风险性及其相应的回报率折现。因此，在这两大类估值模型中，我们需要核算现金流。

至少有两种企业估值模型是由自由现金流折现计算得到的，而**自由现金流**（FCF）为[③]

$$FCF_t = OCF_t + IE_t(1-T^C) \underbrace{-\Delta(GPPE_t + OA_t)}_{\equiv ICF_t}$$

$$= OCF_t + IE_t(1-T^C) + ICF_t$$

$$= NI_t + IE_t(1-T^C) - \underbrace{\Delta(GPPE_t + OA_t)}_{\Delta(GPPE+OA) = -ICF} + \underbrace{D\&A_t + \Delta DIT_t}_{\text{非现金科目}}$$

$$- \underbrace{\Delta(\text{非现金、非可交易证券类}CA_t - \text{非债券类}CL_t)}_{\Delta \text{ 净经营资本，不包括现金、可交易证券、}NP\text{、}CM}, \tag{B-2}$$

其中 $T^C = \frac{\text{所得税}_t}{\text{税前利润}_t}$ 是企业所得税税率，$\Delta(GPPE_t + OA_t) \equiv -ICF$，$GPPE_t$ 为第 t 期的固定资产原值，OA_t 为第 t 期的其他资产。最终的表达式中，FCF 的核心是利润表科目中税后"能够"分别分配给股东和债权人的数目。

如之前在讨论自由现金流的组成部分——投资现金流——中提到的那样，购买（或出售）GPPE 消耗（或产生）现金。然后，在计算自由现金流时，我们必须抵消两种非现金科

[①] 同理，权益账户的增加（或减少）会导致现金流入（或流出）。
[②] 我们把 $BS_t - BS_{t-1}$ 记为 ΔBS_t。请记住，资产负债表项目的下标代表日期 t。但当我们求差的时候，ΔBS_t 的 t 指代的是时间段（按年）t，它始于第 $t-1$ 年年末，相应的资产负债表日是 $t-1$，结束于第 t 年年末，相应的资产负债表日是 t。
[③] 再次说明，NP 是应付票据，CM 是一年内到期的长期债券。因此非债券类 $CL_t = CL_t - NP_t - CM_t$。

目。第一是折旧与摊销，它在计算净利润的过程中被减去，因此必须被加回才能得到现金流。第二是来自于两套平行的记账规则的 $\Delta DIT_t = DIT_t - DIT_{t-1}$ 的正值（或负值），必须加入到自由现金流的计算中。最后，流动负债（或资产）的增加会产生（或消耗）现金。①。

我们在企业价值和股权价值的绝对估值模型里会用到两种不同的现金流。为了集中注意力，我们定义 $\phi_t \equiv -\Delta(GPPE_t + 其他资产_t) + (D\&A_t + \Delta DIT_t) - \Delta(非现金、非可交易证券类 CA_t - 非债券类 CL_t)$，即表达式 (B-2) 中最后一个等号后有下括号的三部分的和。②

在利润表中，有③

$$NI_t = (EBIT_t - IE_t + II_t)(1 - T^C). \tag{B-3}$$

因此，通过 ϕ_t 的定义和式 (B-3)，有

$$FCF_t = \underbrace{NI_t + IE_t(1 - T^C)}_{\text{会计科目："能够"付给持券人}} + \phi_t$$

$$= \underbrace{(EBIT_t + II_t)(1 - T^C)}_{\text{会计科目：理论上，如果企业没有债务，"能够"付给股东}} + \phi_t \tag{B-4}$$

式 (B-4) 中的两个等式都是从企业的角度，让我们能够从两个完全不同的角度来解读自由现金流，从而发现企业整体价值和股权价值。自由现金流是：

- 能够付给全部持券人，即股东和债权人的税后现金流；
- 理论上，如果企业没有债务，能够支付给股东的现金流。

上面第一点指的是表达式 (B-4) 的第一行，此处自由现金流等于净利润（属于股东）加上 $IE(1 - T^C)$（属于债权人）加上调整项 ϕ。因此，如果我们用考虑了能够支付给所有投资者（即包括债权人和股东）的现金流"平均"风险程度的回报率对现金流进行折现，那么我们就可以得到整个企业（即本企业）的内在价值。④

第二点指的是式 (B-4) 的第二行，即如果企业没有债务，$EBIT + II$ 会等于 EBT，此时利息费用等于零。这是如果企业没有债务的话，理论上能够分配给企业股东的现金流。因此，如果我们用股东在假设企业没有债务时所要求的折现率来对现金流进行折现，那么我们就可以得到整个无杠杆企业（即没有负债的企业）理论上的内在价值。对于这个理论值，我们可以通过加上债务融资效应带来的价值变化来得到真实的企业内在价值。

在结束对 FCF 的讨论前，请注意同学们常常忘记 FCF 是一个唯一的值。根据式 (B-2) 和式 (B-4)，不同的方法可以求出同一个 FCF 值，即 FCF 有且只有一个。FCF 不会有两个（或以上）的值，但会有两种解读方式。而且，FCF 的第二种解读方式不是一个假设的现金流。它是一个有两种解释的真实数据，其中一种解释是基于假设的。

---

① 在计算自由现金流时，我们排除了现金、可交易证券、流动负债（应付票据和一年内到期的长期债务）的差额。应付票据和一年内到期的长期债务要被排除，因为 ΔNP 和 ΔCM 是对 $FiCF$ 的贡献，而不是投资现金流或经营现金流。

② 在表达式 (B-2) 的最后一个等号后，ϕ_t 代表为了得到 FCF_t，从而对证券持有人在会计意义上的税后"可得"额度进行的三个调整，税后可得额度包括：NI_t 被分配给股东，而 $IE_t(1 - T^C)$ 被分配给债权人。

③ 应税收入为 $EBT = EBIT_t - IE_t + II_t$，因此 $Tax_t = (EBIT_t - IE_t + II_t)T^C$。它符合 $NI_t = EBT_t - Tax_t$。请记住 IE_t 是支付给债权人的利息费用，而 II_t 是来自可交易证券的利息收入。

④ 实际上，这个结果被称为企业价值，我们后续会讨论。

继续我们举的例子，FCF_{2015} 在式 (B-2) 的第一行中的 FCF_{2015} 是 $OCF_{2015} + IE_{2015}(1-T^C) - \Delta(GPPE_{2015} + OA_{2015}) = 10\,024 + 2\,585(1 - \frac{7\,686}{17\,080}) - [(40\,607 - 26\,507) + (373 - 668)] = -2\,359$ 美元。①

由于自由现金流可以理解为可以支付给所有证券持有者的现金流，因此我们可以将可以支付给股东的现金流理解为自由现金流减去支付给债权人的现金流。为了把可以支付给股东的现金流和给债权人的现金流分开，我们引入**净税后债权现金流**、即 $CF_t^D \equiv IE_t(1-T^C) - \Delta TD_t$，其中 $\Delta TD_t \equiv TD_t - TD_{t-1}$ 是 t 年度债券负债的增加额。再深入地看，根据资产负债表的三个债券相关科目，有：

$$\Delta TD_t \equiv TD_t - TD_{t-1} = \Delta(NP_t + CM_t + LTD_t), \tag{B-5}$$

此处应付票据（NP）和一年内到期的长期负债（CM）为流动负债。由 $CF_t^D \equiv IE_t(1-T^C) - \Delta TD_t$，有

$$CF_t^D = IE_t(1-T^C) - \Delta(NP_t + CM_t + LTD_t). \tag{B-6}$$

延续我们的例子，从式 (B-5)，$\Delta TD_{2015} = (5\,614 - 6\,012) + (1\,884 - 1\,516) + (21\,059 - 16\,975) = 4\,054$ 美元。因此从式 (B-6)，有 $CF_{2015}^D = 2\,585 \times \left(1 - \frac{7\,686}{17\,080}\right) - 4\,054 = -2\,632$ 美元。

既然我们已经将可以支付给债权人的税后现金流记为 CF_t^D，那么把它从自由现金流中减去就得到了**股权现金流**（FCFE），即②

$$\begin{aligned}
FCFE_t &= \{FCF_t\} - [CF_t^D] \\
&= \{FCF_t\} - [IE_t(1-T^C) - \Delta TD_t] \\
&= NI_t + \Delta TD_t + \phi_t \\
&= OCF_t + \Delta TD_t - \Delta(GPPE_t + OA_t) \\
&= OCF_t + ICF_t + \Delta TD_t
\end{aligned} \tag{B-7}$$

延续我们的例子，从式 (B-7)，有 $FCFE_{2015} = FCF_{2015} - CF_{2015}^D = -2\,359 - (-2\,632) = 273$ 美元。③

股权现金流从某种意义上说可以用来派发给企业股东。它是从股权现金流的来源（即产生现金流的活动）计算得来的。这在式 (B-7) 的结构中可以明显看出，尤其是等式最后一行。因此，它应当等于付给股东的现金流。简单地说，股权现金流的流入必须等于股权现金流的

---

① 因此本年的企业所得税率为 $T^C = \frac{Tax_{2015}}{EBT_{2015}} = \frac{7\,686}{17\,080} = 45\%$。为了确认这一点，根据式 (B-4) 的第一行，有 $FCF_{2015} = NI_{2015} + IE_{2015}(1-T^C) + \phi_{2015} = 9\,394 + 2\,585(1-45\%) + (-13\,175) = -2\,359$ 美元。根据式 (B-4) 的第二行，有 $(EBIT_{2015} + II_{2015})(1-T^C) + \phi_{2015} = (19\,243 + 422)(1-45\%) + (-13\,175) = -2\,359$ 美元。

② 第三行能从第二行代入 $FCF_t = NI_t + IE_t(1-T^C) + \phi_t$ 得到。

③ 用表达式 (B-7) 对此进行验证，$FCFE_{2015} = -2\,359 - [2\,585(1-45\%) - 4\,054] = 9\,394 + 4\,054 + (-13\,175) = 10\,024 + 4\,054 - [(40\,607 - 26\,507) + (373 - 668)] = 10\,024 + (-13\,805) + 4\,054$。

流出。正如我们在现金流量表这个更大层面上做的那样，我们也可以对股权现金流对账。粗略地说，股权现金流的耗用等于**全股权现金流**（Total Equity Cash Flow，$TECF$），即

$$TECF_t = Dividends_t + EqI_t - EqR_t = \Delta TD_t - FiCF_t, \tag{B-8}$$

此处 EqI_t（EqR_t）是 t 期内通过股票发行（或回购股票，即归入库存股）的金额。因此有[1]

$$FCFE_t - TECF_t = \Delta(cash_t + MS_t) \tag{B-9}$$

有些业界人士喜欢用现金折现法计算股权价值，有些专业人士则更喜欢对 $FCFE_s$ 而不是 $FCFE_s$ 进行折现。最后，请记住资产负债表展示的是资金来源（负债和所有者权益）和用途（资产）的累计。类似地，股权现金流指的是股权现金流的来源，而全股权现金流指的是股权现金流的用途，并排除了现金与可交易证券的净增加。但是，这两者的区别在于资产负债表项目是存量，因此资产和负债及所有者权益的等价关系存在于历史累计值上，而全股权现金流和股权现金流是流量，其大小取决于选取的时间区间。

---

[1] 由 $FCFE_t = OCF_t + ICF_t + \Delta TD_t$，根据现金流量表，有 $FCFE_t - TECF_t = OCF_t + ICF_t + \Delta TD_t - [\Delta TD_t - FiCF_t] = OCF_t + ICF_t + FiCF_t = \Delta(cash_t + MS_t)$。

附录 C 盈利乘数模型

盈利乘数模型（EMM）是一个混合了相对估值（市盈率）和绝对估值（常速增长股利折现模型）的模型。我们将详细讨论这一模型，包括它对企业特征变化的描绘。最后，我们会进行比较静态分析。

C.1 建立模型

请注意，Gordon 常速增长股利折现模型是 $P_0 = \dfrac{d_1}{r^E - g^d}$，其中 d_1 是一年后发放的现金股利支付率，r^E 是股东的要求收益率，而 g^d 是现金股利的永续增长率。[①]我们假设 g^d 也适用于第 1 年，则有 $d_0 = \dfrac{d_1}{1+g^d}$。因此，$P_0 = \dfrac{d_0(1+g^d)}{r^E - g^d}$。

如前所述，**股权的可持续增长率**是 $g_t^{Eq} = b_t ROE_t$。[②]此章中，我们假设留存率恒定（$b_t = b$）且 $ROE_t = ROE$ 恒定，$\forall t \in \{1, 2, 3, \ldots\}$。因此 $g_t^{Eq} = b[ROE] = g^{Eq}$ 也恒定。再次强调，g^{Eq} 是在不使用外部融资时的最大增长率，即它取决于企业产生盈利的能力。因此，$Eq_t = Eq_{t-1}(1+g^{Eq}) = Eq_{t-1}(1+b[ROE])$，迭代使用此式可得：

$$Eq_t = Eq_0(1+b[ROE])^t, \tag{C-1}$$

其中 Eq_0 式外生的现时企业股权价值。

由于定义有 $ROE = \dfrac{NI_t}{Eq_{t-1}}$，则 $NI_t = Eq_{t-1}ROE$，其中第 t 年的盈利取决于当期（如第 $t-1$ 期）的 ROE 和股权价值。因此，

$$NI_t = (ROE)\,Eq_0(1+b[ROE])^{t-1} \tag{C-2}$$

由于假设 b 恒定，因此股利支付率也恒定，$1-b = \dfrac{d_t}{NI_t}$。由 $d_t = (1-b)NI_t$，有

$$d_t = (1-b)(ROE)\,Eq_0(1+b[ROE])^{t-1} \tag{C-3}$$

根据表达式 (C-3)，d_t 通过因子 $(1+b[ROE])^{t-1}$ 成为 t 的函数。简而言之，d_t 每年以 $g^{Eq} = b[ROE]$ 的速率永续增长。然而，根据 Gordon 模型，股利以 g^d 的速率永续增长。因此，必然有 $g^d = g^{Eq}$。我们有时候直接将 $g^d = g^{Eq}$ 记作 g。

[①] 本章中我们假设 $r^E > g$。

[②] 请注意，$g_t^{Eq} = \dfrac{\Delta Eq}{Eq} = \dfrac{Eq_t - Eq_{t-1}}{Eq_{t-1}} = \dfrac{NI_t - d_t}{Eq_t} = \dfrac{NI_t - NI_t(1-b_t)}{Eq_t} = b_t \dfrac{NI_t}{Eq_t} = b_t ROE_t$。

由于 $d_{t+1} = d_t(1+g) = d_t(1+b[ROE])$,则由 $P_t = \dfrac{d_{t+1}}{r^E - g} = \dfrac{d_{t+1}}{r^E - b[ROE]}$,有

$$P_t = \frac{(1-b)(ROE)Eq_0(1+b[ROE])^t}{r^E - b[ROE]} \tag{C-4}$$

最后,领先市盈率为 $\dfrac{P_t}{NI_{t+1}}$,我们选择使用领先市盈率(而不是滞后市盈率),因为它更稳定,也更具有前瞻性。由 $P_t = \dfrac{d_{t+1}}{r^e - g} = \dfrac{NI_{t+1}(1-b)}{r^E - b[ROE]}$,则 $\dfrac{P_t}{NI_{t+1}}$ 变为

$$\frac{P_t}{NI_{t+1}} = \frac{1-b}{r^E - b[ROE]} \tag{C-5}$$

由式 (C-4) 再来看式 (C-1),我们可以发现变量 t(或 $t-1$)只通过 $(1+b[ROE]) = 1+g$ 项发挥影响。简而言之,四个变量(股权价值、利润、股利和价格)都以相同的相对增长率 g 增长。再深入地来看,Eq_t 和 P_t 都是 $\pi_t = \lambda^\pi(1+g)^t$ 的形式,且 NI_t 和 d_t 都是 $\pi_t = \lambda^\pi(1+g)^{t-1}$ 的形式,其中每一个 λ^{pi} 都不是 t 的函数,而仅仅是四个外生参数 Eq_t、NI_t、d_t 和 P_t 的函数。因此对四个变量 ($\pi_t \in \{Eq_t, NI_t, d_t, P_t\}$),$\dfrac{\mathrm{d}\pi_t}{\mathrm{d}t} = \pi_t \ln(1+g) > 0$。①我们已经验证了这四个变量都随时间增长。重复这个过程,$\dfrac{\mathrm{d}^2\pi_t}{\mathrm{d}t^2} = \pi_t[\ln(1+g)]^2 > 0$。因此四个变量随时间增长的速率不断提高。结合这两个 EMM 模型的结果,图 C.1 展示了股权价值、盈利、股利和股价随时间变化的图像,它们都是递增的、凸性的(图中也画出了领先市盈率的图像,$\dfrac{P_t}{NI_{t+1}} = \dfrac{P_t}{E_{t+1}}$,我们稍后讨论它)。

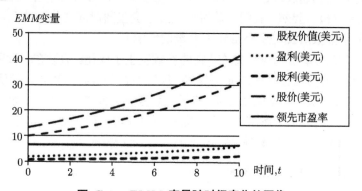

图 C.1 EMM 变量随时间变化的图像

根据式 (C-5),比率 $\dfrac{P_t}{NI_{t+1}}$ 不是时间 t 的函数。由于价格和利润都在以相对速率 g 增长,我们可以合理地认为它们的比值不会随时间变化。

我们也可以来看 $\ln(\pi_t)$ 随时间变化的图像,$\pi_t \in \{Eq_t, NI_t, d_t, P_t\}$。我们知道 $\ln(\pi_t)$ 对 t 的图像是线性的,因为四个变量都是以恒定相对增长率增长。为了确认这一点,对 Eq_t 和 P_t 有 $\pi_t = \lambda^\pi(1+g)^t$,而对 NI_t 和 d_t 有 $\pi_t = \lambda^\pi(1+g)^{t-1}$。因此,对 Eq_t 和 P_t 有

---

① 请注意 $\dfrac{\mathrm{d}\lambda a^{f(x)}}{\mathrm{d}x} = \lambda a^{f(x)} \ln(a) \dfrac{\mathrm{d}f(x)}{\mathrm{d}x}$。

$\ln(\pi_t) = \ln(\lambda^\pi) + t[\ln(1+g)]$,而对 NI_t 和 d_t 有 $\ln(\pi_t) = \ln(\lambda^\pi) + (t-1)\ln(1+g)$。对于这四个变量,这些变量的对数对时间的图像是线性的,斜率为 $\ln(1+g)$,如图 C.2 所示(当然,由于领先市盈率是恒定的,它的对数,$\ln\left(\dfrac{P_t}{NI_{t+1}}\right) = \ln\left(\dfrac{P_t}{E_{t+1}}\right)$)。

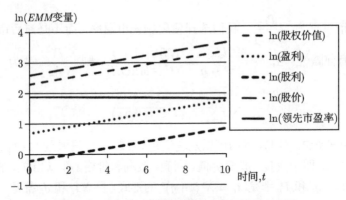

图 C.2　EMM 变量的对数随时间变化的图像

C.2　比较静态分析

根据目前关于股权价值(Eq_t)、利润(NI_t)、现金股利(d_t)、股票价格(P_t)和市盈率($\dfrac{P_t}{NI_{t+1}}$)的相关表达式,我们现在转而关注五个外生参数对 EMM 模型这五个变量的影响。这五个外生变量包括初始股权价值(Eq_0)、股权收益率(ROE)、留存率(b)、股东要求收益率(r^E)以及时间(t)(显然,我们之前讨论过五个变量随时间变化的情况,因此我们现在讨论另外四个外生参数对我们五个 EMM 变量的影响)。

我们假设在时间 $t=0$,企业"宣布"它的参数发生了变化。假设在一秒前,企业实现利润 NI_0 且它目前发放的现金股利是 d_0(显然,现实中在赚取利润和会计确认利润之间存在时间差。此外,赚取利润与宣布现金股利、实际支付股利之间都有时间差。然而为了简化,我们假设 NI_0 和 d_0 在宣布前一秒都实现了,即它们对应前一期、前一年的情况)。因此,NI_0 和 d_0 不会被这一参数的变化所影响。[①]

C.2.1　初始股权价值(Eq_0)的影响

五个变量中的四个:Eq_t、NI_t、d_t 和 P_t,显然随着 Eq_0 增长,如表达式 (C-1) 到表达式 (C-4) 所示。这四个结果并不令人惊讶。在给定 ROE 和 b 的条件下,企业的初始股权价值越大,企业未来所有时间里的企业股权价值也越大。因此,在给定 ROE 的前提下,企业任意时点的企业价值越大,企业的利润就越大。显然,在给定 b 的前提下,任意时点下更多的利润意味着发放更多现金股利。然后,在给定 b 和 r^E 的前提下,任意时点的股利越多,股票价格越高。最后,在这个时刻,Eq_0 的增大(即在时间 $t=0$,实现 NI_0 和 d_0 的一秒后)

[①] 即使在比较静态分析中 Eq_0 的增长也不会影响 NI_0 和 d_0。然而,我们将会看到,P_0 和 $\dfrac{P_0}{NI_1}$ 都会受四个参数变化的影响:Eq_0、b、ROE 和 r^E。

也会使 P_0 增加。然而，Eq_0 首先会影响一年后的利润和股利，即 NI_1 和 d_1。

由于根据式 (C-5)，$\dfrac{P_t}{NI_{t+1}}$ 并不包括 Eq_0，因而 Eq_0 增长并不会影响它。这也符合逻辑，因为我们之前看到市盈率并不随时间变化。由于企业股权价值随时间增长，因此这一比率并不依赖企业股权价值规模。从另一个角度来看，P_t 和 NI_{t+1} 与 Eq_0 成正比，因为尽管 Eq_0 增加，市盈率也不变。

C.2.2 股东要求收益率（r^E）的影响

在五个 EMM 变量当中，三个（Eq_t、NI_t 和 d_t）都不是 r^E 的函数。这是符合逻辑的，因为 r^E 受市场驱动，而 Eq_t、NI_t 和 d_t 却不是。（对于给定起始股权价值，Eq_t、NI_t 和 d_t 都只是 b 和 ROE 的函数。）另外两个，根据式 (C-4) 的 P_t 和式 (C-5) 的 $\dfrac{P_t}{NI_{t+1}}$ 都包含了 r^E。具体而言，它们直观上都随 r^E 增大而减小，因为股票价格随现金流对应的要求收益率增大而下降。最后，在这个时点，如果市场突然（即在时点 $t=0$，在 NI_0 和 d_0 实现的一秒后）对企业的股权现金流使用了更高的 r^E 进行折现，则 P_0 和 $\dfrac{P_0}{NI_1}$ 都会立刻下降。

C.2.3 股权收益率（ROE）的影响

对于式 (C-1) 至式 (C-5) 的分析可以发现，五个变量（Eq_t、NI_t、d_t、P_t 和 $\dfrac{P_t}{NI_{t+1}}$）都受 ROE 影响。显然，前三个变量，Eq_t、NI_t 和 d_t，都是随 ROE 增长而增长。这些结论都十分显然。给定 Eq_0，则企业实现的 ROE 越大，企业股权价值（Eq_t）增长得就越快，即当给定 b 时，未来任意时点的企业股权价值越大。（注意 $g=b[ROE]$。）因此，在任意时点上 Eq_t 和 ROE 越大，NI_t 越大。在同等条件下，给定 b，NI_t 越大，d_t 越大。

通过式 (C-5)，有 $\dfrac{\mathrm{d}\left(\dfrac{P_t}{NI_{t+1}}\right)}{\mathrm{d}ROE} = \dfrac{b(1-b)}{(r^E-g)^2} > 0$。这一结论十分显然。$\dfrac{P_t}{NI_{t+1}}$ 的比值是股票投资者愿意为每一美元预期利润支付的价格。更高的 ROE 意味着未来更高的利润，因此可以理解，在同等条件下每一美元的预期收益都变得更有价值了。

另一个 EMM 变量，股票价格（P_t），同样随 ROE 增长。虽然 ROE 在表达式 (C-4) 中三处受 P_t 影响，使对其求偏导数 $\dfrac{\mathrm{d}P_t}{\mathrm{d}ROE}$ 相当困难，但我们只需要简单观察就可以发现 P_t 随 ROE 增长。[①]这一结论十分显然，因为对未来 ROE 增长的可信度公告会被市场参与者们欣然接受。

总体而言，在同等条件下，五个变量都会随 ROE 增长。

在这个时点，ROE 的增长（如在时点 $t=0$，NI_0 和 d_0 实现的一秒后）首先会分别影响我们的 EMM 变量：Eq_1、NI_1、d_1、P_0 和 $\dfrac{P_0}{NI_1}$。直观地来看，市场立刻通过提高 P_0 和 $\dfrac{P_0}{NI_1}$ 来对 ROE 作出反应。相形之下，ROE 的突然增长首先会影响下一期的盈利 NI_1。因此，在

[①] 具体而言，ROE 在分子中出现了两次，因此 POE 的显然随 P_t 增长而增长，而在分母处出现的 P_t 项前符号为负，因此，它与 P_t 的关系是非常直观的。

给定 b 的前提下，d_t 会增加。最后，这也会增加留存在企业的利润规模，因此 Eq_t 提高。

C.2.4 留存率（b）的影响

第五个也是最后一个外生参数，留存率 b，有着最有趣的比较静态分析性质。分别根据式 (C-1) 以及式 (C-2)，两个变量 Eq_t 和 NI_t 显然会随 b 增长。这都是符合逻辑的：管理层每年留存在企业的利润增加，因此企业的股权价值的增速更快。给定 ROE 不变，企业的利润也会更快地增长。

在这个时点，宣布提高留存率会对 Eq_t 和 NI_t 造成如下影响。给定 Eq_0 和 ROE 不变，则 $NI_1 = Eq_0[ROE]$ 并不会受影响。然而，更高的留存率意味着给定 Eq_0，$Eq_1 = Eq_0 + NI_1(b)$ 会提高。给定 ROE，则随着 Eq_1 提高，$NI_2 = Eq_1[ROE]$ 也会提高。总而言之，提高 b 会对 Eq_t 和 NI_t 的第一期（即分别为 Eq_1 和 NI_2）产生影响。

分别关于 d_t、P_t 和 $\dfrac{P_t}{NI_t}$ 的式 (C-3) 至式 (C-5)，都说明了留存率对未来现金股利、股价和市盈率的影响是不能一概而论的。

先来看现金股利 d_t。[1]则有

$$\frac{\partial d_t}{\partial b} < 0 \Leftrightarrow t < t^* \equiv 1 + \frac{1+b[ROE]}{ROE(1-b)}, \text{其中} t^* > 1, \text{以及}$$

$$\frac{\partial d_t}{\partial b} > 0 \Leftrightarrow t > t^* > 1 \tag{C-6}$$

我们注意到 $t^* > 1$，这说明下一期的股利会比留存率没有提高时更小，即 $d_1|b_1 < d_1|b_0$，其中 $b_1 > b_0$。这是符合逻辑的。如果在时点 $t = 0$，一家企业宣布提高留存率（b），即降低股利支付率（$1-b$），那么在同等条件下，下一期的股利 d_1 一定比原定的小。然而，由于企业提高了留存率 b，则企业股权价值增长率 $g = (b)ROE$ 在同等条件下显然会提高。因此，企业增长更快，即 Eq_t 在未来所有时点都会更大，$t \in \{1, 2, 3, \dots\}$。在未来的某个时点，虽然企业股利支付率（$1-b$）更低（即较高的留存率 b），企业也必须发放更多股利。总而言之，当企业宣布提高留存率时，它后续几次（即当 $t < t^*$ 时）的股利会变小，因为它的股利支付率降低了。然而，由于企业股权价值增长率提高，在未来的某个时点（即当 $t > t^*$ 时），企业的股利会相对于企业提高留存率前的水平有所提高。

现在来看式 (C-4) 中的 P_t。将它对留存率 b 求偏微分，有[2]

$$\frac{\partial P_t}{\partial b} > 0 \Leftrightarrow t > t^{**} \equiv (r^E - ROE)\frac{1+b[ROE]}{ROE(1-b)(r^E - b[ROE])},$$

$$\frac{\partial P_t}{\partial b} < 0 \Leftrightarrow t < t^{**} \equiv (r^E - ROE)\frac{1+b[ROE]}{ROE(1-b)(r^E - b[ROE])} \tag{C-7}$$

显然，$\dfrac{\partial P_t}{\partial b}$ 的符号取决于 $r^E - ROE$ 的符号，因为假设 $1 - b > 0$ 且 $r^E - b[ROE] = r^E - g > 0$。

---

[1] 对式 (C-3) 对 d_t 求偏导数，有 $\dfrac{\partial d_t}{\partial b} = Eq_0 ROE(1+g)^{t-2}[(1-b)ROE(t-1) - (1+g)]$。对 t 求解可以得到表达式 (C-6)。

[2] 由式 (C-4)，则 $\dfrac{dP_t}{db} = Eq_0 ROE^2(1+g)^{t-1}(1-b)(r^E - g)[t - \dfrac{(1+g)(r^E - ROE)}{(r^E - g)(1-b)ROE}]$，即得到式 (C-7)。

这些结论十分显然。当 $ROE > r^E$ 时，企业创造股权价值；而当 $ROE < r^E$ 时，企业损失了股权价值。因此，给定 ROE 和 r^E，如果企业能够创造价值，对股东而言，宣布提高留存率是好消息，他们会欢迎这个消息，消息宣布后股票价格会上升；而如果企业会损失价值，则对股东而言，宣布提高留存率是坏消息，他们并不希望如此，消息宣布后股票价格会下跌。市场参与者们会立即对提高留存率的公告作出反应，从而影响当前股价 P_0。

最后来看式 (C-5) 中的 $\dfrac{P_t}{NI_{t+1}}$。对其求留存率 b 的偏导数，则有

$$\frac{\partial \left(\dfrac{P_t}{NI_{t+1}}\right)}{\partial b} = \frac{ROE - r^E}{(r^E - b[ROE])^2} \tag{C-8}$$

$\dfrac{\partial P_t}{\partial b}$ 的符号 $\dfrac{\partial \left(\dfrac{P_t}{NI_{t+1}}\right)}{\partial b}$ 的符号也取决于 $r^E - ROE$ 的符号。如果企业创造股权价值，则市场参与者们立刻通过为每一美元利润支付更高价格来对提高留存率的公告作出反应，即 $\dfrac{P_0}{NI_1}$ 提高；如果企业损失股权，价值则反之。因此，即使 $\dfrac{P_t}{NI_{t+1}}$ 不随时间变化，留存率的变化也会立刻改变 $\dfrac{P_t}{NI_{t+1}}$ 的比值，此后它就不再随时间变化。

附录 D 利率与收益率指标

D.1 远 期 利 率

根据先前计算的即期汇率，现在我们考察表示未来一段时间收益率的远期利率。我们可以计算未来任意 6 个月或者更长周期的远期利率。

D.1.1 单期远期利率

我们用：$_{t-0.5}f_t$ 表示单个 6 个月周期的远期利率，这是一个半年复利一次的 APr，其中第一个下标 $t-0.5$（第二个下标 t）表示这个远期利率代表的时间段开始（结束）的日期，单位是年。因此有效 6 个月远期利率为 $\frac{_{t-0.5}f_t}{2}$。

先考虑第一个付息周期。在距今 6 个月以后收到的一笔现金流可以通过贴现因子 $\left(1+\frac{SR_{0.5}}{2}\right)^1$ 进行贴现，或者根据第一期的远期利率的定义，可以通过除以 $\left(1+\frac{_0f_{0.5}}{2}\right)^1$ 进行贴现。因此对比这两个式子可以发现，$_0f_{0.5}=SR_{0.5}$。[①]

现在考察第二个半年周期的远期利率 $_{0.5}f_1$。在距今一年以后收到的一笔现金流可以通过贴现因子 $\left(1+\frac{SR_1}{2}\right)^2$ 进行贴现。等价地，我们可以对第二个半年周期用 $\left(1+\frac{_{0.5}f_1}{2}\right)^1$ 来贴现，对第一个半年周期用 $\left(1+\frac{SR_{0.5}}{2}\right)^1$ 进行贴现。特别地，$_{0.5}f_1$ 是通过决定第二个半年周期最恰当的贴现因子 $\left(1+\frac{_{0.5}f_1}{2}\right)^1$ 来定义的。因此，后一种贴现方法实际上是通过把现金流 CF_1 除以 $\left(1+\frac{SR_{0.5}}{2}\right)\left(1+\frac{_{0.5}f_1}{2}\right)$ 来将现金流贴现到今天。结合这两种把现金流 CF_1 贴现回今天的方法，我们有

$$\left(1+\frac{SR_1}{2}\right)^2=\left(1+\frac{SR_{0.5}}{2}\right)\left(1+\frac{_{0.5}f_1}{2}\right) \tag{D-1}$$

移项后可得：

$$_{0.5}f_1=2\left[\frac{\left(1+\frac{SR_1}{2}\right)^2}{\left(1+\frac{SR_{0.5}}{2}\right)^1}-1\right] \tag{D-2}$$

以此类推，假设有一笔现金流在日期 t 发生支付，即距离现在 $2t$ 个半年周期，则其现

[①] 我们可以把即期利率当作第一个下标为 0 的远期利率，因为即期利率总是对应于从今天（即 $t=0$）开始、持续到未来某一个日期的时间。

值的计算可以通过将现金流除以下式得到：

$$\left(1+\frac{SR_t}{2}\right)^{2t} = \left(1+\frac{SR_{t-0.5}}{2}\right)^{2t-1}\left(1+\frac{_{t-0.5}f_t}{2}\right) \quad \text{(D-3)}$$

把表达式 (D-3) 进行移项，可以得到在 $t-0.5$ 年后开始、t 年后结束的这个时间段内的**单个半年周期远期利率**，即

$$_{t-0.5}f_t = 2\left[\frac{\left(1+\frac{SR_t}{2}\right)^{2t}}{\left(1+\frac{SR_{t-0.5}}{2}\right)^{2t-1}} - 1\right], \quad \text{(D-4)}$$

其中 $_{t-0.5}f_t$ 是一种半年复利一次的 APr。因此 $\frac{_{t-0.5}f_t}{2}$ 就是距今 $t-0.5$ 年的有效半年期远期利率。

我们知道对于任意给定到期期限的美国国债如何计算其到期收益率。把一系列计算出来的美国国债到期收益率和对应的到期期限画在一张图上就得到了所谓的**收益率曲线**。对同样的一组国债，我们也计算其即期利率和远期利率。大部分时候，美国国债的收益率曲线是向上倾斜的，也就是说，到期期限越长，收益率越大。

图 D.1 展示了一个向上倾斜的收益率曲线，其中收益率用三角形表示。此外，图中也展示了即期利率（正方形）和单期远期利率（菱形）（同时我们也对三组收益率每年的两个数值之间进行插值，从而得到平滑的曲线）。

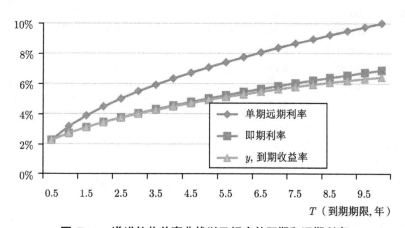

图 D.1　递增的收益率曲线以及相应的即期和远期利率

总的来说，对于递增的收益率曲线，即期利率和远期利率也是随着到期期限递增的。根据表达式 (D-3)，对于即期利率和远期利率，如果 $_{t-0.5}f_t > SR_{t-0.5}$，那么 $_{t-0.5}f_t > SR_t > SR_{t-0.5}$。因此如果 $_{t-0.5}f_t > SR_{t-0.5}$，$\forall t \in \{1,2,3,...\}$，那么虽然即期利率曲线是单调递增的，但是它总在远期利率曲线的下方。[①]最后，如果单期远期利率曲线是严格递增的，那么即期利率曲线一定也是严格递增的，即 $_{t-0.5}f_t > {}_{t-1}f_{t-0.5}$，$\forall t \in \{1,2,3,...\} \Rightarrow {}_{t-0.5}f_t > SR_t$

---

① 在这种情况下，远期利率曲线可能是也可能不是单调递增的。

且 $SR_t > SR_{t-0.5}$，$\forall t \in \{1,2,3,...\}$。[1]

图 D.1 的参数展示在表 D.1 的前三列。在最后三列我们展示了计算出来并画在图 D.1 中的收益率或利率：y_T、SR_T 和 $_{T-0.5}f_T$。

表 D.1 美国国债数据与收益率

输入参数			计算所得收益率或利率		
到期期限(T)	价格(P_0^B)	息票率(r^C)	收益率(y_T)	即期利率(SR_T)	远期利率($_{T-0.5}f_T$)
0.5	98.89	0.0%	2.2%	2.2%	2.2%
1.0	97.36	0.0%	2.7%	2.7%	3.2%
1.5	97.69	1.5%	3.1%	3.1%	3.9%
2.0	98.23	2.5%	3.4%	3.4%	4.5%
2.5	98.28	3.0%	3.7%	3.7%	5.0%
3.0	98.60	3.5%	4.0%	4.0%	5.5%
3.5	99.18	4.0%	4.3%	4.3%	5.9%
4.0	99.32	4.3%	4.5%	4.6%	6.3%
4.5	99.57	4.6%	4.7%	4.8%	6.7%
5.0	99.94	4.9%	4.9%	5.0%	7.1%
5.5	99.96	5.1%	5.1%	5.2%	7.4%
6.0	100.57	5.4%	5.3%	5.4%	7.7%
6.5	100.20	5.5%	5.5%	5.6%	8.1%
7.0	100.41	5.7%	5.6%	5.8%	8.4%
7.5	100.71	5.9%	5.8%	6.0%	8.7%
8.0	101.08	6.1%	5.9%	6.2%	8.9%
8.5	102.21	6.4%	6.1%	6.4%	9.2%
9.0	103.47	6.7%	6.2%	6.6%	9.5%
9.5	104.86	7.0%	6.3%	6.7%	9.7%
10.0	106.38	7.3%	6.4%	6.9%	10.0%

T：到期期限（年）；P_0^B：美国国债价格（美元）；
r^C：年化息票率；y_T：年化到期收益率；
SR_T：年化即期利率；$_{T-0.5}f_T$：年化远期利率；
所有收益率或利率（r^C、y_T、SR_T 及 $_{T-0.5}f_T$）都是以年化百分比形式展示的，其复利周期为半年，即 $m=2$。

D.1.2 多期远期利率

现在我们转向多期远期利率。图 D.2 不仅展示了单个半年周期的贴现因子，也展现了多个周期的情形，其中贴现因子包含了即期利率和远期利率两种。[2]

考虑一个距今 6 个月后开始、18 个月后结束的两周期远期利率 $_{0.5}f_{1.5}$，也就是说，这个

---

[1] 类似的结论也适用于向下倾斜的收益率曲线，例如 $_{t-0.5}f_t < SR_{t-0.5} \Rightarrow {_{t-0.5}f_t} < SR_t < SR_{t-0.5}$，然而这种曲线非常少见。驼峰形状的曲线也是可能存在的，即收益率曲线的斜率在到期期限较小时是正的，在到期期限较大时是负的。

[2] 从图 D.2 我们可以看到 $_0f_{0.5} = SR_{0.5}$，正如我们之前提到的一样。其他之前证明的结果也可以类似地从图中观察到。

利率对应的时期从距今 6 个月以后开始且持续时间为 1 年。这个远期利率可以作为在第 1.5 年收到的 $CF_{1.5}$ 的贴现率。我们再次通过等价两个恰当贴现率的方法，来获得将 $t = 1.5$ 时收到的现金流贴现回今天（$t = 0$）的即期利率，注意，不仅仅是贴现回 $t = 0.5$，而是贴现回今天。结合图 D.2 我们有：

$$\left(1 + \frac{SR_{1.5}}{2}\right)^3 = \left(1 + \frac{SR_{0.5}}{2}\right)^1 \left(1 + \frac{{}_{0.5}f_{1.5}}{2}\right)^2 \tag{D-5}$$

移项后得：

$$_{0.5}f_{1.5} = 2\left\{\left[\frac{\left(1 + \frac{SR_{1.5}}{2}\right)^3}{\left(1 + \frac{SR_{0.5}}{2}\right)^1}\right]^{\frac{1}{2}} - 1\right\} \tag{D-6}$$

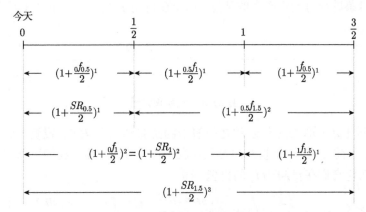

图 D.2 即期利率和远期利率

以此类推，考虑一笔将在 t_2 年收到的现金流，要被贴现到 t_1 年，其中 $0 < t_1 < t_2$，则恰当的贴现因子是：①

$$\left(1 + \frac{SR_{t_2}}{2}\right)^{2t_2} = \left(1 + \frac{SR_{t_1}}{2}\right)^{2t_1} \left(1 + \frac{{}_{t_1}f_{t_2}}{2}\right)^{2(t_2-t_1)} \tag{D-7}$$

把表达式 (D-7) 进行移项，可以得到在 t_1 年后开始、t_2 年后结束的这个时间段内的**多周期远期利率**（${}_{t_1}f_{t_2}$），其中 $t_1 < t_2$，即

$$_{t_1}f_{t_2} = 2\left\{\left[\frac{\left(1 + \frac{SR_{t_2}}{2}\right)^{2t_2}}{\left(1 + \frac{SR_{t_1}}{2}\right)^{2t_1}}\right]^{\frac{1}{2(t_2-t_1)}} - 1\right\}, \tag{D-8}$$

其中 ${}_{t_1}f_{t_2}$ 是一种半年复利一次的 APr。因此 $\frac{{}_{t_1}f_{t_2}}{2}$ 是对应于多周期（其中在日期 t_1 和 t_2 之间共有 $2(t_2 - t_1)$ 个付息周期）的平均的有效半年期远期利率。

---

① 这里在日期 t_1 和 t_2 之间一共有 $2(t_2 - t_1)$ 个付息周期，每一个包含 6 个月的时长。

D.2 已实现持有期收益率

像我们之前提到的那样,关于到期收益率有两个很强的假设,即投资者不仅将债券持有到期,而且以到期收益率为利率对息票进行再投资。[①] 现在我们介绍投资者会考察的另一个关于购买债券可能获得的收益率的指标。这个指标放松了到期收益率计算中隐含的假设,但是放松假设的代价是计算变得更加复杂。

考虑一个初始价格为 P_0^B 的债券,其到期期限 T 超出投资者的期望持有期 HP,单位为年。这样一来,投资者预期收到 $2(HP)$ 笔半年付一次的息票,其中最后一笔发生在她的最后一个持有日 HP。在收到这笔息票的瞬间,她卖掉了这个债券,并收到了在日期 HP 这天市场对这个债券付完上一笔息票后的定价 SP_{HP}。图 D.3 展示了她的预期现金流。因此通过投资 P_0^B,她收获了 $2(HP)$ 笔半年期的息票支付、以假定的再投资利率 rr(一种半年复利的 APr)对息票进行再投资产生的利息,以及在日期 HP 卖掉债券时的债券价格。

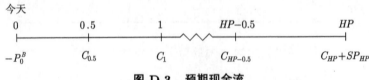

图 D.3 预期现金流

我们首先要计算如图 D.4 所示的在投资者的持有到期日 HP,投资者收到和再投资的息票的终值。由于前 $2(HP)$ 笔收到的息票代表一种现金流年金,我们可以用计算年金未来价值的方式来决定它们在日期 HP 的价值,即

$$FV_{HP}^C(rr) = \sum_{t=1}^{2HP} C\left(1+\frac{rr}{2}\right)^{2HP-t} = \frac{C}{\left(\frac{rr}{2}\right)}\left[\left(1+\frac{rr}{2}\right)^{2HP} - 1\right], \quad \text{(D-9)}$$

其中 $C = F\left(\frac{r^C}{2}\right)$ 是半年期的息票支付。我们明确地将这个未来价值表示为假定再投资收益率 rr 的函数,从而强调已实现持有期收益率相比到期收益率的灵活性。

接下来我们要估计投资者在日期 HP 时出售债券的价格 SP_{HP}。投资者可以通过假定债券在日期 HP 时债券剩余现金流的到期收益率来灵活地反映她对未来收益率的预期,我们把这个到期收益率记作 ys。其中,图 D.5 展示了这个计算。这是一个很直观的内在价值的计算方法。特别地,对于固定利率债券,出售价格就是剩余息票支付和面值的现值的总和,因此,

$$SP_{HP} = \sum_{t=2HP+1}^{2T} \frac{CF_{\frac{t}{2}}}{\left(1+\frac{ys}{2}\right)^{t-2HP}}$$

$$= \frac{F}{\left(1+\frac{ys}{2}\right)^{2(T-HP)}} + \frac{C}{\left(\frac{ys}{2}\right)}\left[1 - \frac{1}{\left(1+\frac{ys}{2}\right)^{2(T-HP)}}\right] \quad \text{(D-10)}$$

[①] 从期望现金流的角度来看,到期收益率也假设债券是"无风险"的。

这个计算不仅允许投资者考察比到期期限更短的投资期（$HP < T$），而且也允许投资者通过 ys 来反映自己对未来利率走向的预期。①

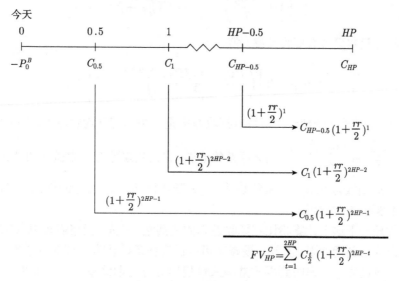

图 D.4　投资者收到和再投资的息票的终值

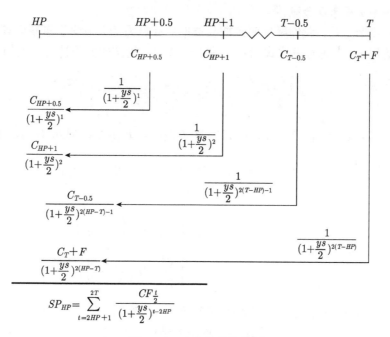

图 D.5　出售债券的价格

对于在日期 $t = 0$ 第一笔价值 P_0^B 的投资，投资者在日期 HP 拥有的总价值包括再投资息票的未来价值 FV_{HP}^C，加上当天出售债券的价格 SP_{HP}。因此，投资者的**已实现持有期**

---

① 这里我们把 SP_{HP} 当作了关于 ys 的函数。实际上根据到期收益率的定义，ys 才是关于 SP_{HP} 的函数。

收益率（记作 $rhpy$）是一种半年复利的 APr，其可以通过下式进行估计：

$$P_0^B\left(1+\frac{rhpy}{2}\right)^{2(HP)}=FV_{HP}^C+SP_{HP} \tag{D-11}$$

用这个式子解出已实现持有期收益率，得

$$rhpy=2\left[\left(\frac{FV_{HP}^C+SP_{HP}}{P_0^B}\cdot\right)^{\frac{1}{2(HP)}}-1\right] \tag{D-12}$$

从式 (D-12) 可以明显地看到已实现持有期收益率是一种几何平均收益率，因为它具有几何平均的形态 $\frac{rhpy}{2}=\left[\frac{V_{HP}}{V_0}\right]^{\frac{1}{2HP}}-1$。更具体地说，在已实现持有期收益率的公式中，在投资者的持有期内周期数为 $2(HP)$，最终价值 V_{HP} 是在日期 HP 的总的价值 $FV_{HP}^C+SP_{HP}$，初始价值是购买价 $V_0=P_0^B$。

让我们回顾一下这个计算相比到期收益率的灵活性。首先，投资者可以假定其持有债券的时长短于债券的到期期限。其次，投资者可以假定任意她认为合理的息票再投资收益率。再次，她可以通过假定未来的到期收益率来体现她对持有期结束之后的未来利率走向的预期。① 最后，她可以通过对现金流的假设体现她对现金流风险的预期。特别地，她可以使用预期现金流而不是承诺现金流。②

在结束本小节之前，我们要证明到期收益率的计算为什么包含了息票必须以该收益率进行再投资的假设。考虑对表达式 (D-11) 做一点修改，给定债券是持有到期的，那么

$$P_0^B\left(1+\frac{rhpy}{2}\right)^{2T}=FV_T=\sum_{t=1}^{2T}CF_{\frac{t}{2}}\left(1+\frac{rr}{2}\right)^{2T-t}, \tag{D-13}$$

其中 $CF_{\frac{t}{2}}=C$，$\forall t\in\{1,2,...,2T-1\}$，且 $CF_T=F+C$。把式 (D-13) 除以 $P_0^B=\sum_{t=1}^{2T}CF_{\frac{t}{2}}\left(1+\frac{y}{2}\right)^{-t}$，再在表达式的等号右侧同时乘以和除以 $\left(1+\frac{y}{2}\right)^{2T}$，则得到：

$$\left(1+\frac{rhpy}{2}\right)^{2T}=\left(1+\frac{y}{2}\right)^{2T}\left[\frac{\sum_{t=1}^{2T}CF_{\frac{t}{2}}\left(1+\frac{rr}{2}\right)^{2T-t}}{\sum_{t=1}^{2T}CF_{\frac{t}{2}}\left(1+\frac{y}{2}\right)^{2T-t}}\right] \tag{D-14}$$

当 $rr=y$ 时，式 (D-14) 的中括号里的项等于 1，因此 $rr=y\Rightarrow rhpy=y$。其次，式 (D-14) 右侧是关于 rr 递增的。因此结合这两个结论，我们有 $rr>y\Rightarrow rhpy>y$，及 $rr<y\Rightarrow rhpy<y$。像之前说明的一样，息票支付的再投资收益率 rr 必须与到期收益率 y 相等才能使投资者真正实现等于 y 的收益率。否则，$rr>y$（$rr<y$）代表投资者的实现收益将大于（小于）所计算的到期收益率。

---

① 当然这会直接影响到她在日期 HP 的债券出售价格 SP_{HP}。等价地，由于隐含了 ys 的价值，关于 SP_{HP} 的假定可以直接给出。

② 为了简单起见，我们在这一节使用了承诺现金流，正如前面的章节所说的，承诺现金流大于预期现金流。

D.3 最差收益率

到目前为止,本书都在探讨固定利率债券,尽管如此,我们还是在本节介绍几种针对包含嵌入式期权债券的不确定现金流的收益率指标,因为这些指标的本质与到期收益率相同。

之前我们曾经介绍过,根据定义,到期收益率(y)是使得承诺现金流的现值之和等于债券价格的贴现率。表达式 (D-3) 说明了 y 是关于债券价格和承诺现金流的函数,其中现金流取决于到期期限,我们可以用 $y(P_0^B, PC_{t/2}, T, F)$ 来简洁地表达这个关系。类似地,包含嵌入式期权的债券适用的其他收益率指标也使得"承诺"现金流的现值之和与债券价格相同。但是对于这种嵌入期权的债券,承诺现金流的大小和接收时间都是不确定的。

考虑一种可赎回固定利率债券,这种债券由一个固定利率债券的多头头寸和一个看涨期权的空头头寸组成,即

$$\text{投资者:买多可赎回债券} = \text{买多债券} + \text{卖空看涨期权;}$$
$$\text{发行人:卖空可赎回债券} = \text{卖空债券} + \text{买多看涨期权。} \quad \text{(D-15)}$$

因此,当买多看涨期权的发行人行使期权时,发行人强制从债券持有人手中以行权价格将债券赎回,即债券回到发行人手中,同时发行人对投资者支付行权价格。可赎回债券的行权价格随时间的变化是按照一个计划好的时间表进行的,发行人可以赎回债券的第一个日期通常是债券发行整数年之后。① 这样一来我们可以用下式计算**第一赎回日收益率**($yt1c(P_0^B, PC_{t/2}, t_1, X_{t_1})$):

$$P_0^B \equiv \sum_{t=1}^{2t_1} \frac{PC_{\frac{t}{2}}\left(L_{\frac{t}{2}}\right)}{\left(1+\frac{yt1c}{2}\right)^t} = \sum_{t=1}^{2t_1-1} \frac{C_{\frac{t}{2}}\left(L_{\frac{t}{2}}\right)}{\left(1+\frac{yt1c}{2}\right)^t} + \frac{C_{t_1}(L_T)+X_{t_1}}{\left(1+\frac{yt1c}{2}\right)^{2t_1}}, \quad \text{(D-16)}$$

其中 $C_{t/2}(L_{t/2})$ 是在第 $\frac{t}{2}$ 年的承诺息票支付,$t \in \{1,2,...,2T\}$,t_1 是以年为单位的发行人第一次能够赎回债券的日期,C_{t_1} 是最后一次息票支付(发生在日期 t_1),X_{t_1} 是根据计划时间表在日期 t_1 时的行权价格。对比到期收益率 $y(P_0^B, PC_{t/2}, T, F)$,可以看到第一赎回日收益率 $yt1c(P_0^B, PC_{t/2}, t_1, X_{t_1})$ 只是把到期期限 T 换成了第一次赎回的日期 t_1,以及把面值 F 替换成了第一个行权价格 X_{t_1}。

类似地,我们可以定义**第二赎回日收益率**($yt2c(P_0^B, PC_{t/2}, t_2, X_{t_2})$):

$$P_0^B \equiv \sum_{t=1}^{2t_2} \frac{PC_{\frac{t}{2}}\left(L_{\frac{t}{2}}\right)}{\left(1+\frac{yt2c}{2}\right)^t} = \sum_{t=1}^{2t_2-1} \frac{C_{\frac{t}{2}}\left(L_{\frac{t}{2}}\right)}{\left(1+\frac{yt2c}{2}\right)^t} + \frac{C_{t_2}(L_T)+X_{t_2}}{\left(1+\frac{yt2c}{2}\right)^{2t_2}}, \quad \text{(D-17)}$$

其中 t_2 是以年为单位的发行人第二次能够赎回债券的日期,C_{t_2} 是最后一次息票支付(发生在日期 t_2),X_{t_2} 是根据计划时间表在日期 t_2 时的行权价格。

---
① 根据时间表,行权价格大于债券的面值,且通常随时间的推移而逐渐减小。

以此类推，我们还可以计算出第三赎回日收益率（$yt3c$）、第四赎回日收益率（$yt4c$），等等。为了保险起见，投资者可以计算所有可比收益率指标中的最小值，我们称之为**最差收益率**（yield to worst），即 $ytw = \min(y, yt1c, yt2c, \ldots)$。

固定收入证券可能有一个嵌入式看跌期权。这种情况下，投资者是买多期权的一方，发行人是卖空的一方，即

$$\text{投资者：买多可售回债券} = \text{买多债券} + \text{买多看跌期权；}$$
$$\text{发行人：卖空可售回债券} = \text{卖空债券} + \text{卖空看跌期权。} \tag{D-18}$$

因此，当买多看跌期权的投资者行使期权时，债券持有人强制以行权价格将债券返还出售给发行人，即债券回到发行人手中，同时发行人对投资者支付行权价格。根据预先制定好的行权价格的时间表，我们可以计算出与可赎回债券类似的各种收益率。在计算出第一出售日收益率 $yt1p$、第二出售日收益率 $yt2p$，等等，之后，投资者可以得到保守的最差收益率，即 $ytw = \min(y, yt1p, yt2p, \ldots)$。

D.4 其他收益率指标

收益率差（yield spread）是一个常用的指标，它是相同到期期限的条件下风险债券和无风险债券（例如美国国债）之间的到期收益率之差，即

$$\text{收益率差} = y^r - y^f \tag{D-19}$$

需要强调的是，收益率差是针对一个特定的风险债券相对于一个特定的无风险基准债券的收益率之差，而对于除此之外的任何其他的风险债券及无风险债券，收益率差都不具有参考性。因此，尽管收益率差被广泛地使用，但是这是一个非常专有的指标。

债券的风险越大，债券持有人对高收益率的要求越大，因此债券的价格越低，从而暗含了越高的收益率。因此，其他条件不变时，收益率差随着风险的增长而增加。

术 语 表

A

abnormal return：异常收益
abnormal yield：异常收益率
accrued interest：应计利息
accrued liabilities：其他负债
accumulated depreciation：累积折旧
addition：加法
alpha intercept：截距 α
adjusted present value method：调整现值法
American option early exercise：美式期权提前行权
American option value：美式期权价值
American option：美式期权
American put example：美式卖出期权示例
American：美式
amortization：摊销
annual percentage rate：年化利率
annuity：年金
APT：套利定价模型
arbitrage pricing theory, APT：套利定价理论（APT）
arbitrage：套利
arbitrageur：套利者
arithmatic mean：算术平均值
arithmetic mean growth：代数平均增长
arithmetic mean：代数平均、算数平均
at-the-money：平价期权
AVERAGE：平均数函数

B

backward induction：逆向归纳
balance sheet ratios：资产负债表比率
balance sheet relations：资产负债表关系
balance sheet：资产负债表
basics：基础知识
binomial model：二叉树模型、期权二叉树

Black-Scholes model：Black-Scholes 模型
bond cash flow timeline：债券现金流时间轴
bond cash flows：债券现金流
bond partial period：债券偏离付息日时间段
bonds：债券
Boolean function：布尔函数
Booleans：布尔函数
bootstrapping：自举法
bounds：边界
BSM model：BSM 模型
buyer：买方

C

call option value：看涨期权价值
call premium：看涨期权费
call profit：看涨期权收益
call value：看涨期权价值
call volatility：看涨期权波动
call：看涨期权
callable bonds：可赎回债券
callable：可赎回
capital budgeting：资本预算
cash flow reinvestment：现金流再投资
cash flow：现金流
cash：现金
clean price：净价
collar, bull spread：领子期权，牛市看涨
collar：领子期权
COLUMN：COLUMN 函数
COLUMNS：COLUMNS 函数
comparative statics：比较静态分析
conditional density function：条件密度函数
conditional formating：条件格式
conditional mean：条件均值
conditional：条件

confidence interval: 置信区间
continuous compounding: 连续复利
continuously compounded return: 连续复合回报率
continuously compounded: 连续复利
convexity: 凸度
CORREL: 相关系数函数
correlation coefficient: 相关系数
cost of debt: 债务成本
cost of goods sold, COGS: 业务成本（COGS）
COUNT: COUNT 函数、计数函数
COUNTA: COUNTA 函数
COUNTBLANK: COUNTBLANK 函数
COUNTIF: 条件计数函数
coupon rate: 息票利率、息票率
coupons: 息票
COV: 协方差函数
covariance, historical: 协方差，历史值
covariance: 协方差
covered call: 持保看涨期权
current assets: 流动资产
current liabilities: 流动负债
current maturities of LSD: 一年内到期的长期债务
current yield: 当期收益率
cutoff value: 截点值
cutoff: 截点

D

data table: 模拟运算表
DCF techniques: DCF 模型
debt cash flow: 债权现金流
debt maturity date: 债务到期日
debt tax shield: 债务税盾
debt: 债权
delta hedge: delta 对冲
demanded by all-equity firm investors: 全股权投资者要求的
demanded by debt holders: 债权人要求的
demanded by equity holders: 股东要求的
demanded rate of return: 要求收益率
demanded: 要求
density function: 密度函数

depreciation: 折旧
derivatives: 衍生品
dirty price: 全价
discount bond: 折价债券
discrete: 离散
distribution function: 分布函数
diversification: 分散化
diversified portfolio: 分散化的投资组合
diversified: 分散化
dividend discount model: 股利折现模型
dividend payout ratio: 股利分配率
dividends: 股利
down-state: 下降状态
DCF techniques: 现金流折现法

E

early exercise: 提前行权
earnings before taxes, EBT: 税前利润（EBT）
earnings, net income: 盈利，净利润
EBIT, operating profit: EBIT（经营利润）
effcient portfolio: 有效投资组合
effective annual rate: 有效年化利率
effective convexity: 有效凸度
effective duration: 有效久期
effective periodic: 有效周期
efficacy: 效力
efficient: 有效
empirical duration: 经验久期
EMR: 保证最小收益率
enterprise value: 企业价值
equity value: 股权价值
estimation window: 估计窗口
European call: 欧式看涨期权
event studies: 事件研究
event window: 事件窗口
excess return: 超额收益、超额收益率
exercise decision: 行权决定
exercise: 执行
EXP: EXP 函数
expected cashflows: 期望现金流
expected rate of return: 期望收益率

expected return: 预期收益
expected value: 期望值
expected: 期望、预期
expiration: 到期
expire worthless: 到期作废
expiry, expiration date: 到期日
exponent: 指数运算
exponential: 指数

F

face value of debt: 债务的票面价值
face value of debt: 债务面值
face value: 面值、票面价值
Fama-French 3factor model: Fama-French 三因子模型
financial basics: 金融基础知识
financing cashfl ow: 融资现金流
financing: 融资
first order: 一阶估计
fixed coupon payments: 固定息票支付
fixed coupon rate: 固定息票利率
fixed coupon: 固定息票
flow variables: 流量
flows-to-equity method: 股权现金流法
formating: 格式
forward contract: 远期合约
forward rates, multi-period: 多期远期利率
forward rates: 远期利率
free cash flow: 自由现金流
free cash flows to equity: 自由股权现金流
FREQUENCY: 频次函数
frontier of efficient portfolios: 有效投资组合前沿
FTE method: FTE 法
future value: 终值

G

Gaussian distribution: 高斯分布
geometric mean growth: 几何平均增长
global minimum variance portfolio: 全局最小方差投资组合
global minimum variance: 全局最小方差
goal seek: 单变量求解
goodness of fit, R^2: 拟合优度 R^2

Gordon dividend discount model: Gordon 股利折现模型
gross profit: 毛利润
growing annuity: 增长型年金
growing perpetuity: 增长型永续年金
growing: 增长型
growth rates: 增长率
growth: 增长

H

hide cells: 隐藏单元格
historical mean: 历史平均
historical variance: 历史方差
historical: 历史
HLOOKUP: HLOOKUP 函数
holding period return: 持有期收益率
holding period: 持有期

I

identity matrix: 单位矩阵
idiosyncratic risk: 非系统风险
idiosyncratic: 非系统
IF: IF 函数、条件函数
impacts of WACC and FCF growth: WACC 和 FCF 增长率的影响
implied rate of return: 隐含收益率
implied: 隐含
income statement ratios: 利润表指标
income statement relations: 利润表关系
income statement: 利润表
income taxes: 所得税
inital equity: 初始股权价值
insurance: 保险
INTERCEPT: 截距函数
interest coupons: 利息息票
interest expense: 财务费用
interest on interest: 复利
interest: 利息
internal rate of return: 内部收益率
in-the-money: 价内期权
intrinsic value vs. price: 内在价值 vs. 价格
intrinsic value: 内在价值

investing cash flow：投资现金流
investing：投资
invoice price：发票价格
IRR：IRR 函数
IRR：内部收益率、内部收益率函数
IVOL：隐含波动率
kink point：折点

L

label：名称
level of significance：显著性水平
LINE：折线图
linear regression：线性回归
LINEAR：折线图
LINEST：LINEST 函数
LN：对数函数
loan amortization：贷款摊销
LOGINV：LOGINV 函数
lognormal distribution：对数正态分布
long call payoff：买入看涨期权的回报
long call profit：买入看涨期权的收益
long call：买入看涨期权
long put payoff：买入看跌期权回报
long put profit：买入看跌期权收益
long put：买入看跌期权
long straddle：多头跨式期权
long-term debt：长期负债

M

Macaulay duration：麦考利久期
make delivery：交付
Malkiel results：马尔基尔结论
market model beta：市场模型的 beta
market model：市场模型
market portfolio：市场组合
marketable securities：可交易证券
matrices：矩阵
maturity impacts price：到期期限影响价格
maturity：到期期限、到期日
MAX：MAX 函数
MBG：保证资金回收
mean, arithmatic：均值，算数值
mean：均值

MIN：MIN 函数
MINVERSE：逆矩阵函数
MM proposition II：MM 第二定理
MMULT：MMULT 函数、矩阵乘法函数
modified duration：修正久期
multi-factor model：多因子模型
multiplication：乘法
multi-stage dividend discount model：多阶段股利折现模型

N

naked call：裸看涨期权
net income, earnings：净利润，盈利
net income：净利润
no short sales：限制卖空
nominal yield：名义收益率
NORM.S.INV：返回标准正态分布随机变量函数
normal distribution：正态分布
notes payable：应付票据
NPV：净现值函数
NPV：净现值

O

OFFSET：OFFSET 函数
operating cash flow：经营现金流
operating profit, EBIT：经营利润（EBIT）
operating：经营
options：期权
ordinary least squares：普通最小二乘
other yield metrics：其他收益指标
out-of-the-money：价外期权
owner, buyer：所有者，买方

P

par bond：平价债券
par value：平价
partial period timeline：偏离付息日时间轴
payoff premia：期权回报与收益
payoffs：回报
PCS：买权卖权等价关系
perpetuity：永续年金
PI：PI 函数
plot：绘图
plowback ratio, b：留存率（b）

polynomial：多项式
portfolio management：投资组合管理
portfolio returns：投资组合收益
portfolio risk：投资组合风险
portfolio weights：投资组合权重
portfolio：投资组合
prediction error：预测误差
premium bond：溢价债券
premium：费
premium：期权费、权利金
present value：现值
price：价格
price-to-earnings ratio：市盈率
price-yield approximations：价格-收益率近似计算
price-yield estimate：价格-收益率估计
price-yield relations：价格-收益率关系
pricing between coupon dates：付息日之间的债券定价
principle balance：本金余额
principle repayment：本金偿付
probability of early exercise：提前行权的概率
PRODUCT：PRODUCT 函数
pro-forma balance sheet：预测资产负债表
pro-forma future cash flows：预测未来现金流
pro-forma income statement：预测利润表
pro-forma statement of cash flows：预测现金流量表
pro-forma statements, future：预测财务报表，未来的
programming payoffs：编写支付方程
promised cash flows：承诺现金流
promised：承诺
property, plant, equipment, PPE：房屋、厂房与设备（PPE）
protective put：欧式保护性卖权
put premium：看跌期权费
put value：看跌期权价值
put volatility：看跌期权波动
put：看跌期权

put-call spot parity：买权卖权等价关系
PV：现值函数

Q
quoted price：报价

R
RAND：随机数函数
random variables：随机变量
rate of return：回报率，收益率
rate：比率
realized holding period yield：已实现持有期收益率
regression：回归
relative：相对
residual return：剩余回报
residual：残差
retained earnings：留存收益
return：回报
risk premium：风险溢价
risk：风险
risk-neutral probabilities：风险中性概率
risk-neutral valuation：风险中性定价
root mean square error：均方根误差
ROW：ROW 函数
ROWS：ROWS 函数
RSQ：R 方函数

S
scalar multiplication：标量乘法
SCATTER：散点图
second order：二阶估计
seller：出售方
seller：卖方
SGA expenses：销售、一般及管理费用
Sharpe ratio：夏普比率
short call payoff：卖出看涨期权的回报
short call profit：卖出看涨期权的收益
short call：卖出看涨期权
short put payoff：卖出看跌期权的回报
short put profit：卖出看跌期权的收益
short straddle：空头跨式期权

significance level：显著性水平
single factor model：单因子模型
slope coeficient：斜率系数
SLOPE：斜率函数
solver：规划求解
sources of return：收益来源
spin button：数值调节钮
spot rates：即期利率
SQRT：SQRT 函数
SQRT：平方根函数
standard deviation, historical：标准差，历史值
standard deviation：标准差
standard normal distribution：标准正态分布
state of the world 世界的状态
statement of cash ows：现金流量表
STDEV：标准差函数
STEYX：STEYX 函数、回归标准误差函数
stock holders' equity：所有者权益
stock price tree：股价二叉树
stock variables：存量
Stocks：绝对估值和资产组合
strike price assumption：行权价假设
strike price：行权价
strike price：执行价
SUM：求和函数
SUMIF：条件求和函数
summary of methods：各种模型的总结
SUMPRODUCT：SUMPRODUCT 函数、乘积求和函数
system of linear equations：线性方程组
systematic risk factor, SRF：系统风险因子（SRF）
systematic risk：系统风险
systematic：系统

T

t stat：t 统计量
t statistic：t 统计量
take delivery：接收
TEXT：文本函数
time series：时间序列
time to maturity：到期期限
timeline of cash flows：现金流的时间轴
timeline：时间轴
total bond return：债券总收益
total equity cash flow：全股权现金流
total equity CF model：全股权现金流模型
total return：总收益
TRANSPOSE：TRANSPOSE 函数、转置函数
two-asset portfolio：两资产投资组合

U

underlying asset：标的资产
uniform distribution：均匀分布
unlevered firm value：无杠杆企业价值
up-state：上升状态
user defined array function：用户定义的数组函数

V

value additivity：价值可加性
value at risk：风险价值
value of early exercise：提前行权的价值
variance：方差
VARIANCE：方差函数
variance-covariance matrix：方差—协方差矩阵
VLOOKUP：VLOOKUP 函数
volatility：波动率、波动性

W

WACC method：加权平均资本成本法
weighted average cost of capital, WACC：加权平均资本成本（WACC）
weights：权重

Y

yield spread：收益率差
yield to first call：第一赎回日收益率
yield to maturity：到期收益率
yield to second call：第二赎回日收益率
yield to worst：最差收益率

Z

zero-sum game：零和游戏
z-spread：零波动利差

参 考 文 献

[1] Benninga, Simon. *Financial Modeling*. The MIT Press, 2008.

[2] Black, Fischer. "How we came up with the option formula." *Journal of Portfolio Management* 15, no. 2 (1989): 4-8.

[3] Black, Fischer, and Myron Scholes. "The pricing of options and corporate liabilities". *The Journal of Political Economy* (1973): 637-654.

[4] Bodie, Zvi, Alex Kane, and Alan J. Marcus. *Essentials of Investments*. McGraw-Hill, 2013.

[5] Brown, Keith C. "The benefits of insured stocks for corporate cash management". *Advances in Futures and Options Research* 2 (1987): 243-261.

[6] Brown, Keith C., ed. *Derivative Strategies for Managing Portfolio Risk*. Marina Del Rey, California. Association for Investment Management and Research, 1993.

[7] Brown, Keith C., Frank K. Reilly. *Analysis of Investments & Management of Portfolios*. South-Western, 2012.

[8] Chance, Don M., and Roberts Brooks. *Introduction to Derivatives and Risk Management*. Cengage Learning, 2015.

[9] Cox, John C., Stephen A. Ross, and Mark Rubinstein. "Option pricing: A simplified approach". *Journal of Financial Economics* 7, no. 3 (1979): 229-263.

[10] Cox, John C., and Mark Rubinstein. *Options Markets*. Prentice Hall, 1985.

[11] Damodaran, Aswath. *Damodaran on Valuation: Security Analysis for Investment and Corporate Finance*. 2E, John Wiley & Sons, 2006.

[12] Elton, Edwin J., Martin J. Gruber, Stephen J. Brown, and William N. Goetzmann. *Modern Portfolio Theory and Investment Analysis*. John Wiley & Sons, 2009.

[13] Fabozzi, Frank J. *Fixed Income Mathematics*, 4E. McGraw-Hill, 2005.

[14] Fabozzi, Frank J. *Bond Markets, Analysis and Strategies*. International 6E, Prentice Hall, 2008.

[15] Fabozzi, Frank J., and Steven V. Mann. *The Handbook of Fixed Income Securities*. McGraw Hill-Professional, 2012.

[16] Fama, Eugene F., and Merton H. Miller. *The Theory of Finance*. Vol. 3. Hinsdale, IL: Dryden Press, 1972.

[17] Fraser, Lyn M., and Aileen Ormiston. *Understanding Financial Statements*. Prentice Hall, 1998.

[18] Gordon, Myron J. *The Investment, Financing, and Valuation of The Corporation*. RD Irwin, 1962.

[19] Helfert, Erich A. *Techniques of Financial Analysis: A Guide to Value Creation*. McGraw-Hill Professional, 2002.

[20] Hull, John C. *Options, Futures, and Other Derivatives*. 7E, Prentice Hall, 2009.

[21] Jackson, Mary and Staunton, Mike. *Advanced Modelling in Finance Using Excel and VBA*. John Wiley & Sons, 2006.

[22] Koller, Tim, Marc Goedhart, D. Wessels, and T. E. Copeland. "McKinsey & Company. 2010." *Valuation: Measuring and Managing the Value of Companies*. E. Hoboken: John Wiley & Sons, 2010.

[23] Lintner, John. "Security prices, risk, and maximal gains from diversification". *The Journal of Finance*, 20, no. 4 (1965): 587-615.

[24] Macaulay, Frederick, R., "Some theoretical problems suggested by the movements of interest rates, bond yields and stock prices in the United States since 1856". *New York: NBER*(1938).

[25] Maginn, John L., Donald L. Tuttle, Dennis W. McLeavey, and Jerald E. Pinto, eds. *Managing Investment Portfolios: A Dynamic Process*. Vol. 3. John Wiley & Sons, 2007.

[26] Malkiel, Burton G. "Expectations, bond prices, and the term structure of interest rates". *The Quarterly Journal of Economics* (1962): 197-218.

[27] Markowitz, Harry. "Portfolio selection". *The Journal of Finance*, 7(1)(1952): 77-91.

[28] Markowitz, Harry. "Portfolio selection: Efficient diversification of investments". *Cowles Foundation Monograph* no. 16. (1959).

[29] Merton, Robert C. "The relationship between put and call option prices: Comment". *Journal of Finance* 28, no. 1 (1973): 183-184.

[30] Mossin, Jan. "Equilibrium in a capital asset market". *Econometrica: Journal of The Econometric Society* (1966): 768-783.

[31] Navin, Robert L. *The Mathematics of Derivatives: Tools For Designing Numerical algorithms*. Vol. 373. John Wiley & Sons, 2007.

[32] Pinto, J., E. Henry, T. Robinson, and J. Stowe. *CFA, Equity Asset Valuation*, 2010.

[33] Rees, Michael. *Financial Modelling in Practice: A Concise Guide for Intermediate and Advanced Level*. John Wiley & Sons, 2011.

[34] Reilly, Frank K., and Rupinder S. Sidhu. "The many uses of bond duration". *Financial Analysts Journal* 36, no. 4 (1980): 58-72.

[35] Rendleman, Richard J., and Brit J. Bartter. "Two-State Option Pricing". *The Journal of Finance* 34, no. 5 (1979): 1093-1110.

[36] Ross, Stephen A. "The arbitrage theory of capital asset pricing." *Journal of Economic Theory* 13, no. 3 (1976): 341-360.

[37] Ross, Stephen A. "Return, risk and arbitrage", in *Risk and Return in Finance* (I. Friend and JL Bicksler, Eds.). Balinger, 1977.

[38] Sharpe, William F. "Capital asset prices: A theory of market equilibrium under conditions of risk." *The Journal of Finance* 19, no. 3 (1964): 425-442.

[39] Sharpe, William F. "Factor models, CAPMs, and the ABT." *The Journal of Portfolio Management* 11, no. 1 (1984): 21-25.

[40] Sharpe, William F. *Investors and Markets: Portfolio Choices, Asset Prices, and Investment Advice*. Princeton University Press, 2011.

[41] Stoll, Hans R. "The relationship between put and call option prices." *The Journal of Finance* 24, no. 5 (1969): 801-824.

[42] Stowe, John D., Thomas R. Robinson, Jerald E. Pinto, and Dennis W. McLeavey. *Analysis of Equity Insvestment: Valuation*. Association for Investment Management and Research, 2002.

[43] Tuckman, Bruce, and Angel Serrat. *Fixed Income Securities: Tools for Today's Markets*. Vol. 626. John Wiley & Sons, 2011.

[44] Walkenbach, John. *Power Programming with VBA*. John Wiley & Sons Inc, 2010.

[45] Williams, John Burr. *The theory of investment value*. Vol. 36. Harvard University Press, 1938.

[46] Yates, James W., and Robert W. Kopprasch. "Writing covered call options: Profits and risks." *The Journal of Portfolio Management* 7, no. 1 (1980): 74-79.

教辅申请说明

　　北京大学出版社本着"教材优先、学术为本"的出版宗旨，竭诚为广大高等院校师生服务。为更有针对性地提供服务，请您按照以下步骤在微信后台提交教辅申请，我们会在 1~2 个工作日内将配套教辅资料，发送到您的邮箱。

◎手机扫描下方二维码，或直接微信搜索公众号"北京大学经管书苑"，进行关注；

◎点击菜单栏"在线申请"—"教辅申请"，出现如右下界面：

◎将表格上的信息填写准确、完整后，点击提交；

◎信息核对无误后，教辅资源会及时发送给您；
如果填写有问题，工作人员会同您联系。

温馨提示：如果您不使用微信，您可以通过下方的联系方式（任选其一），将您的姓名、院校、邮箱及教材使用信息反馈给我们，工作人员会同您进一步联系。

我们的联系方式：

北京大学出版社经济与管理图书事业部
北京市海淀区成府路 205 号，100871
联 系 人： 周莹
电　　话： 010-62767312 /62757146
电子邮件： em@pup.cn
Q Q：5520 63295（推荐使用）
微信：北京大学经管书苑（pupembook）
网址：www.pup.cn